Computers
www
Share
info
+1

online
Scratch
#
@
Compu
www
share
info

내 맘대로 블록 쌓아 만드는

# 스크래치 2.0

내 맘대로 블록 쌓아 만드는

# 스크래치 2.0

**초판 인쇄일** 2017년 2월 20일
**초판 발행일** 2017년 2월 27일

**지은이** CODABLE(코더블)
**발행인** 박정모
**등록번호** 제9-295호
**발행처** 도서출판 혜지원
**주소** (10881) 경기도 파주시 회동길 445-4(문발동 638) 302호
**전화** 031)955-9221~5  **팩스** 031)955-9220
**홈페이지** www.hyejiwon.co.kr

**기획 · 진행** 엄진영
**디자인** 김보라, 김지훈
**영업마케팅** 김남권, 황대일, 서지영
**ISBN** 978-89-8379-924-1
**정가** 18,000원



이 도서의 국립중앙도서관 출판예정도서목록(CIP)은 서지정보유통지원시스템 홈페이지(http://seoji.nl.go.kr)와
국가자료공동목록시스템(http://www.nl.go.kr/kolisnet)에서 이용하실 수 있습니다.(CIP제어번호: CIP2017001667)

내 맘대로 블록 쌓아 만드는

# 스크래치 2.0

CODABLE(코더블) 지음

혜지원

# 머리말

그동안 SW 교육과 관련된 다양한 커리큘럼을 집필해 오면서 또 시중에 판매되고 있는 책들을 보면서 좀 더 원론적으로 접근하는 책이 필요하다고 느꼈습니다. 'Computational Thinking에 좀 더 집중할 수 있는 책을 만들되 원론적인 내용 위주의 책을 만들어보자.'라는 생각이 본 도서 기획의 시초였습니다.

그 기획 아래 스크래치를 사용할 때 '방송하기'와 '방송하고 기다리기'의 차이점이라던가, 물체의 접촉을 판단하는 게임을 작성할 때 '1초 기다리기'가 필요한 이유라던가 하는 것들이 논리적으로 왜 필요한지를 생각해 볼 수 있는 책이 만들어 진 것 같습니다.

이 책은 Ready! Start! Action! 3개의 PART로 구성되어 있습니다.

**Ready!** 즉, 준비 단계에서는 스크래치를 익히기 전에 필요한 다양한 명령 블록의 사용 방법과 순차, 반복, 조건 등의 프로그래밍 구조에 대해 익힙니다. 프로그래밍에 대한 논리적이고 체계적인 구성에 대해 알아볼 수 있습니다.

**Start!** 단계에서는 스크래치를 익히는 과정입니다. 비슷하면서도 다른 기능을 하는 명령 블록을 비교해보면서 상황에 따라 적절한 명령 블록을 찾는 과정을 익힙니다. 주어진 문제를 해결할 때 필요한 여러 가지 명령 블록을 이용한 해결 방법을 알아볼 수 있습니다.

**Action!** 단계에서는 게임을 직접 만들어 보는 과정입니다. 다양한 이벤트를 만들고, 게임 스토리를 구성합니다. 완성된 게임을 다시 수정하면서 창의적인 생각을 키울 수 있습니다.

준비하고 만들어보고 실행하면서 논리의 오류를 발견하고 그 오류가 어떤 모습으로 실행되며 이를 고치기 위한 생각들을 하나의 스토리보드처럼 꾸려갈 수 있도록 구성하였습니다. 예제 하나하나에서 생각의 시작점과 결론을 어떻게 만들어 가는지를 학습 참여자가 직접 경험하고 느낄 수 있도록 구성하였습니다.

㈜코더블은 SW 교육을 위한 다채로운 커리큘럼을 만들기 위해 노력히고 있습니다. 이 책도 그러한 노력의 의미있는 시작이 되길 바라며 본 도서를 출간하는데 도움을 주신 도서출판 혜지원 관계자 분들께도 감사의 말씀을 드립니다.

언제나 꿈꾸는 **코더블** 드림

# 목 차

## Part 3 START! 다양한 프로그램 만들기

### Chapter 1 지구를 지키는 변신로봇



### Chapter 2 지렁이 게임



### Chapter 3 클래시로얄

# 이 책을 보는 방법



## Chapter 2 장애물 피하기 (키보드 사용과 모양 편집)

이번에 만들 프로그램은 위에서 내려오는 장애물을 왼쪽과 오른쪽으로 움직여 피하거나, 점프하여 피하는 프로그램을 만들어 보겠습니다. 모양과 관련된 여러 가지 명령 블록을 이용하여 프로그래밍 방법과 모양을 편집하는 방법에 대해 알아보겠습니다. 그리고 프로그램을 코딩하면서 필요한 다양한 조건 설정에 대해 알아보겠습니다.

예제 파일   **장애물 피하기.sb2**
완성 파일   **장애물 피하기(완성).sb2**

**어떤 것을 할 수 있나요?**

- 키보드와 관련된 여러 가지 명령 블록의 차이에 대해 알 수 있습니다.
- 스프라이트를 지정된 범위 내에서만 이동할 수 있도록 코딩할 수 있습니다.
- 스프라이트의 모양을 다양하게 바꾸고 새로운 모양을 만들 수 있습니다.
- 스프라이트의 크기를 바꿀 수 있습니다.

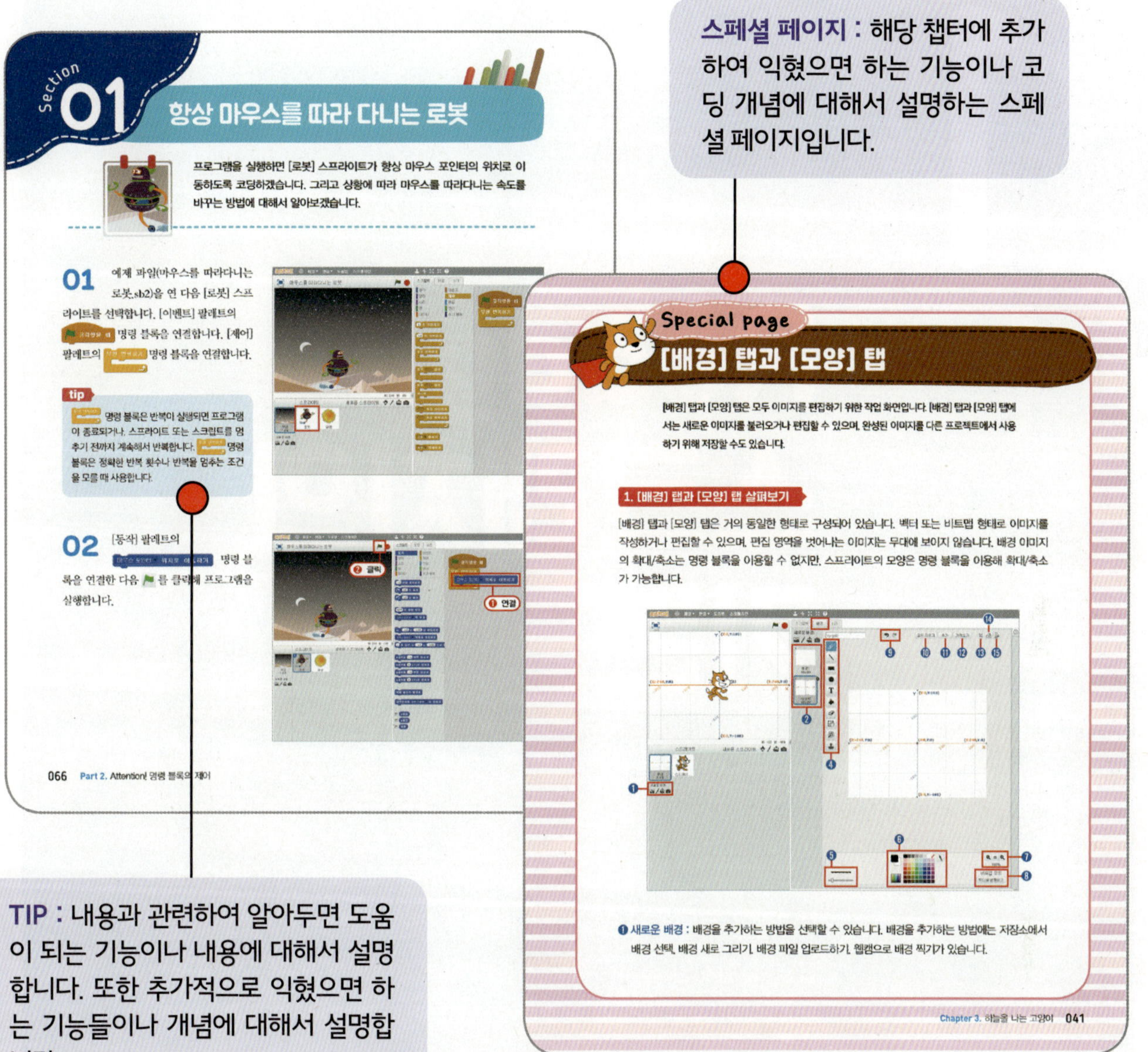





## ● 예제 파일 다운로드

책에서 설명하는 예제 파일은 혜지원출판사 홈페이지(www.hyejiwon.co.kr) 자료실에서 다운로드 받아서 사용하면 됩니다.

Part **1**

# Ready!
# 스크래치의 기본

스크래치는 기존의 프로그래밍 언어처럼 텍스트를 입력하여 프로그램을 코딩하지 않고 명령 블록을 연결하여 프로그램을 코딩합니다. 하지만 스크래치도 기존의 프로그래밍 언어가 가지고 있는 다양한 프로그래밍 구조를 가지고 있으며, 명령 블록을 연결하는 방법에 따라 다양한 프로그램을 작성할 수 있습니다.

이번 단계에서는 Code.org를 이용해 프로그래밍의 기본 구조인 순차, 반복, 분기 등에 대해 이해하겠습니다. 그런 다음 스크래치의 화면 구성과 어떤 명령 블록이 있는지 알아보겠습니다.

# Chapter 1

# Code.org에서 코딩의 기본 익히기

Code.org는 프로그래밍의 기본 과정을 학습할 수 있는 사이트입니다. 이동과 반복, 분기 등 다양한 명령 블록을 쉽고 체계적으로 익힐 수 있도록 구성되어 있는 사이트입니다. 다양한 주제로 구성되어 있어 따라하면서 자연스럽게 프로그래밍을 익힐 수 있습니다. 또한 자신이 작성한 프로그램을 다른 사람과 공유할 수 있습니다.

 **어떤 것을 할 수 있나요?** 

- 코드를 이용해 코딩의 기본 개념을 익힐 수 있습니다.
- 컴퓨터 과학의 원리를 이해할 수 있습니다.

# 코드로 프로그래밍 연습하기

코드는 프로그래밍의 기본 구조인 순차, 조건, 반복 등에 대해서 재미있게 익힐 수 있는 여러 가지 단계가 준비되어 있습니다.

**01** 코드 홈페이지(www.code.org)에 접속한 다음 [학습시작]을 클릭합니다. 코드 홈페이지에는 다양한 주제로 학습이 가능하도록 구성되어 있습니다.

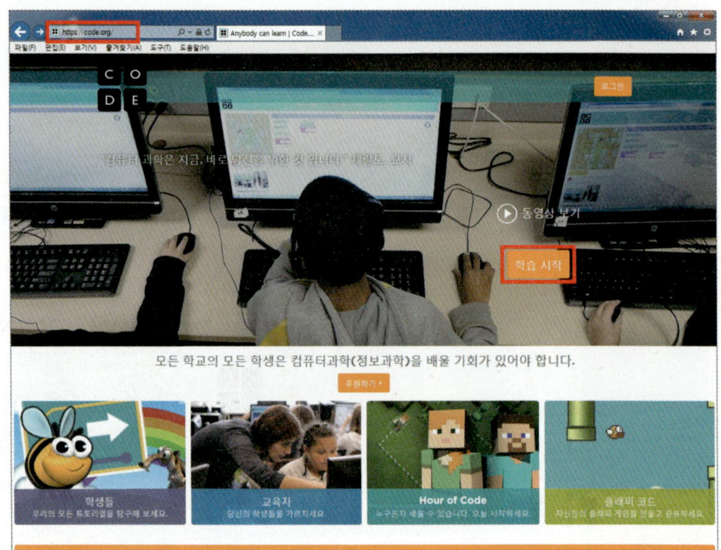

**02** ◀ 또는 ▶를 클릭해 학습 주제를 선택한 다음 [시작하기]를 클릭합니다.

# 03

주제에 대한 설명이 나타나면
[지금 해보기]를 클릭합니다.

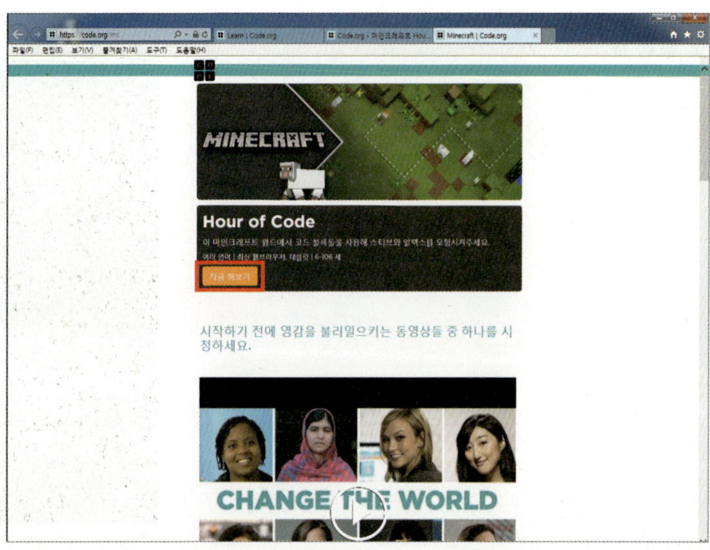

# 04

소개 동영상이 나타나면 닫기(⊠)
단추를 클릭해 창을 닫습니다.

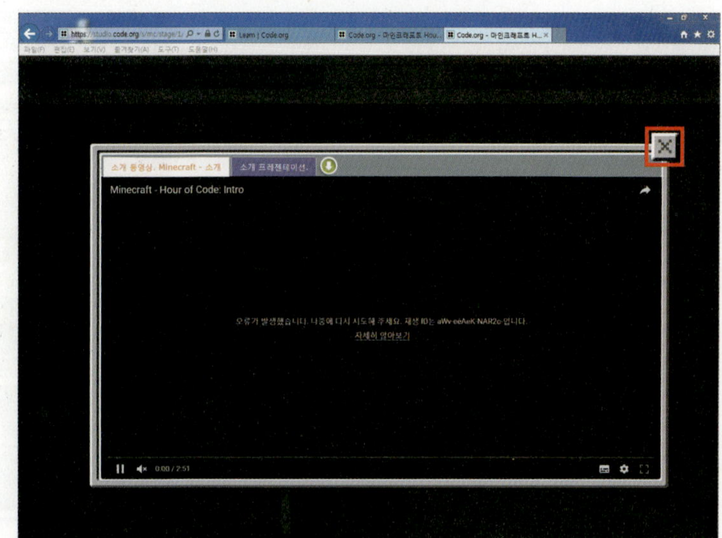

# 05

선택한 주제에 따라 캐릭터를 선
택합니다. 캐릭터를 선택하는 화
면은 선택한 주제에 따라 나타나거나 그렇지
않을 수 있습니다.

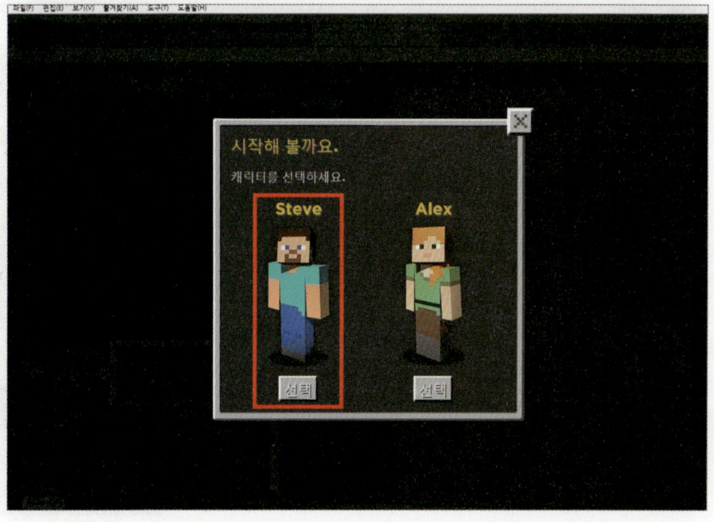

**06** 해결할 문제가 화면에 표시됩니다. 문제를 자세히 읽은 다음 [확인]을 클릭합니다.

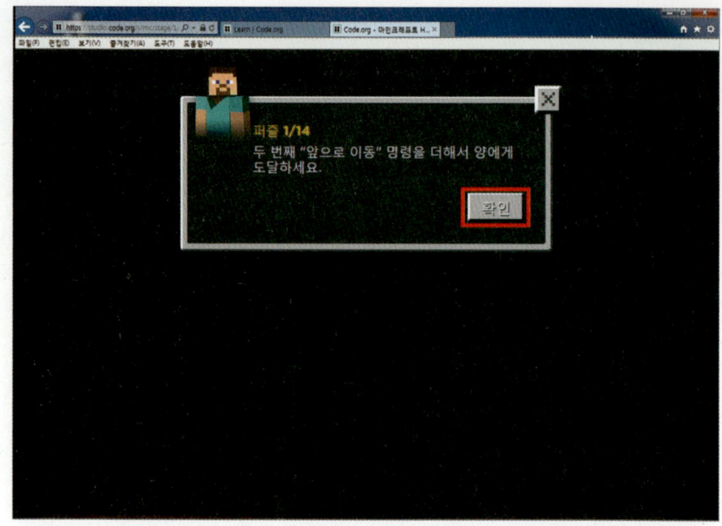

**07** 문제를 해결해야 될 화면이 나타납니다. 가운데 있는 명령 블록을 오른쪽의 코딩 영역으로 드래그해 문제를 해결합니다.

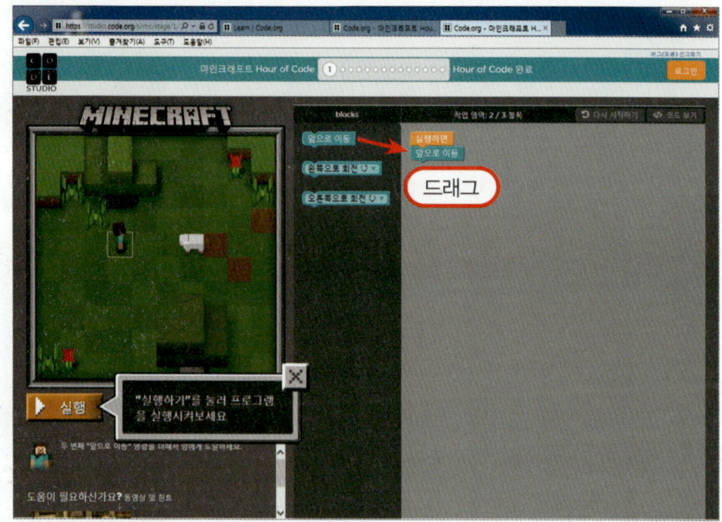

**08** 문제를 해결하는데 사용한 코드의 줄 수가 표시됩니다. 너무 많은 줄 수를 사용하면 다시 실행해 다른 방법을 찾아봅니다.

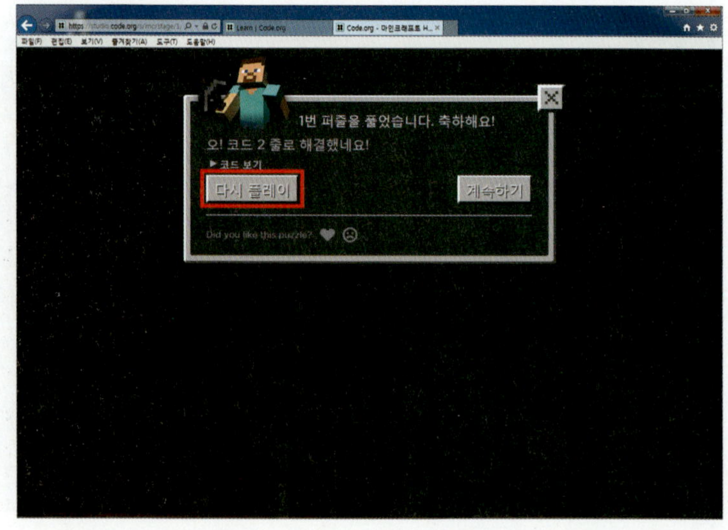

**09** 계속하기를 클릭하면 다음 퍼즐이 표시됩니다.

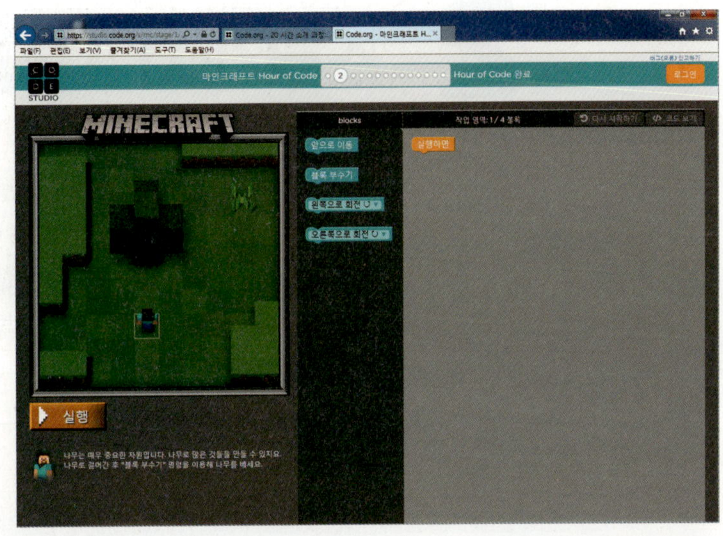

**10** 마지막 단계까지 완료하면 개인별 인증서를 만들 수 있습니다.

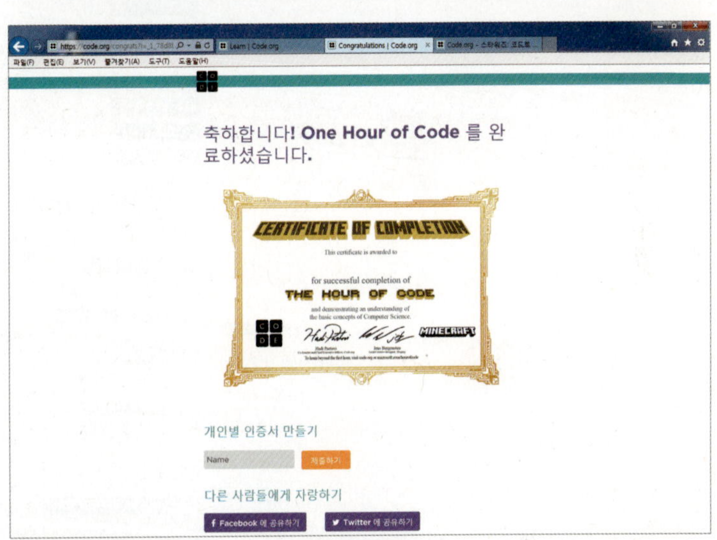

**11** 학생들은 코드(Code.org) 홈페이지에서(01번 화면) [학생들]을 클릭해 모든 과정을 차례대로 학습할 수 있습니다. 이 과정을 통해 컴퓨터 과학의 원리를 이해할 수 있습니다.

# Chapter 2

# 스크래치 시작하기

스크래치는 미국의 MIT에서 만든 프로그램으로 유아부터 성인까지 누구나 프로그램을 쉽게 작성하는 방법을 익히도록 만든 교육용 프로그램입니다. 블록 형태의 명령을 연결하기만 하면 쉽게 프로그램을 작성할 수 있습니다. 스크래치는 오픈소스로서 전 세계 누구나 스크래치가 어떻게 만들어졌는지 확인할 수 있고 새롭게 수정할 수 있습니다. 따라서 스크래치는 빠르게 업그레이드되고 있으며, 많은 사람들이 관심을 가지고 사용하고 있는 프로그램입니다.

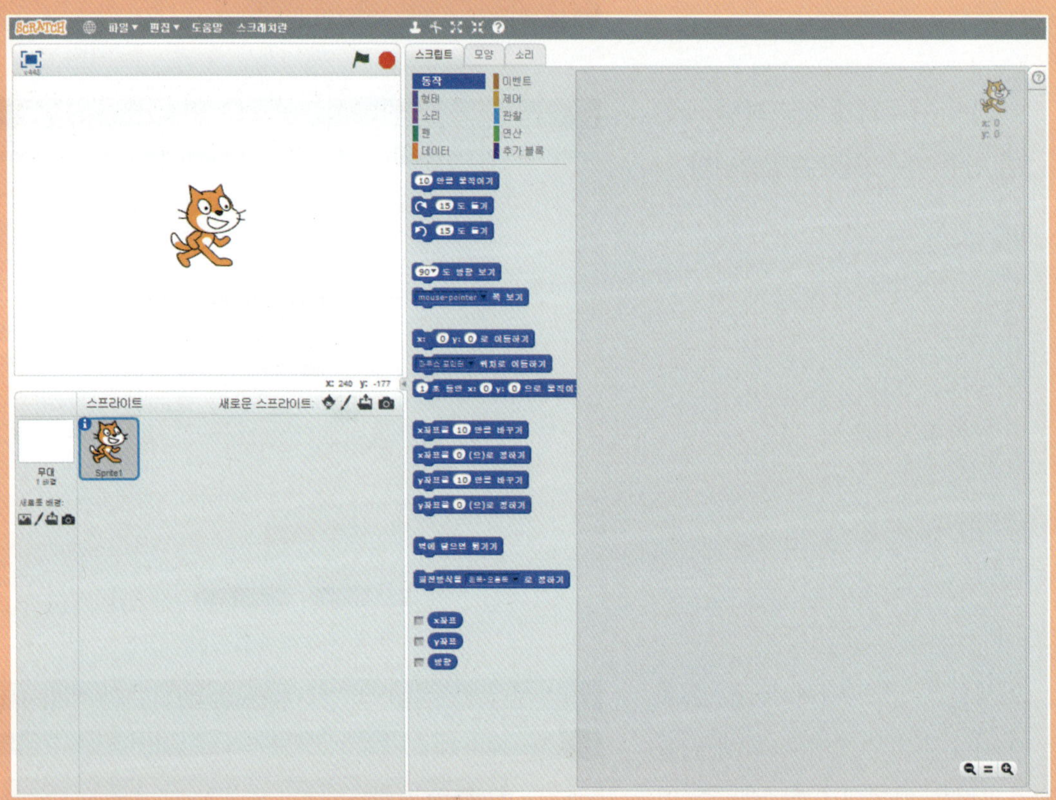

 **어떤 것을 할 수 있나요?**

- 스크래치 프로그램을 설치할 수 있습니다 .
- 스크래치의 화면 구조를 알 수 있습니다.
- 스크래치의 명령 블록의 종류와 기능을 알 수 있습니다.

# 스크래치 설치하기

스크래치에는 온라인 버전과 오프라인 버전이 있는데, 온라인 버전은 인터넷이 연결되어 있으면 언제 어디서나 사용할 수 있으며, 로그인하면 작업하던 파일을 인터넷에 보관해 놓고 다른 곳에서도 작업을 계속해서 이어갈 수 있습니다. 오프라인 버전은 인터넷 연결과 관계없이 사용할 수 있으며, 내 컴퓨터에 저장된 파일을 불러와 작업을 할 수 있습니다.

**01** 스크래치를 설치하기 위해 스크래치 홈페이지(http://scratch.mit.edu/)에 방문합니다. 스크래치 홈페이지가 나타나면 [도움말]을 클릭합니다.

**tip**

온라인 버전을 사용하려면 [만들기]를 클릭합니다. 이렇게 하면 인터넷에서 스크래치 프로그램을 바로 사용할 수 있습니다.

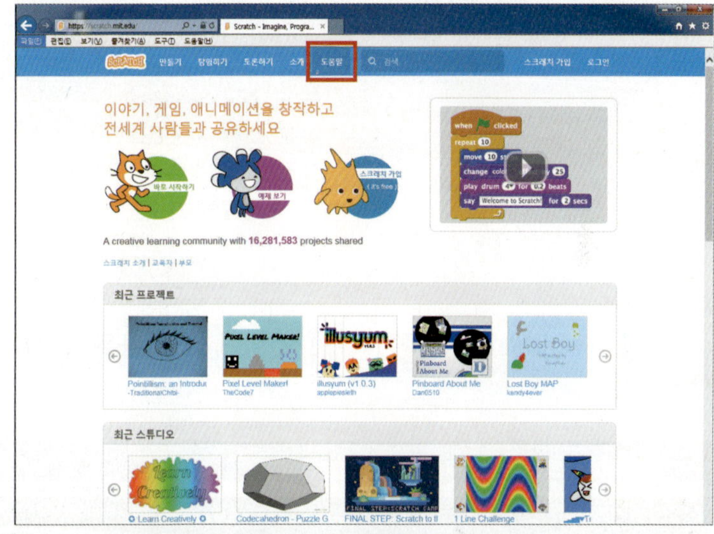

**02** 스크래치를 설치하기 위해 화면 오른쪽에 있는 [스크래치2 오프라인 에디터](Scratch 2 Offline Editor)를 클릭합니다.

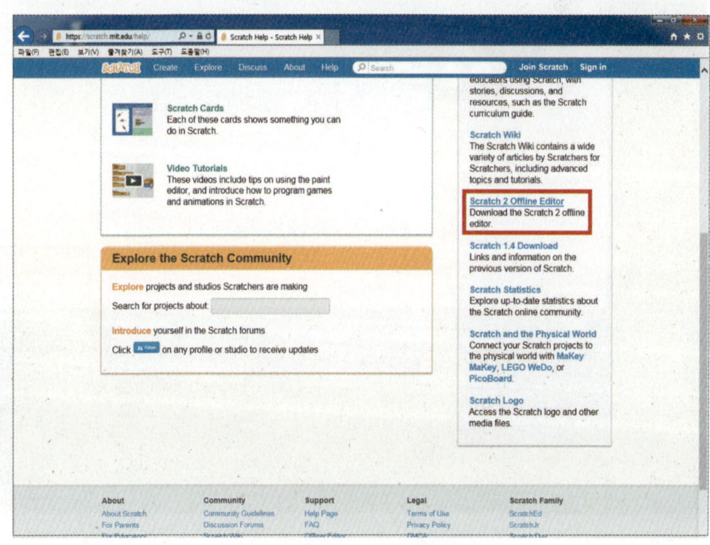

**03** [Scratch 2 Offline Editor] 페이지가 나타나면 Adobe AIR 항목에서 Windows의 [Download]를 클릭합니다.

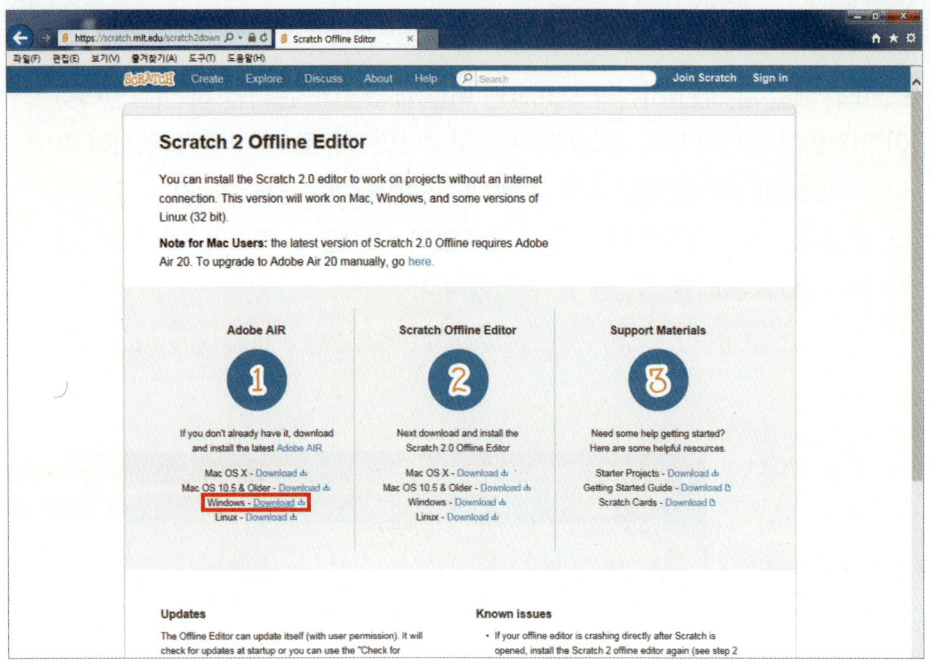





**04** [Adobe AIR] 페이지가 나타나면 [지금 다운로드]를 클릭합니다.

**05** [실행]을 클릭해 Adobe AIR 프로그램을 설치합니다.

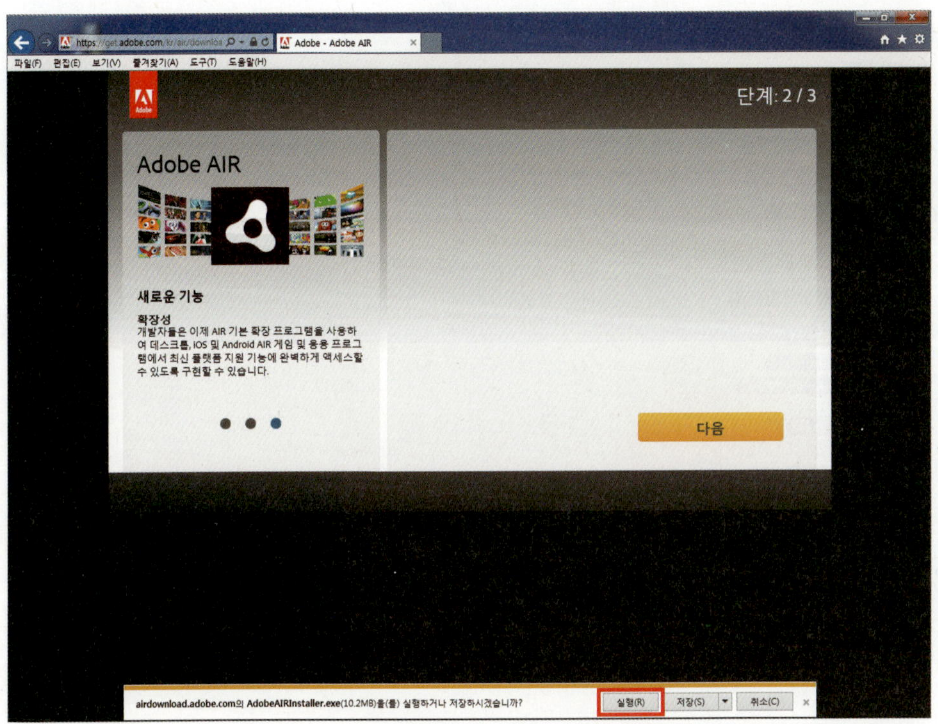

**06** Adobe AIR 설치가 끝나면 Scratch Offline Editor 항목에서 Windows의 [Download]를 클릭합니다. [실행]을 클릭해 스프래치 프로그램을 설치합니다.

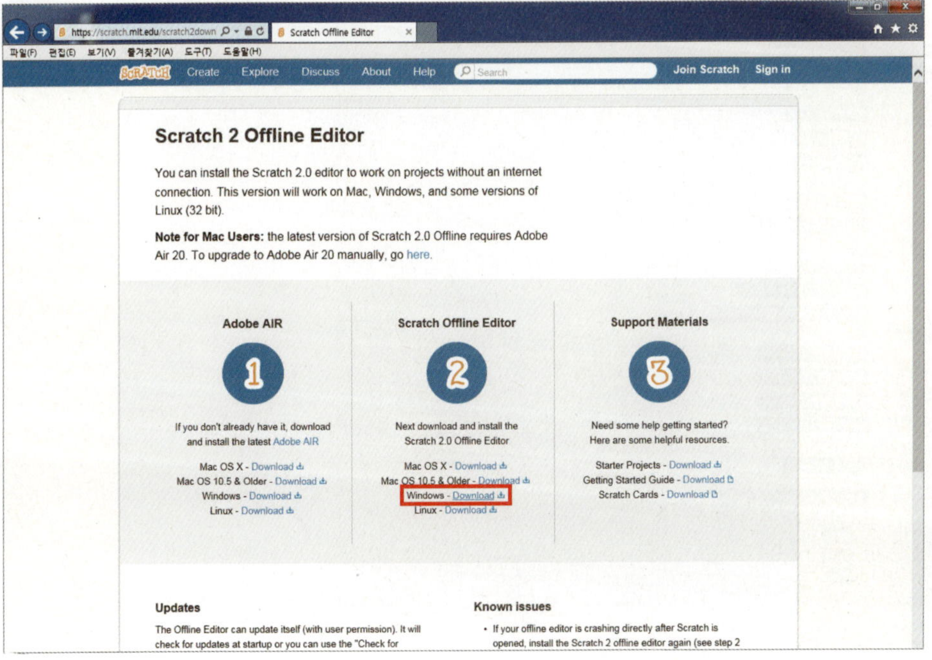

# 07

스크래치가 설치되면 바탕화면의 [Scratch 2 Offline Editor]를 클릭해 실행합니다. 영
어 버전을 한글로 바꾸려면 메뉴 표시줄의 ⊕를 클릭한 다음 [한국어]를 선택합니다.

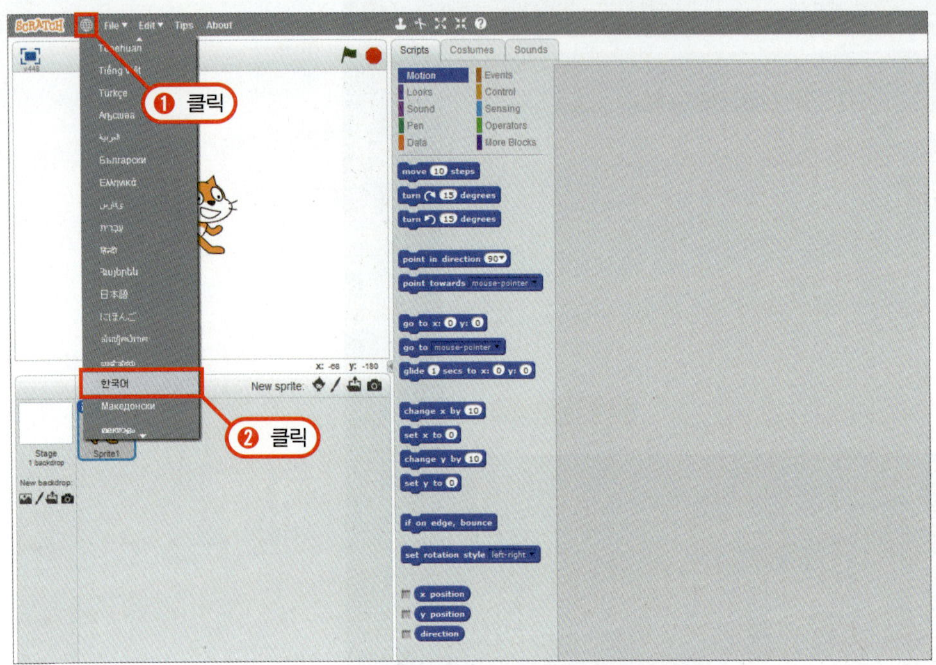


# 08

메뉴와 명령 블록 등이 모두 한글로 바뀝니다.

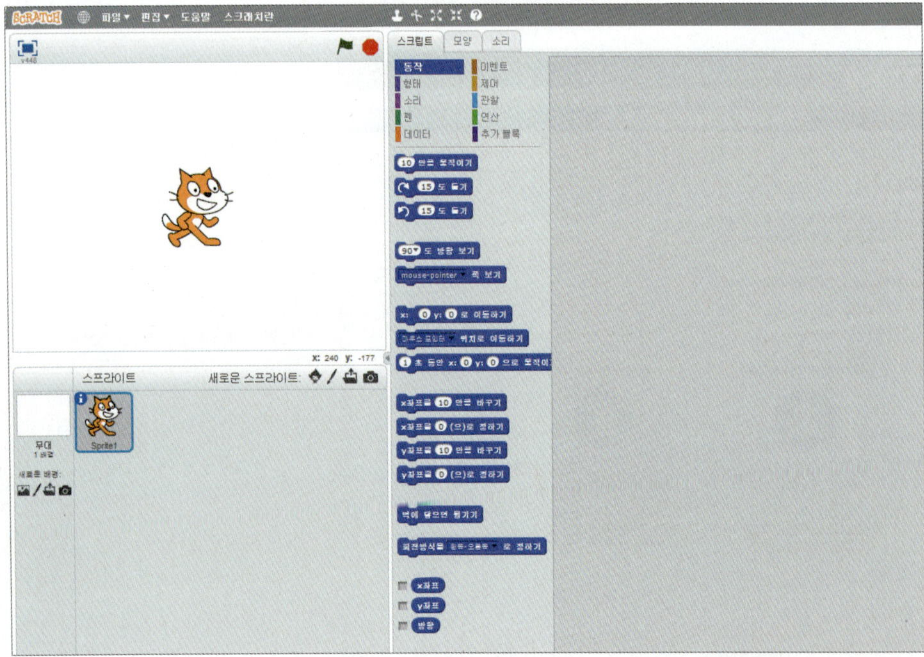

Section 02

# 스크래치의 전체 화면

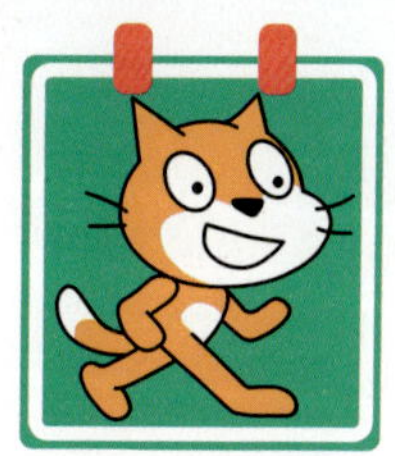

스크래치 화면은 여러 개의 구성 요소로 나뉘어져 있습니다. 다소 복잡해 보일 수 있지만, 프로그램을 작성할 때 매우 유용하게 사용되는 부분이므로 반드시 어떻게 사용하는지 알고 있어야 합니다. 특히, 프로그래밍을 하기 전에 모양이나 방향 등 다양한 상세 설정을 위해서는 구성 요소의 사용 방법을 알고 있어야 합니다.

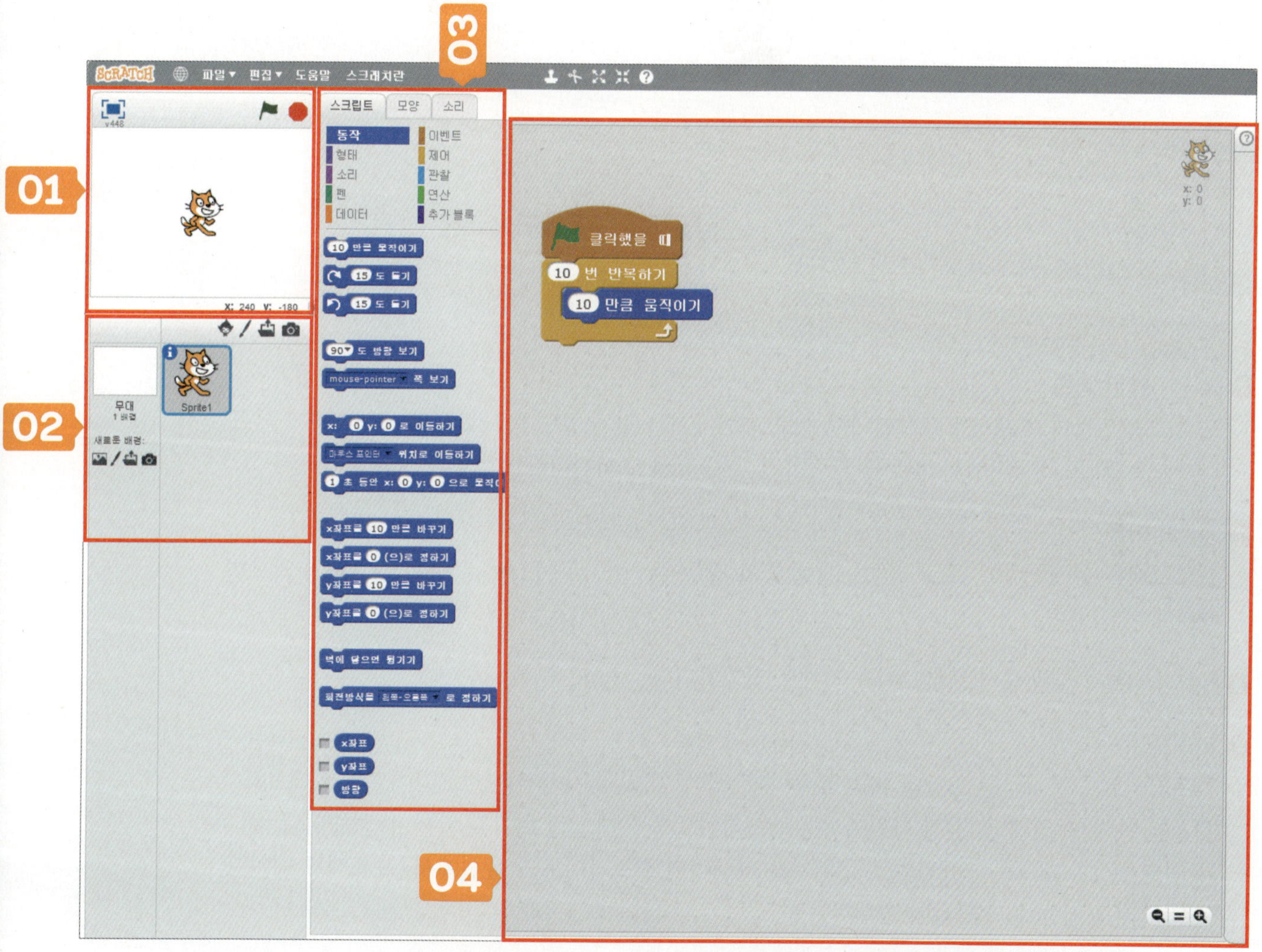

# 01 무대

배경과 스프라이트 등이 표시되는 곳으로, 프로그램을 실행하면 실제 동작이 표시되는 부분입니다. 무대는 작게 보거나 전체 화면 등으로 바꿔 표시할 수 있습니다.

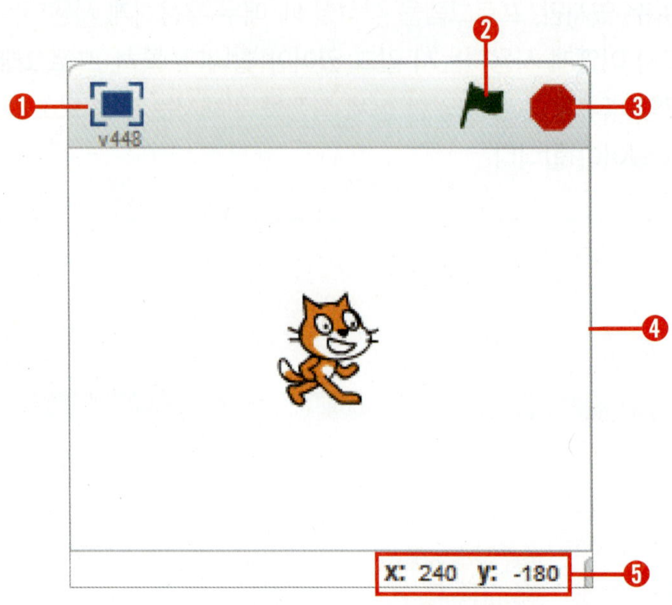

❶ **[화면 확대] 버튼**

프로그램을 전체 화면으로 표시합니다. 스크래치에서는 전체 화면을 프로젝트 페이지라고 부릅니다. 프로젝트 페이지에서 (￦)를 클릭하면 다시 작게 표시됩니다.

❷ **[실행] 버튼**

프로그램을 실행합니다. 프로그램이 실행 중인 경우에는 아이콘이 (▶)로 바뀌고 그렇지 않으면 (▶)로 바뀝니다.

❸ **[정지] 버튼** : 실행 중인 프로그램을 강제로 정지합니다.

❹ **미리보기**

스프라이트가 동작하는 모양을 미리 볼 수 있습니다. 미리 보기에서는 스프라이트를 드래그해 위치를 바꿀 수 있지만, 전체 화면에서는 스프라이트를 드래그해 위치를 바꿀 수 없습니다. 전체 화면에서 드래그로 스프라이트의 위치를 바꾸려면 스프라이트의 옵션에서 [프로젝트 페이지에서 드래그 가능]을 선택해야 합니다.

❺ **마우스 포인터 위치** : 현재 마우스 포인터의 위치가 x 좌표와 y 좌표로 표시됩니다.

## 02 스프라이트 영역

프로그램의 배경으로 사용되는 무대와 움직임 등을 지정할 수 있는 스프라이트가 표시됩니다.

### ❶ 무대

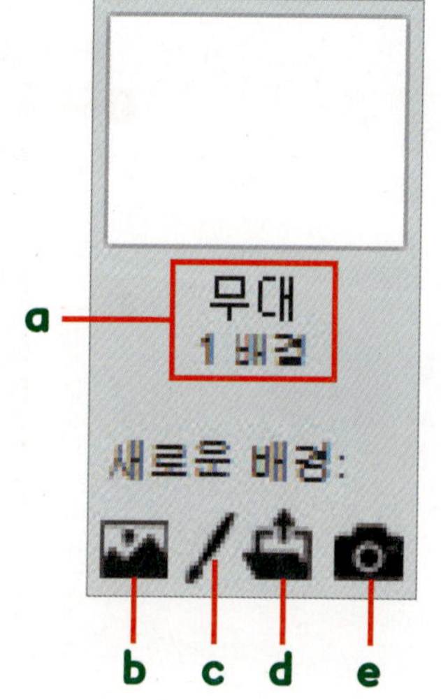



프로그램의 배경이 되는 스프라이트로 모양, 소리 등을 지정할 수 있으며 명령 블록을 이용하여 다양한 프로그래밍을 할 수 있습니다. 하지만 무대는 다른 스프라이트와 다르게 동작 등을 지정할 수 없습니다.

**a.** 무대에 포함된 배경의 개수가 표시됩니다.

**b.** 저장소에서 무대 선택 : 스크래치에 내장되어 있는 라이브러리에서 원하는 무대 배경을 골라 가져올 수 있습니다.

**c.** 배경 새로 그리기 : 새로운 배경 스프라이트를 직접 그릴 수 있습니다.

**d.** 배경 파일 업로드하기 : 가지고 있는 이미지를 업로드하여 배경으로 사용할 수 있습니다.

**e.** 웹캠으로 배경찍기 : 컴퓨터에 장착된 웹캠으로 사진을 찍어 배경으로 사용할 수 있습니다.

### ❷ 스프라이트 목록

현재 프로그램에서 사용할 수 있는 스프라이트가 표시됩니다. 캐릭터와 소품들이 표시되는 공간으로 원하는 스프라이트를 클릭하여 스크립트나 모양, 소리 등을 지정할 수 있습니다.

**f.** 라이브러리에서 스프라이트 선택 : 스크래치에 내장되어 있는 라이브러리에서 원하는 스프라이트를 골라 가져올 수 있습니다.

**g.** 새 스프라이트 색칠 : 새로운 스프라이트를 직접 그릴 수 있습니다.

**h.** 스프라이트 파일 업로드하기 : 가지고 있는 이미지를 업로드 하여 스프라이트로 사용할 수 있습니다. 이미지는 비트맵(BMP, JPG 등) 형식이나 벡터(SBG) 형식의 이미지를 사용할 수 있습니다.

**i.** 카메라로부터 새 스프라이트 만들기 : 컴퓨터에 장착된 웹캠으로 사진을 찍어 스프라이트를 만들 수 있습니다.

## 03 ▸ 팔레트 영역

스프라이트를 프로그래밍하기 위해 사용되는 10개의 팔레트가 있으며, 클릭하면 팔레트에 포함된 명령 블록이 표시됩니다.

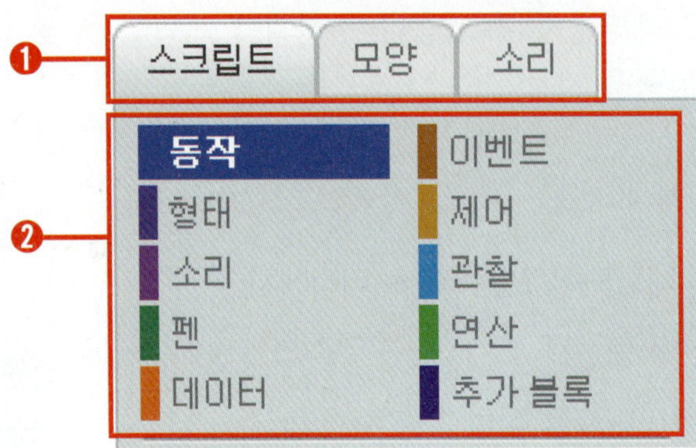



**❶ 영역 탭**

스크립트 탭, 모양 탭, 소리 탭이 있으며 원하는 탭을 클릭하면 선택한 팔레트가 나타납니다.

- **스크립트 탭** : 팔레트에서 명령 블록을 끌어다 놓아 프로그래밍할 수 있습니다.

- **모양 탭** : 선택한 스프라이트에 사용할 그림을 그리거나 수정할 수 있으며, 파일로 저장되어 있는 이미지를 가져올 수 있습니다. 이미지는 비트맵 형식이나 벡터 형식으로 바꿀 수 있습니다.

- **소리 탭** : 스프라이트가 사용할 소리를 직접 녹음하거나, 다른 곳에서 가져 올 수 있습니다. 소리는 mp3 형식으로 저장되며, 스프라이트에 업로드된 소리 파일은 해당 스프라이트에서만 사용할 수 있습니다.

**❷ 팔레트**

스프라이트를 프로그래밍하기 위해 사용하는 동작, 이벤트, 형태 등 10개의 팔레트가 있습니다. 팔레트를 클릭하면 사용할 수 있는 명령 블록이 나타납니다.

# 04 스크립트 영역

팔레트를 선택한 다음 명령 블록을 드래그해 프로그램을 작성하는 공간입니다. 공간의 크기는 무한대라고 할 수 있습니다.

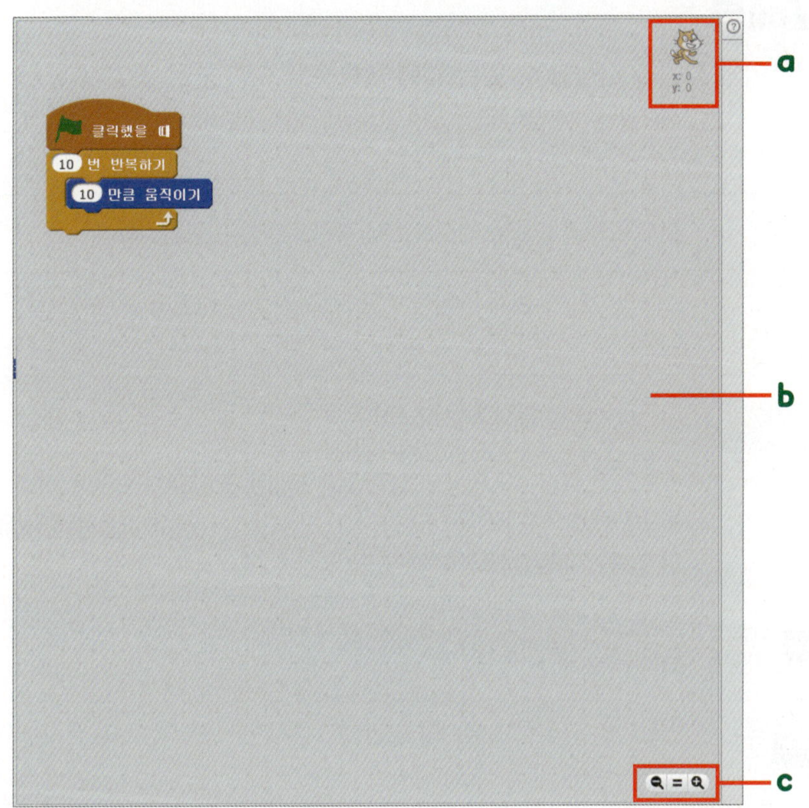

a. **스프라이트 위치** : 현재 선택된 스프라이트의 위치가 x 좌표와 y 좌표로 표시됩니다.

b. 복사, 삭제, 확대, 축소, 블록 도움말 등이 표시됩니다.

c. **확대, 축소** : 스크립트 영역을 확대하거나 축소할 수 있습니다.

# 팔레트 살펴보기

## 01 ▶ [동작] 팔레트

[동작] 팔레트는 스프라이트의 움직임을 지정할 수 있는 명령 블록들을 모아 놓은 곳입니다. [동작] 팔레트의 명령 블록은 무대에서는 사용할 수 없습니다.

| | |
|---|---|
| ◯ 만큼 움직이기 | 현재 위치와 방향을 기준으로 입력된 값만큼 이동합니다. |
| ↻ ◯ 도 돌기 | 스프라이트가 현재 방향을 기준으로 입력된 값만큼 오른쪽으로 회전합니다. |
| ↺ ◯ 도 돌기 | 스프라이트가 현재 방향을 기준으로 입력된 값만큼 왼쪽으로 회전합니다. |
| ▼ 도 방향 보기 | 스프라이트의 현재 방향과 상관없이 지정된 방향(90 : 오른쪽, −90 : 왼쪽, 0 : 위, 180 : 아래쪽)을 바라봅니다. 지정된 값 이외에 새로운 값을 입력하면 입력한 값만큼 회전할 수 있습니다. |
| x: ◯ y: ◯ (으)로 가기 | 스프라이트의 현재 위치와 상관없이 입력된 x, y 값으로 스프라이트의 위치를 바꿉니다. |
| 마우스의 포인터 ▼ 위치로 가기 | 스프라이트의 현재 위치와 상관없이 선택한 스프라이트의 위치나 마우스 포인터의 위치로 이동합니다. |
| ◯ 초 동안 x: ◯ y: ◯ 으로 움직이기 | 스프라이트의 현재 위치에서 입력된 시간 동안 지정된 x, y 위치로 이동합니다. 입력된 시간이 길거나 거리가 멀면 천천히 이동하고 시간이 짧거나 거리가 가까우면 천천히 이동합니다. |
| x좌표를 ◯ 만큼 바꾸기 | 스프라이트의 현재 위치에서 입력된 값만큼 x 좌표를 이동합니다. 입력한 값이 양수이면 오른쪽으로 이동하고 음수이면 왼쪽으로 이동합니다. |
| x좌표를 0 (으)로 정하기 | 현재 위치에서 x 좌표만 입력한 값으로 바꿉니다. |
| y좌표를 ◯ 만큼 바꾸기 | 스프라이트의 현재 위치에서 입력된 값만큼 y 좌표를 이동합니다. 입력한 값이 양수이면 위쪽으로 이동하고 음수이면 아래쪽으로 이동합니다. |
| y좌표를 ◯ (으)로 정하기 | 현재 위치에서 y 좌표만 입력한 값으로 바꿉니다. |
| 벽에 닿으면 튕기기 | 스프라이트가 벽에 닿으면 회전 방향을 바꿉니다. |

| | |
|---|---|
| 회전방식을 왼쪽-오른쪽 ▾ 으로 정하기 | 회전 방식을 지정합니다. 회전 방식은 스프라이트의 방향에 따라 스프라이트를 회전하거나 대칭으로 모양을 바꿀지, 아니면 모양을 고정할지 등을 결정할 수 있습니다.<br>• 왼쪽–오른쪽 : 좌우 회전만 가능하며 모양이 좌우대칭으로 바뀝니다.<br>• 회전하지 않기 : 회전을 할 수 없습니다.<br>• 회전하기 : 360도 원하는 방향으로 회전할 수 있습니다. |
| x 좌표 | 현재 스프라이트의 x 좌표 값을 나타냅니다. 혼자서는 사용할 수 없고 다른 명령 블록의 인수로 사용합니다. |
| y 좌표 | 현재 스프라이트의 y 좌표 값을 나타냅니다. 혼자서는 사용할 수 없고 다른 명령 블록의 인수로 사용합니다. |
| 방향 | 현재 스프라이트의 이동 방향의 각도를 나타냅니다. 혼자 사용할 수 없고 다른 명령 블록의 인수로 사용합니다. |

# 02 [이벤트] 팔레트

이벤트 팔레트는 명령 블록의 모음으로 이벤트를 발생했을 때 처리할 명령 블록을 모아 놓고 필요할 때 이벤트를 발생하기 위해 사용합니다.

| | |
|---|---|
| 클릭했을 때 | (🚩)를 클릭할 때 명령 블록을 실행합니다. (🚩)는 프로그램을 실행하면 가장 먼저 처리하는 명령 블록들의 모음입니다. |
| 스페이스 ▾ 키를 눌렀을 때 | 키보드에서 지정된 키를 눌렀을 때 스크립트를 실행합니다. 프로그램이 실행되지 않아도 키가 눌리면 해당 스크립트가 실행됩니다. |
| 이 스프라이트를 클릭했을 때 | 이 스프라이트를 마우스로 클릭했을 때 스크립트를 실행합니다. |
| 배경이 backdrop1 ▾ (으)로 바뀌었을 때 | 지정된 배경으로 바뀌었을 때 스크립트를 실행합니다. |
| 음량 ▾ > 10 일 때 | 음량, 타이머, 비디오 동작 등이 지정된 값보다 클 때 스크립트를 실행합니다. |
| message1 ▾ (을)를 받았을 때 | 지정된 이벤트를 받으면 스크립트를 실행합니다. 같은 이름의 명령 블록이 여러 개 있어도 됩니다. |
| message1 ▾ (을)를 방송하기 | 모든 스프라이트에 지정된 이벤트를 방송합니다. |
| message1 ▾ (을)를 방송하고 기다리기 | 모든 스프라이트에 지정된 이벤트를 보내고 끝날 때까지 기다립니다. 같은 이름의 이벤트를 받는 스크립트가 많으면 모든 스크립트가 끝난 후 명령 블록의 아래에 있는 스크립트를 실행합니다. |

 **[형태] 팔레트**

스프라이트의 모양을 바꾸거나 크기, 효과 등을 지정할 수 있는 명령 블록의 모아 놓은 팔레트입니다.

| | |
|---|---|
| □ (을)를 ● 초 동안 말하기 | □에 입력한 내용을 ○초 동안으로 표시합니다. |
| □ 말하기 | □에 입력한 내용을 텍스트로 표시합니다. |
| □ (을)를 ● 초 동안 생각하기 | □에 입력한 내용을 ○초 동안으로 표시합니다. |
| □ 생각하기 | □에 입력한 내용을 텍스트로 표시합니다. |
| 보이기 | 스프라이트를 무대에 표시합니다. |
| 숨기기 | 스프라이트를 무대에서 보이지 않도록 숨깁니다. |
| 모양을 pencil-b ▼ (으)로 바꾸기 | 스프라이트의 모양이 여러 개인 경우 지정된 모양으로 바꿉니다. 모양 이름에 숫자를 입력하거나 숫자와 관련된 명령 블록을 연결하면 모양 번호에 해당하는 모양으로 바뀝니다. |
| 다음 모양으로 바꾸기 | 스프라이트의 모양이 여러 개인 경우 다음 모양으로 바꿉니다. 만약 마지막 모양이라면 처음 모양으로 바뀝니다. |
| 배경을 다음 배경으로 바꾸기 ▼ (으)로 바꾸기 | 무대의 배경이 여러 개인 경우 지정된 배경으로 바꾸거나 이전 배경 또는 다음 배경으로 바꿉니다. 만약 가장 마지막 배경에서 다음 배경으로 바꾸면 가장 처음 배경으로 바뀌고 가장 처음 배경에서 이전 배경으로 바꾸면 마지막 배경으로 바뀝니다. |
| 색깔 ▼ 효과를 ● 만큼 바꾸기 | 색깔, 어안 렌즈, 소용돌이, 픽셀화, 모자이크, 밝기, 반투명 등의 효과를 현재 지정된 효과에서 ○에 입력한 만큼 바꿉니다. |
| 색깔 ▼ 효과를 ● (으)로 정하기 | 색깔, 어안 렌즈, 소용돌이, 픽셀화, 모자이크, 밝기, 반투명 등의 효과를 현재 지정된 값에 상관없이 ○에 입력한 값으로 지정합니다. 값이 클수록 많은 효과를 지정하고 값에 '0'을 입력하면 지정된 효과를 지웁니다. |
| 그래픽 효과 지우기 | 스프라이트에 지정되어 있는 모든 그래픽 효과를 지웁니다. |
| 크기를 ● 만큼 바꾸기 | 스프라이트의 크기를 현재 크기에서 ○에 입력한 만큼 바꿉니다. |
| 크기를 ● % 로 정하기 | 스프라이트의 크기를 원본 크기에서 ○에 입력한 %로 바꿉니다. |
| 맨 앞으로 나오기 | 스프라이트가 겹쳐져 있을 경우 맨 앞으로 나옵니다. |
| ● 번째로 물러나기 | 스프라이트가 겹쳐져 있을 경우 순서를 지정할 수 있는 명령 블록으로 겹쳐져 있을 때 ○번째로 물러납니다. |

| | |
|---|---|
| 모양 번호 | 스프라이트의 모양이 여러 개인 경우 현재 화면에 표시되고 있는 스프라이트의 모양이 몇 번째인지 의미합니다. 혼자서는 사용할 수 없고 다른 명령 블록의 인수로 사용할 수 있습니다. |
| 배경 이름 | 현재 무대에 표시되는 배경의 이름을 의미하며 혼자서는 사용할 수 없고 다른 명령 블록의 인수로 사용할 수 있습니다. |
| 크기 | 현재 스프라이트의 크기가 %인지를 의미하며 혼자서는 사용할 수 없고 다른 명령 블록의 인수로 사용할 수 있습니다. |

## 04 〔제어〕 팔레트

제어 팔레트는 지정된 시간이나 조건이 맞을 때까지 기다리거나, 명령 블록을 반복하고, 조건에 따라 처리할 명령 블록을 다르게 선택할 수 있는 명령 블록의 모음입니다.

| | |
|---|---|
| 초 기다리기 | 지정된 시간동안 기다렸다가 다음 명령 블록을 실행합니다. |
| 번 반복하기 | 반복할 횟수를 알고 있을 때 사용하는 명령 블록으로서, 지정된 횟수만큼만 반복한 후 다음 명령 블록을 실행합니다. |
| 무한 반복하기 | 프로그램을 종료하기 전까지 계속해서 반복합니다. 무한 반복하기 명령 블록 이후에는 다른 명령 블록을 연결할 수 없습니다. |
| 만약 〈 〉 라면 | 조건을 확인할 수 조건이 맞으면 명령 블록 내에 포함된 명령 블록을 수행합니다. 조건이 맞지 않으면 다음 명령 블록을 실행합니다. |
| 만약 〈 〉 라면 아니면 | 조건을 확인할 수 조건이 맞으면 명령 블록 내에 포함된 명령 블록을 수행하고 조건이 맞지 않으면 〈아니면〉 이후에 있는 명령 블록을 수행합니다. |
| 까지 기다리기 | 조건이 맞을 때까지 다음 명령 블록을 실행하지 않고 기다립니다. |
| 까지 반복하기 | 반복할 횟수를 알지 못할 때 사용하는 명령 블록으로, 조건이 맞을 때까지 계속해서 반복하는 명령 블록입니다. |
| 모두 ▼ 멈추기 | 현재 스크립트 또는 스프라이트에 있는 다른 스크립트 등을 멈출 수 있습니다. 그리고 모두 멈추기를 선택하면 프로그램이 멈춥니다. |
| 복제되었을 때 | 스프라이트가 복제되면 처리할 명령 블록을 작성합니다. 스프라이트를 복제하면, 하나의 스프라이트를 여러 개처럼 만들 수 있습니다. |
| 나 자신 ▼ 복제하기 | 복제할 스프라이트를 선택합니다. |

| 이 복제본 삭제하기 | 복제된 스프라이트를 삭제합니다. |

## 05 [소리] 팔레트

스프라이트에 삽입된 소리 파일을 재생하거나 멈출 수 있고, 음량 등을 지정할 수 있습니다. 그리고 다양한 악기 소리를 재생하여 효과음을 지정할 수 있는 명령 블록의 모음입니다.

|  |  |
| --- | --- |
| 야옹 재생하기 | 지정된 소리를 냅니다. 지정된 소리가 끝나기 전에 다른 소리를 재생하면 지정된 소리는 멈추고 다른 소리가 재생됩니다. |
| 야옹 끝까지 재생하기 | 지정된 소리를 냅니다. 지정된 소리가 끝나기 전에 다른 소리를 재생해도 지정된 소리가 모두 재생된 후 다른 소리가 재생됩니다. |
| 모든 소리 끄기 | 재생 중인 모든 소리를 끕니다. |
| 번 타악기를 박자로 연주하기 | 지정된 악기로 입력된 박자만큼 연주합니다. |
| 박자 쉬기 | 소리나 음이 연주되는 동안 지정된 박자 동안 쉽니다. |
| 번 음을 박자로 연주하기 | 지정된 음을 지정된 박자로 연주합니다. |
| 번 악기로 정하기 | 악기에는 1~21번까지 있으며, 연주할 악기를 지정합니다. |
| 음량을 만큼 바꾸기 | 음량을 현재 값에서 지정된 값만큼 바꿉니다. |
| 음량을 % 로 정하기 | 현재 음량에 상관없이 음량을 지정된 값으로 바꿉니다. |
| 음량 | 음량이 얼마인지 값으로 나타냅니다. |
| 빠르기를 만큼 바꾸기 | 빠르기를 현재 값에서 지정된 값만큼 바꿉니다. |
| 빠르기를 BPM 으로 정하기 | 음이나 소리의 빠르기를 지정된 값으로 바꿉니다. |
| 빠르기 | 빠르기가 얼마인지 값으로 나타냅니다. |

스프라이트가 다른 스프라이트에 닿았는지, 색상에 닿았는지 등 스프라이트를 관찰하는 명령 블록
모음입니다. 대부분 혼자 사용할 수 없고 다른 명령 블록의 인수로서 사용합니다.

|  |  |
| --- | --- |
| ▼ 에 닿았는가? | 다른 스프라이트에 닿았거나 마우스 포인터, 벽 등에 닿았는지 판단합니다. 다른 스프라이트나 마우스 포인터, 벽 등 지정된 항목에 닿으면 '참'이 되고 그렇지 않으면 '거짓'이 됩니다. |
| 색에 닿았는가? | 스프라이트가 지정된 색에 닿았는지 판단하여 닿으면 '참'이 되고 그렇지 않으면 '거짓'이 됩니다. 색을 클릭한 다음 지정할 색을 클릭하면 색을 지정할 수 있습니다. |
| 색이 색에 닿았는가? | 첫 번째 색이 두 번째 색상에 닿았는지 판단하여 닿으면 '참'이 되고 그렇지 않으면 '거짓'이 됩니다. |
| ▼ 까지 거리 | 지정된 스프라이트나 마우스 포인터까지의 거리를 알려줍니다. |
| (을)를 묻고 기다리기 | 화면에 질문을 한 후 키보드 입력을 기다립니다. 입력된 항목은 '대답'에 저장됩니다. |
| 대답 | 가장 최근에 키보드로 입력한 내용을 저장하고 있습니다. |
| 스페이스 ▼ 키를 클릭했는가? | 키보드에서 어떤 키를 눌렀는지 판단합니다. 지정된 키가 눌리면 '참'이 되고 그렇지 않으면 '거짓'이 됩니다. |
| 마우스를 클릭했는가? | 마우스를 클릭했는지 확인합니다. 마우스가 눌리면 '참'이 되고 그렇지 않으면 '거짓'이 됩니다. |
| 마우스의 x좌표 | 마우스의 x 좌표를 확인합니다. |
| 마우스의 y좌표 | 마우스의 y 좌표를 확인합니다. |
| 음량 | 현재 음량을 확인합니다. [소리] 팔레트의 음량은 해당 스프라이트에서 재생되는 소리나 음의 음량을 확인할 수 있으며, [관찰] 팔레트의 음량은 모든 스프라이트에서 재생되는 소리의 음량을 확인할 때 사용합니다. |
| 비디오 동작 ▼ 위의 이 스프라이트 ▼ | 지정된 스프라이트에 비디오 모션의 양이 얼마나 되는지 확인하는데 사용합니다. |
| 비디오 켜기 ▼ | 비디오카메라를 켜거나 끌 수 있습니다. 웹캠과 같은 비디오카메라가 연결되면, 배경에 웹캠으로 찍는 화면이 표시됩니다. |
| 비디오 투명도를 50 % 로 정하기 | 비디오카메라의 투명도를 지정합니다. 웹캠과 같은 비디오카메라가 재생될 때 투명도를 조절할 수 있습니다. |

| | |
|---|---|
| 타이머 | 프로그램이 실행되면 타이머가 자동으로 실행되며, 타이머가 작동된 이후의 시간이 표시됩니다. |
| 타이머 초기화 | 타이머를 초기화합니다. 타이머를 초기화하면 타이머의 값이 0으로 바뀐 다음 다시 시작합니다. |
| x 좌표 ▼ of Sprite1 ▼ | 지정된 스프라이트의 x 좌표나 y 좌표 값, 모양, 크기, 음량 등의 정보를 알아낼 수 있습니다. |
| 현재 분 ▼ | 현재 년, 월, 일, 요일, 시, 분, 초 등을 알아낼 수 있습니다. |
| 2000년 이후 경과일 | 2000년 이후의 일수를 알아낼 수 있습니다. |
| 사용자이름 | 사용자 이름을 알아낼 수 있습니다. |

## 07 [펜] 팔레트

스프라이트가 이동하는 흔적을 펜으로 이용하여 표시할 수 있습니다. 스프라이트가 이동하는 모양에 따라 그림을 그릴 수 있습니다.

| | |
|---|---|
| 지우기 | 펜으로 그린 그림을 모두 지웁니다. |
| 도장찍기 | 펜으로 그린 그림을 도장 찍듯 복사합니다. |
| 펜 내리기 | 펜으로 그림을 그리기 위해 펜을 내립니다. |
| 펜 올리기 | 그림 그리기를 잠시 멈추기 위해 펜을 올립니다. |
| 펜 색깔을 ■ (으)로 정하기 | 펜 색상을 바꿉니다. |
| 펜 색깔을 10 만큼 바꾸기 | 펜 색깔을 지정된 값만큼 바꿉니다. |
| 펜 색깔을 0 (으)로 정하기 | 펜 색깔을 지정된 숫자 값으로 정합니다. |
| 펜 음영을 10 만큼 바꾸기 | 펜 음영을 지정된 값으로 바꿉니다. |
| 펜 음영를 50 (으)로 정하기 | 펜 음영을 지정된 숫자 값으로 정합니다. |
| 펜 굵기를 1 만큼 바꾸기 | 펜 굵기를 지정된 값만큼 바꿉니다. |
| 펜 굵기를 1 (으)로 정하기 | 펜 굵기를 지정된 값으로 바꿉니다. |

 **[연산] 팔레트**

하나 또는 두 개 이상의 항목의 연산을 통해 결과 값을 알려주는 명령 블록의 모음입니다. 더하기,
빼기, 곱하기, 나누기 등의 사칙 연산 뿐만 아니라, 크다, 작다, 같다 등의 비교 연산, 그리고, 또는,
아니다 등의 논리 연산 등을 실행합니다.

| | |
|---|---|
| ( ) + ( ) | 첫 번째 값에 두 번째 값을 더하여 저장합니다. |
| ( ) - ( ) | 첫 번째 값에서 두 번째 값을 뺀 값을 저장합니다. |
| ( ) * ( ) | 첫 번째 값과 두 번째 값을 곱하여 저장합니다. |
| ( ) / ( ) | 첫 번째 값을 두 번째 값으로 나눈 값을 저장합니다. |
| 1 부터 10 사이의 난수 | 첫 번째 값부터 두 번째 값 사이에서 임의의 수를 저장합니다. |
| [ ] < [ ] | 첫 번째 값이 두 번째 값보다 작으면 참을 보고하고 그렇지 않으면 거짓이 됩니다. |
| [ ] = [ ] | 첫 번째 값과 두 번째 값이 같은지 판단하여 같으면 참, 다르면 거짓이 됩니다. |
| [ ] > [ ] | 첫 번째 값이 두 번째 값보다 크면 참을 보고하고 그렇지 않으면 거짓이 됩니다. |
| 그리고 | 첫 번째 값과 두 번째 값이 모두 참이면 참, 하나라도 거짓이면 거짓이 됩니다. |
| 또는 | 첫 번째 값이나 두 번째 값 중 하나라도 참이면 참을 보고하고 둘 다 거짓이면 거짓이 됩니다. |
| 아니다 | 입력된 값이 참이면 거짓을, 거짓이면 참이 됩니다. |
| hello 과 world 결합하기 | 첫 번째 값과 두 번째 값을 연결합니다. |
| letter 1 of world | 두 번째 값에 입력된 문자 중 첫 번째 값에 입력된 위치의 문자입니다. |
| world 의 길이 | 입력된 내용이 몇 글자인지 알려줍니다. |
| ( ) 나누기 ( ) 의 나머지 | 첫 번째 값을 두 번째 값으로 나눈 나머지입니다. |
| ( ) 반올림 | 입력된 값을 반올림합니다. |
| 제곱근 ▼ of 9 | 입력된 값의 수학 함수(절댓값, 바닥 함수, 천장 함수, 제곱근, sin, cos, tan, asin 등)에 해당하는 결과 값입니다. |

# 09 [데이터] 팔레트

변수와 리스트를 만들 수 있는 명령 블록 모음입니다. 변수 또는 리스트를 만들면 사용할 수 있는
명령 블록이 나타납니다. 변수는 특정한 값을 저장할 수 있는 기억장소이며, 리스트는 같은 특성을
갖는 변수의 모임이라고 할 수 있습니다.

| | |
|---|---|
| 변수 만들기 | 새로운 변수를 만듭니다. |
| 변수 | 변수의 값에 저장된 값입니다. |
| 변수 ▼ (을)를 0 로 정하기 | 변수의 값을 지정된 값으로 바꿉니다. |
| 변수 ▼ 를 1 만큼 바꾸기 | 변수의 값을 현재 값에서 지정된 값만큼 더합니다. |
| 변수 ▼ 변수 보이기 | 변수를 화면에 표시합니다. |
| 변수 ▼ 변수 숨기기 | 변수를 화면에서 숨깁니다. |
| 리스트 만들기 | 새로운 리스트를 만듭니다. |
| 리스트 | 리스트의 값을 보고합니다. |
| thing 항목을 리스트 ▼ 에 추가하기 | 지정된 리스트에 새로운 값을 추가합니다. |
| 1 ▼ 번째 항목을 리스트 ▼ 에서 삭제하기 | 리스트에서 특정 위치의 항목을 삭제합니다. |
| thing 을(를) 1 ▼ 번째 리스트 ▼ 에 넣기 | 리스트에서 지정된 위치에 새로운 값을 추가합니다. |
| 1 ▼ 번째 리스트 ▼ 항목을 thing 으(로) 바꾸기 | 리스트에서 지정된 위치의 값을 바꿉니다. |
| 1 ▼ 번째 리스트 ▼ 의 항목 | 리스트에서 지정된 위치의 값을 보고합니다. |
| 리스트 ▼ 리스트의 크기 | 리스트의 크기를 보고합니다. |
| 리스트 ▼ 리스트에 thing 이(가) 포함되었는가? | 리스트에 지정된 값이 포함되어 있는지 보고합니다. |
| 리스트 ▼ 리스트 보이기 | 리스트를 화면에 표시합니다. |
| 리스트 ▼ 리스트 숨기기 | 리스트를 화면에서 숨깁니다. |

# 10 [추가] 팔레트

추가 팔레트에서는 새로운 형식의 명령 블록을 만들 수 있습니다. 이 때 만드는 명령 블록은 함수라고 할 수 있습니다. 추가 블록을 이용해 만들어진 새로운 블록은 추가 블록을 만든 스프라이트에서만 사용할 수 있고 다른 스프라이트에서는 사용할 수 없습니다. 추가 블록을 만들 때는 다양한 인수를 지정하여 만들 수 있습니다.

| | |
|---|---|
| 블록 만들기 | 새로운 블록을 만들 수 있습니다. |
| 정의하기 Block | 새로운 명령 블록을 정의합니다. |

# Chapter 3

# 하늘을 나는 고양이

이번에는 키보드를 이용하여 고양이 캐릭터를 이리저리 움직일 수 있는 프로그램을 만들어 보겠습니다. 이 과정을 통해 스크래치를 이용하여 프로그래밍하는 과정을 익히고 스크래치에는 어떤 특징이 있는지 살펴보겠습니다.

**완성 파일**  하늘을 나는 고양이(완성).sb2

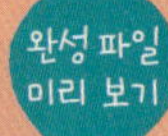


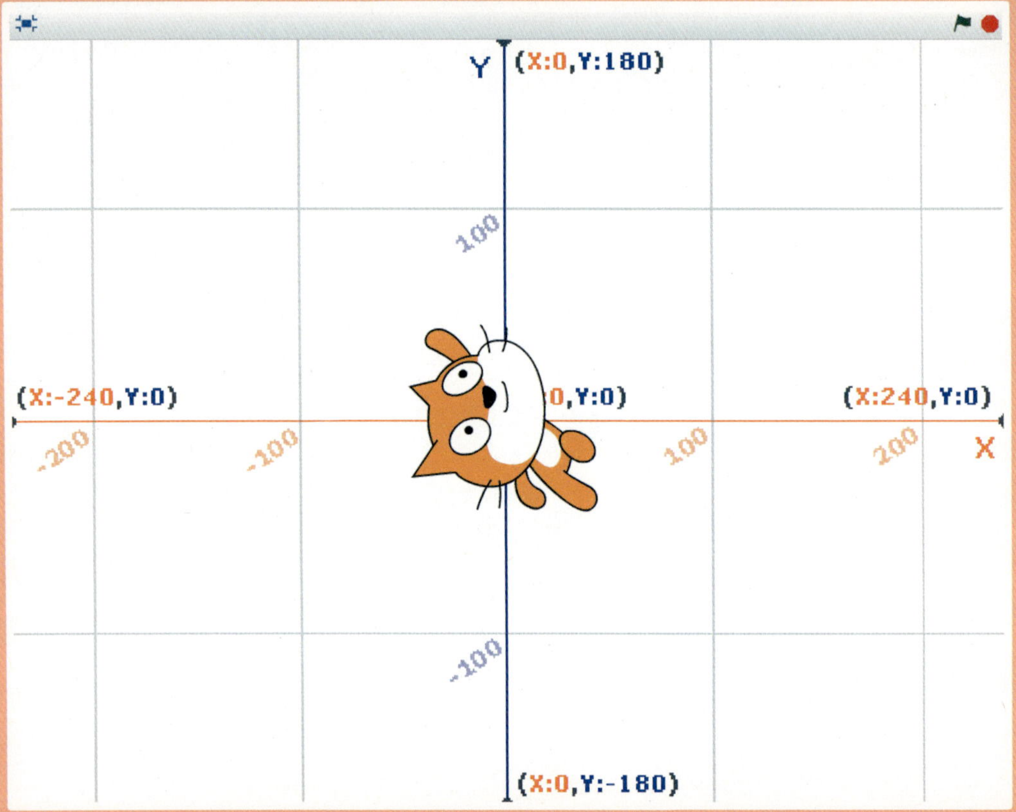


## 어떤 것을 할 수 있나요?

- 배경을 삽입할 수 있습니다.
- [동작] 팔레트의 명령 블록을 이용해 스프라이트를 이동하고 회전합니다.
- [이벤트] 팔레트를 이용해 키보드의 방향키를 누르면 스프라이트를 이동합니다.
- 새로운 모양을 추가하고 [모양] 팔레트의 명령 블록을 이용해 모양을 바꿉니다.
- [소리] 탭을 이용해 새로운 소리를 삽입하고 [소리] 팔레트를 이용해 재생합니다.

# 새로운 무대 만들기

무대는 화면의 배경을 말합니다. 무대는 여러 개의 배경을 가지고 있을 수 있으며, 프로그램을 작성하거나 프로그램이 실행되는 도중 변경되도록 코딩할 수 있습니다. 무대는 프로그램과 어울리는 것을 선택하는 것이 좋습니다. 무대에 사용될 배경은 스크래치에서 제공되는 이미지를 사용하거나 새로운 이미지를 그릴 수도 있으며, 컴퓨터에 저장되어 있는 이미지를 불러와 사용할 수도 있습니다.

**01** 바탕화면의 스크래치 아이콘을 클릭해 스크래치를 실행합니다. 스크래치가 실행되면 새로운 무대를 만들기 위해 [저장소에서 배경 선택(　)]을 클릭합니다.

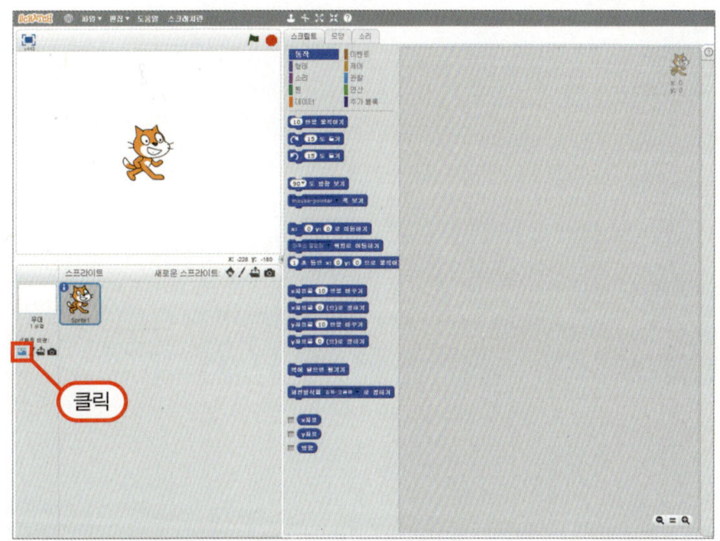


**02** [배경 저장소]가 나타나면 배경으로 사용할 이미지를 선택하고 [확인]을 클릭합니다. 여기에서는 'xy-grid'를 선택합니다.

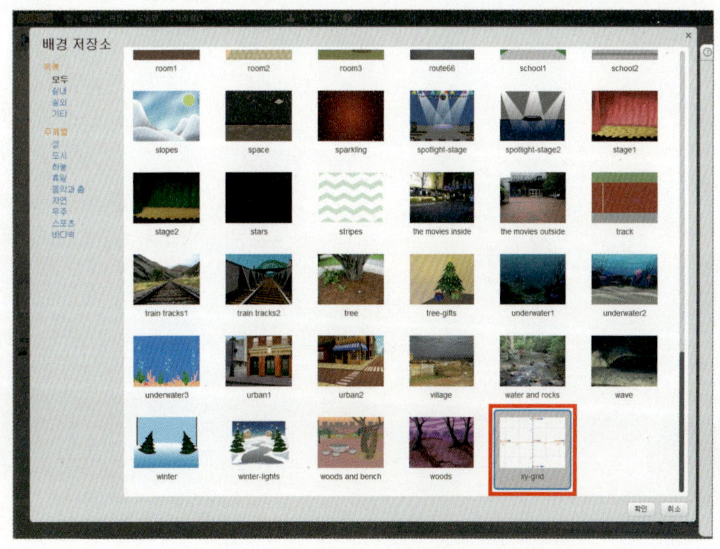

무대에 배경이 만들어지면서 [배경] 탭이 나타납니다. [배경] 탭에서는 배경 이미지를 편집할 수 있습니다.

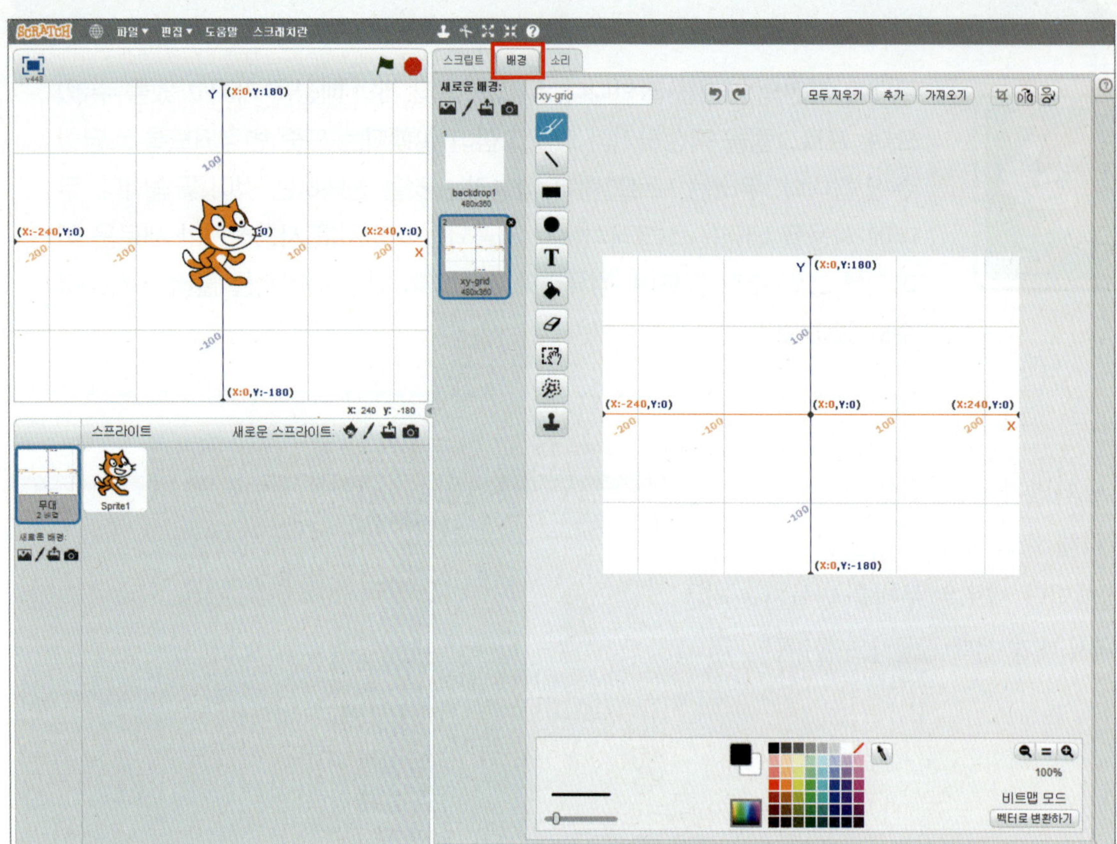

# [배경] 탭과 [모양] 탭

[배경] 탭과 [모양] 탭은 모두 이미지를 편집하기 위한 작업 화면입니다. [배경] 탭과 [모양] 탭에서는 새로운 이미지를 불러오거나 편집할 수 있으며, 완성된 이미지를 다른 프로젝트에서 사용하기 위해 저장할 수도 있습니다.

## 1. [배경] 탭과 [모양] 탭 살펴보기

[배경] 탭과 [모양] 탭은 거의 동일한 형태로 구성되어 있습니다. 벡터 또는 비트맵 형태로 이미지를 작성하거나 편집할 수 있으며, 편집 영역을 벗어나는 이미지는 무대에 보이지 않습니다. 배경 이미지의 확대/축소는 명령 블록을 이용할 수 없지만, 스프라이트의 모양은 명령 블록을 이용해 확대/축소가 가능합니다.

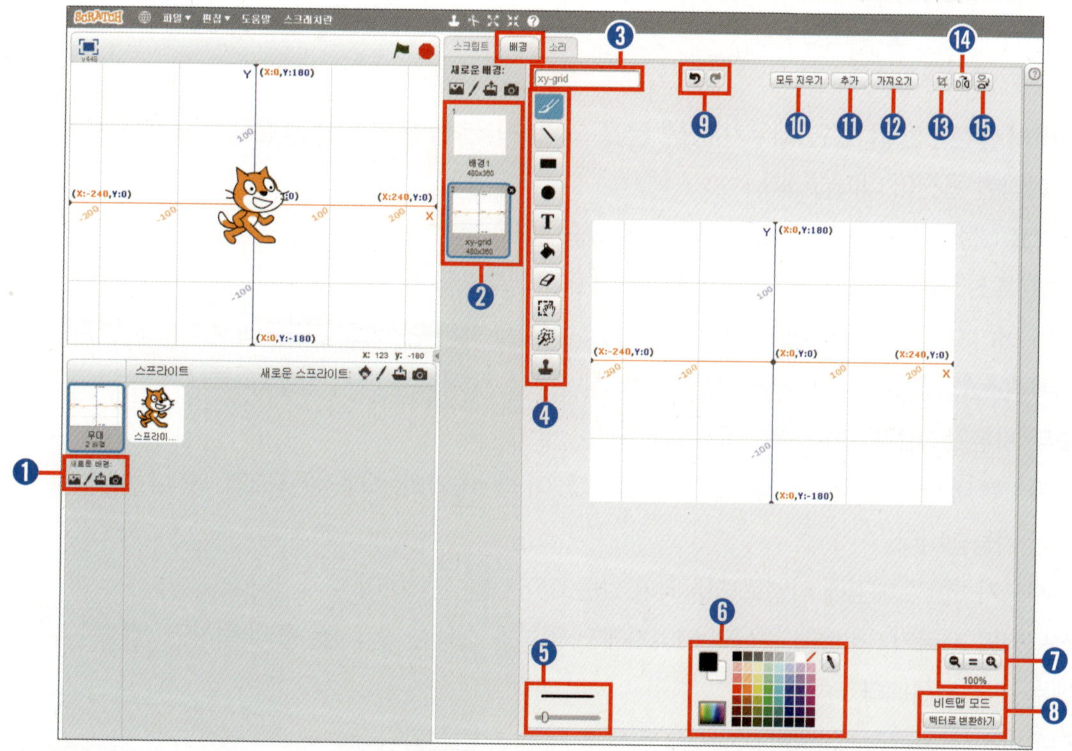

❶ **새로운 배경** : 배경을 추가하는 방법을 선택할 수 있습니다. 배경을 추가하는 방법에는 저장소에서 배경 선택, 배경 새로 그리기, 배경 파일 업로드하기, 웹캠으로 배경 찍기가 있습니다.

❷ **배경 목록 :** 무대에 포함되어 있는 배경이 나열됩니다. 배경의 순서를 바꾸거나 필요 없는 배경을 삭제할 수 있습니다.

❸ **배경 이름 :** 배경의 이름을 확인하고 바꿀 수 있습니다.

❹ **도구 모음 :** 배경을 편집하기 위한 여러 가지 도구 모음입니다. 이미지 형식이 벡터 모드인지, 비트맵 모드인지에 따라 도구 모음의 구성과 위치가 달라집니다.

▲ <비트맵 모드>

▲ <벡터 모드>

❺ **그리기 옵션 :** 선 굵기, 면 채우기 옵션, 글꼴, 그라데이션 등 도구 모음을 선택했을 때 사용할 수 있는 다양한 옵션이 나타납니다.

❻ **색상표 :** 선이나 면 등의 색상을 선택할 수 있습니다.

❼ **확대/축소 :** 배경 편집을 위하여 화면을 확대하거나 축소할 수 있습니다.

❽ **벡터 이미지로 변환/비트맵 이미지로 변환 :** 이미지를 벡터 형식 또는 비트맵 형식으로 변환합니다.

❾ **실행취소/다시실행 :** 수정한 사항을 취소하거나 취소된 사항을 다시 실행합니다.

❿ **모두 지우기 :** 배경 이미지를 모두 지웁니다.

⓫ **추가 :** 현재 배경에 새로운 배경을 추가합니다. 이 때, 추가하는 배경은 [배경 저장소]에 있는 이미지만 가능합니다.

⓬ **가져오기 :** 현재 배경에 파일로 저장되어 있는 이미지를 선택하여 추가합니다.

⓭ **선택영역 자르기 :** 비트맵 형식의 이미지에서 일부를 선택한 후 ( 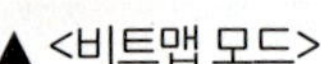 )를 클릭하면 선택한 부분 외에는 모두 자릅니다.

⓮ **좌우반전/상하반전 :** 선택한 이미지를 좌우 또는 상하 반전합니다.

⓯ **모양 중심 설정하기 :** [모양] 탭에만 있는 기능으로 이미지의 중심을 설정합니다. 스프라이트의 이동 명령 블록이나 회전 명령 블록은 이미지의 중심을 기준으로 실행합니다.

## 2. 완성된 배경 또는 이미지를 파일로 저장하기

완성된 배경 또는 이미지를 다른 프로젝트에서 사용하려면 파일 형태로 저장해야 합니다. 배경 또는 이미지의 형식에 따라 저장되는 파일 형식도 달라집니다. 벡터 형식은 이미지를 구성하고 있는 요소인 선과 면 등을 각각 수정할 수 있지만, 비트맵 형식은 모든 이미지가 하나로 합쳐집니다.

**01** 완성된 배경 또는 이미지 목록에서 마우스 오른쪽 단추를 눌러 [내 컴퓨터에 저장하기]를 선택합니다.

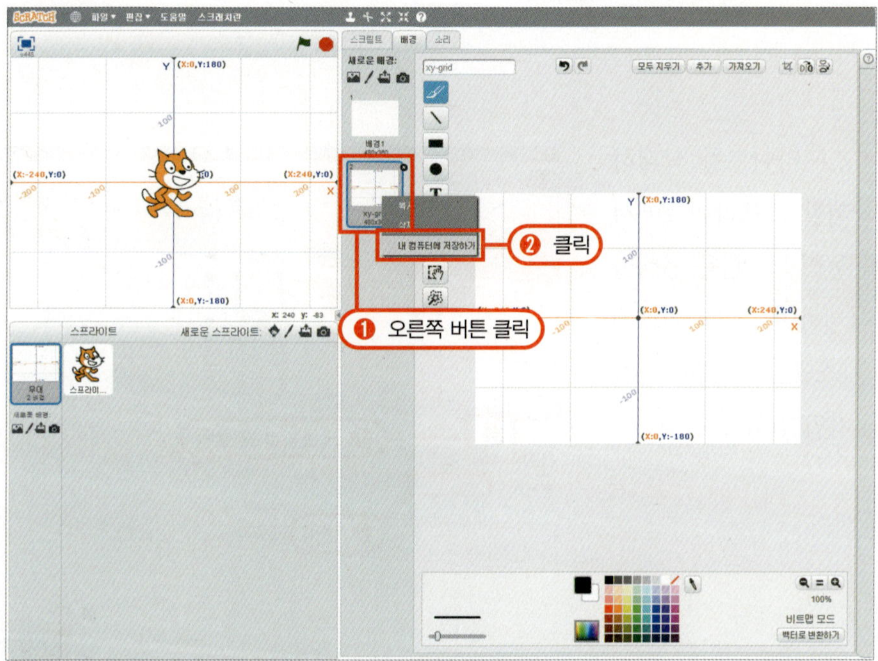


**02** [다운로드할 위치 선택] 대화상자가 나타나면 저장할 위치를 선택한 후 [저장]을 클릭합니다.

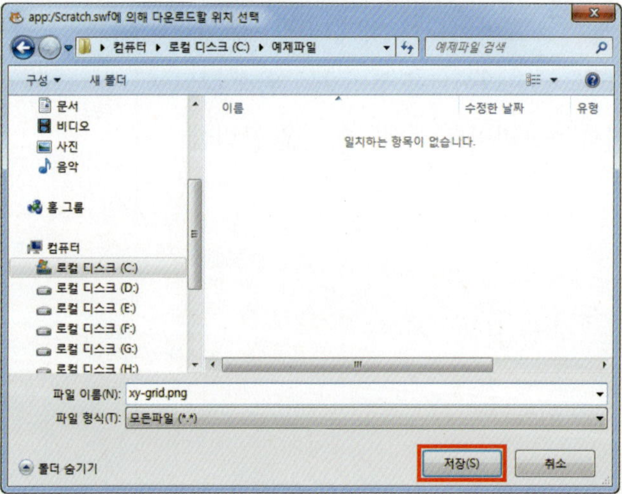

**tip**

이미지의 모드에 따라 벡터 모드이면 *.svg 파일로, 비트맵 모드이면 *.png 파일로 저장됩니다.

# 새로운 스프라이트 삽입하기

스프라이트는 무대에서 움직임을 지정할 수 있는 캐릭터 등을 말합니다. 사용자가 움직임을 지정하거나, 프로그램을 작성할 때 미리 움직임을 지정할 수 있습니다. 스프라이트는 스크래치에서 제공되는 이미지를 사용하거나 새로운 이미지를 그릴 수도 있으며, 컴퓨터에 저장되어 있는 이미지를 불러와 사용할 수도 있습니다.

**01** 필요 없는 스프라이트를 삭제하기 위해 삭제할 스프라이트에서 마우스 오른쪽 단추를 눌러 [삭제]를 선택합니다. 스프라이트를 삭제하면 스프라이트에 포함되어 있는 모양과 [스크립트] 탭에서 작성한 프로그램이 모두 지워집니다.

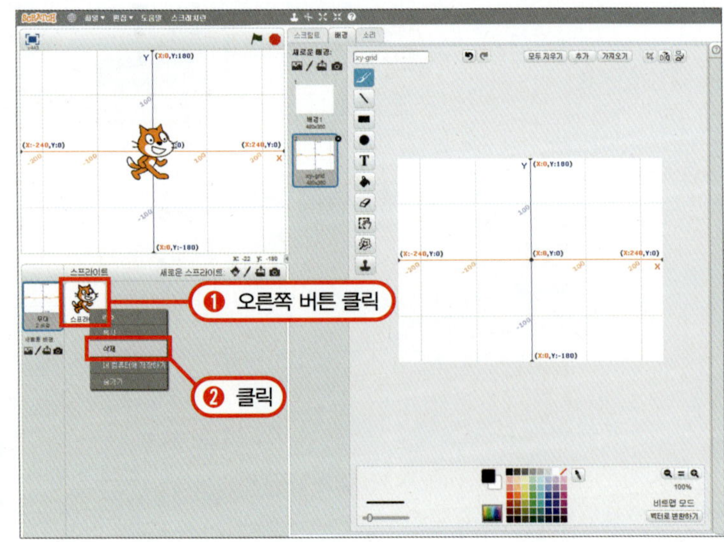


**02** 스프라이트가 삭제되면 새로운 스프라이트를 불러오기 위해 [저장소에서 스프라이트 선택( )]을 클릭합니다.

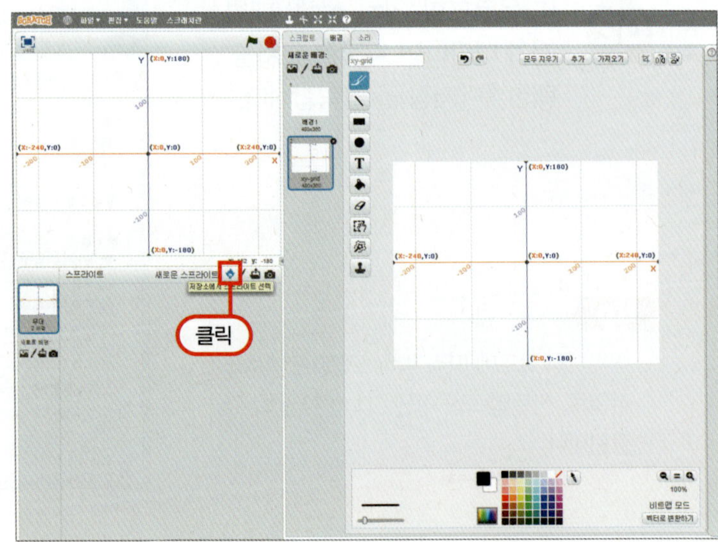

**03** [스프라이트 저장소] 창이 나타나면 삽입할 스프라이트를 선택하고 [확인]을 클릭합니다.

**04** 삽입된 스프라이트를 선택한 다음 [모양] 탭을 클릭하면 스프라이트의 모양을 확인할 수 있습니다. 스크래치에서 기본적으로 제공하는 스프라이트에는 한 개 이상의 모양이 포함되어 있습니다.

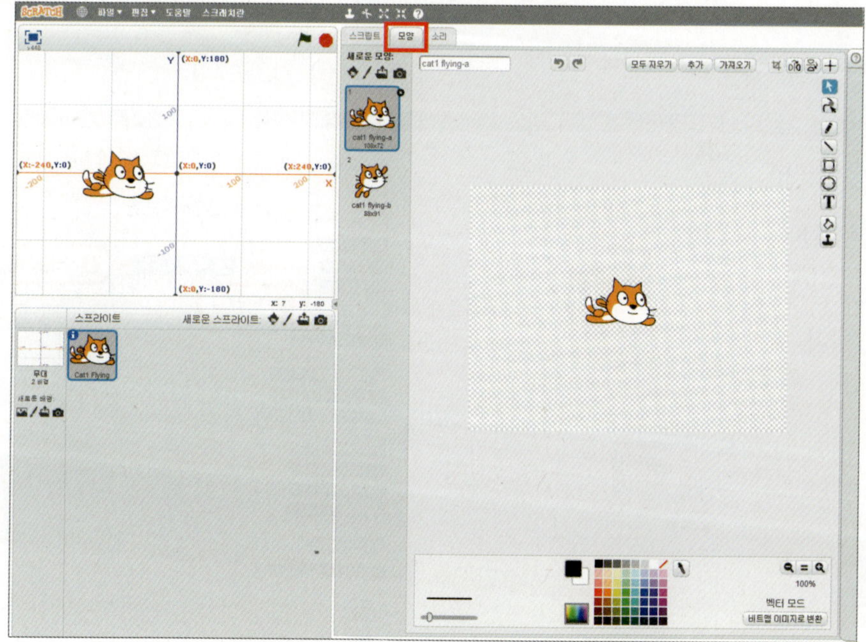

tip

새로 삽입된 스프라이트는 벡터 형식의 이미지로 여러 개의 이미지가 하나로 묶여있는 것입니다.

# 명령 블록을 이용하여 움직임 지정하기

스프라이트의 움직임은 [동작] 팔레트의 명령 블록을 이용하여 지정할 수 있습니다. 움직임의 방향과 거리 등은 사용자가 적절하게 코딩해야 합니다.

**01** [Cat1 Flying] 스프라이트를 선택한 다음 [스크립트] 탭을 선택합니다. [동작] 팔레트의 `10 만큼 움직이기` 명령 블록을 드래그한 다음 더블 클릭합니다. 이렇게 하면 `10 만큼 움직이기` 명령 블록을 더블 클릭할 때마다 [Cat1 Flying] 스프라이트가 10만큼 움직입니다.

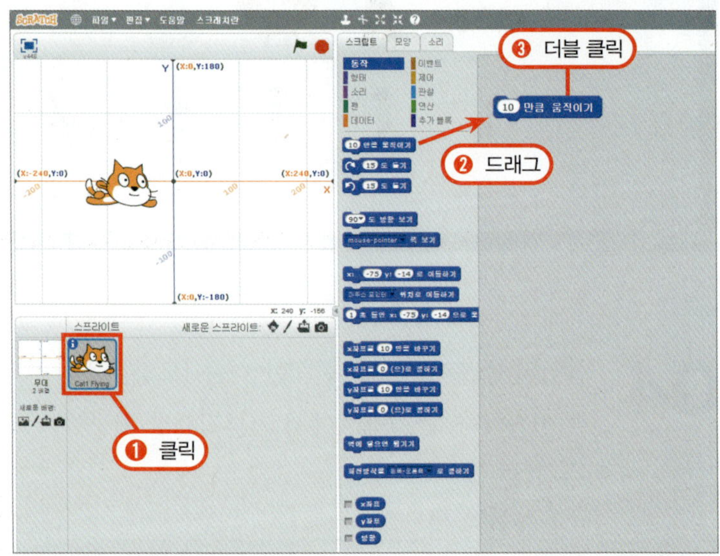


**02** 이번에는 `15 도 돌기` 명령 블록을 드래그한 다음 더블 클릭합니다. 이렇게 하면 `15 도 돌기` 명령 블록을 더블 클릭할 때마다 [Cat1 Flying] 스프라이트가 시계 방향으로 15도씩 회전합니다.

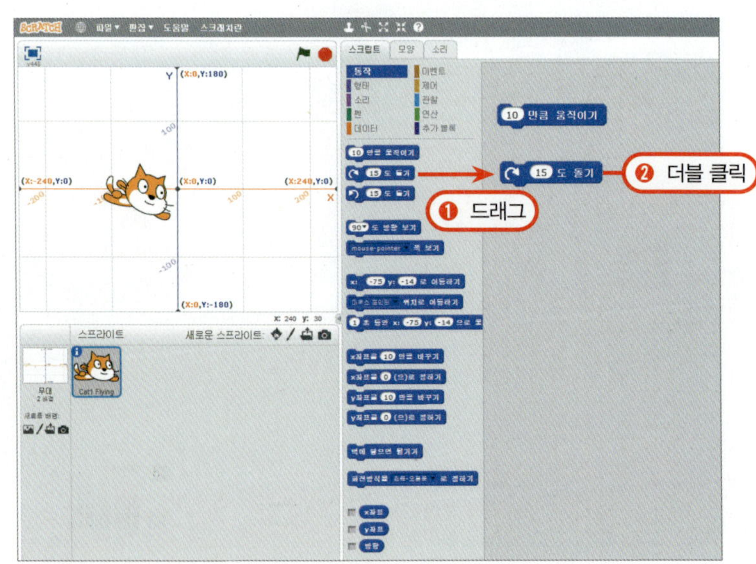

# 03

**10 만큼 움직이기** 명령 블록을 여러 번 더블클릭합니다. 이렇게 하면 [Cat1 Flying] 스프라이트가 바라보는 방향으로 10만큼씩 움직입니다.

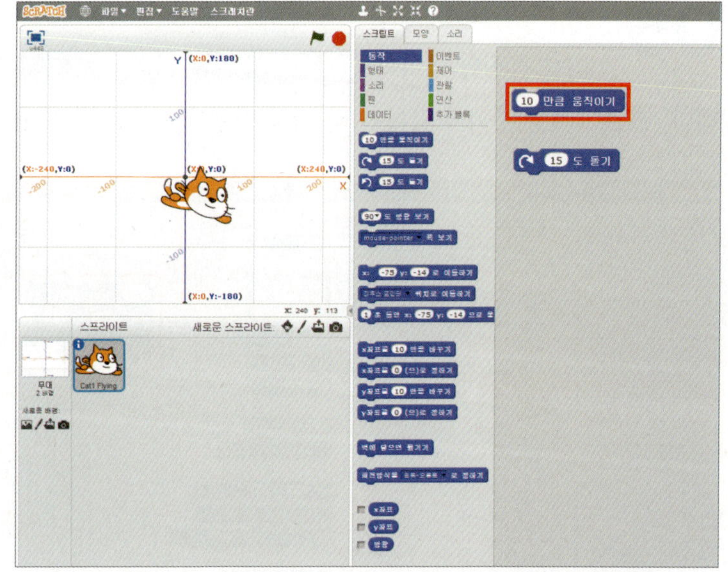



---



**10 만큼 움직이기** **명령 블록의 움직이는 방향 살펴보기**

**10 만큼 움직이기** 명령 블록은 현재 위치에서 스프라이트의 현재 방향으로 10만큼 이동하는 명령입니다. 값에 음수(-)를 입력하면 10만큼 반대 방향으로 움직입니다. 스프라이트의 현재 방향은 [스프라이트] 영역의 [정보( ⓘ )]를 클릭하면 확인할 수 있습니다.

---

# 04

**x좌표를 10 만큼 바꾸기** 명령 블록을 드래그한 다음 더블 클릭합니다. 이렇게 하면 [Cat1 Flying] 스프라이트가 바라보는 방향이 아닌 오른쪽으로 10만큼 이동합니다. **x좌표를 10 만큼 바꾸기** 명령 블록은 스프라이트의 방향과 상관없이 왼쪽이나 오른쪽으로 이동할 때 사용하는 명령 블록입니다.

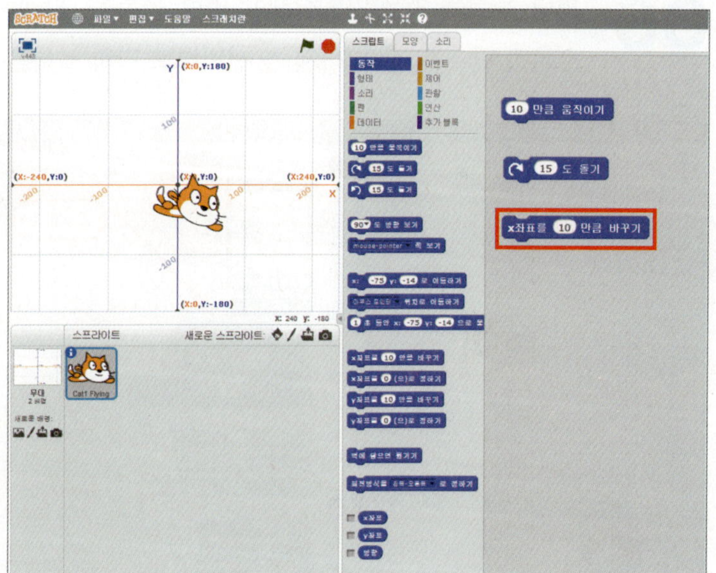

**05** 이번에는 화면에 연결되어 있는 명령 블록을 드래그해 서로 연결합니다. 명령 블록을 더블 클릭할 때마다 `10 만큼 움직이기`, `15 도 돌기`, `x좌표를 10 만큼 바꾸기` 가 모두 실행됩니다. 프로그래밍은 이와 같이 여러 개의 명령 블록을 연결하여 작성하는 과정입니다.

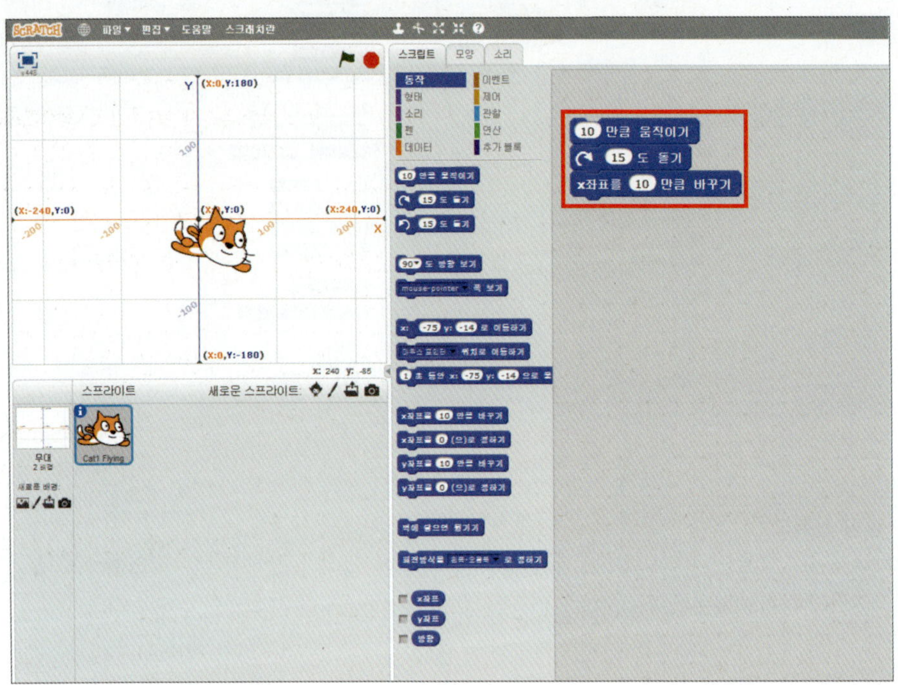

**06** 명령 블록을 지우려면 삭제할 명령 블록을 [팔레트] 영역으로 드래그합니다. 마우스 오른쪽 단추를 눌러 [삭제]를 선택해도 명령 블록을 지울 수 있습니다.

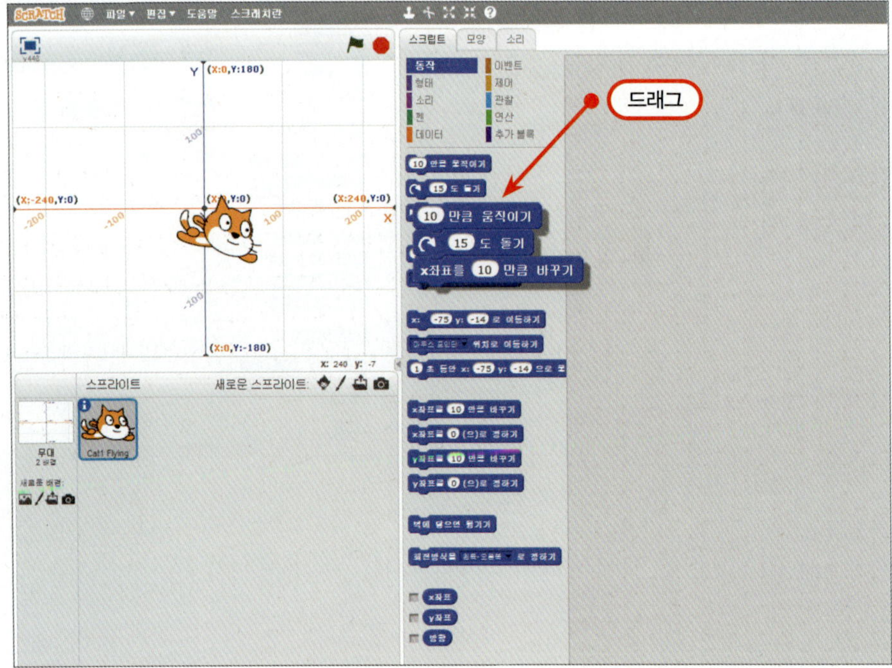

# 이벤트 팔레트 이해하기

이벤트는 특정 조건을 만족하거나 특정 작업을 실행하기 위해 현재 스프라이트나 다른 스프라이트에 신호를 발생하여 알려주는 명령 블록입니다. 이벤트가 없다면 프로그램은 한 줄로만 작성해야 합니다. 예전의 몇몇 프로그래밍 언어는 이벤트를 처리할 수 없어 한 줄로 작성했습니다. 이벤트는 여러 스크립트에서 발생할 수 있으며 한 개 이상의 스프라이트에서 신호를 받을 수 있습니다.

**01** [Cat1 Flying] 스프라이트를 선택한 다음 [이벤트] 팔레트의 클릭했을 때 명령 블록을 드래그해 연결합니다. 클릭했을 때 명령 블록에는 프로그램이 실행되었을 때 처리할 명령 블록을 연결합니다.

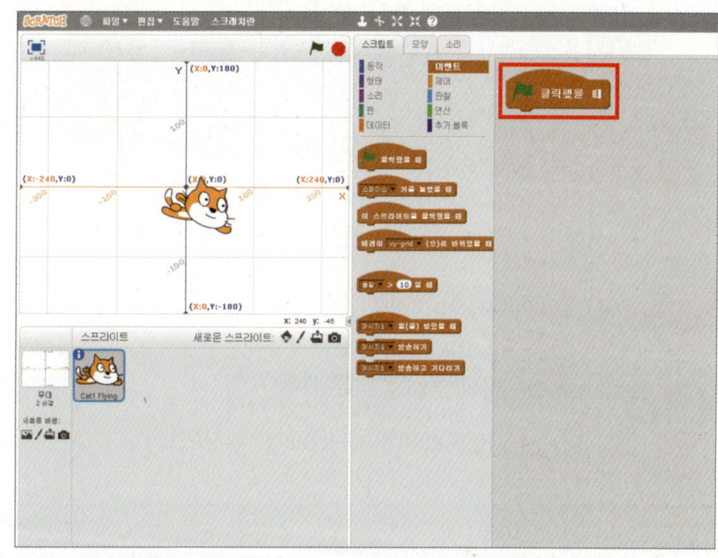

**02** [동작] 팔레트의 10 만큼 움직이기 명령 블록을 연결합니다. 를 클릭할 때마다 [Cat1 Flying] 스프라이트가 10만큼 움직입니다.

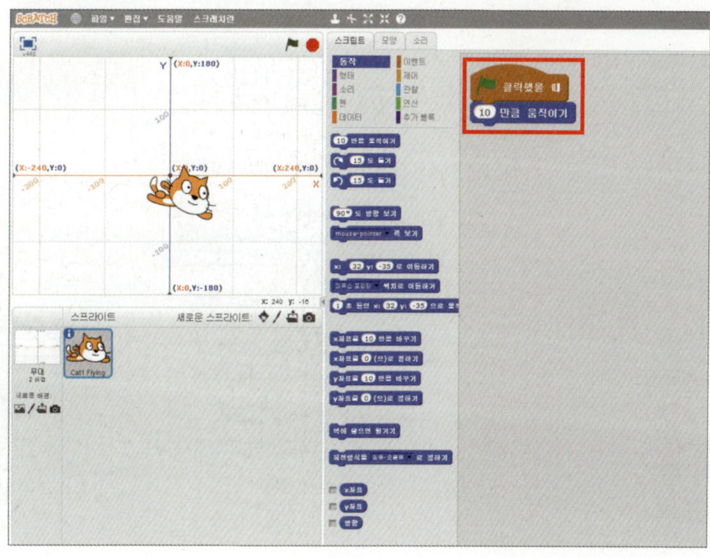

**03** 이번에는 키보드의 방향키 중 □키를 누르면 [Cat1 Flying] 스프라이트가 10만큼 움직이도록 코딩하겠습니다. [이벤트] 팔레트의 스페이스 키를 눌렀을 때 명령 블록을 연결한 다음 ▼를 클릭해 '오른쪽 화살표'를 선택합니다.

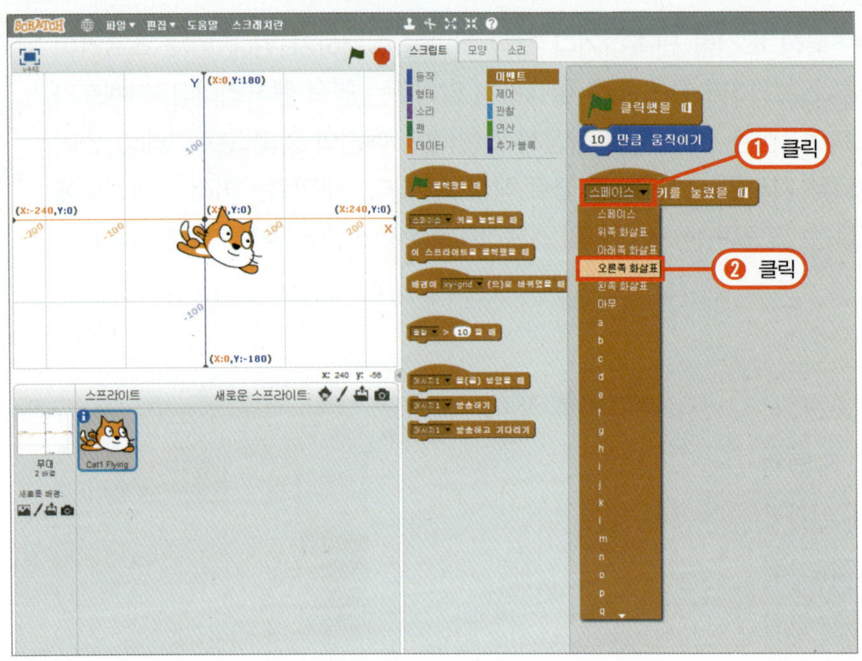



**04** [동작] 팔레트의 10 만큼 움직이기 명령 블록을 연결합니다. □키를 누를 때마다 [Cat1 Flying] 스프라이트가 10만큼 움직입니다.

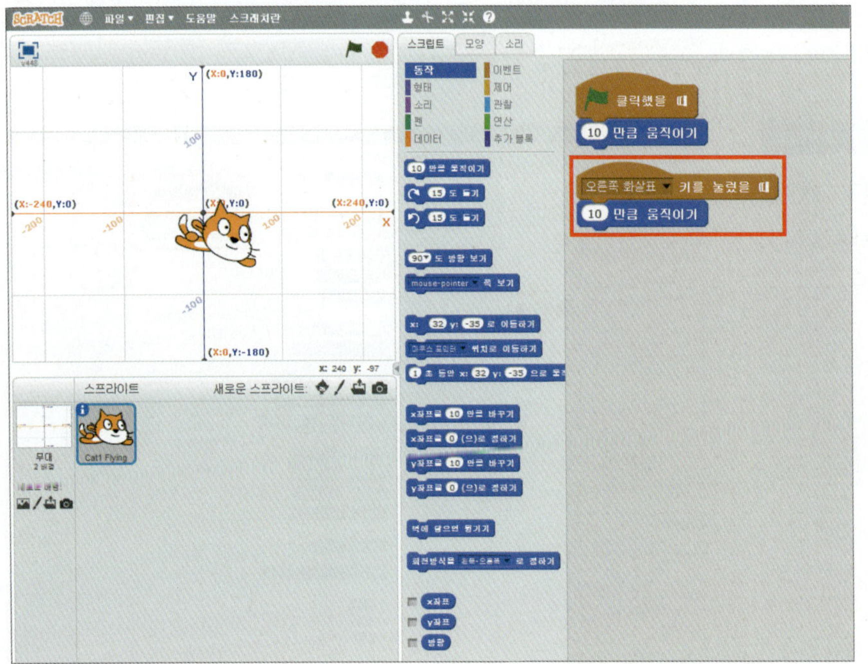

### tip

**이벤트 명령 블록**

이벤트 명령 블록은 사용자가 프로그램을 실행하거나 키보드의 키를 누르는 등의 특정 동작을 하면 연결된 명령 블록을 실행합니다. 만약 사용자가 이벤트 명령 블록으로 지정하지 않은 동작을 하면 아무런 동작을 하지 않습니다. 이벤트는 프로그램을 작성하는 사람이 만들 수도 있습니다.

**05** [이벤트] 팔레트의 [스페이스 ▼ 키를 눌렀을 때] 명령 블록을 연결한 다음 ▼를 클릭해 '왼쪽 화살표'를 선택합니다. [동작] 팔레트의 [10 만큼 움직이기] 명령 블록을 연결한 다음 값에 '−10'을 입력합니다. 이렇게 코딩하면 ←키를 누를 때마다 [Cat1 Flying] 스프라이트가 10만큼 뒤로 움직입니다.

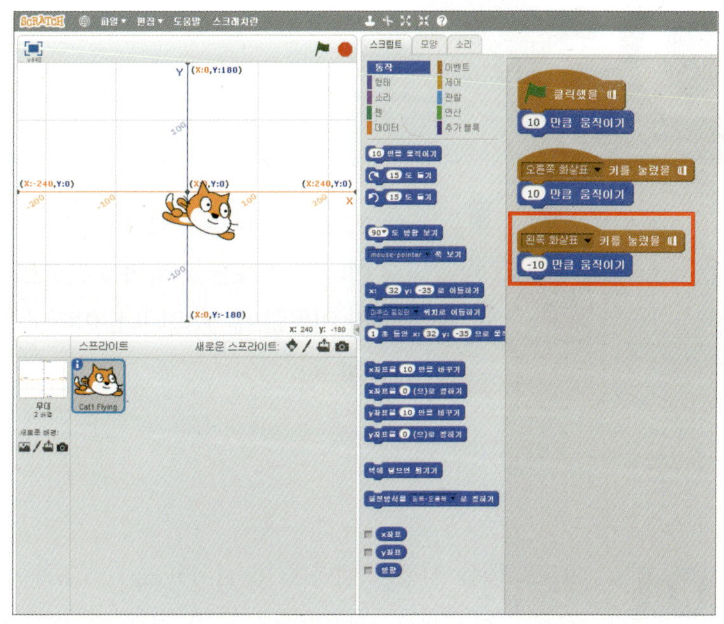

**06** [이벤트] 팔레트의 [스페이스 ▼ 키를 눌렀을 때] 명령 블록을 연결한 다음 ▼를 클릭해 '위쪽 화살표'를 선택합니다. [동작] 팔레트의 [↺ 15 도 돌기] 명령 블록을 연결합니다. [이벤트] 팔레트의 [스페이스 ▼ 키를 눌렀을 때] 명령 블록을 연결한 다음 ▼를 클릭해 '아래쪽 화살표'를 선택합니다. [동작] 팔레트의 [↻ 15 도 돌기] 명령 블록을 연결합니다. 이렇게 하면 ↑과 ↓키를 누를 때마다 [Cat1 Flying] 스프라이트가 회전합니다.

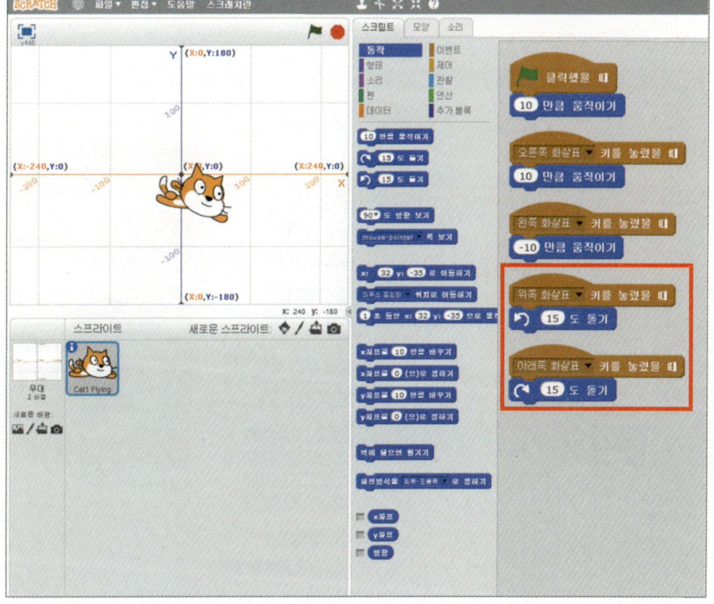

# 스크래치의 좌표 이해

스크래치에서는 스프라이트의 위치를 지정하거나 바꾸기 위해 좌표를 이용합니다. 좌표는 x 축과 y 축으로 구성되며, 지정된 범위 내에서만 스프라이트가 이동할 수 있습니다. 이때 스프라이트를 이동하려면 [동작] 팔레트를 이용합니다.

**01** 프로그램을 실행할 때마다 [Cat1 Flying] 스프라이트는 지정된 위치가 아닌 마지막에 실행된 위치에서 실행됩니다. 이런 경우 지정된 좌표로 이동하기 위해 [이벤트] 팔레트의 클릭했을 때 명령 블록을 연결합니다. [동작] 팔레트의 x: 198 y: -57 로 이동하기 명령 블록을 연결한 다음 값에 '0'과 '0'을 입력합니다.

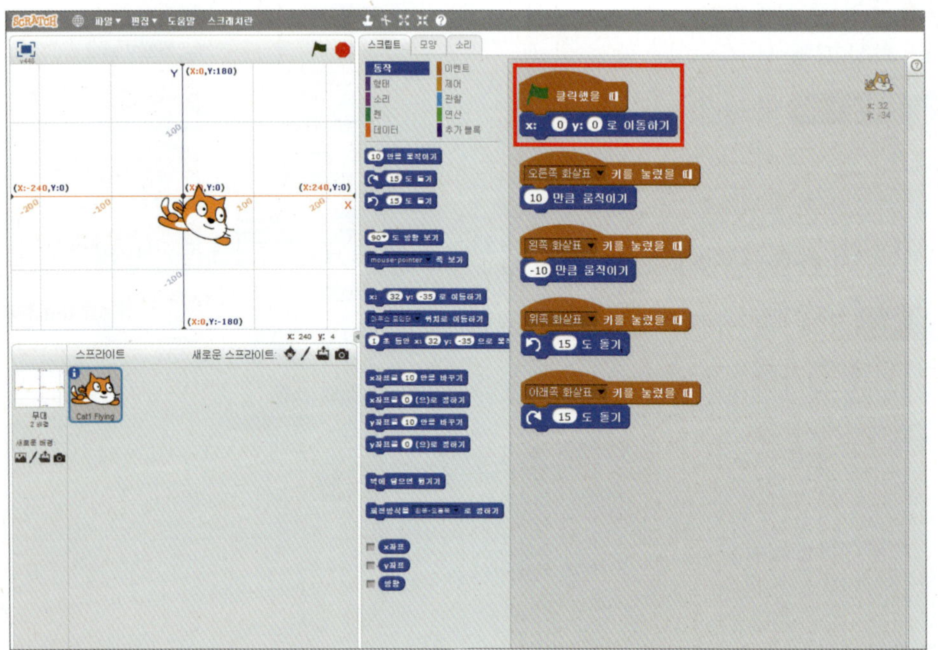

**tip**

클릭했을 때 명령 블록에 연결되어 있는

10 만큼 움직이기 명령 블록을 지우고

x: 198 y: -57 로 이동하기 명령 블록을 연결합니다.

**02**   를 클릭해 프로그램을 실행하면 지정된 위치(x:0, y:0)로 이동합니다. 키보드의 방향 키를 눌러 [Cat1 Flying] 스프라이트를 이동해도 를 클릭하면 지정된 위치로 이동합니다.

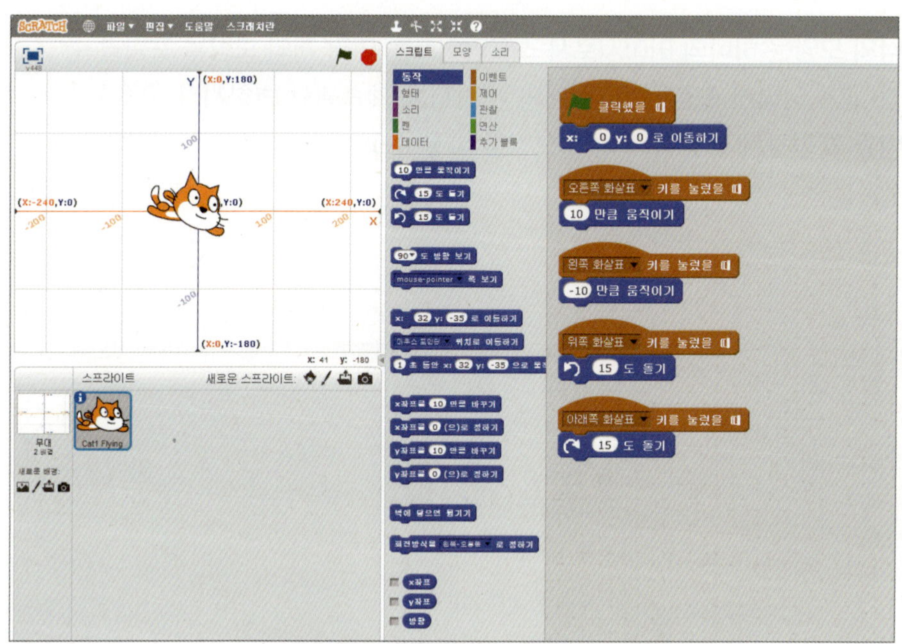



**03**   이번에는 x: 0 y: 0 로 이동하기 명령 블록의 값을 '240', '180'을 입력합니다. 를 클릭하면 지정된 위치로 이동합니다. 스크래치에서 x 좌표는 '−240~240'까지 사용할 수 있으며, y 좌표는 '−180~180'까지 사용할 수 있습니다.

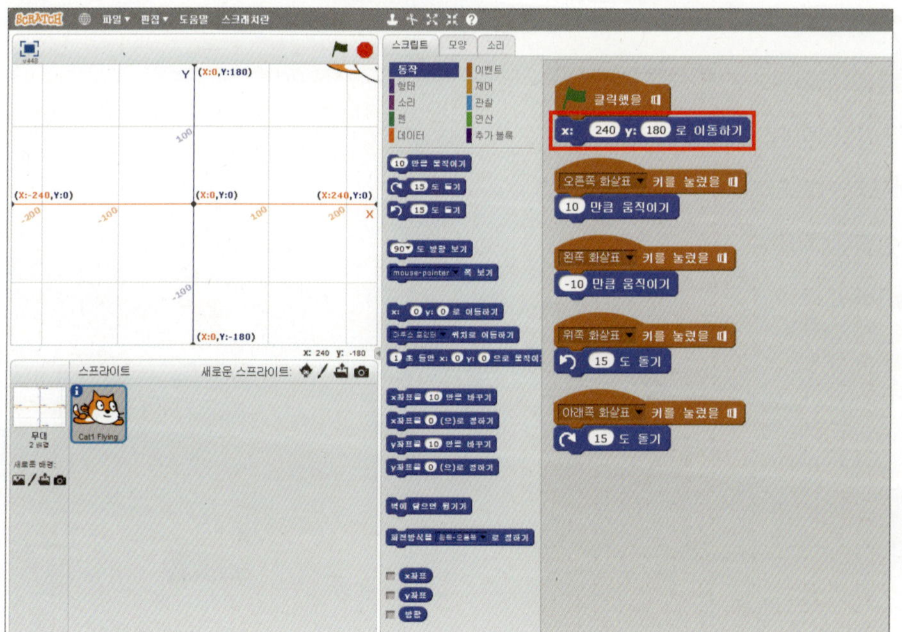

# 스프라이트의 모양 바꾸기

하나의 모양은 하나의 이미지로서 스프라이트는 여러 개의 모양을 포함할 수 있습니다. 이렇게 포함된 여러 개의 이미지를 계속해서 변화시켜 움직이는 모양을 표현하거나, 상황에 따라 모양을 바꿀 수도 있습니다.

**01** 스프라이트의 모양은 [모양] 탭에서 확인할 수 있습니다. 스프라이트 모양에서 프로그램을 실행하면 나타날 모양을 선택합니다.

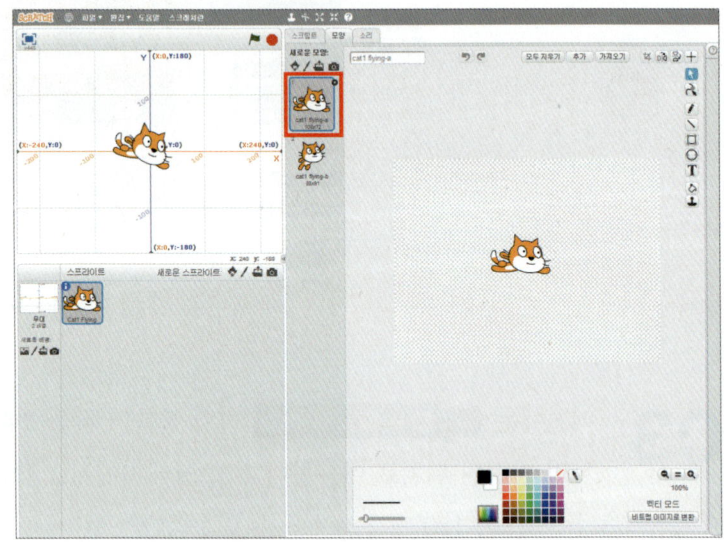

**02** 를 클릭해 프로그램을 실행하면 스프라이트의 모양이 선택한 모양으로 나타납니다. 이렇게 스프라이트의 모양을 선택하면 [모양] 탭에서 선택한 모양으로 스프라이트의 모양이 지정됩니다.

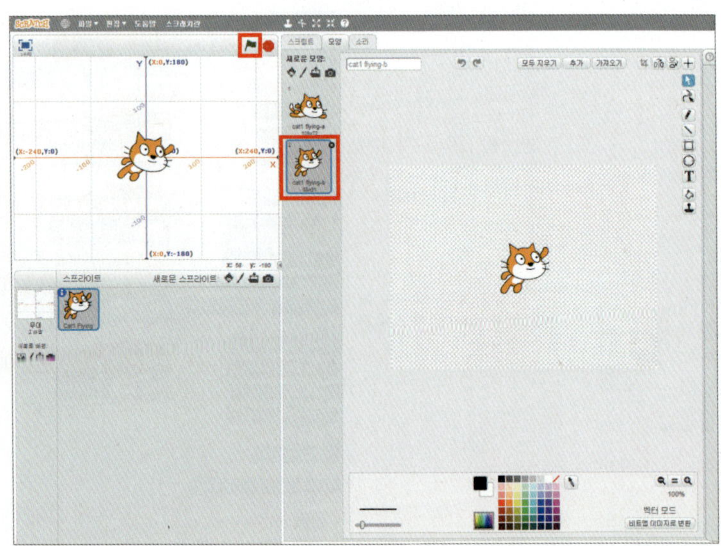

**03** □키를 누르면 모양을 'cat flying–a'로 바꾸기 위해 [스크립트] 탭을 선택합니다. [형태] 팔레트를 선택한 다음 모양을 cat1 flying-b ▼ (으)로 바꾸기 명령 블록을 연결한 다음 ▼를 클릭해 'cat flying–a'를 선택합니다.

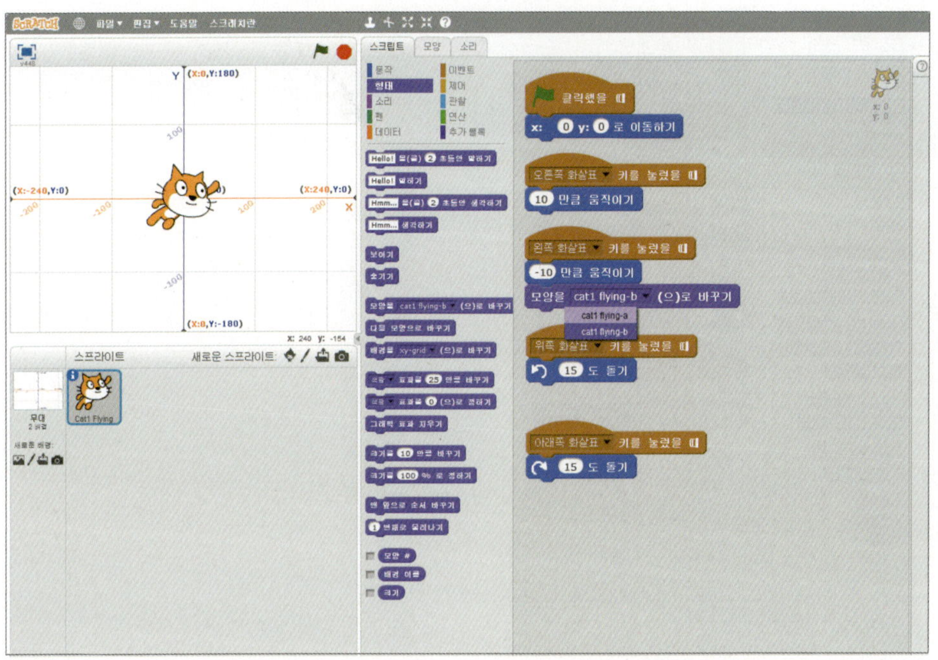

**04** 같은 방법으로 ↑키를 누르면 모양을 'cat flying–b'로 바꾸기 위해 모양을 cat1 flying-b ▼ (으)로 바꾸기 명령 블록을 연결합니다.

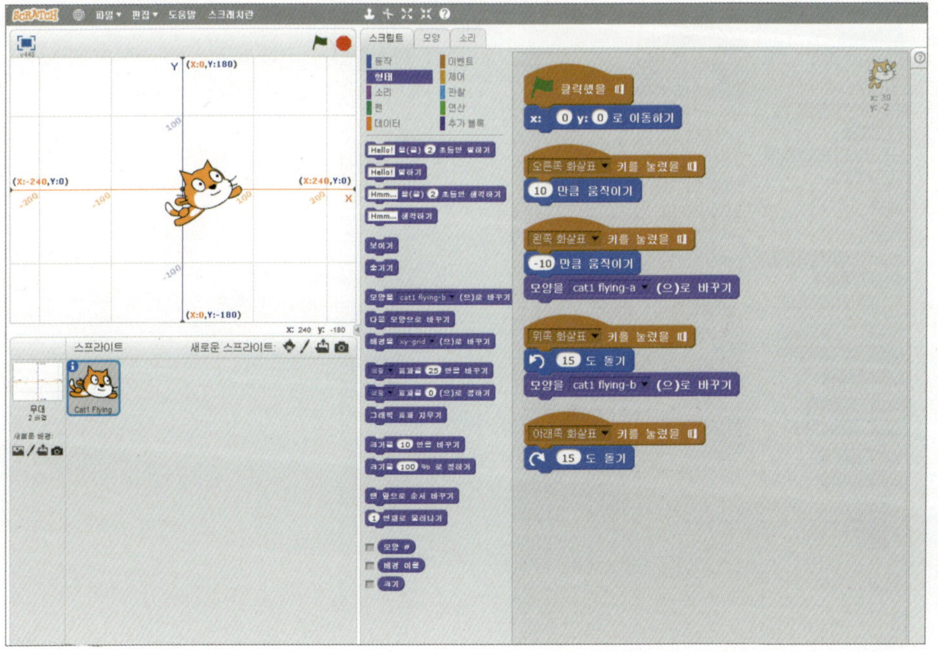

**05** 　를 클릭해 프로그램을 실행한 다음 방향키를 누르면 ⊟키를 누르거나 ⓘ를 누를 때 마다 모양이 바뀝니다.

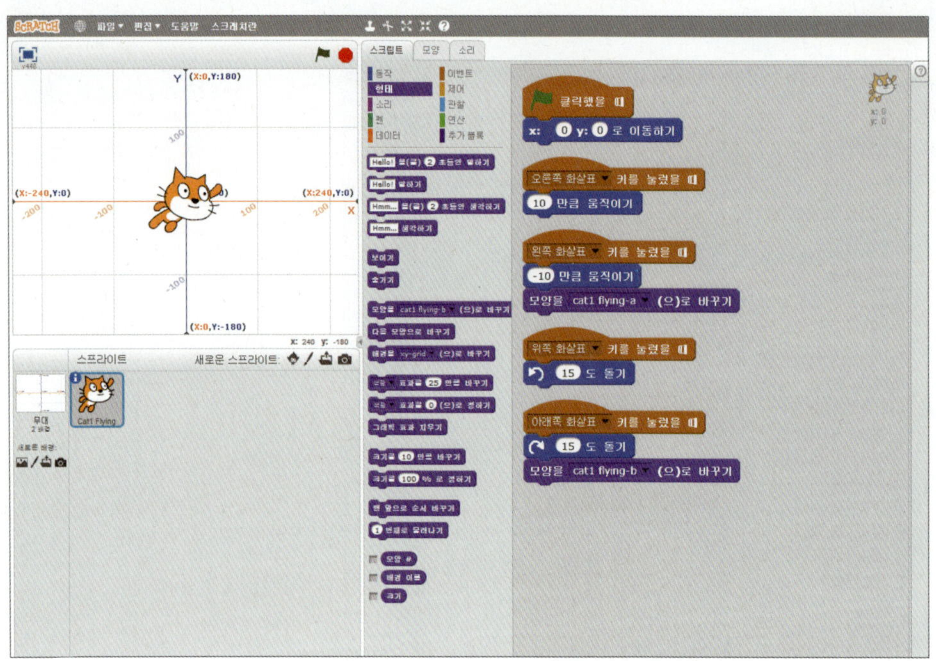

**06** 프로그램을 실행할 때마다 일정한 모양으로 시작하려면 　클릭했을 때 명령 블록에 [모양을 cat1 flying-a] 명령 블록을 연결합니다.

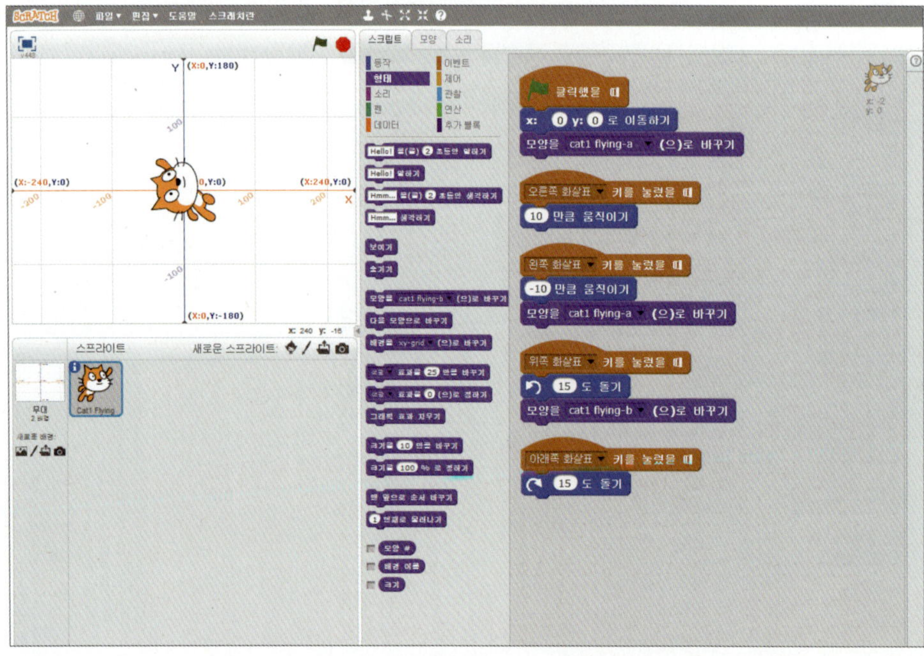

# 효과음 삽입하기

스프라이트에는 다양한 효과음을 삽입하여 프로그램을 작성할 수 있습니다. 스프라이트에 삽입할 수 있는 소리는 스크래치에서 기본적으로 제공되는 소리와 MP3 파일을 불러와 사용할 수 있습니다. 그리고 마이크를 이용하여 직접 소리를 녹음할 수도 있습니다. 스프라이트에 삽입한 소리는 다른 스프라이트에서는 사용할 수 없으며 삽입한 스프라이트에서만 사용할 수 있습니다. 스프라이트에 삽입된 소리 파일은 자르기와 복사, 붙이기, 삭제 등의 편집과 페이드인, 페이드아웃, 음량 키우기, 음량 줄이기, 음량 끄기, 역방향 등의 음향 효과도 지정할 수 있습니다.

**01** 소리를 삽입하기 위해 [소리] 탭을 선택한 다음 [저장소에서 소리 선택( )]을 클릭합니다.

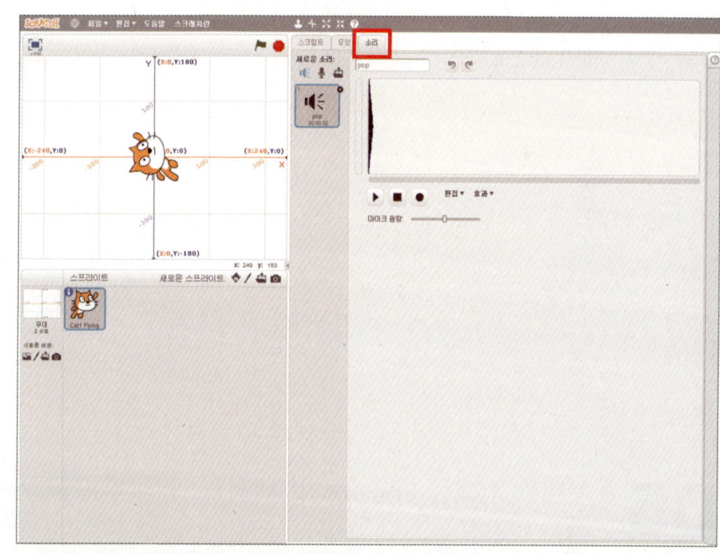

**02** [소리 저장소] 창이 나타나면 삽입할 소리를 선택하고 [확인]을 클릭합니다. [소리 저장소]에서 ▶ 를 클릭하면 소리를 미리 들을 수 있습니다.

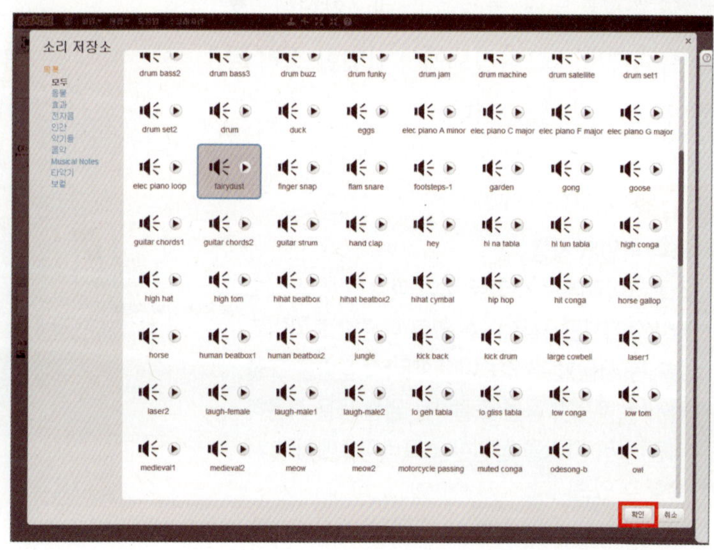

**03** [소리] 탭에 소리가 삽입됩니다. [소리] 탭에서는 삽입된 소리를 미리 들을 수 있으며, 자르기, 복사, 붙이기 등의 편집과 페이드인, 페이드아웃, 음량 키우기, 음량 줄이기 등의 효과를 지정할 수 있습니다.

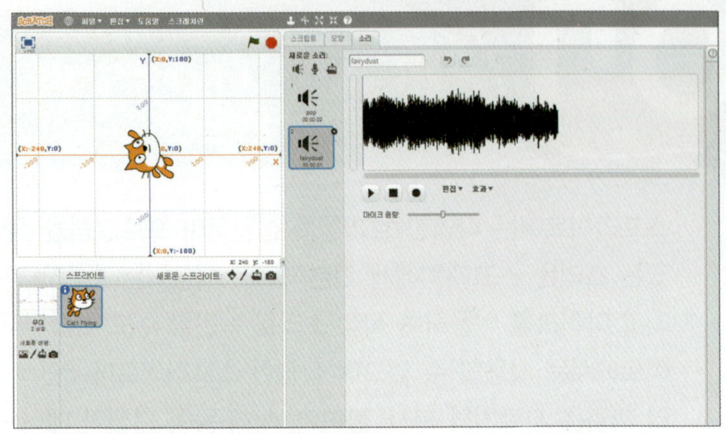

**04** [스크립트] 탭의 [소리] 팔레트를 선택한 다음 fairydust 재생하기 명령 블록을 연결합니다. 이렇게 코딩하면 ─ 키를 누를 때마다 지정된 소리가 납니다.

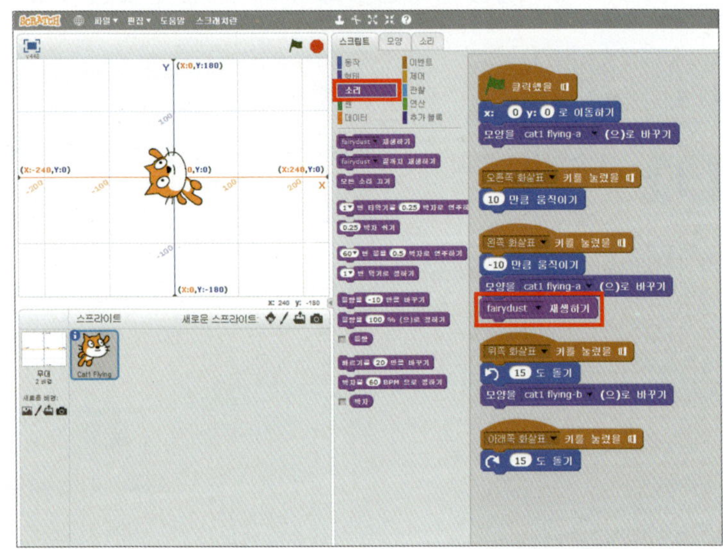

**05** 무대를 선택한 다음 [소리] 탭의 명령 블록을 확인한 다음 팝 재생하기 명령 블록을 드래그합니다. ▼ 를 클릭해도 스프라이트에서 삽입한 소리 파일이 나타나지 않습니다.

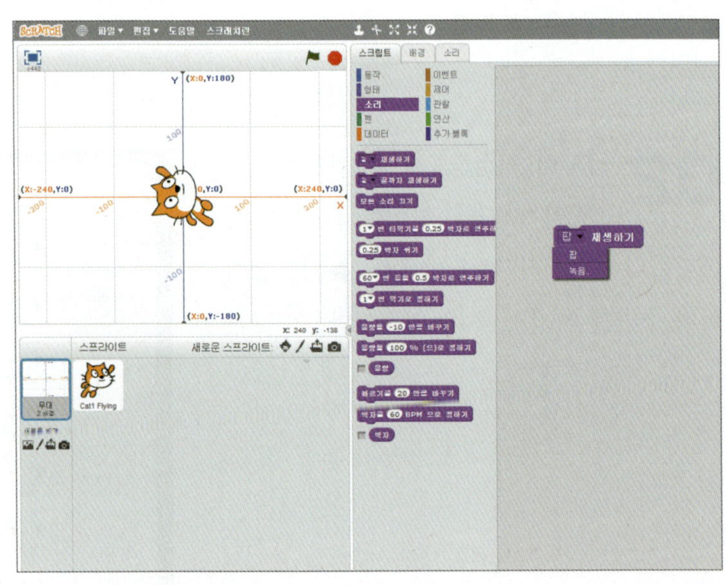



**소리 파일의 사용**

스프라이트에서 삽입한 소리 파일은 해당 스프라이트에서만 사용할 수 있고 다른 스프라이트에서는 사용할 수 없습니다. 따라서 음량을 조절하거나, 빠르기 등을 조절하는 명령 등을 사용하려면 소리 파일을 삽입한 스프라이트에서만 사용할 수 있습니다.

# [소리] 탭의 사용

[소리] 탭에서는 스크래치에서 제공하는 여러 가지 효과음을 삽입하거나 마이크를 이용해 소리
의 직접 녹음할 수 있습니다. 그리고 컴퓨터에 저장되어 있는 MP3 파일이나 WAV 파일을 가져
와 사용할 수 있습니다. 이렇게 가져온 소리 파일을 다양한 방법으로 편집할 수 있습니다.

## 1. [소리] 탭의 구성 살펴보기

[소리] 탭에서는 소리 파일을 간단히 편집할 수 있는 여러 가지 명령과 메뉴가 있습니다.

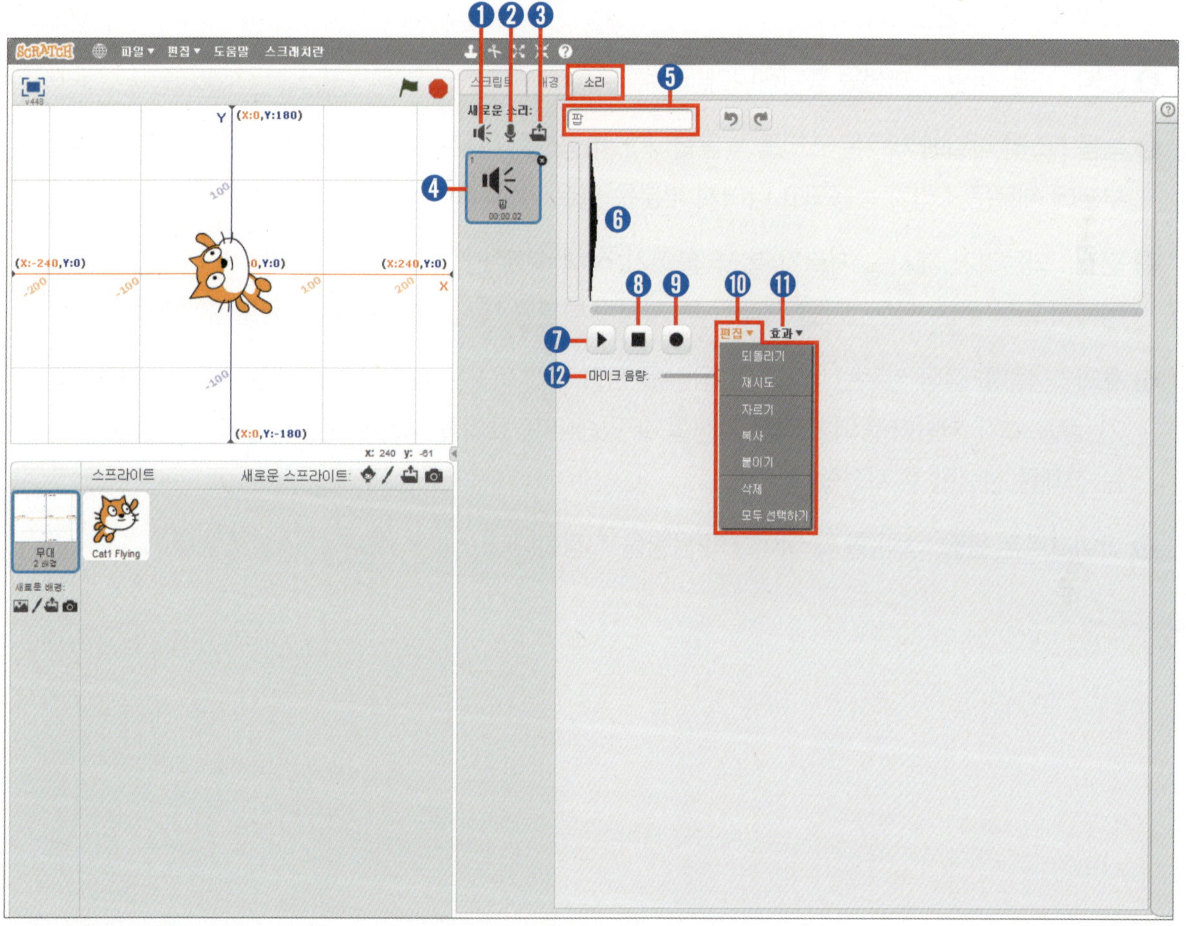

❶ **저장소에서 소리 선택** : 스크래치에서 제공되는 효과음을 포함시킬 수 있습니다.

❷ **새로운 소리 기록하기** : 마이크를 이용해 효과음을 녹음할 수 있습니다.

❸ **소리 파일 업로드하기** : 컴퓨터에 저장되어 있는 여러 가지 소리를 변환하여 가져옵니다.

❹ **소리 목록** : 스프라이트에 삽입된 소리 목록이 표시됩니다.

❺ **소리 이름** : 소리 목록에서 선택한 소리의 이름이 표시되며 소리의 이름을 바꿀 수 있습니다.

❻ **파형** : 소리 파일의 음 높낮이를 시각적으로 표현합니다. 마우스로 드래그하여 특정 부분을 선택할 수 있으며 선택된 부분을 복사하기, 오리기, 붙이기 등의 다양한 편집 작업이 가능합니다.

❼ **재생** : 소리 파일을 재생합니다. 파형에서 마우스 드래그로 선택한 후 [재생]을 클릭하면 선택한 부분의 소리만 재생됩니다.

❽ **중지** : 소리 파일의 재생을 중지합니다.

❾ **녹음** : 소리 파일에 새로운 소리를 녹음합니다. 파형에서 마우스로 특정 부분을 선택하면 선택한 부분에 새로운 소리가 녹음되고 나머지 부분은 뒤로 밀립니다.

❿ **편집** : 되돌리기, 재시도, 자르기, 복사, 붙이기, 삭제, 모두 선택하기 등 편집 메뉴가 나타납니다. 파형에서 일정 부분 또는 전체를 선택한 후 지정된 부분을 복사하거나 자르기 등을 할 수 있습니다.

⓫ **효과** : 음량을 점점 키우는 페이드인, 음량을 점점 작게 바꾸는 페이드아웃, 음량 키우기, 음량 줄이기, 음량 끄기, 역방향 등의 효과를 지정할 수 있습니다. 효과를 지정하려면 파형에서 일정 부분 또는 전체를 선택한 후 지정합니다.

⓬ **마이크로폰 음량** : 녹음할 때 마이크의 음량을 지정합니다.

# 프로젝트 저장하기

완성된 프로그램은 파일 형태로 저장하여 재사용할 수 있습니다. 스크래치에서 작성한 프로그램은 sb2 파일로 저장할 수 있지만 60초 이내의 비디오 파일로 저장할 수 있습니다. 그리고 웹 사이트에 공유하여 다른 사람과 완성된 프로그램을 공유할 수도 있습니다. 그리고 완성된 스프라이트만 별도의 파일로 저장한 다음 필요에 따라 불러올 수 있습니다.

**01** 작업 중인 프로젝트를 파일로 저장하기 위해 [파일]-[저장하기]를 선택합니다. 작업 중인 파일을 다른 이름으로 저장하려면 [다른 이름으로 저장]을 선택합니다.

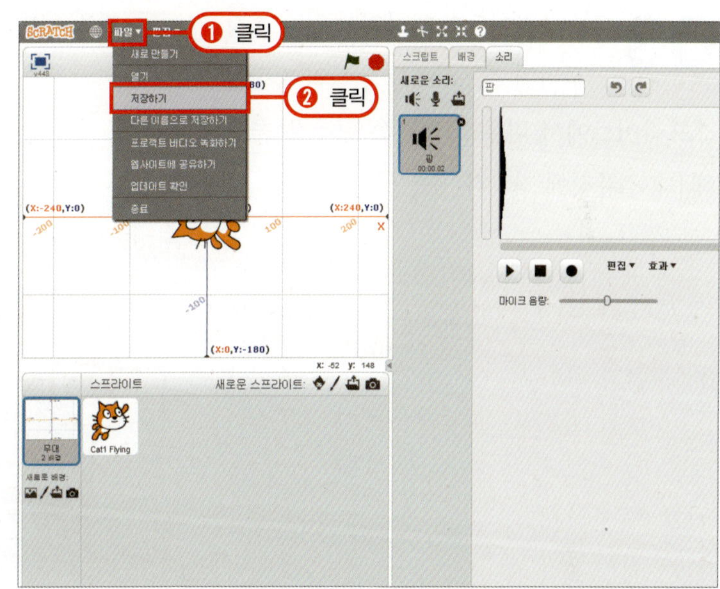


**tip**

**웹 사이트에 공유하기**

완성된 프로젝트를 웹사이트에 공유할 수 있습니다. 웹사이트에 공유하려면 [웹사이트에 공유]를 선택합니다. [Share to Scratch Website] 대화상자가 나타나면 프로젝트 이름과 스크래치 이름, 비밀번호 등을 입력하고 [확인]을 클릭합니다.

**02** [프로젝트 저장] 창이 나타나면 파일 이름을 입력하고 [저장]을 클릭합니다. 이렇게 하면 파일이 저장됩니다.

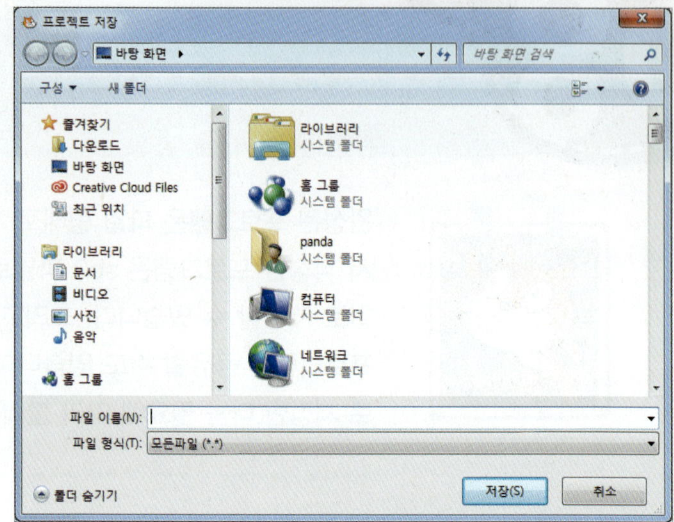

**03** 스프라이트만 하나의 파일로 저장하려면 스프라이트 영역의 저장할 스프라이트에서 마우스 오른쪽 단추를 클릭해 [내 컴퓨터에 저장하기]를 선택합니다.

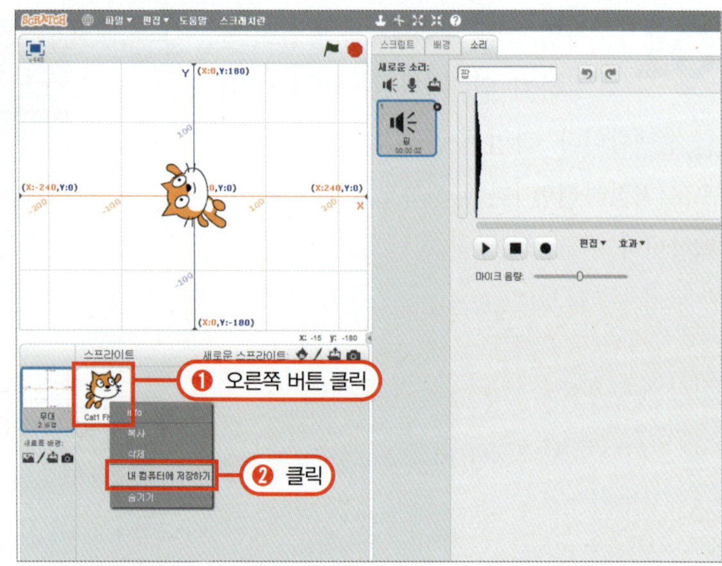


**04** [다운로드할 위치 선택] 대화상자가 나타나면 파일 이름을 입력하고 [저장]을 클릭합니다. 이때, 파일의 확장자는 'sprite2'로 저장합니다.

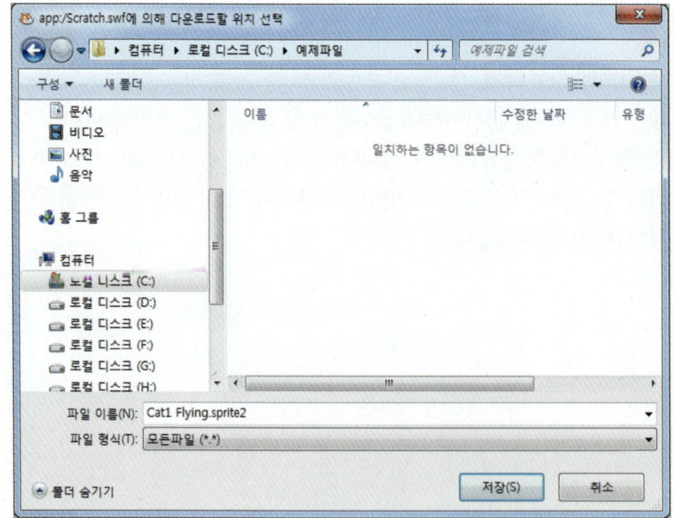

**05** 저장된 스프라이트 파일을 프로젝트에 삽입하려면 스프라이트 영역에서 [스프라이트 파일 업로드하기( )]를 클릭합니다.

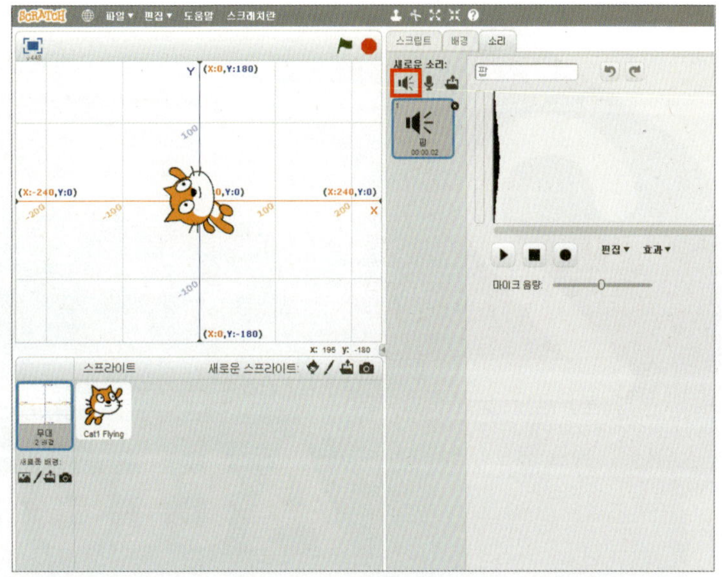

**06** [업로드할 파일을 선택] 대화상자가 나타나면 파일을 선택하고 [열기]를 클릭합니다. 이렇게 하면 저장된 스프라이트를 프로젝트에 추가할 수 있습니다.

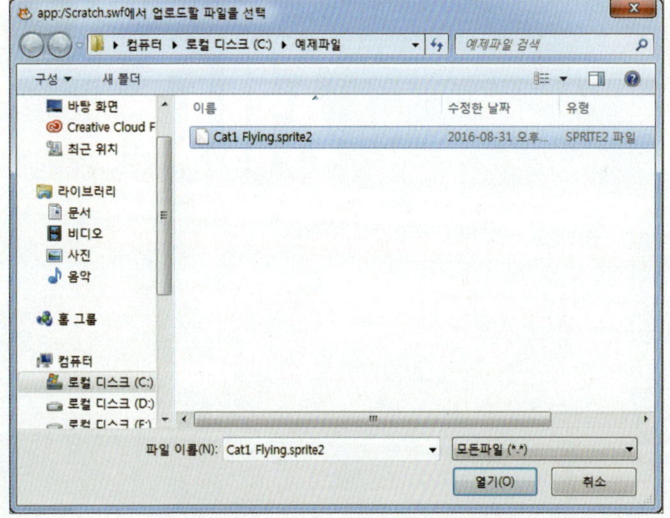

Part

# 2

# Attention! 명령 블록의 제어

프로그래밍 언어에서 사용하는 다양한 명령은 단순해 보이지만 각각의 특성을 가지고 있어 아이디어만 있다면 다양한 프로그램을 만들 수 있습니다. 스크래치도 단순해 보이는 명령 블록의 연결만으로 멋진 프로그램을 만들 수 있습니다. 프로그램을 작성할 때는 처음부터 완성도 높은 프로그램을 작성하지 말고 기본적인 기능을 구현한 다음 기능을 추가하는 방식으로 코딩하는 것이 좋습니다. 그리고 비슷해 보이는 명령 블록이라도 각각의 특성이 있으므로 상황에 따라 적절한 명령 블록을 사용하면 간결하고 완성도 높은 프로그램을 작성할 수 있습니다.

# Chapter 1

# 마우스를 따라다니는 로봇
# (마우스 사용과 스프라이트)

하늘에서 날아오는 유성을 피하는 로봇을 만들어 보겠습니다. 마우스를 이용하여 [로봇] 스프라이트의 움직임을 지정하겠습니다. 마우스와 관련된 다양한 명령 블록을 이용하여 스프라이트의 움직임을 다양하게 지정하겠습니다. 그리고 같은 기능을 하는 여러 개의 스프라이트를 만들어보겠습니다.

**예제 파일**  마우스를 따라 다니는 로봇.sb2
**완성 파일**  마우스를 따라 다니는 로봇(완성).sb2

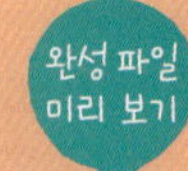

 **어떤 것을 할 수 있나요?**

- 스프라이트가 마우스를 따라 움직이도록 코딩할 수 있습니다.
- 스프라이트를 복제하여 같은 기능을 하는 스프라이트를 여러 개 만들 수 있습니다.
- 소리 파일을 삽입하여 효과음을 지정할 수 있습니다.
- 프로그램을 종료하는 조건을 만들 수 있습니다.

# 항상 마우스를 따라다니는 로봇

프로그램을 실행하면 [로봇] 스프라이트가 항상 마우스 포인터의 위치로 이동하도록 코딩하겠습니다. 그리고 상황에 따라 마우스를 따라다니는 속도를 바꾸는 방법에 대해서 알아보겠습니다.

**01** 스크래치 프로그램을 실행한 후 [파일]-[열기] 메뉴를 실행합니다. 예제 파일(마우스를 따라다니는 로봇.sb2)을 선택한 후 [열기] 버튼을 클릭합니다.

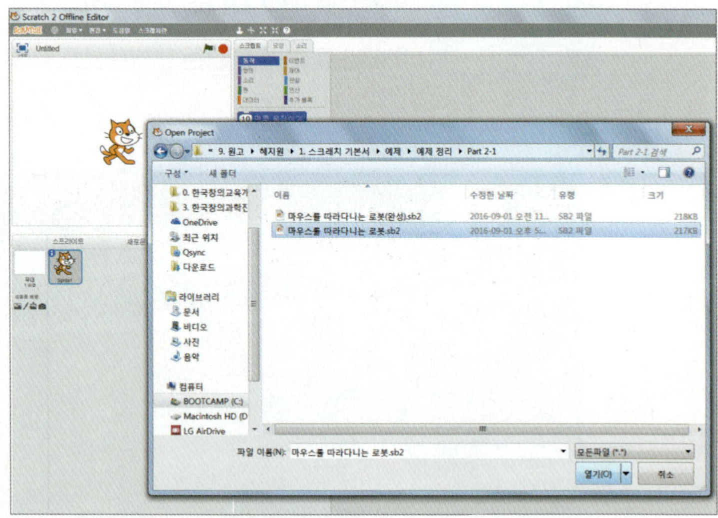

**02** [로봇] 스프라이트를 선택합니다. [이벤트] 팔레트의 클릭했을 때 명령 블록을 연결합니다. [제어] 팔레트의 무한 반복하기 명령 블록을 연결합니다. [동작] 팔레트의 마우스 포인터 위치로 이동하기 명령 블록을 연결한 다음 ▶를 클릭해 프로그램을 실행합니다.

**tip**

무한 반복하기 명령 블록은 반복이 실행되면 프로그램이 종료되거나, 스프라이트 또는 스크립트를 멈추기 전까지 계속해서 반복합니다. 무한 반복하기 명령 블록은 정확한 반복 횟수나 반복을 멈추는 조건을 모를 때 사용합니다.

**03** 마우스를 움직이면 [로봇] 스프라이트가 항상 따라다닙니다.

**04** 마우스 포인터▼ 위치로 이동하기 명령 블록을 [스크립트] 탭으로 드래그해 삭제한 다음 [동작] 팔레트의 마우스 포인터▼ 쪽 보기 명령 블록을 연결합니다.

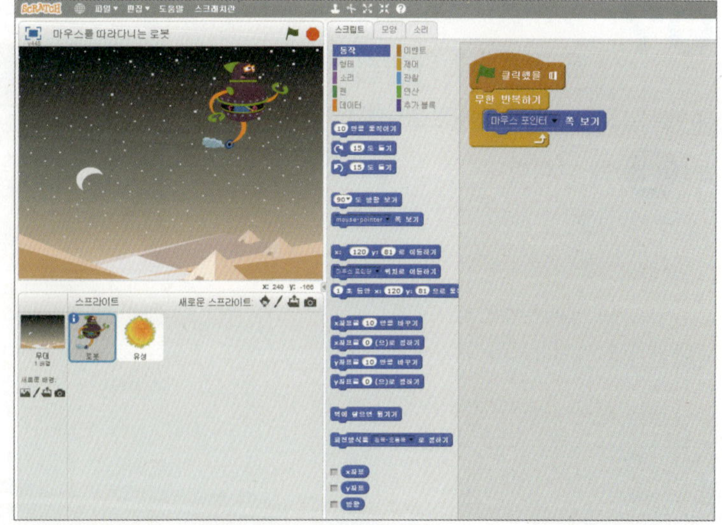

**05** 10 만큼 움직이기 명령 블록을 연결한 다음 ⚑를 클릭해 프로그램을 실행합니다.

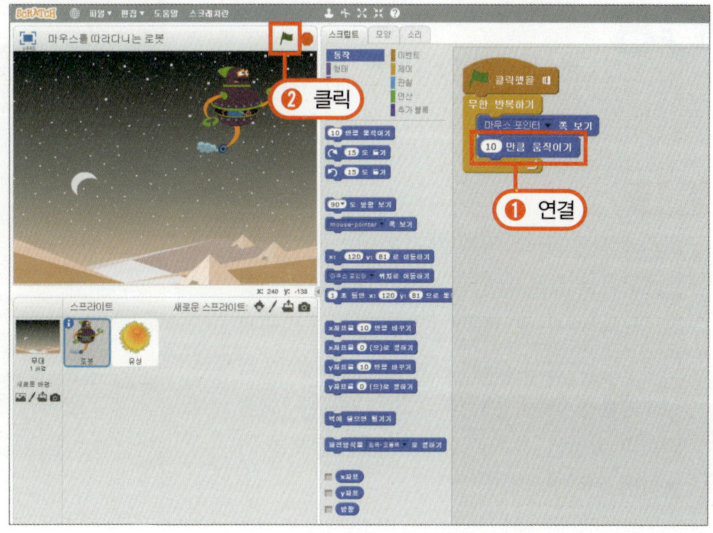

**06** 마우스를 움직이면 [로봇] 스프
라이트가 마우스 포인터보다는
항상 뒤에 움직입니다.

**07** 이번에는 로봇의 움직이는 모양
을 바꿔보기 위해 스프라이트 영
역에서 [로봇] 스프라이트를 선택한 다음 정
보(ⓘ)를 클릭합니다.

**08** 회전 방식을 왼쪽-오른쪽(↔)
을 선택한 다음 ⚑ 를 클릭해 프
로그램을 실행합니다.

> **tip**
>
> 회전 방식은 [동작] 팔레트의 [회전방식을 왼쪽-
> 오른쪽으로 정하기] 명령 블록을 이용해도 정할
> 수 있습니다. 프로그램에서 회전 방식이 바뀌지
> 않고 고정된 방식으로만 사용하면 스프라이트의
> 정보(ⓘ)를 이용해 변경하고 프로그램에서 회전
> 방식이 바뀌면 [동작] 팔레트의 명령 블록을 이
> 용하여 코딩합니다.

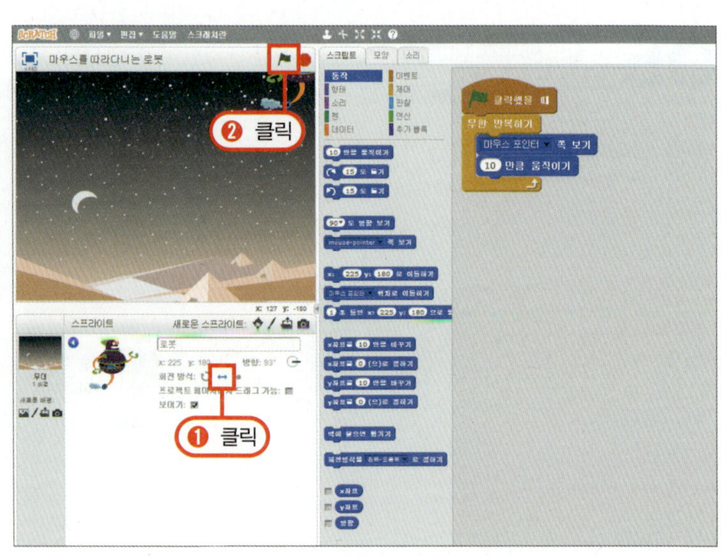

**09** 마우스 포인터를 이리저리 움직이면 [로봇] 스프라이트가 왼쪽과 오른쪽 방향만 바라봅니다.

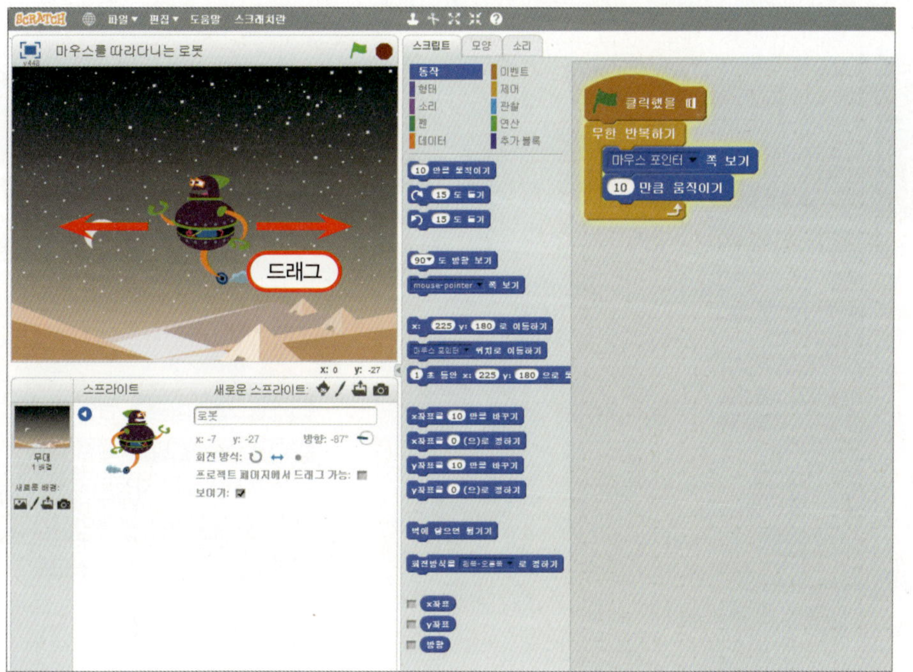



**tip**

회전 방식을 회전하지 않음
( ● )으로 지정하면 마우스를
이리저리 움직여도 고정된 방
향만 바라봅니다.

**10** 이번에는 마우스 포인터의 위치에 따라 y 좌표는 바꾸지 않고 x 좌표만 바꿔보겠습니다. 명령 블록을 드래그해 삭제합니다.

**11** [동작] 팔레트의 `x좌표를 0 (으)로 정하기` 명령 블록을 연결합니다.

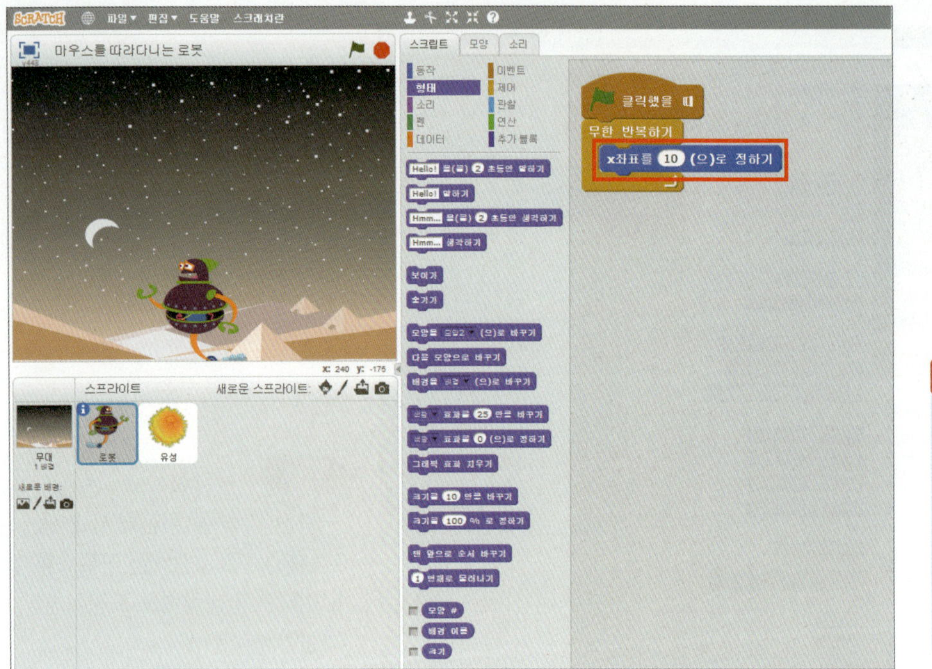



**12** [로봇] 스프라이트를 선택한 다음 드래그해 y 좌표를 지정합니다. 정확한 위치가 아닌 임의의 위치를 지정합니다. [관찰] 팔레트의 `마우스의 x좌표` 명령 블록을 드래그해 연결합니다. 프로그램을 실행하면 마우스 포인터의 위치에 따라 [로봇] 스프라이트의 x 좌표만 바뀝니다.

# 하늘에서 떨어지는 유성 코딩하기

이번에는 유성이 떨어지는 모양을 표현하도록 코딩하겠습니다. 유성은 화면의 위쪽에서 나타나 아래로 이동하는 것을 계속해서 반복하겠습니다. 또한 유성이 나타나는 위치는 항상 바뀌도록 코딩하겠습니다.

**01** [유성] 스프라이트를 선택한 후 [이벤트] 팔레트의 **클릭했을 때** 명령 블록을 연결합니다.

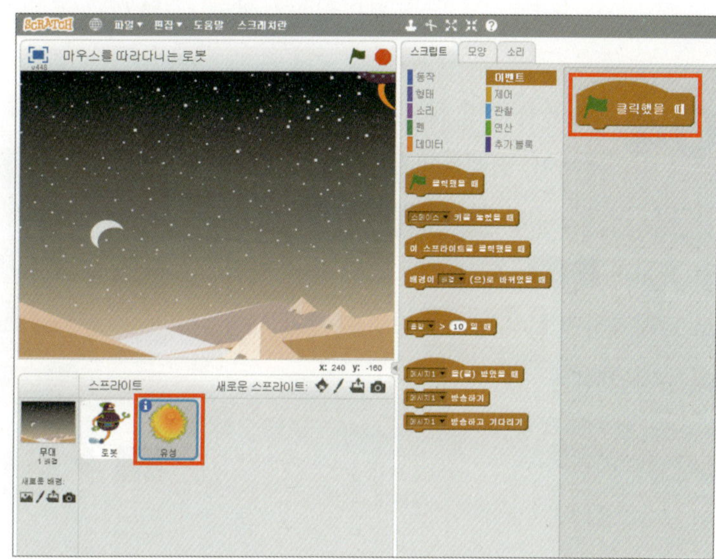

**02** [유성] 스프라이트가 처음 나타날 위치를 지정하기 위해 [동작] 팔레트의 **x: -52 y: 78 로 이동하기** 명령 블록을 연결한 다음 값에 '0'과 '180'을 입력합니다. 이렇게 하면 지정된 위치에 나타납니다.

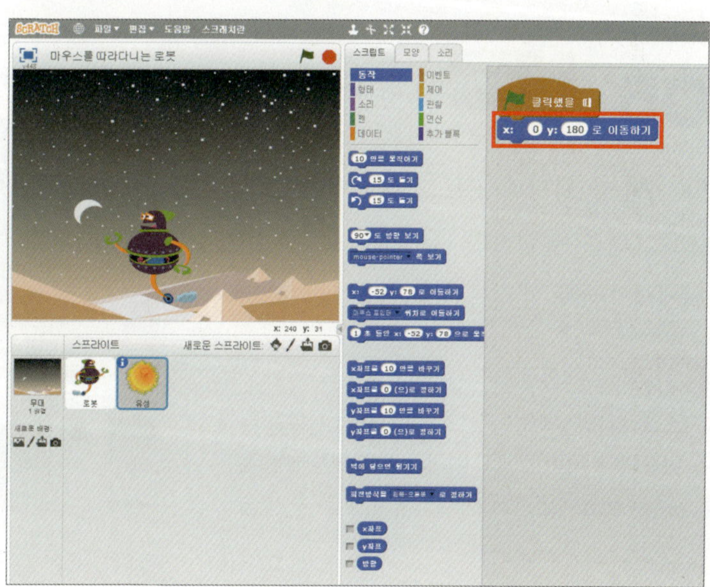

**03** [유성] 스프라이트를 아래로 이동하기 위해 **y좌표를 10 만큼 바꾸기** 명령 블록을 연결한 다음 값에 '-3'을 입력합니다. 입력한 값이 '0'보다 작으면 아래로 이동하고 '0'보다 크면 위로 이동합니다. 프로그램을 실행하면 [유성] 스프라이트는 지정된 위치에 나타난 다음 한 번 이동하고 이동이 멈춥니다.

**04** 이동을 계속해서 반복하기 위해 [제어] 팔레트의 **10 번 반복하기** 명령 블록을 연결합니다. **x: 0 y: 180 로 이동하기** 명령 블록과 **y좌표를 -3 만큼 바꾸기** 명령 블록 사이로 드래그하면 **10 번 반복하기** 명령 블록이 사이에 추가됩니다.

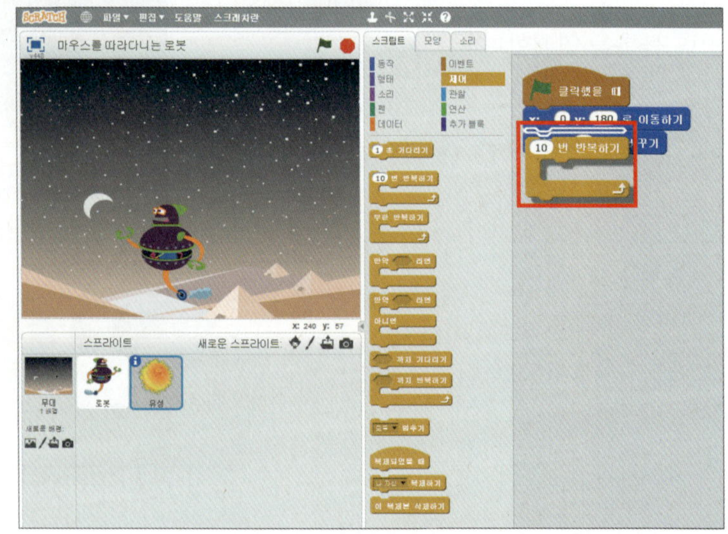

**05** **10 번 반복하기** 명령 블록이 연결되면 반복횟수에 '120'을 입력합니다. ▶ 를 클릭해 프로그램을 실행합니다. 프로그램을 실행하면 [유성] 스프라이트가 위에서 아래로 내려옵니다.

> **tip**
>
> 스크래치의 y 좌표는 '-180~180'까지 사용할 수 있습니다. 따라서 360 여개의 좌표값이 있는데, '-3'씩 이동하면 120번 정도를 이동할 수 있습니다.

**06** 를 클릭해 프로그램을 실행하면 [유성] 스프라이트가 계속해서 위에서 아래로 내려오는 것을 반복하도록 코딩하겠습니다. [이벤트] 팔레트의 명령 블록을 드래그해 연결합니다.

**07** 를 클릭해 프로그램을 실행하면 [유성] 스프라이트가 위에서 아래로 내려오는 것을 계속 반복합니다. 프로그램을 멈추려면 를 클릭합니다.

**08** 이번에는 [유성] 스프라이트가 나타나는 위치를 바꿔보겠습니다. [연산] 팔레트의
1 부터 10 사이의 난수 명령 블록을 드래그해 x: 0 y: 180 로 이동하기 명령 블록의 x 좌표
값에 연결한 다음 '−220'과 '220'을 입력합니다. 프로그램을 실행하면 [유성] 스프라이트가 임의의
위치에 나타난 다음 아래로 이동하고 다시 새로운 위치에서 아래로 이동합니다.

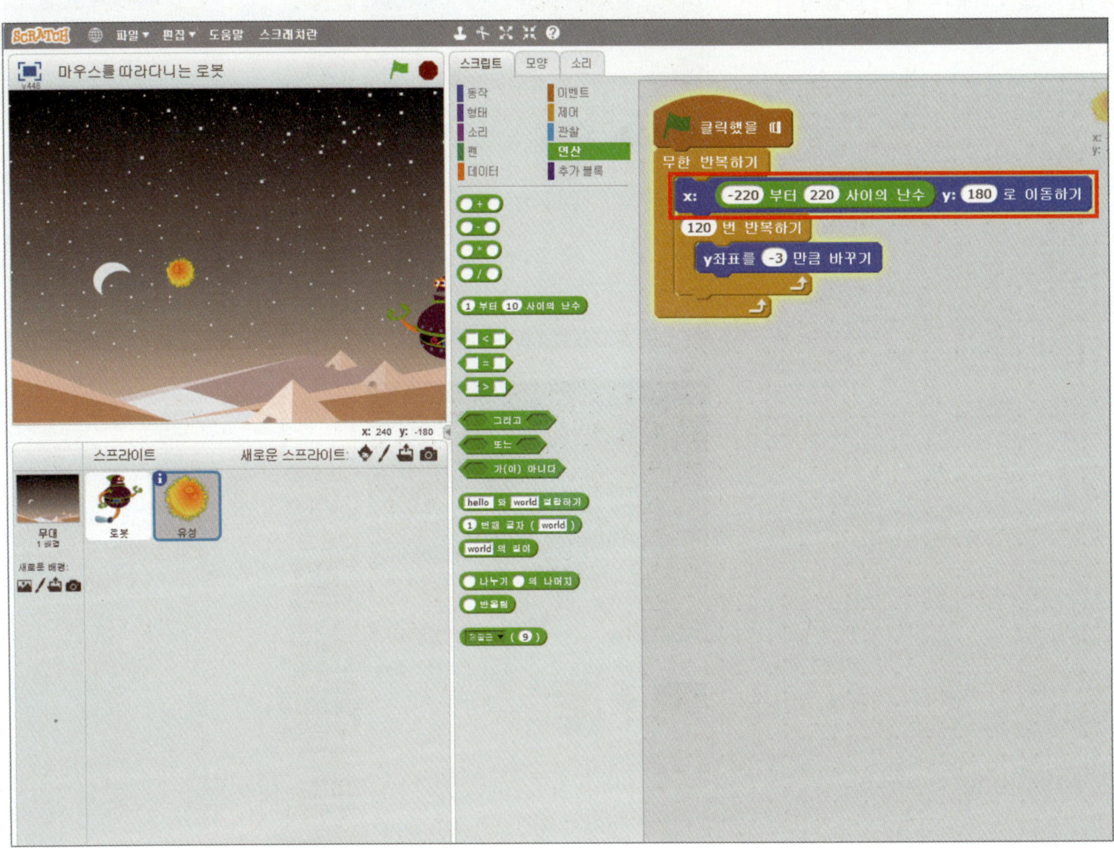



---

**tip**

1 부터 10 사이의 난수 **명령 블록**

1 부터 10 사이의 난수 명령 블록은 지정된 범위 내에서 임의의 수를 만들어주는 명령 블록입니다. 따라서
-220 부터 220 사이의 난수 명령 블록을 이용하면 '-220부터 220' 사이의 난수를 만들어 x 좌표를 지정합니다. 스크래치
에서 x 좌표는 '-240~240' 까지 사용할 수 있지만 [유성] 스프라이트의 크기를 고려하여 약간 안쪽에 나타날 수 있
도록 위치를 지정합니다.

# 같은 모양과 동작을 하는 스프라이트 여러 개 만들기

[유성] 스프라이트가 하나만 있어 [로봇] 스프라이트로 피하기가 매우 쉽습니다. 따라서 이번에는 많은 [유성] 스프라이트가 나타나 아래로 이동하도록 하겠습니다. 스프라이트를 복사하여 명령 블록을 수정하는 것과 스프라이트를 복제하는 명령 블록을 이용하여 코딩하는 방법을 이용하여 어떤 차이가 있는지 알아보겠습니다.

**01** 스프라이트 영역에서 [유성] 스프라이트를 선택한 다음 마우스 오른쪽 단추를 눌러 [복사]를 선택합니다.

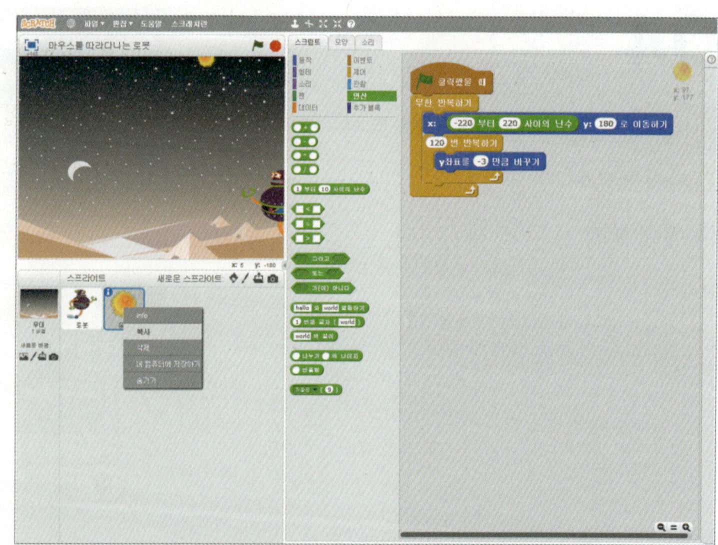

**02** 스프라이트가 복제되면 같은 방법으로 세 개를 더 복사합니다. 스프라이트를 복제하면 모양뿐만 아니라 소리와 명령 블록까지 모두 복사됩니다.

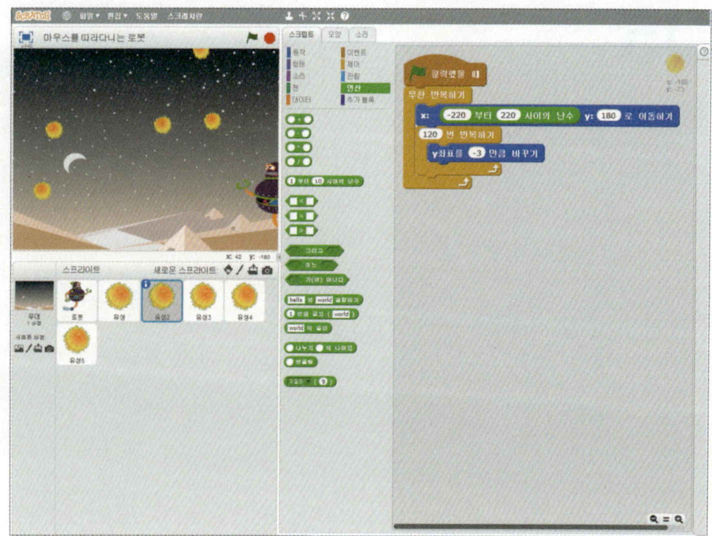

**03** 를 클릭해 프로그램을 실행하면 다섯 개의 [유성] 스프라이트가 화면 위쪽에서 아래로 내려옵니다.

**04** 복제된 [유성] 스프라이트에서 마우스 오른쪽 단추를 눌러 [삭제]를 선택합니다. 스프라이트를 삭제하면 스프라이트에 포함되어 있는 모양, 소리, 명령 블록까지 모두 삭제됩니다.

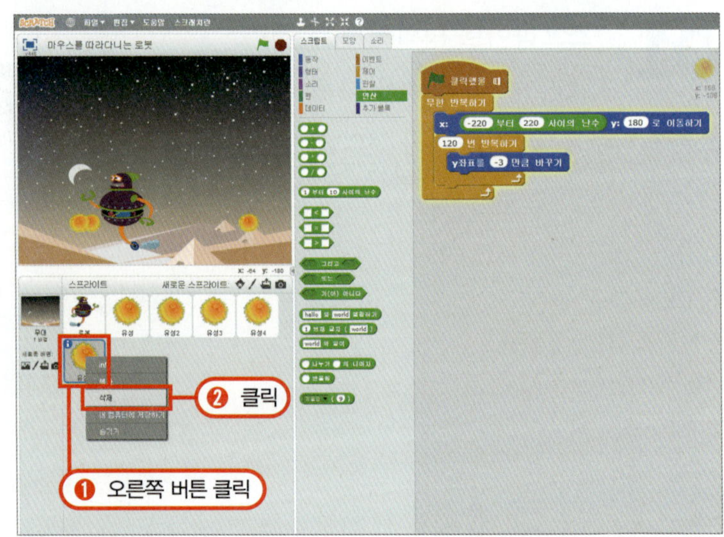


**05** 같은 방법으로 하나의 [유성] 스프라이트만 남겨두고 [유성] 스프라이트를 삭제합니다.

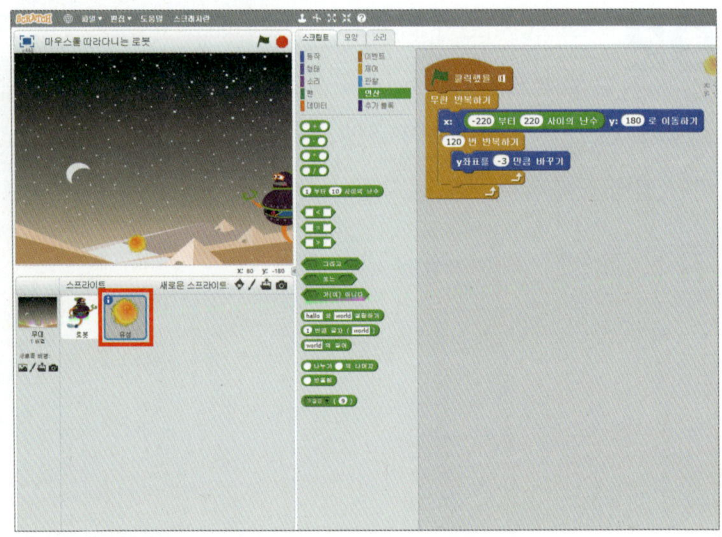

**06** [유성] 스프라이트를 선택한 다음 [제어] 팔레트의 복제되었을 때 명령 블록을 연결합니다. 무한 반복하기 명령 블록을 드래그해 복제되었을 때 명령 블록과 연결합니다.



복제되었을 때 명령 블록에는 스프라이트가 복제되었을 때 실행할 명령 블록을 연결합니다. 스프라이트의 복제는 나 자신 복제하기 명령 블록을 이용하여 복제합니다. 스프라이트가 복제되면 모양과 소리, 명령 블록이 모두 복제됩니다.

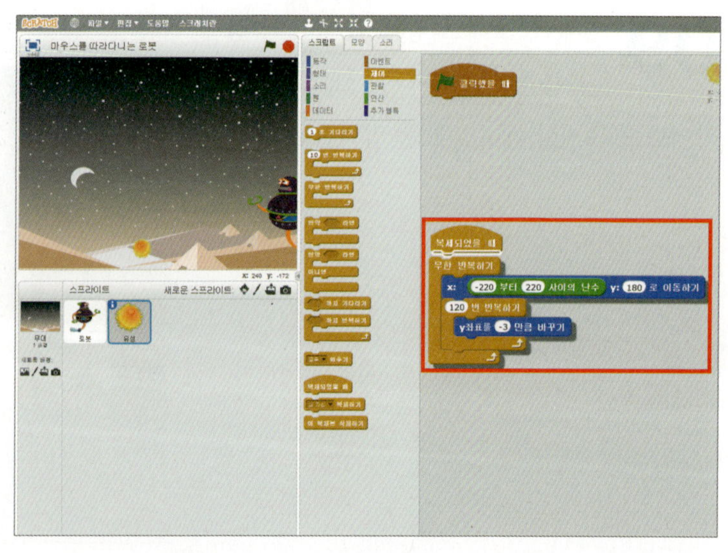

**07** [무대]를 선택한 다음 [이벤트] 팔레트의 클릭했을 때 명령 블록을 연결합니다. [제어] 팔레트의 로봇 복제하기 명령 블록을 연결한 다음 ▼를 클릭해 '유성'을 선택합니다.

**08** 클릭했을 때 명령 블록을 더블 클릭할 때마다 [유성] 스프라이트가 복제되어 새로운 [유성] 스프라이트가 만들어집니다.

**09** [제어] 팔레트의  명령 블록을 연결한 다음 [유성] 스프라이트를 복제할 개수인 '5'를 입력합니다.

**10** 를 클릭해 프로그램을 실행하면 5개의 유성이 위에서 아래로 움직이고, 움직이지 않는 유성이 한 개 있습니다.

**11** 유성이 나타나는 간격을 지정하려면 1초 기다리기 명령 블록을 연결한 다음 값에 '0.5'를 입력합니다. 프로그램을 실행하면 유성이 일정한 간격을 두고 나타납니다.

**12** 움직이지 않고 고정되어 있는 [유성] 스프라이트가 있습니다. 고정되어 있는 [유성] 스프라이트를 숨기기 위해 [유성] 스프라이트를 선택한 다음 [이벤트] 팔레트의 명령 블록을 연결합니다. [형태] 팔레트의 명령 블록을 연결합니다. 프로그램을 실행하면 화면에서 숨겼기 때문에 무대에 표시되지 않습니다.

**tip**

[유성] 스프라이트를 선택하면 프로그램을 실행했을 때 실행할 명령 블록이 없기 때문에 현재 위치에 고정되어 있습니다. 고정되어 있는 [유성] 스프라이트를 화면에서 숨기거나 동작을 지정하면 고정되어 있지 않게 됩니다.

**13** 복제되면 화면에 다시 나타나도록 코딩하기 위해 [형태] 팔레트의 보이기 명령 블록을 드래그해 연결합니다. 프로그램을 실행하면 고정되어 있던 [유성] 스프라이트는 화면에서 숨겨지고 복제된 [유성] 스프라이트만 화면에 표시되어 나타납니다.

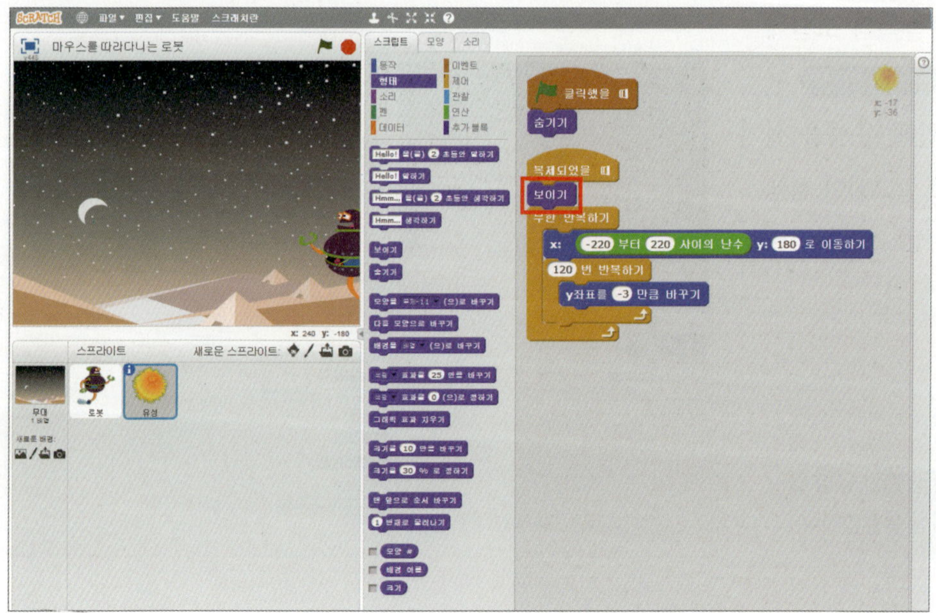

# Section 04 프로그램의 종료 조건 코딩하기

지금까지 작성한 프로그램은 유성이 위에서 아래로 내려오는데 사용자가 마우스를 이용하여 로봇을 움직이고, 유성을 피하도록 하는 프로그램입니다. 하지만 유성과 로봇이 서로 닿아도 프로그램은 멈추지 않고 계속해서 실행됩니다. 이번에는 [유성] 스프라이트와 [로봇] 스프라이트가 닿으면 프로그램을 종료하도록 코딩하겠습니다.

**01** [로봇] 스프라이트를 선택한 후 [이벤트] 팔레트의 `클릭했을 때` 명령 블록을 연결합니다. [제어] 팔레트의 `무한 반복하기` 명령 블록을 연결합니다.

### tip

**종료 조건 코딩 위치 선택하기**

두 개의 스프라이트가 닿았는지 확인하여 종료하도록 코딩하려면 두 개의 스프라이트 중 하나의 스프라이트를 선택하여 코딩합니다.

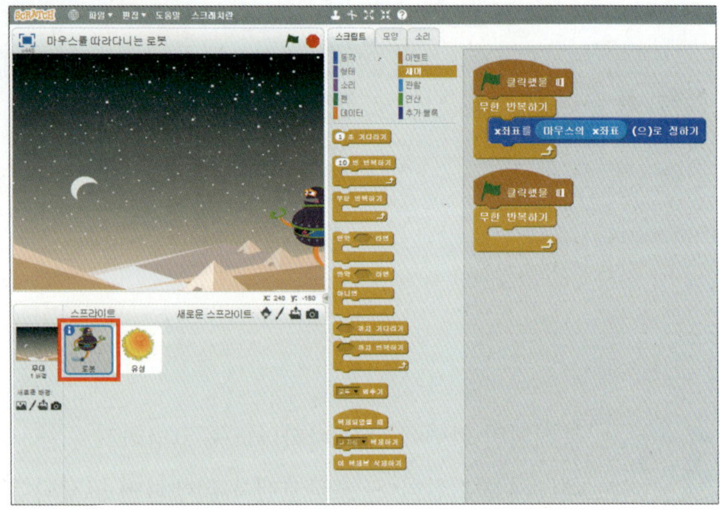

**02** `만약 ~ 라면` 명령 블록의 조건에 [관찰] 팔레트의 `▼ 에 닿았는가?` 명령 블록을 연결하고 ▼를 클릭해 '유성'을 선택합니다. 이렇게 코딩하면 프로그램이 실행되면 [로봇] 스프라이트가 [유성] 스프라이트에 닿았는지 계속해서 비교합니다.

### tip

**명령 블록**

명령 블록은 조건이 참일 때만 명령 블록 안에 포함되어 있는 명령 블록을 실행합니다.

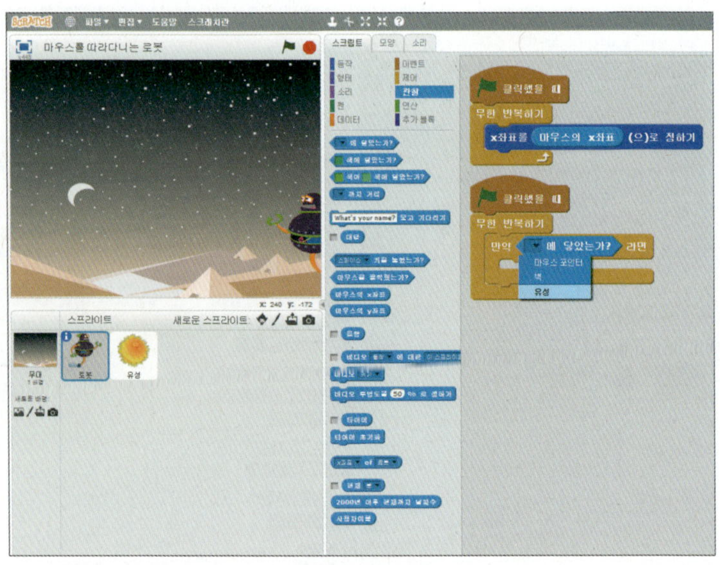

**03** [제어] 팔레트의 〔모두▼ 멈추기〕 명령 블록을 〔만약 ～라면〕 명령 블록 안에 연결합니다. 이렇게 코딩하면 [로봇] 스프라이트가 명령 블록에 닿으면 모두 멈추게 됩니다.

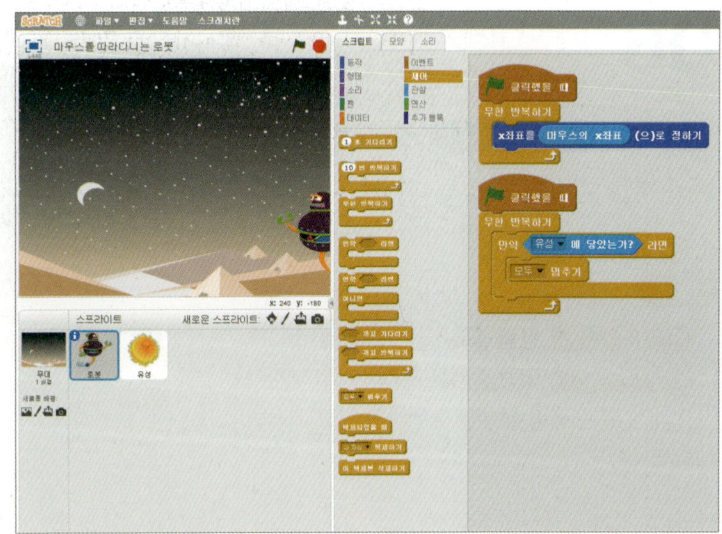

**04** 프로그램을 실행한 다음 마우스를 이용해 로봇을 움직입니다. 만약 [로봇] 스프라이트가 [유성] 스프라이트에 닿으면 프로그램이 종료됩니다.

**05** 이번에는 좀 더 간단한 방법으로 [로봇] 스프라이트가 [유성] 스프라이트에 닿으면 종료되도록 코딩하겠습니다. 〔클릭했을 때〕 명령 블록 아래에 있는 명령 블록을 [스크립트] 탭으로 드래그해 지웁니다.

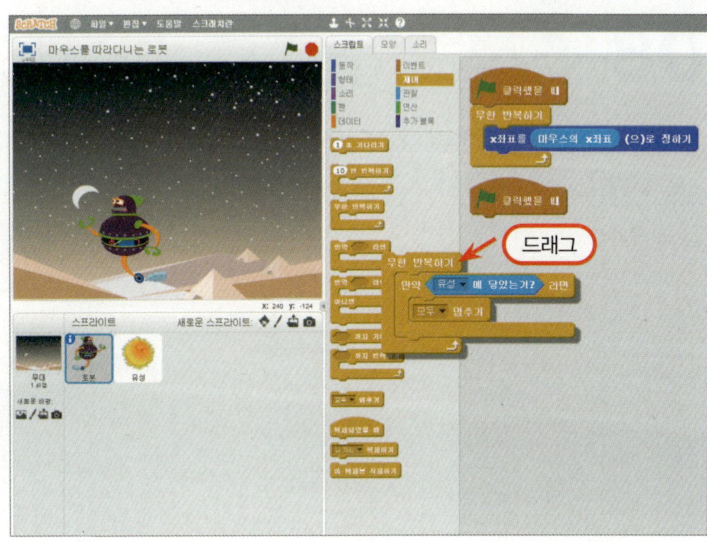

**06** [제어] 팔레트의 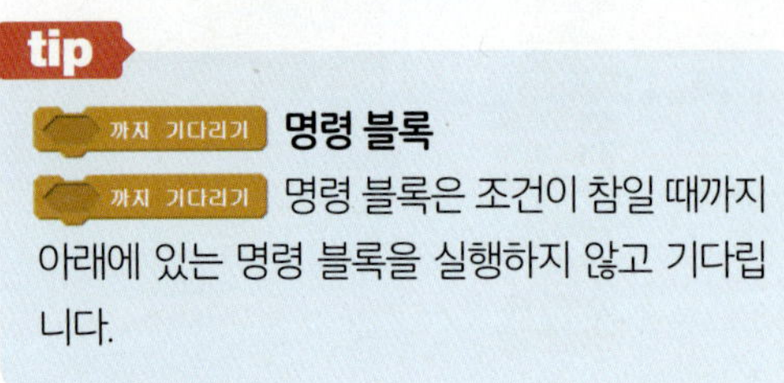 명령 블록을 연결합니다. [관찰] 팔레트의 명령 블록을 연결하고 ▼를 클릭해 '유성'을 선택합니다.

**tip**

까지 기다리기 **명령 블록**

까지 기다리기 명령 블록은 조건이 참일 때까지 아래에 있는 명령 블록을 실행하지 않고 기다립니다.

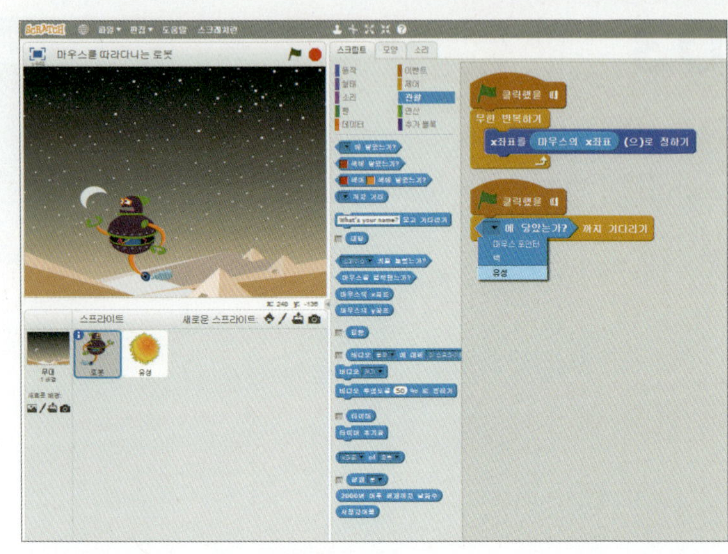

**07** [제어] 팔레트의 모두▼ 멈추기 명령 블록을 연결합니다. 이렇게 코딩하면 [로봇] 스프라이트가 [유성] 스프라이트에 닿을 때까지 기다린 다음 [로봇] 스프라이트가 [유성] 스프라이트에 닿으면 모두▼ 멈추기 명령 블록을 실행합니다.

**08** ⚑를 클릭해 프로그램을 실행한 다음 마우스를 이용해 로봇을 움직입니다. 만약 [로봇] 스프라이트가 [유성] 스프라이트에 닿으면 프로그램이 종료됩니다.

# 프로그램의 완성도를 높이기

프로그램에 소리 효과를 지정하고 [유성] 스프라이트의 움직이는 속도, [로봇] 스프라이트의 시작 위치와 크기 등을 지정하여 프로그램의 완성도를 높여보겠습니다. 프로그램을 사용하는 사용자를 고려하여 [로봇] 스프라이트의 크기를 바꾸고 [유성] 스프라이트의 복제되는 개수와 간격, 이동하는 속도 등을 변경하겠습니다.

**01** 프로그램을 실행했을 때 [로봇] 스프라이트가 나타나는 y 좌표를 지정하겠습니다. [로봇] 스프라이트를 선택한 다음 [동작] 팔레트의 `y좌표를 0 (으)로 정하기` 명령 블록을 연결한 다음 값에 '-130'을 입력합니다.

**tip**

마우스를 이용하여 [로봇] 스프라이트의 x 좌표를 바꾸므로 y 좌표만 정합니다. 프로그램이 실행되는 동안 [로봇] 스프라이트의 y 좌표는 바뀌지 않으므로 `무한 반복하기` 명령 블록에 포함하지 않습니다.

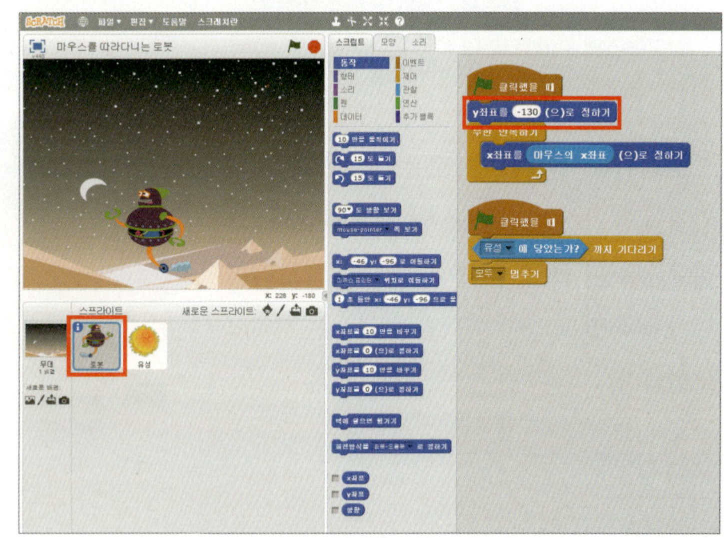

**02** [유성]을 쉽게 피하기 위해서 [형태] 팔레트에서 `크기를 100 % 로 정하기` 명령 블록을 연결한 다음 값에 '50'을 입력합니다. 이렇게 코딩하면 [로봇] 스프라이트의 크기가 50%로 바뀌어 작게 보입니다.

**tip**

스프라이트 크기는 100%를 기준으로 확대하거나 축소할 수 있습니다. 벡터 이미지의 경우 이미지를 확대해도 깨끗하게 보이지만 비트맵 이미지는 많이 확대하면 깨져 보입니다.

**03** [로봇] 스프라이트와 [유성] 스프라이트가 닿으면 모양을 바꿔 [로봇] 스프라이트가 터지는 것처럼 보이도록 만들겠습니다. [형태] 팔레트의 모양을 모양2 (으)로 바꾸기 명령 블록을 드래그해 연결합니다.



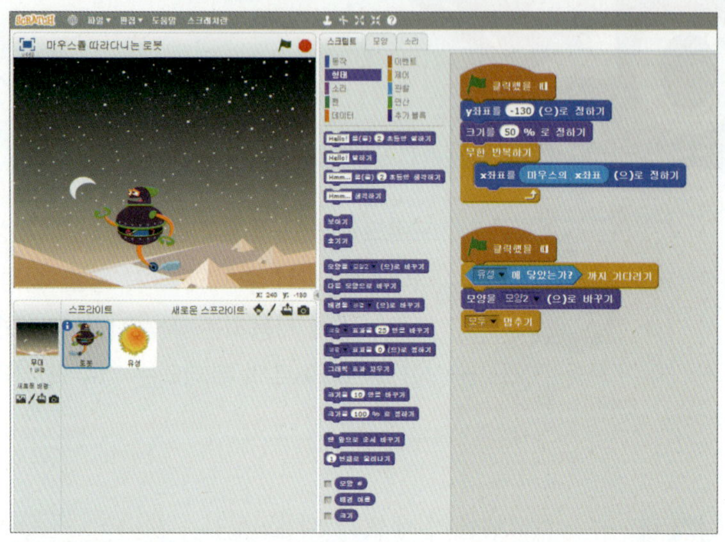

프로그램을 실행하면 [로봇] 스프라이트의 위치와 크기가 바뀐 것을 알 수 있습니다. 그리고 [로봇] 스프라이트와 [유성] 스프라이트가 닿으면 모양이 바뀌면서 터지는 것처럼 보입니다.

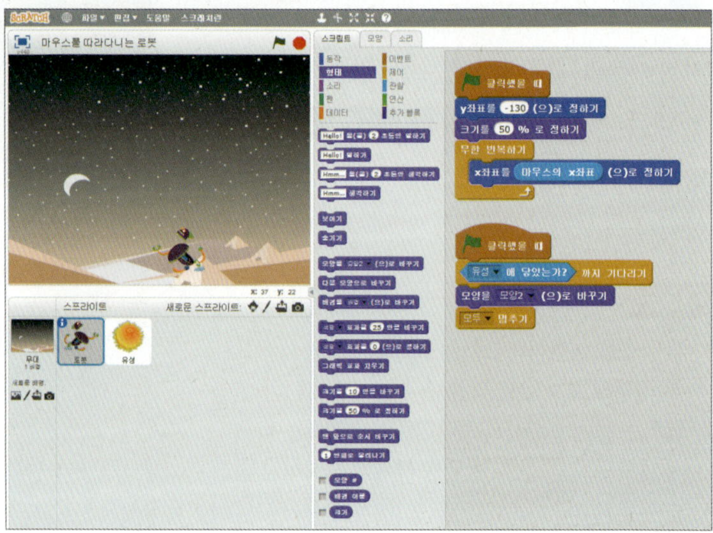

**04** 프로그램을 다시 실행하면 마지막에 바뀐 모양으로 프로그램이 실행됩니다.

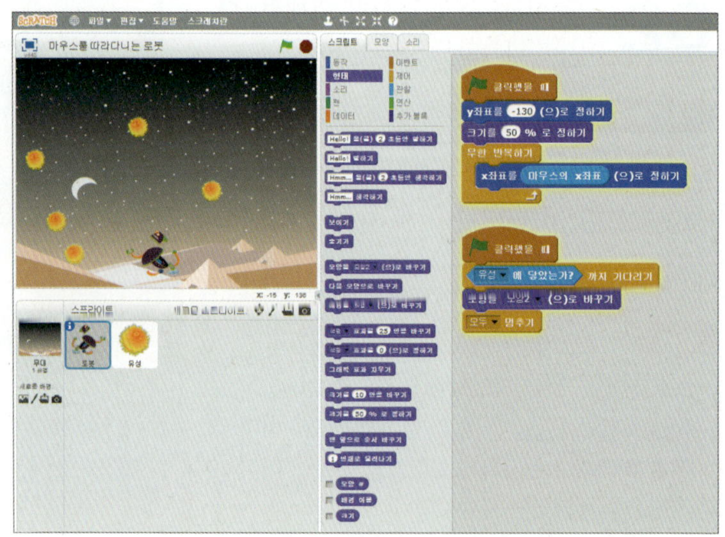

**05** 프로그램이 실행되었을 때 [로봇] 스프라이트의 모양을 지정하기 위해 [형태] 팔레트의
모양을 모양2 (으)로 바꾸기 명령 블록을 연결한 다음 ▼를 클릭해 '모양1'을 선택합니다. 이
렇게 코딩하면 프로그램을 실행할 때마다 지정된 모양으로 프로그램이 실행됩니다.

**06** [유성] 스프라이트가 내려오는 속도를 바꾸겠습니다. [유성] 스프라이트를 선택한 다음
[동작] 팔레트에 있는 y좌표를 -3 만큼 바꾸기 명령 블록에서 값을 '-2'로 바꿉니다. 이렇게 코
딩하면 유성 스프라이트가 내려오는 속도가 느려집니다.

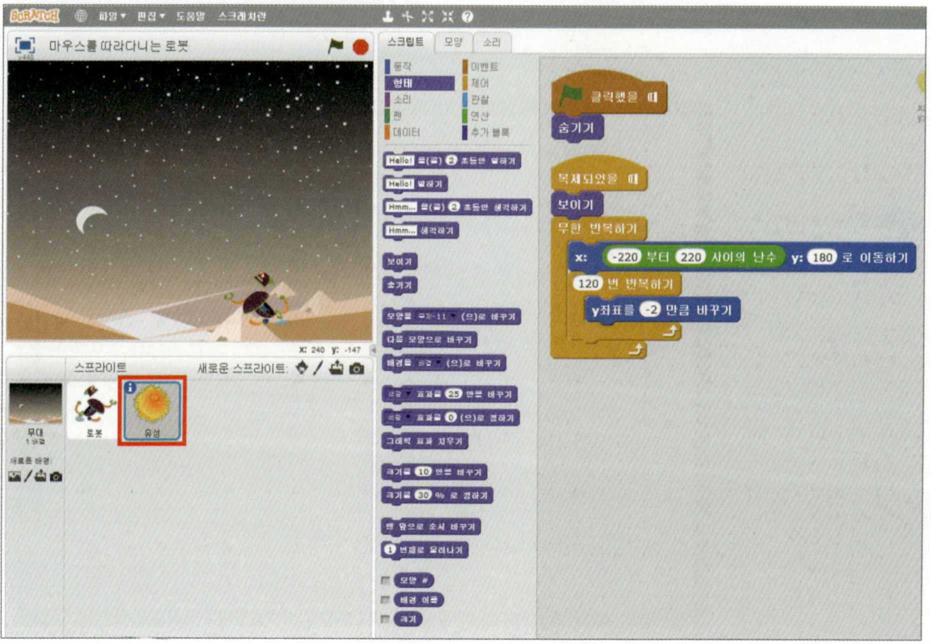

**07** 이동하는 속도가 느려졌지만, [유성] 스프라이트가 아래까지 내려오지 않고 사라지게 됩니다. 이동하기 위해 사용하는 반복횟수가 작기 때문인데, 아래까지 내려오도록 반복 횟수를 '180'으로 바꿔줍니다.

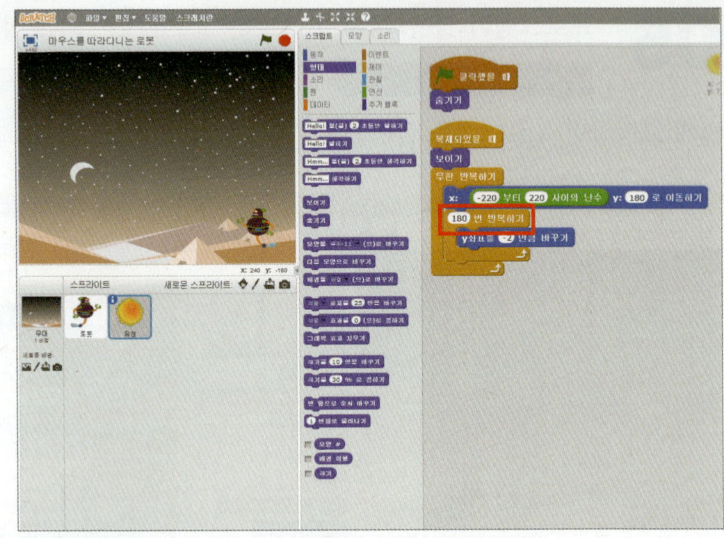

**08** [유성] 스프라이트가 나타날 때마다 효과음을 지정하기 위해 [소리] 탭의 [저장소에서 소리 선택( )]을 클릭합니다.

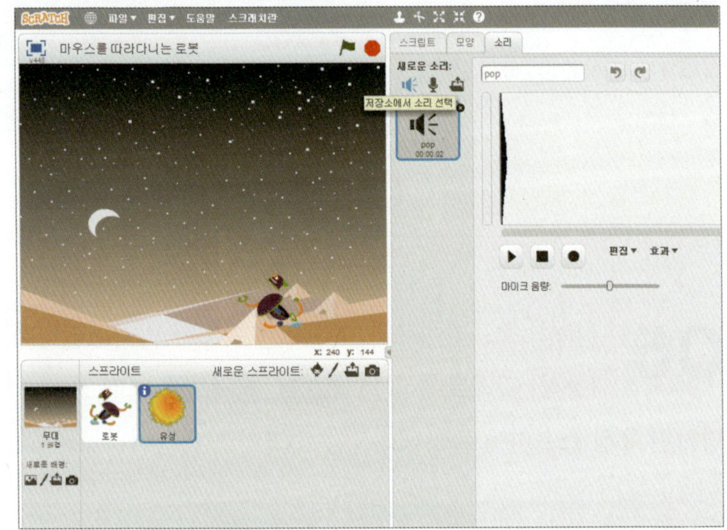

**09** [소리 저장소]가 나타나면 소리 파일을 선택하고 [확인]을 클릭합니다. 여기에서는 'laser1'을 선택했습니다.

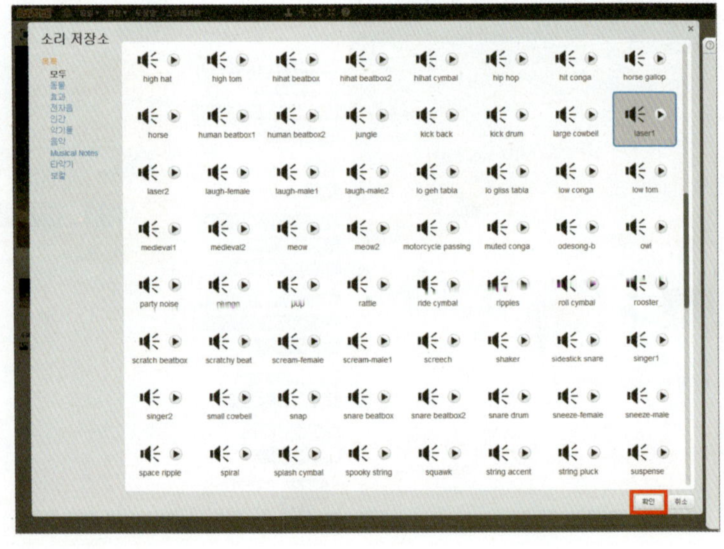

**10** [스크립트] 탭을 선택한 다음 [소리] 팔레트의 [laser1 재생하기] 명령 블록을 드래그해 연결합니다. 이렇게 코딩하면 [유성] 스프라이트가 나타날 때마다 소리가 재생됩니다.

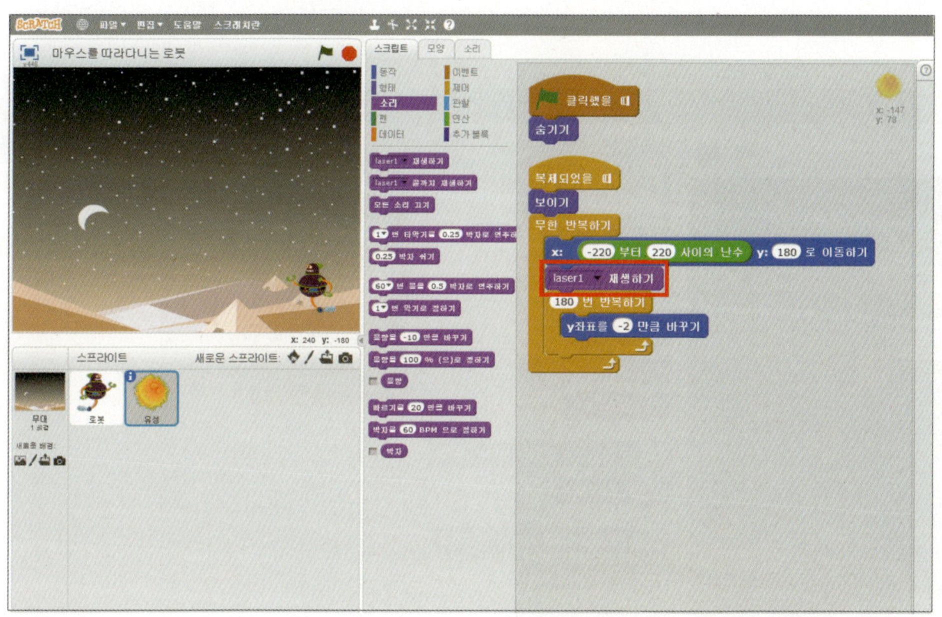

**tip**

[x: -220 부터 220 사이의 난수 y: 180 로 이동하기] 명령 블록은 [유성] 스프라이트가 나타날 위치를 지정하는 명령 블록입니다. 따라서, [x: -220 부터 220 사이의 난수 y: 180 로 이동하기] 명령 블록 아래에 [laser1 재생하기]를 연결하면 [유성] 스프라이트가 나타난 다음 'laser1'을 재생합니다. 만약 [유성] 스프라이트를 아래로 이동하는 [y좌표를 -2 만큼 바꾸기] 명령 블록 아래에 [laser1 재생하기] 명령 블록을 연결하면 [유성] 스프라이트의 y 좌표가 바뀔 때마다 'laser1'을 계속해서 재생합니다.

**11** [유성] 스프라이트가 복제되는 간격을 조절하기 위해 [무대]를 선택합니다. [5 번 반복하기] 명령 블록에서 값을 조절하여 복제되는 [유성] 스프라이트의 개수를 조절하고 [0.5 초 기다리기] 명령 블록에서 값을 변경해 복제되는 간격을 조절합니다.

**12** 프로그램을 실행해 마우스를 움직이면 [로봇] 스프라이트가 함께 움직입니다. 그리고 [유성] 스프라이트가 아래로 이동하는데 [로봇] 스프라이트와 부딪히면 프로그램이 종료됩니다.

# Chapter 2

# 장애물 피하기
# (키보드 사용과 모양 편집)

이번에 만들 프로그램은 위에서 내려오는 장애물을 왼쪽과 오른쪽으로 움직여 피하거나, 점프하여 피하는 프로그램을 만들어 보겠습니다. 모양과 관련된 여러 가지 명령 블록을 이용하여 프로그래밍 방법과 모양을 편집하는 방법에 대해 알아보겠습니다. 그리고 프로그램을 코딩하면서 필요한 다양한 조건 설정에 대해 알아보겠습니다.

**예제 파일**  **장애물 피하기.sb2**

**완성 파일**  **장애물 피하기(완성).sb2**

완성 파일 미리 보기

## Q 어떤 것을 할 수 있나요?

- 키보드와 관련된 여러 가지 명령 블록의 차이에 대해 알 수 있습니다.
- 스프라이트를 지정된 범위 내에서만 이동할 수 있도록 코딩할 수 있습니다.
- 스프라이트의 모양을 다양하게 바꾸고 새로운 모양을 만들 수 있습니다.
- 스프라이트의 장기를 바꿀 수 있습니다.

# Section 01

# [장애물] 스프라이트 코딩하기

[장애물] 스프라이트는 3가지 형태의 모양으로 구성되어 있는데 [장애물] 스프라이트가 나타날 때마다 모양을 바꿔 화면에 표시하고 아래로 이동하도록 코딩하겠습니다.

**01** 스크래치를 실행한 다음 예제 파일(장애물 피하기.sb2)을 엽니다. [장애물] 스프라이트를 선택한 다음 [이벤트] 팔레트의 클릭했을 때 명령 블록을 드래그합니다.

**02** 프로그램이 실행되면 스프라이트가 나타날 위치를 지정하기 위해 [동작] 팔레트의 x: 0 y: -155 로 이동하기 명령 블록을 선택하고 값에 '0'과 '180'을 입력합니다. 이렇게 하면 화면의 가운데 위쪽에서 나타나게 됩니다.

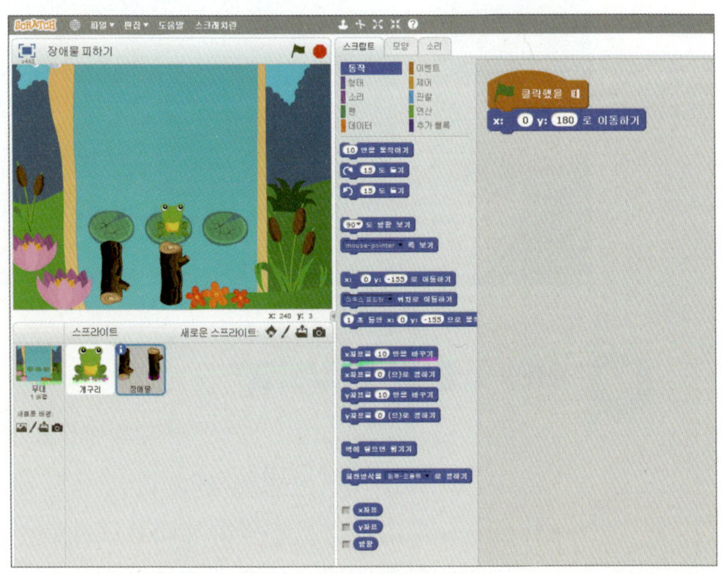

**03** [장애물] 스프라이트의 모양을 지정하기 위해 [형태] 팔레트의 `모양을 모양3 ▼ (으)로 바꾸기` 명령 블록을 연결합니다.

**04** 나타날 때마다 모양을 바꾸기 위해 [연산] 팔레트의 `1 부터 10 사이의 난수` 명령 블록을 연결하고 값에 '1'과 '3'을 입력합니다. 이 때, 입력하는 값은 [장애물] 스프라이트의 모양 개수입니다.

**tip** `모양을 모양3 ▼ (으)로 바꾸기` 명령 블록은 모양의 이름을 선택해 모양을 변경할 수도 있고, 숫자를 입력하여 모양을 변경할 수 있습니다. 숫자를 이용하여 모양을 변경하면, 숫자에 해당하는 모양 번호로 스프라이트의 모양이 바뀝니다.

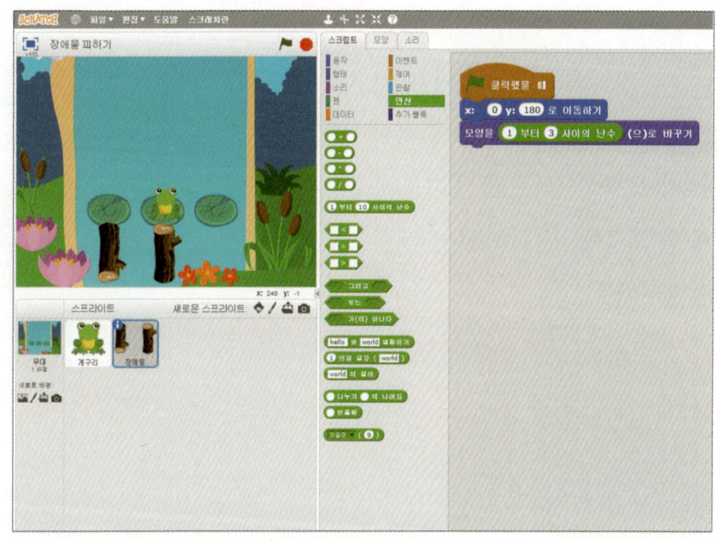

**05** [장애물] 스프라이트가 일정한 속도로 내려오도록 코딩하기 위해 [동작] 팔레트의 `y좌표를 10 만큼 바꾸기` 명령 블록을 연결한 다음 값에 '-4'를 입력합니다.

**tip** [장애물] 스프라이트는 위에서 아래로 내려오는 것이므로 음수, 즉 0보다 작은 값을 입력합니다. 이 때 입력하는 값이 작을수록 빠르게 내려옵니다.

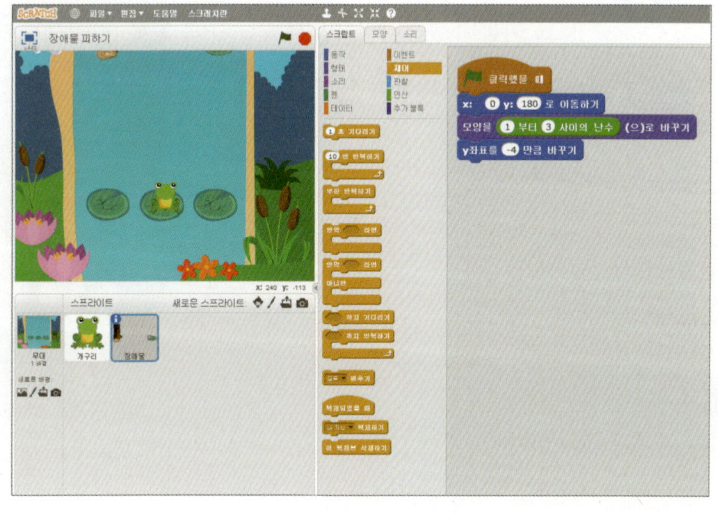

**06** 내려오는 것을 반복해야 되기 때문에 모양을 `1 부터 3 사이의 난수 (으)로 바꾸기` 명령 블록과 `y좌표를 -4 만큼 바꾸기` 명령 블록 사이에 [제어] 팔레트의 `10 번 반복하기` 명령 블록을 연결한 다음 값에 '90'을 입력합니다. 한 번에 내려오는 간격이 '4'이고 y 좌표는 −180 부터 180까지 이동할 수 있으므로 '90'번 반복하면 '−180'까지 이동하게 됩니다.

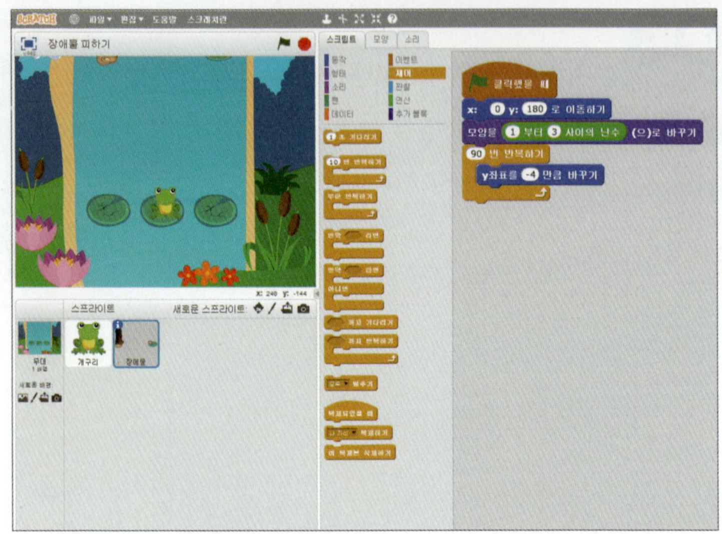

**07** [장애물] 스프라이트가 내려오는 속도를 변경하겠습니다. `y좌표를 -4 만큼 바꾸기` 명령 블록에서 값을 '−5'로 바꿔 좀 더 빠르게 내려오게 합니다. 이렇게 하면 값을 변경하면 반복횟수도 함께 변경합니다.

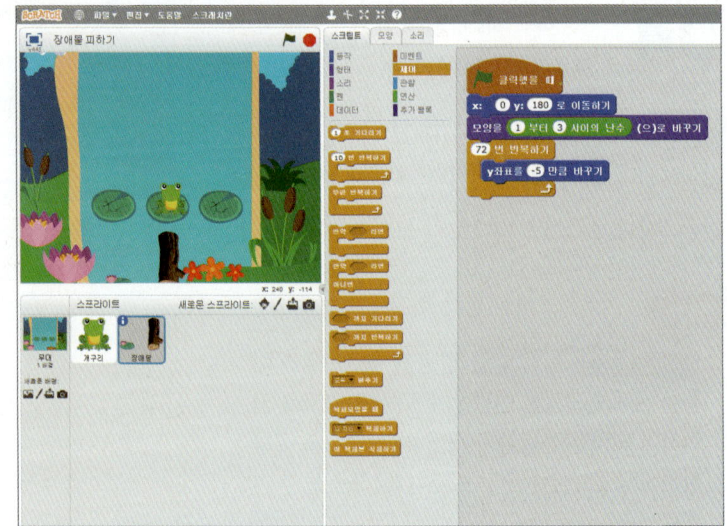

**08** 이번에는 반복횟수를 지정하지 않고 이동하겠습니다. 먼저 `72 번 반복하기 / y좌표를 -5 만큼 바꾸기` 명령 블록을 삭제합니다.

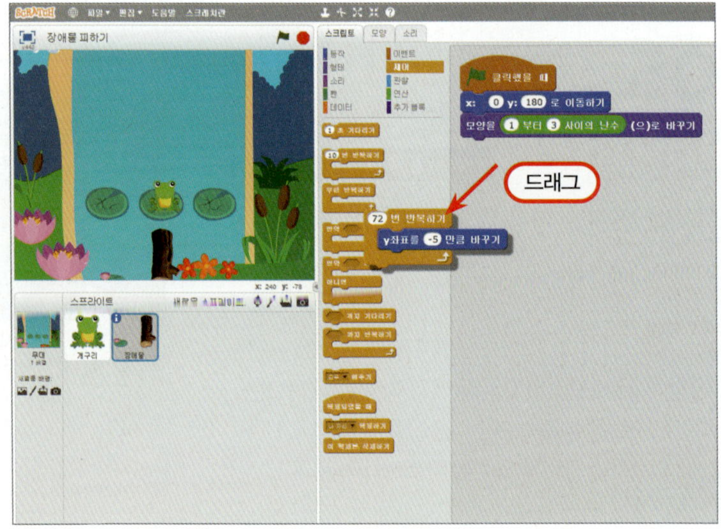

**09** [제어] 팔레트의 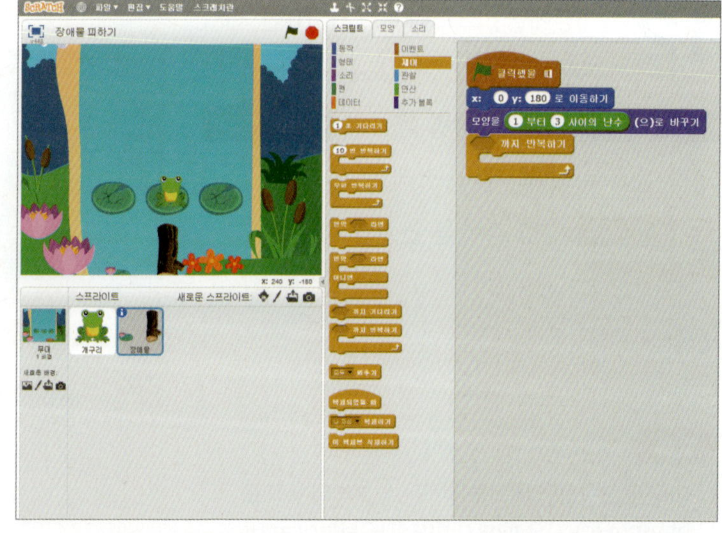 명령 블록을 연결합니다. 명령 블록은 조건을 만족할 때까지 반복하는 명령 블록입니다.

**10** [연산] 팔레트의 명령 블록을 연결합니다. 명령 블록은 왼쪽과 오른쪽의 값을 비교하여 오른쪽 값이 왼쪽 값보다 크면 참이 되고 그렇지 않으면 거짓이 됩니다. [동작] 팔레트의 y좌표 명령 블록을 명령 블록의 왼쪽에 연결한 다음 오른쪽에 '−180'을 입력합니다. 이렇게 코딩하면 [장애물] 스프라이트의 y 좌표가 '−180'보다 작을 때까지 반복합니다.

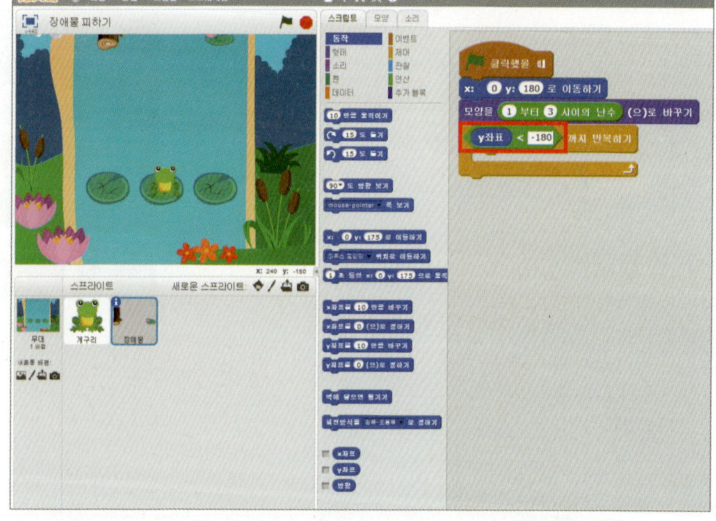

**11** [동작] 팔레트의 y좌표를 10 만큼 바꾸기 명령 블록을 연결한 다음 값에 '−5'를 입력합니다. 이제 y 좌표를 어떤 값으로 바꿔도 [장애물] 스프라이트의 y 좌표가 −180보다 작을 때까지 반복해서 이동하게 됩니다.

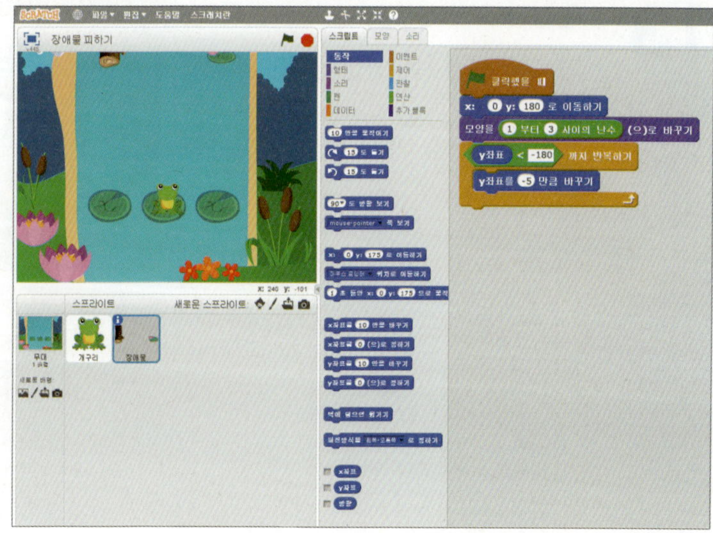

**12** [장애물] 스프라이트가 10번 반복해서 나올 수 있도록 `x: 0 y: 180 로 이동하기` 명령 블록과 `클릭했을 때` 명령 블록 사이에 [제어] 팔레트의 `10 번 반복하기` 명령 블록을 연결합니다.

**tip**

이렇게 코딩하면 위치를 정하는 부분부터 y 좌표가 -180보다 작을 때까지 이동하는 부분이 10번 반복됩니다.

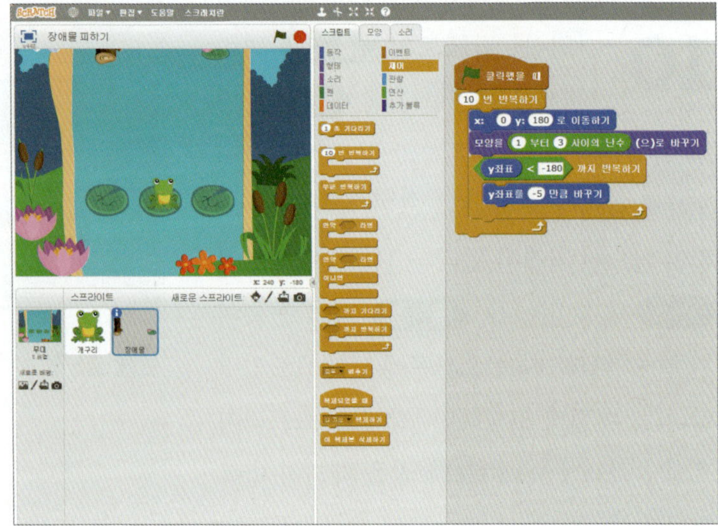

**13** 완성된 코드에서 마우스 오른쪽 단추를 눌러 [복사]를 선택한 다음 복사된 명령 블록을 아래에 연결합니다.

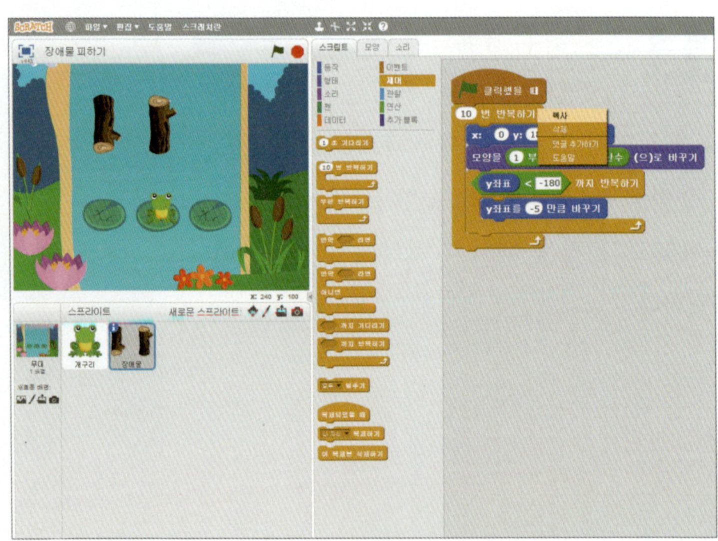

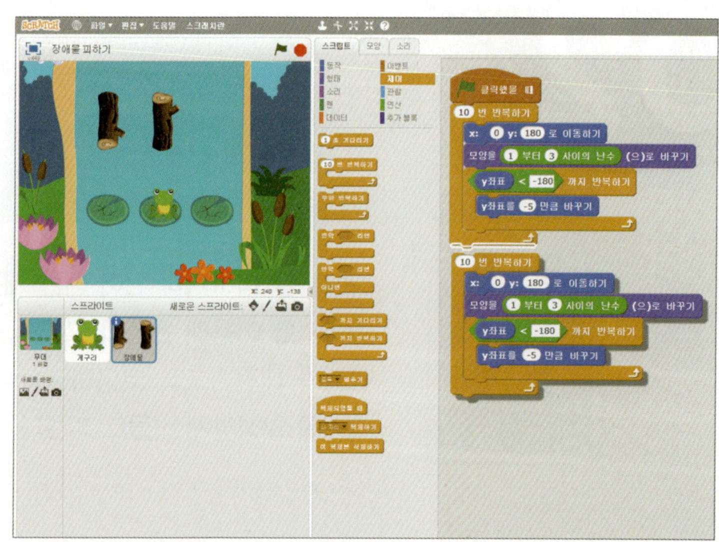

**14** [장애물] 스프라이트가 아래로 이동하는 속도를 '−7'로 바꿔 더 빠르게 아래로 내려올 수 있도록 코딩합니다.

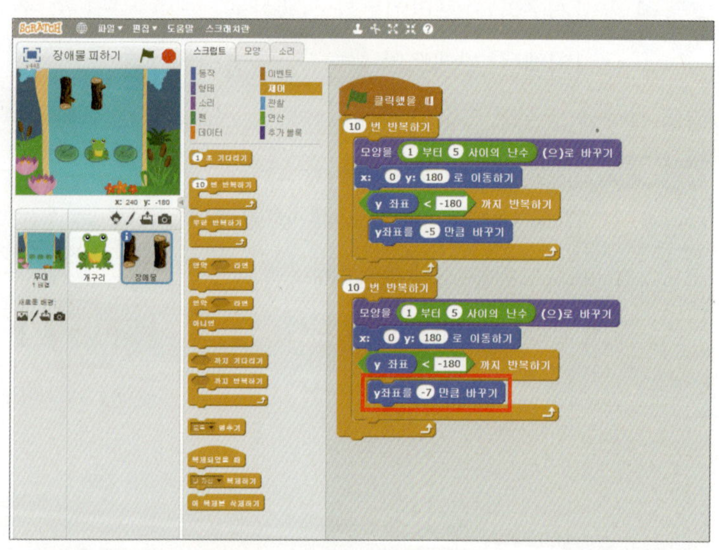

**15** 같은 방법으로 코딩을 수정하면, 10개의 장애물이 나올 때마다 [장애물] 스프라이트의 이동 속도가 빨라지게 됩니다. 장애물이 30개가 나왔으면 프로그램을 종료하기 위해 [제어] 팔레트의 모두 멈추기 명령 블록을 연결합니다.

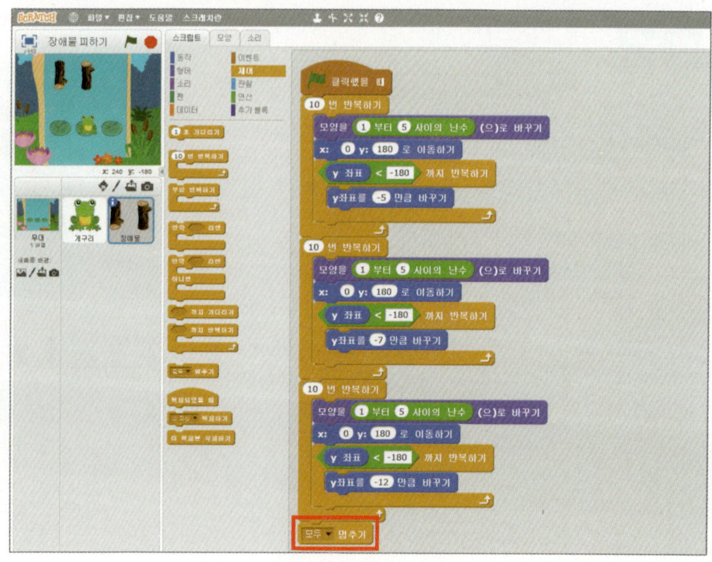

# [장애물]을 뛰어넘는 개구리 코딩하기

장애물을 피하거나 뛰어 넘는 개구리를 코딩하겠습니다. 개구리는 키보드의 방향키를 이용해 왼쪽과 오른쪽으로 이동하고, Space bar 키를 누르면 뛰어올랐다가 내려가도록 코딩하겠습니다. 개구리가 뛰어올랐다가 내려가는 것은 크기를 일정하게 비율로 키웠다가 작게 만들어 표현하겠습니다.

**01** [개구리] 스프라이트를 선택한 후 [이벤트] 팔레트의 클릭했을 때 명령 블록을 연결합니다. [동작] 팔레트의 x: 0 y: -50 로 이동하기 명령 블록을 연결한 다음 값에 '0'과 '-50'을 입력합니다. 이렇게 코딩하여 프로그램을 실행하면 [개구리] 스프라이트가 나타날 위치를 지정합니다.

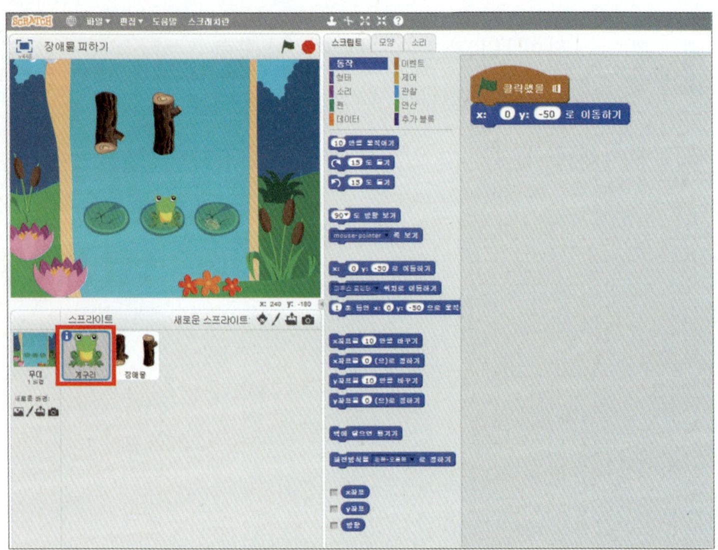

**02** [이벤트] 팔레트의 스페이스 키를 눌렀을 때 명령 블록을 연결합니다. →키를 누르면 [개구리] 스프라이트를 오른쪽으로 이동하기 위해 ▼를 클릭해 '오른쪽 화살표'를 선택합니다.

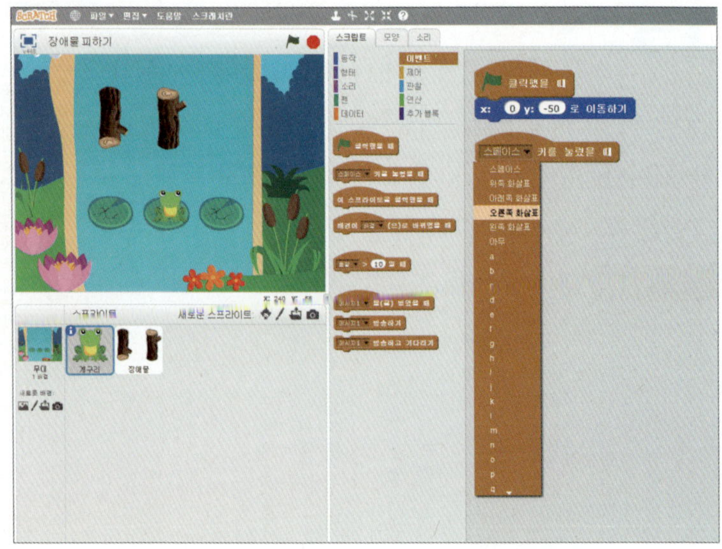

**스페이스 키를 놓았을 때 명령 블록**

스페이스 키를 놓았을 때 명령 블록은 해당하는 키를 누르면 실행되는 명령 블록입니다. 스페이스 키를 놓았을 때 명령 블록은 프로그램을 실행하지 않아도 지정된 키만 누르면 해당 명령 블록에 연결되어 있는 명령들이 실행됩니다. 따라서 프로그램이 종료되어도 키보드를 누르면 스프라이트가 움직이거나 동작을 하게 됩니다.

**03** [동작] 팔레트의 **x좌표를 10 만큼 바꾸기** 명령 블록을 연결한 다음 값에 '80'을 입력합니다. 🚩를 클릭해 프로그램을 실행하면 →키를 누를 때마다 [개구리] 스프라이트가 오른쪽으로 이동합니다.

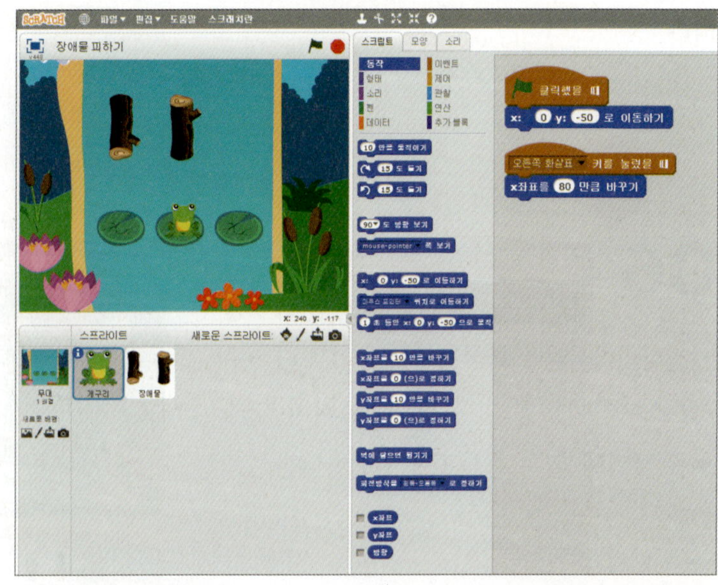

**04** [개구리] 스프라이트가 움직일 수 있는 x 좌표를 '−80~80'으로 지정하겠습니다. [제어] 팔레트의 **만약 ~ 라면** 명령 블록을 연결합니다.

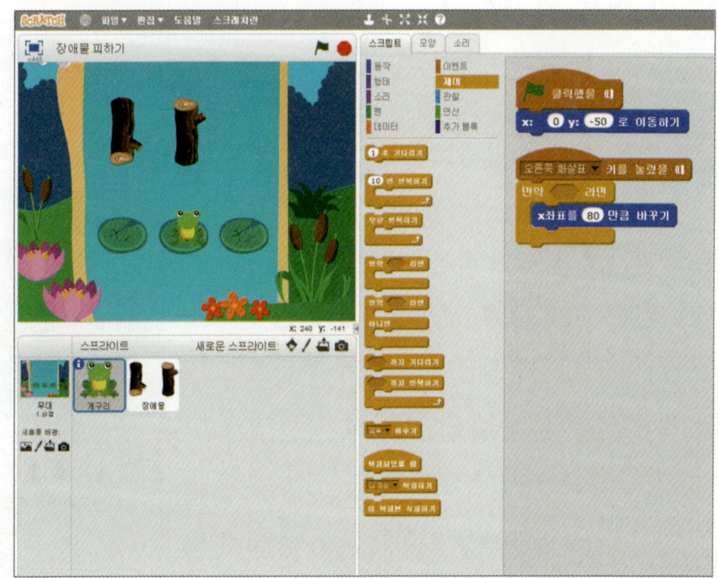

**05** [연산] 팔레트의 ◖<◗ 명령 블록을 연결한 다음 [동작] 팔레트의 x좌표 명령 블록을 연결하고 값에 '80'을 입력합니다. 이렇게 코딩하면 오른쪽 화살표 키를 누르면 x 좌표가 '80'보다 크게 바뀔 수 있으므로 x 좌표가 '80'보다 작은지 확인하여 작을 때만 오른쪽으로 움직이게 됩니다.

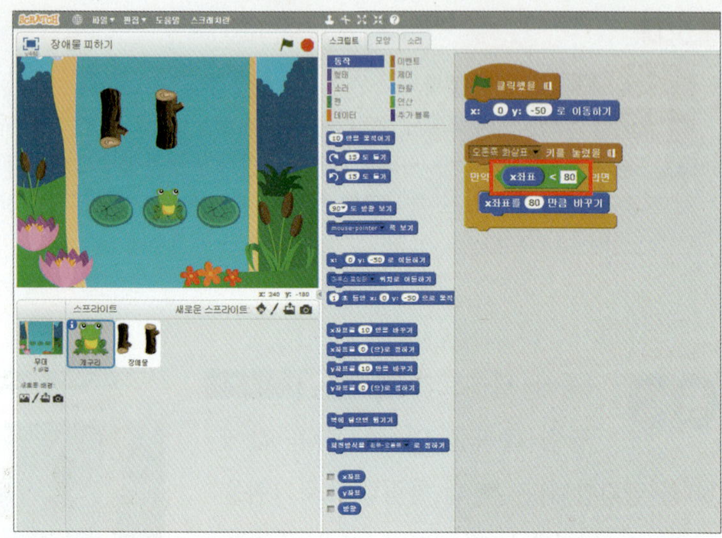

**06** 이번에는 [이벤트] 팔레트의 스페이스▼ 키를 눌렀을 때 명령 블록을 연결합니다. 왼쪽 화살표 키를 누르면 [개구리] 스프라이트를 왼쪽으로 이동하기 위해 ▼를 클릭해 '왼쪽 화살표'를 선택합니다.

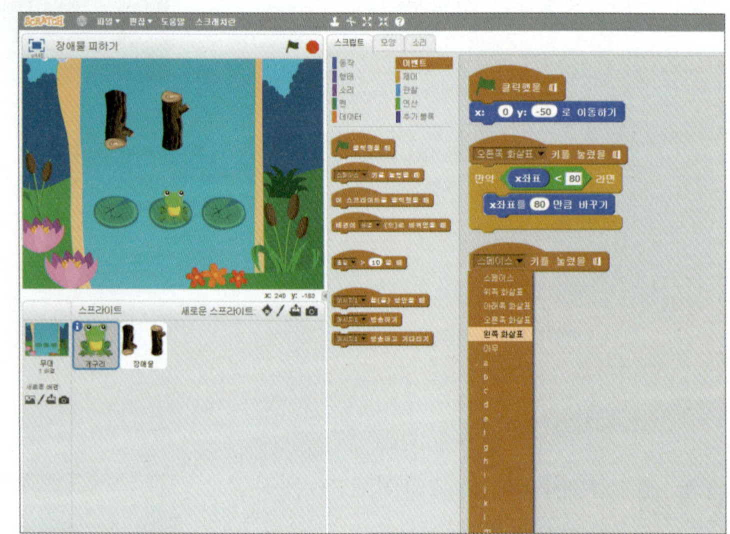

**07** [제어] 팔레트의 만약 ~ 라면 명령 블록을 연결합니다. [연산] 팔레트의 ◖<◗ 명령 블록을 연결한 다음 [동작] 팔레트의 x좌표 명령 블록을 연결하고 값에 '-80'을 입력합니다. 이렇게 코딩하면 ⊟키를 누르면 x 좌표가 '80'보다 작게 바뀔 수 있으므로 x 좌표가 '-80'보다 큰지 확인하여 작을 때만 움직이게 됩니다.

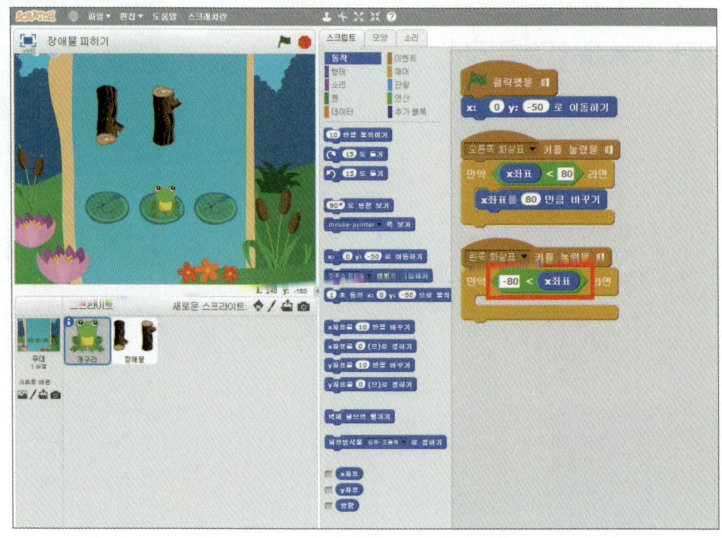

**08** [동작] 팔레트의 `x좌표를 10 만큼 바꾸기` 명령 블록을 연결한 다음 값에 '–80'을 입력합니다.

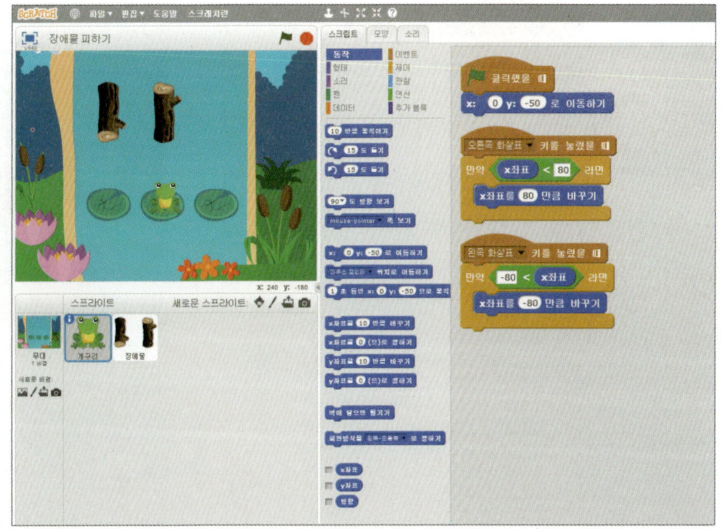

**09** ▶를 클릭해 프로그램을 실행해 ←키를 누르면 [개구리] 스프라이트가 왼쪽으로 이동합니다. 그런데 방향키를 계속 누르고 있으면 이동할 때 바로 이동하지 않고 잠깐 멈춘 후 이동하는 것을 알 수 있습니다.

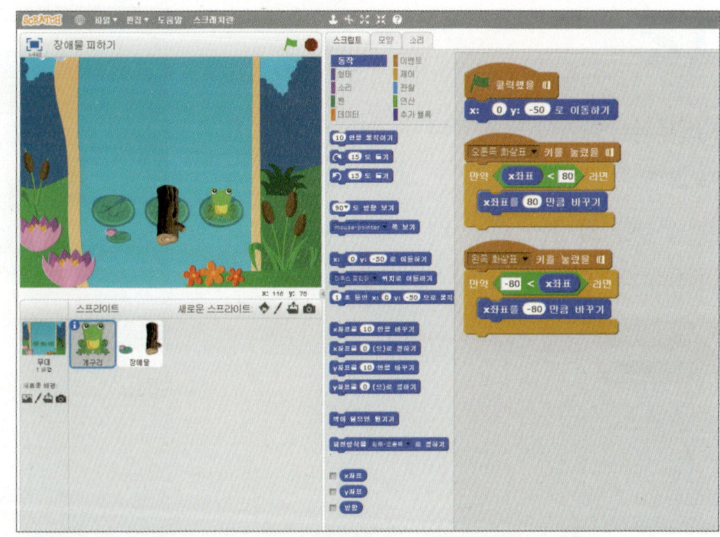

**10** 깜빡이지 않고 빠르게 이동할 수 있도록 코딩을 바꿔보겠습니다. [이벤트] 팔레트의 `클릭했을 때` 명령 블록을 드래그한 다음 [제어] 팔레트의 `만약 ~ 라면` 명령 블록을 연결합니다. [관찰] 팔레트의 `스페이스 키를 눌렀는가?` 명령 블록을 연결한 다음 ▼를 클릭해 '오른쪽 화살표'를 선택합니다. 이렇게 코딩하면 프로그램이 실행된 후 ←키를 눌렀는지 확인합니다.

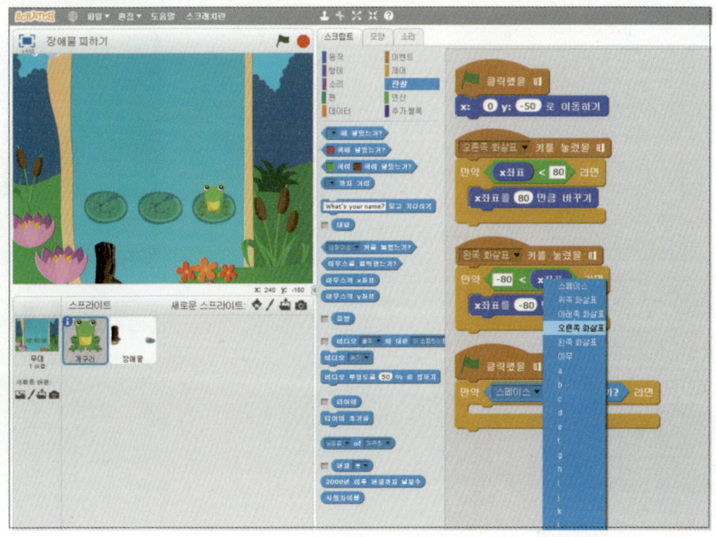

**11** 오른쪽 화살표 ▼ 키를 눌렀을 때 명령 블록의 아래에 있는 코딩을 드래그해 연결합니다. 이렇게 코딩하면 프로그램이 실행되었을 때, →키를 눌렀는지 확인해 →키를 눌렀다면 x 좌표를 확인하여 이동하게 됩니다.

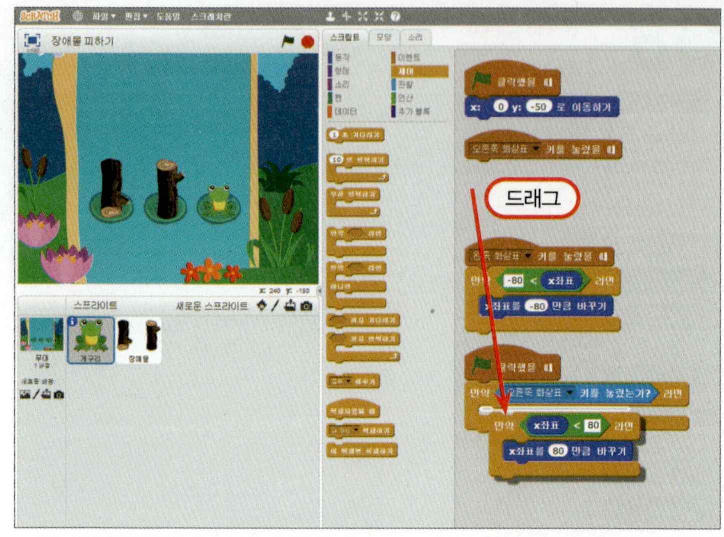


**12** 를 클릭해 프로그램을 실행한 후 →키를 눌러도 [개구리] 스프라이트는 이동하지 않습니다. 이렇게 코딩하면 프로그램이 실행되었을 때, 한 번만 →키를 눌렀는지 확인하기 때문입니다. 따라서 계속해서 확인하기 위해 [제어] 팔레트의 무한 반복하기 명령 블록을 연결합니다.

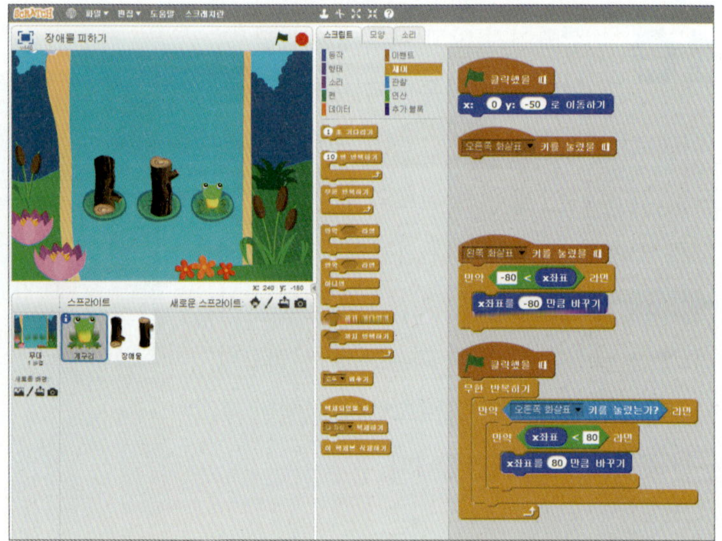

**13** 프로그램을 실행하면 왼쪽으로 이동할 때와 오른쪽으로 이동할 때가 다른 것을 알 수 있습니다. 키보드의 방향키를 계속 누르고 있으면 왼쪽으로 이동할 때는 천천히 이동하지만, 오른쪽으로 이동할 때는 빠르게 이동합니다. 하지만, 오른쪽으로 이동할 때 너무 빠르게 이동하여 키보드를 살짝 눌러도 두 칸씩 이동하는 경우도 있습니다.

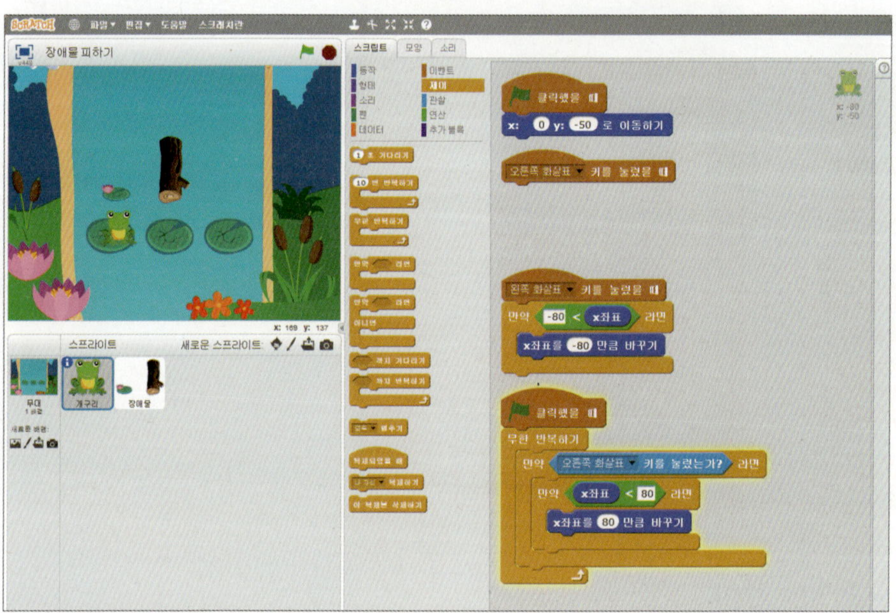

**14** 오른쪽으로 이동할 때 두 칸씩 이동하지 않도록 코딩을 바꿔보겠습니다. [제어] 팔레트의 `1 초 기다리기` 명령 블록을 연결한 다음 값을 '0.1'로 바꿉니다. 이렇게 코딩하면 키보드가 눌렀다가 떨어지는 시간을 주어 키보드를 살짝 눌러도 [개구리] 스프라이트가 두 칸씩 이동하지 않습니다.

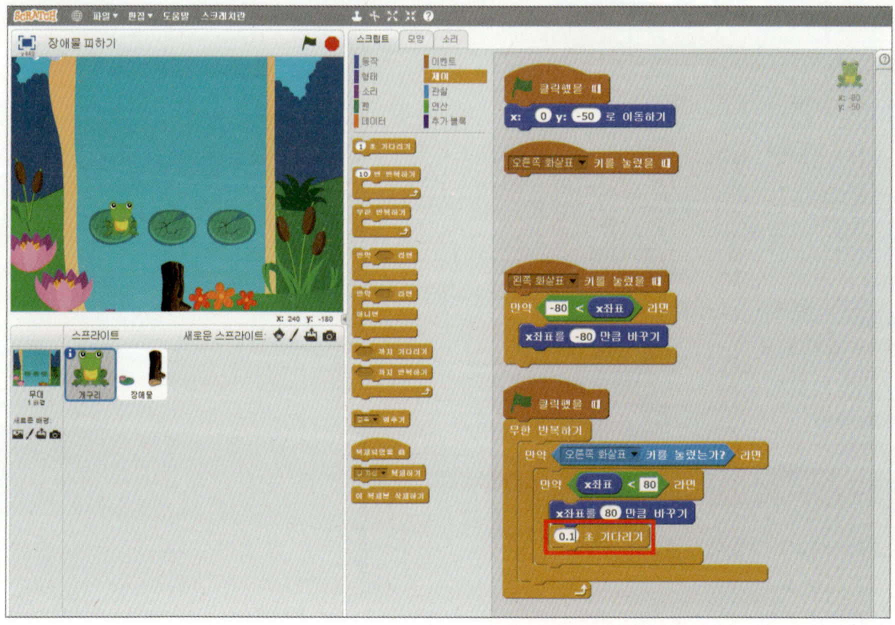

**15** 같은 방법으로 ⊟ 키를 누르면 [개구리] 스프라이트가 왼쪽으로 이동하도록 코딩합니다.

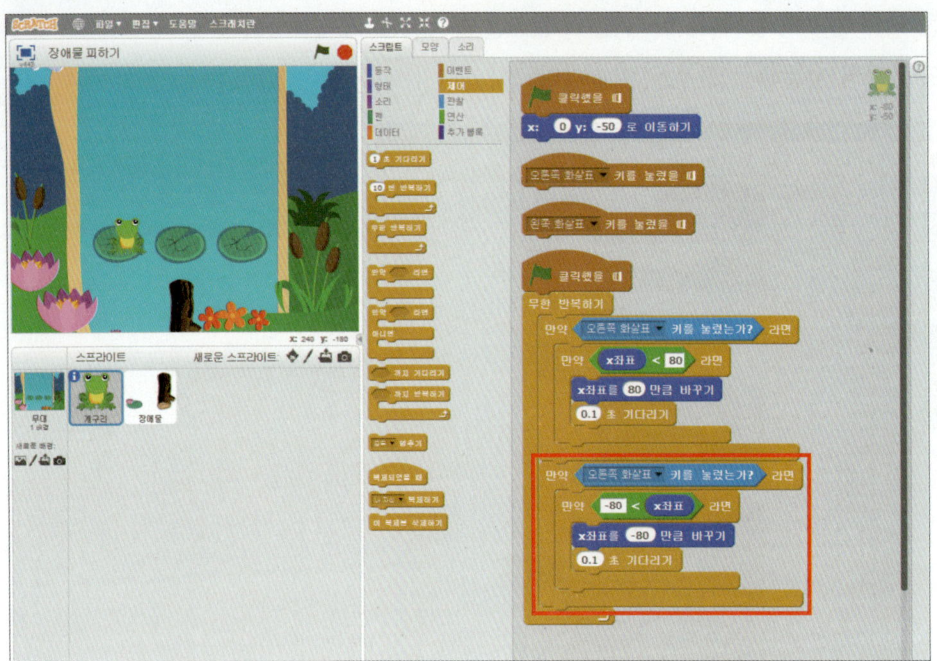

**16** Space bar 키를 누르면 [개구리]가 뛰어오르는 것처럼 보이도록 코딩하겠습니다. [제어] 팔레트의 명령 블록을 연결합니다. [관찰] 팔레트의 명령 블록을 연결합니다.

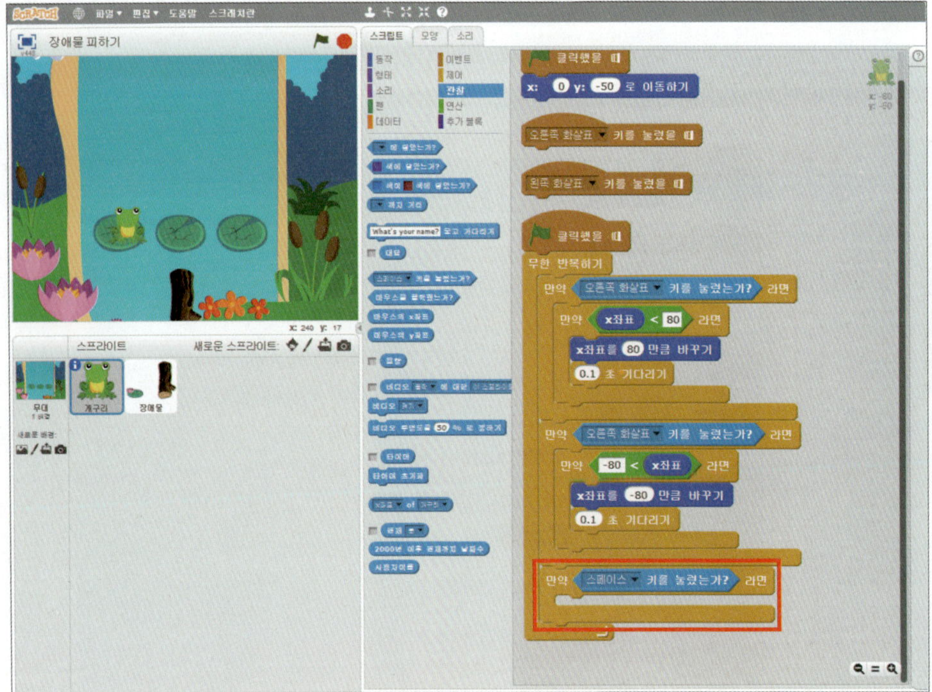

**17** [제어] 팔레트의 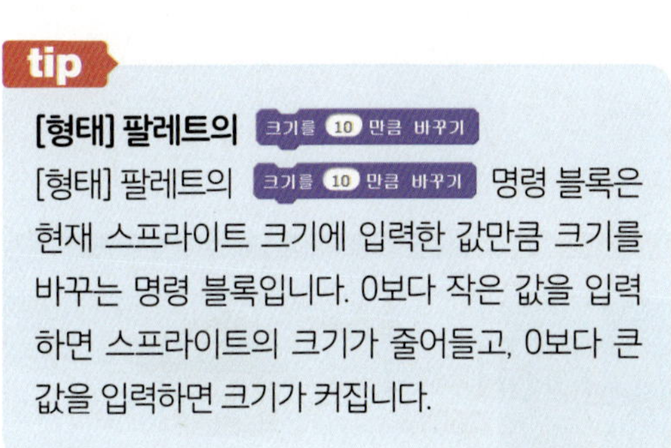 명령 블록을 연결한 다음 값에 '20'을 입력합니다. [형태] 팔레트의 `크기를 10 만큼 바꾸기` 명령 블록을 연결한 다음 값에 '3'을 입력합니다. 이렇게 코딩하면 Space bar 키를 누르면 [개구리] 스프라이트의 크기를 3씩 20번 바꿔 크게 보입니다.

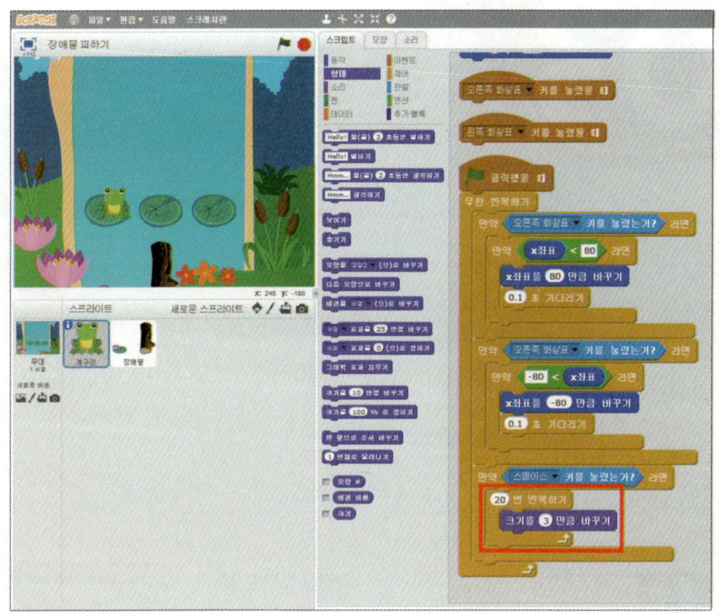

> **tip**
>
> **[형태] 팔레트의** `크기를 10 만큼 바꾸기`
> [형태] 팔레트의 `크기를 10 만큼 바꾸기` 명령 블록은 현재 스프라이트 크기에 입력한 값만큼 크기를 바꾸는 명령 블록입니다. 0보다 작은 값을 입력하면 스프라이트의 크기가 줄어들고, 0보다 큰 값을 입력하면 크기가 커집니다.

**18** 이번에는 스프라이트의 크기를 다시 줄이기 위해 [제어] 팔레트의 `10 번 반복하기` 명령 블록을 연결한 다음 값에 '20'을 입력합니다. [형태] 팔레트의 `크기를 10 만큼 바꾸기` 명령 블록을 연결한 다음 값에 '−3'을 입력합니다. 이렇게 코딩하면 Space bar 키를 누르면 크기를 키웠다가 다시 줄이면서 [개구리] 스프라이트가 뛰어 오르는 것처럼 보이게 됩니다.

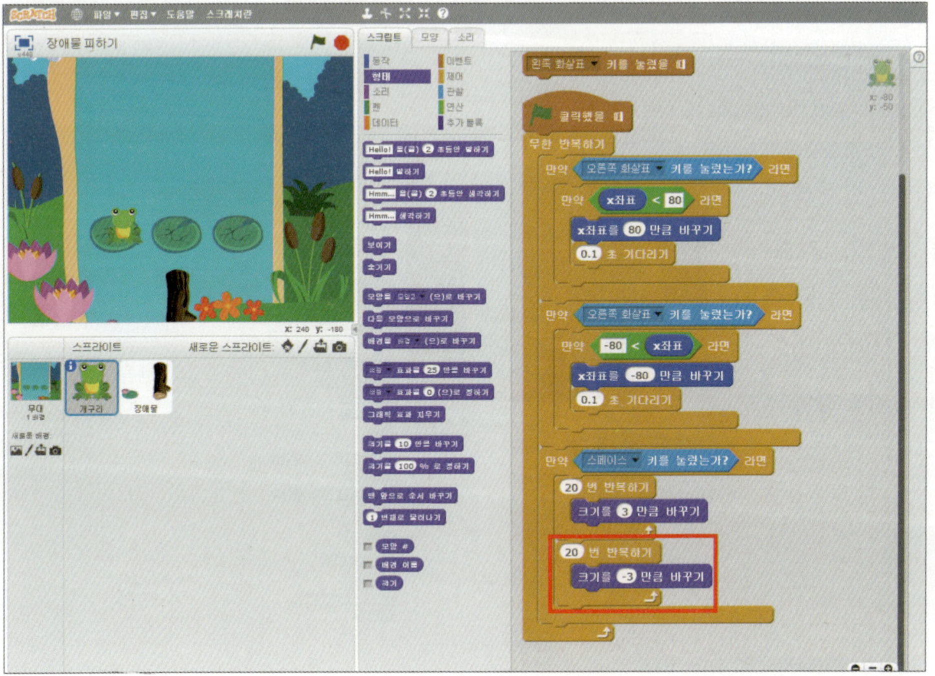

# [장애물]에 닿으면 멈추도록 코딩하기

[개구리] 스프라이트가 장애물을 피하지 못하고 부딪히면 프로그램을 멈추도록 코딩하겠습니다. 그리고 Space bar 키를 눌러 [개구리]가 점프하는 동안에는 [장애물] 스프라이트에 닿아도 멈추지 않게 코딩하겠습니다.

**01** [개구리] 스프라이트를 선택한 다음 [이벤트] 팔레트의 `클릭했을 때` 명령 블록을 연결한 다음 [제어] 팔레트의 `무한 반복하기` 명령 블록을 연결합니다.

**02** [장애물] 스프라이트에 닿았는지 확인하기 위해 [제어] 팔레트의 `만약 ~라면` 명령 블록을 연결합니다. [관찰] 팔레트의 `~에 닿았는가?` 명령 블록을 연결한 다음 ▼를 클릭해 '장애물'을 선택합니다. 이렇게 하면 [장애물] 스프라이트에 닿았는지 계속해서 확인합니다.

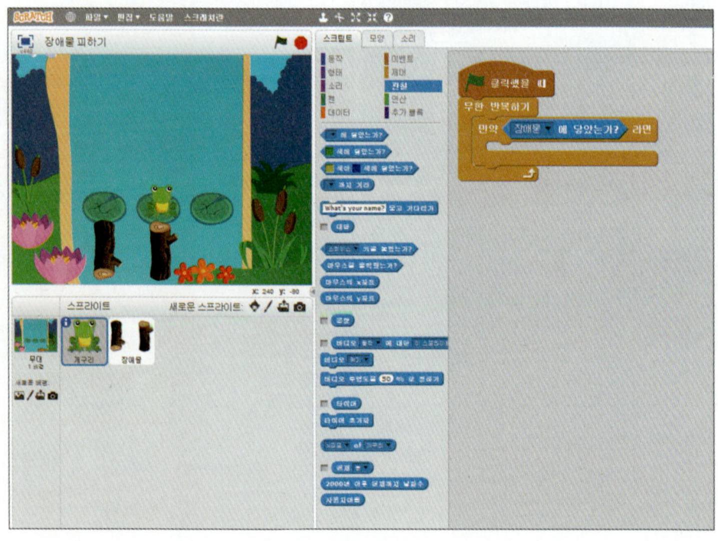

**03** [장애물] 스프라이트에 닿았다면 프로그램을 종료하기 위해 [제어] 팔레트의 모두▼ 멈추기 명령 블록을 연결합니다. 프로그램을 실행하면 [개구리] 스프라이트가 [장애물] 스프라이트에 닿으면 프로그램이 종료됩니다.

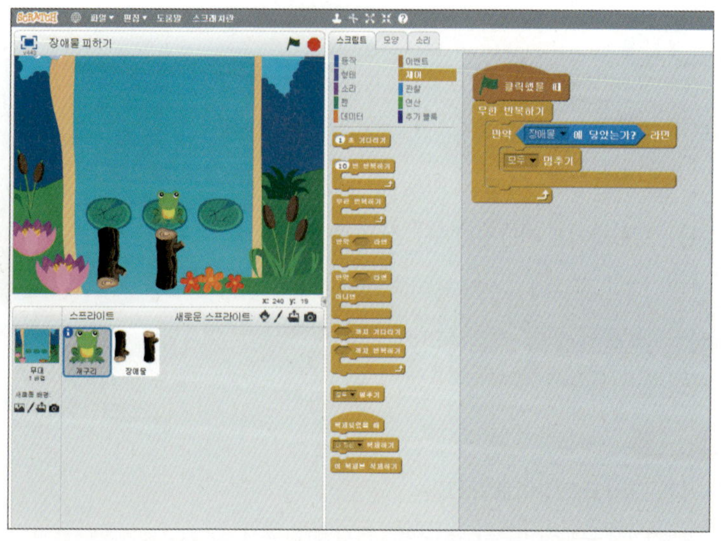

**04** [개구리] 스프라이트가 점프하는 동안에는 [장애물] 스프라이트에 닿아도 종료하지 않게 코딩하겠습니다. [제어] 팔레트의 만약 ~ 라면 명령 블록을 만약 장애물▼ 에 닿았는가? 라면 명령 블록과 모두▼ 멈추기 명령 블록 사이로 드래그 합니다.

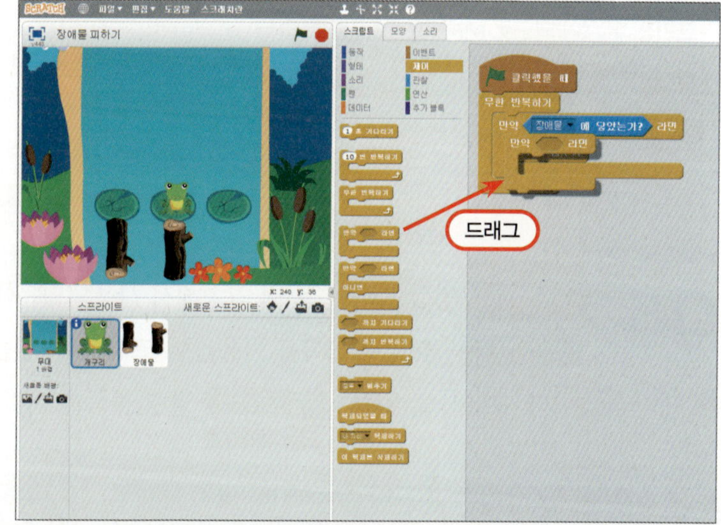


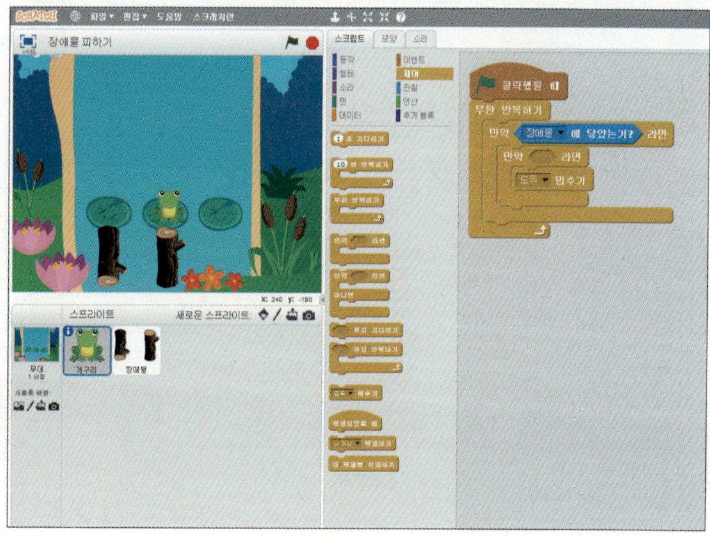

**05** [연산] 팔레트의 ◻=◻ 명령 블록을 연결합니다. [형태] 팔레트의 크기 명령 블록을 연결하고 값에 '100'을 입력합니다. 이렇게 코딩하면 만약 [개구리] 스프라이트가 [장애물] 스프라이트에 닿았을 때 [개구리] 스프라이트의 크기가 100이면 프로그램을 종료합니다.

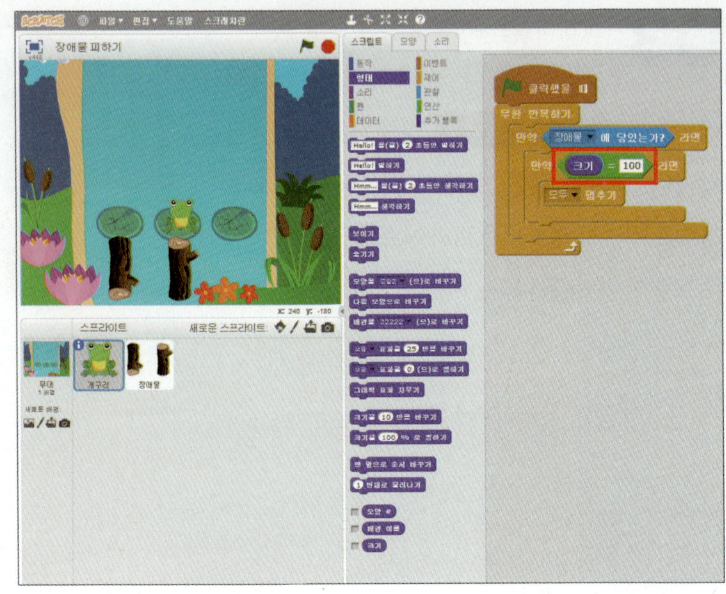

**tip**

**[개구리] 스프라이트의 크기**
[개구리] 스프라이트가 점프하는 동안에는 크기를 '3' 또는 '-3' 만큼 바꾸게 됩니다. 따라서 점프를 하지 않는 동안에는 [개구리] 스프라이트의 크기는 '100'이 되므로 [개구리] 스프라이트의 크기가 100이 됩니다.

**06** 만약 라면 명령 블록이 두 번 연속해서 사용되었는데, 이런 경우 [연산] 팔레트의 그리고 명령 블록을 이용하여 코딩할 수 있습니다. 완성된 명령 블록을 드래그해 떼어 놓습니다. [제어] 팔레트의 만약 라면 명령 블록을 연결합니다.

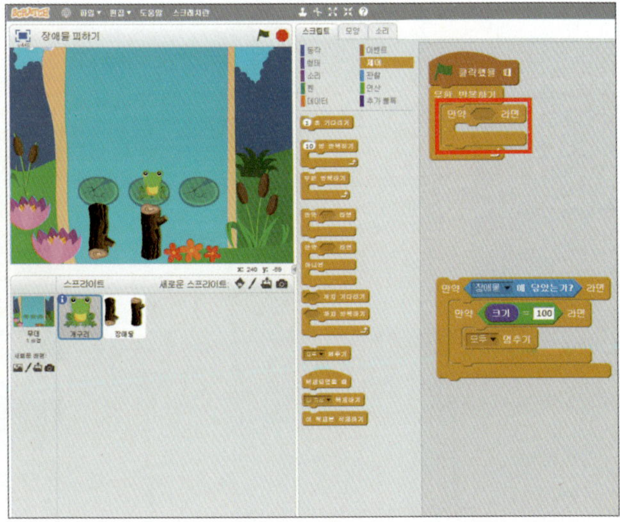

**07** [연산] 팔레트의 〈 그리고 〉 명령 블록을 연결한 다음 왼쪽에 〈 장애물 ▼ 에 닿았는가? 〉 명령 블록을 드래그해 연결합니다. 같은 방법으로 오른쪽에 〈 크기 = 100 〉 명령 블록을 드래그해 연결합니다.

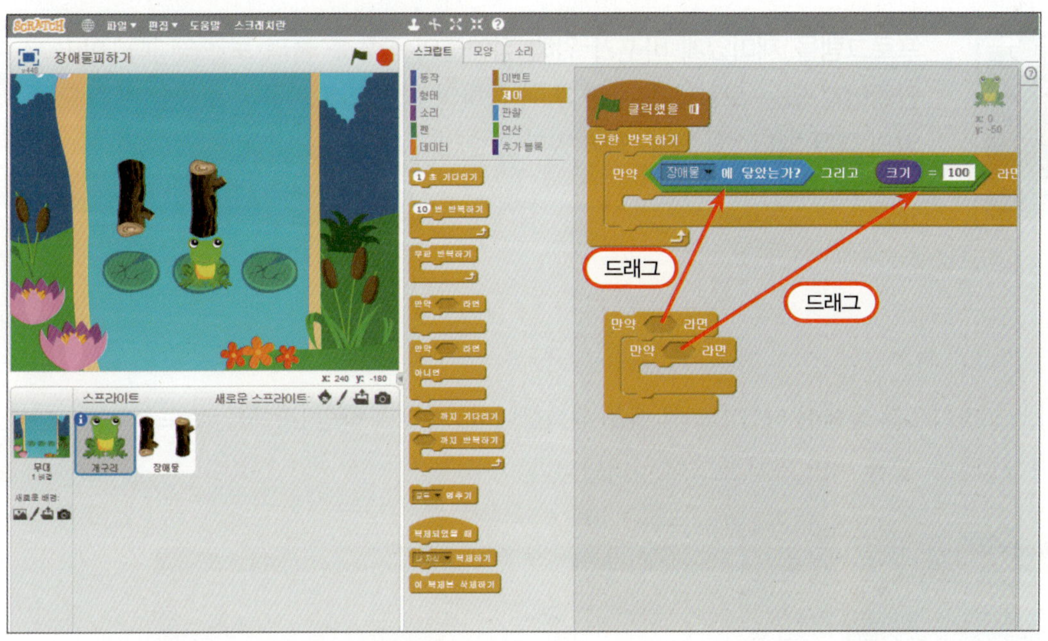


**08** [제어] 팔레트의 〈 모두 ▼ 멈추기 〉 명령 블록을 드래그해 연결합니다. 이렇게 코딩하면 [개구리] 스프라이트가 [장애물] 스프라이트에 닿았고 그리고 크기가 '100'이면 모두 멈추게 됩니다.

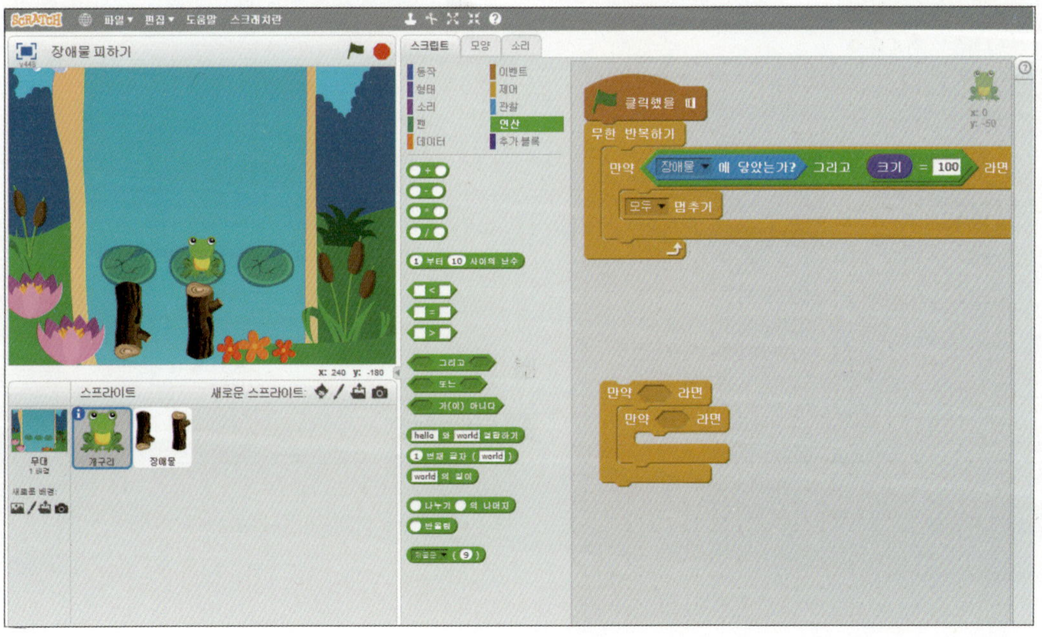

# 장애물의 모양 추가하기

프로그램을 재미있게 바꾸기 위해 장애물의 종류를 늘려 보겠습니다. 이미 만들어져 있는 모양을 복사한 후 수정하여 다양하게 만들어 보겠습니다. 모양의 경우 벡터 형식으로 되어 있다면 수정이 매우 쉽습니다.

**01** [장애물] 스프라이트를 선택한 다음 [모양] 탭을 선택합니다. 이렇게 하면 [장애물] 스프라이트에 포함되어 있는 여러 가지 모양이 나타납니다.

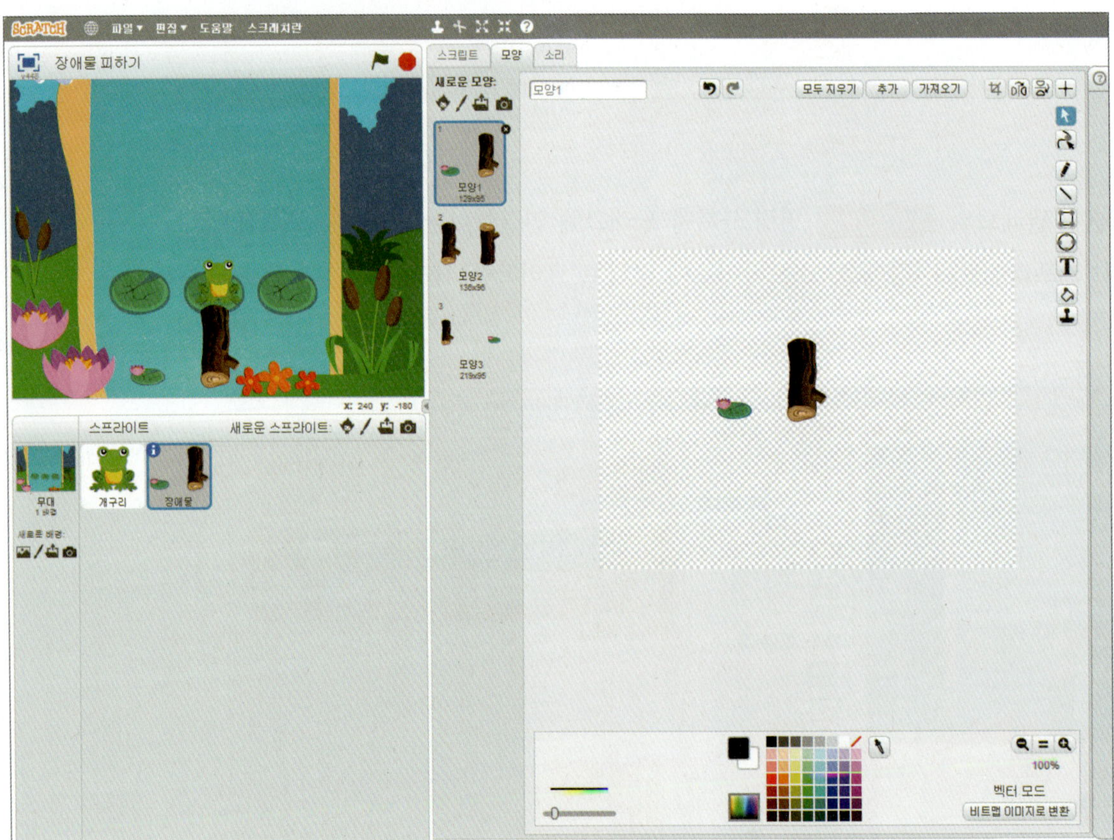

**02** 복사할 모양에서 마우스 오른쪽 단추를 눌러 [복사]를 선택합니다. [복사]를 선택할 때마다 새로운 모양이 늘어납니다.

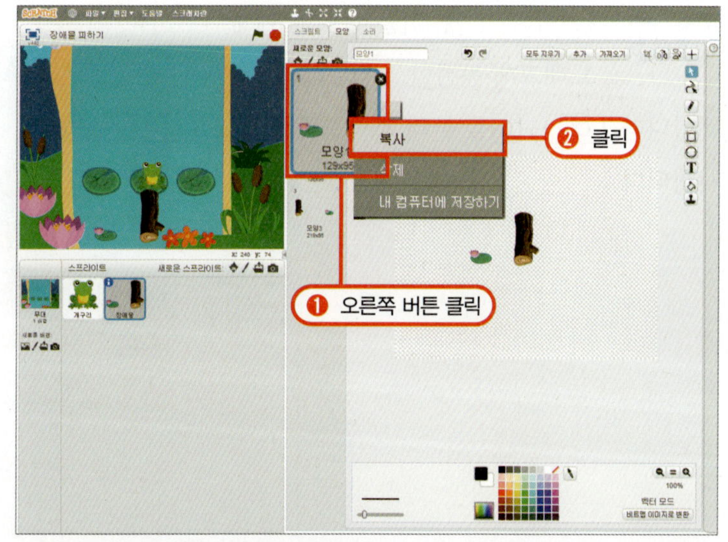

**03** 모양을 선택한 다음 [그룹화 해체( )]를 클릭합니다. 이렇게 하면 여러 개의 조각 그림으로 나눠집니다. 벡터 이미지는 여러 개의 조각 그림이 하나로 묶여 있는 형태입니다. 따라서 조각 그림을 복사하거나 이동하여 새롭게 편집할 수 있습니다.

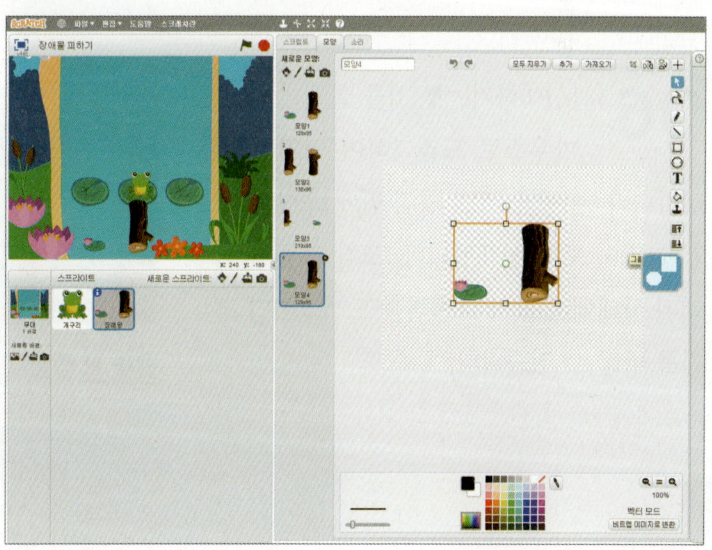

**04** [선택하기( )]를 클릭한 다음 드래그해 복사할 조각 그림을 선택합니다. Ctrl + C 를 눌러 조각 그림을 복사합니다.

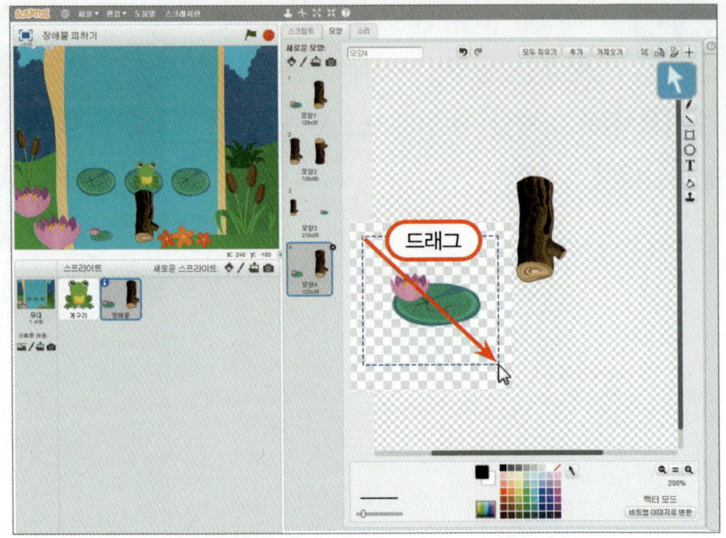


**05** Ctrl + V 를 누른 다음 마우스로 위치를 정하고 클릭하면 조각 그림이 붙여 넣어집니다.

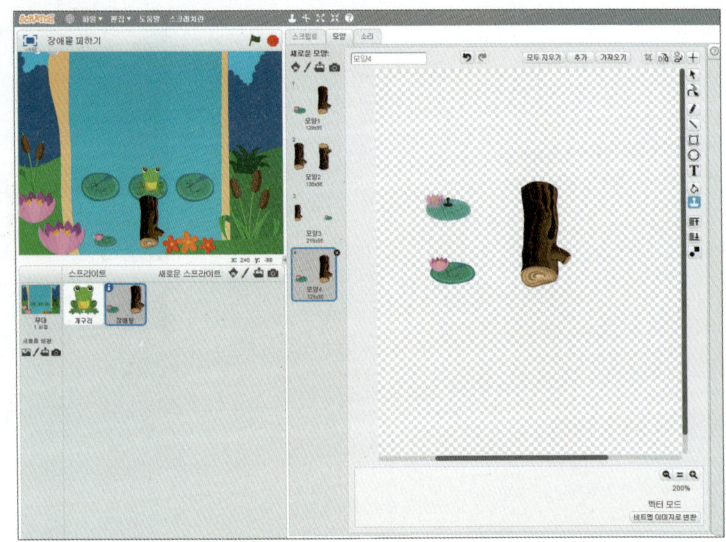

**06** [선택하기( )]를 클릭한 다음 마우스로 드래그하여 영역을 지정합니다. 이렇게 하면 영역 안에 포함된 조각 그림이 모두 선택됩니다. 조각 그림이 선택된 상태에서 크기 조절점을 드래그하면 크기를 바꿀 수 있습니다.

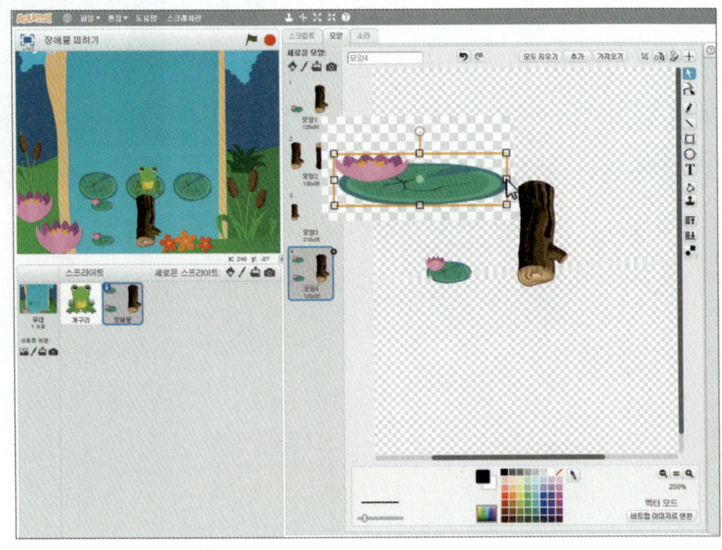

**07** [모양] 탭을 이용해 여러 개의 모양을 만듭니다.

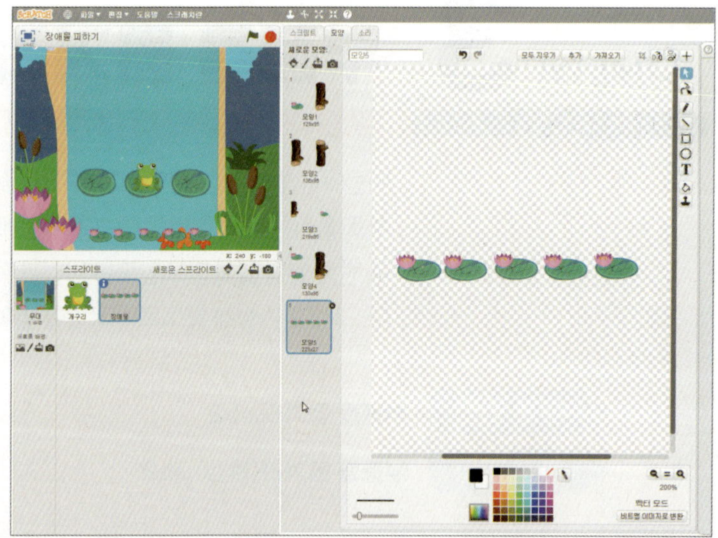

**08** [스크립트] 탭을 선택한 다음 모양을 1 부터 3 사이의 난수 (으)로 바꾸기 명령 블록의 값을 [장애물] 스프라이트의 모양 개수인 '5'로 바꿉니다.

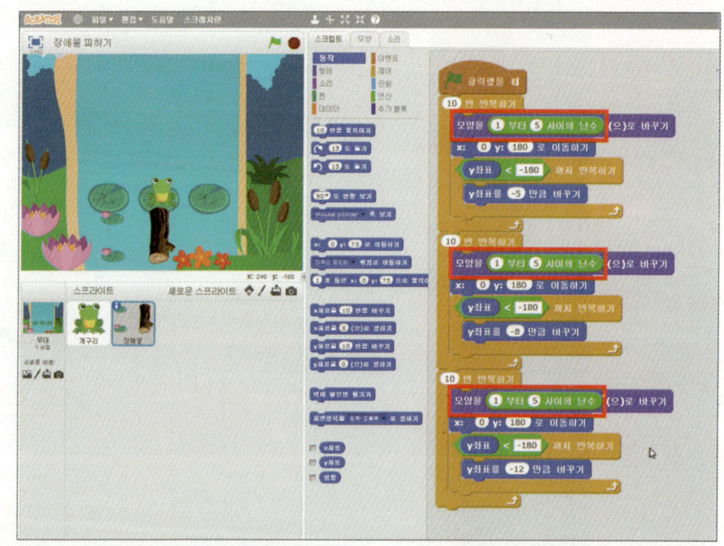

**09** ▶를 클릭해 프로그램을 실행하면 다양한 모양의 장애물이 나타납니다.

# Chapter 3

# 부품을 옮겨라!(반복과 이벤트)

이번에는 쌓여있는 상자를 자동차로 옮기는 프로그램을 만들어 보겠습니다. 자동차로 옮기는 작업은 반복됩니다. 이번에는 반복적으로 사용되는 일련의 명령 블록을 반복 명령 블록으로 만드는 방법과 이벤트를 만드는 방법에 대해 알아보겠습니다. 그리고 이렇게 함으로써 코딩이 얼마나 간략해지는지 알아보겠습니다.

**예제 파일**  **부품을 옮겨라.sb2**
**완성 파일**  **부품을 옮겨라(완성).sb2**

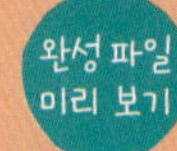

## Q 어떤 것을 할 수 있나요?

- 다양한 반복 관련 명령 블록을 사용할 수 있습니다.
- 반복해서 사용하는 명령 블록들을 반복 명령 블록을 이용하여 간단하게 만들 수 있습니다.
- 다양한 이벤트를 만들어 필요할 때 이벤트를 방송할 수 있습니다.

# [지게차] 스프라이트 코딩하기

[지게차] 스프라이트는 [상자]를 자동차에 싣기 위해 정해진 길을 반복해 움직이는 스프라이트입니다. 프로그램이 실행되면 정해진 위치에서 길을 따라 옮기는 이동하게 됩니다. 이번에는 반복된 명령 블록을 찾아 코딩을 줄이는 방법에 대해 알아보겠습니다.

**01** 예제 파일(부품을 옮겨라.sb2)을 연 다음 [지게차] 스프라이트를 선택합니다. [이벤트] 팔레트의 명령 블록을 연결합니다.

**02** 프로그램이 실행되면 스프라이트가 나타날 위치를 지정하기 위해 [동작] 팔레트의 `x: 55 y: -12 로 이동하기` 명령 블록을 선택하고 값에 '180'과 '-90'을 입력합니다.

**03** [지게차] 스프라이트가 이동할 방향을 지정하기 위해 [동작] 팔레트의 90▼도 방향 보기 명령 블록을 연결한 다음 ▼를 클릭해 '0'도를 선택합니다. 이렇게 하면 [지게차] 스프라이트는 오른쪽 방향을 바라봅니다.

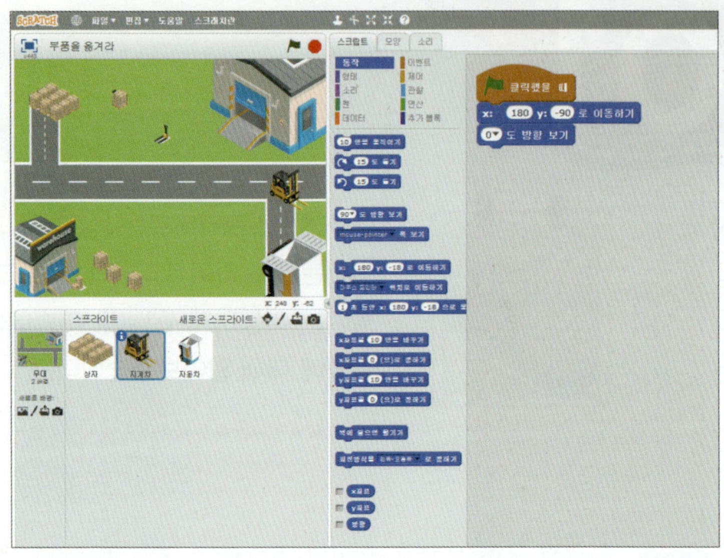

**04** [지게차] 스프라이트를 한 칸씩 움직이기 위해 [동작] 팔레트의 10 만큼 움직이기 명령 블록을 연결한 다음 값에 '18'을 입력합니다. 움직임을 확인하기 위해 [제어] 팔레트의 1 초 기다리기 명령 블록을 연결하고 값에 '0.2'를 입력합니다. 이렇게 하면 한 칸을 움직인 다음 0.2초를 기다립니다.

**05** 0▼도 방향 보기 명령 블록과 18 만큼 움직이기 명령 블록 사이에 [제어] 팔레트의 10 번 반복하기 명령 블록을 연결한 다음 값에 '5'를 입력합니다. 이렇게 하면 위쪽을 바라본 후 '18'만큼 움직이기를 '5'번 반복합니다.

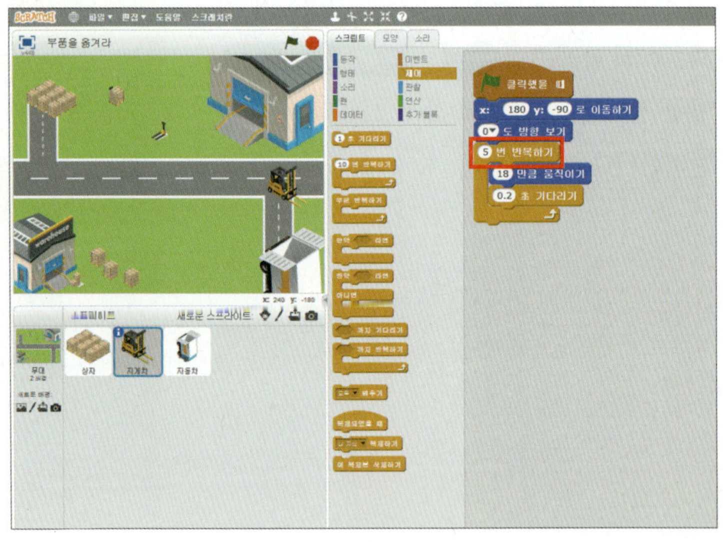

**06** 이동할 방향을 바꾸기 위해 [동작] 팔레트의 15 도 돌기 명령 블록을 연결한 다음 값에 '90'을 입력합니다.

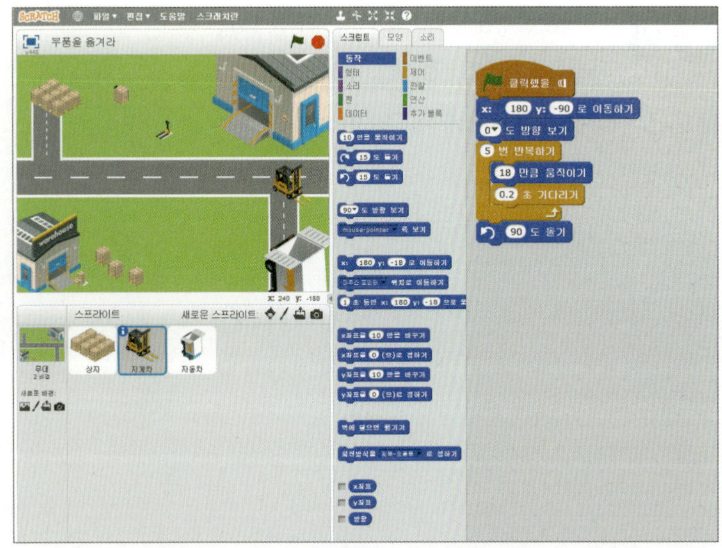

**07** 한 칸씩 움직이기 위해 [동작] 팔레트의 10 만큼 움직이기 명령 블록을 연결하고 '18'을 입력합니다. [제어] 팔레트의 1 초 기다리기 명령 블록을 연결하고 값에 '0.2'를 입력합니다.

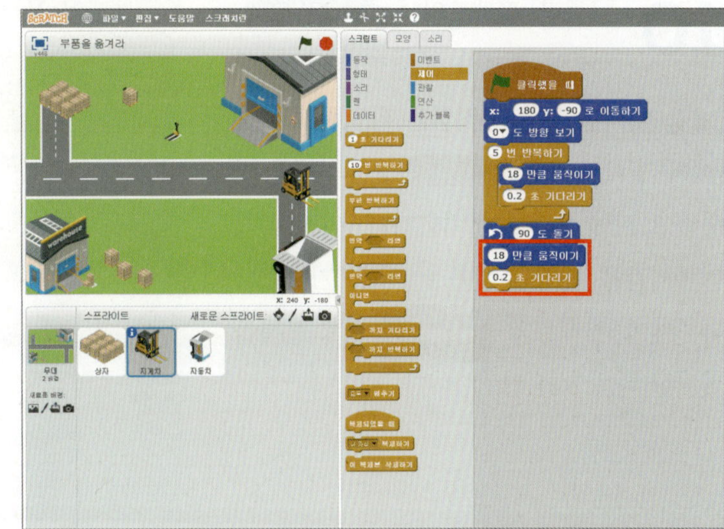

**08** 90 도 돌기 명령 블록과 18 만큼 움직이기 명령 블록 사이에 [제어] 팔레트의 10 번 반복하기 명령 블록을 연결한 다음 '20'을 입력합니다.

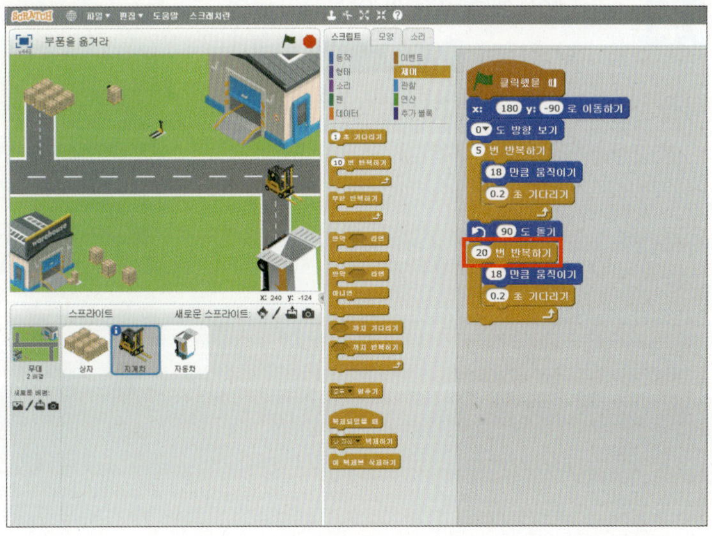

**09** 이동할 방향을 바꾸기 위해 [동작] 팔레트의 `15 도 돌기` 명령 블록을 연결한 다음 값에 '90'을 입력합니다.

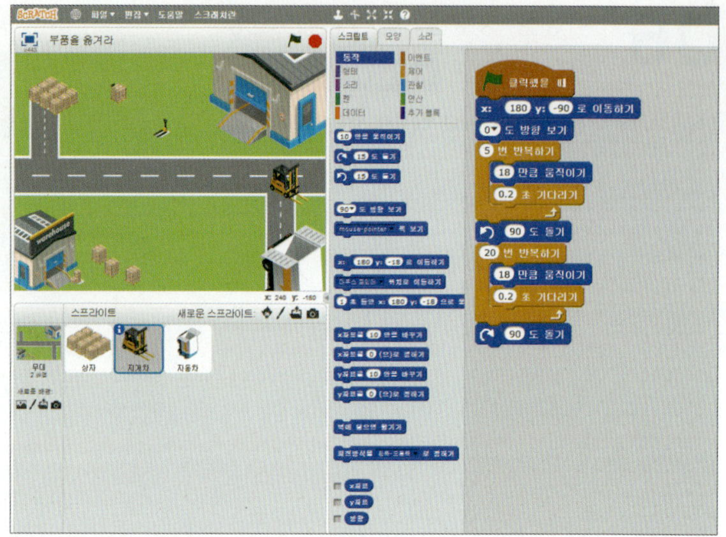

**10** [동작] 팔레트의 `10 만큼 움직이기` 명령 블록을 연결한 다음 값에 '18'을 입력합니다. 움직임을 확인하기 위해 [제어] 팔레트의 `1 초 기다리기` 명령 블록을 연결하고 값에 '0.2'를 입력합니다. 이렇게 하면 한 칸을 움직인 다음 0.2초를 기다립니다. [제어] 팔레트의 `10 번 반복하기` 명령 블록을 연결한 다음 '5'를 입력합니다.

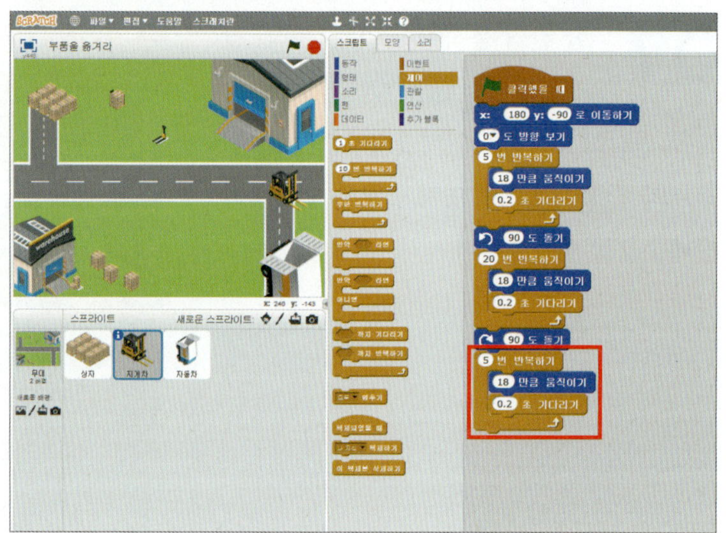

**11** 다시 되돌아와야 하므로 [동작] 팔레트의 `15 도 돌기` 명령 블록을 연결한 다음 값에 '180'을 입력합니다.

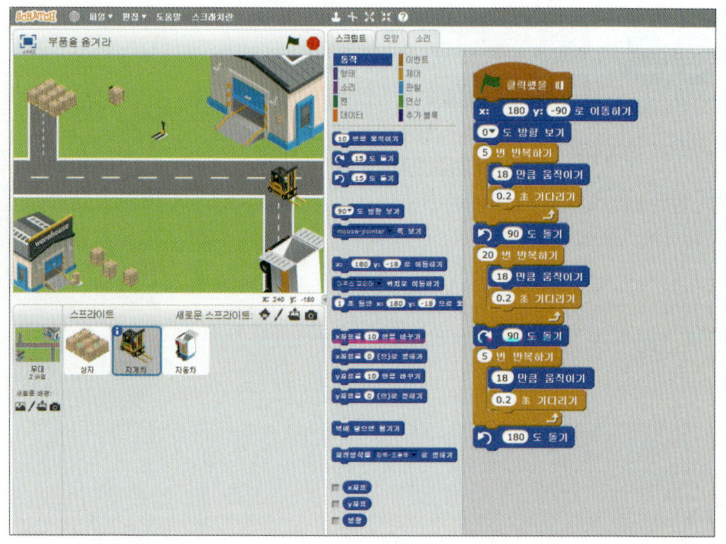

**12** 앞에서 코딩한 이동 과정을 다시 코딩하여 다시 돌아오도록 코딩합니다.

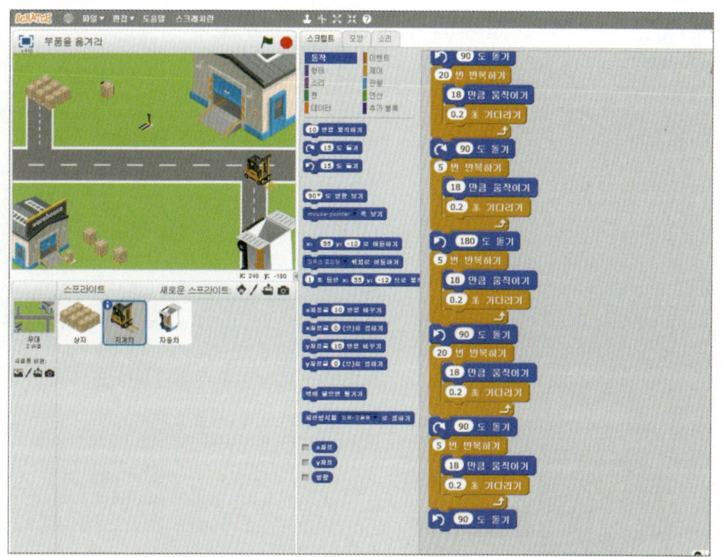

**13** 프로그램을 실행하면 [지게차] 스프라이트가 출발한 다음 [상자] 스프라이트가 있는 곳까지 이동하고 다시 되돌아오게 됩니다.

**14** 완성된 코딩 중 앞으로 18만큼 5번 반복한 후 이동, 왼쪽으로 90도 회전, 앞으로 18만큼 20번 이동한 후 오른쪽 회전, 18만큼 5번 이동하는 부분이 반복되고 있습니다. 따라서 반복된 부분을 떼어 놓습니다.

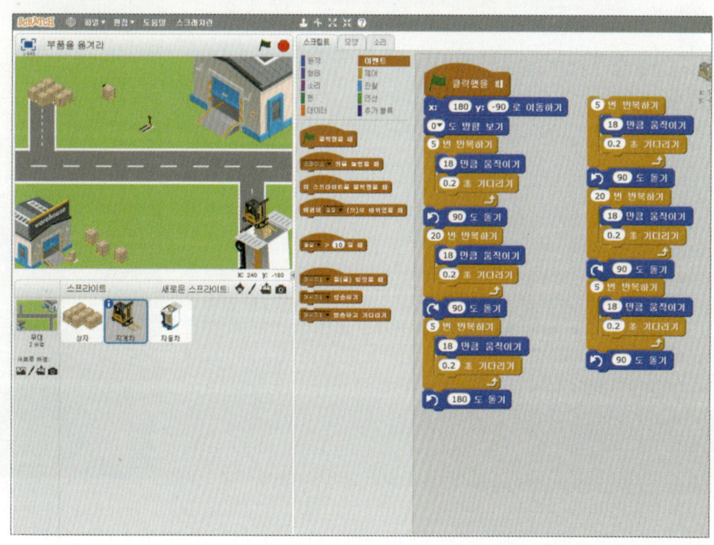

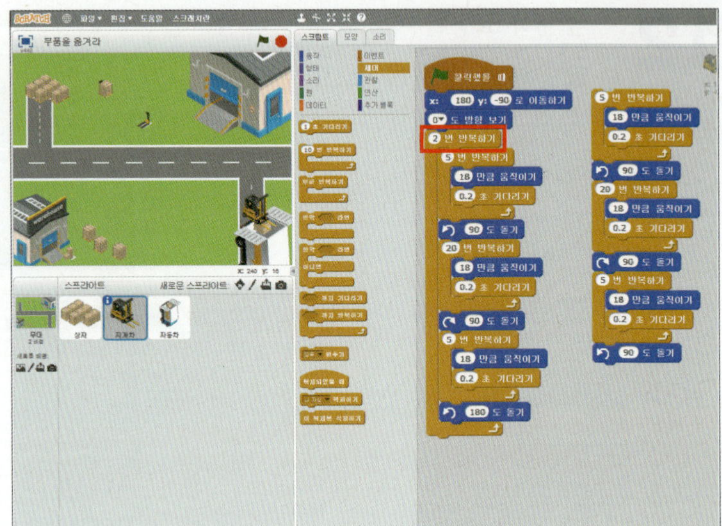

**15** [제어] 팔레트의 <sub>10</sub> 번 반복하기 명령 블록을 연결한 다음 값에 '2'를 입력합니다.



**사용한 명령 블록의 종류에 따라 반복이 안 될 수도 있다!**

같은 기능을 하는 프로그램이라도 사용한 명령 블록에 따라 반복 명령 블록으로 코딩을 할 수 없을 수 있습니다. 만약, `10 만큼 움직이기` 명령 블록을 `x좌표를 10 만큼 바꾸기` 또는 `y좌표를 10 만큼 바꾸기` 명령 블록을 이용하여 코딩하고, `90 도 방향 보기` 명령 블록을 이용하지 않고 `15 도 돌기` 명령 블록을 이용하여 코딩하면 그림처럼 코딩할 수 있습니다.

이렇게 코딩하면 반복되는 명령 블록이 적어 반복 명령을 사용할 수 없습니다. 따라서 같은 기능을 하는 명령 블록이라도 상황에 따라 적절한 명령 블록을 사용하고 반복을 찾아내면 완성도 높은 프로그램을 작성할 수 있습니다.

**16** 프로그램을 실행하면 [지게차] 스프라이트가 출발한 다음 [상자] 스프라이트가 있는 곳까지 이동하고 다시 되돌아오게 됩니다.

**17** 상자의 개수가 9개이므로 [제어] 팔레트의 명령 블록을 연결한 다음 값에 '9'를 입력합니다. 이렇게 하면 9개의 상자를 모두 옮길 때까지 반복하게 됩니다.

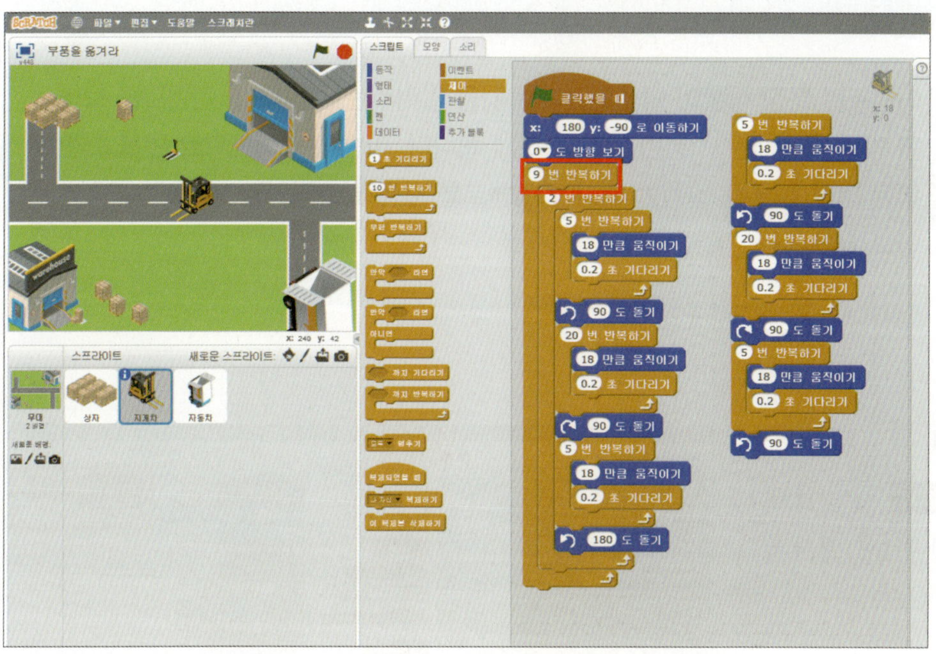

**18** 떼어 놓았던 명령 블록은 더 이상 사용할 필요가 없으므로 스크립트 영역으로 드래그해 삭제합니다.

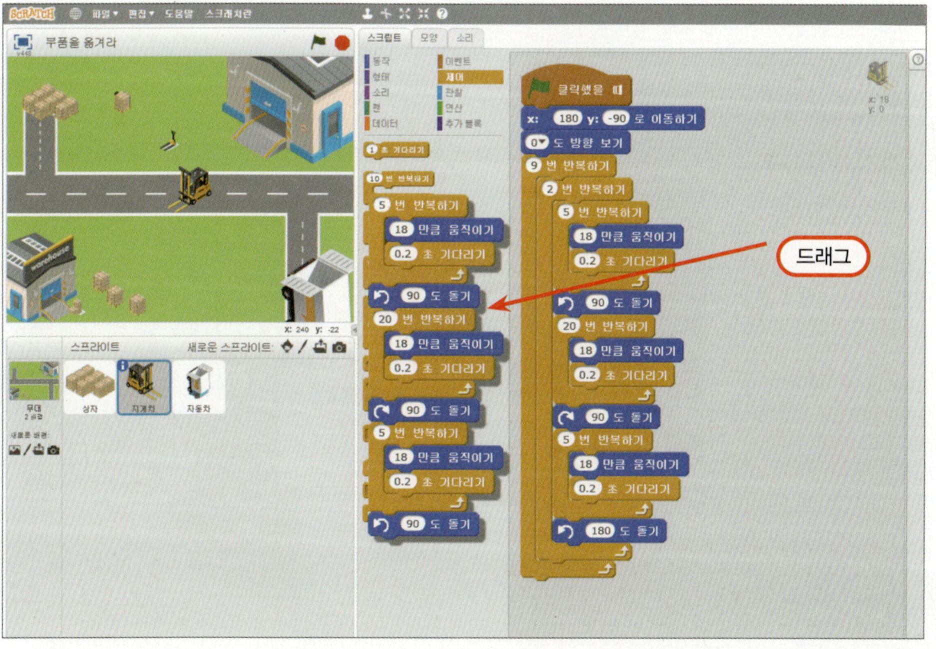

# 이벤트를 만들어 간략하게 만들기

이벤트는 특정 상황이 발생되었다는 것을 알려주는 것입니다. 이벤트를 보내면 받는 쪽에서는 지정된 동작을 하게 됩니다. 이번에는 이벤트로 만들고 반복된 명령 블록을 실행할 때마다 이벤트를 발생해 코딩하는 방법에 대해 알아보겠습니다.

**01** [이벤트] 팔레트의 [메시지1 ▼ 을(를) 받았을 때] 명령 블록을 드래그합니다. ▼를 클릭해 [새 메시지 ...]를 선택합니다.

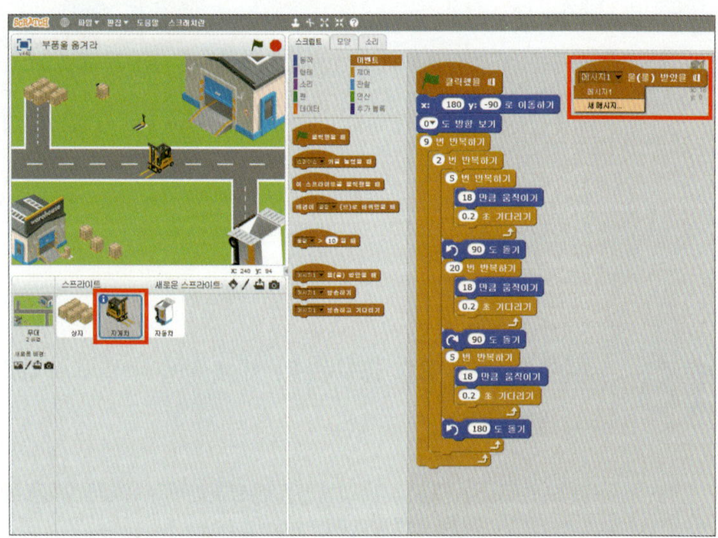

**02** [새 메시지] 대화상자가 나타나면 메시지 이름에 '앞으로 이동'을 입력하고 [확인]을 클릭합니다.

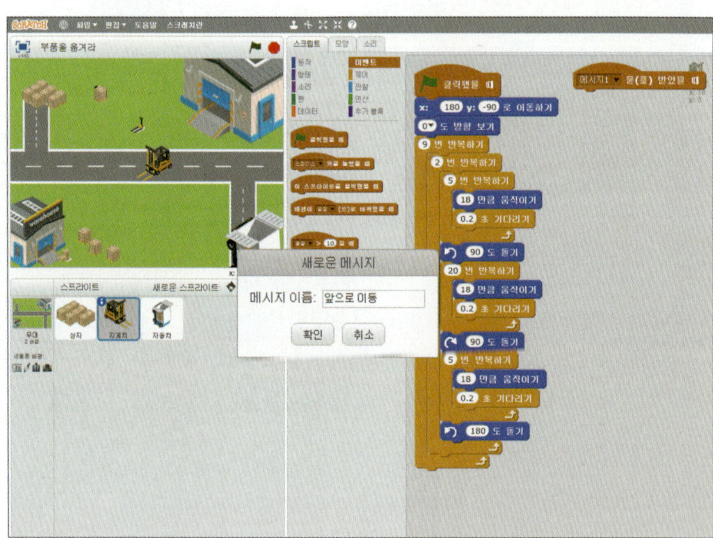

**03** [제어] 팔레트의 ⟨10 번 반복하기⟩ 명령 블록을 연결한 다음 '5'를 입력합니다. [동작] 팔레트의
⟨10 만큼 움직이기⟩ 명령 블록을 연결한 다음 값에 '18'을 입력합니다. [제어] 팔레트의 ⟨1 초 기다리기⟩
명령 블록을 연결한 다음 값에 '0.2'를 입력합니다. 이렇게 코딩하면 '앞으로이동' 메시지를 받으면
앞으로 '18'만큼 5번 이동하는 이벤트가 만들어집니다.

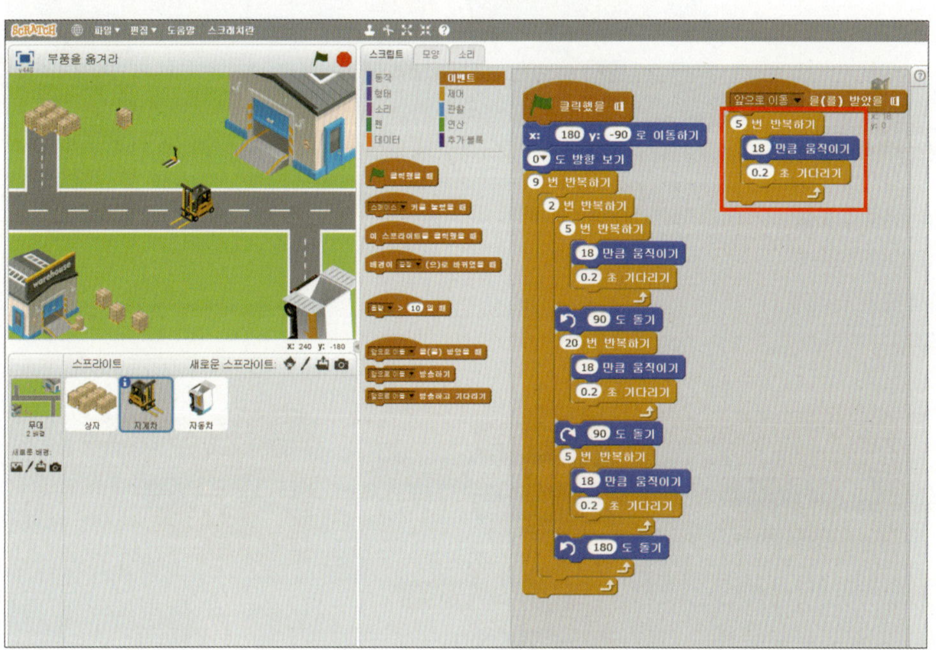

**04** 이전에 코딩했던 부분을 떼어 놓습니다.

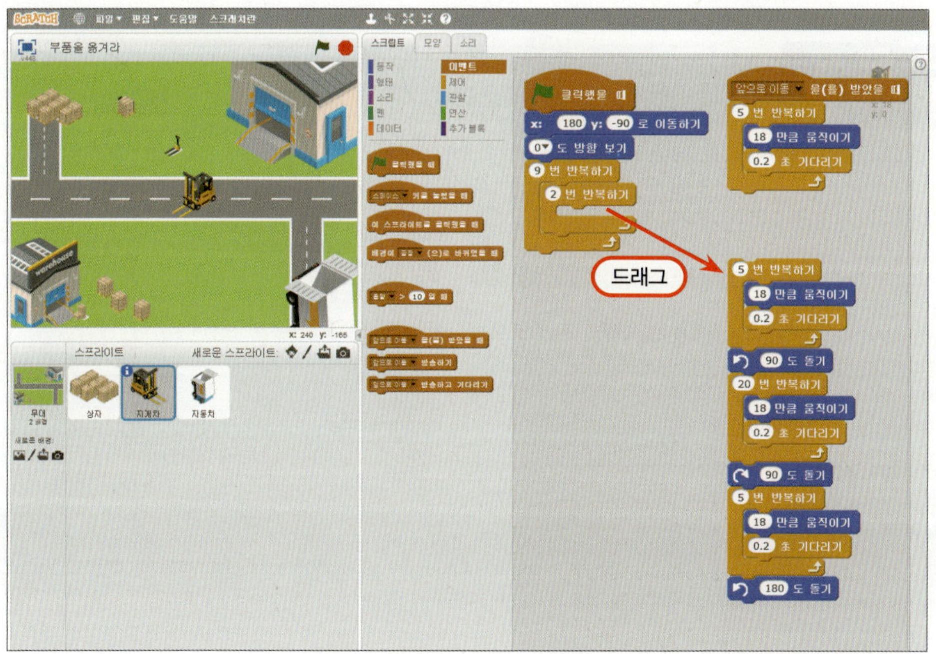

**05** [이벤트] 팔레트의 앞으로 이동▼ 방송하고 기다리기 명령 블록을 연결합니다.

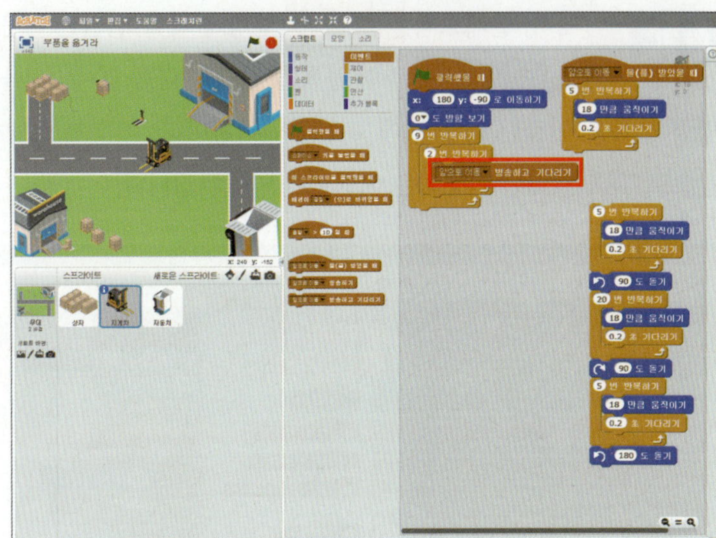



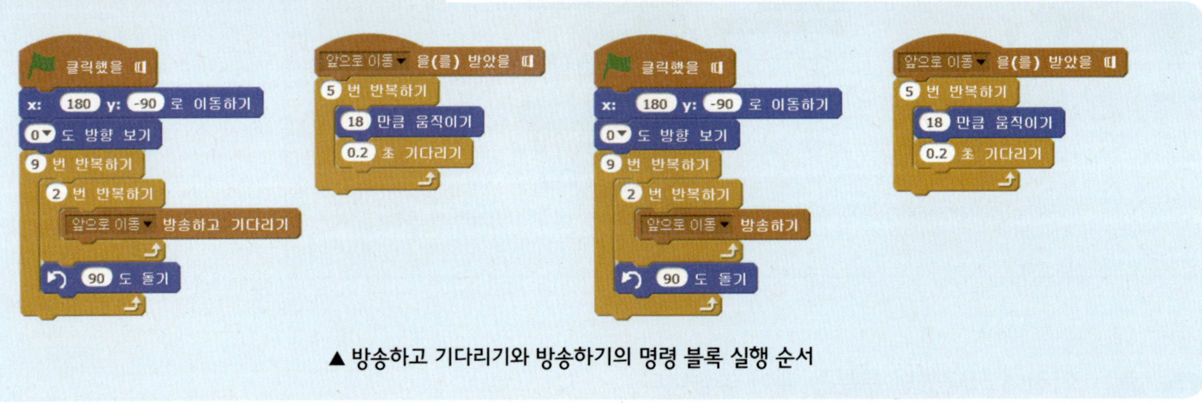

▲ 방송하고 기다리기와 방송하기의 명령 블록 실행 순서

**06** [동작] 팔레트의 15 도 돌기 명령 블록을 연결한 다음 값에 '90'을 입력합니다.

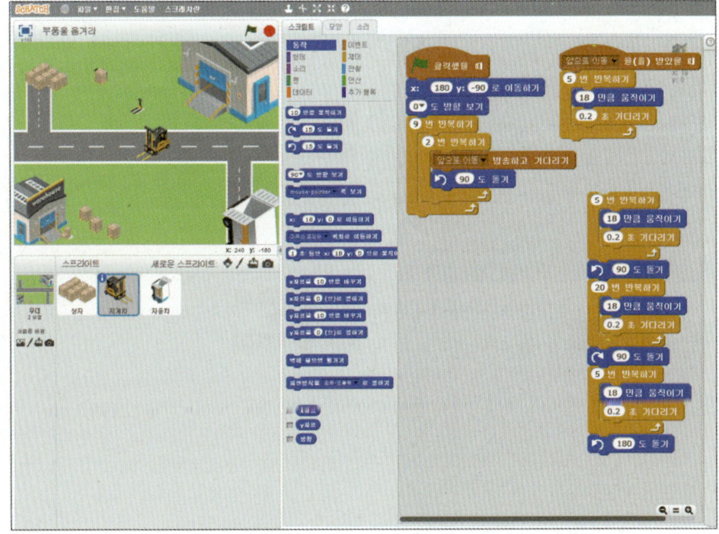

**07** [제어] 팔레트의 번 반복하기 명령 블록을 연결한 다음 값에 '4'를 입력합니다. [이벤트] 팔레트의 앞으로 이동 ▾ 방송하고 기다리기 명령 블록을 연결합니다. 이렇게 하면 앞으로 '앞으로이동' 이벤트가 4번 반복되어 20칸이 이동하게 됩니다.

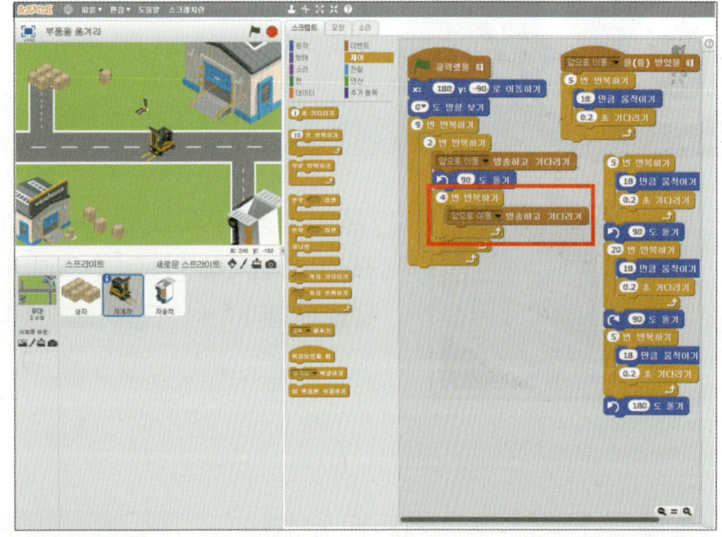

**08** [동작] 팔레트의 15 도 돌기 명령 블록을 연결한 다음 값에 '90'을 입력합니다. [이벤트] 팔레트의 앞으로 이동 ▾ 방송하고 기다리기 명령 블록을 연결합니다. [동작] 팔레트의 15 도 돌기 명령 블록을 연결한 다음 값에 '180'을 입력합니다.

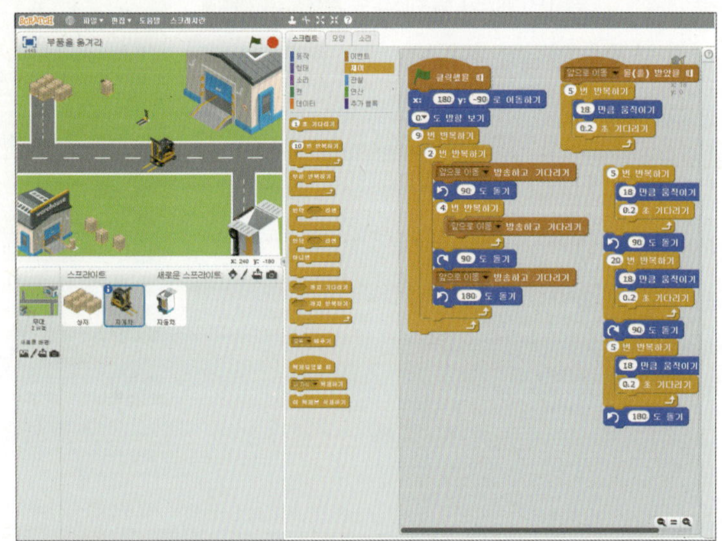

**09** 프로그램을 실행하면 이벤트를 사용하지 않았을 때와 똑같이 동작하는 것을 확인할 수 있습니다. 이벤트를 사용했을 때와 그렇지 않을 때를 비교하면 명령 블록이 간단해진 것을 알 수 있습니다.

# Section 03 [상자] 스프라이트 코딩하기

[상자] 스프라이트는 공장에서 만들어진 제품으로 자동차에 실어야 하는 스프라이트입니다. [상자] 스프라이트는 10개가 있으며 [지게차] 스프라이트에 닿을 때마다 하나씩 줄어들게 됩니다.

**01** [상자] 스프라이트를 선택한 다음 [이벤트] 팔레트의 `클릭했을 때` 명령 블록을 연결합니다.

**02** 프로그램이 실행되면 스프라이트가 나타날 위치를 지정하기 위해 [동작] 팔레트의 `x: -180 y: 115 로 이동하기` 명령 블록을 선택하고 값에 '-180'과 '115'를 입력합니다.

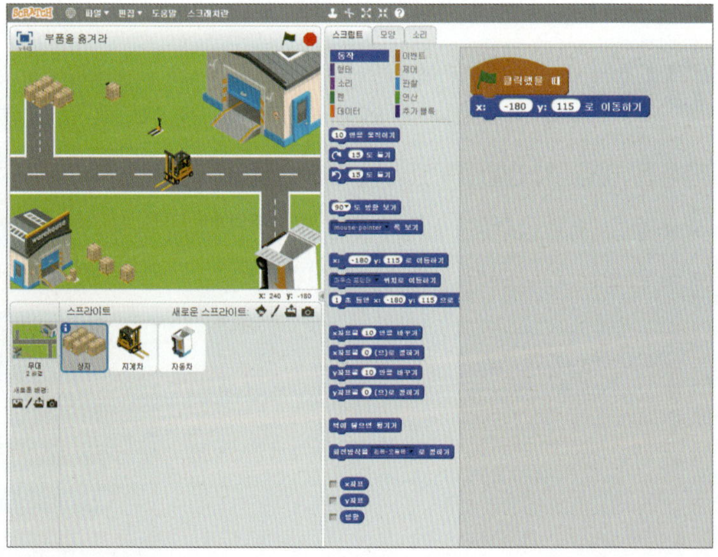

**03** [상자] 스프라이트의 모양을 지정하기 위해 [형태] 팔레트의 모양을 짐10 ▼ (으)로 바꾸기 명령 블록을 연결한 다음 ▼를 선택해 '짐1'을 선택합니다.

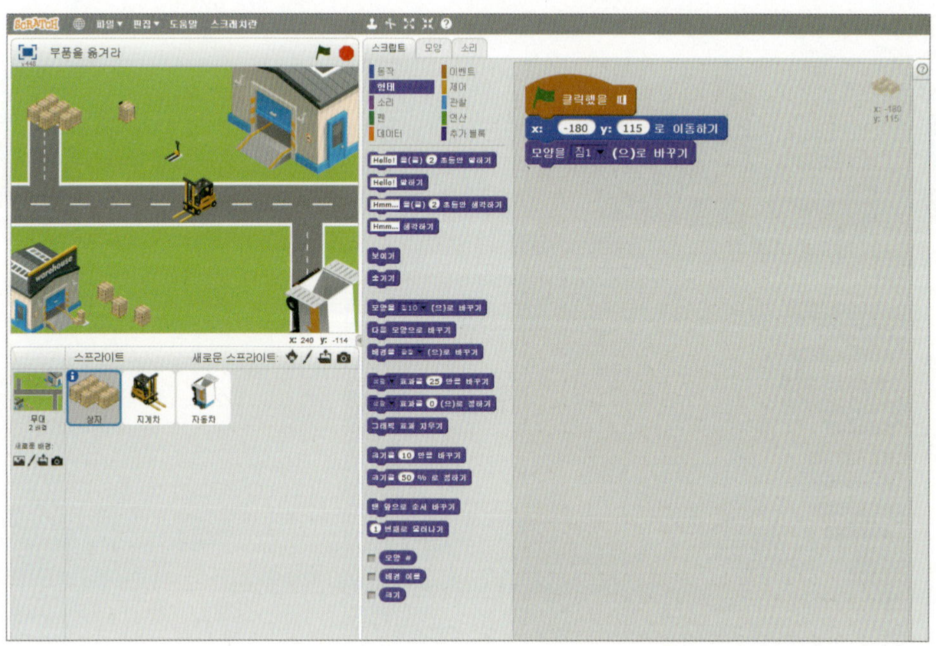

**04** [상자] 스프라이트가 [지게차] 스프라이트에 닿았는지 확인하기 위해 [제어] 팔레트의 만약 라면 명령 블록을 연결합니다. [관찰] 팔레트의 ▼에 닿았는가? 명령 블록을 연결한 다음 ▼를 클릭해 '지게차'를 선택합니다.

**05** [상자] 스프라이트가 [지게차] 스프라이트에 닿으면 모양을 바꾸기 위해 [형태] 팔레트의 `다음 모양으로 바꾸기` 명령 블록을 연결합니다.

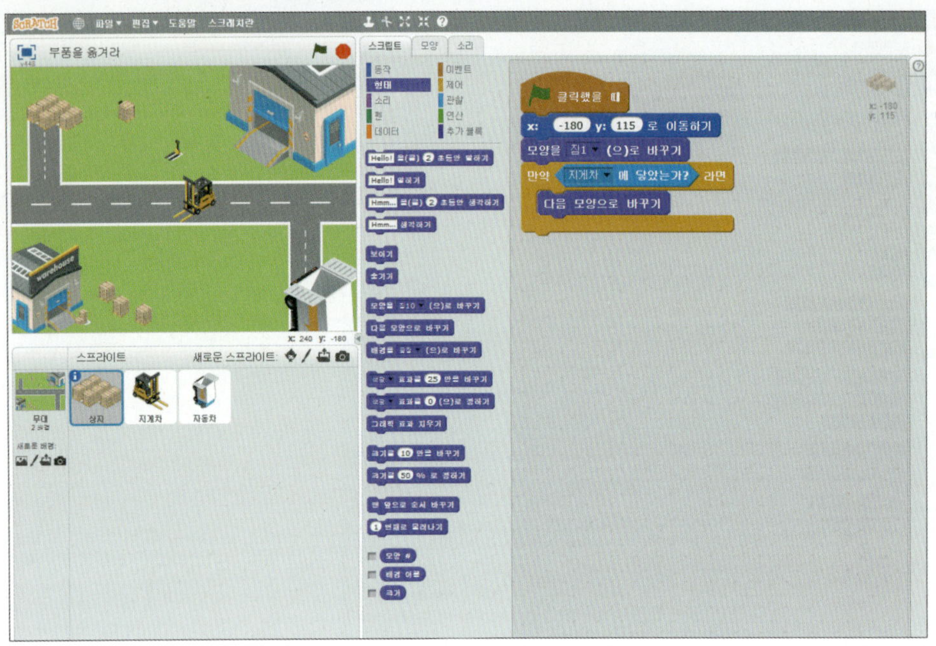

**06** 프로그램이 실행되면 [지게차] 스프라이트가 [상자] 스프라이트에 닿았는지 계속해서 확인해야 하므로 [제어] 팔레트의 `무한 반복하기` 명령 블록을 연결합니다.

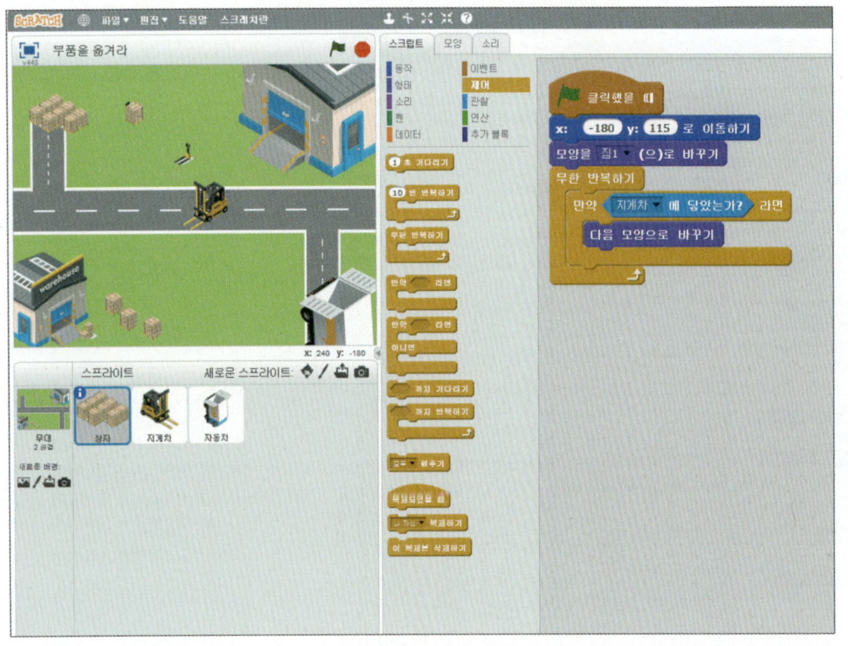

> **tip**
>
> `무한 반복하기` 명령 블록은 프로그램이 실행되는 동안 정해진 명령 블록을 반복해야 될 때 사용하는 명령 블록입니다. [지게차] 스프라이트와 [상자] 스프라이트가 언제 닿을지 모르므로 `무한 반복하기` 명령 블록 안에 [지게차] 스프라이트와 [상자] 스프라이트가 닿았는지 확인하는 부분을 코딩합니다.

**07** 프로그램을 실행하면 [지게차] 스프라이트가 [상자] 스프라이트로 이동한 후 닿으면 상자가 여러 개 줄어듭니다. [지게차] 스프라이트에 닿았는지 확인하는 명령 블록이 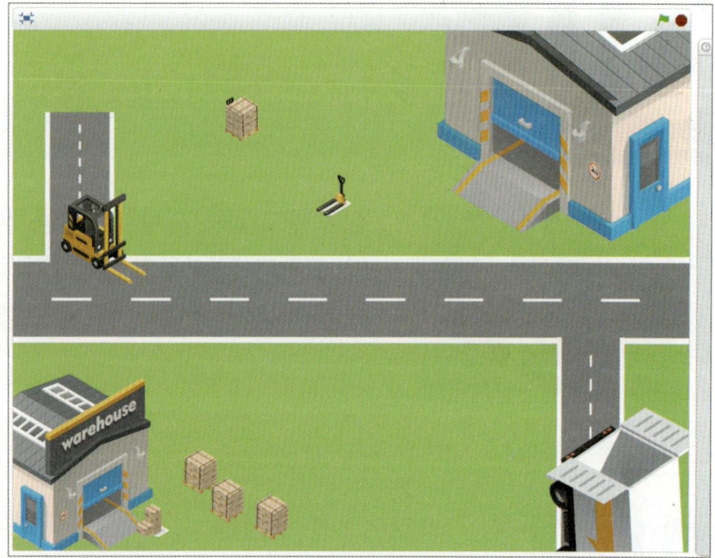 명령 블록 안에 코딩되어 있어 [지게차] 스프라이트와 [상자] 스프라이트가 닿아 있는 동안 계속해서 모양을 다음 모양으로 바꾸게 됩니다.

**08** [상자] 스프라이트와 [지게차] 스프라이트가 닿았다면 모양을 바꾸고 [상자] 스프라이트와 [지게차] 스프라이트가 떨어질 때까지 기다리기 위해 [제어] 팔레트의 명령 블록을 연결합니다.

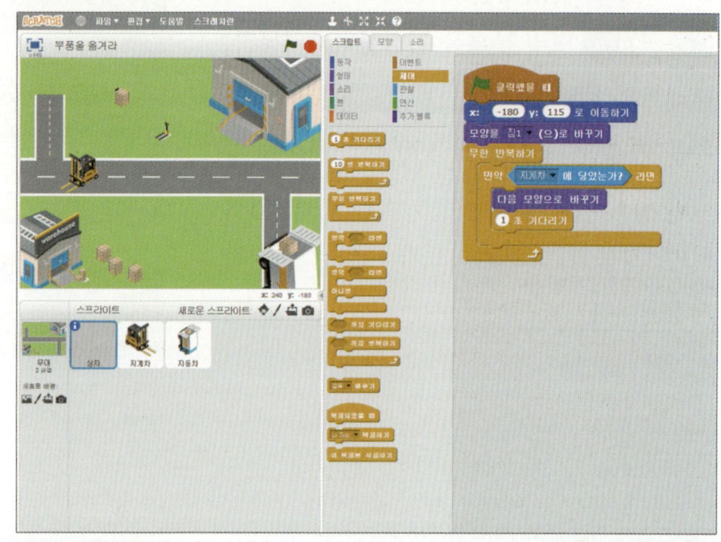

**09** 프로그램을 실행하면 [지게차] 스프라이트가 [상자] 스프라이트로 이동한 후 닿으면 상자가 하나씩 줄어들게 됩니다.

# [자동차]에 짐 옮기기

짐을 들고 있는 지게차가 자동차에 닿으면 짐을 내려놓도록 만들어 보겠습니다. 그리고 짐을 들고 있는 [지게차] 스프라이트가 [자동차] 스프라이트에 닿으면 [자동차] 스파라이트의 모양을 바꾸겠습니다.

**01** [자동차] 스프라이트를 선택한 다음 [이벤트] 팔레트의 클릭했을 때 명령 블록을 연결합니다. [동작] 팔레트의 x: 190 y: -150 로 이동하기 명령 블록을 연결한 다음 값에 '190'과 '−150'을 입력합니다. 이렇게 코딩하여 프로그램을 실행하면 [자동차] 스프라이트가 나타날 위치가 지정됩니다.

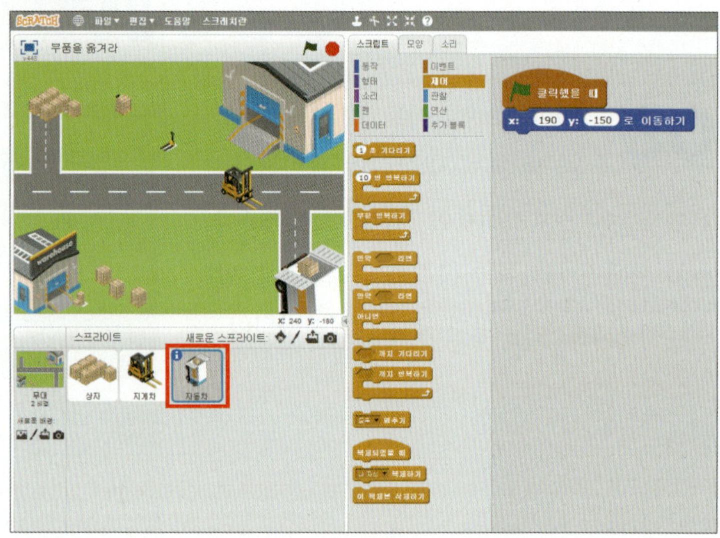

**02** [자동차] 스프라이트의 모양을 지정하기 위해 [형태] 팔레트의 모양을 모양10 ▼ (으)로 바꾸기 명령 블록을 연결한 다음 ▼를 클릭해 '모양1'을 선택합니다.

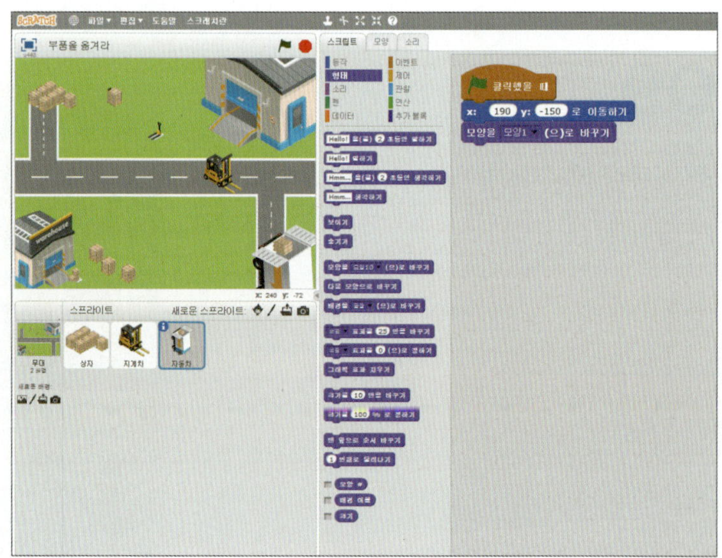

# 03

[자동차] 스프라이트가 [지게차] 스프라이트에 닿았는지 확인하기 위해 [제어] 팔레트의 만약 ~라면 명령 블록을 연결합니다. [관찰] 팔레트의 ▼ 에 닿았는가? 명령 블록을 연결한 다음 ▼를 클릭해 '지게차'를 선택합니다.

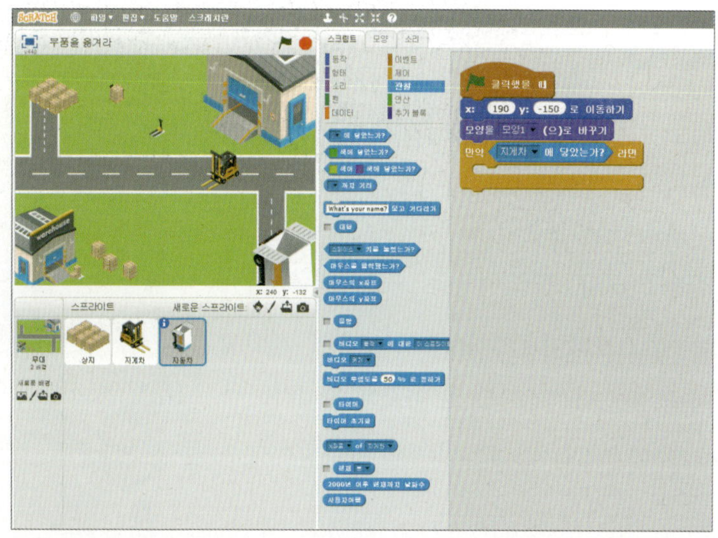

# 04

[자동차] 스프라이트가 [지게차] 스프라이트에 닿으면 모양을 바꾸기 위해 [형태] 팔레트의 다음 모양으로 바꾸기 명령 블록을 연결합니다.

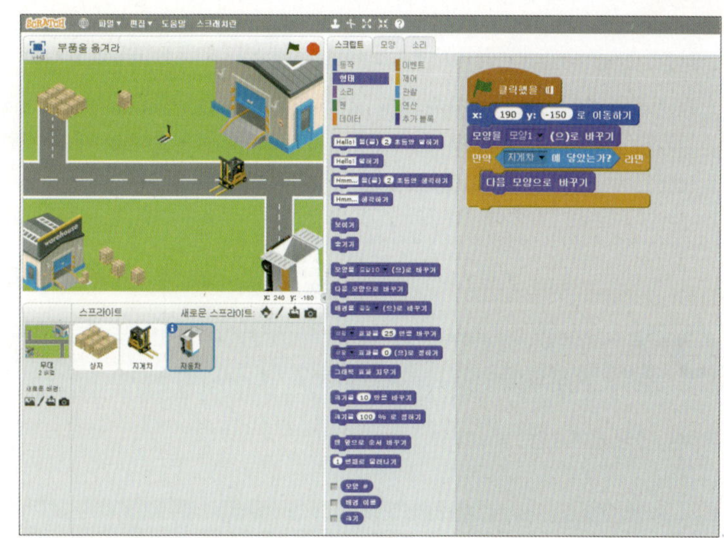

# 05

프로그램이 실행되면 [지게차] 스프라이트가 [자동차] 스프라이트에 닿았는지 계속해서 확인해야 하므로 [제어] 팔레트의 무한 반복하기 명령 블록을 연결합니다.

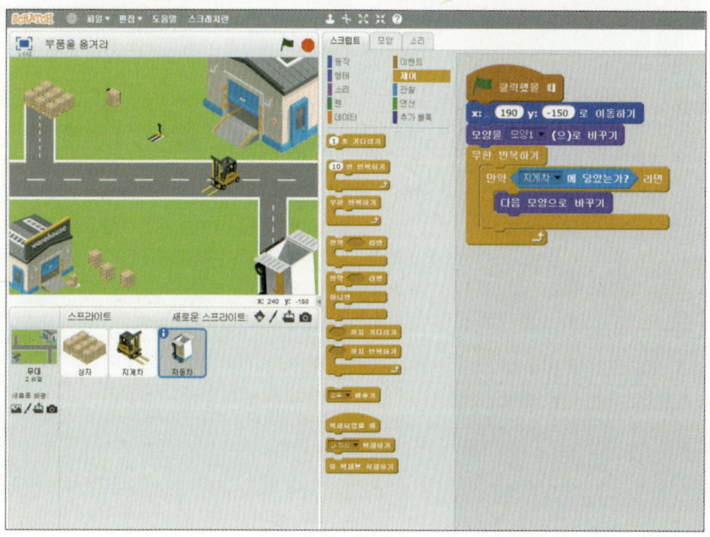

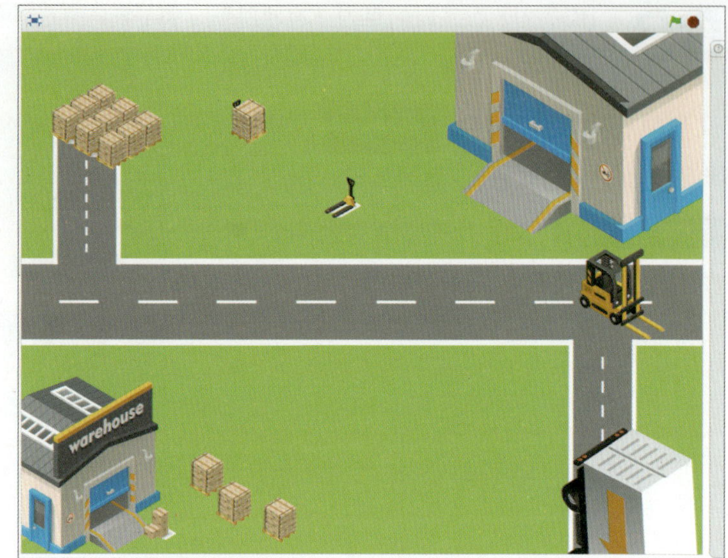

**06** 프로그램을 실행하면 [지게차] 스프라이트가 [자동차] 스프라이트로 이동한 후 닿으면 상자가 여러 개 줄어듭니다. [지게차] 스프라이트에 닿았는지 확인하는 명령 블록이 `무한 반복하기` 명령 블록 안에 코딩되어 있어 [지게차] 스프라이트와 [자동차] 스프라이트가 닿아 있는 동안 계속해서 모양을 다음 모양으로 바꾸게 됩니다.



프로그램을 실행하면 [자동차] 스프라이트와 [지게차] 스프라이트가 닿은 상태로 시작합니다. 하지만 다음에 코딩할 부분에서 모양을 바꾸게 되므로 '모양1'로 시작하면 프로그램이 실행된 후 '모양2'로 바뀌게 됩니다. 따라서 가장 마지막에 있는 모양을 선택한 상태에서 프로그램을 실행합니다. 이렇게 하면 프로그램이 실행된 후 [지게차] 스프라이트에 닿았다면 다음 모양으로 바꾸게 되어 '모양1'로 시작됩니다.

**07** [자동차] 스프라이트와 [지게차] 스프라이트가 닿았다면 모양을 바꾸고 [자동차] 스프라이트와 [지게차] 스프라이트가 떨어질 때까지 기다리기 위해 [제어] 팔레트의 `1 초 기다리기` 명령 블록을 연결합니다.

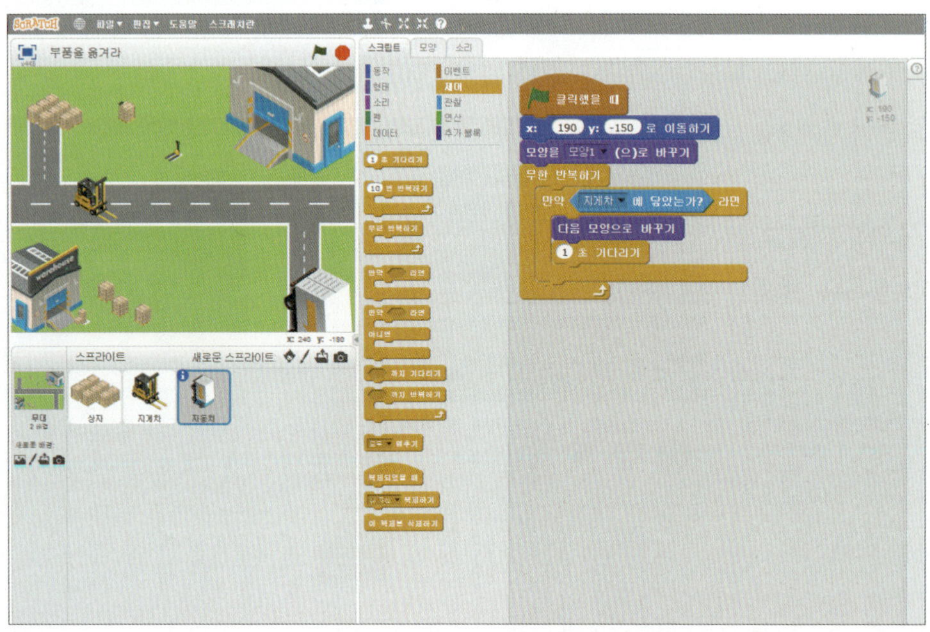

**08** 프로그램을 실행하면 [지게차] 스프라이트가 [자동차] 스프라이트로 이동한 후 닿으면 모양이 바뀝니다. 프로그램을 실행하면 [지게차] 스프라이트와 [자동차] 스프라이트가 닿은 상태로 시작되어 [자동차] 스프라이트의 모양이 [모양2]로 바뀝니다.

**09** 프로그램을 실행했을 때 [지게차] 스프라이트와 [자동차] 스프라이트가 닿으므로 모양을 모양1 ▼ (으)로 바꾸기 명령 블록의 ▼를 클릭해 '모양10'을 선택합니다. 프로그램을 실행하면 [자동차] 스프라이트의 모양이 '모양1'로 바뀝니다.

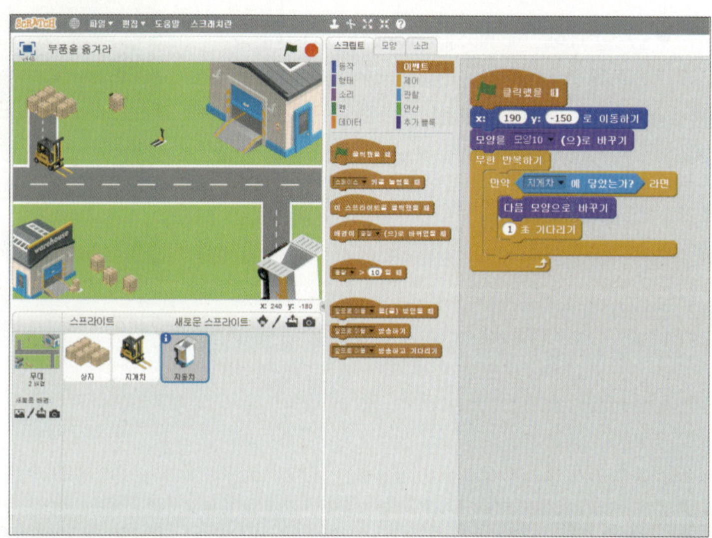



**모양이 이상하게 바뀌었어요.**

프로그램을 실행하면 [지게차] 스프라이트가 짐을 옮겼을 때는 [자동차] 스프라이트의 모양이 바뀌면서 늘어나야 하지만 지금은 줄어들고 있습니다. 이런 경우 [모양] 탭을 선택해 모양의 순서를 확인합니다. 다음 모양으로 바꾸기 명령 블록은 [모양] 탭의 모양을 순서대로 바꾸는 명령 블록으로 이 명령 블록을 사용하면 짐이 점점 줄어드는 모양으로 바뀝니다. 따라서 [모양] 탭의 모양을 드래그해 순서를 변경하면 [지게차] 스프라이트가 [자동차] 스프라이트에 닿을 때마다 짐이 쌓이는 모양으로 바뀝니다.

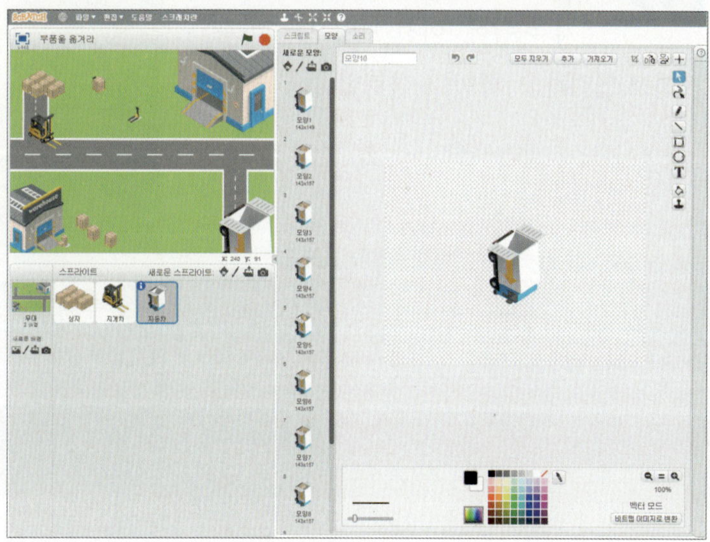

# Section 05 모양을 이전 모양으로 바꾸는 이벤트

[형태] 팔레트에는 현재 모양에서 다음 모양으로 바꾸는 `다음 모양으로 바꾸기` 명령 블록은 있지만, 이전 모양으로 바꾸는 명령 블록은 없습니다. 대신 이전 모양으로 바꾸는 명령 블록을 대신할 수 있는 이벤트를 만들어 사용할 수 있습니다.

**01** [이벤트]의 `앞으로 이동 ▼ 을(를) 받았을 때` 명령 블록을 드래그해 연결한 다음 ▼를 클릭해 '새 메시지'를 선택합니다.

**02** [새 메시지] 창이 나타나면 메시지 이름에 '이전 모양으로 바꾸기'라고 입력하고 [확인]을 클릭합니다.

**03** [형태] 팔레트의 모양을 모양10 ▼ (으)로 바꾸기 명령 블록을 연결한 다음 [연산] 팔레트의 ○-○ 명령 블록을 연결합니다.

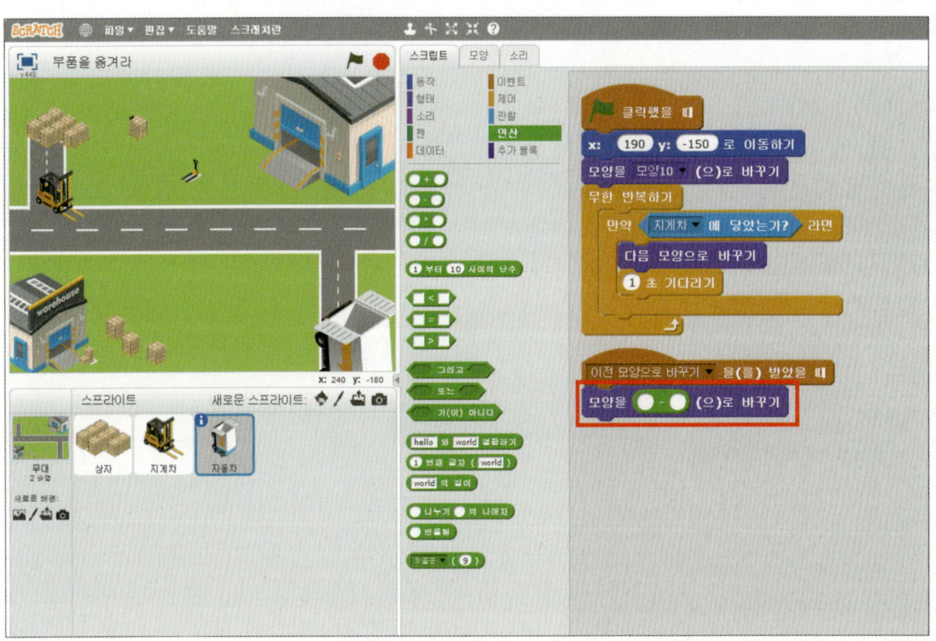

**04** [형태] 팔레트의 모양 # 명령 블록을 연결한 다음 값에 '1'을 입력합니다.

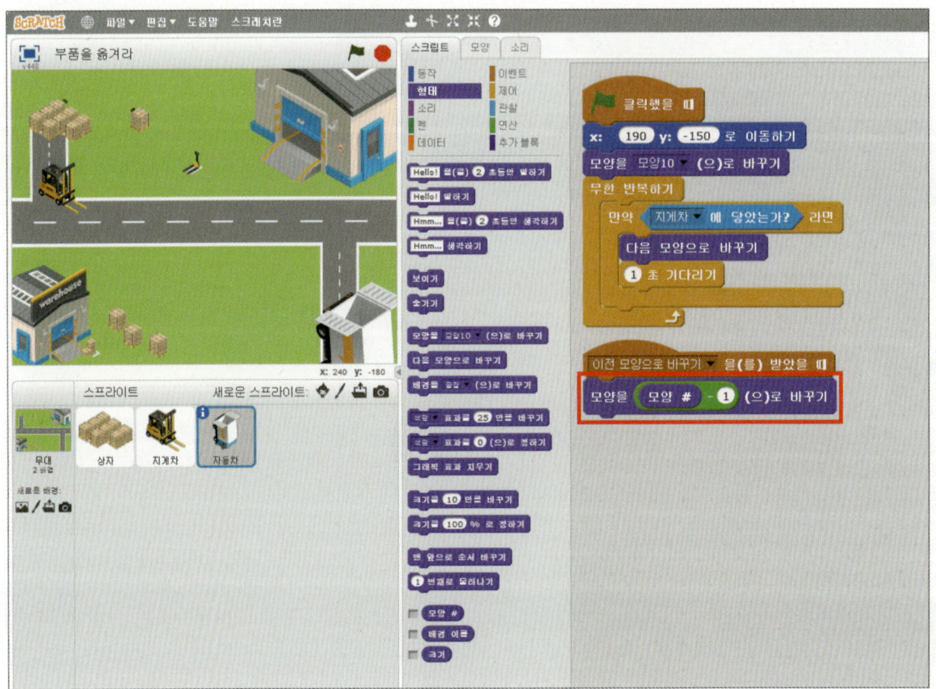

**05** `다음 모양으로 바꾸기` 명령 블록 대신 [이벤트] 팔레트의 `앞으로 이동 ▼ 방송하기` 명령 블록을 연결한 다음 ▼를 클릭해 '이전 모양으로 바꾸기'를 선택합니다.

**06** 모양을 이전 모양으로 바꾸었으므로 `모양을 모양10 ▼ (으)로 바꾸기` 명령 블록에서 ▼를 클릭해 '모양1'을 선택합니다. 프로그램을 실행하면 모양이 바뀝니다.

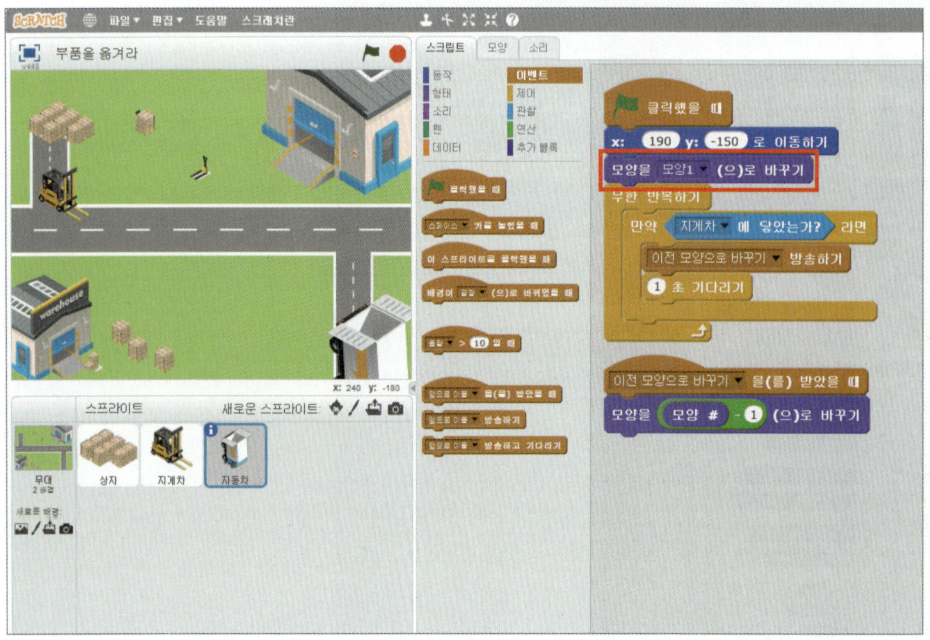

# 지게차의 모양 바꾸기

이번에는 지게차의 모양을 바꾸도록 코딩하겠습니다. 프로그램을 실행하면 모양을 짐을 싣지 않은 모양으로 바꾸고 짐에 닿으면 모양을 바꾸도록 만들어 보겠습니다.

**01** [지게차] 스프라이트를 선택한 다음 [이벤트] 팔레트의 [클릭했을 때] 명령 블록을 연결한 다음 [형태] 팔레트의 [모양을 모양2 ▼ (으)로 바꾸기] 명령 블록을 연결합니다. ▼를 클릭해 '모양1'을 선택합니다.

**02** [제어] 팔레트의 [만약 ~라면] 명령 블록을 연결합니다. [▼ 에 닿았는가?] 명령 블록을 연결한 다음 ▼를 클릭해 '상자'를 선택합니다.

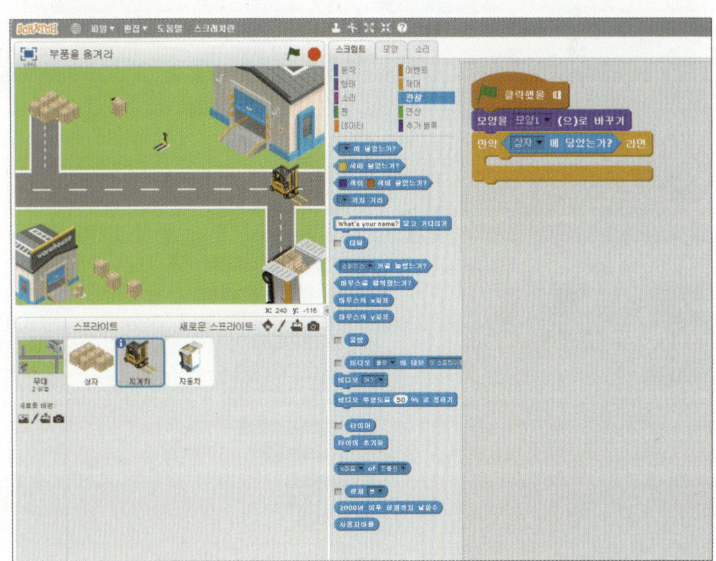

**03** 모양을 바꾸기 위해 [형태] 팔레트의 모양을 모양2 ▼ (으)로 바꾸기 명령 블록을 연결합니다.

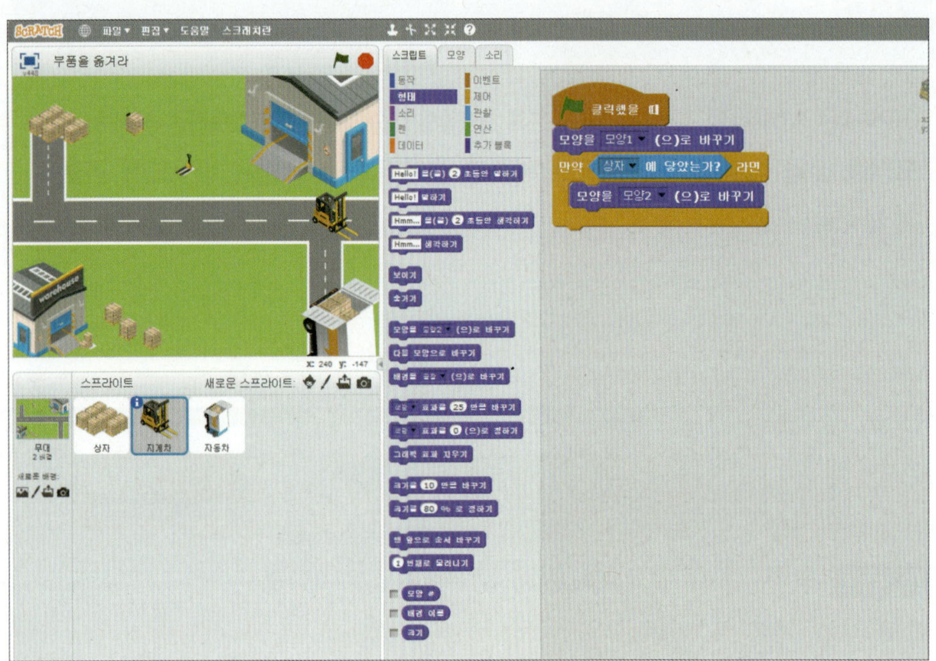

**04** [제어] 팔레트의 만약 라면 명령 블록을 연결합니다. ▼ 에 닿았는가? 명령 블록을 연결한 다음 ▼를 클릭해 '자동차'를 선택합니다.

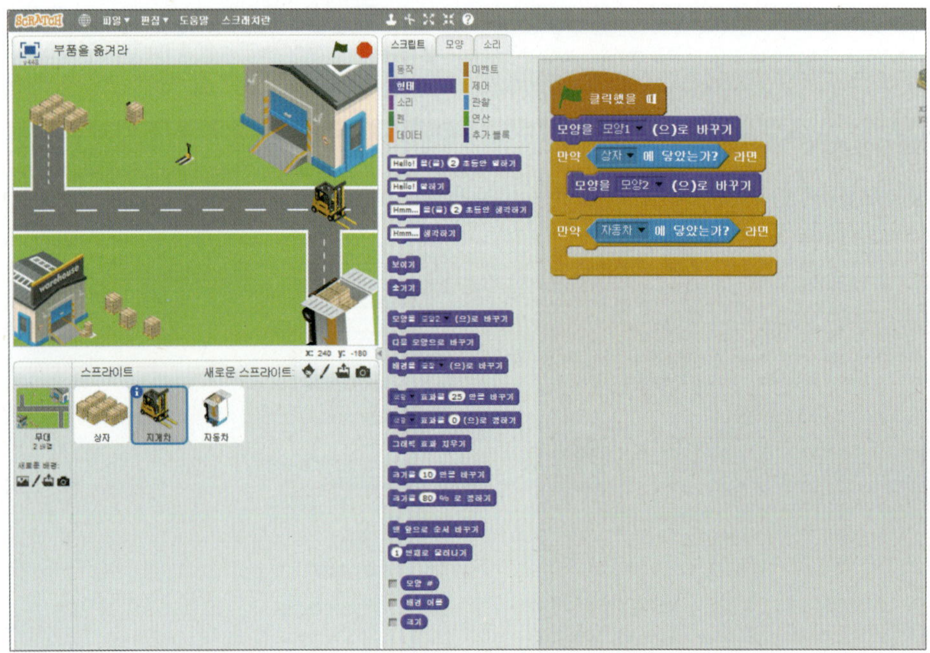

**05** 모양을 바꾸기 위해 [형태] 팔레트의 모양을 모양2 ▼ (으)로 바꾸기 명령 블록을 연결한 다음
▼를 클릭해 '모양1'을 선택합니다.

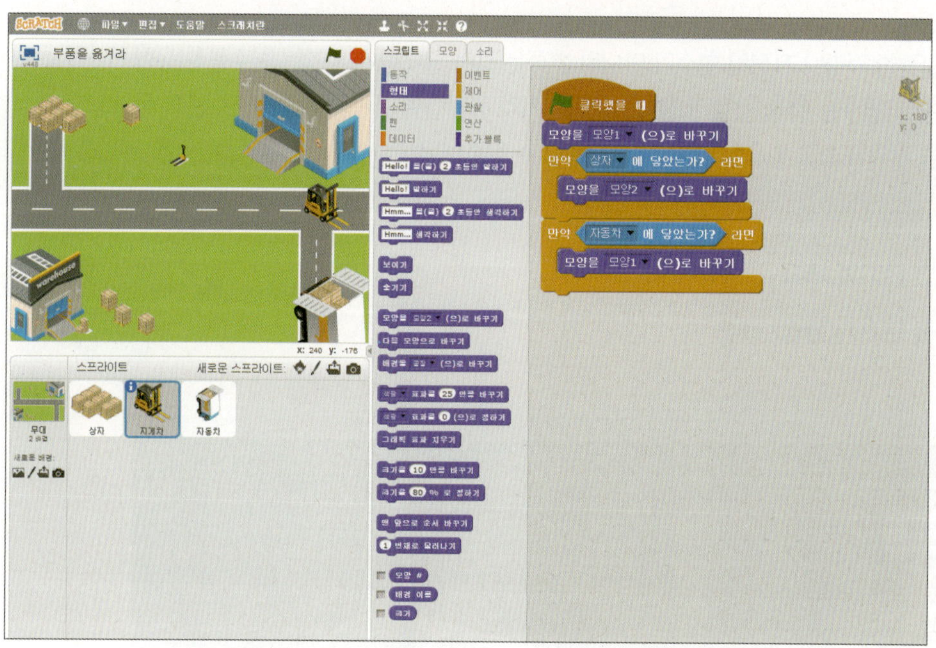

**06** [상자] 스프라이트와 [자동차] 스프라이트에 닿았는지 계속해서 확인하기 위해 [제어]
팔레트의 무한 반복하기 명령 블록을 연결합니다. 프로그램을 실행하면 [지게차] 스프라이
트가 [상자] 스프라이트나 [자동차] 스프라이트에 닿을 때마다 모양이 바뀝니다.

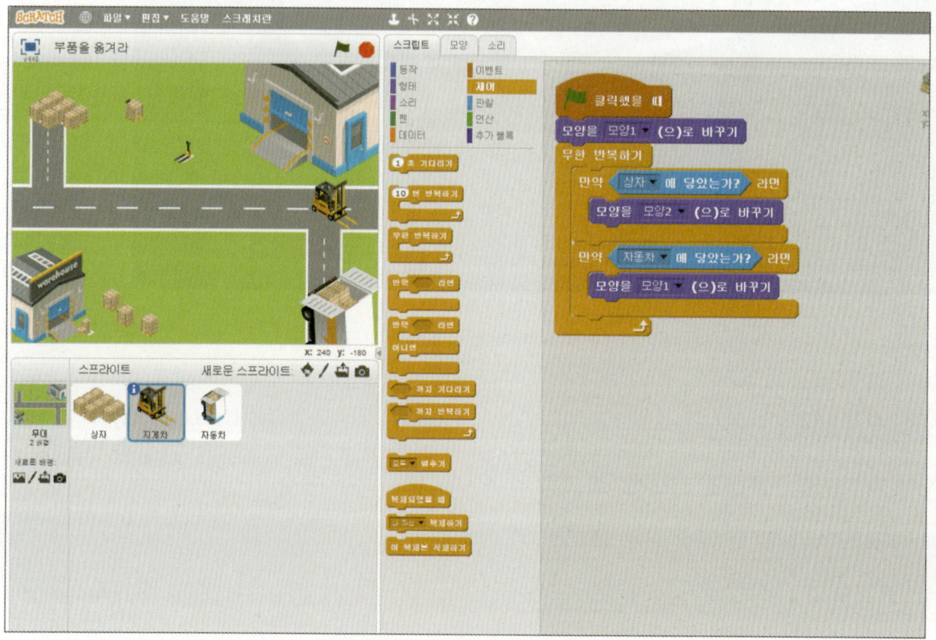

# Chapter 4

# 원반 던지기(변수의 사용)

일정한 거리나 지정된 횟수가 아니라 변하는 값이 필요한 경우에는 변수를 이용합니다. 변수는 특정 값을 저장할 수 있는 기억 공간입니다. 변수에는 숫자, 문자 등을 기억해 놓고 필요할 때 불러와 사용할 수 있습니다.

◀ **예제 파일**  원반 던지기.sb2
◀ **완성 파일**  원반 던지기(완성).sb2

 **어떤 것을 할 수 있나요?**

- 스프라이트와 스프라이트 사이의 거리를 측정할 수 있습니다.
- 스프라이트를 다양한 각도로 빠르게 회전할 수 있습니다.
- 변수를 만들고 사용할 수 있습니다.

# [선수] 스프라이트 코딩하기

프로그램이 실행되면 [선수] 스프라이트는 지정된 위치에 나타나 회전하면서 조금씩 오른쪽으로 회전하는 스프라이트입니다. 회전을 하면서 오른쪽으로 이동하고 Space bar 키를 누르면 회전을 멈추게 코딩하겠습니다.

**01** 예제 파일(원반 던지기.sb2)을 열고 [선수] 스프라이트를 선택한 다음 [이벤트] 팔레트의 클릭했을 때 명령 블록을 연결합니다. [형태] 팔레트의 크기를 100 % 로 정하기 명령 블록을 연결한 다음 값에 '40'을 입력합니다.

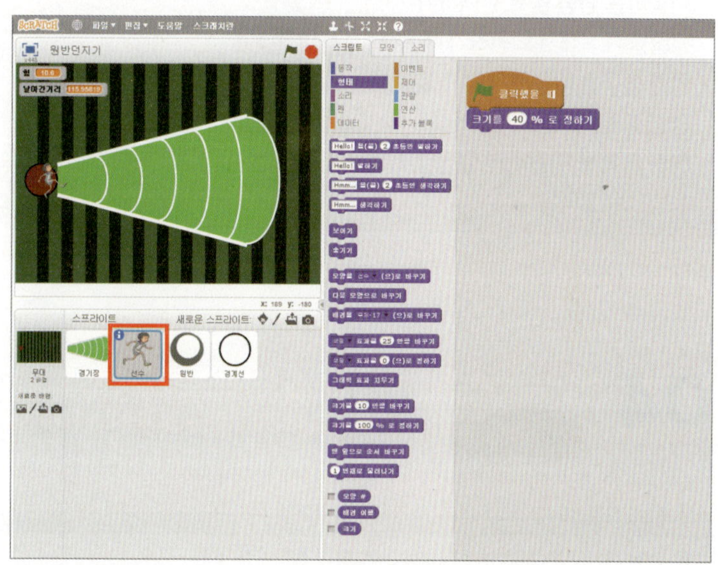

**02** [동작] 팔레트의 x: -195 y: 0 로 이동하기 명령 블록을 연결한 다음 값에 '−210'과 '0'을 입력합니다. 이렇게 코딩하여 프로그램이 실행되면 나타날 위치를 지정합니다.

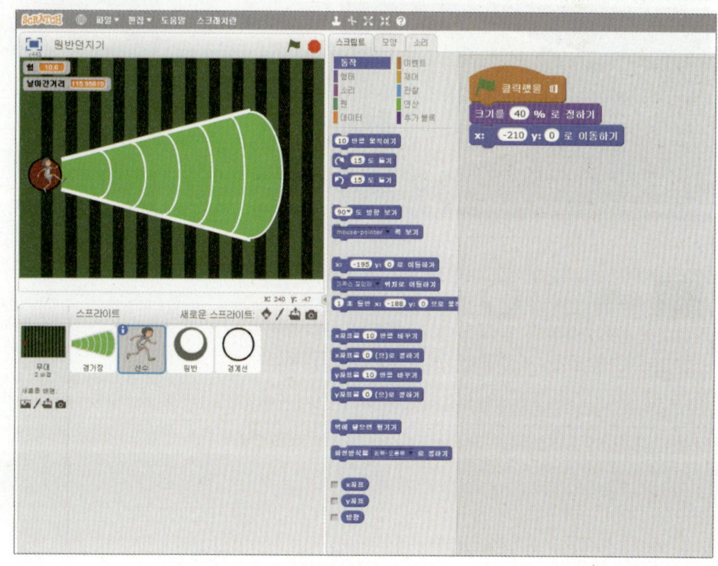

**03** [제어] 팔레트의 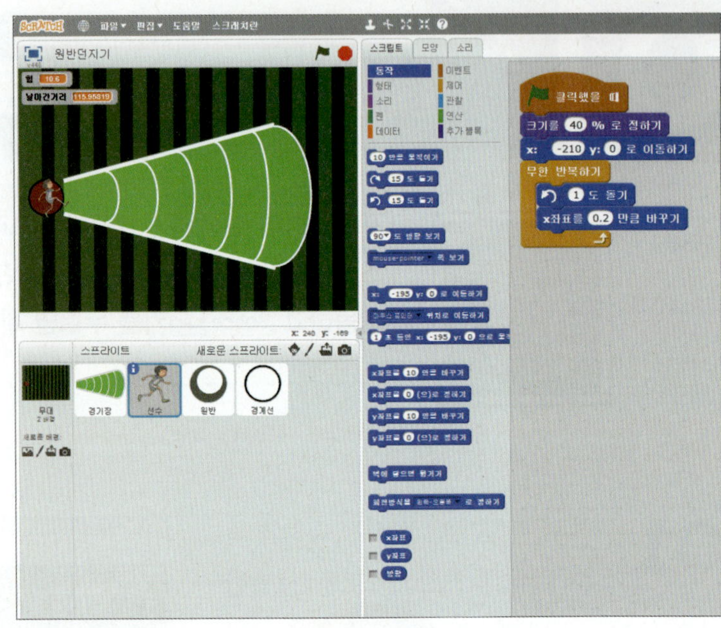 명령
블록을 연결합니다. [동작] 팔레
트의 명령 블록을 연결한 다
음 값에 '1'을 입력합니다.
명령 블록을 연결한 다음 값에 '0.2'를 입력
합니다. 이렇게 코딩하면 회전을 하면서 조
금씩 앞으로 나아가게 됩니다.



**tip**

**이동하는 명령 블록 선택하기**

방향을 계속해서 회전하기 때문에 10 만큼 움직이기
명령 블록을 이용하지 않고 x좌표를 10 만큼 바꾸기
명령 블록을 이용하여 코딩합니다. 10 만큼 움직이기
명령 블록을 이용하면 일정한 거리로 빙빙 도는
모양으로 코딩됩니다.

**04** [선수] 스프라이트가 [경계선] 스프라이트에 닿았다면 멈추기 위해 [이벤트] 팔레트의
명령 블록을 연결한 다음 [제어] 팔레트의 무한 반복하기 명령 블록을 연결합니다.

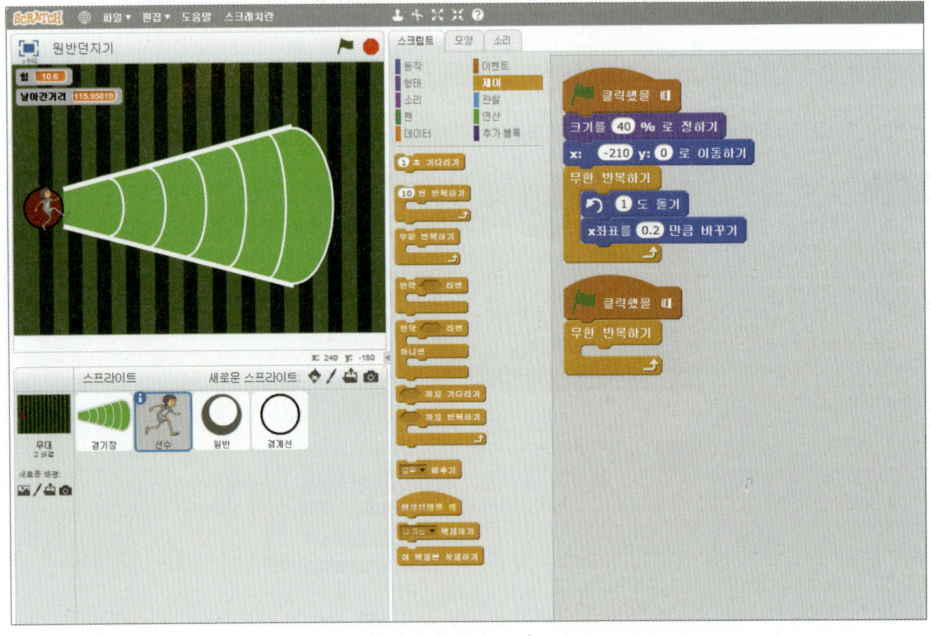

**05** [선수] 스프라이트가 [경계선] 스프라이트에 닿았는지 확인하기 위해 [제어] 팔레트의 ⬚ 라면 명령 블록을 연결합니다. [관찰] 팔레트의 ▼ 에 닿았는가? 명령 블록을 연결한 다음 ▼ 를 클릭해 '경계선'을 선택합니다.

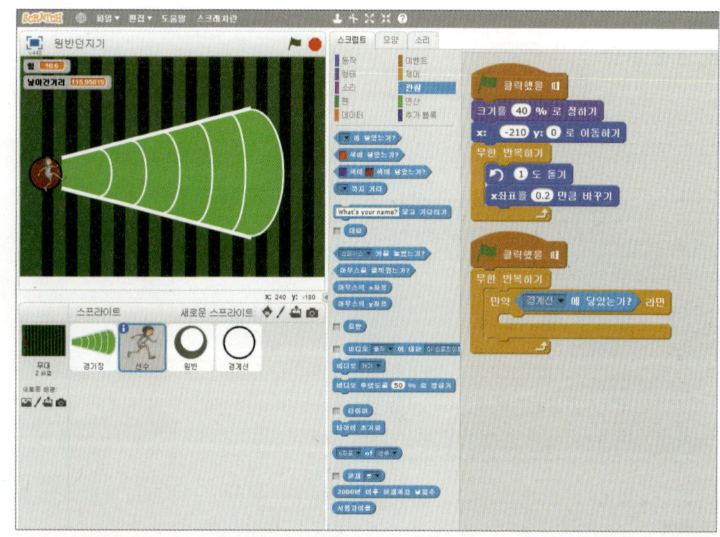

**06** [제어] 팔레트의 모두 ▼ 멈추기 명령 블록을 연결합니다. 이렇게 하면 [선수] 스프라이트가 [경계선] 스프라이트에 닿으면 프로그램이 종료됩니다.

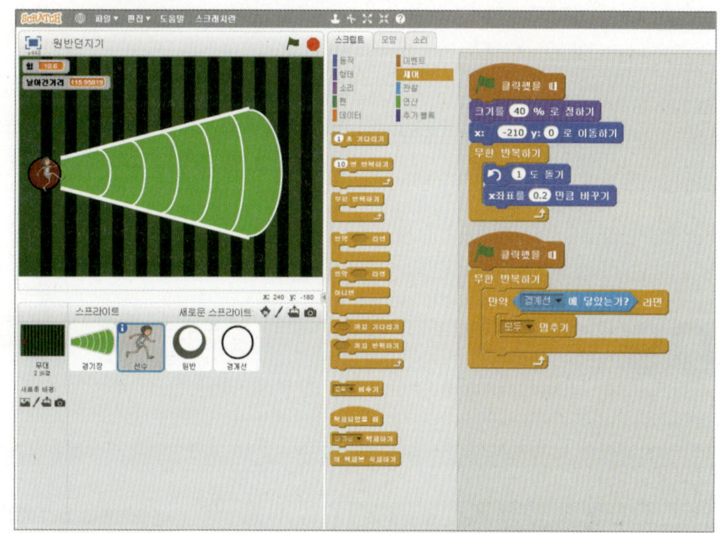

**07** 프로그램을 실행하면 [선수] 스프라이트가 회전하면서 천천히 이동합니다. 회전하면서 이동하는 도중 [경계선] 스프라이트에 닿으면 모두 멈춰 프로그램이 종료됩니다.

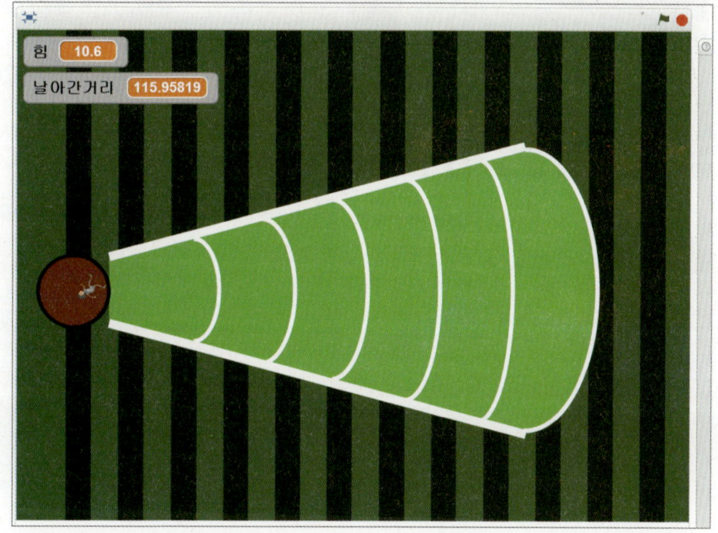

**08** Space bar 키를 누르면 원반을 던지도록 코딩하기 위해 [이벤트] 팔레트를 선택한 다음
스페이스 ▼ 키를 눌렀을 때 명령 블록을 드래그합니다.

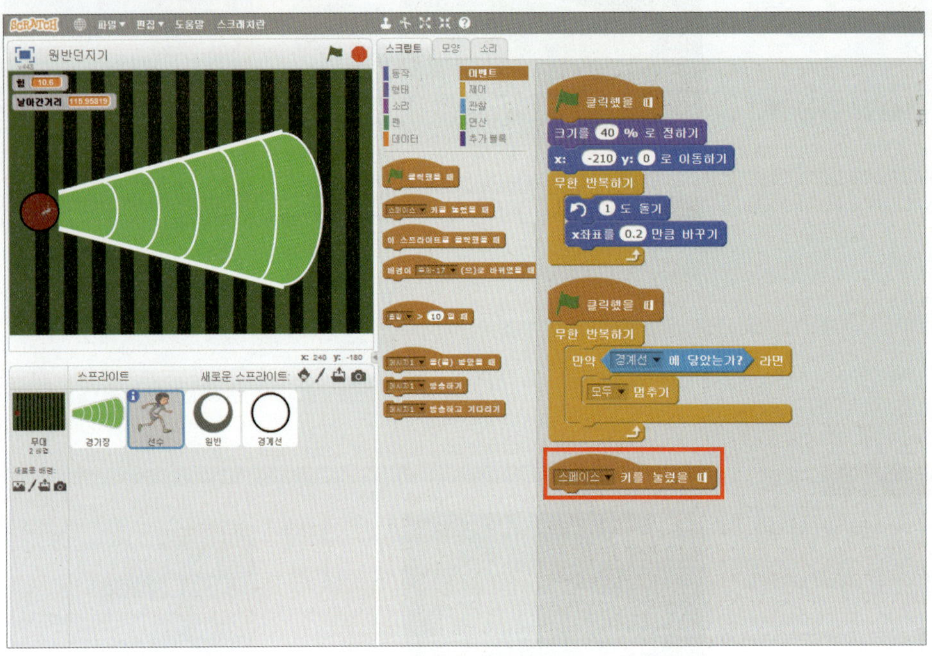

**09** 원반을 던지기 위해 [이벤트] 팔레트의 메시지1 ▼ 방송하기 명령 블록을 연결한 다음 ▼를
클릭해 [새 메시지...]를 선택합니다.

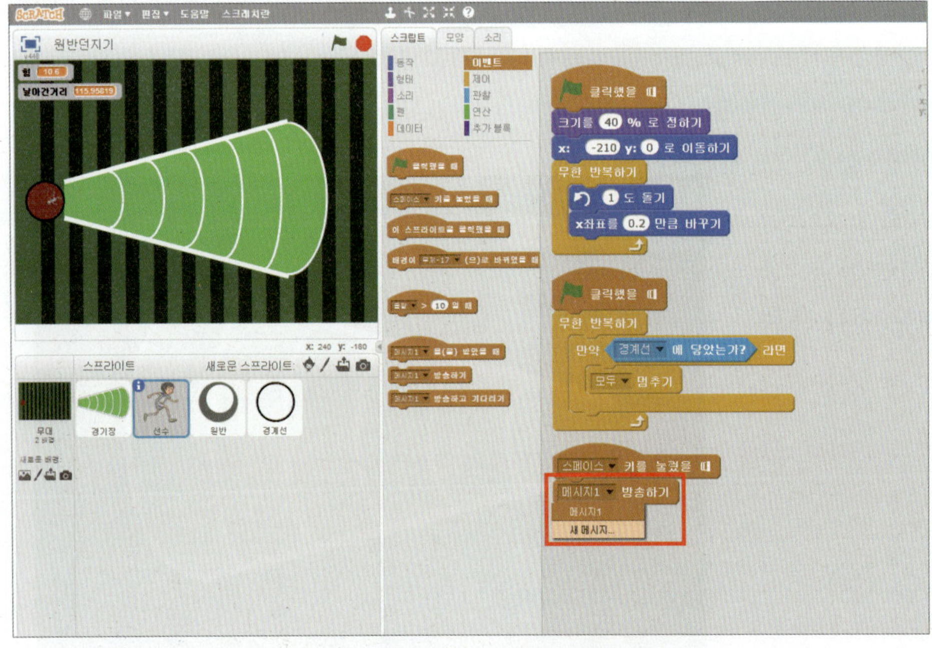

**10** [새 메시지] 대화상자가 나타나면 '원반던지기'를 입력하고 [확인]을 클릭합니다.
이렇게 하면 Space bar 키를 누르면 '원반던지기' 이벤트가 방송됩니다.

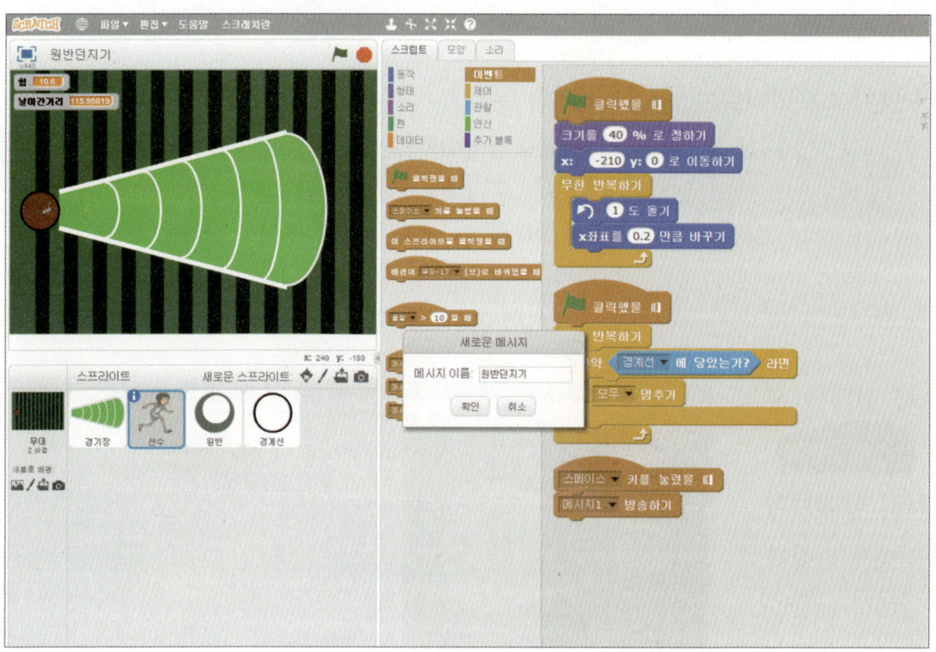

**11** '원반던지기'를 방송한 후 [선수] 스프라이트의 이동과 회전을 멈추기 위해 [제어] 팔레트의 모두 멈추기 명령 블록을 연결한 다음 ▼를 클릭해 '스프라이트에 있는 다른 스크립트'를 선택합니다.

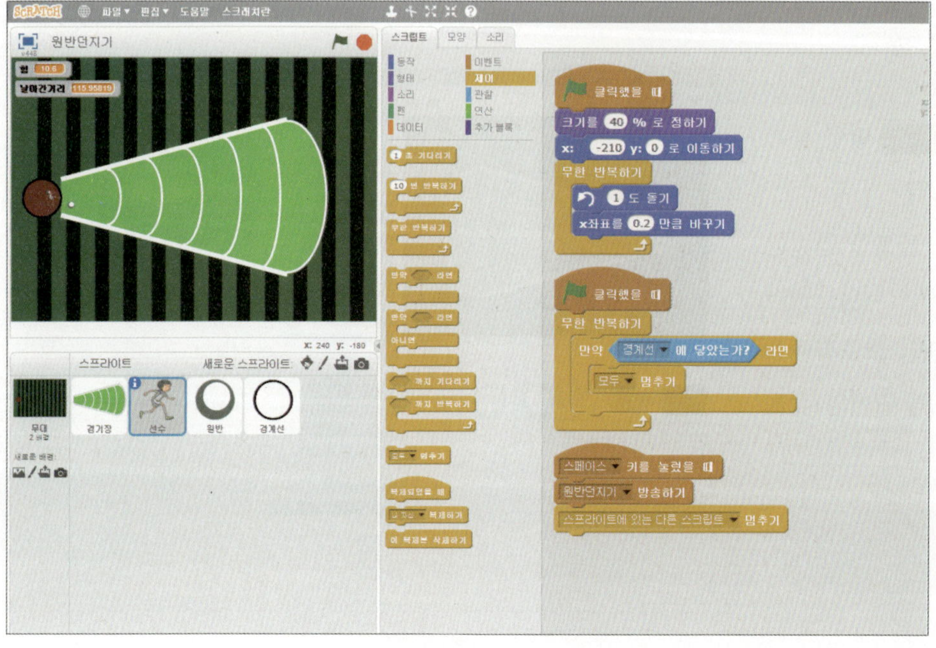

# 원반 이동하기

[원반] 스프라이트는 Space bar 키를 누르면 [선수] 스프라이트의 위치로 이동한 다음 [선수] 스프라이트의 방향으로 날아가도록 코딩하겠습니다.

**01** [원반] 스프라이트를 선택한 후 [이벤트] 팔레트의 클릭했을 때 명령 블록을 연결합니다. [형태] 팔레트의 숨기기 명령 블록을 연결해 화면에서 숨깁니다. [원반] 스프라이트는 프로그램이 실행된 후 Space bar 키를 눌렀을 때 화면에 표시하기 위해 화면에서 숨깁니다.

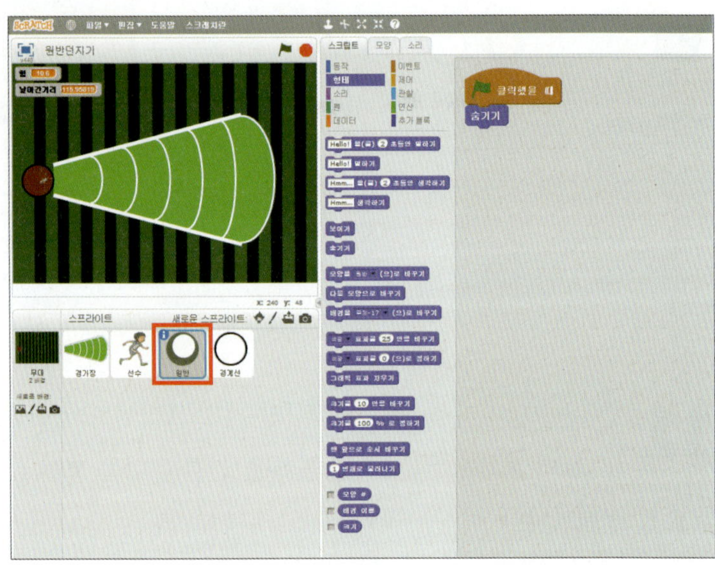

**02** [이벤트] 팔레트의 원반던지기 을(를) 받았을 때 명령 블록을 연결합니다. [동작] 팔레트의 마우스 포인터 위치로 이동하기 명령 블록을 연결한 다음 ▼를 클릭해 '선수'를 선택합니다. '원반던지기' 메시지를 받으면 [원반] 스프라이트의 위치를 [선수] 스프라이트의 위치와 같게 지정합니다.

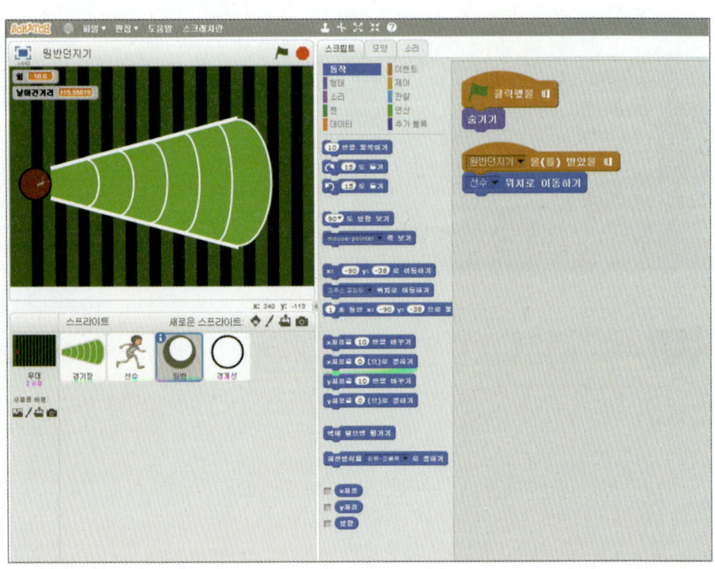

**03** [선수] 스프라이트의 방향과 같은 방향으로 [원반] 스프라이트가 날아가도록 지정하기 위해 [동작] 팔레트의 `90▼ 도 방향 보기` 명령 블록을 연결합니다. [관찰] 팔레트의 `x좌표 ▼ of 선수 ▼` 명령 블록을 연결한 다음 ▼를 클릭해 '방향'과 '선수'를 선택합니다.

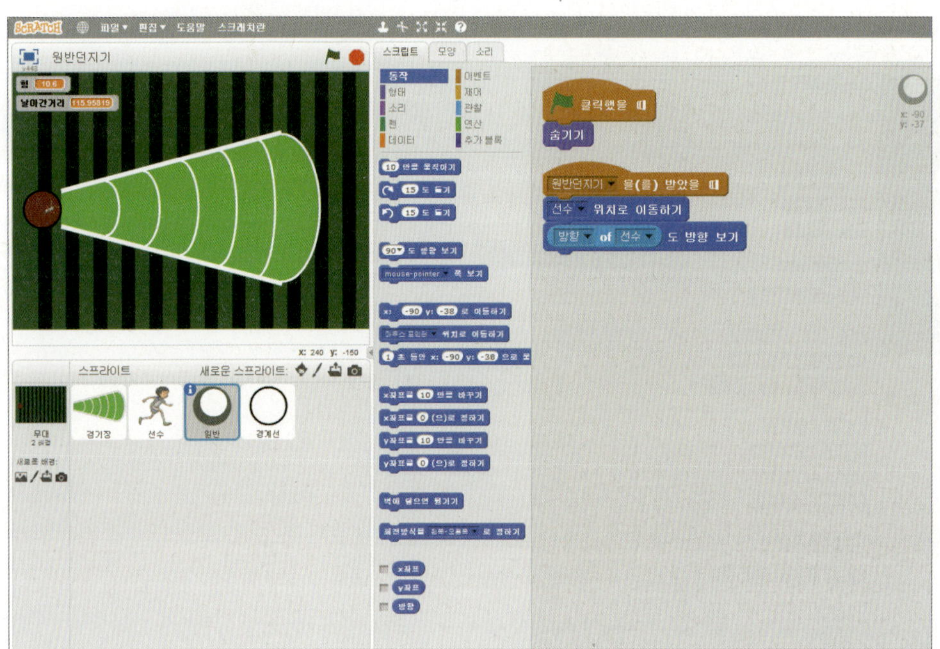

**04** 위치와 방향을 모두 지정했으면 [형태] 팔레트의 `보이기` 명령 블록을 연결해 화면에 표시합니다.

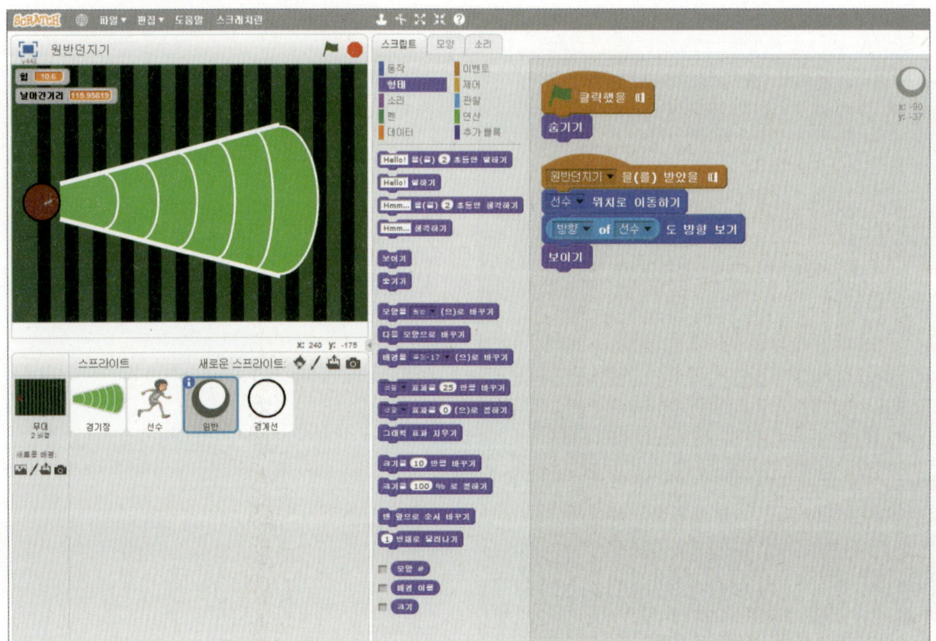

**05** 위치와 방향을 지정했으면 [원반] 스프라이트를 이동하기 위해 명령 블록을 연결하고 값에 '20'을 입력합니다. [동작] 팔레트의 명령 블록을 연결한 다음 값에 '2'를 입력합니다.

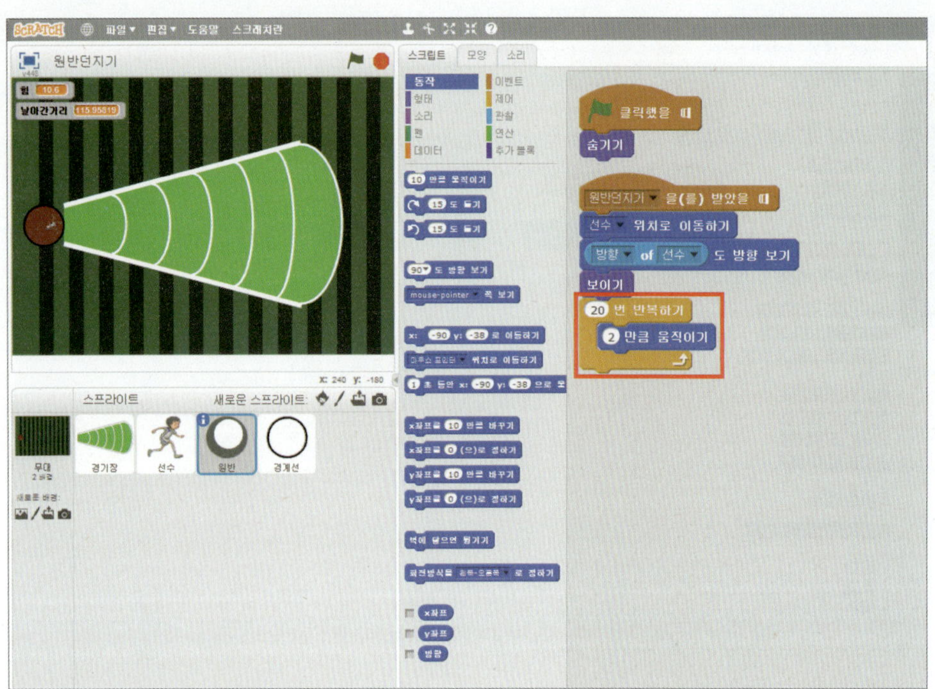

**06** 프로그램을 실행한 다음 Space bar 키를 누르면 [원반] 스프라이트가 [선수] 스프라이트의 방향과 같은 방향으로 이동합니다.

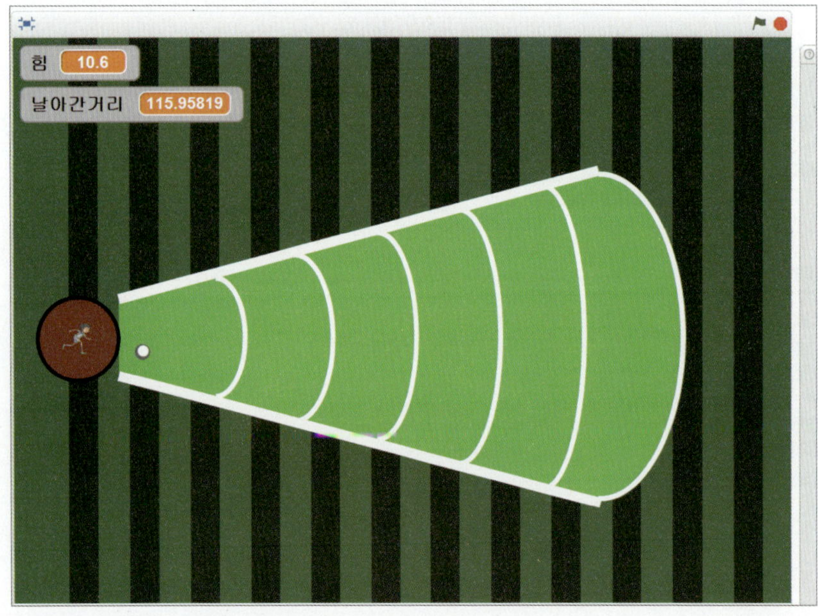

# Section 03 변수를 만들고 이동하는 거리 측정하기

[원반] 스프라이트의 방향은 [선수] 스프라이트의 방향으로 정해지지만, 반복 횟수와 이동하는 거리는 고정되어 있기 때문에 항상 같은 거리만 날아가게 됩니다. 변수를 이용하여 원반이 날아가는 거리가 바뀔 수 있게 만들어 보겠습니다. 프로그램에서 값을 저장하기 위해서 사용하는 명령 블록으로 값을 정하거나 여러 가지 연산으로 바꿀 수 있으며, 변수에 어떤 값이 저장되어 있는지 확인할 수도 있습니다.

**01** [선수] 스프라이트를 선택한 다음 변수를 만들기 위해 [데이터] 팔레트의  변수 만들기  를 선택합니다.

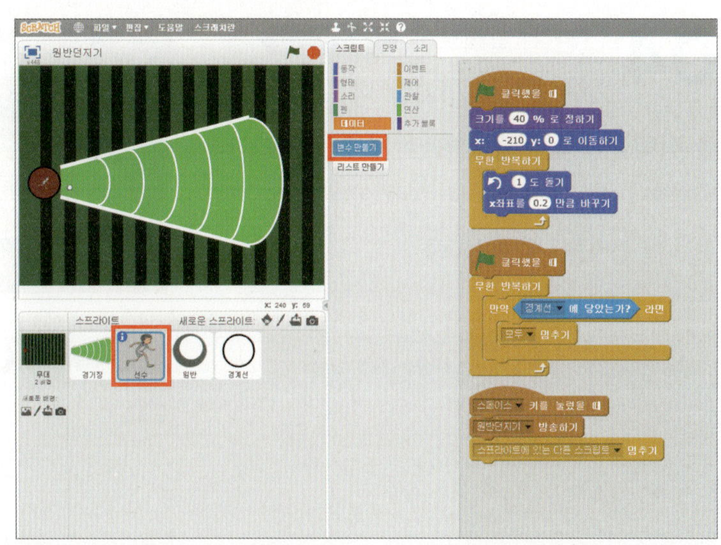

**02** [새로운 변수] 대화상자가 나타나면 변수 이름에 '힘'을 입력하고 [확인]을 클릭합니다.

**03** 새로운 변수가 만들어지면서 변수에서 사용할 수 있는 명령 블록이 화면에 표시됩니다. 힘▼ 을(를) 0 로 정하기 명령 블록을 스페이스▼ 키를 눌렀을 때 명령 블록과 원반던지기▼ 방송하기 명령 블록 사이에 연결합니다.

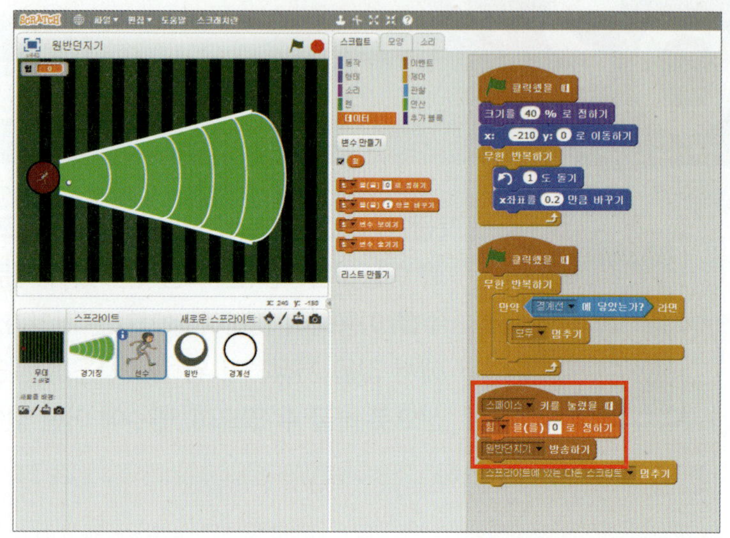

**04** [관찰] 팔레트의 ▼ 까지 거리 명령 블록을 연결한 다음 '경계선'을 선택합니다. 이렇게 하면 [경계선] 스프라이트와 [선수] 스프라이트 사이의 거리가 '힘' 변수의 값으로 정해집니다.

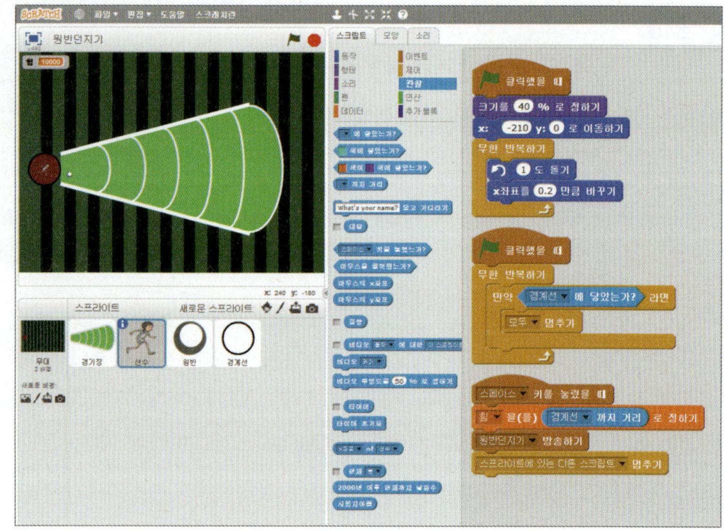

**05** [원반] 스프라이트를 선택한 다음 20 번 반복하기 명령 블록의 반복 횟수에 [연산] 팔레트의 ◯＊◯ 명령 블록을 연결합니다.

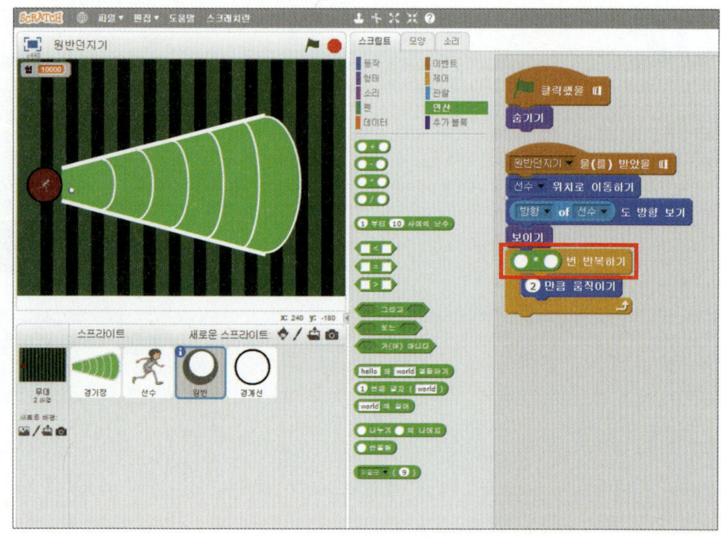

**06** [데이터] 팔레트의 힘 명령 블록을 연결한 다음 값에 '10'을 입력합니다. 이렇게 코딩하면 '힘' 변수의 값에 따라 반복횟수가 정해져 이동하는 거리가 바뀝니다.

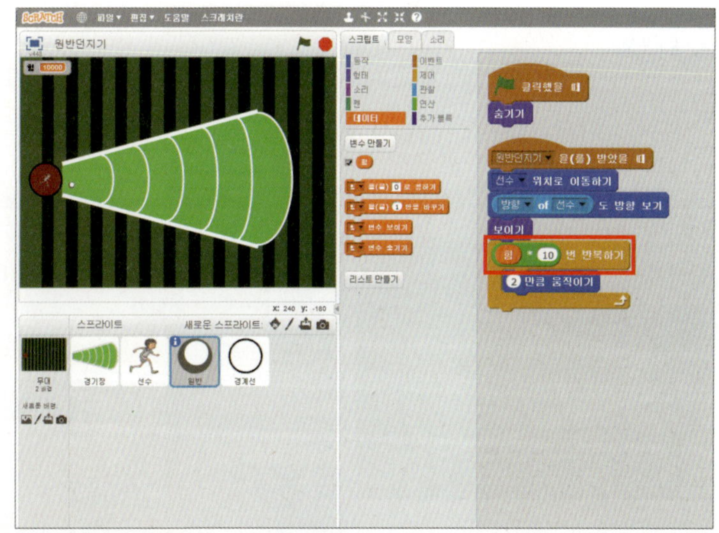

**07** [원반] 스프라이트가 이동한 거리를 측정하기 위해 [데이터] 팔레트의 변수 만들기 를 클릭합니다. [새로운 변수] 대화상자가 나타나면 '거리'를 입력하고 [확인]을 클릭합니다.

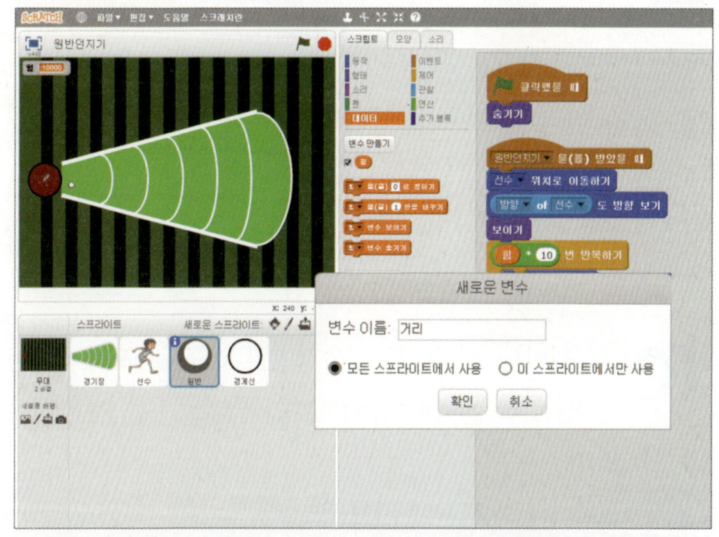

**08** [원반] 스프라이트의 이동이 끝난 후 '경기장' 스프라이트에 닿았는지 확인하여 닿았다면 거리를 저장하고 아니면 '파울'이라는 값을 저장하겠습니다. 만약 라면 아니면 명령 블록을 연결합니다.

[관찰] 팔레트에 ▼에 닿았는가? 명령 블록을 연결하고 ▼를 클릭해 '경기장'을 선택합니다.

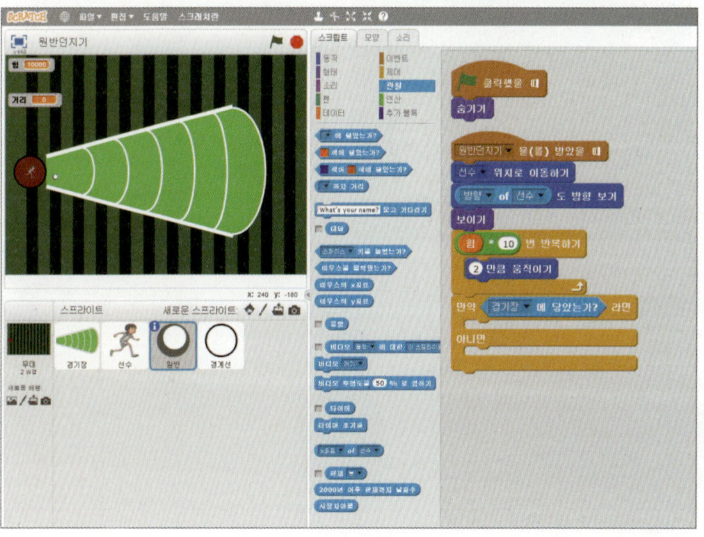

**09** [데이터] 팔레트의 〔거리 ▼ 을(를) ⓪ 로 정하기〕 명령 블록을 연결합니다. [관찰] 팔레트의 〔▼ 까지 거리〕 명령 블록을 연결한 다음 ▼를 클릭해 '경계선'을 선택합니다. 이렇게 코딩하면 경계선까지의 거리가 '거리' 변수에 저장됩니다.

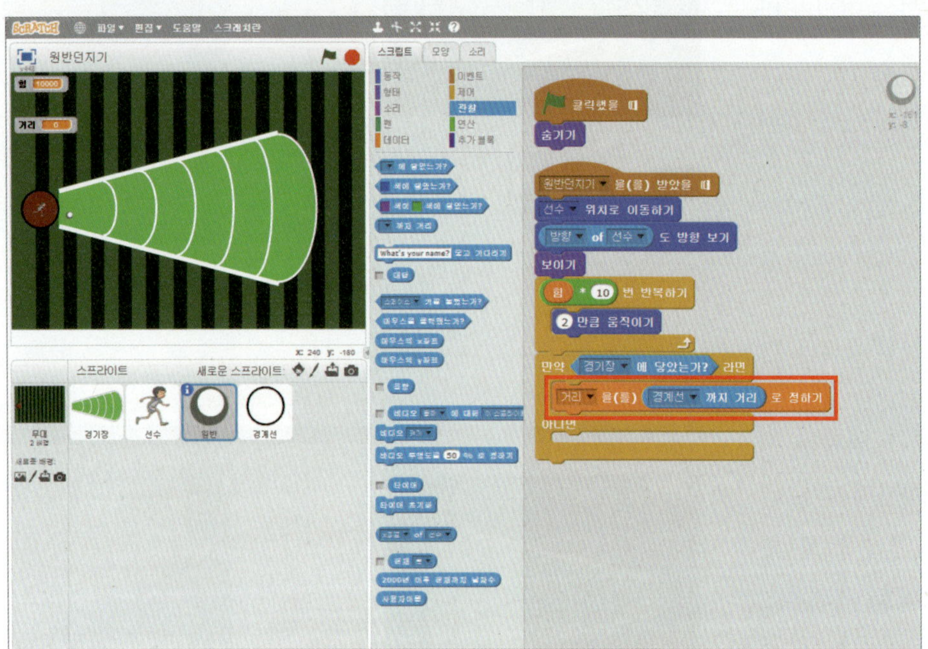

**10** [원반] 스프라이트가 '측정영역' 스프라이트에 닿지 않았다면 '거리' 변수에 '파울'을 저장하기 위해 [데이터] 팔레트의 〔거리 ▼ 을(를) ⓪ 로 정하기〕 명령 블록을 연결한 다음 값에 '파울'을 입력합니다.

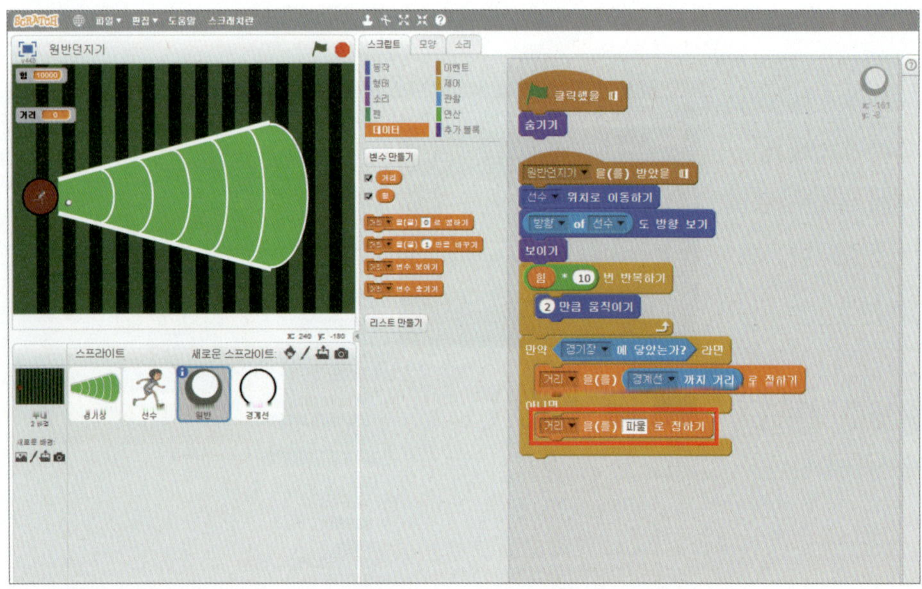

**11** 프로그램을 실행하면 [원반] 스프라이트의 이동이 끝난 후 [경계선] 스프라이트에 닿으면 [경계선] 스프라이트부터의 거리가 '거리' 변수에 저장되지만, 그렇지 않으면 '파울'이 저장됩니다.

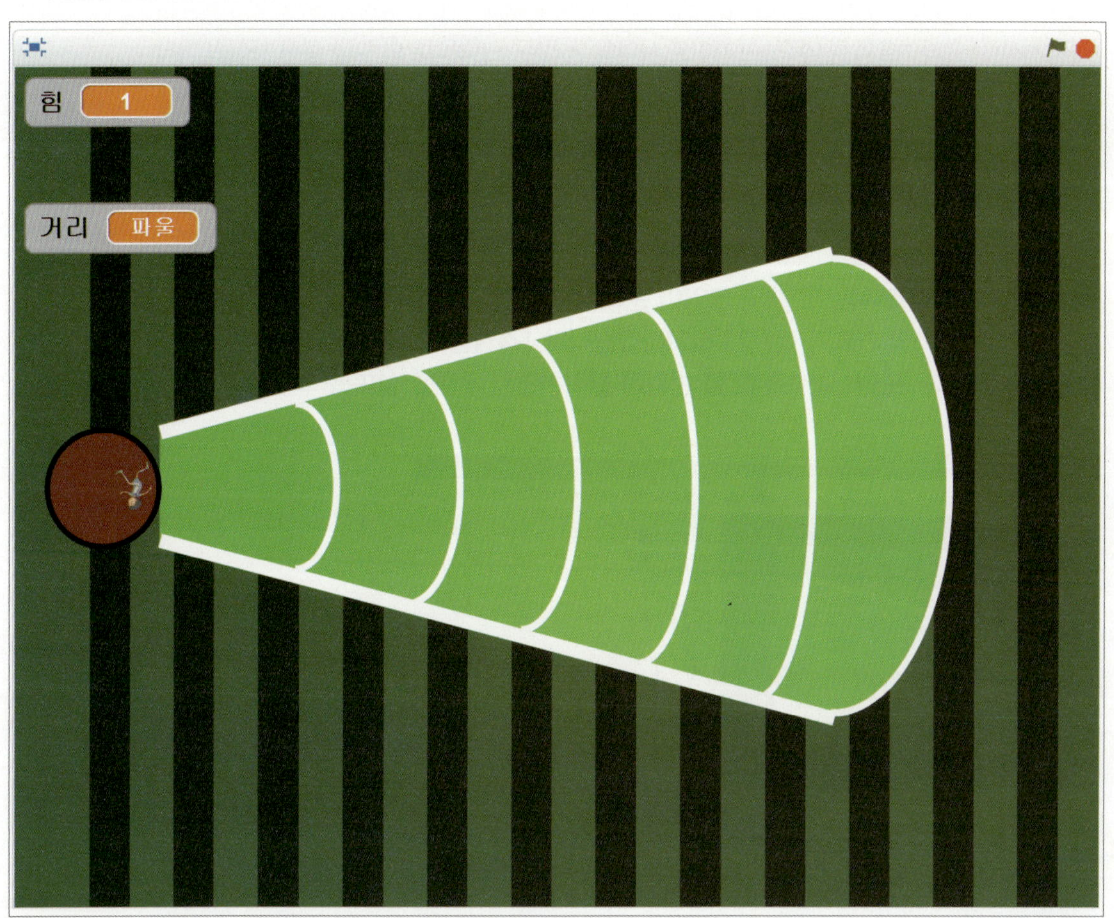




**무대에 표시되는 변수의 모양 바꾸기**

무대에 표시되는 변수 모양은 무대에 표시되는 변수를 더블 클릭하거나 마우스 오른쪽 단추를 눌러 나오는 메뉴를 선택해 바꿀 수 있습니다. 변수의 모양은 변수이름-변수값 보기, 변수값 크게보기, 슬라이더가 있으며, 슬라이더의 경우 최대값과 최소값을 정할 수 있습니다.

변수를 무대에서 숨기려면 무대에서 마우스 오른쪽 단추를 눌러 [숨기기]를 선택하거나 [데이터] 팔레트의 변수 이름 앞에서 체크 상자( )의 선택을 해제하면 됩니다.

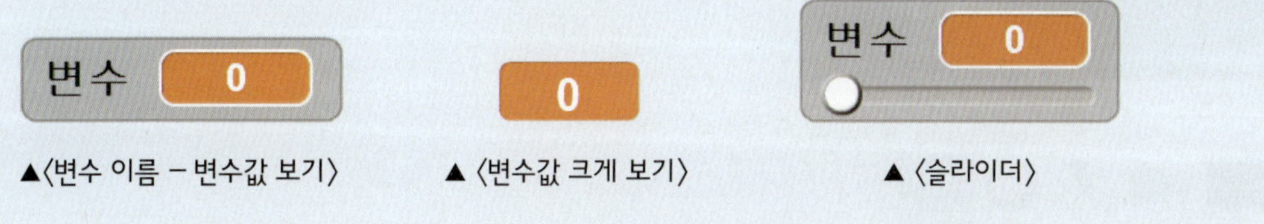


▲〈변수 이름 – 변수값 보기〉    ▲〈변수값 크게 보기〉    ▲〈슬라이더〉

# 중심에 따른 스프라이트의 거리

[경계선] 스프라이트와 [선수] 스프라이트 사이의 거리는 스프라이트의 모양 중심 사이의 거리
는 실제 화면에 보이는 거리와 다를 수 있습니다. 스프라이트 사이의 거리나 이동, 회전 등을 할
때 기준이 되는 것은 모양 중심입니다. 따라서 실제 화면에 보이는 모양의 중심이 어느 곳인지
에 따라 스프라이트 사이의 거리 등이 달라집니다.

**01** [경계선] 스프라이트에는 두 개의 모양이 준비되어 있습니다. 두 개의 모양 중 어떤 모양이 [선
수] 스프라이트와의 거리가 짧은지 비교하겠습니다. [경계선] 스프라이트를 선택한 다음 [모양]
탭을 선택합니다. '모양1'과 '모양2'를 번갈아 클릭하면서 무대를 살펴봅니다.

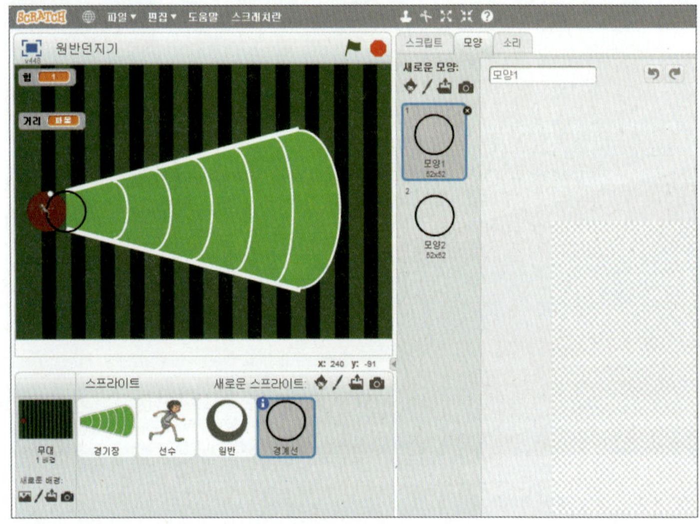

▲ 〈모양1을 선택했을 때〉

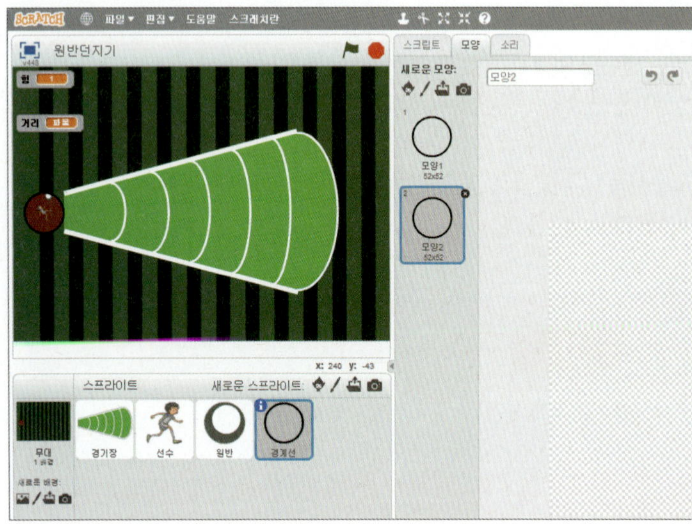

▲ 〈모양2를 선택했을 때〉

**02** [관찰] 팔레트의 ▼ 까지 거리 명령 블록을 드래그한 다음 ▼를 클릭해 [선수]를 선택합니다. 명령 블록을 더블 클릭하면 [선수] 스프라이트까지의 거리를 확인할 수 있습니다. 모양을 바꿔도 거리는 같다는 것을 알 수 있습니다.

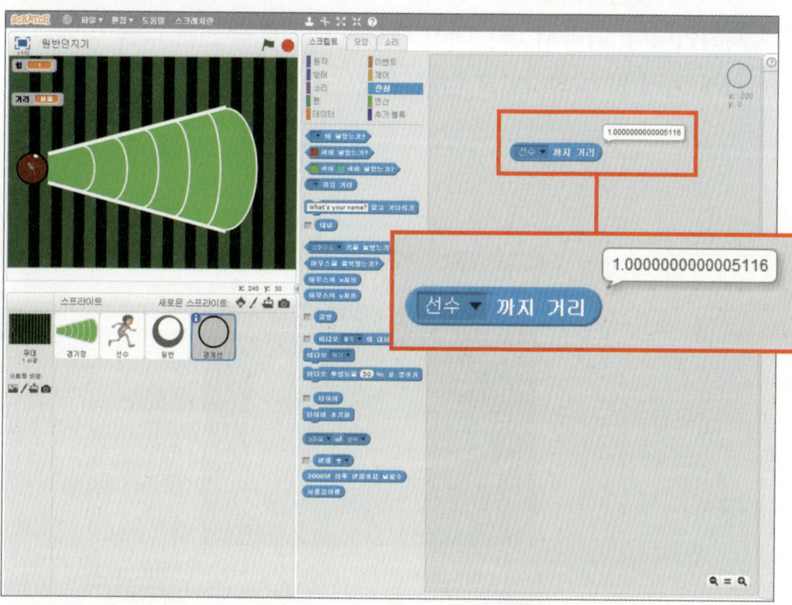

▲ [경계선] 스프라이트의 모양이 '모양1'일 때 [선수] 스프라이트까지의 거리

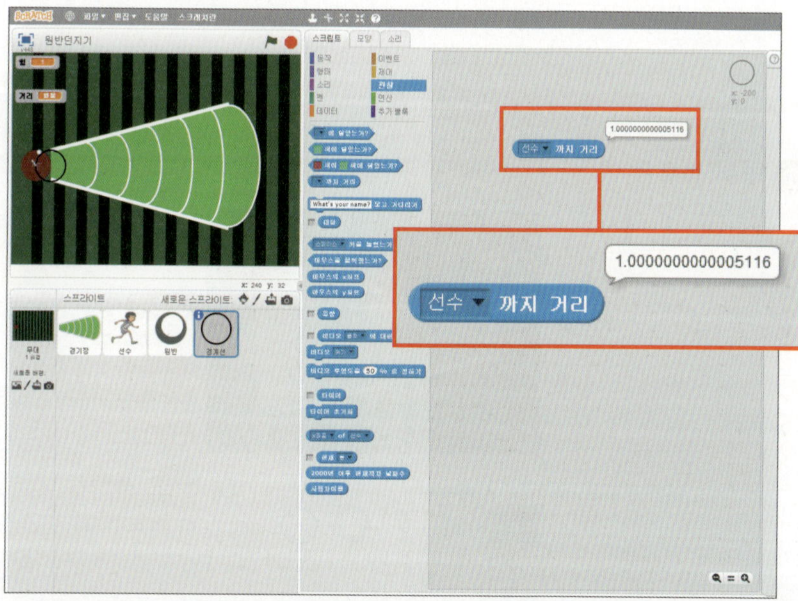

▲ [경계선] 스프라이트의 모양이 '모양2'일 때 [선수] 스프라이트까지의 거리

# 프로그램을 여러 번 실행하기

프로그램을 실행해 Space bar 키를 누르면 한 번만 실행되고 프로그램이 종료됩니다. 클릭했을 때 명령 블록을 사용하여 🚩 를 누르면 발생하는 이벤트를 처리합니다. 따라서 🚩 대신 새로운 이벤트를 만든 다음 이벤트를 발생하면 쉽게 여러 번 실행하도록 만들 수 있습니다.

**01** 무대를 선택한 다음 [이벤트] 팔레트의 배경을 클릭했을 때 명령 블록을 연결합니다.

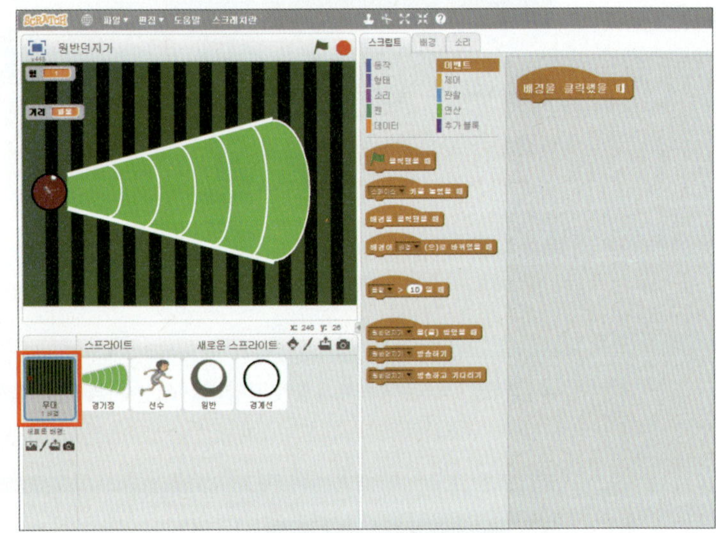

**02** 원반던지기 ▼ 방송하기 명령 블록을 연결한 다음 ▼를 클릭해 '새 메시지...'를 선택합니다.

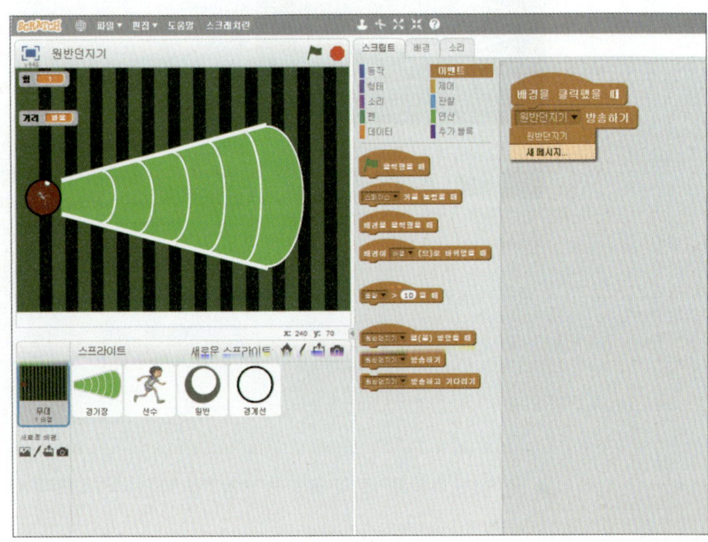

**03** [새 메시지] 대화상자가 나타나면 '프로그램 실행'을 선택합니다.

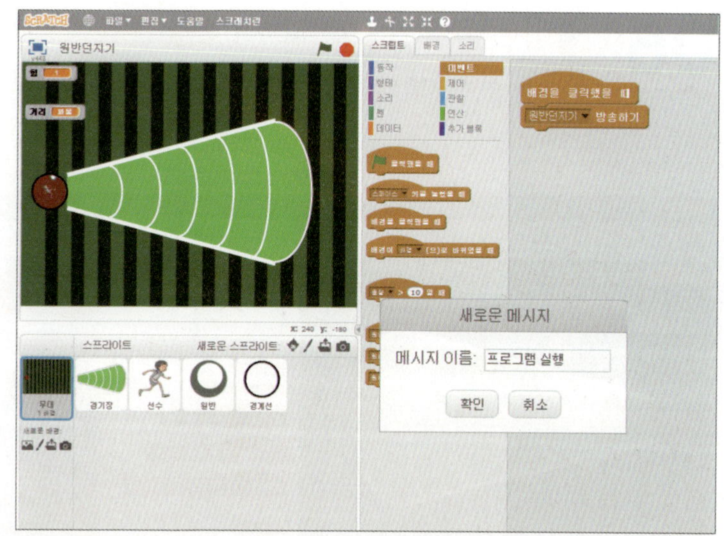

**04** [선수] 스프라이트를 선택한 다음 ![원반던지기 ▼ 을(를) 받았을 때] 명령 블록을 드래그한 다음 ▼를 클릭해 '프로그램 실행'을 선택합니다. ![클릭했을 때] 명령 블록에 연결되어 있던 명령 블록을 연결합니다.

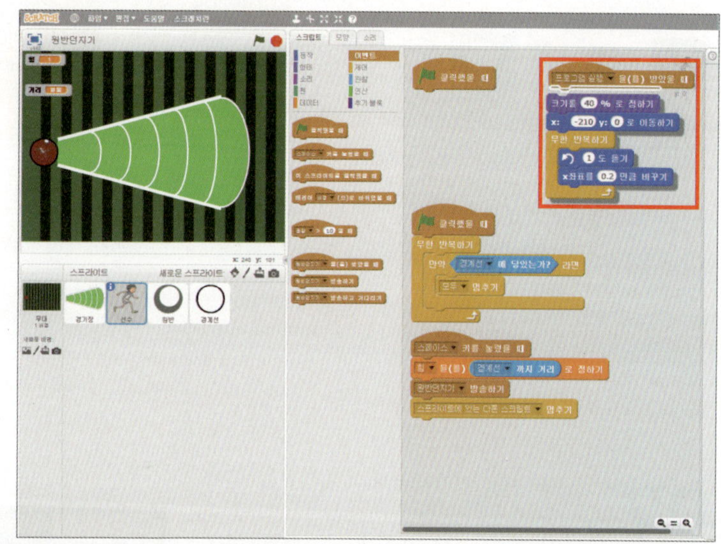

**05** 같은 방법으로 다른 명령 블록도 ![원반던지기 ▼ 을(를) 받았을 때] 명령 블록을 연결한 다음 ▼를 클릭해 '프로그램 실행'을 선택합니다. ![클릭했을 때] 명령 블록에 연결되어 있던 명령 블록을 연결합니다.

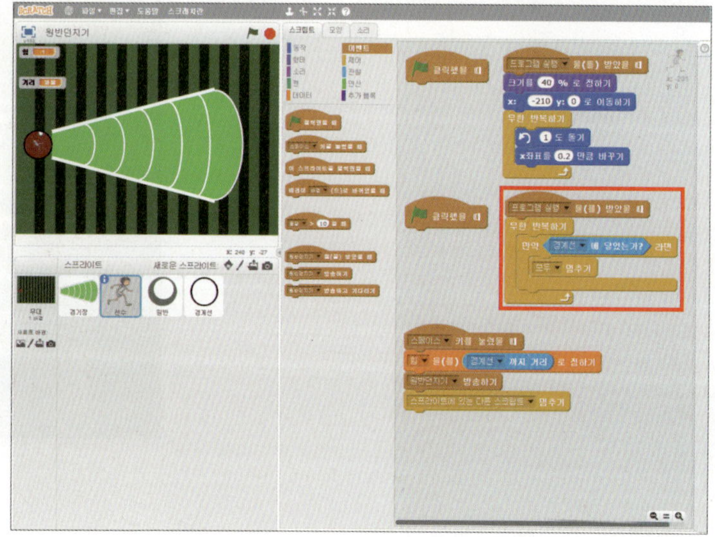

**06** [원반] 스프라이트를 선택합니다. 원반던지기 ▼ 을(를) 받았을 때 명령 블록을 연결한 다음 ▼를 클릭해 '프로그램 실행'을 선택합니다. ⚑ 클릭했을 때 명령 블록에 연결되어 있던 명령 블록을 연결합니다.

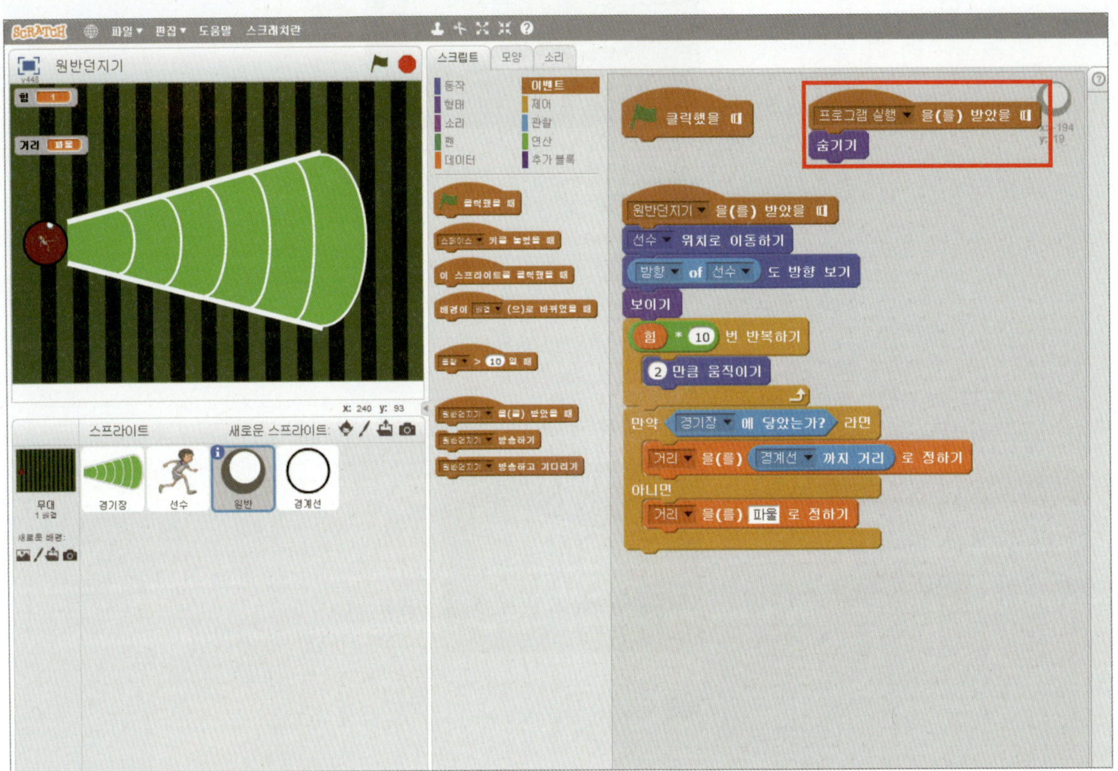

**07** 프로그램을 실행해도 아무런 동작을 하지 않습니다. 무대를 클릭하면 프로그램이 동작합니다. 원반이 날아간 후 다시 무대를 클릭하면 새로운 원반을 던질 수 있습니다.

# 회전 속도와 방향 늘리기

회전 각도를 큰 값으로 바꾸면 빨리 회전하지만 바뀌는 '방향'의 값은 적습니다. 그리고 회전 각도를 작게 바꾸면 바뀌는 '방향' 값은 많지만 느리게 회전합니다. 예를 들어 [↻ 15 도 돌기] 명령 블록에서 값을 '2'로 설정하면 '방향' 값은 "2, 4, 6, 8, …356, 358, 360"과 같이 바뀝니다. 그리고 값에 '90'을 입력하면 '방향' 값은 "90, 180, 270, 360"과 같이 바뀝니다. 이번에는 '방향' 값도 많이 바뀌고 회전하는 속도도 빠르게 만드는 방법에 대해 알아보겠습니다.

**01** [선수] 스프라이트를 선택한 다음 [이벤트] 팔레트의 [원반던지기 ▼ 을(를) 받았을 때] 명령 블록을 연결한 다음 ▼를 클릭해 '프로그램 실행'을 선택합니다.

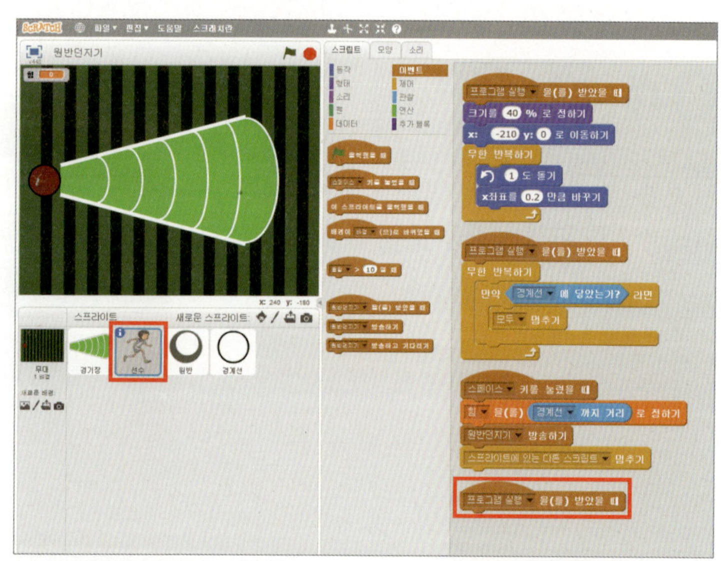

**02** [제어] 팔레트의 [무한 반복하기] 명령 블록을 연결한 다음 [동작] 팔레트의 [↻ 15 도 돌기] 명령 블록을 연결한 다음 값에 '1'을 입력합니다.

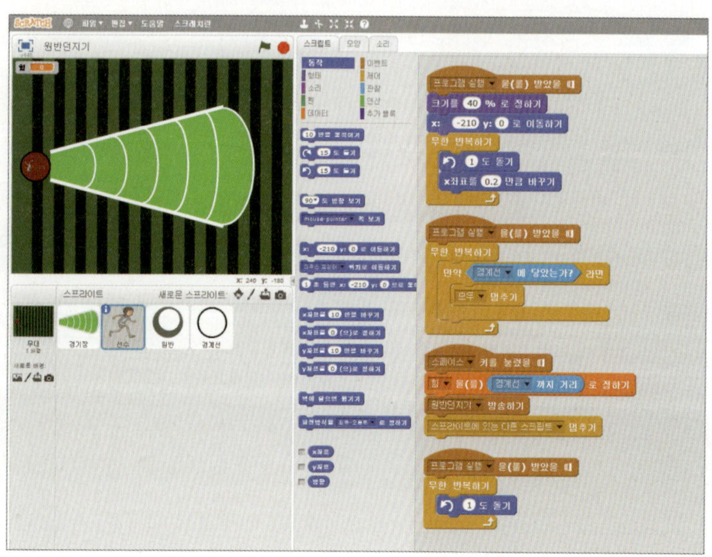

**03** [동작] 팔레트의 방향 명령 블록에 있는 선택 버튼(□)을 클릭합니다. 이렇게 하면 현재 방향이 화면에 표시됩니다. ▶를 클릭해 프로그램을 실행하면 천천히 회전하면서 값이 차례대로 바뀌는 것을 알 수 있습니다.

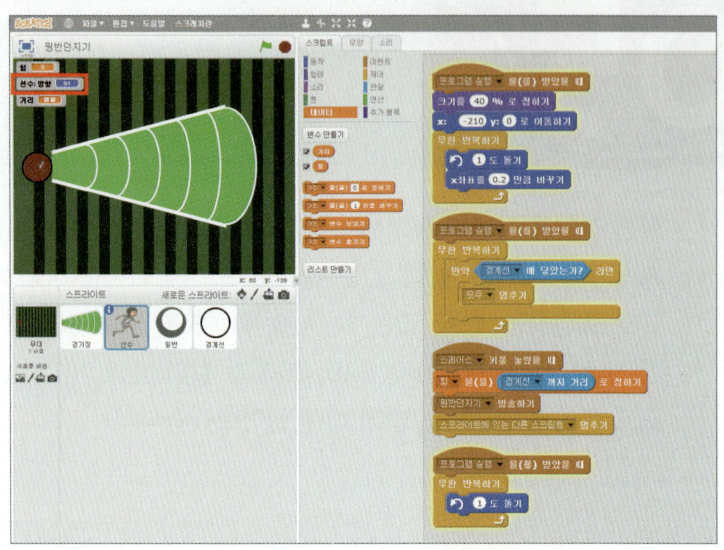

**04** 15 도 돌기 명령 블록의 값에 '90'을 입력하고 프로그램을 실행합니다. 회전속도는 빨라지지만 방향 값은 값은 천천히 바뀌는 것을 알 수 있습니다.

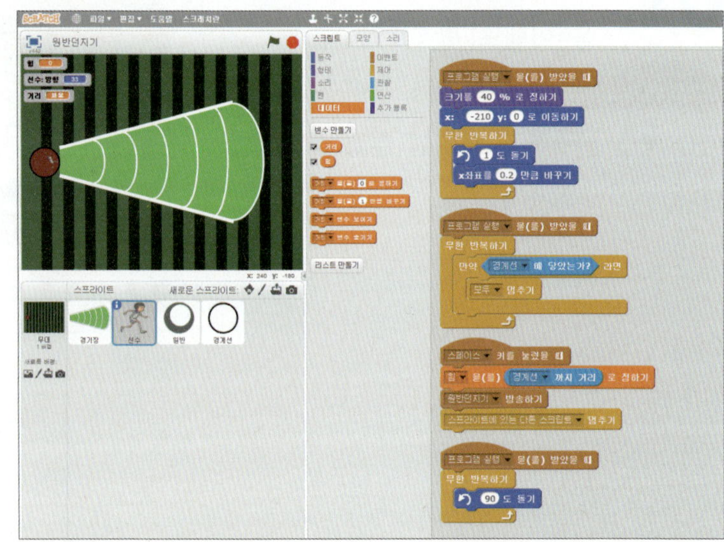

**05** 다양한 '방향' 값도 만들고 회전속도도 빠르게 보이고 싶다면, 여러 개의 회전 명령 블록을 이용합니다. [이벤트] 팔레트의 원반던지기 을(를) 받았을 때 명령 블록을 연결한 다음 ▼를 클릭해 '프로그램 실행'을 선택합니다. [제어] 팔레트의 무한 반복하기 명령 블록을 연결합니다. [동작] 팔레트의 15 도 돌기 명령 블록을 연결합니다.

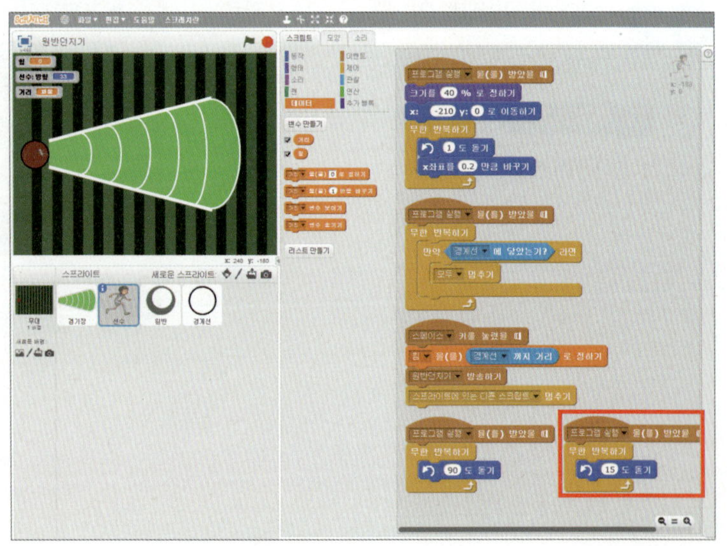

**06** 한 쪽 명령 블록에는 회전하기 속도를 조절하기 위해 '10'을 입력합니다. 그리고 다른
한 쪽 스크립트에는 다양한 방향 값을 만들기 위해 임의의 값을 지정합니다.

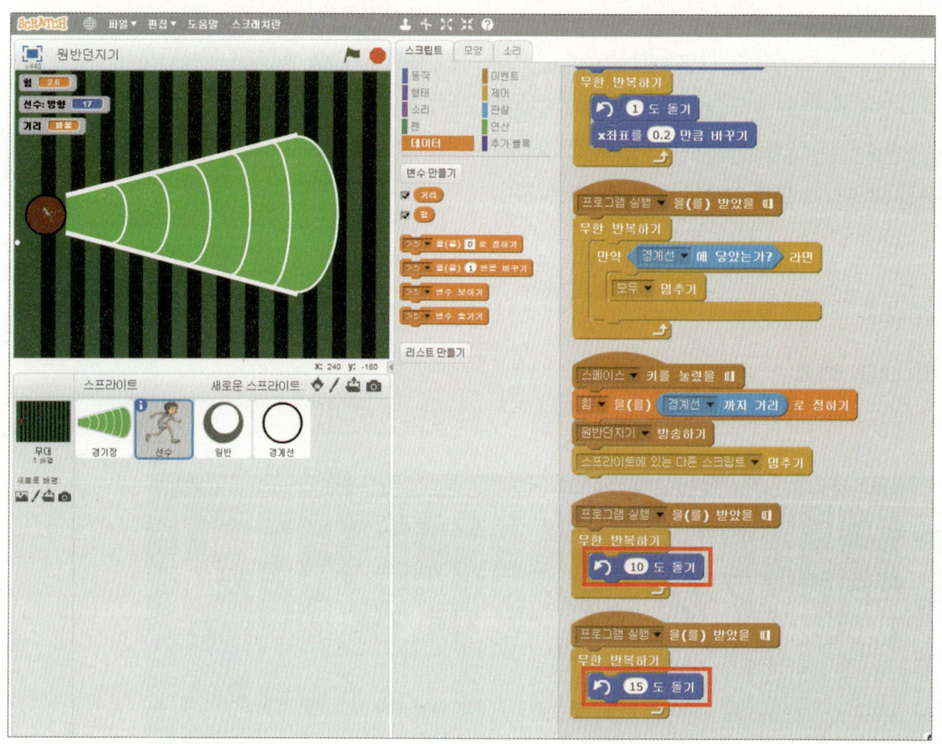

**07** 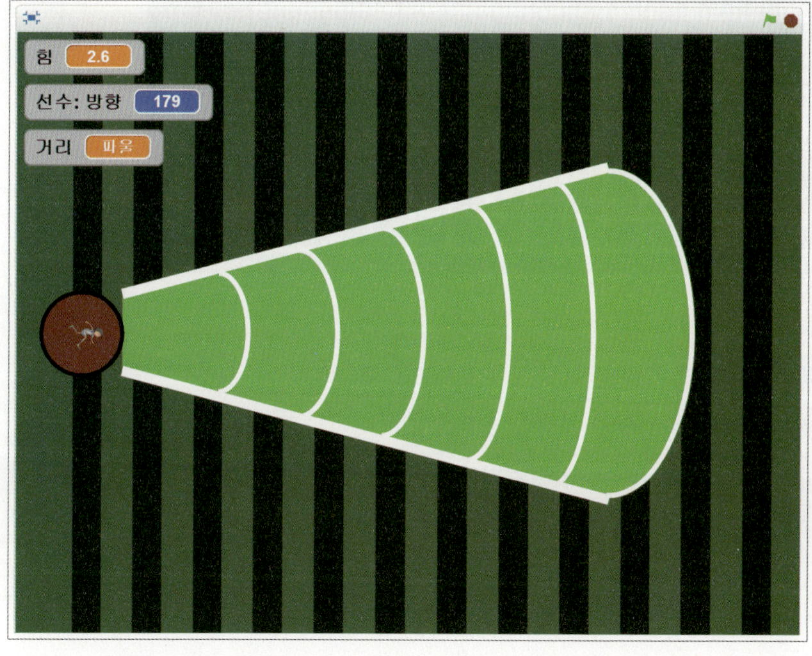를 클릭해 프로그램을 실행하면 회전하는 속도도 빨라지고 회전하는 각도도 다양하
게 바뀝니다.

# Chapter 5

# 럭비 게임(키보드와 마우스 사용)

두 개의 스프라이트를 키보드와 마우스를 이용하여 각각 조정해 보겠습니다. 그리고 3개의 수비수 오브젝트들은 공격수와 공을 따라 자동으로 움직이도록 코딩하겠습니다. 두 개의 스프라이트를 각각 조정해야 하므로 두 명이서 하나의 프로그램을 이용하여 프로그램을 즐길 수 있습니다.

**예제 파일**　**럭비.sb2**

**완성 파일**　**럭비(완성).sb2**

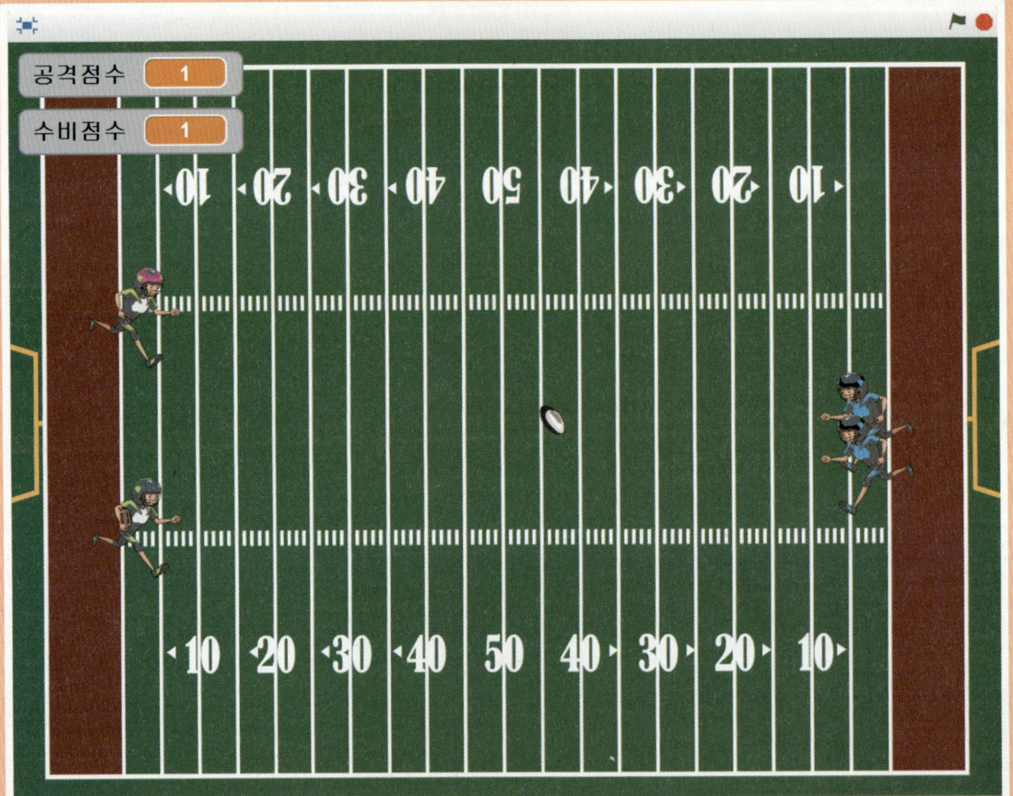


## Q 어떤 것을 할 수 있나요?

- 마우스와 키보드를 이용하여 스프라이트를 조정할 수 있습니다.
- Space bar 키를 누를 때마다 [공] 스프라이트의 위치를 이동시킬 수 있습니다.
- 임의의 스프라이트를 선택하여 따라 다닐 수 있습니다.

# 01

## 키보드를 이용하여 조정하는 스프라이트

[공격수1] 스프라이트는 키보드를 이용하여 조정하도록 만들겠습니다. 키보드의 방향키를 누르면 원하는 방향으로 이동하도록 하겠습니다.

**01** 스크래치를 실행한 다음 예제 파일(럭비.sb2)을 엽니다. [공격수1] 스프라이트를 선택한 다음 [이벤트] 팔레트의 클릭했을 때 명령 블록을 드래그합니다. [동작] 팔레트의 x: -180 y: 50 로 이동하기 명령 블록을 연결한 다음 값에 '-180'과 '50'을 입력합니다.

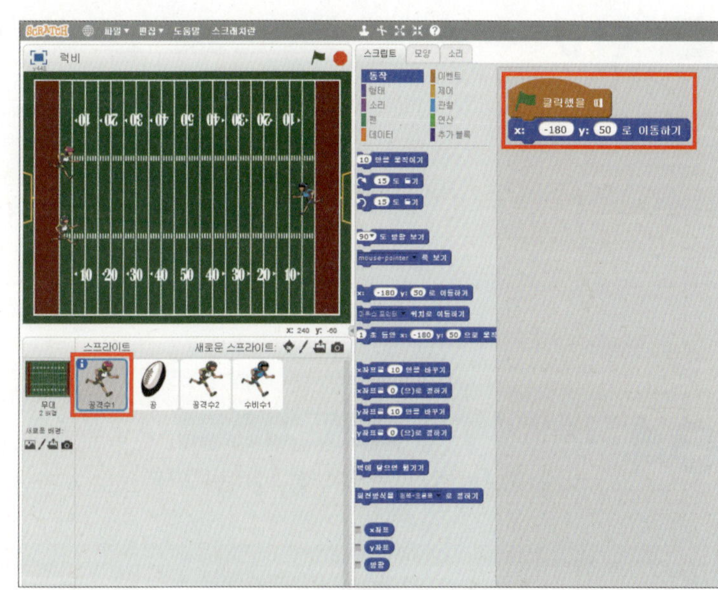

**02** [이벤트] 팔레트의 클릭했을 때 명령 블록을 드래그한 다음 키보드의 방향키가 눌렸는지 계속 확인하기 위해 [제어] 팔레트의 무한 반복하기 명령 블록을 연결합니다. [제어] 팔레트의 만약 라면 명령 블록을 연결합니다.

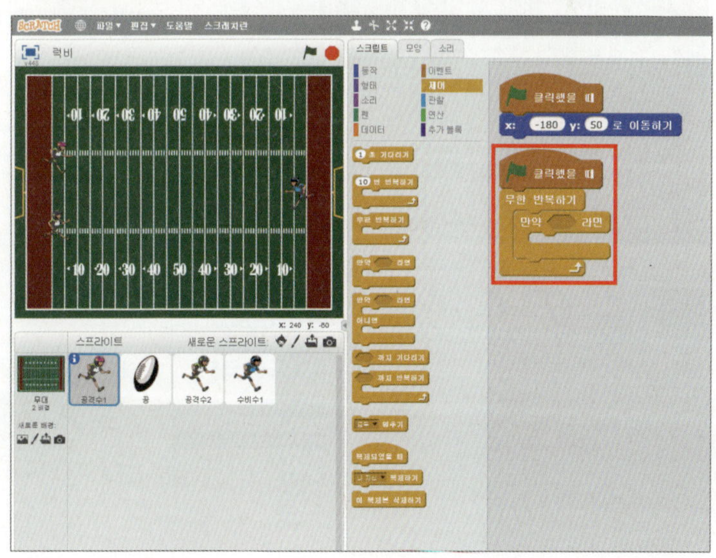

**03** [관찰] 팔레트의 `스페이스 키를 눌렀는가?` 명령 블록을 연결한 다음 ▼를 클릭해 '위쪽 화살표'를 선택합니다.

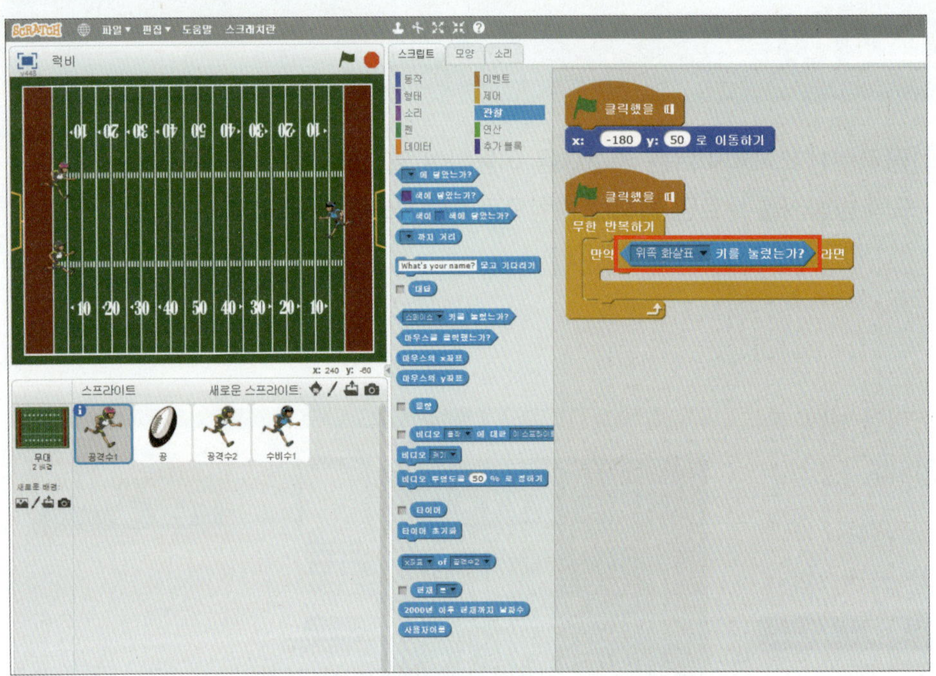

**04** [동작] 팔레트의 `y좌표를 10 만큼 바꾸기` 명령 블록을 연결하고 값에 '4'를 입력합니다. 이렇게 코딩하면 ↑ 키를 누를 때마다 위쪽으로 '4'만큼 움직입니다.

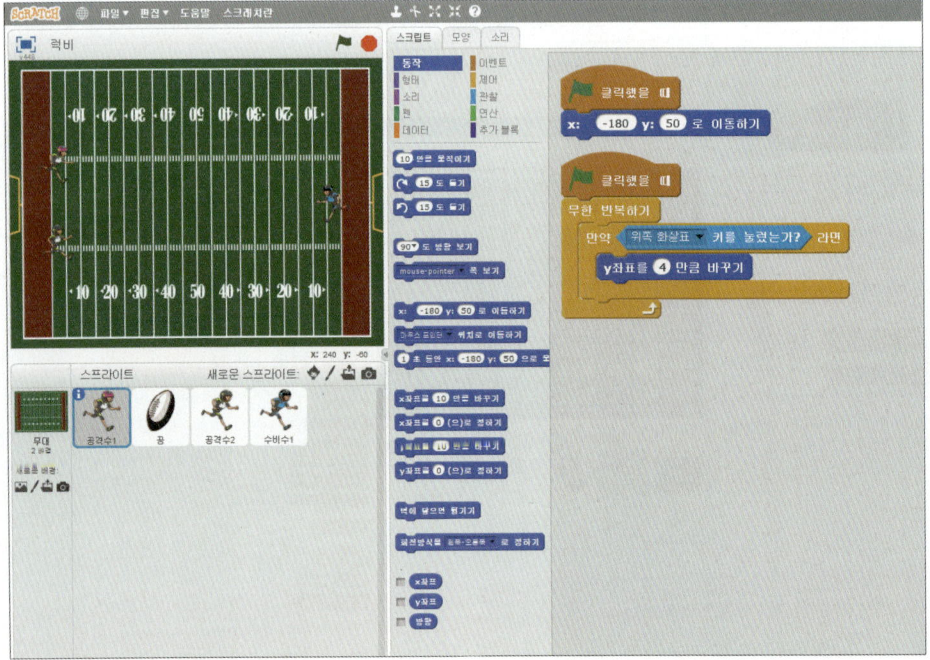

**05** [제어] 팔레트의 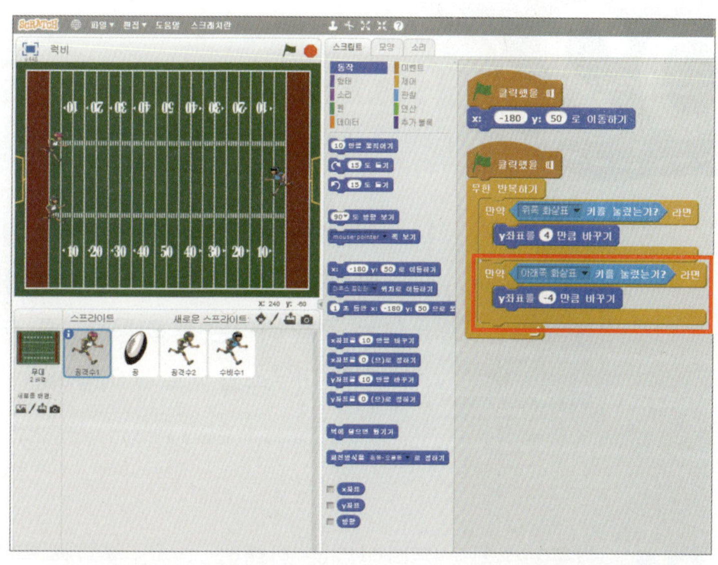 명령 블록을 연결한 다음 [관찰] 팔레트의 [스페이스 ▼ 키를 눌렀는가?] 명령 블록을 연결한 다음 ▼를 클릭해 '아래쪽 화살표'를 선택합니다. [동작] 팔레트의 [y좌표를 10 만큼 바꾸기] 명령 블록을 연결하고 값에 '-4'를 입력합니다. 이렇게 코딩하면 ↓키를 누를 때마다 아래쪽으로 '4'만큼 움직입니다.

**06** 같은 방법으로 ←키와 →키를 누르면 x 좌표를 '4' 또는 '-4'만큼 바꿔 왼쪽과 오른쪽으로 움직일 수 있도록 코딩합니다.

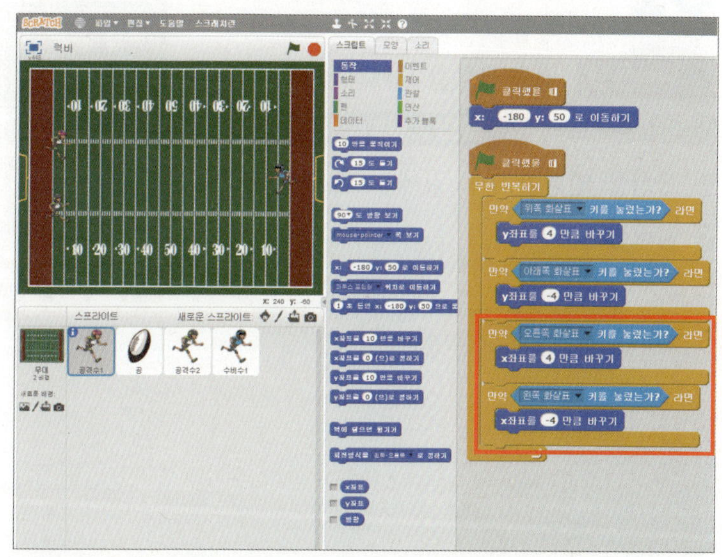

**07** 🏳를 클릭해 프로그램을 실행한 다음 키보드의 방향키를 눌러 이리저리 움직여 봅니다. 너무 빨리 움직이거나 너무 천천히 움직이면 [x좌표를 10 만큼 바꾸기] 명령 블록과 [y좌표를 10 만큼 바꾸기] 명령 블록에 입력한 값을 바꿔 움직이는 속도를 조절합니다.

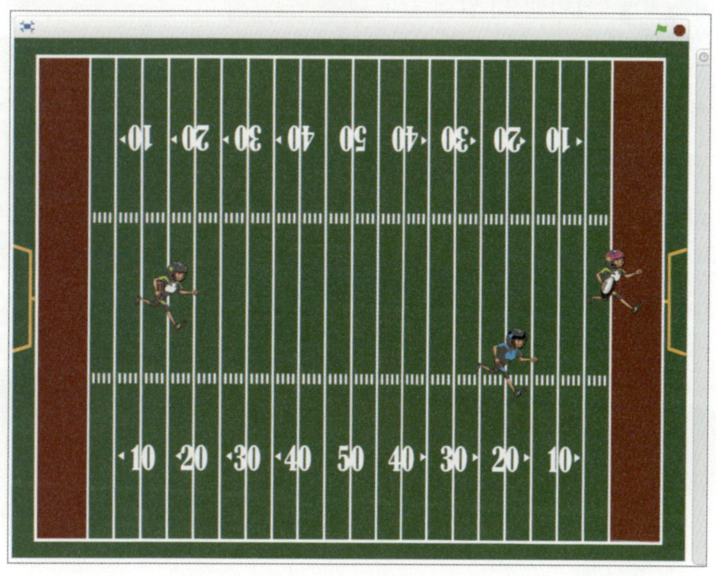

# 마우스를 따라 움직이는 스프라이트

이번에는 마우스 포인터의 위치를 따라다니는 스프라이트를 만들어 보겠습니다. 항상 마우스의 위치로 이동하는 것이 아니라 마우스 포인터의 위치가 있는 곳을 바라본 후 이동하도록 코딩하겠습니다. 따라서 스프라이트의 이동을 위해 마우스를 빠르게 이동하는 것보다 정확하게 이동하는 것이 좋습니다.

**01** [공격수2] 스프라이트를 선택한 다음 [이벤트] 팔레트의 클릭했을 때 명령 블록을 드래그합니다. [동작] 팔레트의 x: 188 y: 11 로 이동하기 명령 블록을 연결한 다음 값에 '−180'과 '−50'을 입력합니다.

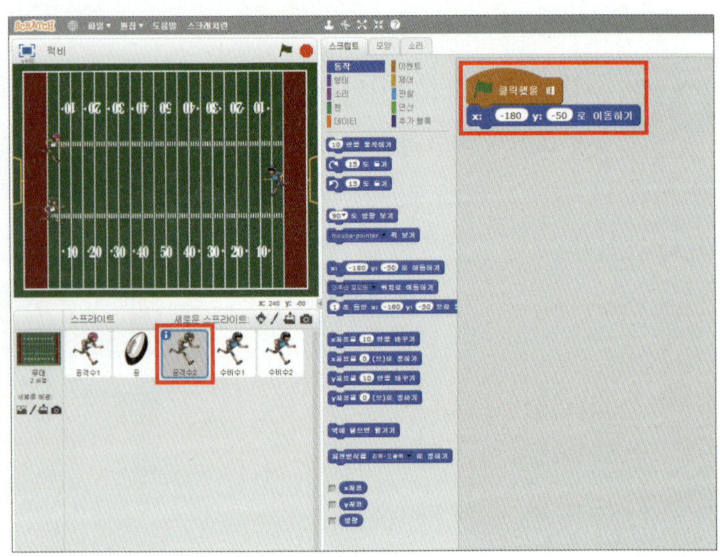

**02** [이벤트] 팔레트의 클릭했을 때 명령 블록을 드래그한 다음 계속해서 마우스를 따라 다닐 수 있도록 [제어] 팔레트의 무한 반복하기 명령 블록을 연결합니다.

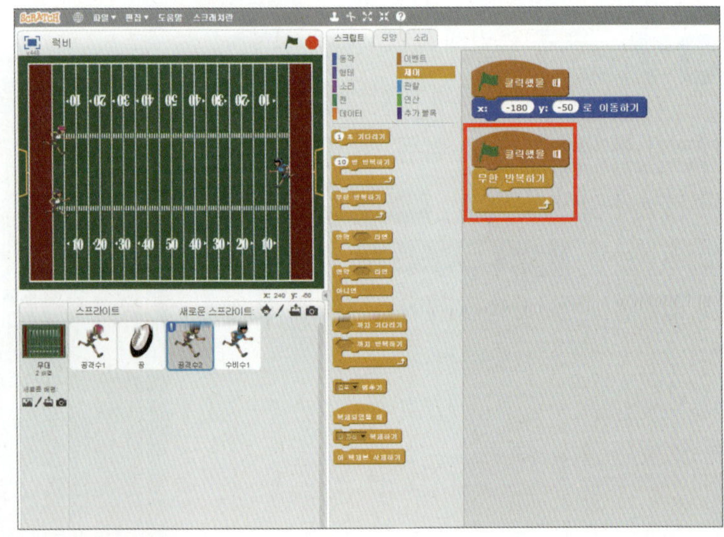

**03** [공격수2] 스프라이트가 항상 마우스를 따라 다닐 수 있도록 코딩하기 위해 [동작] 팔레트의 마우스 포인터 ▼ 쪽 보기 명령 블록을 연결한 다음 10 만큼 움직이기 명령 블록을 연결하고 값에 '4'를 입력합니다.

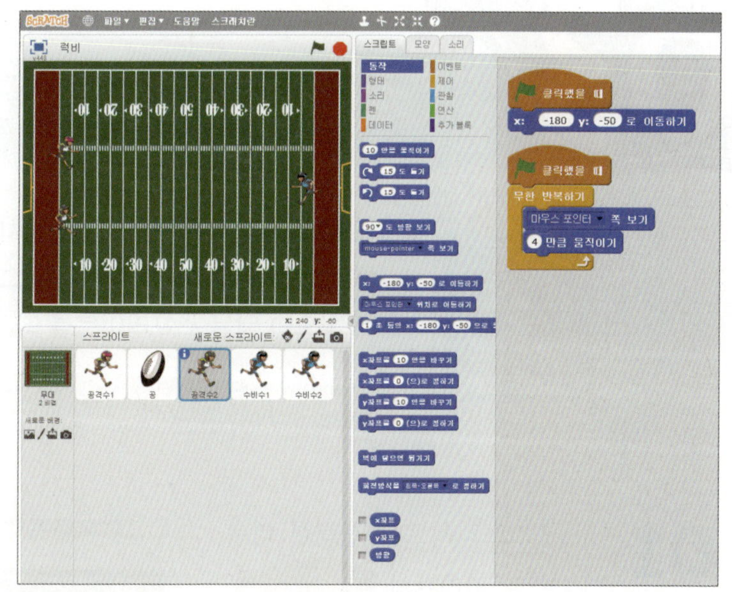

**04** 프로그램을 실행하면 [공격수1] 스프라이트는 키보드를 이용하여 조정하고 [공격수2] 스프라이트는 마우스를 이용하여 조정할 수 있습니다. 마우스를 이용하여 움직이는 속도가 너무 빠르거나 느리면 값을 바꿔 이동하는 속도를 조절합니다.

# [공] 스프라이트 코딩하기

프로그램을 실행하면 지정된 위치에서 임의의 방향을 바라본 후 일정한 거리를 이동하도록 코딩하겠습니다. 그리고 [공격수1] 또는 [공격수2] 스프라이트에 닿으면 닿은 스프라이트를 따라 이리저리 움직이도록 코딩하겠습니다.

**01** [공] 스프라이트를 선택한 다음 [이벤트] 팔레트의 `클릭했을 때` 명령 블록을 연결합니다. [동작] 팔레트의 `x: 184 y: 9 로 이동하기` 명령 블록을 연결한 다음 값에 '180'과 '0'을 입력하여 프로그램이 실행되면 나타날 위치를 지정합니다.

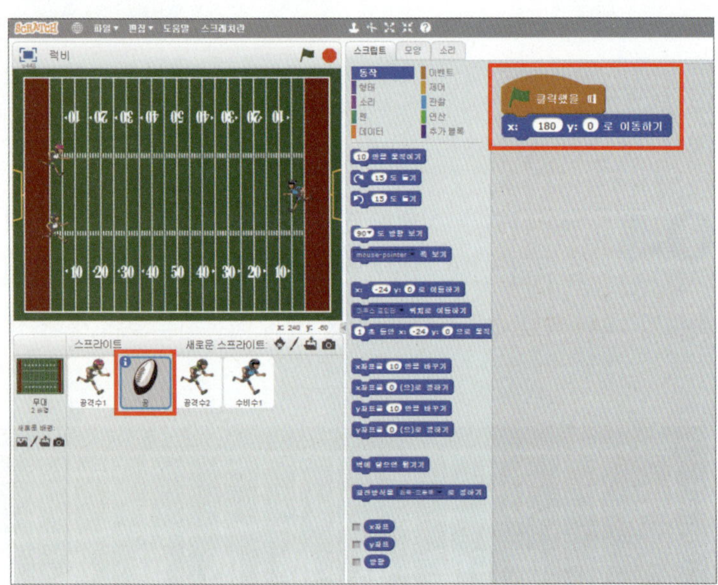

**02** [제어] 팔레트의 `1 초 기다리기` 명령 블록을 연결한 다음 값에 '0.5'를 입력합니다.

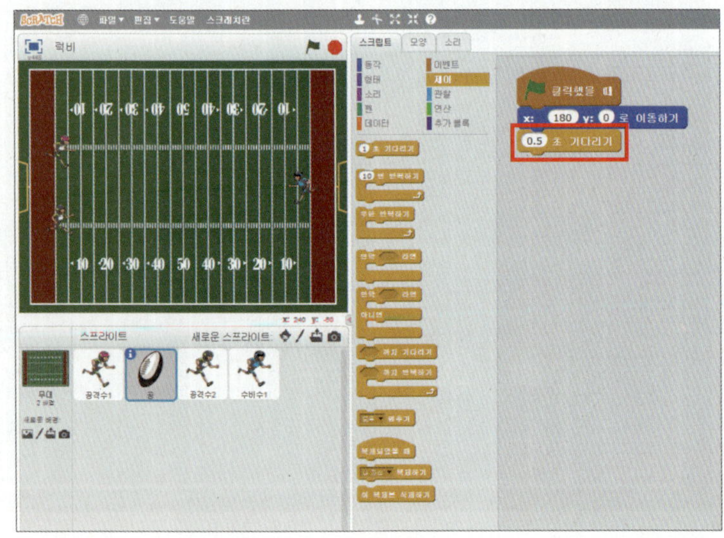

**03** 이동할 횟수를 지정하기 위해 [제어] 팔레트의 `10 번 반복하기` 명령 블록을 연결합니다. [연산] 팔레트의 `1 부터 10 사이의 난수` 명령 블록을 연결한 다음 '50'과 '60'을 입력합니다.

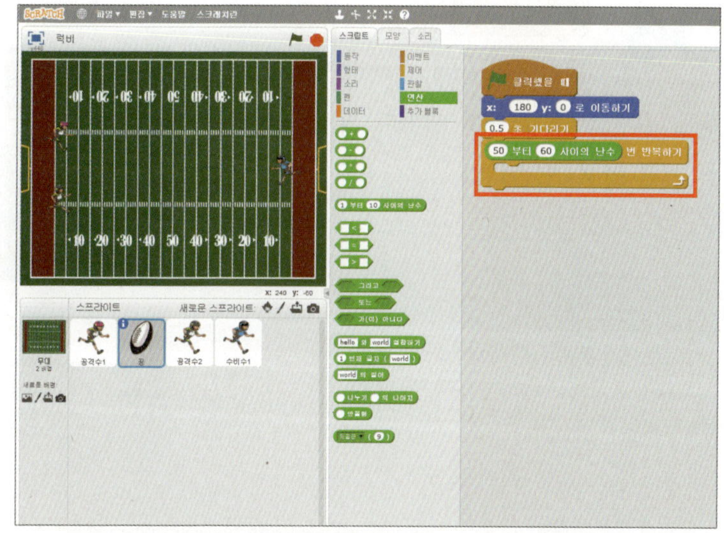

**04** 이동할 거리를 지정하기 위해 [동작] 팔레트의 `x좌표를 10 만큼 바꾸기` 명령 블록을 연결한 다음 값에 '−4'를 입력합니다. `15 도 돌기` 명령 블록을 연결한 다음 값에 '3'을 입력합니다.

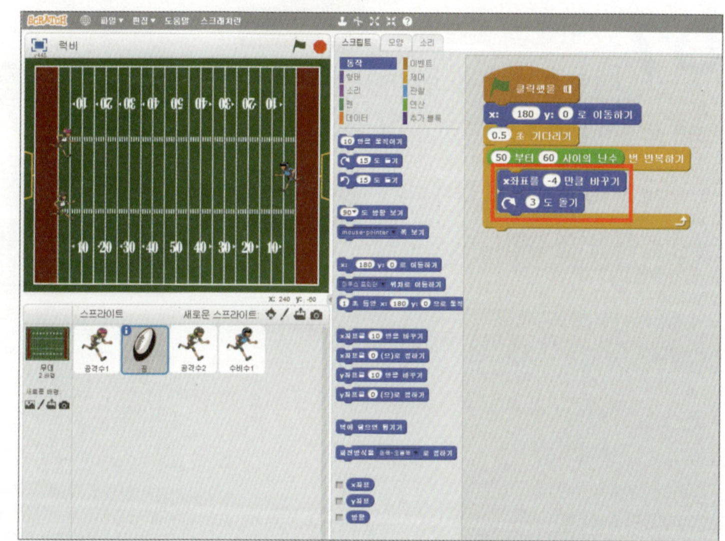

**05** 이동이 끝나면 90도 방향을 바라보기 위해 [동작] 팔레트의 `90 도 방향 보기` 명령 블록을 연결합니다.

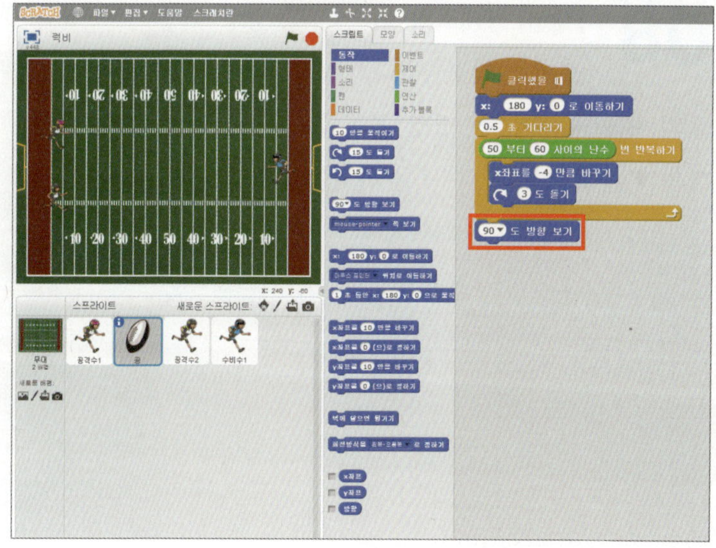

**06** 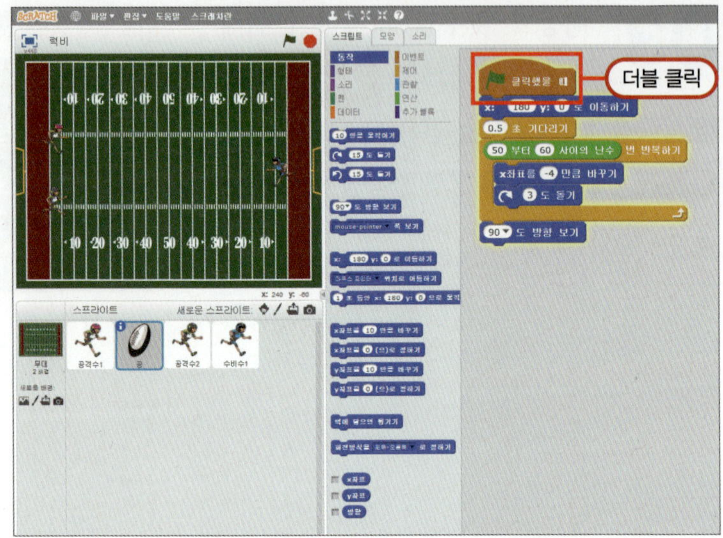 클릭했을 때 명령 블록을 더블 클릭하면 [공] 스프라이트가 이동합니다. 더블 클릭할 때마다 거리가 바뀌는 것을 알 수 있습니다.

**07** [이벤트] 팔레트의 클릭했을 때 명령 블록을 연결합니다. [공격수1] 또는 [공격수2] 스프라이트에 닿았는지 확인하기 위해 [제어] 팔레트의 무한 반복하기 명령 블록을 연결합니다.

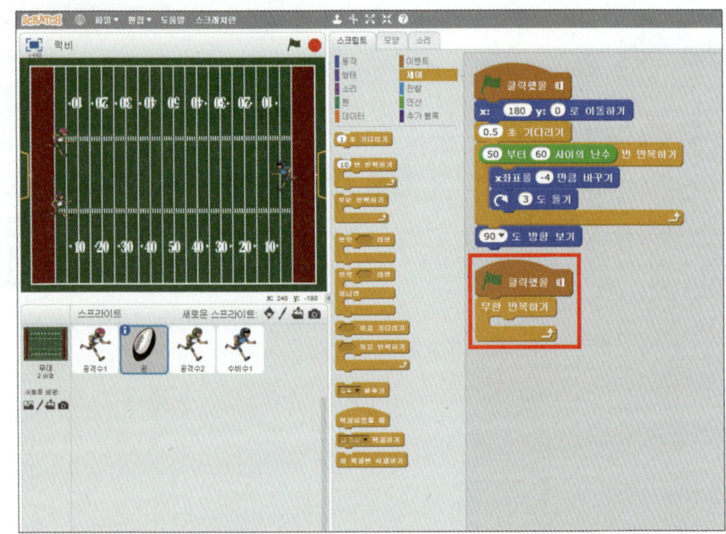

**08** [제어] 팔레트의 만약 ~ 라면 명령 블록을 연결합니다. [관찰] 팔레트의 ▼ 에 닿았는가? 명령 블록을 연결한 다음 ▼를 클릭해 '공격수1'을 선택합니다.

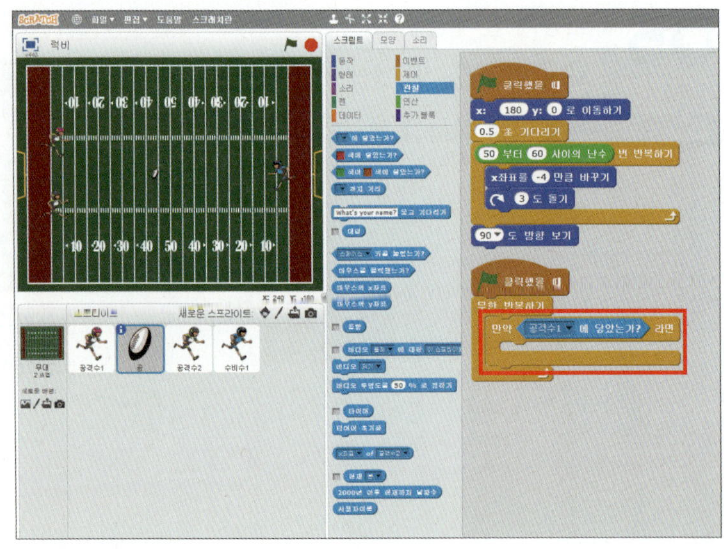

**09** [공격수1] 스프라이트에 닿았다면 [공격수1]을 따라 다니기 위해 [동작] 팔레트의
마우스 포인터 위치로 이동하기 명령 블록을 연결하고 ▼를 클릭해 '공격수1'을 선택합니다.

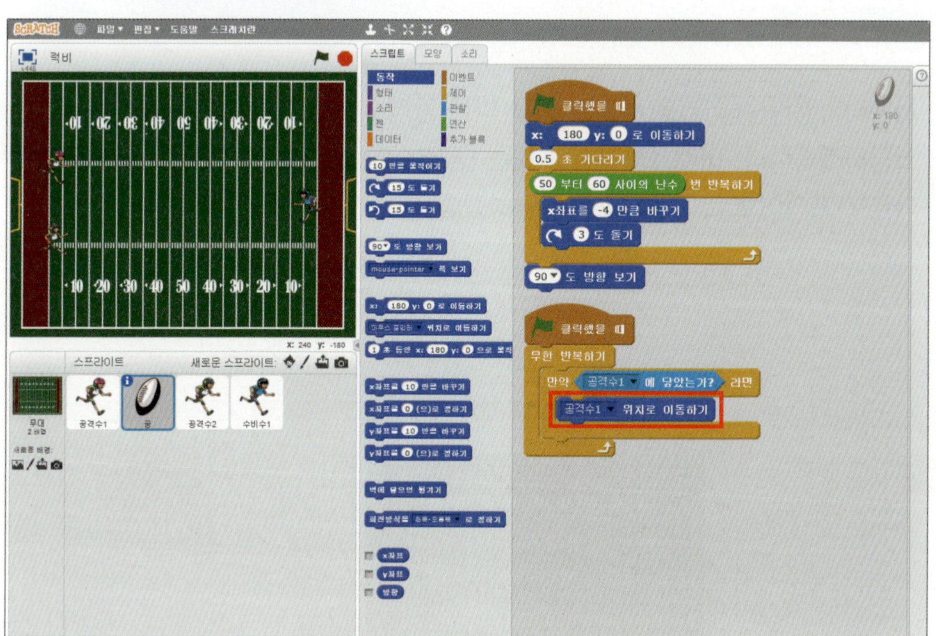

**10** [제어] 팔레트의 만약 라면 명령 블록을 연결합니다. [관찰] 팔레트의 ▼에 닿았는가?
명령 블록을 연결한 다음 ▼를 클릭해 '공격수1'을 선택합니다. [공격수2] 스프라이트에
닿았다면 [공격수2]을 따라 다니기 위해 [동작] 팔레트의 마우스 포인터 위치로 이동하기 명령 블록을 연결
하고 ▼를 클릭해 '공격수2'를 선택합니다.

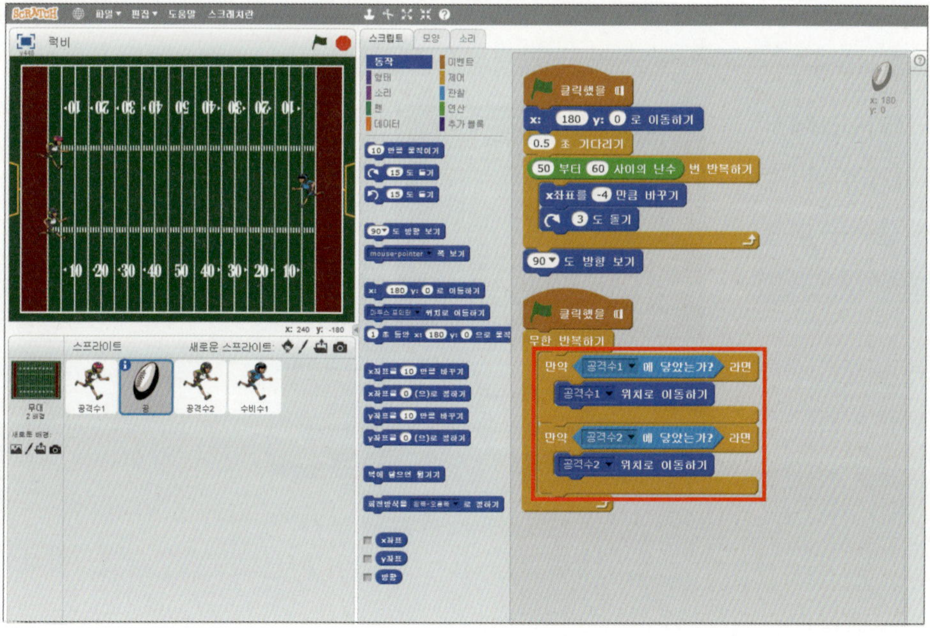

# Space bar 키를 누르면 패스하기

사용자가 Space bar 키를 누르면 공을 다른 공격수에게 옮기는 패스를 하도록 코딩하겠습니다. 이때, [공격수1] 또는 [공격수2] 스프라이트에 닿았을 때만 다른 스프라이트로 이동하도록 코딩하겠습니다.

**01** 무대를 선택한 다음 [이벤트] 팔레트의 클릭했을 때 명령 블록을 연결한 다음 무한 반복하기 명령 블록을 연결합니다.

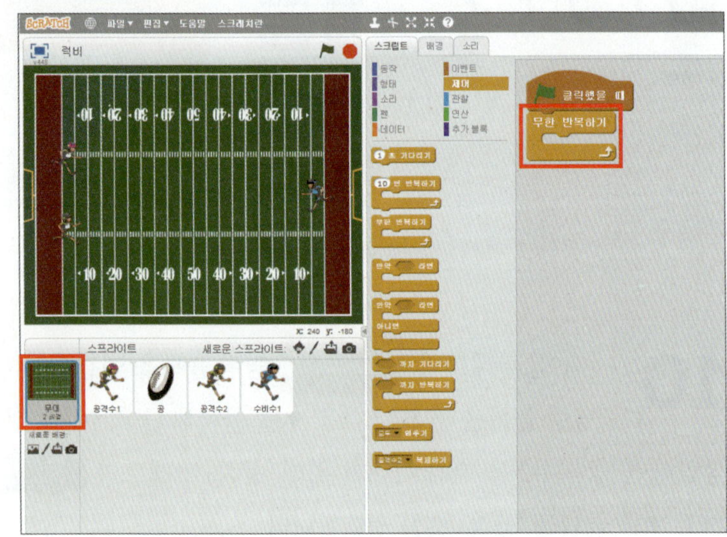

**02** Space bar 키를 누르면 [공격수1] 또는 [공격수2] 스프라이트에서 다른 스프라이트로 공을 이동하기 위해 [제어] 팔레트의 만약 라면 명령 블록을 연결합니다. [관찰] 팔레트의 스페이스▼ 키를 눌렀는가? 명령 블록을 연결합니다.

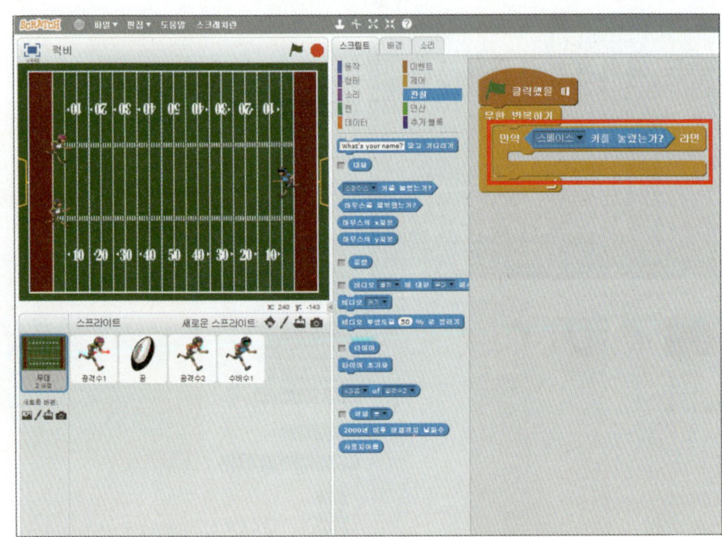

**03** [제어] 팔레트의 `메시지1 ▼ 방송하기` 명령 블록을 연결한 다음 ▼를 클릭해 [새 메시지...]를 선택합니다. [새 메시지] 대화상자가 나타나면 '패스'라고 입력한 후 [확인]을 클릭합니다.

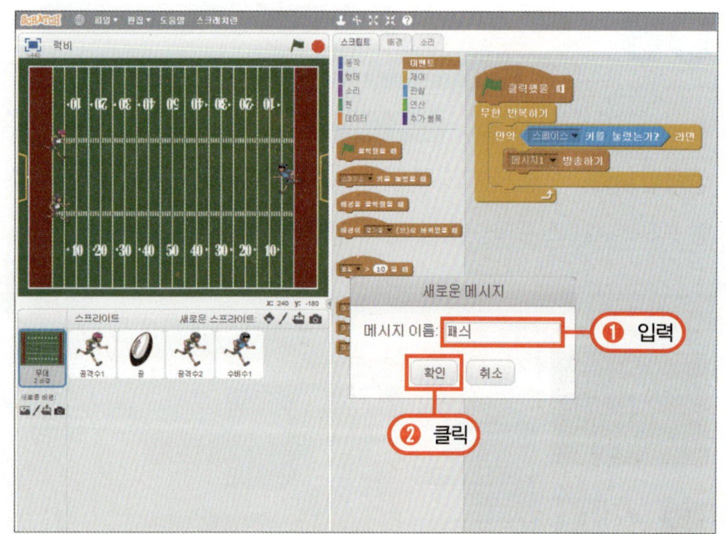


**04** [공] 스프라이트를 선택한 다음 [이벤트] 팔레트의 `패스 ▼ 을(를) 받았을 때` 명령 블록을 드래그합니다.

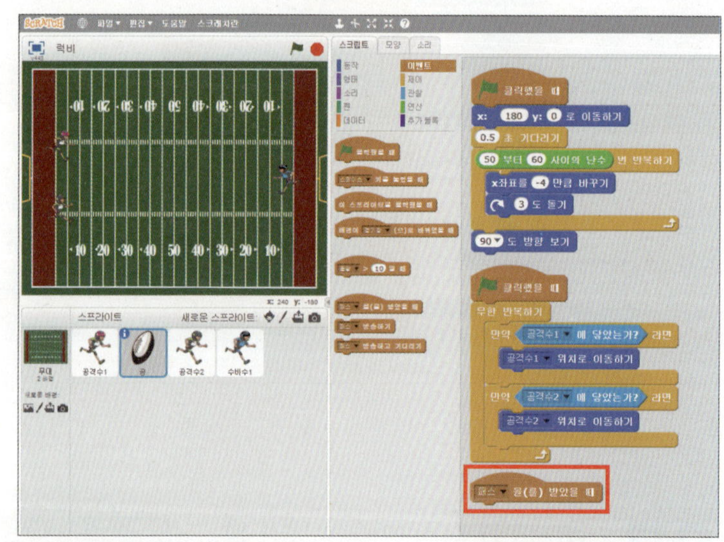

**05** [공격수1] 스프라이트에 닿았다면 [공격수2] 스프라이트가 있는 곳으로 공을 이동하기 위해 [제어] 팔레트의 `만약 ~ 라면 아니면` 명령 블록을 연결합니다.

[관찰] 팔레트의 `▼ 에 닿았는가?` 명령 블록을 연결한 다음 ▼를 클릭해 '공격수1'을 선택합니다.

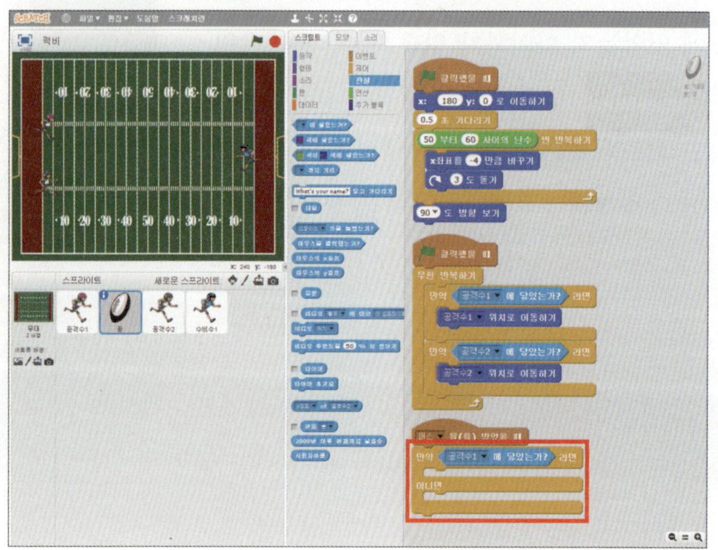

**06** [동작] 팔레트의 `1 초 동안 x: 184 y: 9 으로 움직이기` 명령 블록을 연결합니다. [관찰] 팔레트의 `x좌표 ▾ of 공 ▾` 명령 블록을 연결한 다음 ▼를 클릭해 'x좌표'와 '공격수2'를 선택합니다. 같은 방법으로 `x좌표 ▾ of 공 ▾` 명령 블록을 연결한 다음 ▼를 클릭해 'y좌표'와 '공격수2'를 선택합니다. 이렇게 코딩하면 Space bar 키를 눌렀을 때 [공격수1] 스프라이트가 공을 가지고 있으면 [공격수2] 스프라이트를 향해 공을 던지게 됩니다.

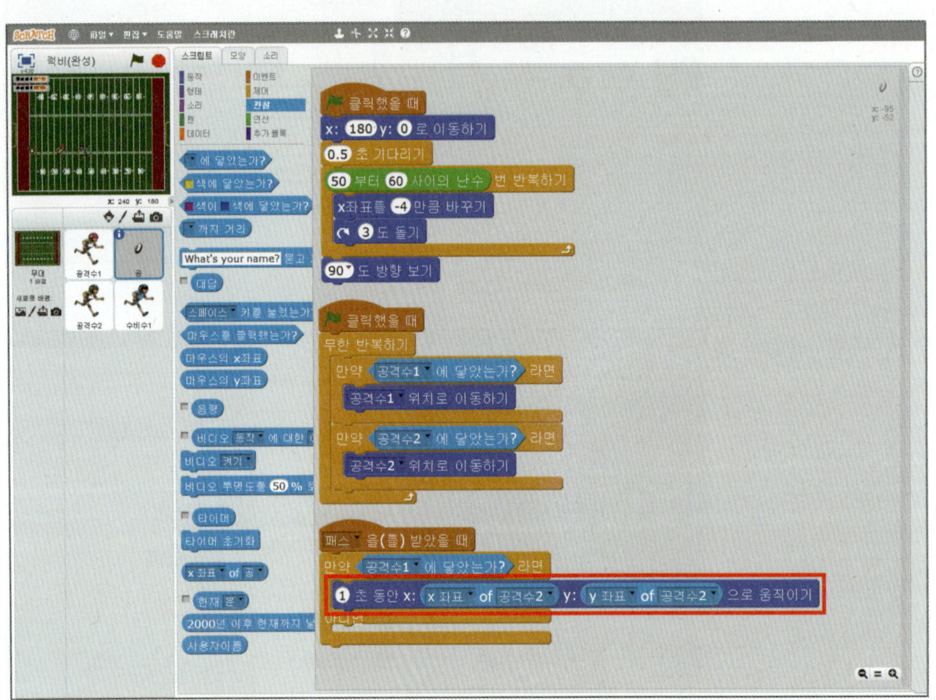

**07** [공격수1] 스프라이트에 닿지 않았다면 [공격수2] 스프라이트에 닿았는지 확인하기 위해 [제어] 팔레트의 `만약 ~ 라면` 명령 블록을 연결합니다. [관찰] 팔레트의 `◀ ▾ 에 닿았는가?` 명령 블록을 연결한 다음 ▼를 클릭해 '공격수2'를 선택합니다.

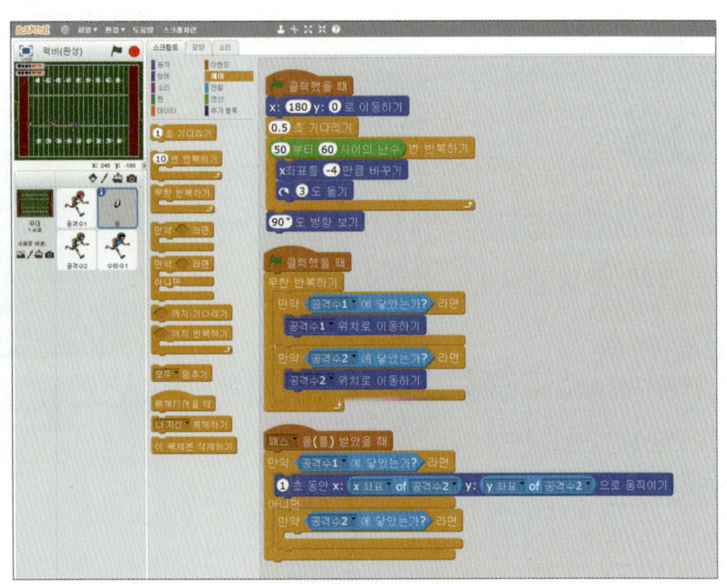

**08** [동작] 팔레트의 `1 초 동안 x: 184 y: 9 으로 움직이기` 명령 블록을 연결합니다. [관찰] 팔레트
의 `x좌표 of 공` 명령 블록을 연결한 다음 ▼를 클릭해 'x좌표'와 '공격수1'을 선택합니
다. 같은 방법으로 `x좌표 of 공` 명령 블록을 연결한 다음 ▼를 클릭해 'y좌표'와 '공격수1'을 선택
합니다. 프로그램을 실행한 다음 [공격수1] 스프라이트와 [공격수2] 스프라이트를 움직입니다.
Space bar 키를 누를 때마다 [공] 스프라이트의 위치가 바뀝니다.

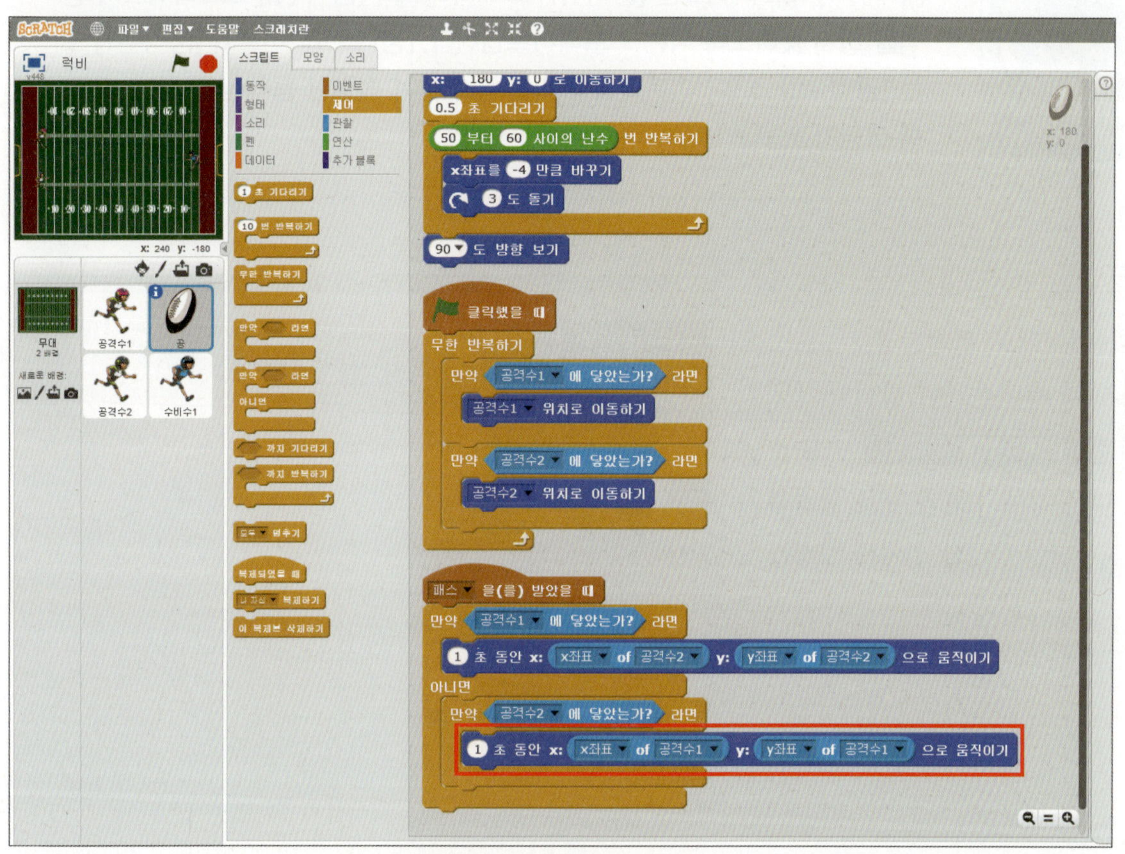

# 공격을 막는 수비수
# 스프라이트 코딩하기

[수비수1] 스프라이트는 [공격수1] 스프라이트와 [공격수2] 스프라이트가 공격을 하지 못하도록 막는 스프라이트입니다. [공] 스프라이트와 [공격수1] 또는 [공격수2] 스프라이트와의 거리를 비교하여 적절한 움직임을 할 수 있도록 코딩하겠습니다.

**01** [수비수1] 스프라이트를 선택한 다음 [이벤트] 팔레트의 클릭했을 때 명령 블록을 연결합니다. [동작] 팔레트의 x: 108 y: -42 로 이동하기 명령 블록을 연결한 다음 값에 '180'과 '0'을 입력해 프로그램이 실행되면 나타날 위치를 지정합니다.

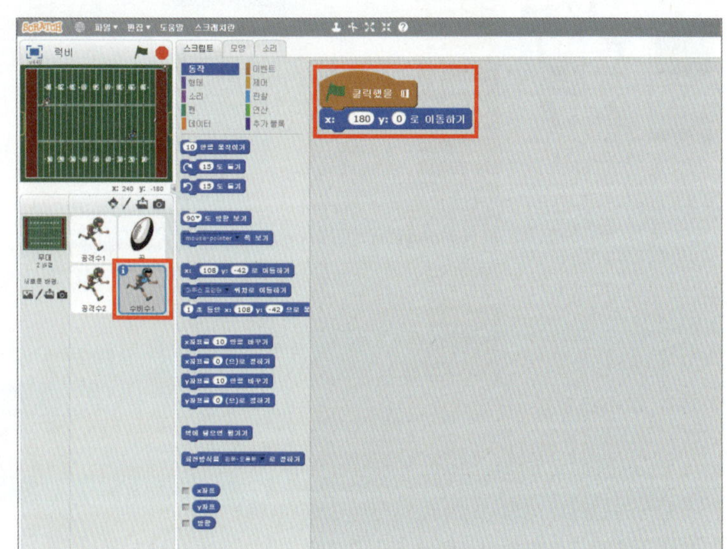

**02** 프로그램이 실행되면 움직일 방향 등을 지정하기 위해 [이벤트] 팔레트의 클릭했을 때 명령 블록을 연결합니다. [제어] 팔레트의 무한 반복하기 명령 블록을 연결합니다.

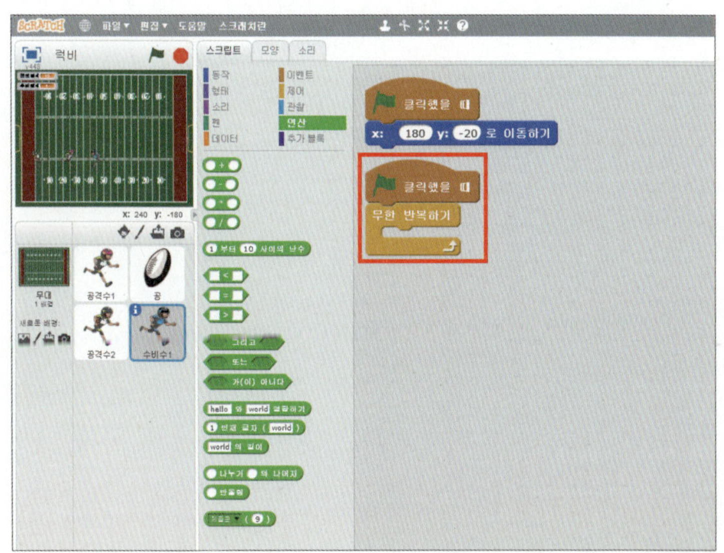

**03** [제어] 팔레트의 명령 블록을 연결한 다음 [연산] 팔레트의 명령 블록을 연결합니다.

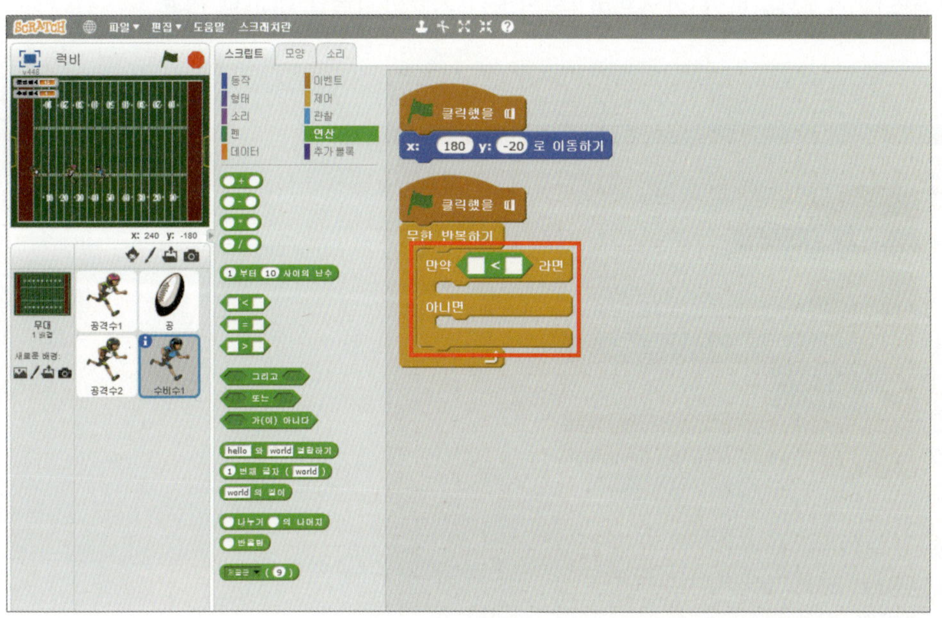

**04** [관찰] 팔레트의 명령 블록을 연결한 다음 ▼를 클릭해 [공격수1]을 선택합니다. 같은 방법으로 명령 블록을 연결한 다음 ▼를 클릭해 [공]을 선택합니다. 이렇게 코딩하면 [공격수1] 스프라이트와 [공] 스프라이트의 거리를 비교하여 [공격수1] 스프라이트까지의 거리가 가까우면 참이 되고 그렇지 않으면 거짓이 됩니다.

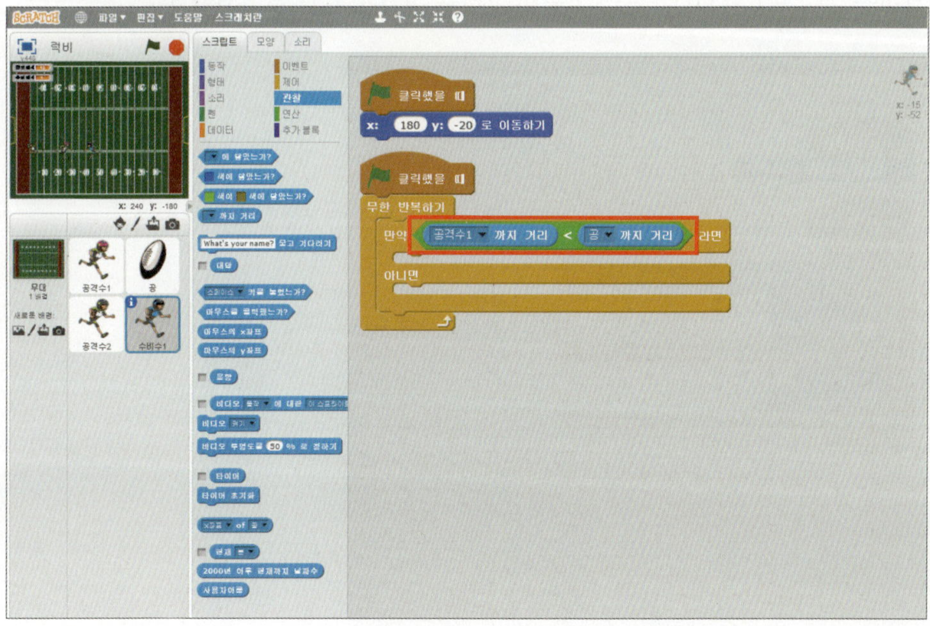

**05** [동작] 팔레트의 <마우스 포인터 ▾ 쪽 보기> 명령 블록을 연결한 다음 ▼를 클릭해 '공격수1'을 선택합니다. <10 만큼 움직이기> 명령 블록을 연결한 다음 값에 '3'을 입력합니다. 이렇게 하면 [공]보다 스프라이트보다 [공격수1] 스프라이트가 가까우면 [공격수1] 스프라이트를 바라본 다음 '3'만큼 움직입니다.

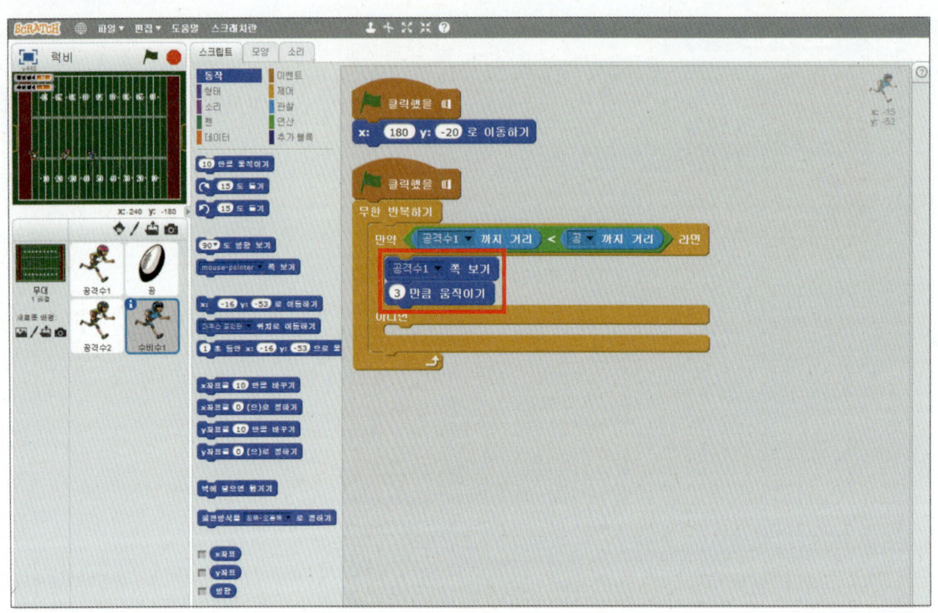

**06** [동작] 팔레트의 <마우스 포인터 ▾ 쪽 보기> 명령 블록을 연결한 다음 ▼를 클릭해 '공'을 선택합니다. <10 만큼 움직이기> 명령 블록을 연결한 다음 값에 '3'을 입력합니다. 이렇게 하면 [공격수1] 스프라이트보다 [공] 스프라이트가 가까우면 [공] 스프라이트를 바라본 다음 '3'만큼 움직입니다.

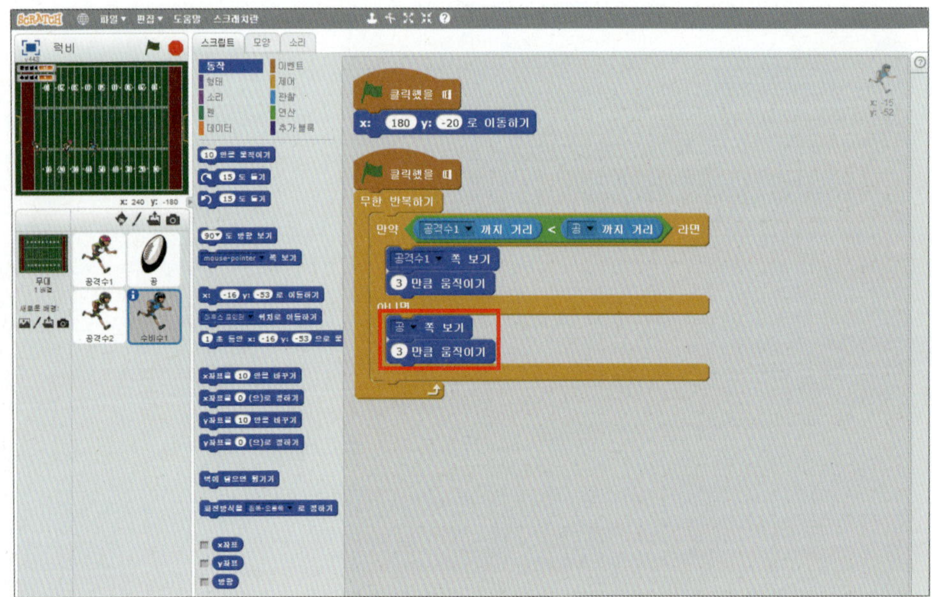

# 프로그램의 종료 조건 코딩하기

이번에는 프로그램을 종료하는 조건을 만들어 보겠습니다. 프로그램을 종료하는 조건은 [수비수1] 스프라이트가 공에 닿거나, [공격수1] 또는 [공격수2] 스프라이트 중 공을 가지고 있는 스프라이트에 [수비수] 스프라이트가 닿으면 종료하도록 코딩하겠습니다.

**01** [수비수1] 스프라이트를 선택한 다음 [이벤트] 팔레트의 클릭했을 때 명령 블록을 연결합니다. [제어] 팔레트의 무한 반복하기 명령 블록을 연결해 종료하는 조건이 만족하는지 계속해서 검사합니다.

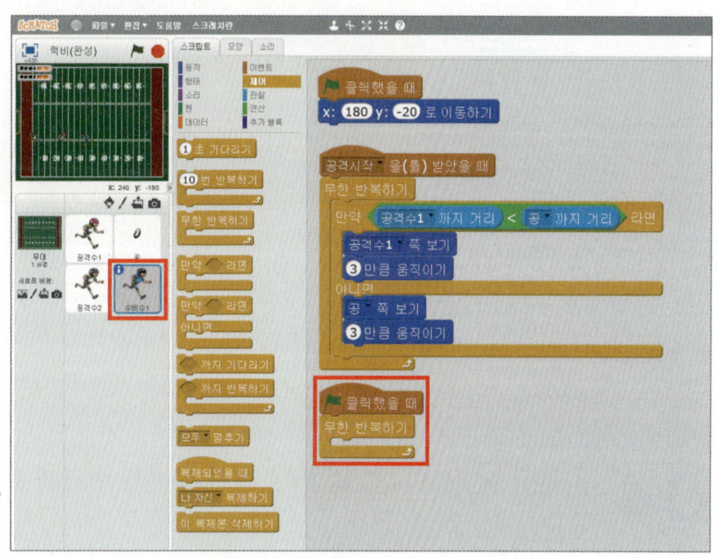

**02** [공격수1] 스프라이트에 닿았을 때 [공격수1] 스프라이트가 [공] 스프라이트를 가지고 있으면 멈추도록 코딩하겠습니다. [제어] 팔레트의 만약 라면 명령 블록을 연결한 다음 [연산] 팔레트의 그리고 명령 블록을 연결합니다.

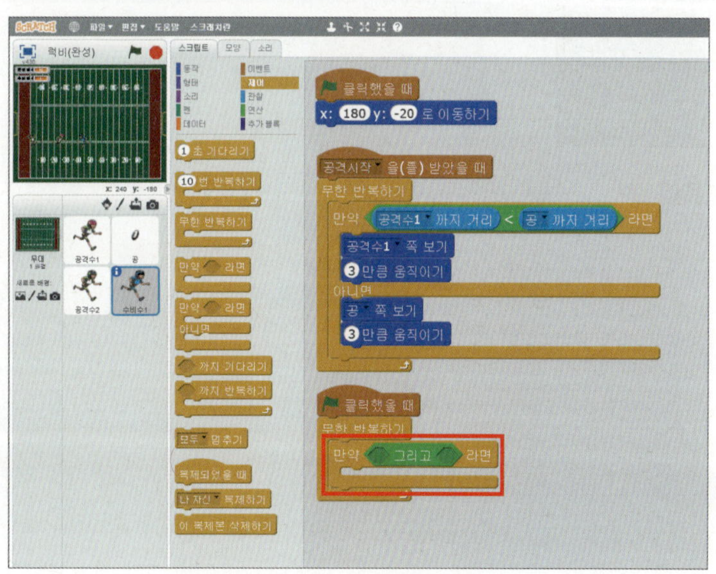

**03** [관찰] 팔레트의 [▼ 에 닿았는가?] 명령 블록을 연결하고 ▼를 클릭해 '공격수1'을 선택합니다. [◖ = ◗] 명령 블록을 연결합니다. [관찰] 팔레트의 [x좌표 ▼ of 공 ▼] 명령 블록을 연결하고 ▼를 클릭해 '모양 번호'와 '공격수1'을 선택한 다음 값에 '2'를 입력합니다. 이렇게 코딩하면 [공격수1] 스프라이트에 닿았을 때 [공격수1] 스프라이트의 모양 번호가 '2'인지 확인합니다.

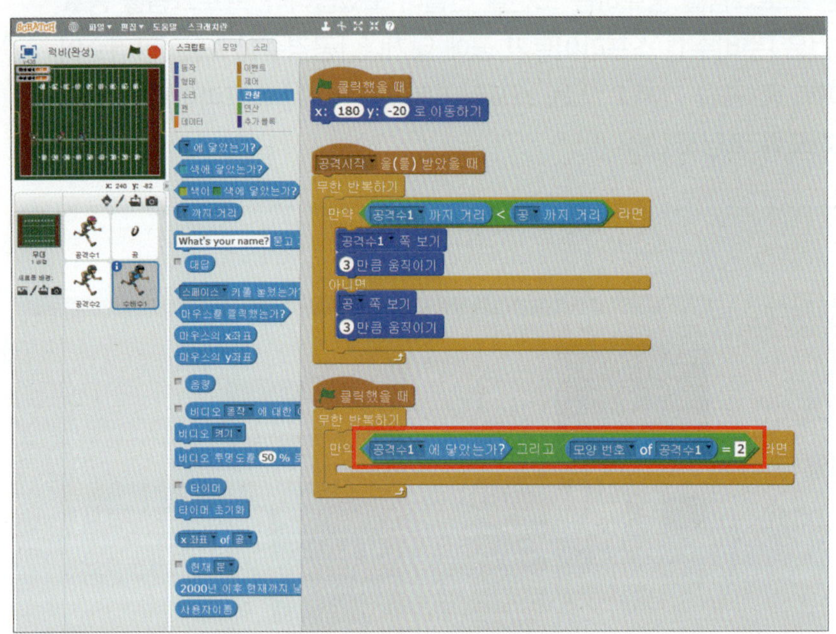

tip

(모양 번호)와 (모양 #)은 같은 명령 블록입니다.

**04** [제어] 팔레트의 [모두 ▼ 멈추기] 명령 블록을 연결해 프로그램을 종료할 수 있도록 코딩합니다.

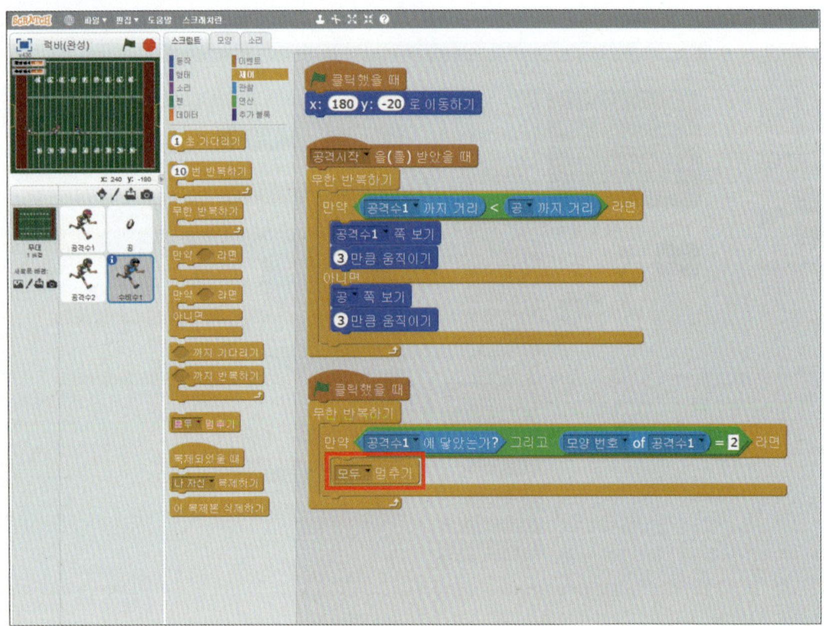

**05** [공격수2] 스프라이트에 닿았을 때 [공격수2] 스프라이트가 [공] 스프라이트를 가지고 있으면 멈추도록 코딩하겠습니다. [제어] 팔레트의 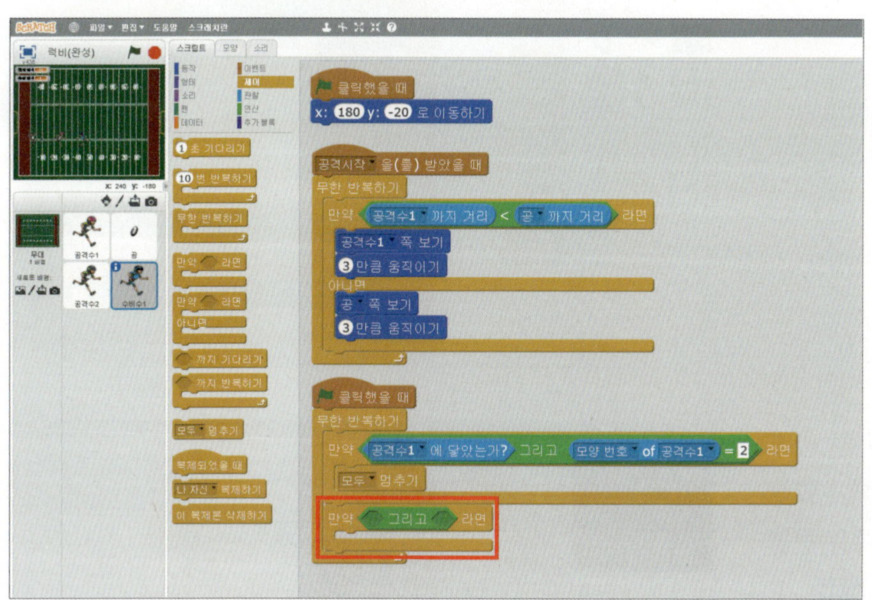 명령 블록을 연결한 다음 [연산] 팔레트의 그리고 명령 블록을 연결합니다.

**06** [관찰] 팔레트의 ▼ 에 닿았는가? 명령 블록을 연결하고 ▼를 클릭해 '공격수2'를 선택합니다. [연산] 팔레트의 ⬜ = ⬜ 명령 블록을 연결합니다. [관찰] 팔레트의 x좌표 ▼ of 공 ▼ 명령 블록을 연결하고 ▼를 클릭해 '모양 번호'와 '공격수2'를 선택한 다음 값에 '2'를 입력합니다. 이렇게 코딩하면 [공격수2] 스프라이트에 닿았을 때 [공격수2] 스프라이트의 모양 번호가 '2'인지 확인합니다.

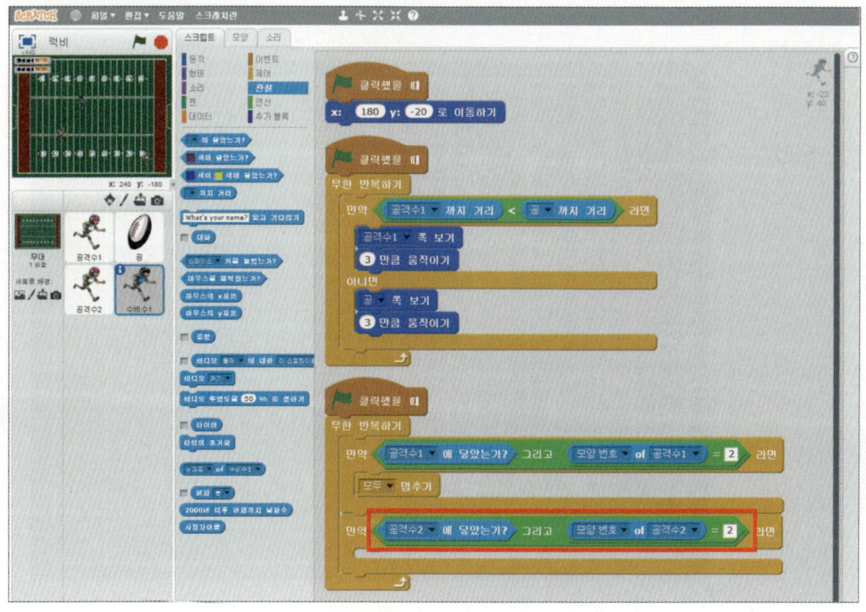

**07** [제어] 팔레트의 [모두 ▼ 멈추기] 명령 블록을 연결해 프로그램을 종료합니다.

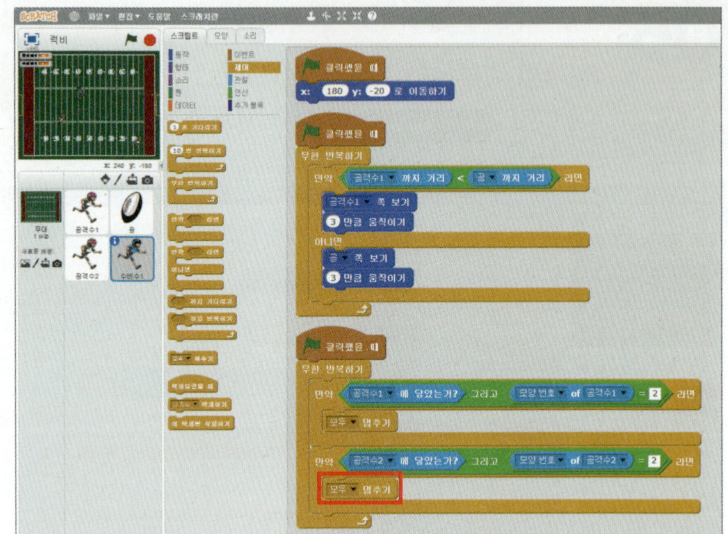

**08** [수비수] 스프라이트가 [공] 스프라이트에 닿았다면 프로그램을 종료하기 위해 [만약 ~라면] 명령 블록을 연결합니다. [관찰] 팔레트의 [ ▼ 에 닿았는가?] 명령 블록을 연결한 다음 ▼를 클릭해 '공'을 선택합니다. [제어] 팔레트의 [모두 ▼ 멈추기] 명령 블록을 연결해 프로그램을 종료합니다.

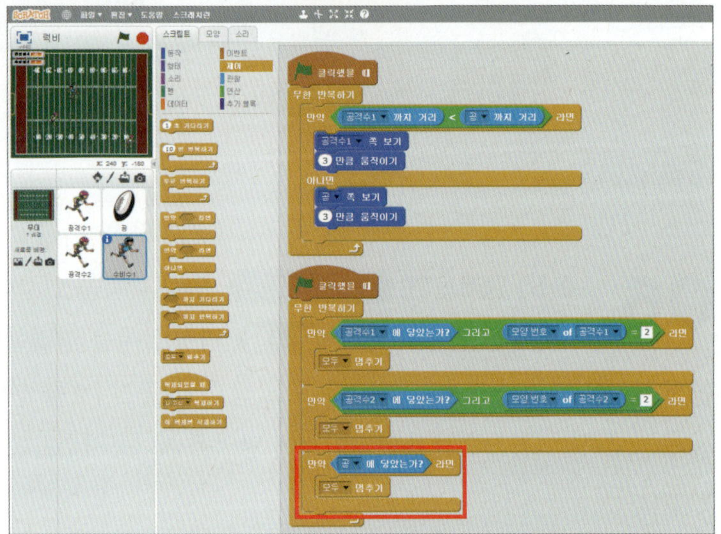

**09** 프로그램을 실행하면 [수비수1] 스프라이트와 [공] 스프라이트가 닿아있는 상태로 시작하므로 실행하면 바로 종료됩니다.

# 이벤트를 이용하여 프로그램의 실행순서 정하기

프로그램을 실행하면 모든 스프라이트가 한 번에 실행되므로 프로그램이 바로 종료됩니다. 따라서 이번에는 이벤트를 만들어 [수비수1] 스프라이트가 공을 차면 일정한 시간이 지난 후 [공격수] 스프라이트와 [수비수] 스프라이트를 움직일 수 있도록 만들겠습니다.

**01** 프로그램을 실행하면 스프라이트의 위치를 지정하는 '게임시작' 이벤트를 만들겠습니다. [무대]를 선택한 다음 [이벤트] 팔레트의 [클릭했을 때] 명령 블록을 연결합니다. [패스▼ 방송하고 기다리기] 명령 블록을 연결한 다음 ▼를 클릭해 '새 메시지...'를 선택한 다음 [새 메시지] 대화상자가 나타나면 '게임시작'을 입력하고 [확인]을 클릭합니다. 프로그램을 실행하면 '게임시작'을 방송하고 기다립니다.

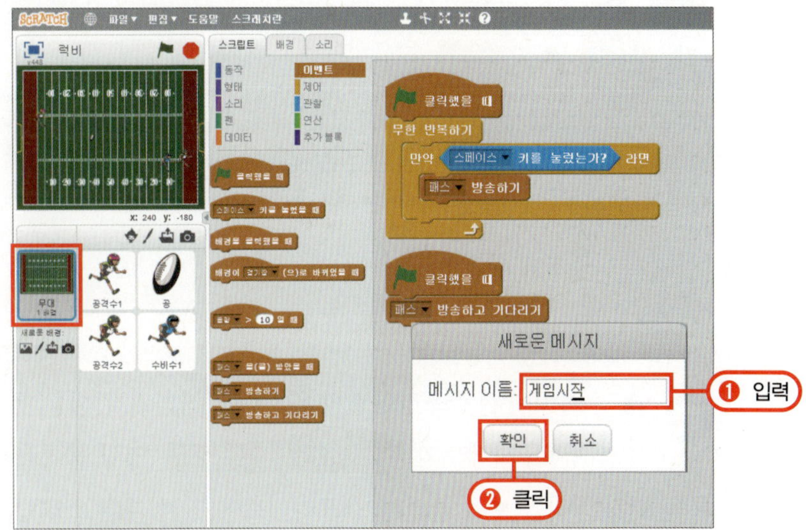

**02** [게임시작]을 방송 받으면 [공격수1] 스프라이트의 위치를 지정하기 위해 [공격수1] 스프라이트를 선택한 다음 [이벤트] 팔레트의 [게임 시작▼ 을(를) 받았을 때] 명령 블록을 드래그합니다. [모두▼ 멈추기] 명령 블록을 연결한 다음 ▼를 클릭해 '스프라이트에 있는 다른 스크립트'를 선택합니다. [클릭했을 때] 명령 블록에 연결되어 명령 블록들을 [게임 시작▼ 을(를) 받았을 때] 명령 블록으로 드래그해 연결합니다.

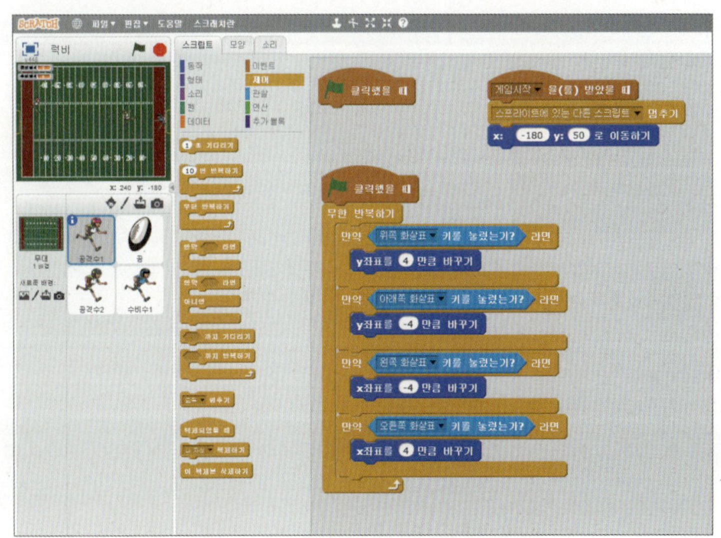

**03** [게임시작]을 방송 받으면 [공격수2] 스프라이트의 위치를 지정하기 위해 [공격수2] 스프라이트를 선택한 다음 [이벤트] 팔레트의 게임 시작▼ 을(를) 받았을 때 명령 블록을 드래그합니다. 모두▼ 멈추기 명령 블록을 연결한 다음 ▼를 클릭해 '스프라이트에 있는 다른 스크립트'를 선택합니다. 클릭했을 때 명령 블록에 연결되어 명령 블록들을 게임 시작▼ 을(를) 받았을 때 명령 블록으로 드래그해 연결합니다.

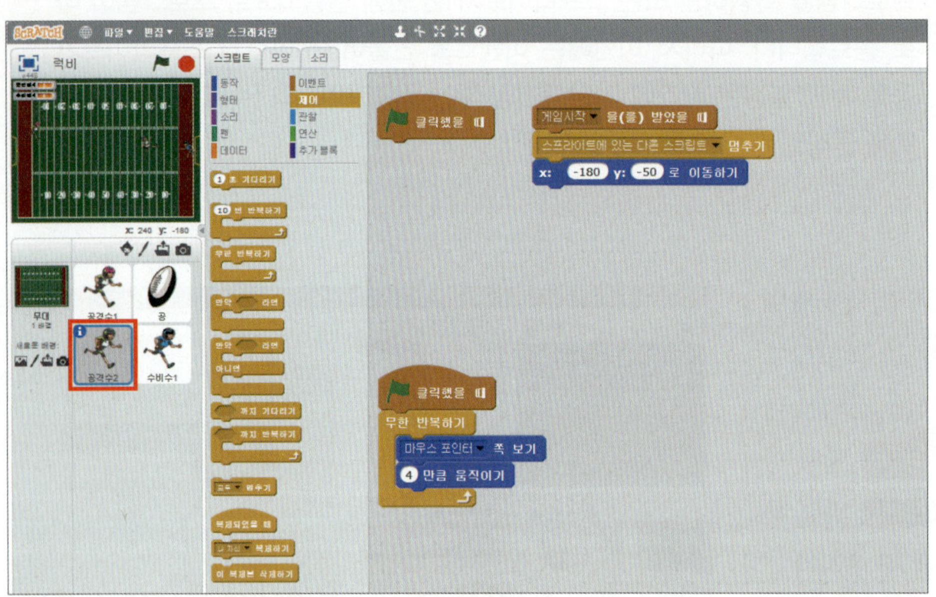

**04** [수비수1] 스프라이트의 위치를 지정하기 위해 [수비수1] 스프라이트를 선택한 다음 [이벤트] 팔레트의 게임 시작▼ 을(를) 받았을 때 명령 블록을 드래그합니다. 모두▼ 멈추기 명령 블록을 연결한 다음 ▼를 클릭해 '스프라이트에 있는 다른 스크립트'를 선택합니다. 클릭했을 때 명령 블록에 연결되어 명령 블록들을 게임 시작▼ 을(를) 받았을 때 명령 블록으로 드래그해 연결합니다.

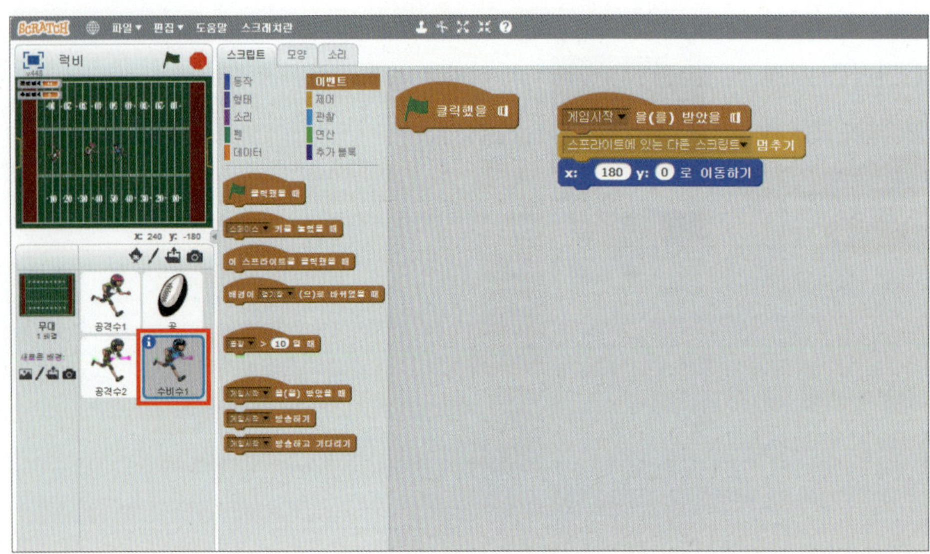

**05** [공] 스프라이트를 선택한 다음 같은 방법으로 [이벤트] 팔레트의 `게임 시작▼ 을(를) 받았을 때` 명령 블록을 드래그합니다. `모두▼ 멈추기` 명령 블록을 연결한 다음 ▼를 클릭해 '스프라이트에 있는 다른 스크립트'를 선택합니다. `클릭했을 때` 명령 블록에 연결되어 명령 블록들을 `게임 시작▼ 을(를) 받았을 때` 명령 블록으로 드래그해 연결합니다.

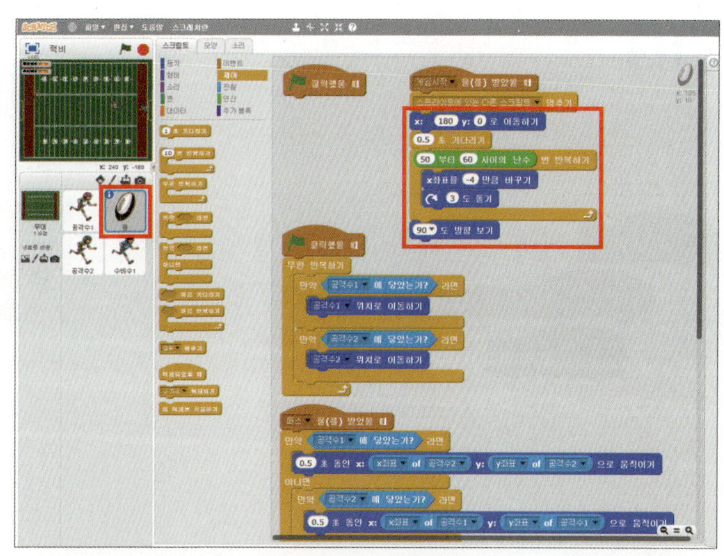

**06** 위치를 모두 정했으면 [공격수], [수비수], [공] 스프라이트가 이동할 수 있는 '공격시작'이라는 이벤트를 만들겠습니다. [이벤트] 팔레트의 `게임시작▼ 방송하기` 명령 블록을 연결합니다. ▼를 클릭해 '새 메시지'를 선택합니다. [새 메시지...] 대화상자가 나타나면 '공격시작'을 입력하고 [확인]을 클릭합니다. 이렇게 하면 '게임시작'을 방송받으면 [공] 스프라이트가 이동한 후 [공격시작]을 방송합니다.

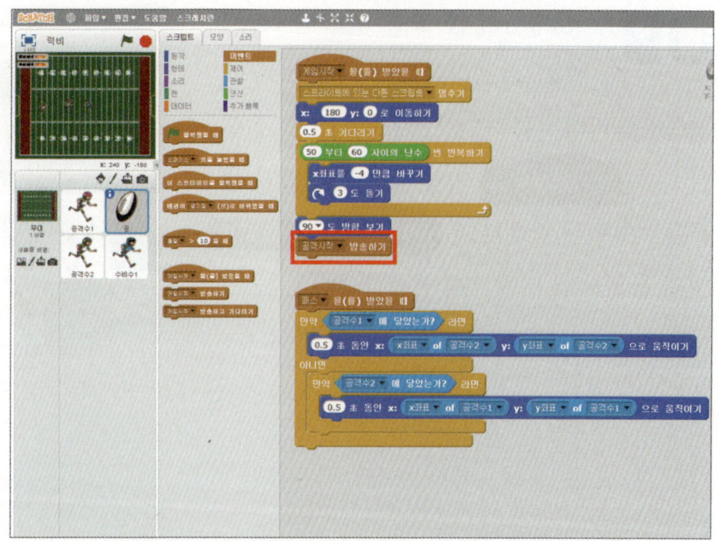

**07** '공격시작'을 방송 받으면 [공격수1] 스프라이트를 방향키로 조정하겠습니다. [공격수1] 스프라이트를 선택한 다음 방향키를 누르면 이동하는 부분의 `클릭했을 때` 명령 블록 대신 [이벤트] 팔레트의 `공격시작▼ 을(를) 받았을 때` 명령 블록을 연결합니다. `클릭했을 때` 명령 블록은 삭제합니다.

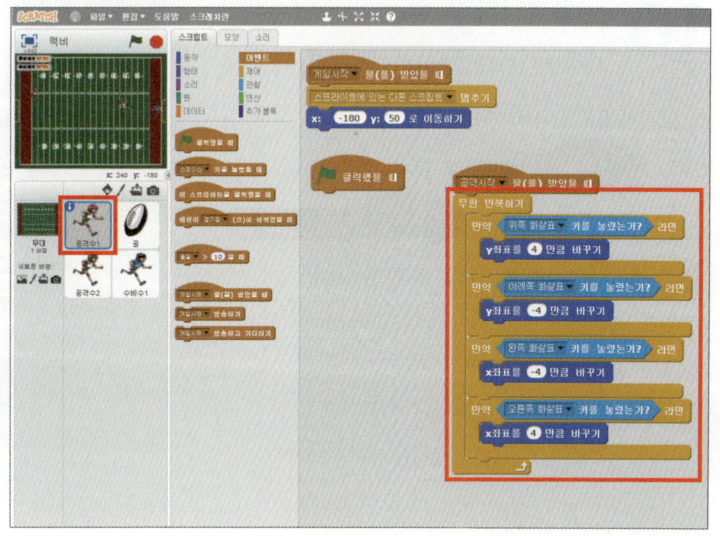

**08** '공격시작'을 방송 받으면 [공] 스프라이트가 [공격수1] 또는 [공격수2] 스프라이트에 닿으면 닿은 스프라이트를 따라다니도록 하겠습니다.

클릭했을 때 명령 블록 대신 [이벤트] 팔레트의 공격시작 을(를) 받았을 때 명령 블록을 연결하고 클릭했을 때 명령 블록은 삭제합니다.

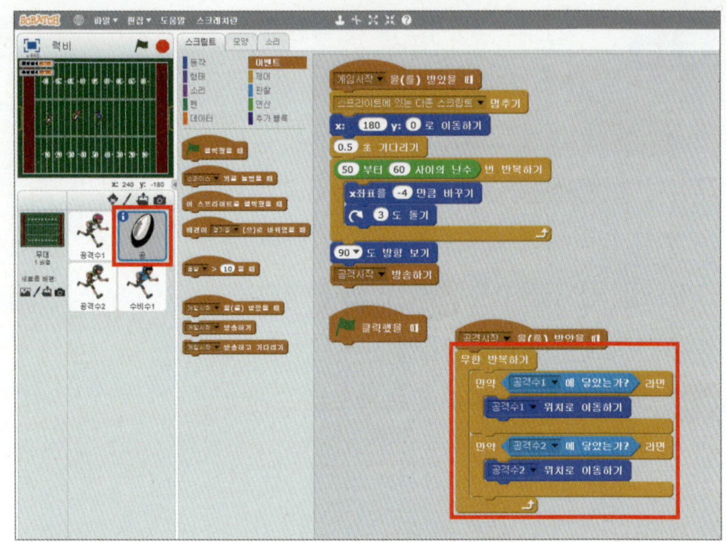

**09** '공격시작'을 방송 받으면 [공격수2] 스프라이트를 마우스로 조정하겠습니다. [공격수2] 스프라이트를 선택한 다음 클릭했을 때 명령 블록에 연결된 부분을 [이벤트] 팔레트의 공격시작 을(를) 받았을 때 명령 블록으로 드래그해 연결합니다.

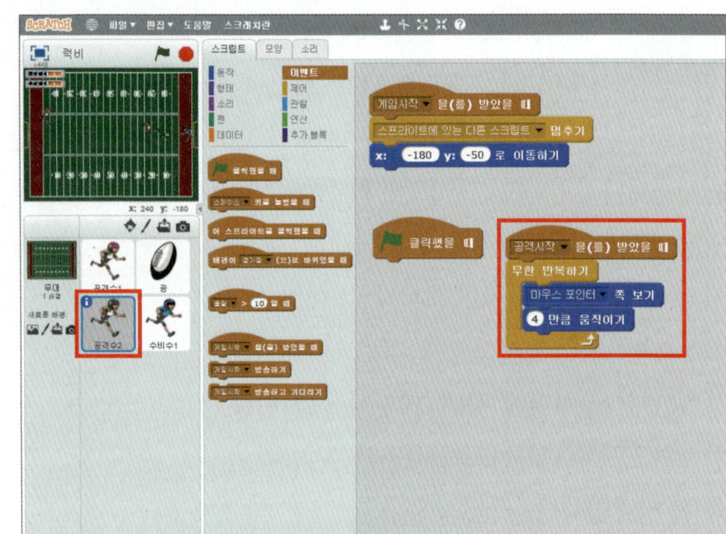

**10** '공격시작'을 방송 받으면 [수비수1] 스프라이트가 움직이도록 하겠습니다. [수비수1] 스프라이트를 선택한 다음 클릭했을 때 명령 블록에 연결된 부분을 [이벤트] 팔레트의 공격시작 을(를) 받았을 때 명령 블록으로 드래그해 연결합니다.

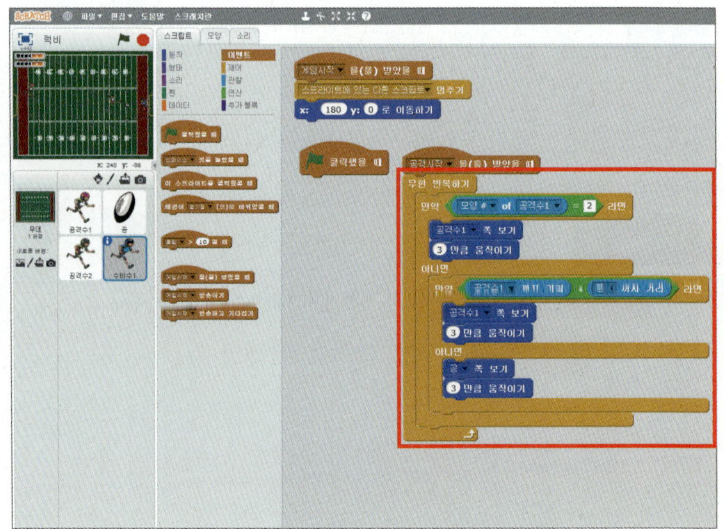

**11** 이번에는 [공격수1] 또는 [공격수2], [공] 스프라이트에 닿으면 모두▼ 멈추기 명령 블록을 실행하지 않고 현재 위치에서 다시 시작할 수 있도록 '다시시작' 이벤트를 만들어 보겠습니다. [수비수1] 스프라이트를 선택한 다음 모두▼ 멈추기 명령 블록을 드래그해 삭제하고 [이벤트] 팔레트의 게임시작▼ 방송하기 명령 블록을 연결합니다. ▼를 클릭해 '새 메시지…'를 선택한 다음 [새 메시지] 대화상자가 나타나면 '다시 시작'을 입력하고 [확인]을 클릭합니다.

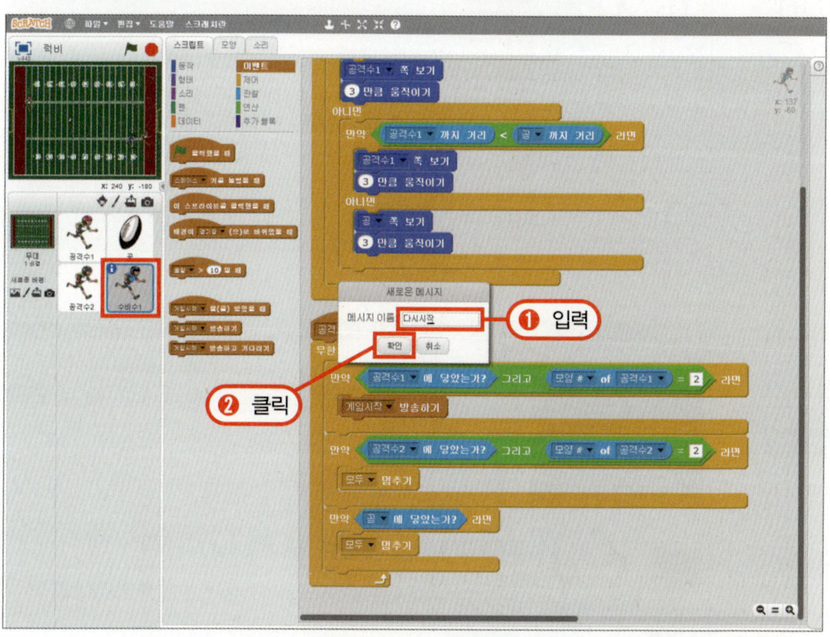

**12** 같은 방법으로 모두▼ 멈추기 명령 블록 대신 게임시작▼ 방송하기 명령 블록을 연결하고 ▼를 클릭해 '다시시작'을 선택합니다.

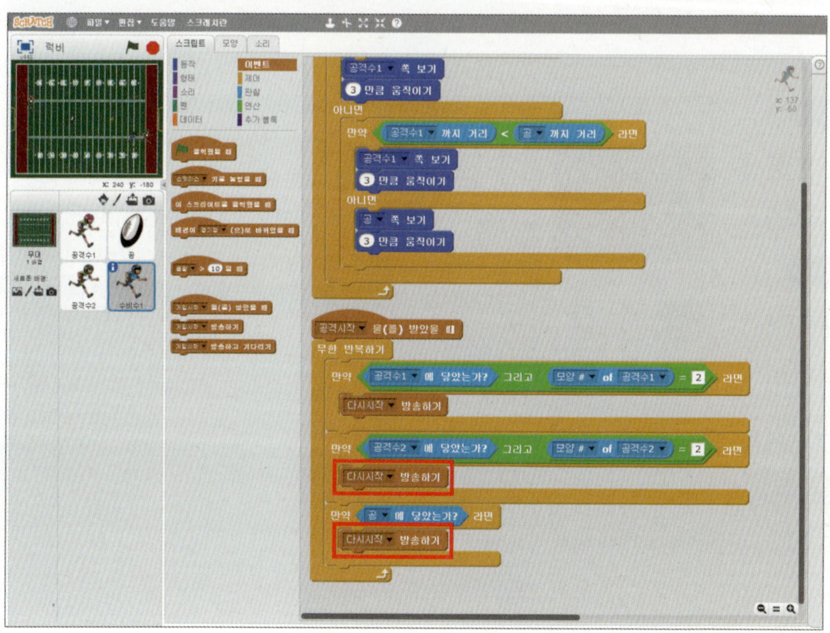

**13** [이벤트] 팔레트의 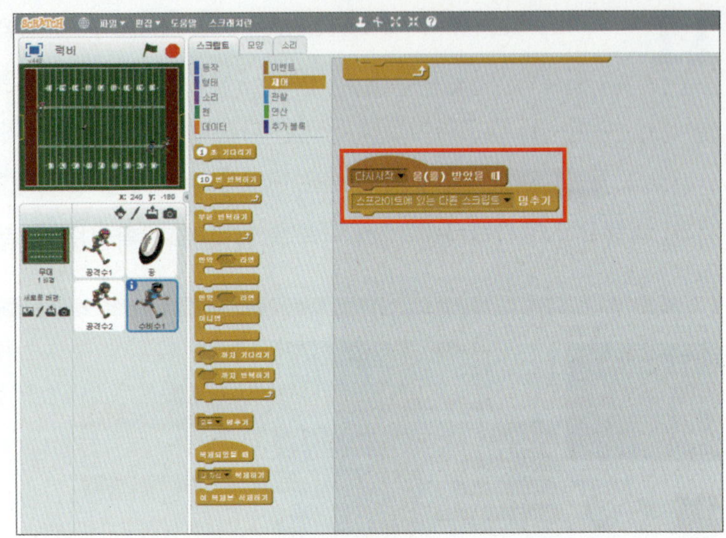 명령 블록
을 연결한 다음 ▼를 클릭해 '다시시작'을 선
택합니다. [제어] 팔레트의 명령
블록을 연결한 다음 ▼를 클릭해 '이 스프라
이트에 있는 다른 스크립트'를 선택합니다.
이렇게 코딩하면 '다시시작'을 방송 받으면
'공격시작'의 무한 반복이 멈추게 됩니다.

**14** '다시시작'을 받았을 때 [수비수1]
스프라이트의 위치를 지정하기
위해 [동작] 팔레트의 명령 블록을 연결한 다음 x 좌표 값에 [연산]
팔레트의 명령 블록을 연결합니다.

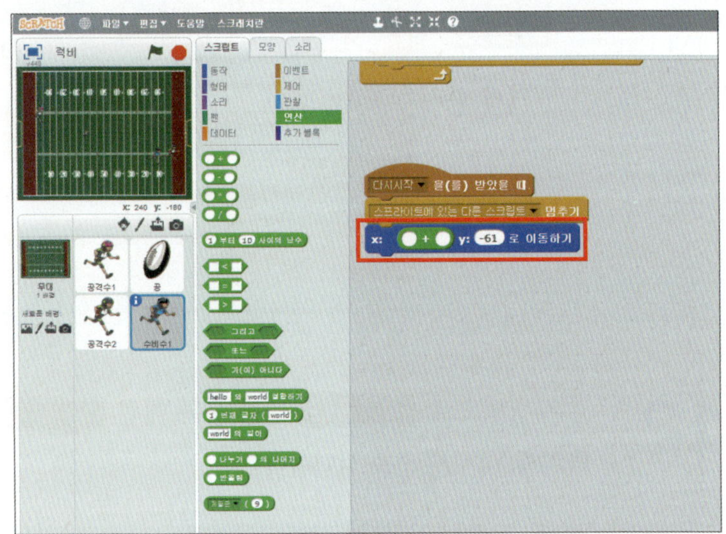

**15** [관찰] 팔레트의 명령 블록을 연결한 다음 ▼를
클릭해 'x좌표'와 '공'을 선택하고 값에 '80'을
입력합니다. 같은 방법으로
명령 블록을 연결한 다음 ▼를 클릭해 'y좌
표'와 '공'을 선택합니다. 이렇게 코딩하면
'다시 시작'을 받으면 지정된 위치로 이동합
니다.

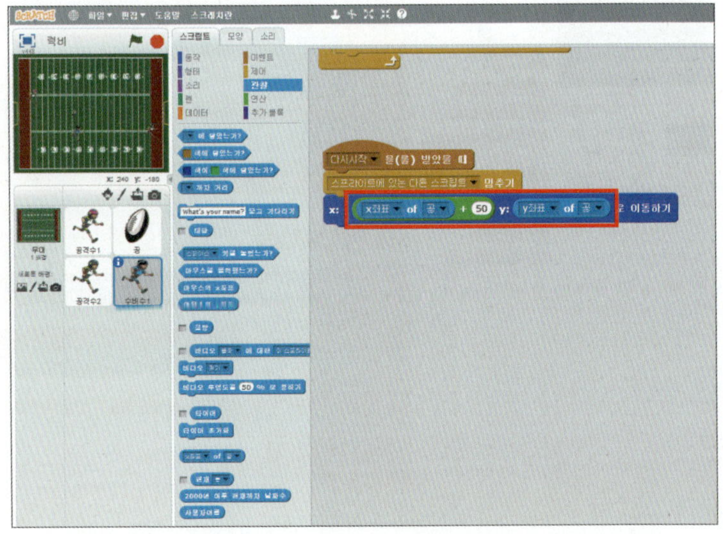

**16** [다시시작]을 방송 받았을 때 [공격수1] 스프라이트의 위치를 지정하기 위해 [공격수1] 스프라이트를 선택한 다음 [이벤트] 팔레트의 `공격시작 ▼ 을(를) 받았을 때` 명령 블록을 연결하고 ▼를 클릭해 '다시시작'을 선택합니다. [제어] 팔레트의 `모두 ▼ 멈추기` 명령 블록을 연결한 다음 ▼를 클릭해 '스프라이트에 있는 다른 스크립트'를 선택합니다. 이렇게 코딩하면 [공격시작] 스크립트의 무한 반복이 멈추게 되어 [공격수1] 스프라이트를 키보드로 움직일 수 없습니다.

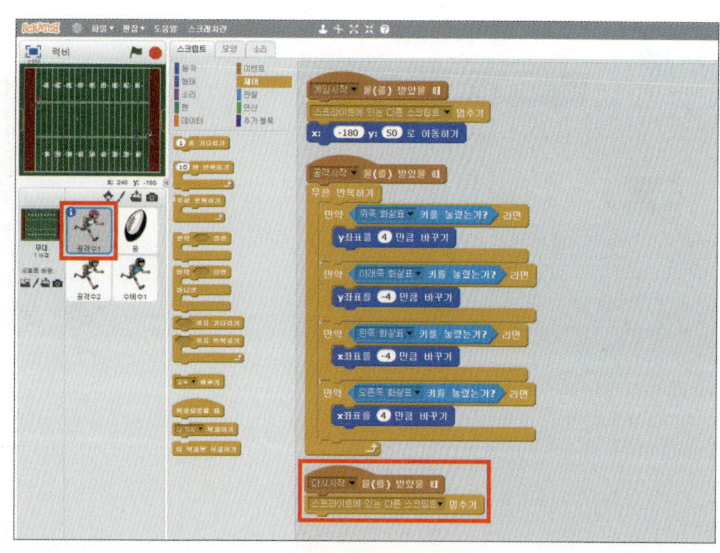

**17** [동작] 팔레트의 `마우스 포인터 ▼ 위치로 이동하기` 명령 블록을 연결한 다음 ▼를 클릭해 '공'을 선택합니다. 이렇게 코딩하면 '다시 시작'을 방송 받으면 '공' 스프라이트의 위치로 이동합니다.

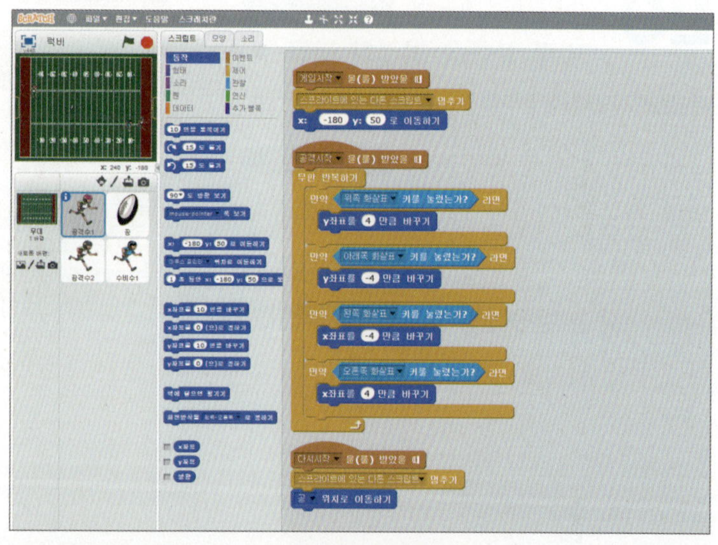

**18** [다시 시작]을 방송 받았을 때 [공격수2] 스프라이트의 위치를 지정하기 위해 [공격수2] 스프라이트를 선택한 다음 [이벤트] 팔레트의 `공격시작 ▼ 을(를) 받았을 때` 명령 블록을 연결하고 ▼를 클릭해 '다시 시작'을 선택합니다. [제어] 팔레트의 `모두 ▼ 멈추기` 명령 블록을 연결한 다음 ▼를 클릭해 '스프라이트에 있는 다른 스크립트'를 선택합니다.

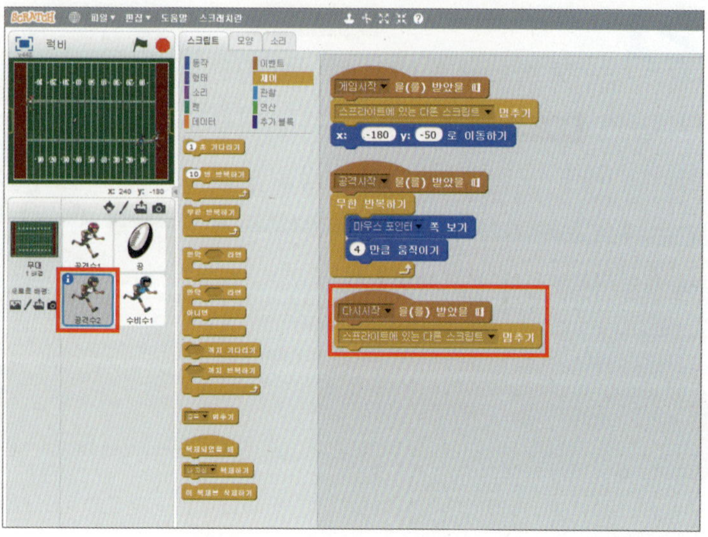

**19** [동작] 팔레트의
x: 188 y: 11 로 이동하기 명령 블록을 연결한 다음 x 좌표 값에 [연산] 팔레트의 ◯-◯ 명령 블록을 연결합니다.

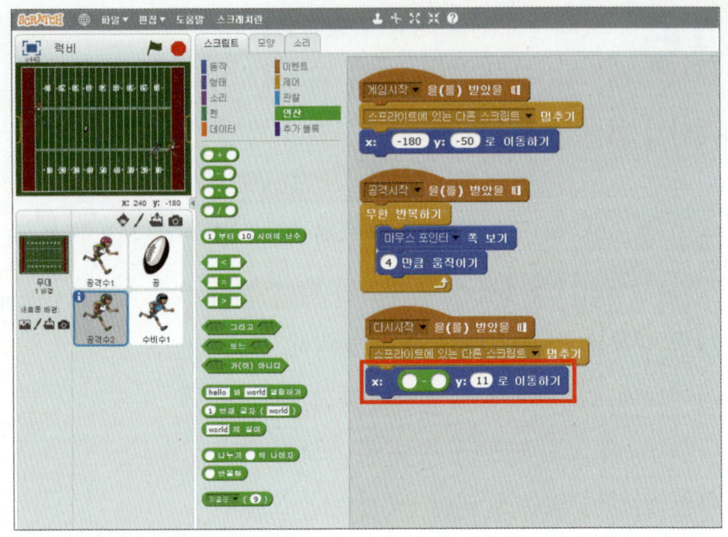

**20** [관찰] 팔레트의 x좌표 of 공 명령 블록을 연결한 다음 ▼를 클릭해 'x좌표'와 '공'을 선택하고 값에 '80'을 입력합니다. 같은 방법으로 x좌표 of 공 명령 블록을 연결한 다음 ▼를 클릭해 'y좌표'와 '공'을 선택합니다. 이렇게 코딩하면 '다시 시작'을 방송 받으면 [공] 스프라이트보다 왼쪽에 위치합니다.

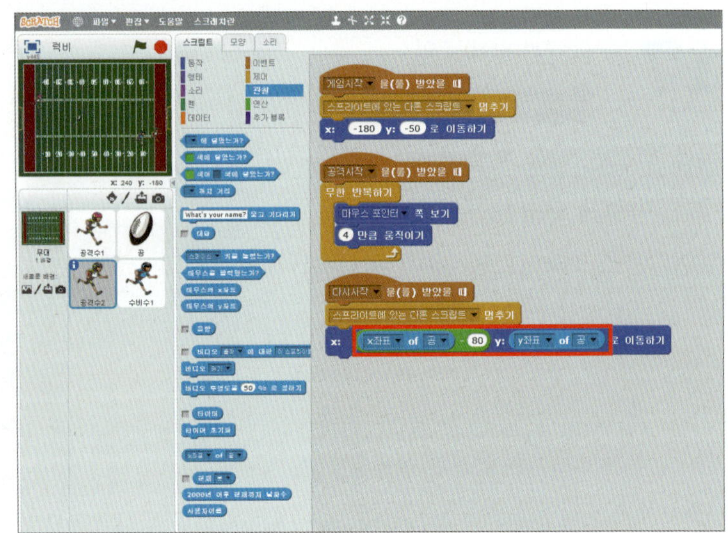

**21** [제어] 팔레트의 1초 기다리기 명령 블록을 연결합니다. [이벤트] 팔레트의 공격시작 방송하기 명령 블록을 연결합니다. 이렇게 코딩하면 다시 시작을 방송 받은 후 1초를 기다리고 '공격 시작'을 방송해 게임이 다시 시작됩니다.

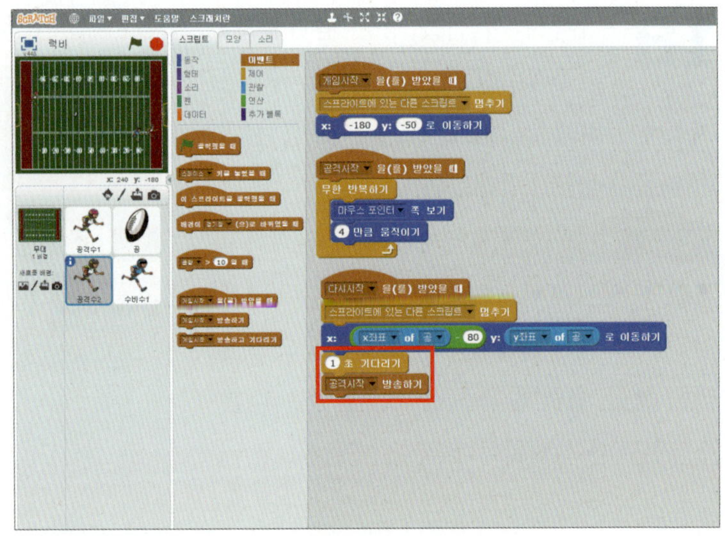

# 터치다운 만들기

[공] 스프라이트가 [공격수1] 스프라이트나 [공격수2] 스프라이트에 닿았고 지정된 x 좌표를 벗어나면 점수를 바꾸도록 코딩하겠습니다. 점수는 '공격점수'와 '수비점수' 변수를 만들어 [공] 스프라이트의 x 좌표가 −220보다 작으면 '수비점수'를 1만큼 바꾸고 x 좌표가 220보다 크면 '공격점수'를 1만큼 바꾸겠습니다.

**01** '공격점수'와 '수비점수' 변수를 만들기 위해 [데이터] 팔레트의 변수 만들기 를 클릭합니다. [새로운 변수] 대화상자가 나타나면 '공격점수'를 입력하고 [확인]을 클릭합니다. 같은 방법으로 '수비점수' 변수를 만듭니다.

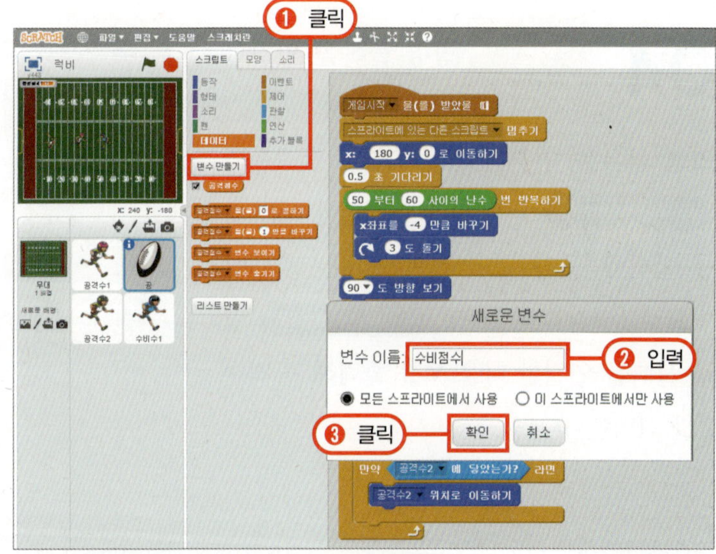

**02** [공] 스프라이트가 [공격수1] 또는 [공격수2] 스프라이트에 닿았고 특정한 x 좌표를 벗어나면 '공격점수' 변수의 값을 1만큼 바꾸겠습니다. [공] 스프라이트를 선택한 다음 [이벤트] 팔레트의 공격시작 ▼ 을(를) 받았을 때 명령 블록을 연결한 다음 [제어] 팔레트의 무한 반복하기 명령 블록을 연결합니다.

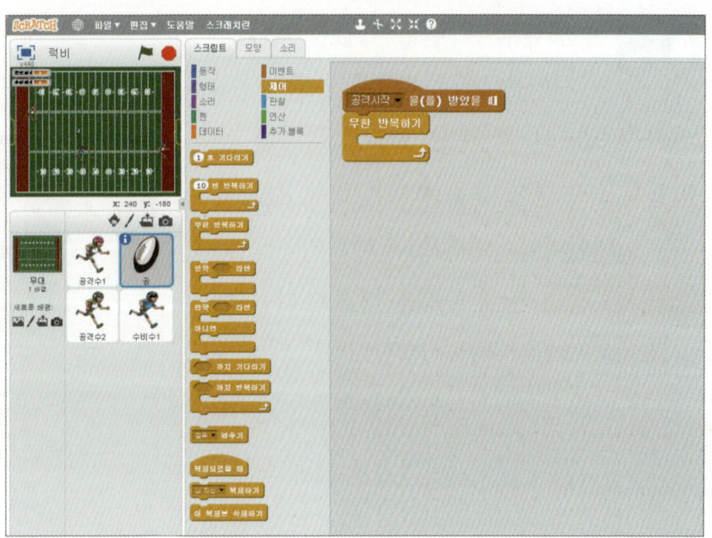

**03** [제어] 팔레트의 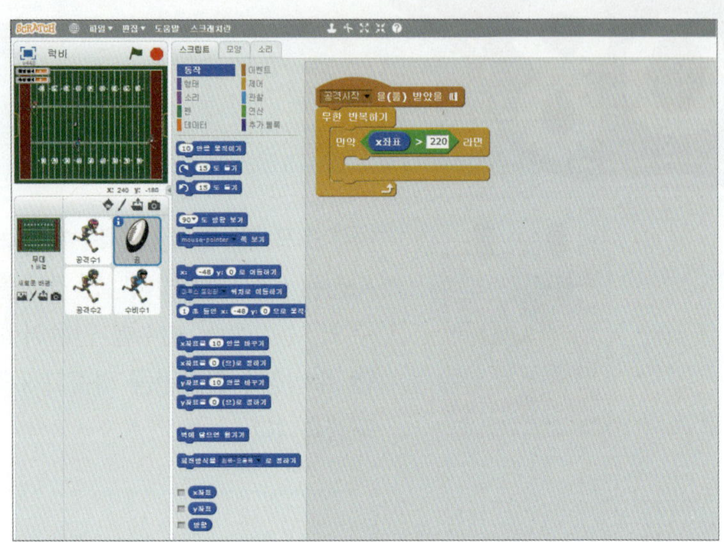 명령 블록을 연결한 다음 [연산] 팔레트의 명령 블록을 연결합니다. [동작] 팔레트의 x좌표 명령 블록을 연결한 다음 값에 '220'을 입력합니다.

**04** 명령 블록을 연결한 다음 [연산] 팔레트의 또는 명령 블록을 연결합니다. [관찰] 팔레트의 ▼ 에 닿았는가? 명령 블록을 연결한 다음 ▼를 클릭해 '공격수1'을 선택합니다. 같은 방법으로 [관찰] 팔레트의 ▼ 에 닿았는가? 명령 블록을 연결한 다음 ▼를 클릭해 '공격수2'를 선택합니다.

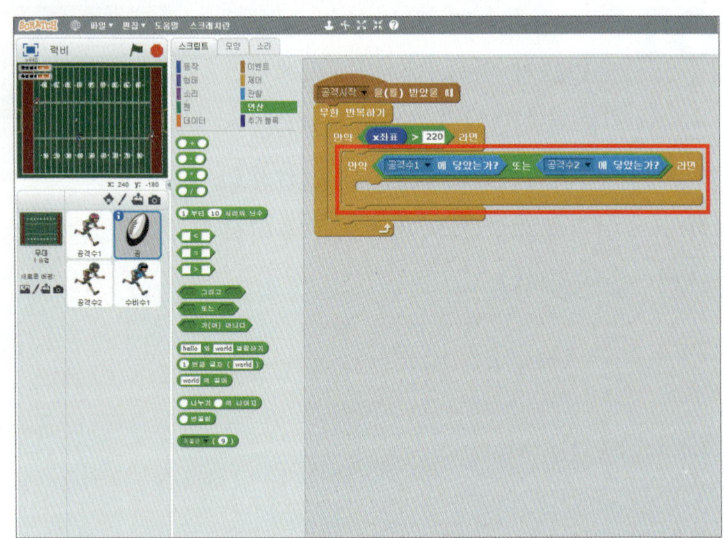

**05** '공격점수' 변수의 값을 바꾸고 게임을 다시 시작하기 위해 [데이터] 팔레트의 수비점수▼ 을(를) 1 만큼 바꾸기 명령 블록을 연결한 다음 ▼를 클릭해 '공격점수'를 선택합니다. [이벤트] 팔레트의 공격시작▼ 방송하기 명령 블록을 연결한 다음 ▼를 클릭해 '게임시작'을 선택합니다.

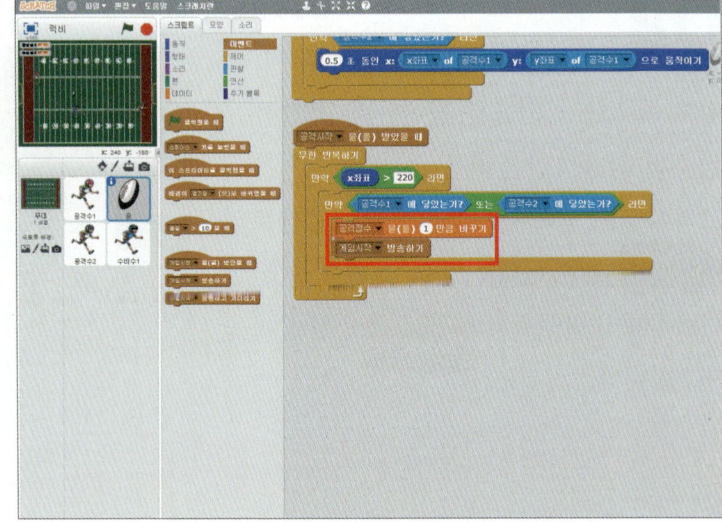

**06** 같은 방법으로 [공] 스프라이트의 x 좌표가 −220보다 작으면 '수비점수' 변수의 값을 1만큼 바꾸고 [게임시작]을 방송하도록 코딩합니다.

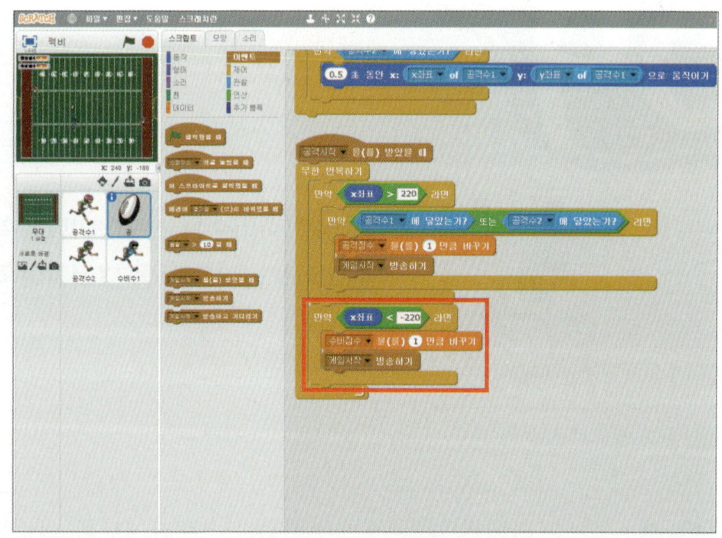

**07** 프로그램을 실행하면 키보드와 마우스로 스프라이트를 이동할 수 있습니다. 그리고 [공] 스프라이트의 위치에 따라 점수가 바뀝니다. 프로그램을 멈춘 다음 다시 실행하면 가장 마지막 점수가 그대로 남아있습니다.

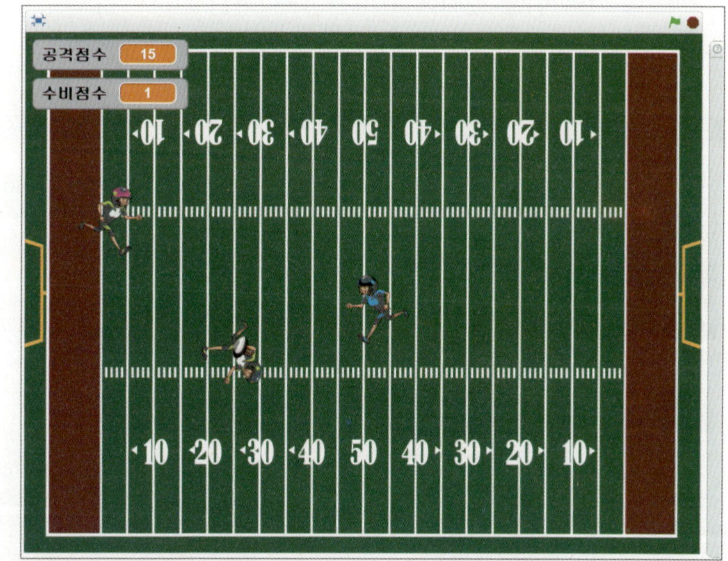

**08** 프로그램을 실행할 때마다 '공격점수' 변수와 '수비점수' 변수의 값을 '0'으로 정하기 위해 무대를 선택한 다음 [데이터] 팔레트의 `수비점수 ▼ 을(를) 0 로 정하기` 명령 블록을 `클릭했을 때` 명령 블록에 연결합니다. ▼를 클릭해 '공격점수'를 입력하고 `수비점수 ▼ 을(를) 0 로 정하기` 명령 블록을 하나 더 연결합니다. 이렇게 하면 프로그램을 실행할 때마다 '공격점수' 변수와 '수비점수' 변수의 값이 0으로 정해집니다.

# 수비수 인원 늘리기

완성된 [수비수1] 스프라이트를 복사해 수비수의 인원을 늘려보겠습니다. 프로그램의 난이도 등을 고려하여 적절한 수비수 인원을 만들어 보세요.

**01** 스프라이트 영역에서 [수비수1] 스프라이트를 선택한 다음 마우스 오른쪽 단추를 눌러 [복사]를 선택해 완성된 [수비수1] 스프라이트를 복사합니다. 스프라이트를 복사하면 스프라이트에 있는 모든 명령 블록이 함께 복사됩니다.

**02** 복사된 [수비수2] 스프라이트를 선택한 다음 프로그램을 실행하면 나타날 위치와 '다시 시작'을 방송 받으면 나타날 위치를 변경합니다. 그리고 [다시시작]을 받았을 때 1초를 기다린 후 [공격시작]을 방송하는 부분을 드래그해 삭제합니다. [공격시작]은 [수비수1]에서만 방송하면 됩니다.

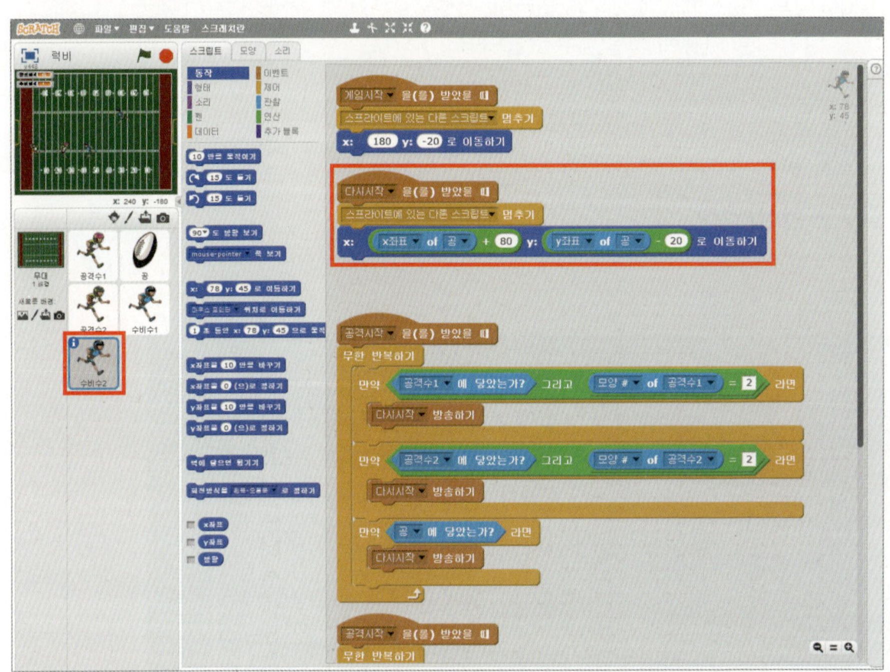

**03** [수비수2] 스프라이트는 [공격수2] 또는 [공] 스프라이트를 따라다니도록 프로그램을 변경합니다.

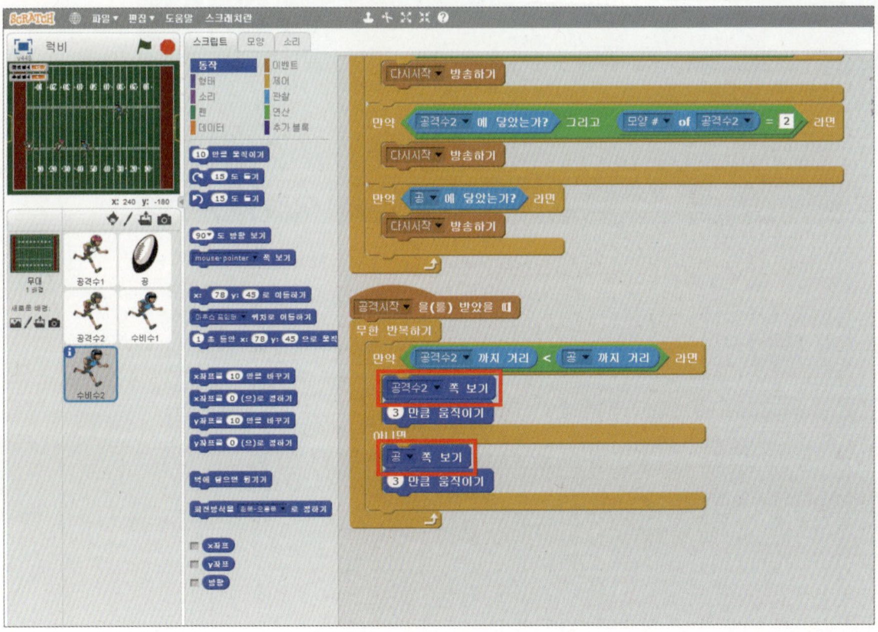

# Chapter 6

# 내일은 피구왕(함수)

이 프로그램은 4개의 스프라이트를 번호키를 눌러 조절할 수 있는 프로그램입니다. '1~4'키를 누를 때마다 지정된 스프라이트를 선택할 수 있으며, 선택된 스프라이트는 방향키를 이용해 조절할 수 있습니다.

**예제 파일** 　　내일은 피구왕.sb2

**완성 파일** 　　내일은 피구왕(완성).sb2

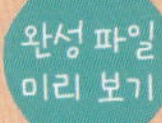


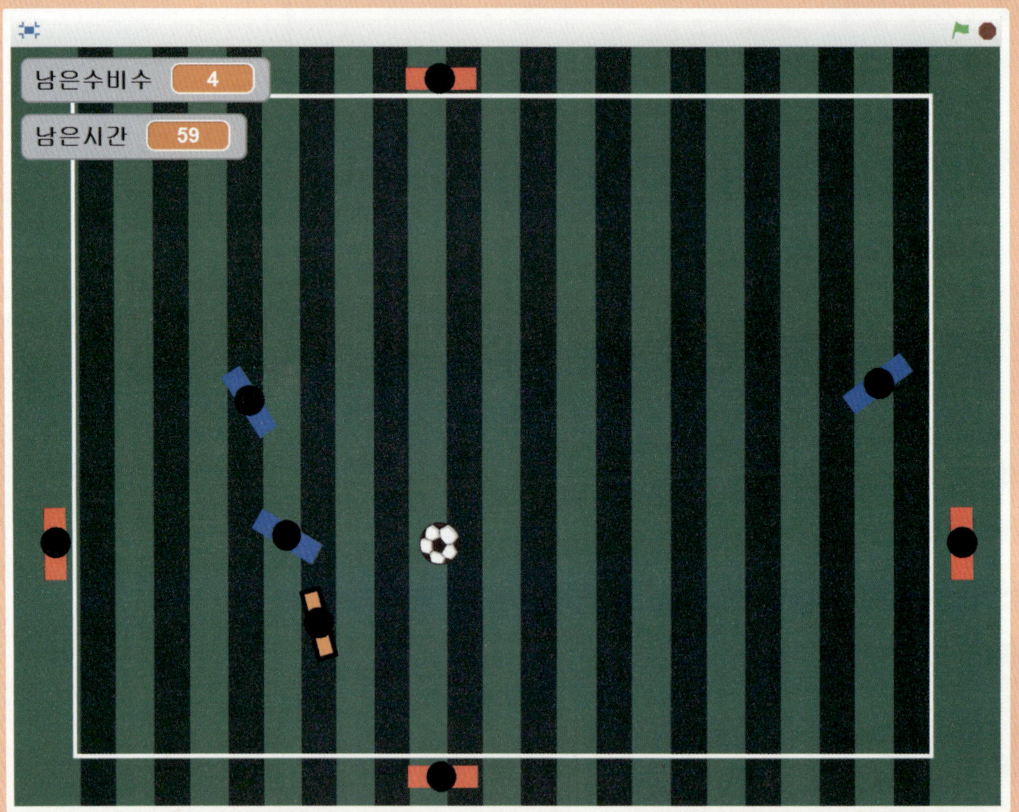


## Q 어떤 것을 할 수 있나요?

- 특정 스프라이트를 이용하여 위치를 정할 수 있습니다.
- 변수를 사용하여 스프라이트를 번갈아 선택할 수 있습니다.
- 선택한 스프라이트만 키보드를 이용하여 조정할 수 있습니다.

# ①~④키를 누를 때마다
# 이동할 [수비수] 스프라이트 선택하기

①~④키를 누르면 [수비수1]~[수비수4] 스프라이트를 선택하도록 코딩하겠습니다. 그리고 선택된 스프라이트는 모양을 바꾸고 키보드를 이용해 움직이도록 코딩하겠습니다.

**01** 스크래치를 실행한 다음 예제 파일(내일은 피구왕.sb2)을 불러옵니다. [무대]를 선택한 다음 [이벤트] 팔레트의 클릭했을 때 명령 블록을 연결합니다.

**02** ①~④키가 눌렸는지 확인하기 위해 [제어] 팔레트의 무한 반복하기 명령 블록을 연결합니다. 만약 라면 명령 블록을 연결합니다.

**03** [관찰] 팔레트의 스페이스▼ 키를 눌렀는가? 명령 블록을 연결한 다음 ▼를 클릭해 '1'를 선택합니다. [이벤트] 팔레트의 메시지1 방송하기 명령 블록을 연결한 다음 ▼를 클릭해 '새 메시지...'를 선택합니다.

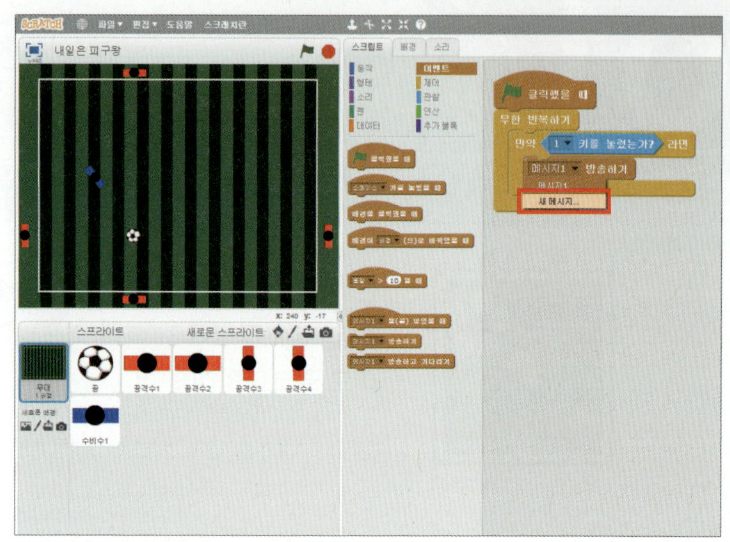

**04** [새 메시지] 대화상자가 나타나면 '수비수1'을 입력하고 [확인]을 클릭합니다.

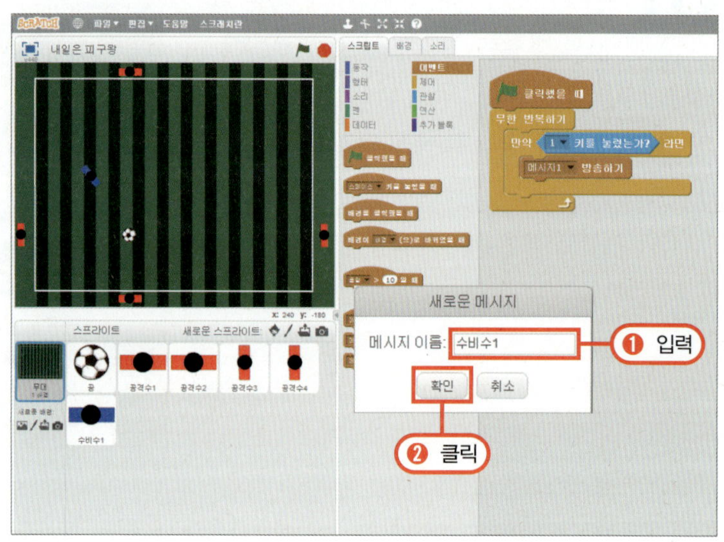


**05** [제어] 팔레트의 만약 ~라면 명령 블록을 연결합니다. [관찰] 팔레트의 스페이스▼ 키를 눌렀는가? 명령 블록을 연결한 다음 ▼를 클릭해 '2'를 선택합니다.

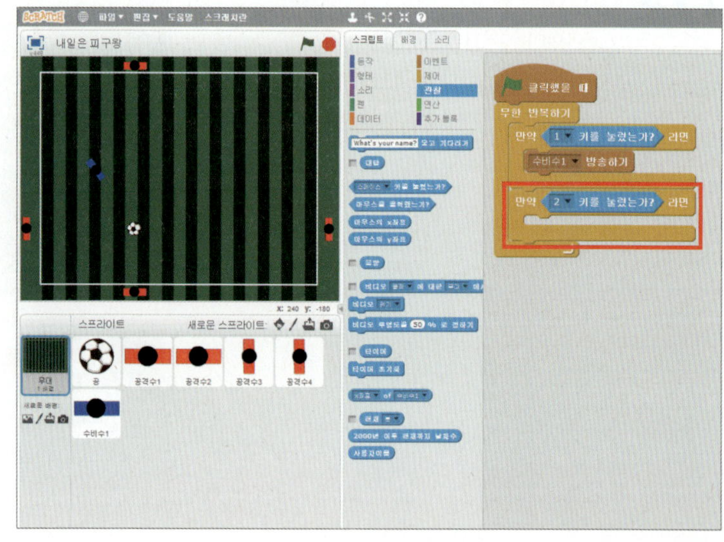

## 06

[이벤트] 팔레트의 `수비수1 ▼ 방송하기` 명령 블록을 연결한 다음 ▼를 클릭해 '새 메시지…'를 선택합니다. [새 메시지] 대화상자가 나타나면 '수비수2'를 입력하고 [확인]을 클릭합니다.

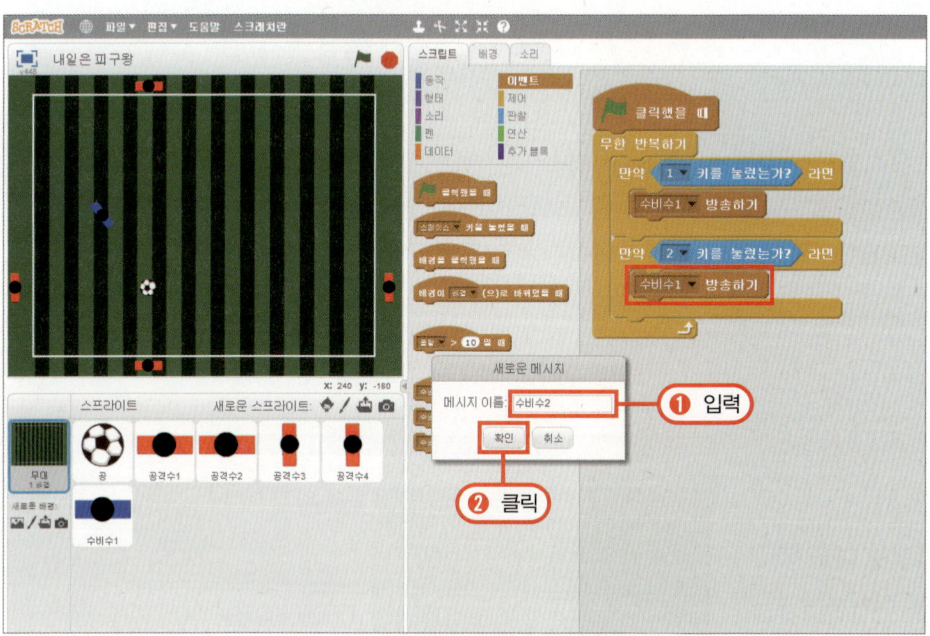


**07** ③키를 누르면 '수비수3'을 방송하고 ④키를 누르면 '수비수4'를 방송하도록 코딩합니다. '수비수1' 이벤트는 [수비수1] 스프라이트를 선택해 움직일 수 있고, '수비수2' 이벤트는 [수비수2] 스프라이트를 선택, '수비수3' 이벤트는 [수비수3] 스프라이트 선택, '수비수4' 이벤트는 [수비수4] 스프라이트 선택하여 움직이는 이벤트입니다.

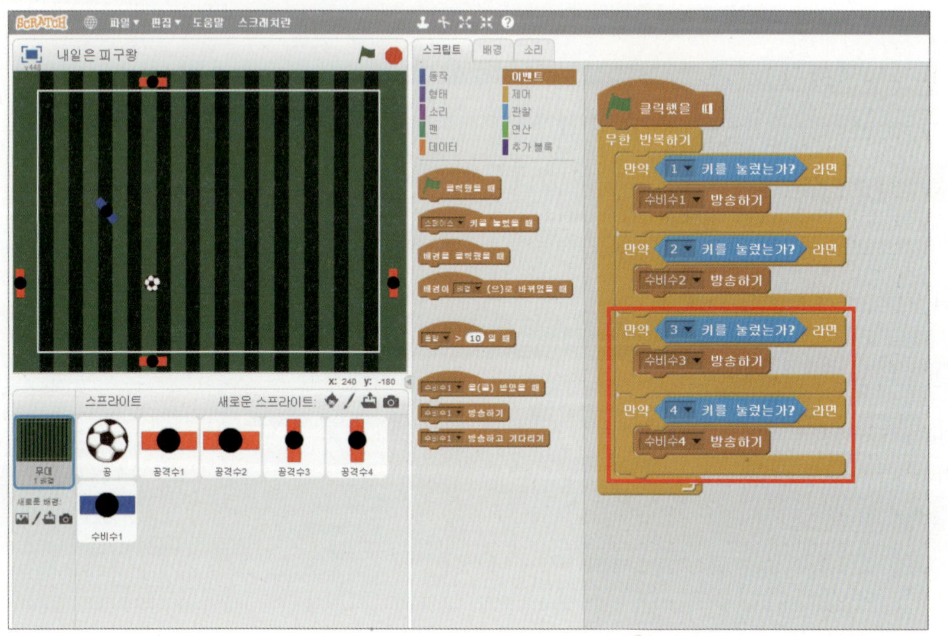

**tip**

**[수비수2] 스프라이트 ~[수비수4] 스프라이트**
[수비수2] 스프라이트~[수비수4] 스프라이트는 [수비수1] 스프라이트의 코딩이 끝나면 복사해서 만들 스프라이트입니다.

# Section 02

## 키보드로 조정하는
## 수비수 스프라이트 코딩하기

[수비수1~수비수4] 스프라이트는 ①~④키를 누르면 지정된 스프라이트를 선택할 수 있으며, 선택된 스프라이트는 방향키를 눌러 이동하겠습니다. 그리고 선택되지 않은 스프라이트는 이동을 멈추도록 코딩하겠습니다.

**01** [수비수1] 스프라이트를 선택한 다음 [이벤트] 팔레트의 클릭했을 때 명령 블록을 드래그한 다음 [형태] 팔레트의 보이기 명령 블록을 연결합니다.

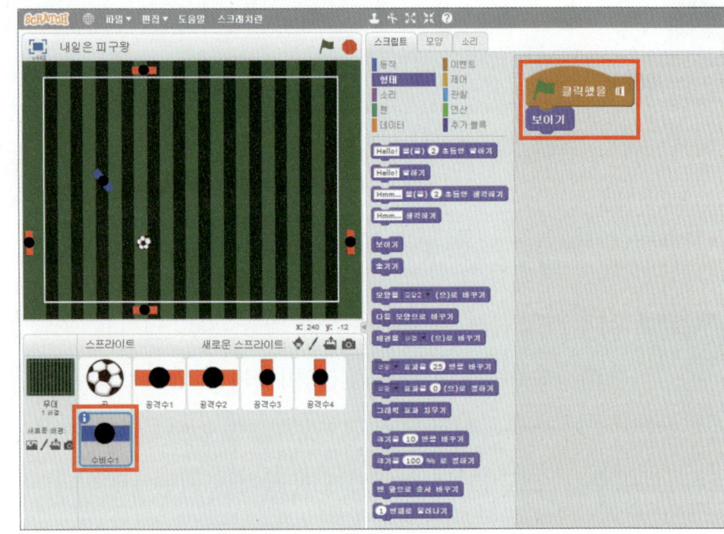

**02** '수비수1'을 방송 받으면 [공] 스프라이트에 닿았는지 확인하기 위해 [이벤트] 팔레트의 수비수1 ▼ 을(를) 받았을 때 명령 블록을 연결합니다. [제어] 팔레트의 무한 반복하기 명령 블록을 연결합니다.

만약 라면 명령 블록을 연결한 다음 [관찰] 팔레트의 ▼ 에 닿았는가? 명령 블록을 연결하고 ▼를 클릭해 '공'을 선택합니다.

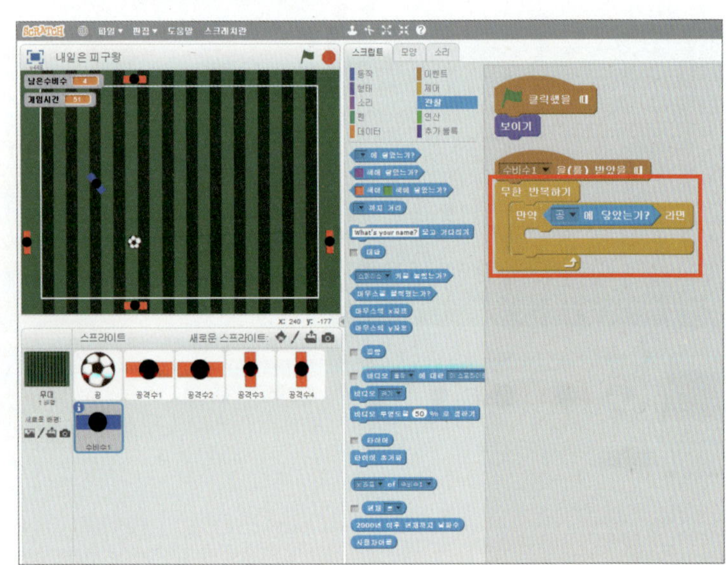

**03** [공] 스프라이트에 닿았다면 화면에서 숨기기 위해 [형태] 팔레트의 `숨기기` 명령 블록을 연결합니다.

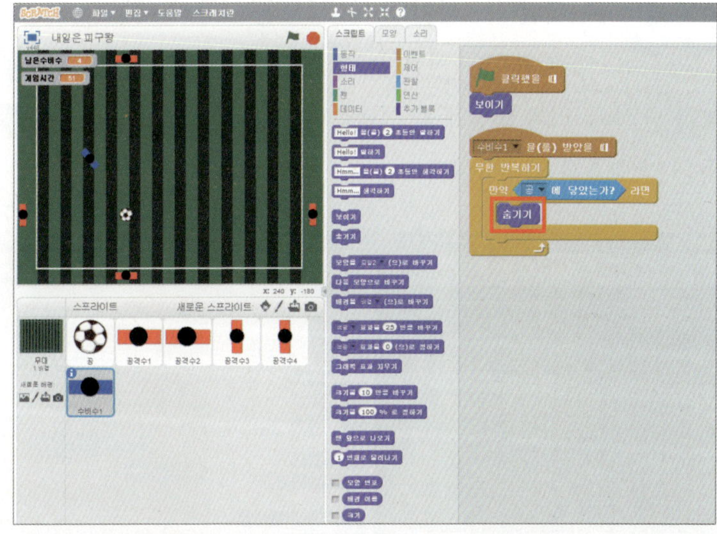

**04** [이벤트] 팔레트의 `수비수1 ▼ 을(를) 받았을 때` 명령 블록을 연결한 다음 [형태] 팔레트의 `모양을 모양2 ▼ (으)로 바꾸기` 명령 블록을 연결합니다.

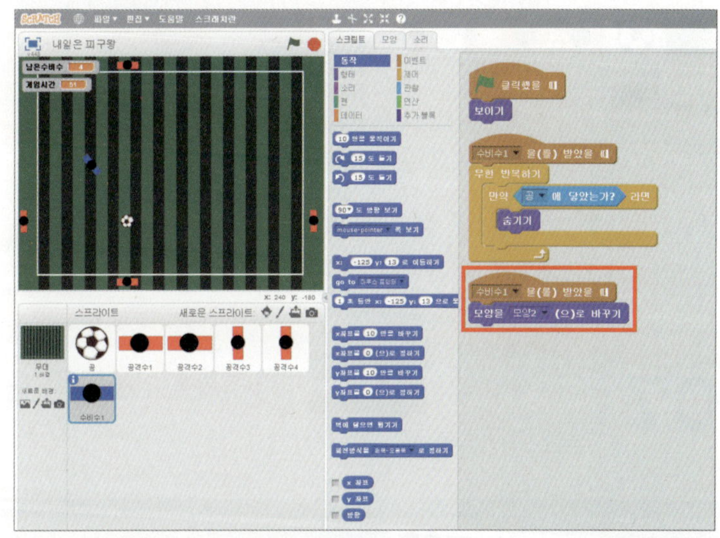

**05** [제어] 팔레트의 `무한 반복하기` 명령 블록을 연결합니다. [동작] 팔레트의 `마우스 포인터 ▼ 쪽 보기` 명령 블록을 연결한 다음 ▼를 클릭해 '공'을 선택합니다.

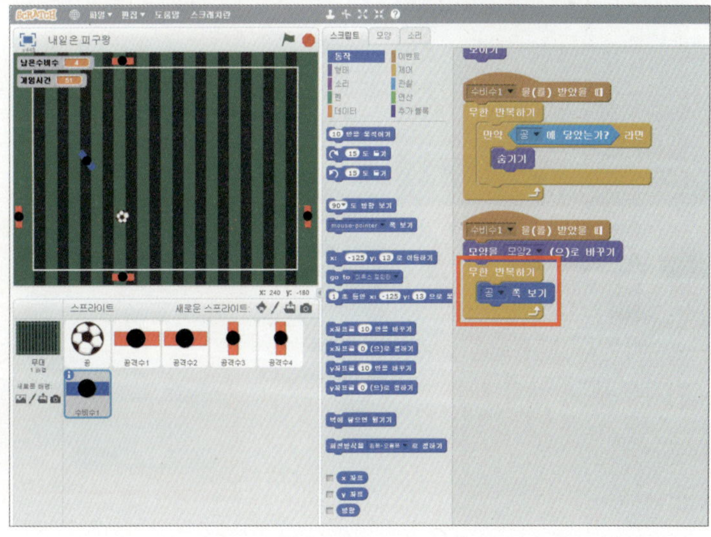

**06** 선택된 스프라이트만 키보드를 이용해 이동할 수 있도록 [제어] 팔레트의 명령 블록을 연결합니다. [관찰] 팔레트의 명령 블록을 연결하고 ▼를 클릭해 '위쪽 화살표'를 선택합니다. [동작] 팔레트의 명령 블록을 연결한 다음 값에 '3'을 입력합니다.

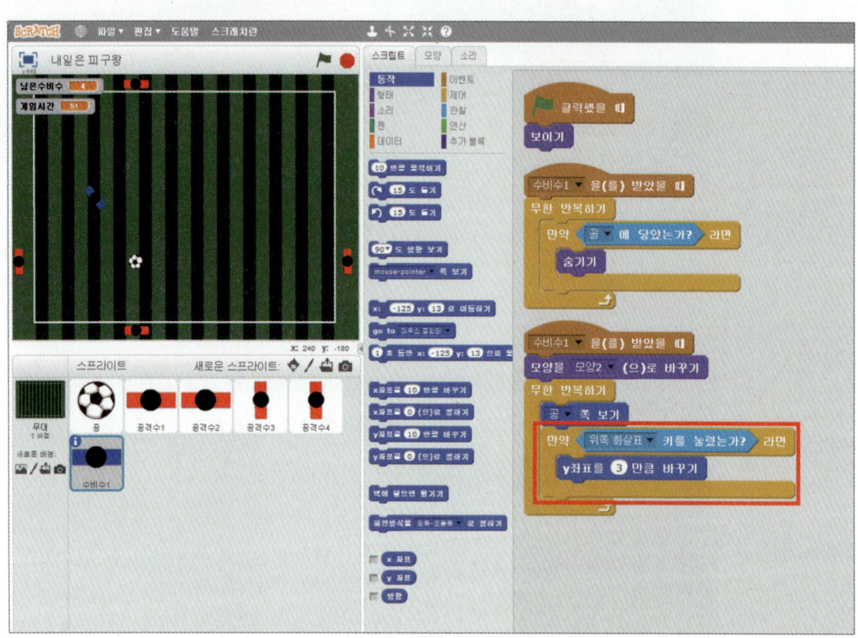

**07** 같은 방법으로 명령 블록을 연결해 ↓, ←, →키를 누르면 x 좌표 또는 y 좌표를 바꾸도록 코딩합니다.

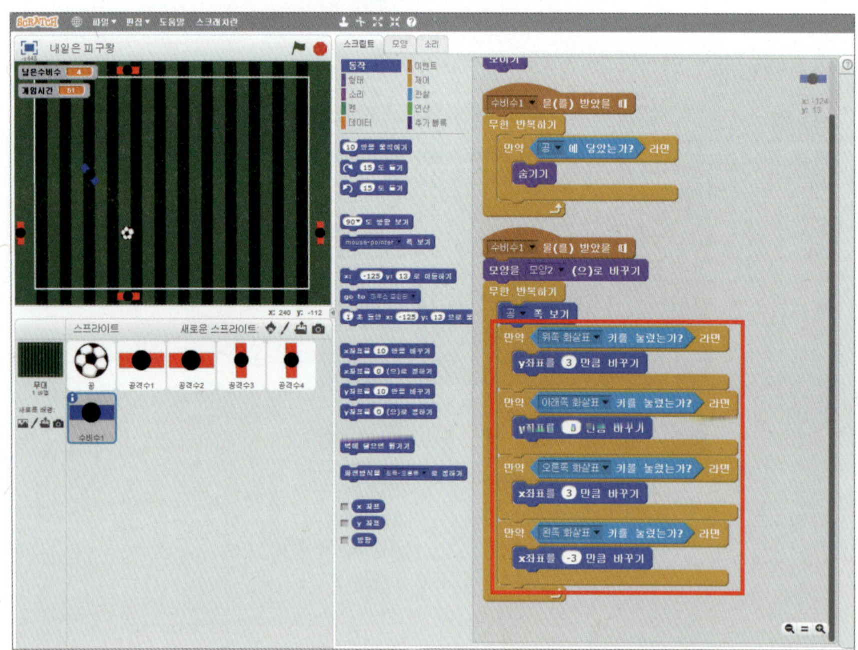

**08** [이벤트] 팔레트의 수비수1 ▼ 을(를) 받았을 때 명령 블록을 연결한 다음 ▼를 클릭해 '수비수2'를 선택합니다. '수비수2' 이벤트는 [수비수2] 스프라이트가 선택된 것이므로 더 이상 키보드로 움직이는 것을 멈추기 위해 [제어] 팔레트의 모두 ▼ 멈추기 명령 블록을 연결합니다. ▼를 클릭해 '스프라이트에 있는 다른 스크립트'를 선택합니다.

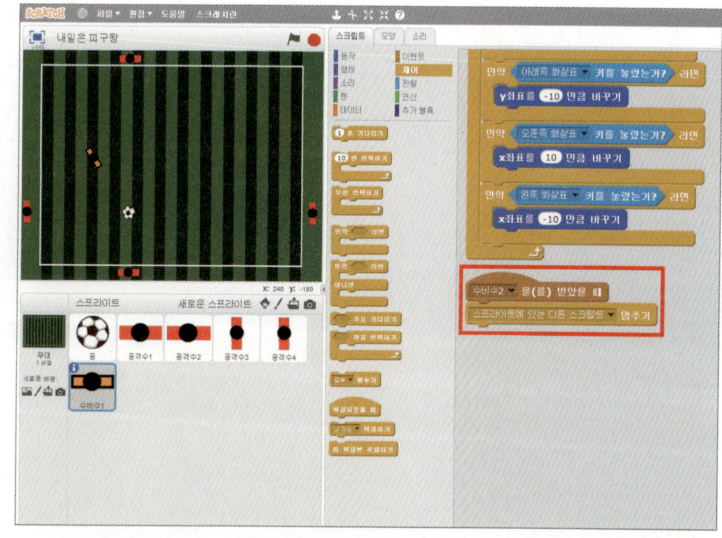

**09** '수비수2'를 방송 받으면 [수비수2] 스프라이트가 선택된 것이므로 모양을 '모양1'로 바꿉니다. [형태] 팔레트의 모양을 모양2 ▼ (으)로 바꾸기 명령 블록을 연결한 다음 ▼를 클릭해 '모양1'을 선택합니다.

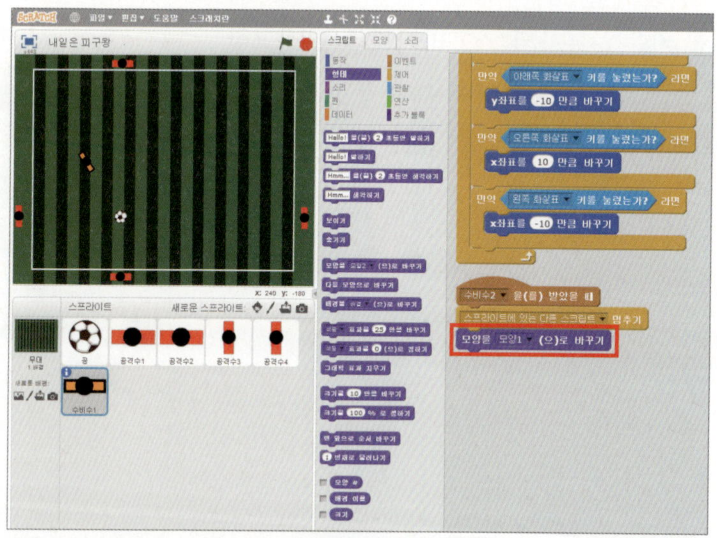

**10** '수비수1'을 방송 받으면 [공] 스프라이트에 닿았는지 확인하기 위해 [제어] 팔레트의 무한 반복하기 명령 블록을 연결한 다음 만약 라면 명령 블록을 연결합니다. [관찰] 팔레트의 공 ▼ 에 닿았는가? 명령 블록을 연결한 다음 [형태] 팔레트의 숨기기 명령 블록을 연결합니다.

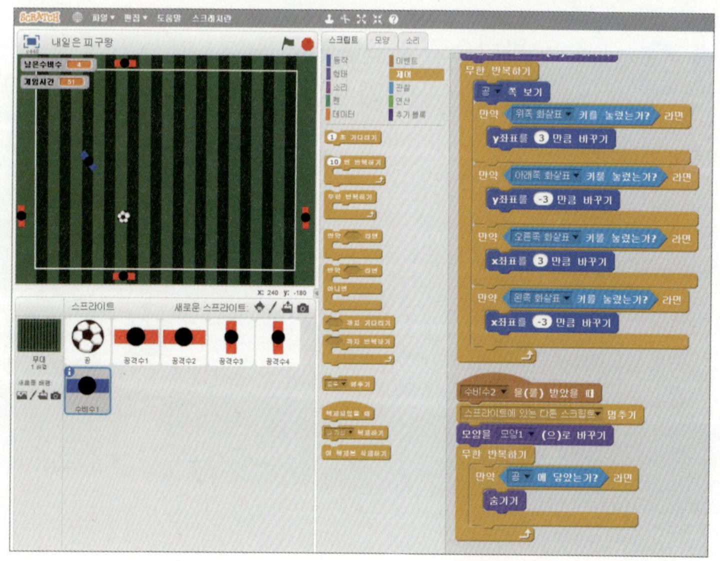

**11** 완성된 스크립트에서 마우스 오른쪽 단추를 눌러 [복사]를 선택합니다.

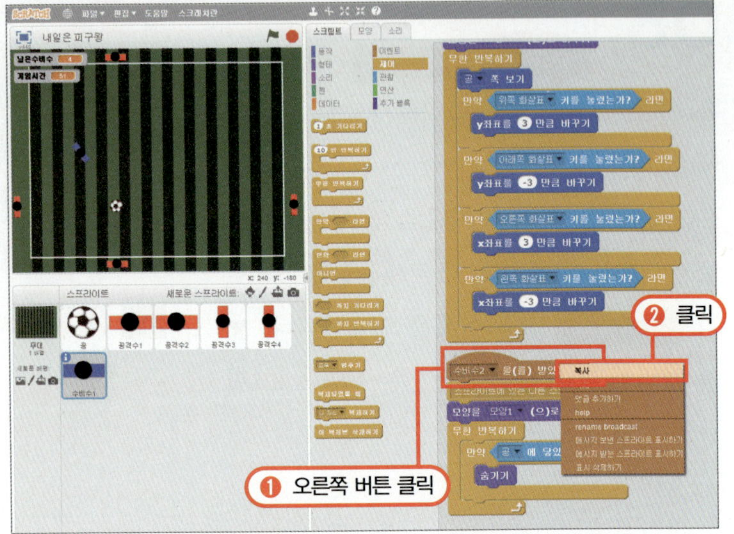


**12** 복사된 스프라이트를 드래그한 다음 클릭해 붙여 놓고 ▼를 클릭해 '수비수3'을 선택합니다.

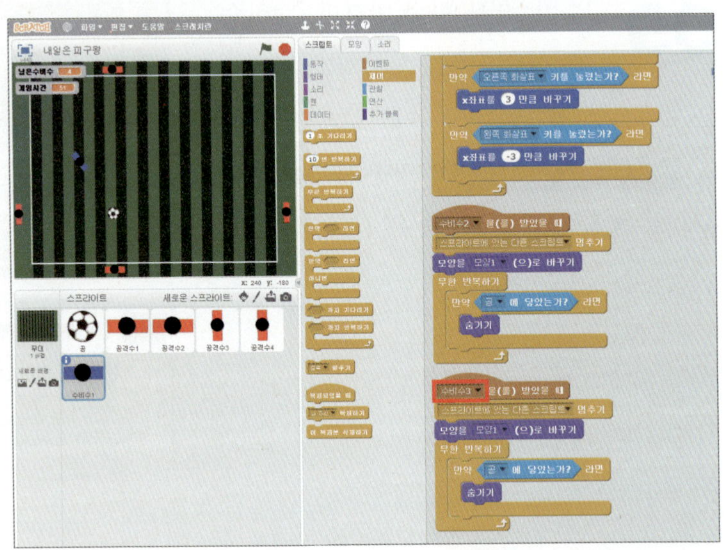

**13** 같은 방법으로 스크립트를 복사한 다음 ▼를 클릭해 '수비수4'를 선택합니다.

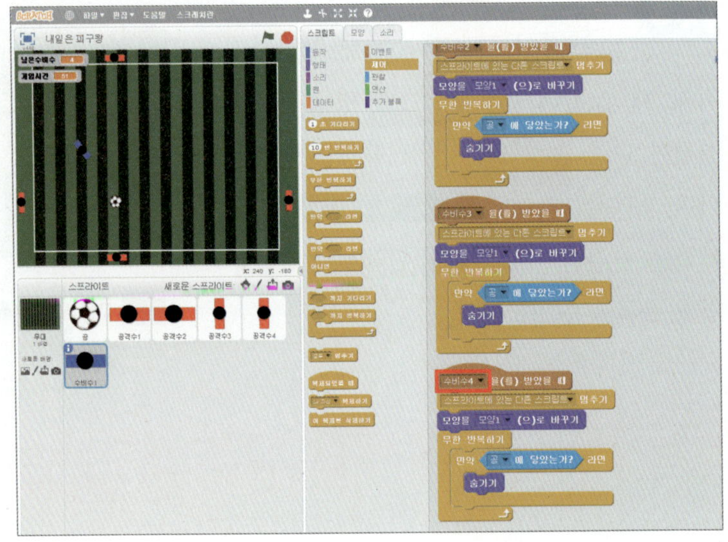

# 완성된 수비수 스프라이트를 복제하기

완성된 [수비수1] 스프라이트를 복제하여 네 개의 스프라이트로 만들어 보겠습니다. 기능은 모두 같지만, 방송 받는 이벤트에 따라 움직일 스프라이트가 다르게 선택하도록 코딩하겠습니다.

**01** 완성된 [수비수1] 스프라이트를 복사하겠습니다. 스프라이트 영역에서 [수비수1] 스프라이트를 선택한 다음 마우스 오른쪽 단추를 클릭해 '복사'를 선택합니다.

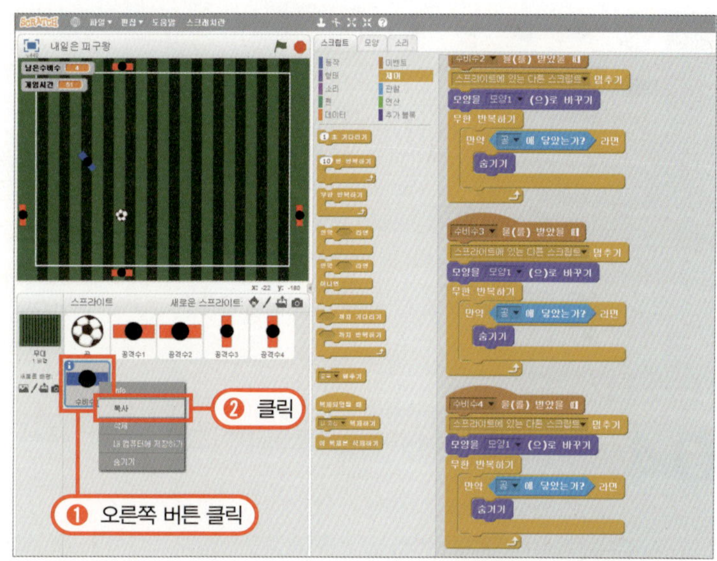


**02** 복사된 [수비수2] 스프라이트를 선택한 다음 [수비수1을 받았을 때]에서 ▼를 클릭해 '수비수2'를 선택합니다. 이렇게 코딩하면 '수비수2' 이벤트를 방송 받으면 [수비수2] 스프라이트가 키보드를 이용해 움직일 수 있게 됩니다.

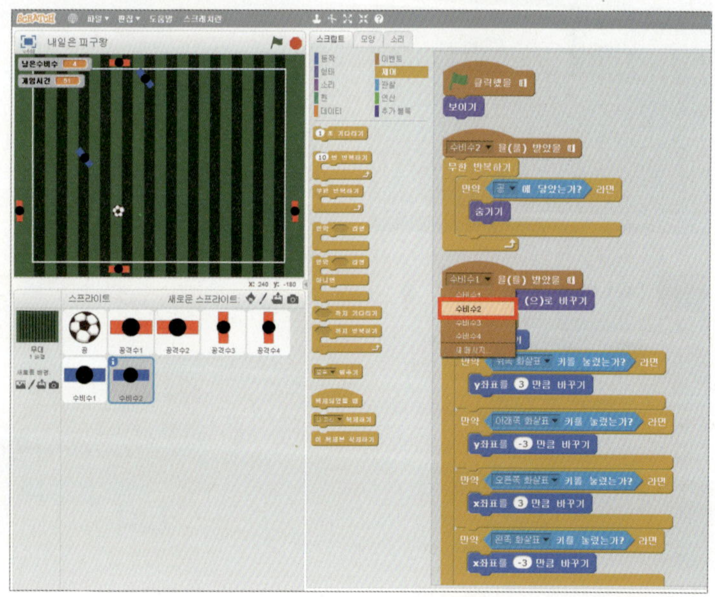

**03** [수비수2를 받았을 때]에서 ▼를 클릭해 '수비수1'을 선택합니다. 이렇게 코딩하면 [수 비수1]을 방송 받으면 움직임을 멈추고 모양을 바꿉니다.

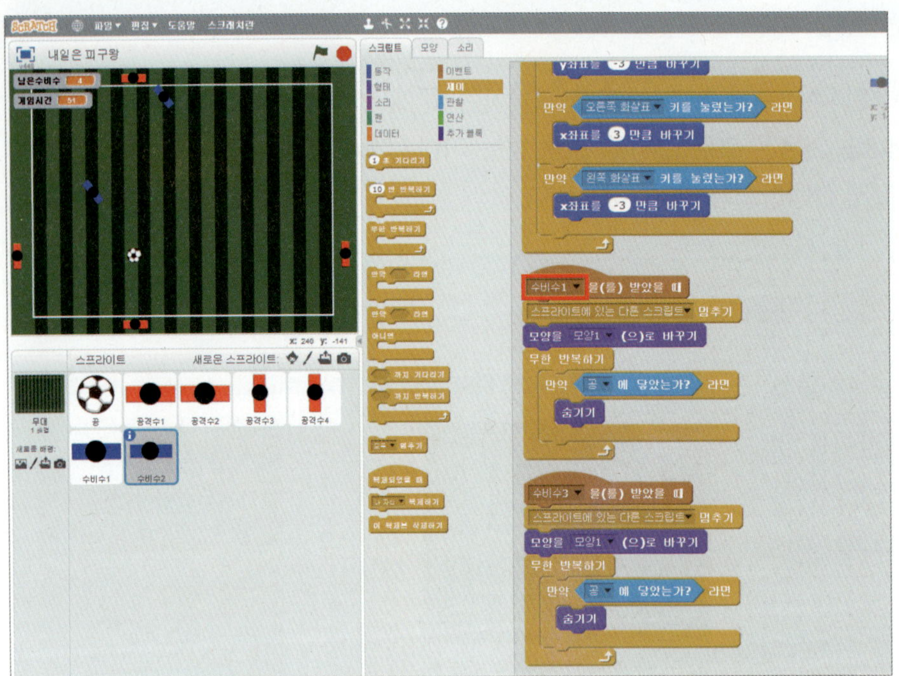

**04** 같은 방법으로 [수비수1] 스프라이트를 2개 더 복사합니다.

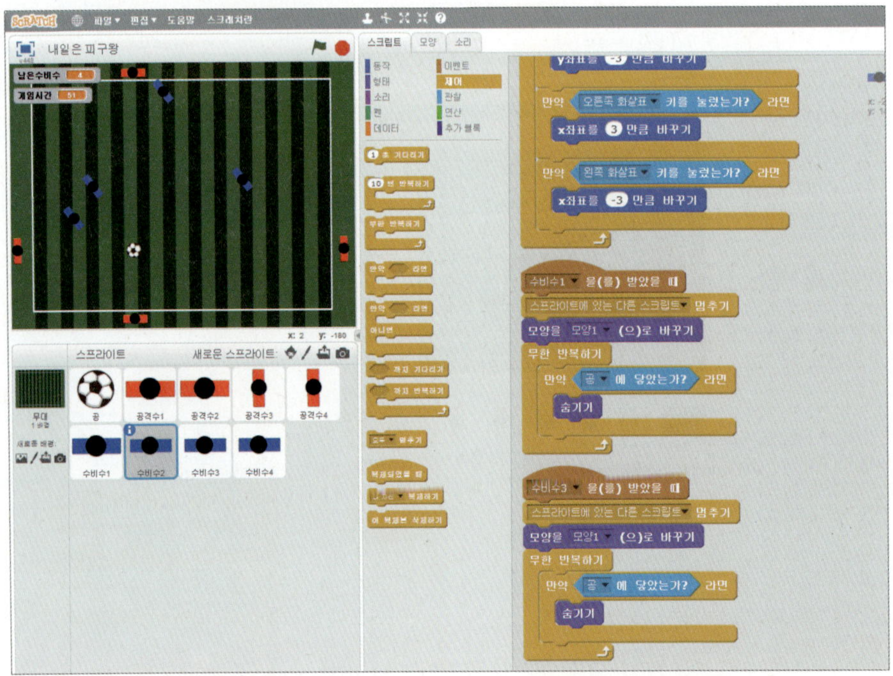

**05** 복사된 [수비수3] 스프라이트를 선택해 그림처럼 코딩을 수정합니다. 같은 방법으로 [수비수4] 스프라이트를 선택해 코딩을 수정합니다.

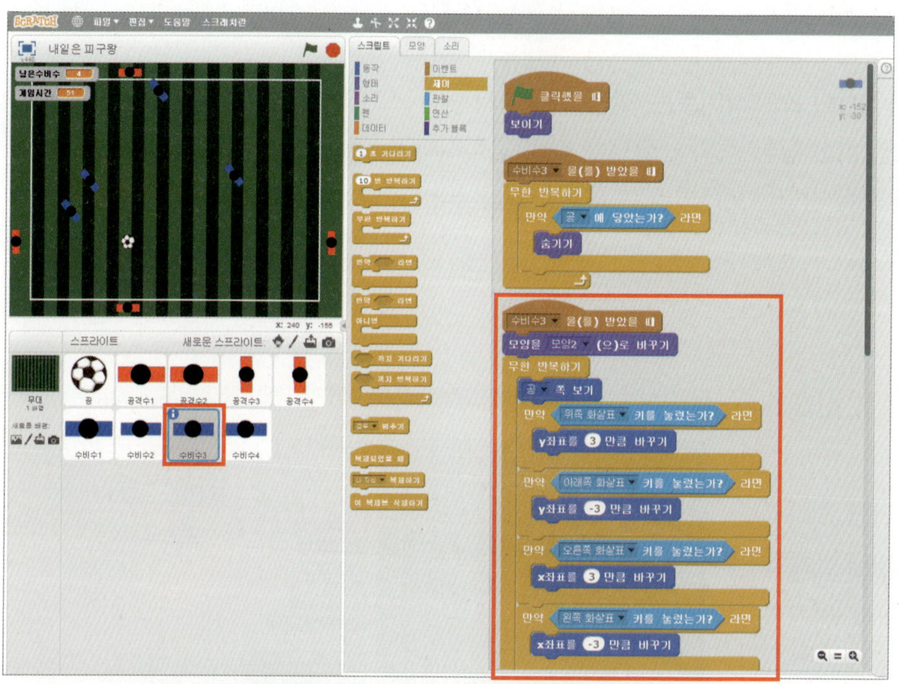

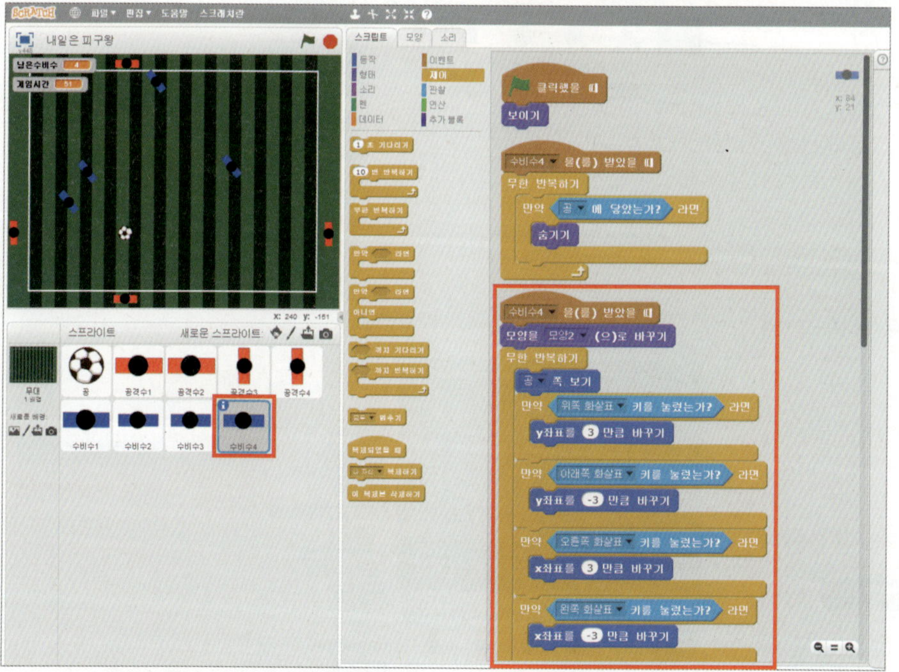

**06** ▶를 클릭해 프로그램을 실행합니다. ①~④키를 누르면 [수비수1]~[수비수4] 스프라이트가 차례대로 선택되며, 선택된 스프라이트를 키보드를 이용해 조정할 수 있습니다.

# [공격수1] 스프라이트 코딩하기

[공격수1] 스프라이트는 화면 위쪽에서 [공] 스프라이트를 던지는 스프라이트입니다. 항상 공의 x 좌표를 따라 움직이다가 [공] 스프라이트에 닿으면 공을 던질 방향을 지정하도록 코딩하겠습니다.

**01** [공격수1] 스프라이트를 선택한 다음 [이벤트] 팔레트의 `클릭했을 때` 명령 블록을 연결합니다. [동작] 팔레트의 `y좌표를 0 (으)로 정하기` 명령 블록을 연결한 다음 값에 '-165'를 입력해 위치를 지정합니다.

**02** 항상 [공] 스프라이트를 따라 왼쪽과 오른쪽으로 이동할 수 있도록 [제어] 팔레트의 `무한 반복하기` 명령 블록을 연결합니다. [동작] 팔레트의 `x좌표를 0 (으)로 정하기` 명령 블록을 연결합니다. [관찰] 팔레트의 `x좌표 ▼ of 수비수4 ▼` 명령 블록을 연결한 다음 ▼를 클릭해 'x좌표'와 '공'을 선택합니다.

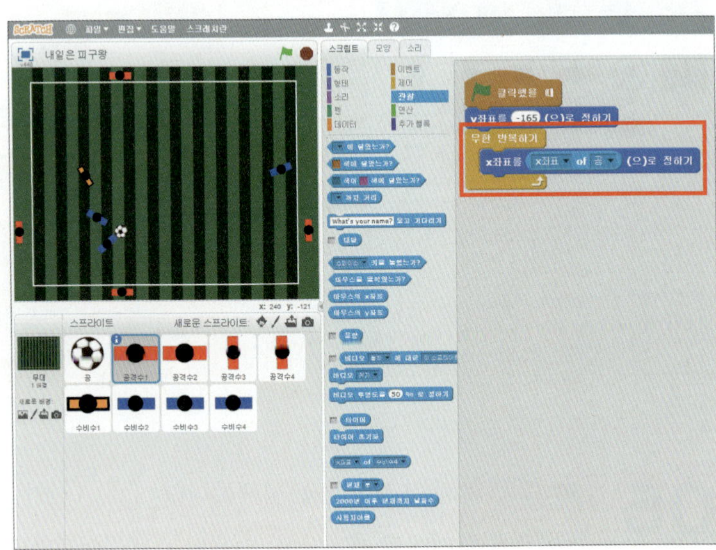

**03** [공격수1] 스프라이트와 [공격수
2] 스프라이트는 나타나는 위치
만 다르고 움직이는 방법은 같습니다. 따라서
완성된 스크립트를 스프라이트 영역의 [공격
수2] 스프라이트로 드래그해 복사합니다.

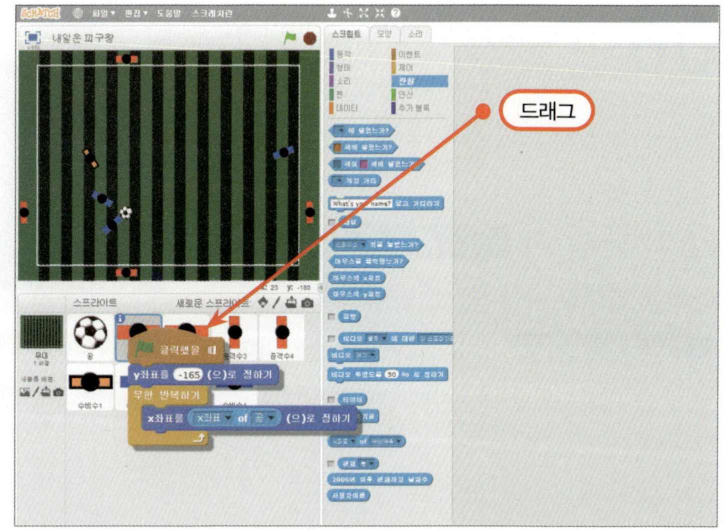


**04** [공격수2] 스프라이트를 선택하
면 드래그한 스크립트가 복사되
어 있습니다. 복사된 스크립트에서 프로그
램을 실행하면 나타날 위치에 '165'를 입력
합니다.

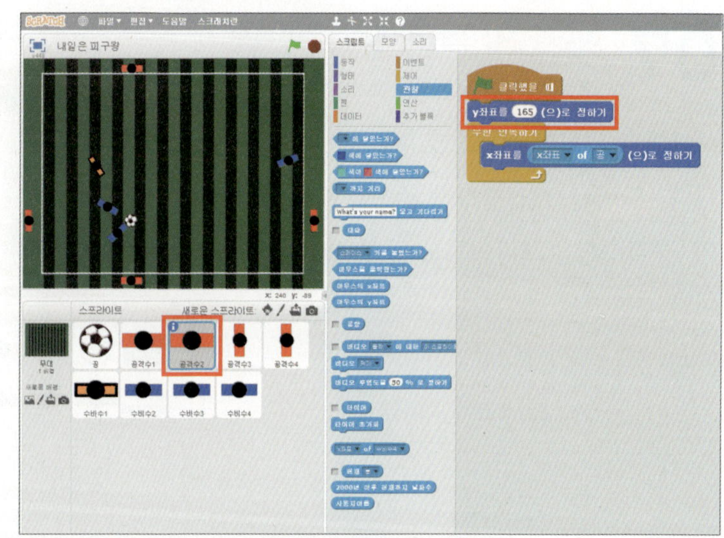

**05** [공격수3] 스프라이트를 선택한
다음 [이벤트] 팔레트의
명령 블록을 연결합니다. [동작]
팔레트의 x좌표를 0 (으)로 정하기 명령 블록을
연결한 다음 값에 '220'을 입력해 위치를 지
정합니다.

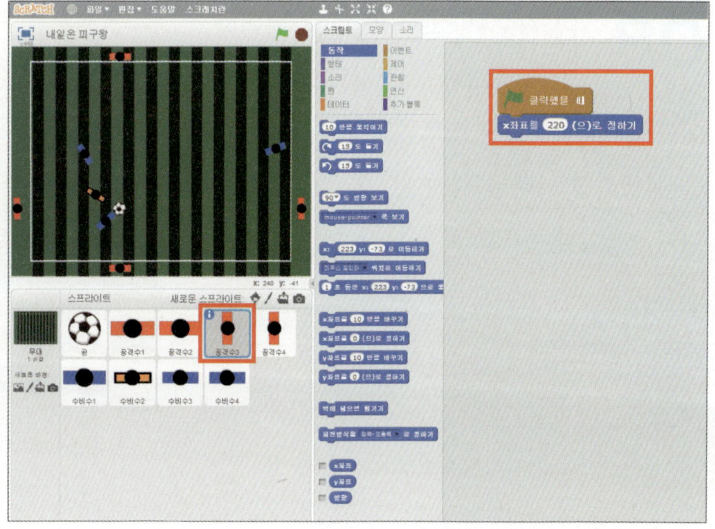

**06** 항상 [공] 스프라이트를 따라 위쪽과 아래쪽으로 이동할 수 있도록 [제어] 팔레트의 `무한 반복하기` 명령 블록을 연결합니다.
[동작] 팔레트의 `y좌표를 0 (으)로 정하기` 명령 블록을 연결한 다음 [관찰] 팔레트의 `x좌표 ▼ of 수비수4 ▼` 명령 블록을 연결합니다.
▼를 클릭해 'y좌표'와 '공'을 선택합니다.

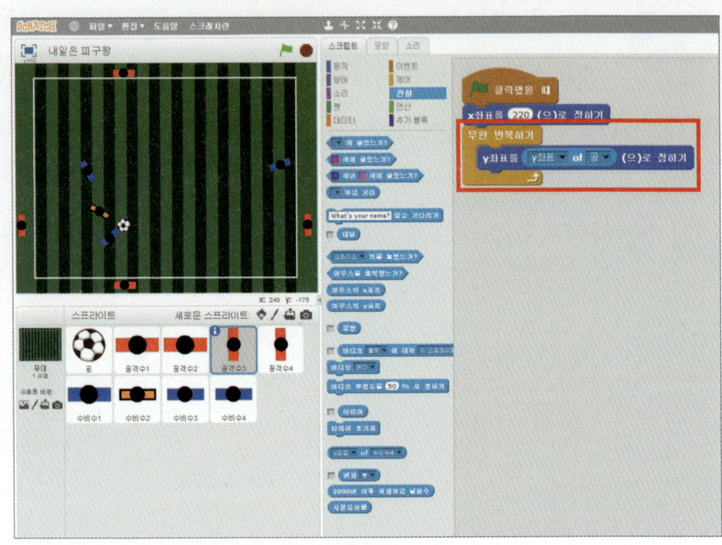

**07** [공격수4] 스프라이트는 [공격수3] 스프라이트와 동작과 같지만 나타나는 위치만 다르므로 복사해서 수정합니다. 완성된 스크립트를 스프라이트 영역의 [공격수4] 스프라이트로 드래그해 복사합니다.

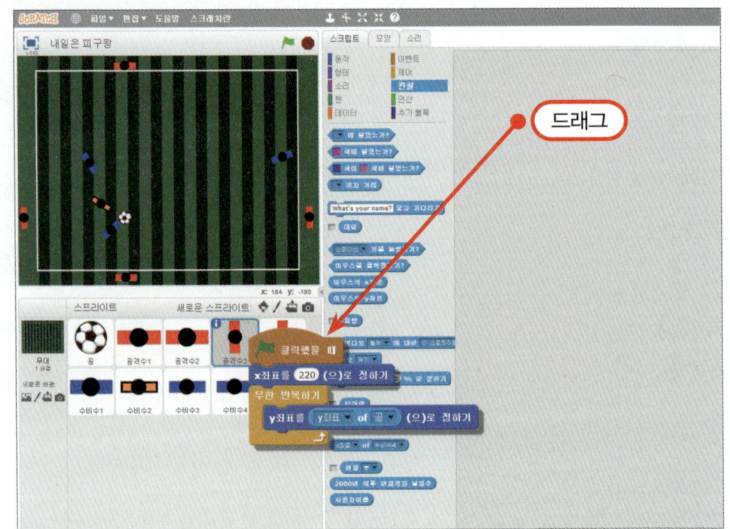


**08** [공격수4] 스프라이트를 선택하면 드래그한 스크립트가 복사되어 있습니다. 복사된 스크립트에서 프로그램을 실행하면 나타날 위치에 '−220'을 입력합니다.

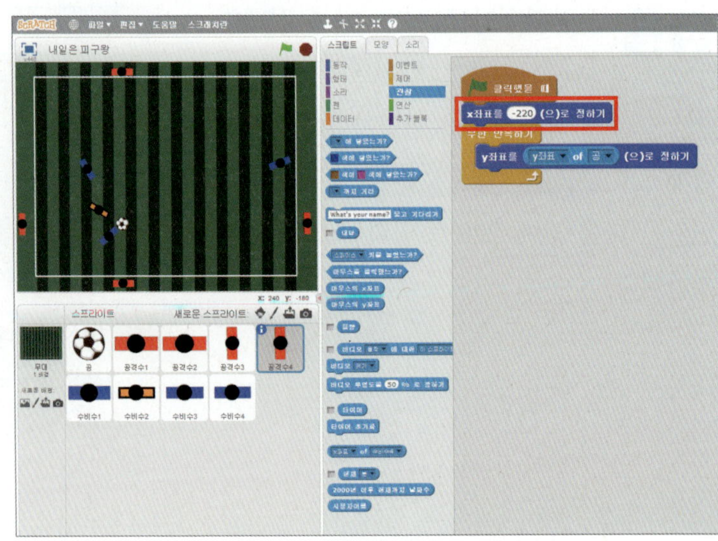

# 이리 저리 움직이는
# 공 스프라이트 코딩하기

[공] 스프라이트는 [공격수] 스프라이트가 [수비수] 스프라이트를 향해 던지는 스프라이트입니다. [공격수1]~[공격수4] 스프라이트에 닿았다면 [수비수1~수비수4] 스프라이트를 선택한 후 던지게 됩니다.

**01** [공] 스프라이트를 선택한 다음 [이벤트] 팔레트의 ▶ 클릭했을 때 명령 블록을 드래그합니다. [동작] 팔레트의 마우스 포인터 ▼ 위치로 이동하기 명령 블록을 연결한 다음 ▼를 클릭해 '공격수1'을 선택합니다. 이렇게 하면 프로그램이 실행되면 [공격수1] 스프라이트의 위치로 이동합니다.

**02** [공격수1] 스프라이트에 닿았으면 [공] 스프라이트를 이동하기 위해 [제어] 팔레트의 무한 반복하기 명령 블록을 연결한 다음 만약 ~ 라면 명령 블록을 연결합니다. [관찰] 팔레트의 ▼ 에 닿았는가? 명령 블록을 연결하고 ▼를 클릭해 '공격수1'을 선택합니다.

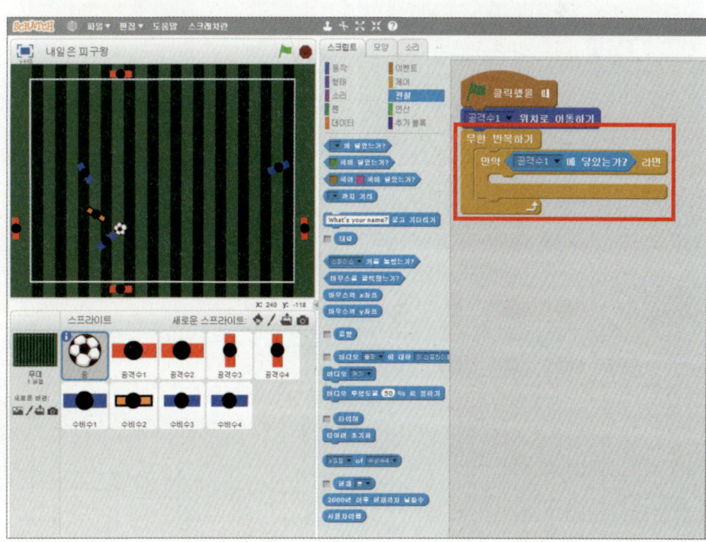

**03** [동작] 팔레트의 마우스 포인터 ▼ 쪽 보기 명령 블록을 연결한 다음 [연산] 팔레트의 hello 와 world 결합하기 명령 블록을 연결합니다.

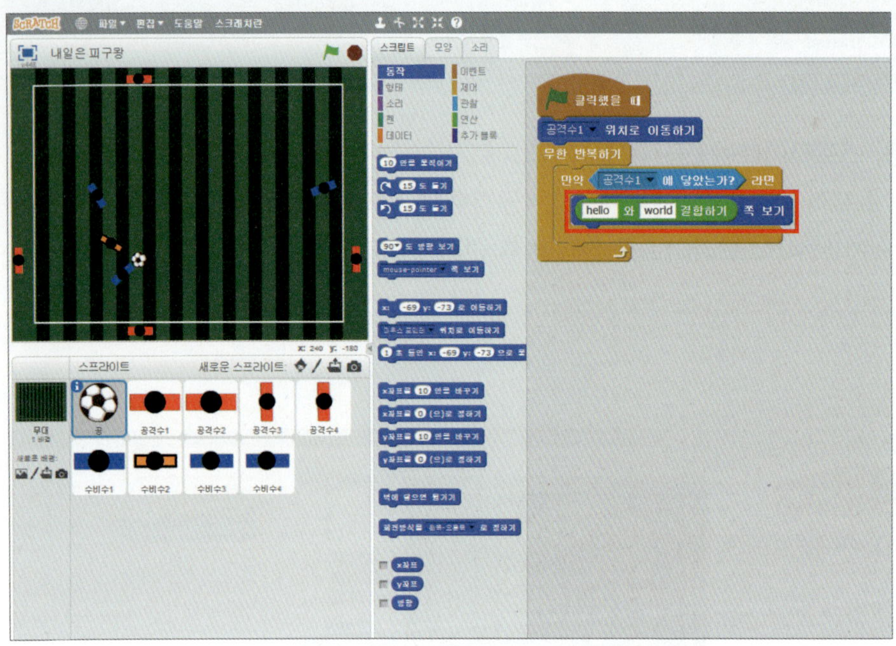

**04** 값에 '수비수'를 입력한 다음 1 부터 10 사이의 난수 명령 블록을 연결하고 값에 '1'과 '4'를 입력합니다. 이렇게 코딩하면 '수비수'와 '1~4' 사이의 숫자를 결합하여 '수비수1'~'수비수4'가 되며, 따라서 [수비수1~수비수4] 스프라이트 중 임의의 스프라이트 쪽을 바라봅니다.

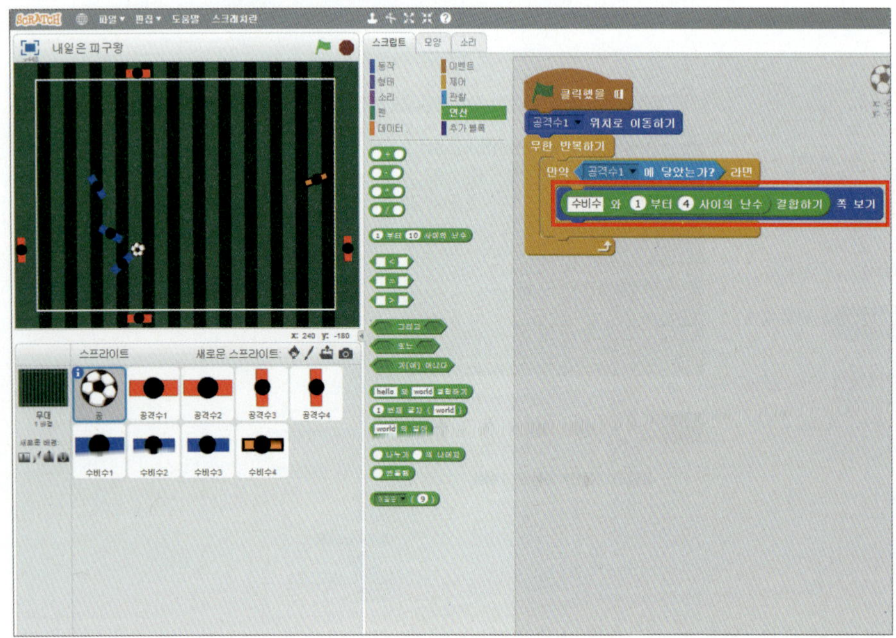

**05** [공격수1] 스프라이트가 공을 던졌으므로 [수비수2]~[수비수4] 스프라이트 중 임의의 스프라이트에 닿을 때까지 계속 이동합니다. [제어] 팔레트의 `까지 반복하기` 명령 블록을 연결한 다음 [연산] 팔레트의 `또는` 명령 블록을 두 개 연결합니다.

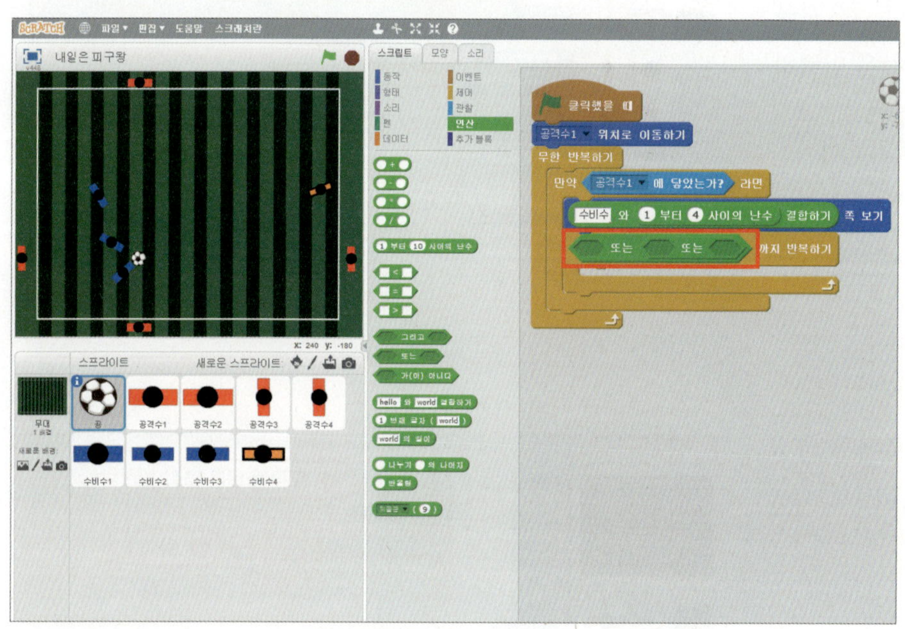

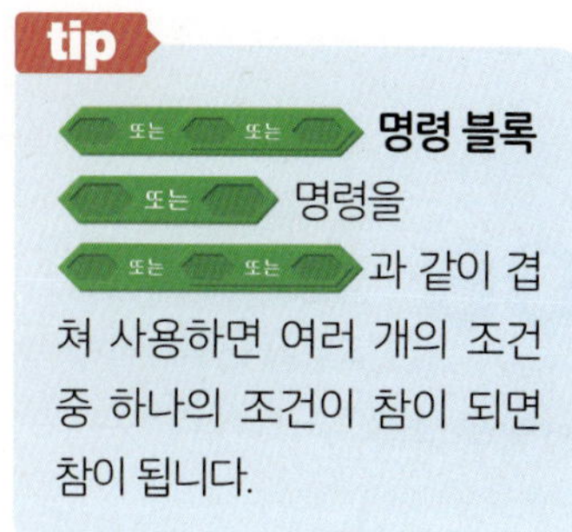



**06** [관찰] 팔레트의 `▼ 에 닿았는가?` 명령 블록을 연결한 다음 ▼를 클릭해 '공격수2'를 선택합니다. `▼ 에 닿았는가?` 명령 블록을 연결한 다음 ▼를 클릭해 '공격수3'과 '공격수4'를 선택합니다.

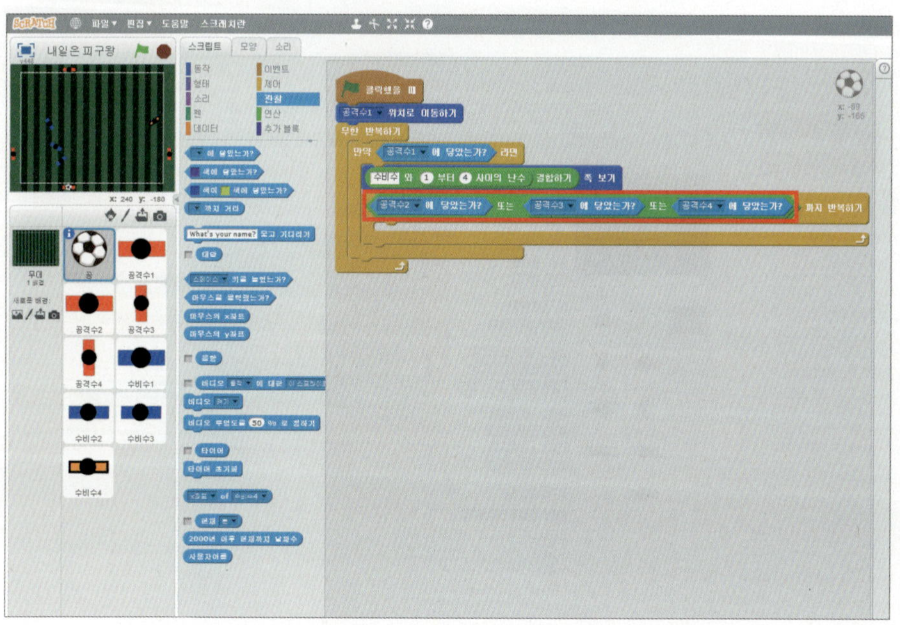

**07** [동작] 팔레트의 `10 만큼 움직이기` 명령 블록을 연결한 다음 값에 '3'을 입력합니다. 이 때 입력하는 값이 [공] 스프라이트가 움직이는 속도입니다. 큰 값을 입력하면 빠르게 이동하고 작은 값을 입력하면 느리게 이동합니다.

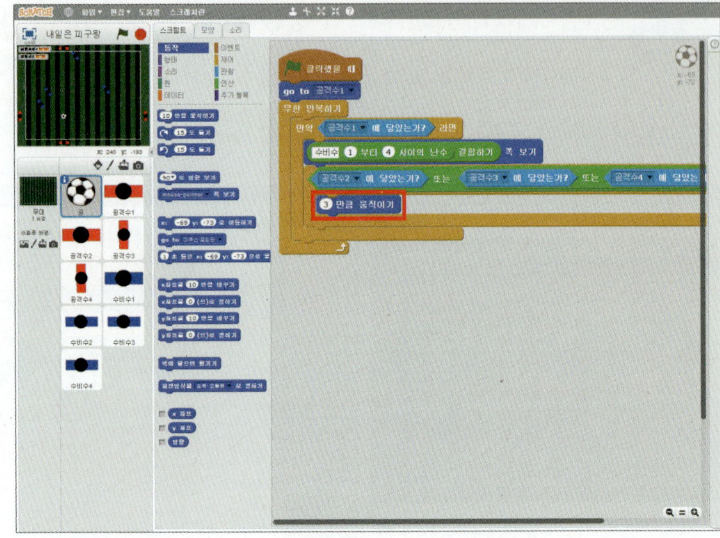

**08** `만약 ~라면` 명령 블록에서 마우스 오른쪽 단추를 눌러 [복사]를 선택합니다.

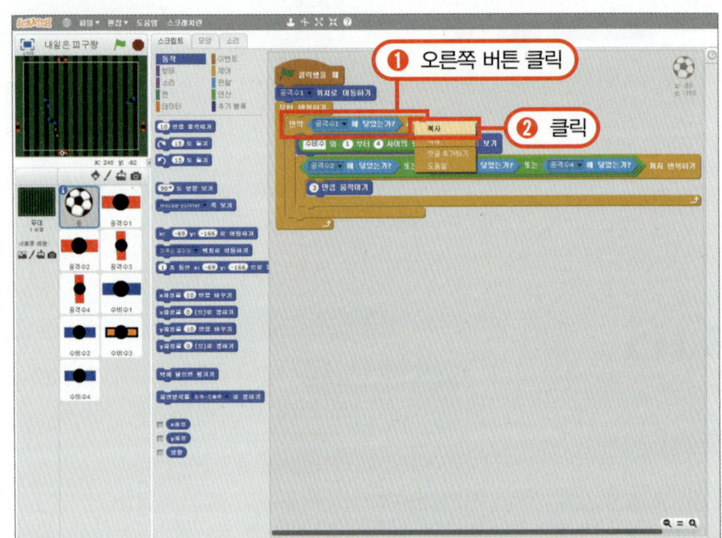


**09** 복사된 스프라이트를 `만약 ~라면` 명령 블록 아래에 연결합니다.

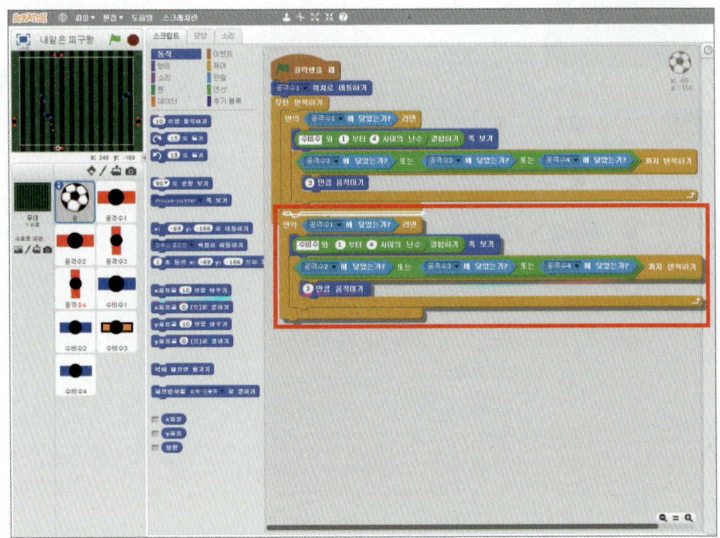

**10** 　`공격수1 ▼ 에 닿았는가?` 명령 블록의 ▼를 클릭해 '공격수2'를 선택합니다. 같은 방법으로
　　`공격수2 ▼ 에 닿았는가?` 명령 블록의 ▼를 클릭해 '공격수1'을 선택합니다.

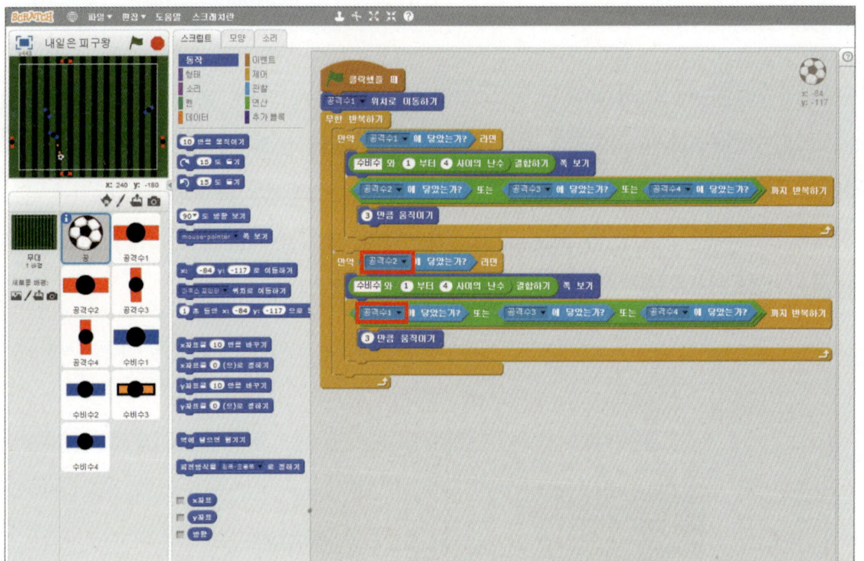

**11** 　같은 방법으로 명령 블록을 복사한 다음 코딩을 수정합니다.

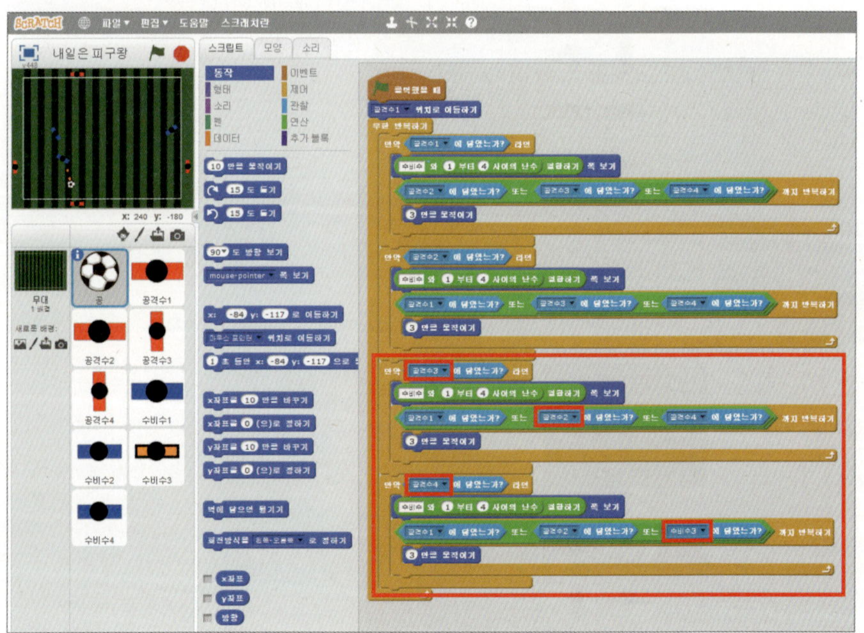

**12** 　프로그램을 실행하면 [공] 스프라이트가 [수비수1]~[수비수4] 스프라이트 중 임의의 스
　　프라이트를 향해 날아갑니다. [공] 스프라이트가 [공격수1]~[공격수4] 스프라이트에 닿
　으면 [수비수1]~[수비수4] 스프라이트 선택해 다시 날아갑니다.

# 프로그램의 종료 조건 코딩하기

[수비수1]~[수비수4] 스프라이트가 모두 [공] 스프라이트에 닿아 숨겼는데도 프로그램은 계속해서 실행됩니다. 따라서 이번에는 [수비수1]~[수비수4] 스프라이트가 화면에서 모두 숨겨지면 프로그램을 종료하도록 코딩하겠습니다. 스프라이트가 현재 화면에 표시되고 있는지 숨겨졌는지를 판단하기 위한 명령 블록은 없으므로 변수를 만들어 확인하도록 하겠습니다.

**01** [무대]를 선택한 다음 [데이터] 팔레트의 변수 만들기 를 선택합니다. [새로운 변수] 대화상자가 나타나면 변수 이름에 '남은수비수'를 입력하고 [확인]을 클릭합니다.

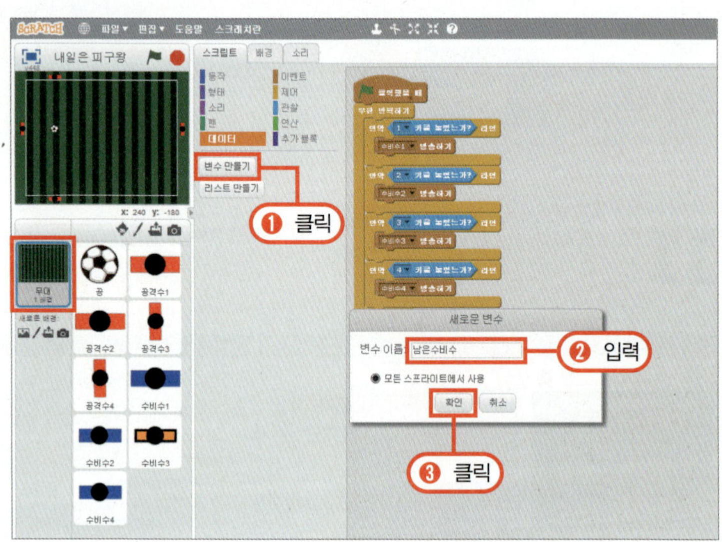

**02** [이벤트] 팔레트의 클릭했을 때 명령 블록을 드래그합니다. [데이터] 팔레트의 남은수비수 을(를) 0 로 정하기 명령 블록을 연결한 다음 값에 '4'를 입력합니다.

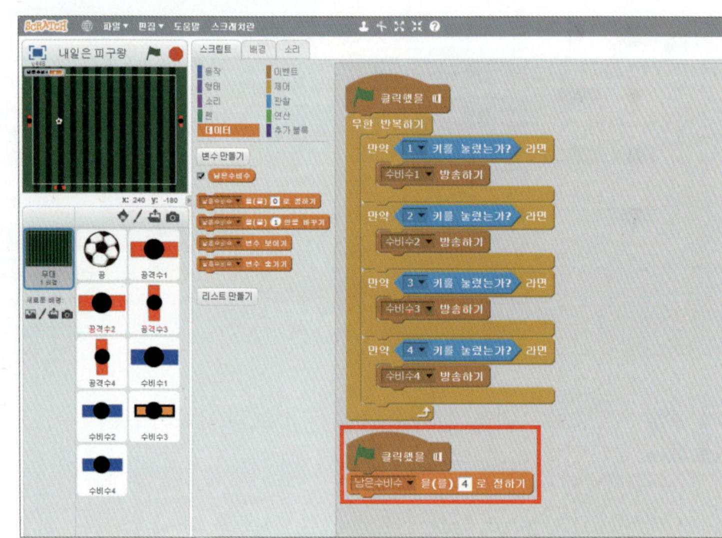

**03** [이벤트] 팔레트의 까지 기다리기 명령 블록을 연결한 다음 [연산] 팔레트의 ▭=▭ 명령 블록을 연결합니다. [데이터] 팔레트의 남은수비수 명령 블록을 연결한 다음 값에 '0'을 입력합니다.

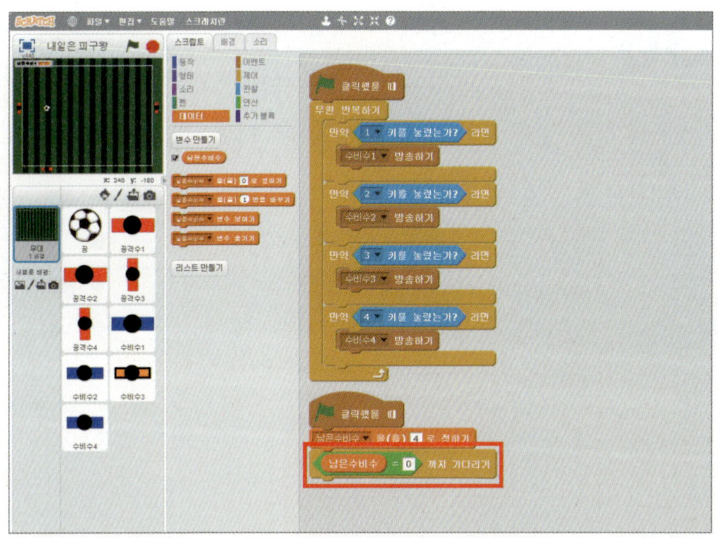

**04** [제어] 팔레트의 모두 멈추기 명령 블록을 연결합니다. 이렇게 코딩하면 '남은수비수' 변수의 값이 0이면 프로그램을 종료합니다.

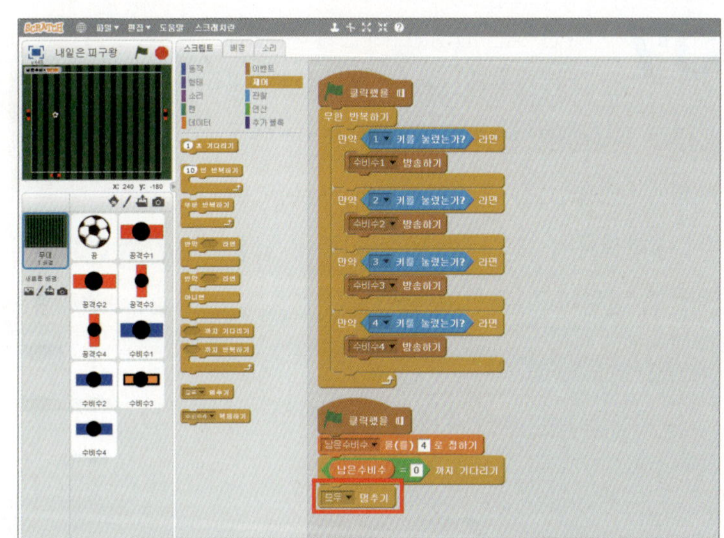

**05** [수비수1] 스프라이트를 선택한 다음 [데이터] 팔레트의 남은수비수 을(를) 1 만큼 바꾸기 명령 블록을 드래그해 연결합니다. 값에 '-1'을 입력합니다. 이렇게 코딩하면 [수비수1] 스프라이트가 [공] 스프라이트에 닿으면 '남은수비수' 변수 값이 '1'만큼 줄어듭니다.

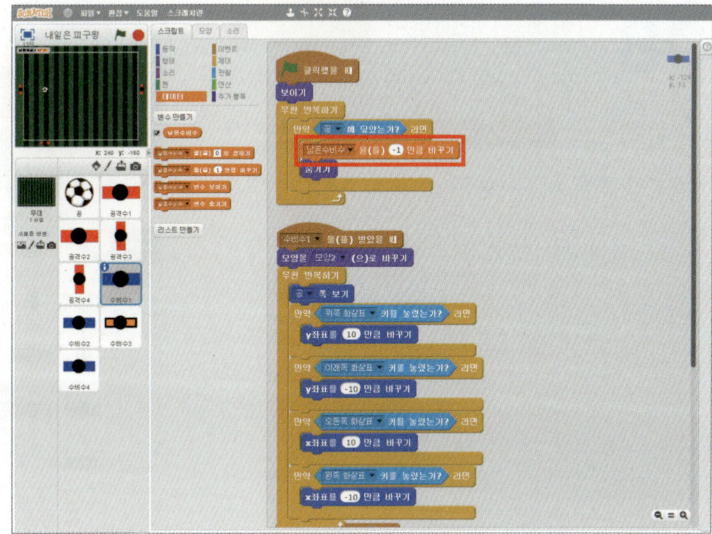

**06** 같은 방법으로 [수비수2]~[수비수4] 스프라이트가 [공] 스프라이트에 닿으면 '남은수비수' 변수의 값을 '1'만큼 줄어들게 코딩합니다.

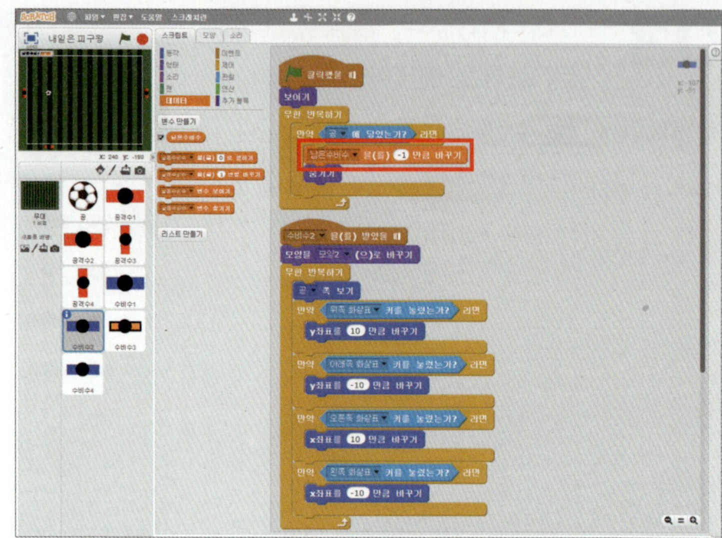

**07** 이번에는 일정한 시간이 지나면 프로그램이 끝나도록 코딩하겠습니다. [무대]를 선택한 다음 [데이터] 팔레트의 변수 만들기 를 클릭합니다. [새로운 변수] 대화상자가 나타나면 변수 이름에 '남은시간'을 입력하고 [확인]을 클릭합니다.

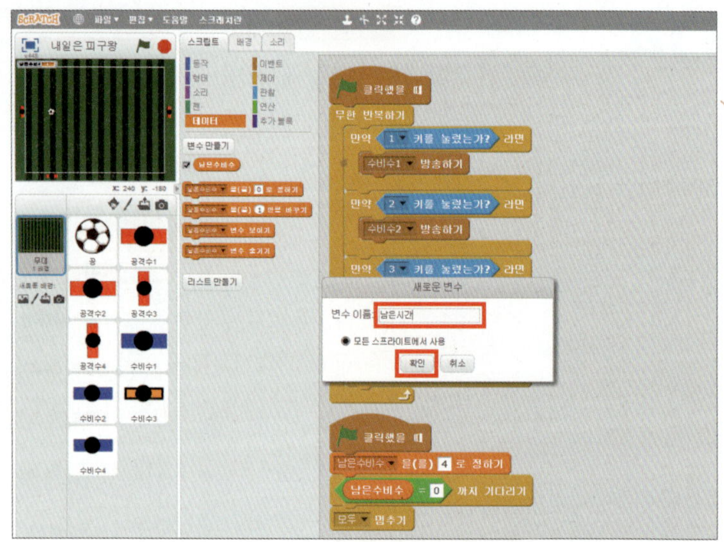

**08** [이벤트] 팔레트의 클릭했을 때 명령 블록을 연결한 다음 [데이터] 팔레트의 남은시간 을(를) 0 로 정하기 명령 블록을 연결한 다음 ▼를 클릭해 '남은시간'을 선택하고 값에 '60'을 입력합니다.

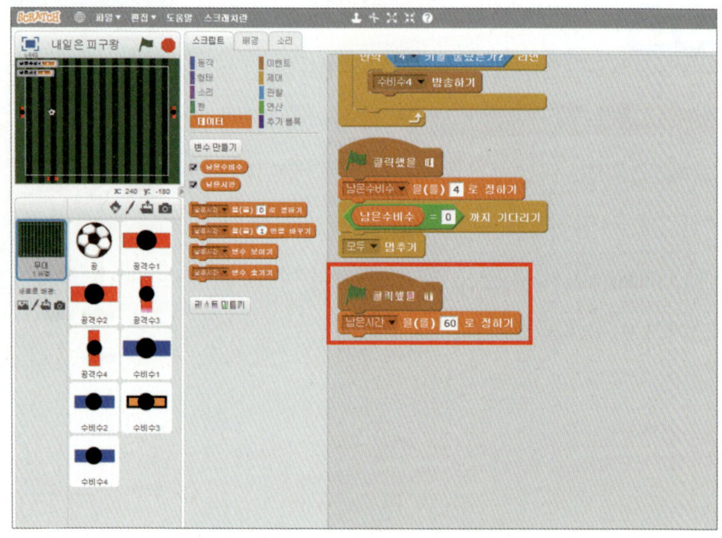

**09** [제어] 팔레트의 `10 번 반복하기` 명령 블록을 연결한 다음 값에 '60'을 입력합니다. `1 초 기다리기` 명령 블록을 연결합니다. 이렇게 하면 1초 기다리기를 60번 반복하므로 60초를 기다리게 됩니다.

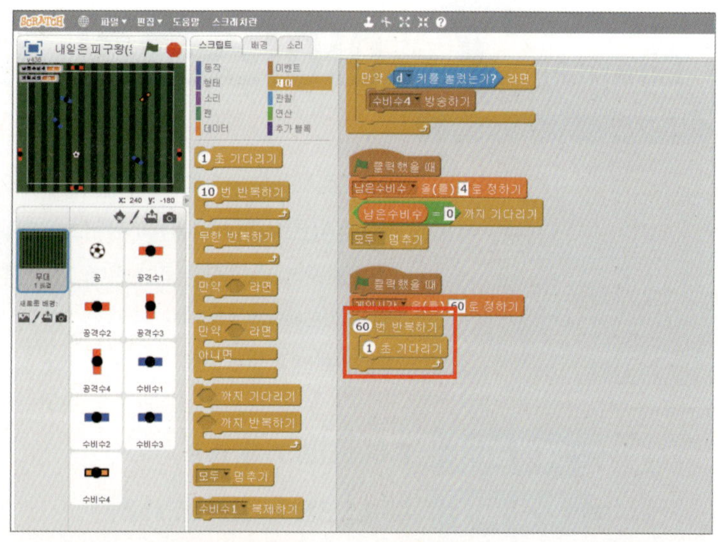

**10** [데이터] 팔레트의 `남은시간 ▼ 을(를) 1 만큼 바꾸기` 명령 블록을 연결한 다음 ▼를 클릭해 '남은시간'을 선택하고 값에 '−1'을 입력합니다. 이렇게 하면 1초마다 '남은시간' 변수의 값이 1씩 줄어듭니다. [제어] 팔레트의 `모두 ▼ 멈추기` 명령 블록을 연결해 반복이 끝나면 프로그램을 종료합니다.

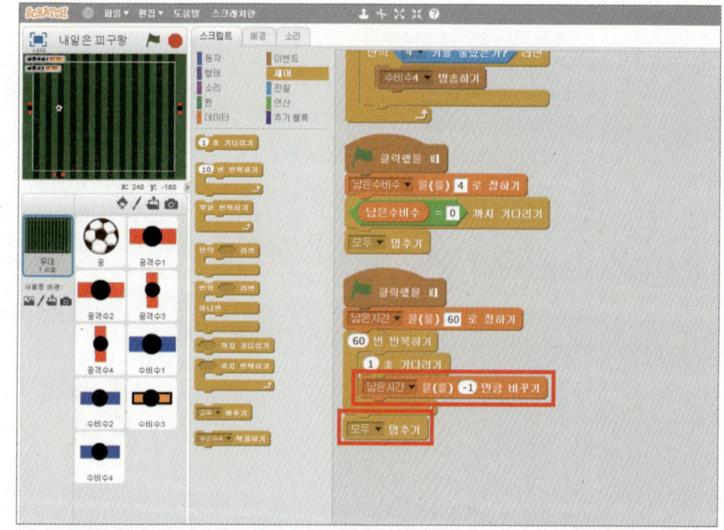

**11** ▶를 클릭해 프로그램을 실행하면 [공] 스프라이트가 이리저리 움직이면서 공격을 합니다. 키보드의 ①~④키를 이용해 움직일 선수를 선택한 다음 방향키를 눌러 이동할 수 있습니다. 그리고 '남은수비수' 변수나 '남은시간' 변수 값이 '0'이면 프로그램이 종료됩니다.

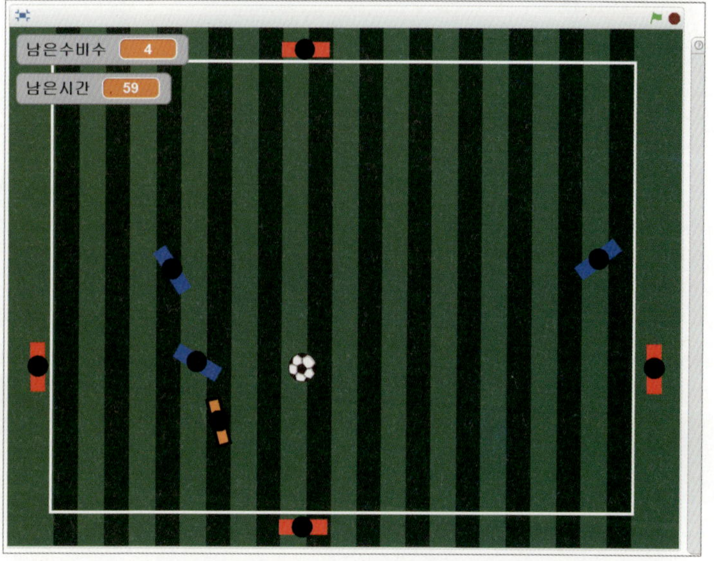

# Chapter 7

# 아이스크림 가게(리스트의 사용)

이 프로그램은 손님이 주문한 아이스크림을 순서대로 쌓아 만드는 프로그램입니다. 순서를 바뀌거나 다른 아이스크림을 쌓으면 프로그램이 종료됩니다. '손님'이 주문한 아이스크림은 리스트에 저장되며, 사용자가 만드는 아이스크림 또한 리스트에 저장되어 서로 비교하게 됩니다. 리스트는 변수와 달리 하나의 이름으로 여러 개의 내용을 기억할 수 있습니다.

**예제 파일**　　**아이스크림 가게.sb2**

**완성 파일**　　**아이스크림 가게(완성).sb2**

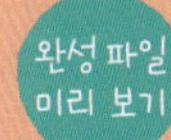

## Q 어떤 것을 할 수 있나요?

- 리스트를 만들고 사용할 수 있습니다.
- 리스트에 저장된 항목을 비교할 수 있습니다.
- 리스트의 내용을 지우고 삽입할 수 있습니다.

# 프로그램을 작성하기 위한 필요한 준비작업

손님이 주문할 내역을 저장하기 위한 리스트와 프로그램 사용자가 선택한 아이스크림의 종류를 저장하기 위한 리스트를 만들어 보겠습니다.

**01** 스크래치를 실행한 다음 예제 파일을 열고, 무대를 선택합니다. [데이터] 팔레트의 변수 만들기 를 선택합니다. [새로운 변수] 대화상자가 나타나면 '반복'을 입력하고 [확인]을 클릭합니다. '반복' 변수는 리스트를 관리하기 위해 미리 만들어 둔 변수입니다.

**02** [데이터] 팔레트의 리스트 만들기 를 선택한 다음 [새로운 리스트] 대화상자가 나타나면 '주문서'를 입력하고 [확인]을 클릭합니다. '주문서' 리스트는 [손님]이 주문하는 아이스크림의 종류를 기억하기 위한 리스트입니다.

**tip**

리스트를 만들면 리스트에서만 사용할 수 있는 새로운 명령 블록이 나타납니다.

**03**    같은 방법으로 '아이스크림' 리스트를 만듭니다. '아이스크림' 리스트는 사용자가 선택한 아이스크림의 종류를 기억하기 위한 리스트입니다.

**04**    [이벤트] 팔레트의 클릭했을 때 명령 블록을 연결합니다.

메시지1 ▾ 방송하기 명령 블록을 연결한 다음 ▼를 클릭해 [새 메시지...]를 선택합니다. [새 메시지] 대화상자가 나타나면 '게임시작'을 입력하고 [확인]을 클릭합니다.

**05**    [데이터] 팔레트의

1▾ 번째 항목을 아이스크림 ▾ 에서 삭제하기 명령 블록을 연결한 다음 ▼를 클릭해 '모두'를 선택합니다.

**tip**

**리스트 삭제하기**

리스트는 변수와 마찬가지로 프로그램을 종료하면 가장 마지막에 남아있던 값이 저장되어 있습니다. 따라서, 프로그램을 실행하면

모두▾ 번째 항목을 아이스크림 ▾ 에서 삭제하기 명령 블록처럼 리스트의 모든 항목을 삭제합니다.

**06** 같은 방법으로 1▼번째 항목을 아이스크림▼ 에서 삭제하기 명령 블록을 연결한 다음 ▼를 클릭해 '모두'와 '주문서'를 선택합니다. 이렇게 하면 '아이스크림' 리스트와 '주문서' 리스트에 저장되어 있는 모든 항목이 삭제됩니다.

**07** 프로그램 실행을 위한 준비가 끝났으므로 [손님] 스프라이트에서 주문을 하기 위한 이벤트를 발생합니다. [이벤트] 팔레트에서 게임시작▼ 방송하기 명령 블록을 연결한 다음 ▼를 클릭해 '새 메시지...'를 선택합니다. [새로운 메시지] 대화상자가 나타나면 '주문하기'를 입력하고 [확인]을 클릭합니다.

# [손님] 스프라이트에서
# 아이스크림 주문하기

이번에는 손님이 아이스크림을 주문하도록 코딩하겠습니다. 손님이 주문할 내용을 리스트에 저장하고 저장된 내용을 말하도록 코딩하겠습니다. 주문이 모두 끝나면 사용자가 아이스크림을 만들 수 있도록 이벤트를 방송하겠습니다.

**01** [사람] 스프라이트를 선택한 다음 [이벤트] 팔레트의 **게임시작 을(를) 받았을 때** 명령 블록을 드래그한 다음 ▼를 클릭해 '주문하기'를 선택합니다. [제어] 팔레트의 **10 번 반복하기** 명령 블록을 연결한 다음 값에 '5'를 입력합니다. 이 때 입력하는 값은 [사람] 스프라이트가 선택할 수 있는 아이스크림의 개수로서, 작은 값을 입력하면 쉽게 해결할 수 있고 큰 값을 입력하면 어려워집니다.

**02** [데이터] 팔레트의 **thing 항목을 아이스크림 ▼ 에 추가하기** 명령 블록을 연결한 다음 [연산] 팔레트의 **1 부터 10 사이의 난수** 명령 블록을 연결합니다. 값에 '1'과 '4'를 입력한 다음 ▼를 클릭해 '주문서'를 선택합니다. 이렇게 코딩하면 '주문서' 리스트에 1~4사이에 임이이 값이 5번 추가됩니다.

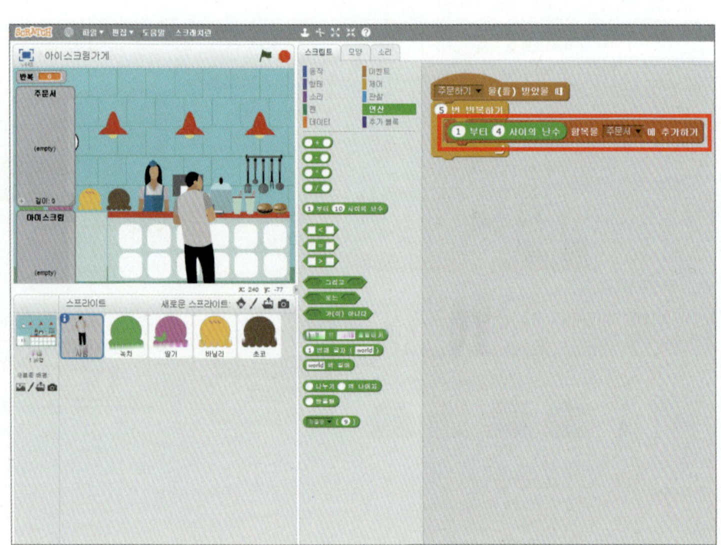

**03** [데이터] 팔레트의  명령 블록을 연결한 다음 값에 '1'을 입력합니다. 반복 변수는 리스트의 항목을 선택하기 위해 사용하는 변수입니다.

**04** [제어] 팔레트의 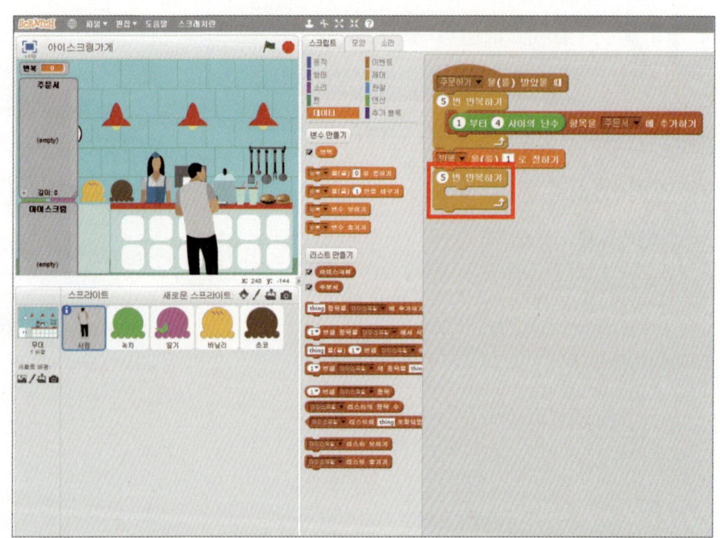 명령 블록을 연결한 다음 값에 '5'를 입력합니다. 이 때 입력하는 값은 '주문서' 리스트의 항목수로서 [데이터] 팔레트의 명령 블록을 연결해도 됩니다.

**05** [제어] 팔레트의 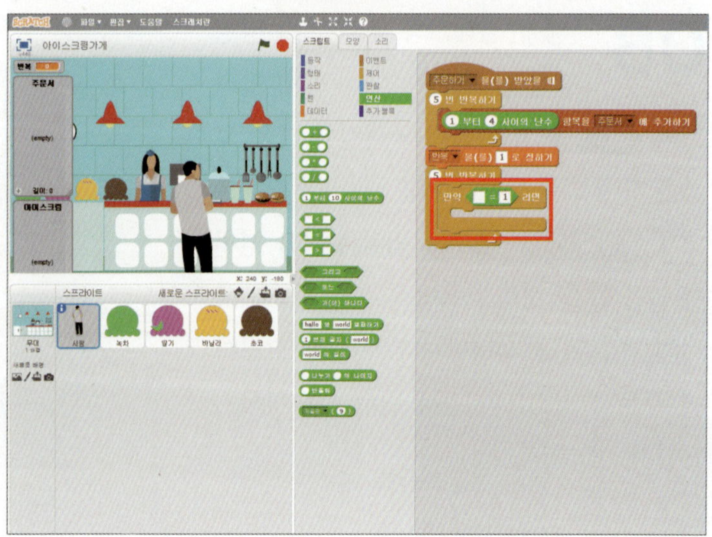 명령 블록을 연결합니다. [연산] 팔레트의 명령 블록을 연결한 다음 오른쪽 값에 '1'을 입력합니다.

**06** [데이터] 팔레트의

(1▼ 번째) 아이스크림▼ 항목 명령 블록

을 연결한 다음 반복 명령 블록을 연결하고
▼를 클릭해 '주문서'를 선택합니다. 이렇게
코딩하면 '주문서' 리스트의 '반복' 변수 번째
항목이 '1'인지 비교합니다.

**07** [형태] 팔레트의

Hello! 을(를) 2 초동안 말하기 명령 블

록을 연결한 다음 '녹차'를 입력하고 값에 '1'
을 입력합니다. 이렇게 코딩하면 '주문서' 리
스트의 '반복' 번째 항목의 값이 '1'이면 '녹차'
를 1초 동안 말합니다.

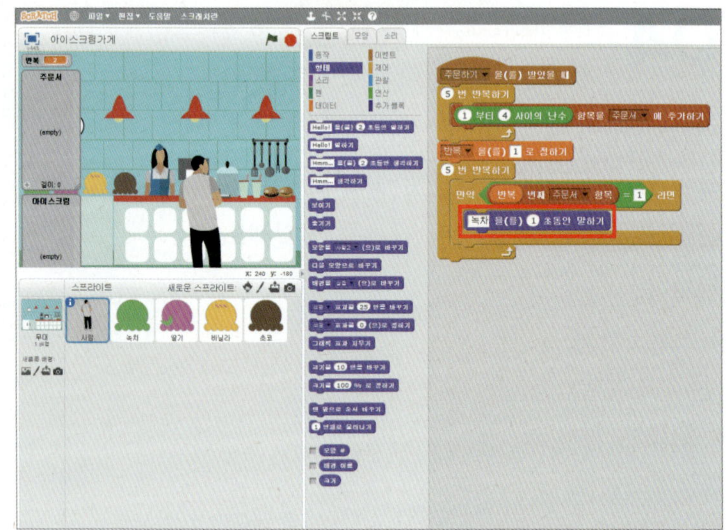

**08** [제어] 팔레트의 만약 라면 명령
블록을 연결합니다. [연산] 팔레
트의 = 명령 블록을 연결한 다음 오
른쪽 값에 '2'를 입력합니다. [데이터] 팔레트
의 (1▼ 번째) 아이스크림▼ 항목 명령 블록을 연결
한 다음 반복 명령 블록을 연결하고 ▼를 클
리해 '주문서'를 선택합니다. 이렇게 코딩하
면 '주문서' 리스트의 '반복' 변수 번째 항목이
'2'인지  비교합니다.

**09** [형태] 팔레트의
Hello! 을(를) 2 초동안 말하기 명령 블록을 연결한 다음 '딸기'를 입력하고 값에 '1'을 입력합니다. 이렇게 코딩하면 '주문서' 리스트의 '반복' 번째 항목의 값이 '2'이면 '딸기'를 1초 동안 말합니다.

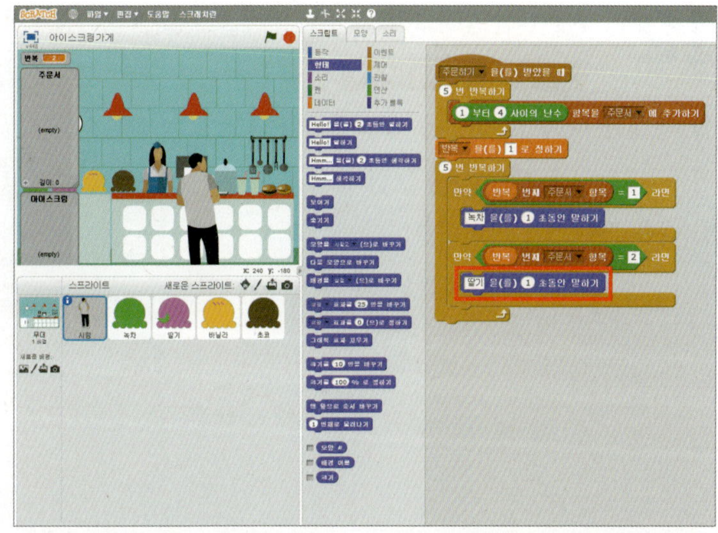

**10** '주문서' 리스트의 '반복' 변수 번째 항목의 값이 '3'이면 '바닐라'를 1초 동안 말하도록 코딩합니다.

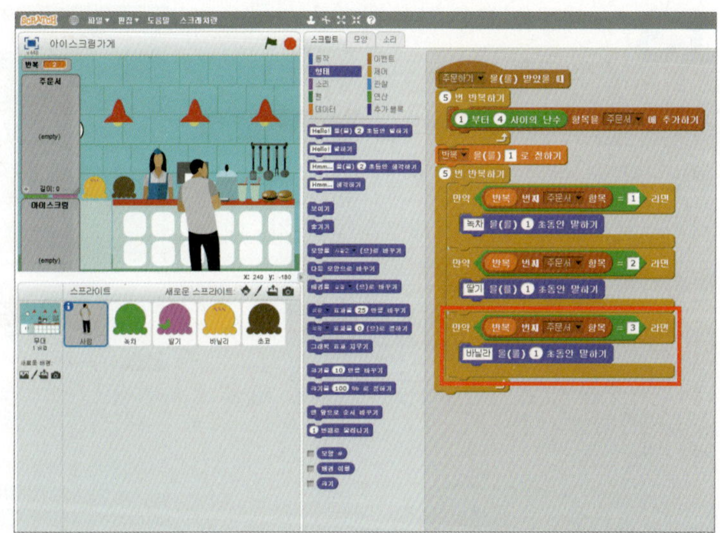

**11** 같은 방법으로 '주문서' 리스트의 '반복' 변수 번째 항목의 값이 '4'이면 '초코'를 1초 동안 말하게 코딩합니다.

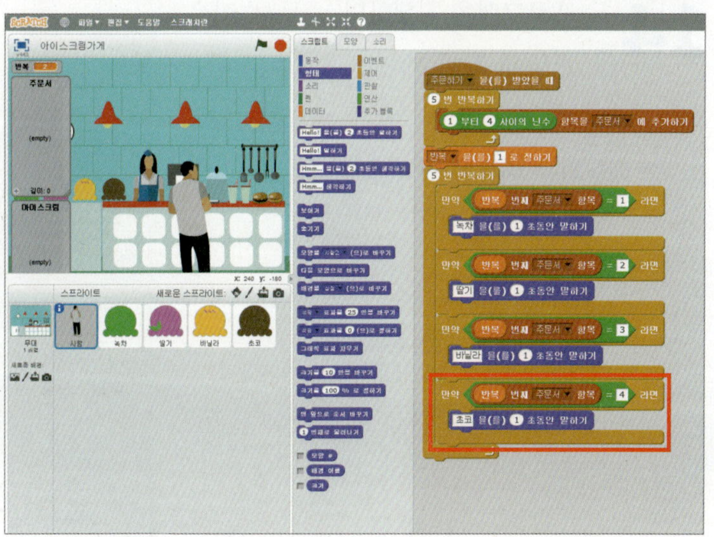

**12** [데이터] 팔레트의 반복 을(를) 1 만큼 바꾸기 명령 블록을 연결한 다음 값에 '1'을 입력합니다. [제어] 팔레트의 1 초 기다리기 명령 블록을 연결한 다음 값에 '0.5'를 입력합니다.

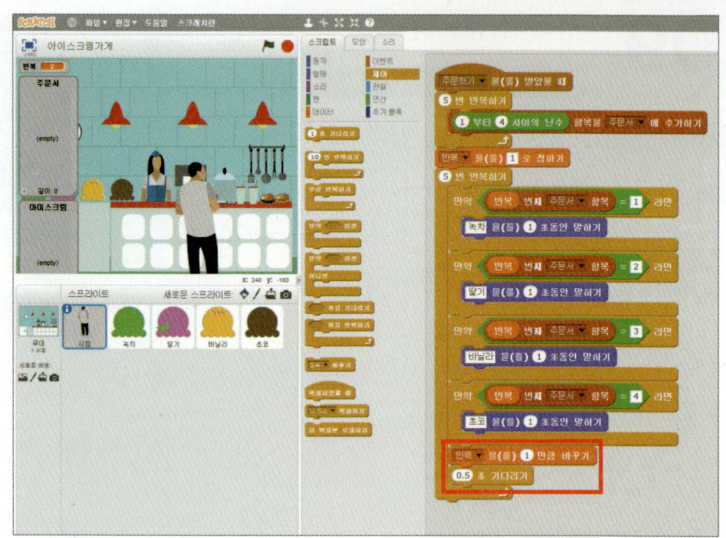

**13** 제품을 모두 주문했으면 아이스크림을 만들도록 이벤트를 발생하겠습니다. [이벤트] 팔레트의 게임시작 방송하기 명령 블록을 연결한 다음 ▼를 클릭해 [새 메시지...]를 선택합니다. [새로운 메시지] 대화상자가 나타나면 '제품만들기'를 입력하고 [확인]을 클릭합니다. 이렇게 코딩하면 아이스크림 주문이 끝나면 [제품만들기]를 방송합니다.

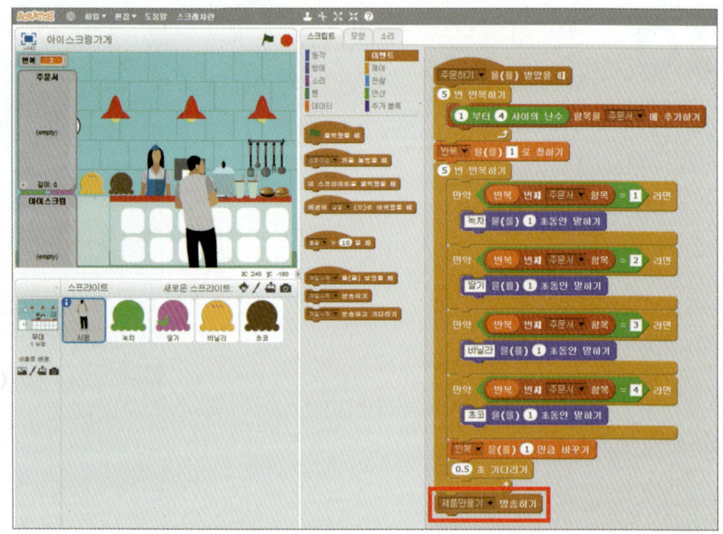

**14** 프로그램을 실행하면 '주문서' 리스트에 값이 채워진 후 '주문서' 리스트의 값에 따라 '녹차, 딸기, 바닐라, 초코' 중 해당하는 내용을 말하게 됩니다.

# Section 03 사용자가 아이스크림 만들기

여러 종류의 아이스크림을 선택해 주문한 아이스크림을 만들어 보겠습니다. 아이스크림의 종류를 클릭할 때마다 '아이스크림' 리스트에 저장하도록 코딩하겠습니다.

**01** [녹차] 스프라이트를 선택한 다음 [이벤트] 팔레트의 클릭했을 때 명령 블록을 연결합니다. [동작] 팔레트의 x: -210 y: -40 로 이동하기 명령 블록을 연결한 다음 값에 '-210'과 '-40'을 입력합니다. [형태] 팔레트의 숨기기 명령 블록을 연결합니다.

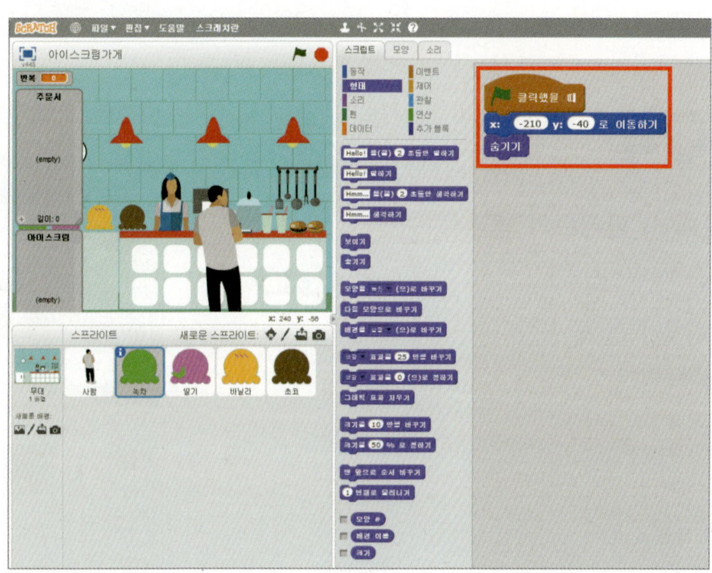

**02** [이벤트] 팔레트의 이 스프라이트를 클릭했을 때 명령 블록을 연결한 다음 [데이터] 팔레트의 thing 항목을 아이스크림 ▼ 에 추가하기 명령 블록을 연결합니다. 값에 '1'을 입력한 다음 ▼를 클릭한 다음 '아이스크림'을 선택합니다. 이렇게 하면 [아이스크림1] 스프라이트를 선택하면 '아이스크림' 리스트에 '1'이 저장됩니다.

**03** [이벤트] 팔레트의

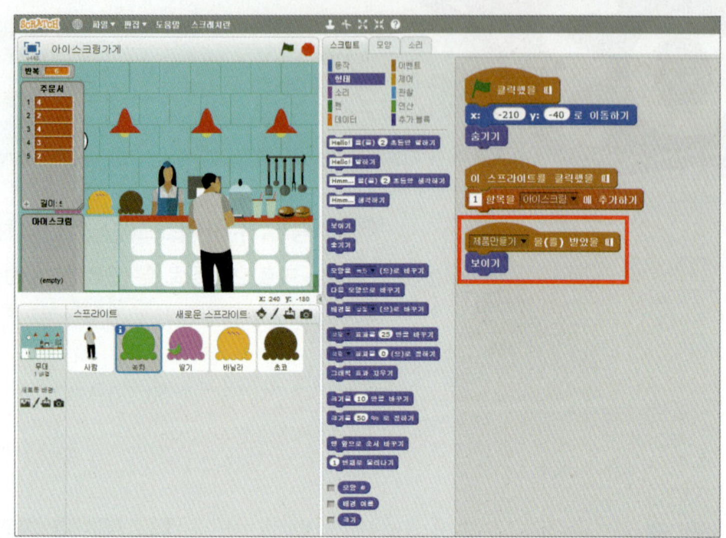

게임시작 ▼ 을(를) 받았을 때 명령 블록을 연결한 다음 ▼를 클릭해 '제품만들기'를 선택합니다. [형태] 팔레트의 보이기 명령 블록을 연결합니다. 이렇게 코딩하면 '제품만들기' 이벤트를 방송 받으면 화면에 표시합니다.

**04** '아이스크림' 리스트의 항목수가 4보다 클 때까지 기다리기 위해

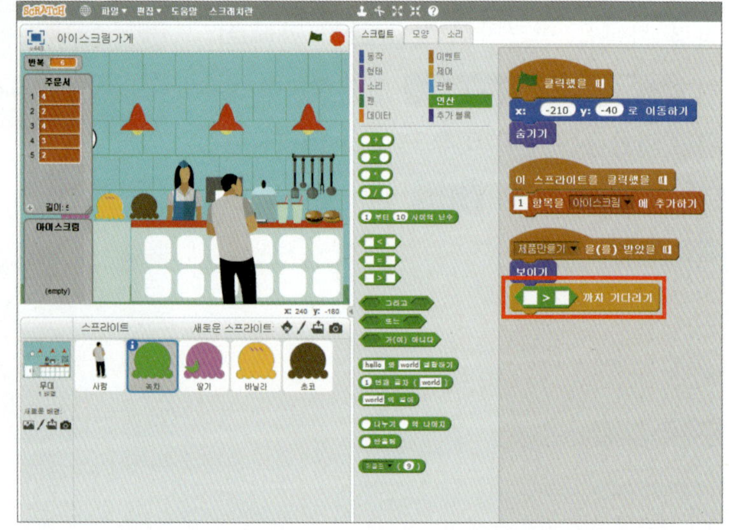

[제어] 팔레트의 까지 기다리기 명령 블록을 연결한 다음 [연산] 팔레트의 ⬙ > ⬙ 명령 블록을 연결합니다.

**05** [데이터] 팔레트의

아이스크림 ▼ 리스트의 항목 수 명령 블록을 연결한 다음 ▼를 클릭해 '아이스크림'을 선택하고 값에 '4'를 입력합니다.

**06** '아이스크림' 리스트의 항목수가 4보다 크면 [형태] 팔레트의 숨기기 명령 블록을 연결해 숨깁니다.

**07** 완성된 스크립트를 [딸기] 스프라이트로 모두 드래그해 복사합니다.

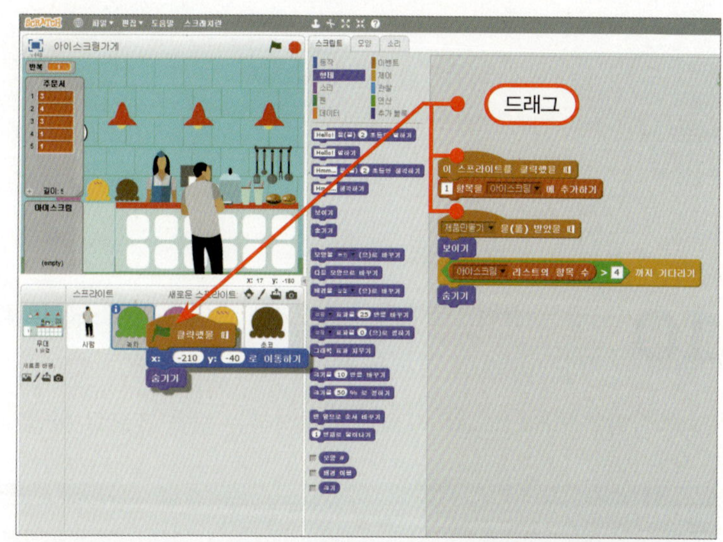


**08** [딸기] 스프라이트를 선택하면 복사된 스크립트가 겹쳐져 있습니다. 겹쳐 있는 스크립트를 정리하기 위해 마우스 오른쪽 단추를 눌러 [블록 정리하기]를 선택합니다.

**09** 스크립트가 정리되면, [딸기] 스프라이트가 나타날 위치로 '-160'과 '-40'을 입력합니다. 이 스프라이트를 클릭하면 '아이스크림' 리스트에 지정하는 값을 '2'로 바꿉니다.

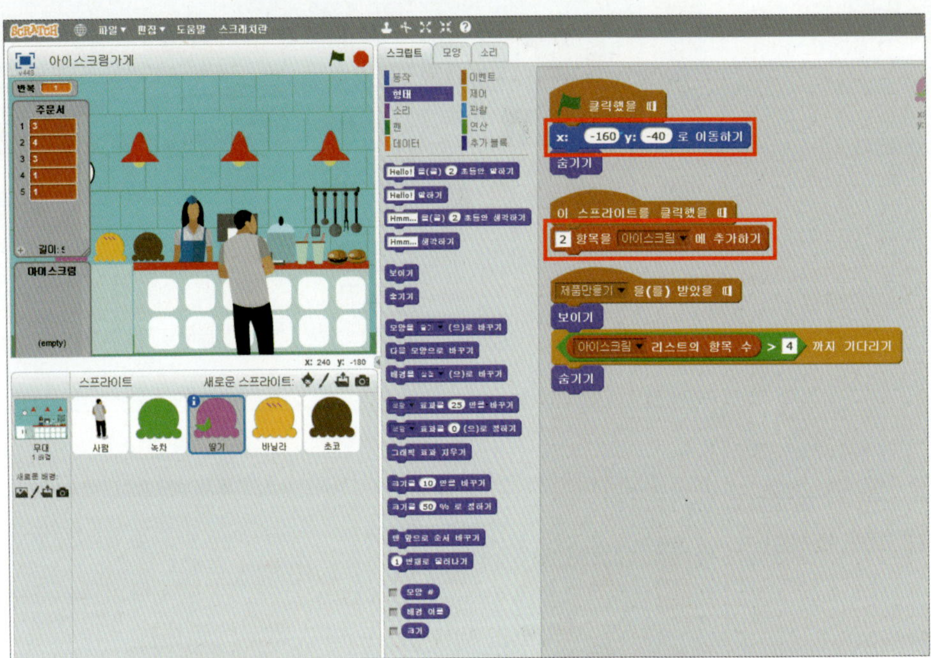

**10** 같은 방법으로 [딸기] 스프라이트의 모든 스크립트를 [바닐라] 스프라이트에 복사합니다. [바닐라] 스프라이트가 나타날 위치로 '-110'과 '-40'을 입력합니다. 이 스프라이트를 클릭하면 '아이스크림' 리스트에 지정하는 값을 '3'으로 바꿉니다.

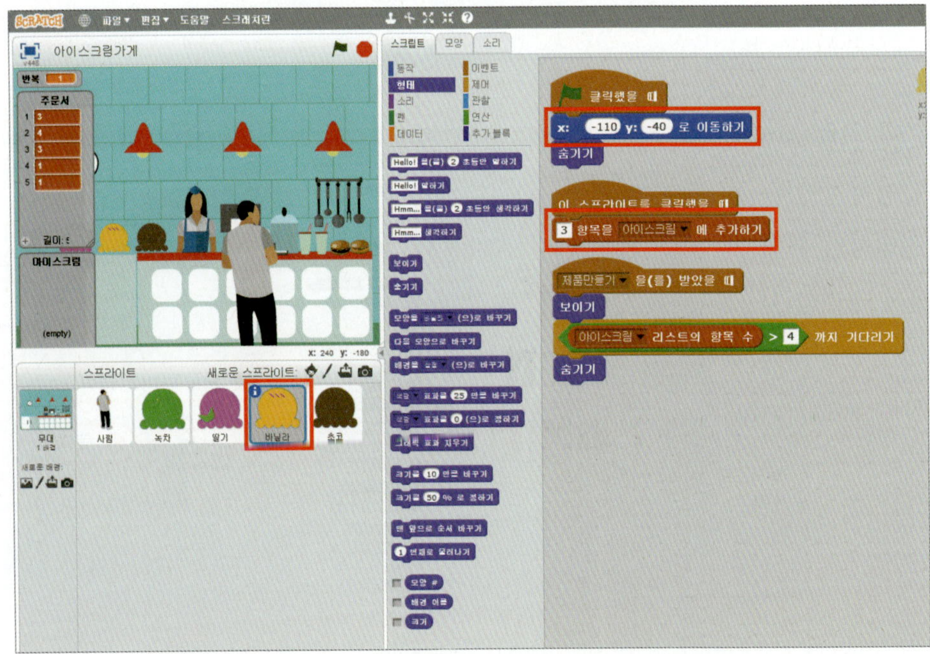

**11** [딸기] 스프라이트의 모든 스크립트를 [초코] 스프라이트에 복사합니다. [초코] 스프라이트가 나타날 위치로 '−60'과 '−40'을 입력합니다. 이 스프라이트를 클릭하면 '아이스크림' 리스트에 지정하는 값을 '4'로 바꿉니다.

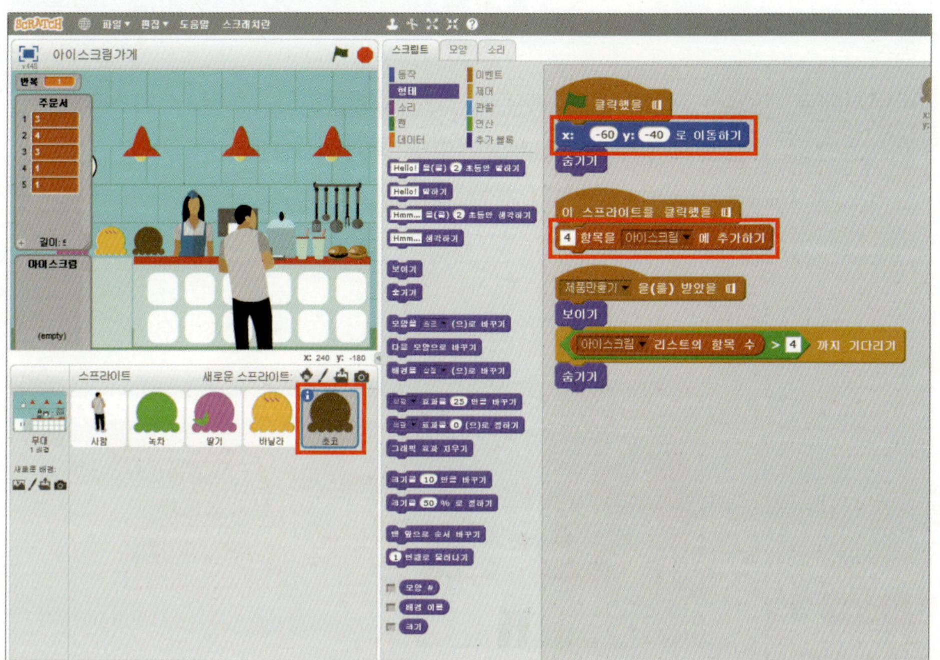

**12** [이벤트] 팔레트의  명령 블록을 연결한 다음 ▼를 클릭해 [새 메시지...]를 선택한 다음 [새로운 메시지] 대화상자가 나타나면 '판매하기'를 입력합니다. 이렇게 코딩하면 '아이스크림' 리스트의 항목수가 '5'이면 '판매하기' 이벤트를 방송합니다.

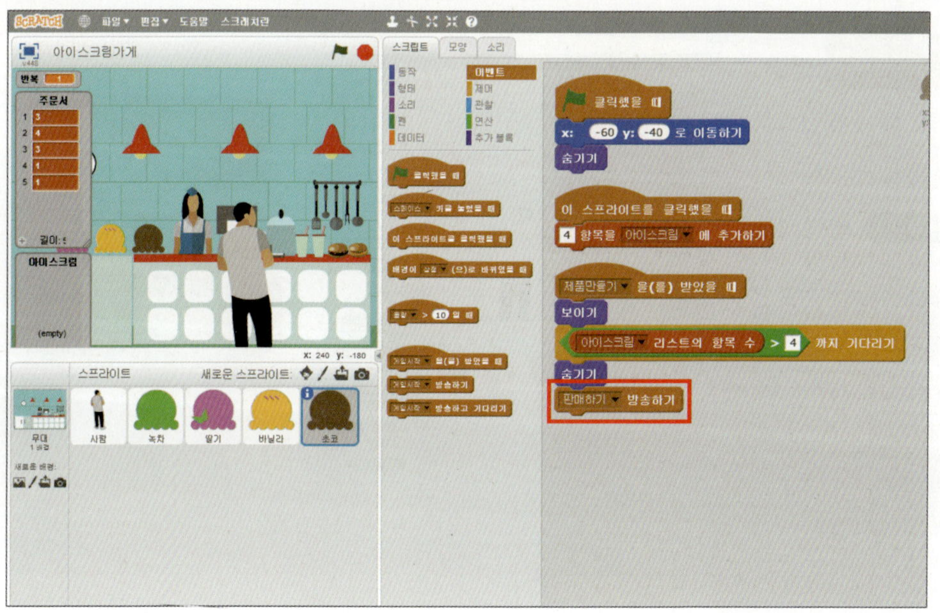

# 주문서대로 아이스크림을 만들었는지 확인하기

주문서대로 아이스크림이 만들어졌는지 확인하겠습니다. '주문서' 리스트와 '아이스크림' 리스트의 항목을 비교하여 모두 같으면 제대로 만들어진 것이고 아니면 제대로 만들어지지 않은 것입니다.

**01** [사람] 스프라이트를 선택합니다. [이벤트] 팔레트의 `게임시작 ▼ 을(를) 받았을 때` 명령 블록을 드래그한 다음 ▼를 클릭해 '판매하기'를 선택합니다. [데이터] 팔레트의 `반복 ▼ 을(를) 0 로 정하기` 명령 블록을 드래그해 연결한 다음 값에 '1'을 입력합니다.

**02** [제어] 팔레트의 `10 번 반복하기` 명령 블록을 연결한 다음 값에 '5'를 입력합니다. `만약 라면` 명령 블록을 연결한 다음 [연산] 팔레트의 `가(이) 아니다` 명령 블록을 연결합니다.

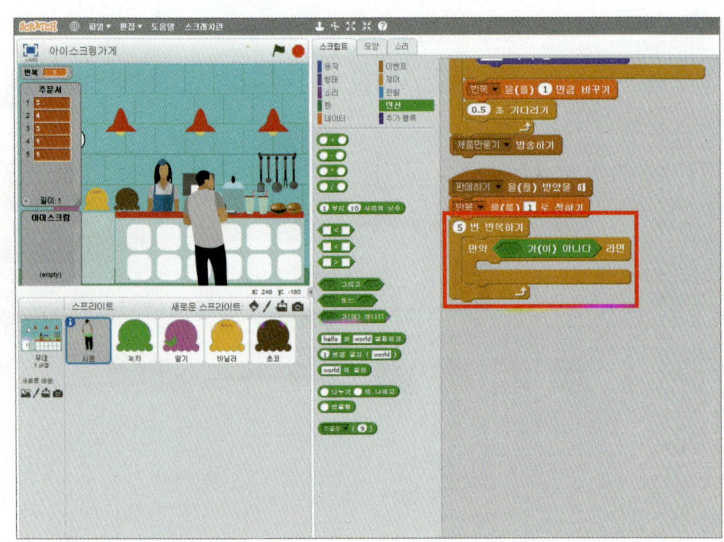

**03** 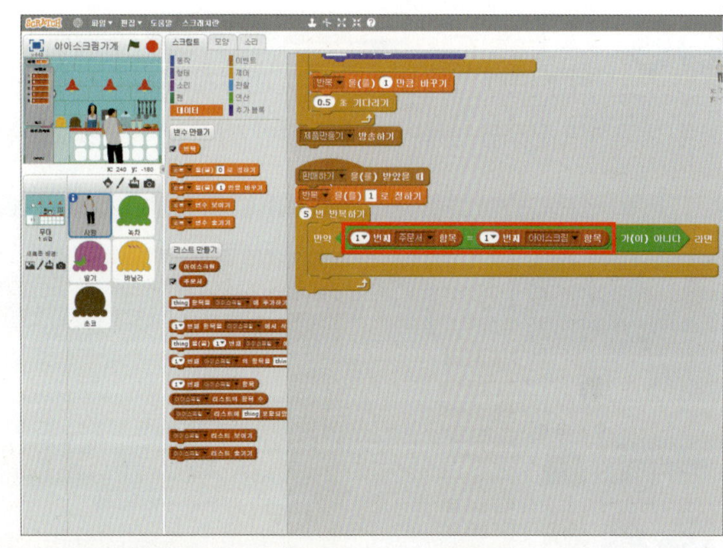 명령 블록을 연결한 다음 [데이터] 팔레트의 `1▼ 번째 아이스크림▼ 항목` 명령 블록을 연결하고 ▼를 클릭해 '주문서'를 선택합니다. 같은 방법으로 [데이터] 팔레트의 `1▼ 번째 아이스크림▼ 항목` 명령 블록을 연결하고 ▼를 클릭해 '아이스크림'을 선택합니다. 이렇게 코딩하면 '아이스크림' 리스트와 '주문서' 리스트의 항목이 같은지 비교합니다.

**04** 하지만 이렇게 하면 '주문서' 리스트와 '아이스크림' 리스트의 1번째 항목만 5번 비교하게 됩니다. 따라서 다음 항목을 비교할 수 있도록 [데이터] 팔레트의 `반복` 명령 블록을 연결합니다.

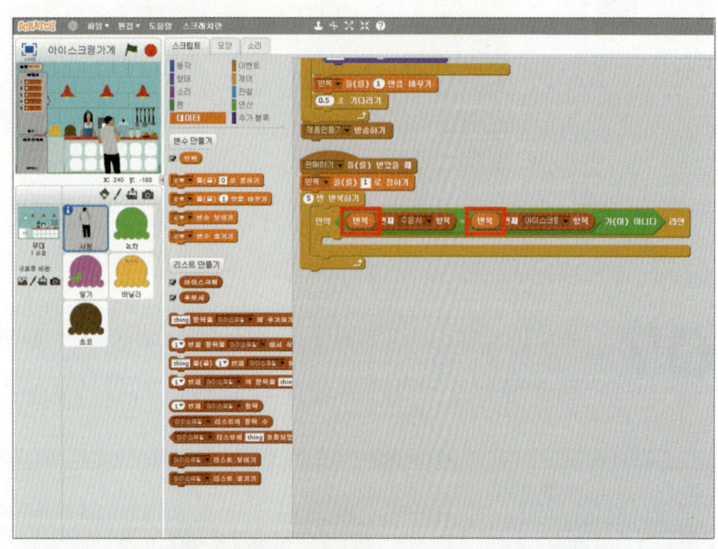

**05** [형태] 팔레트의 `Hello! 을(를) 2 초동안 말하기` 명령 블록을 연결한 다음 '주문과 다릅니다.'를 입력하고 값에 '2'를 입력합니다. [제어] 팔레트의 `모두▼ 멈추기` 명령 블록을 연결합니다. 이렇게 코딩하면 '주문서' 리스트와 '아이스크림' 리스트의 항목이 서로 다른지 확인하여 서로 다르면 '주문과 다릅니다.'를 2초 동안 말한 다음 프로그램을 종료합니다.

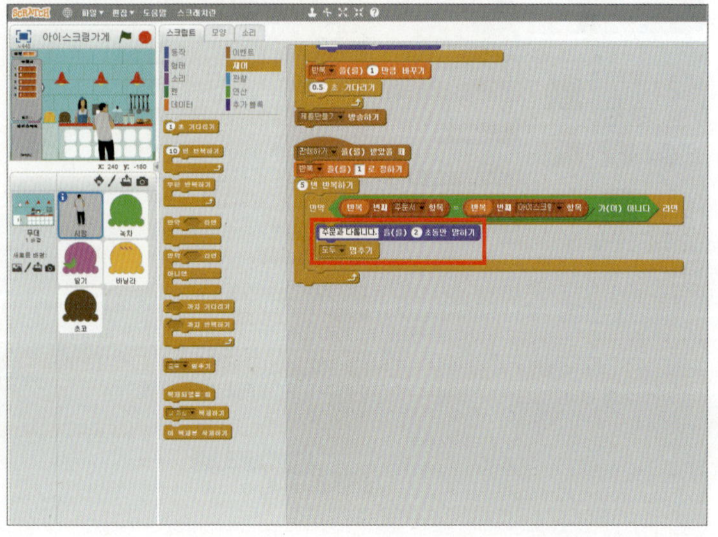

**06** [형태] 팔레트의 'Hello! 을(를) 2 초동안 말하기' 명령 블록을 연결한 다음 '감사합니다.'를 입력하고 값에 '2'를 입력합니다. 이렇게 코딩하면 '주문서' 리스트와 '아이스크림' 리스트를 모두 비교하여 같으면 반복이 끝나게 되어 '감사합니다.'를 2초 동안 말하게 됩니다.

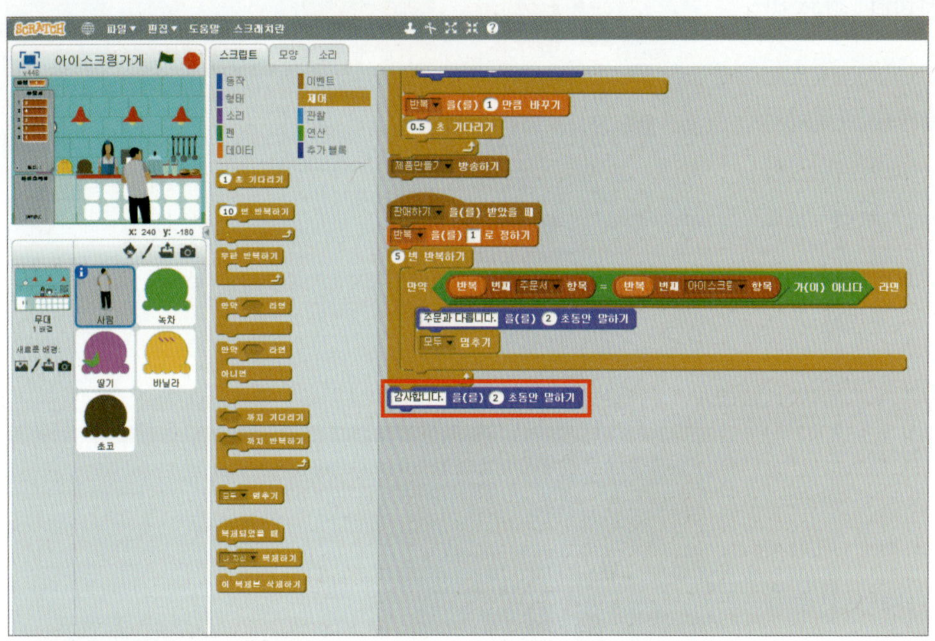

**07** 새로운 주문을 받기 위해 '게임시작'을 방송하기 위해 [이벤트] 팔레트의 '게임시작 방송하기' 명령 블록을 연결한 다음 ▼를 클릭해 '게임시작'을 선택합니다.

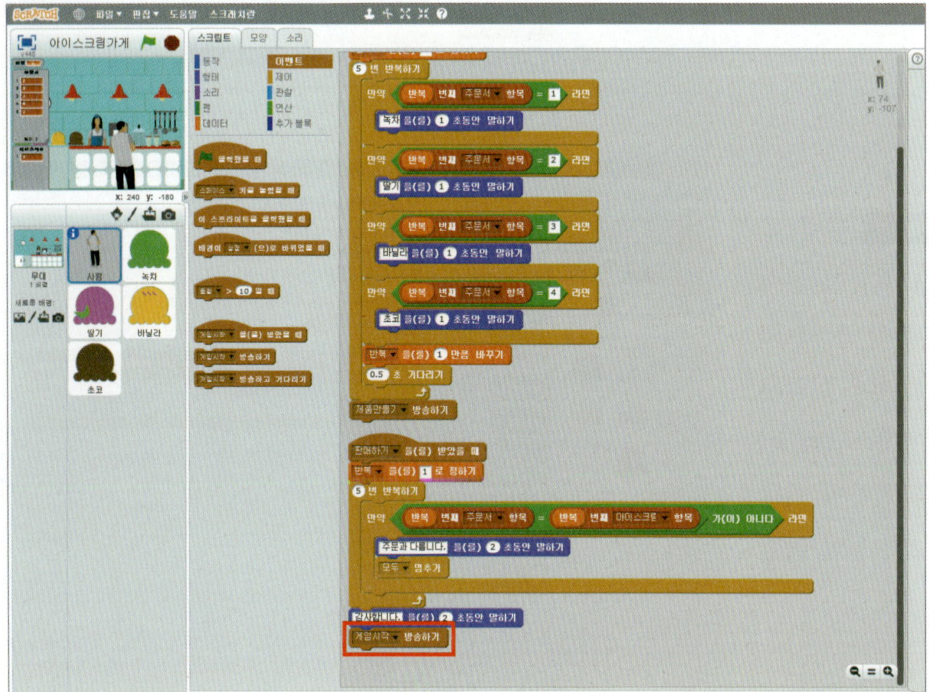

**08** 🏳를 클릭해 프로그램을 실행한 다음 '주문서' 리스트와 '아이스크림' 리스트의 값을 비교하면서 프로그램이 제대로 작동하는지 확인합니다.

**09** 프로그램이 제대로 작동하면 [데이터] 팔레트의 변수와 리스트 이름 앞에 있는 선택을 해제해 화면에서 숨깁니다.

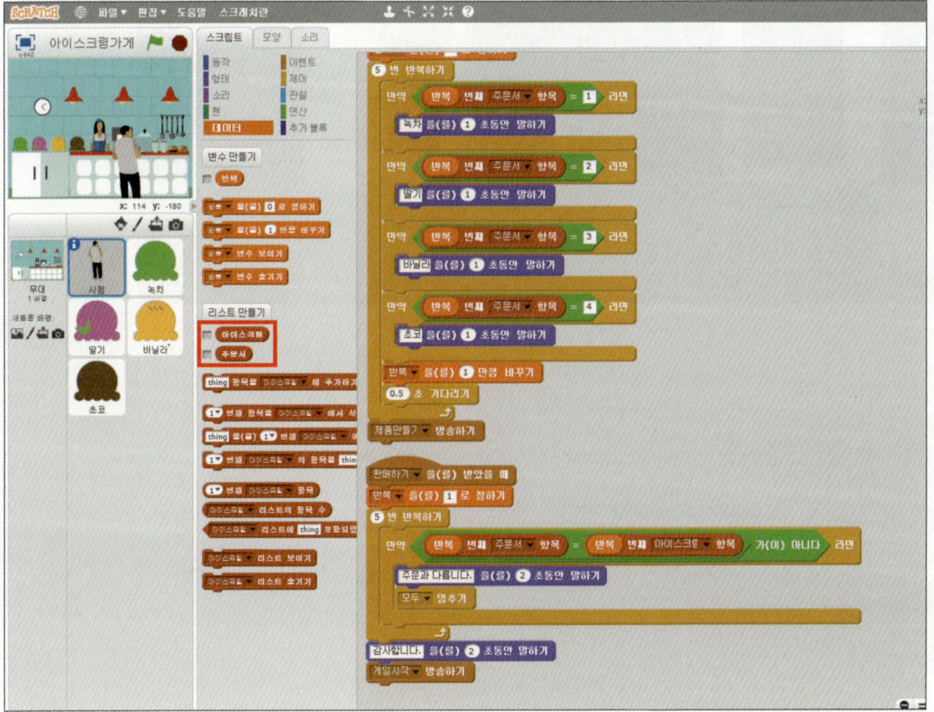

# Chapter 8

# 레이저를 반사해라!(펜과 함수)

빛은 거울에 부딪히면 반사됩니다. 이번에는 거울을 회전시켜 빛을 반사하는 프로그램을 만들어 보겠습니다. 반사된 빛이 목적지를 향해 갈 수 있도록 코딩해 보세요.

**예제 파일** 레이저 반사.sb2

**완성 파일** 레이저 반사(완성).sb2

완성 파일 미리 보기

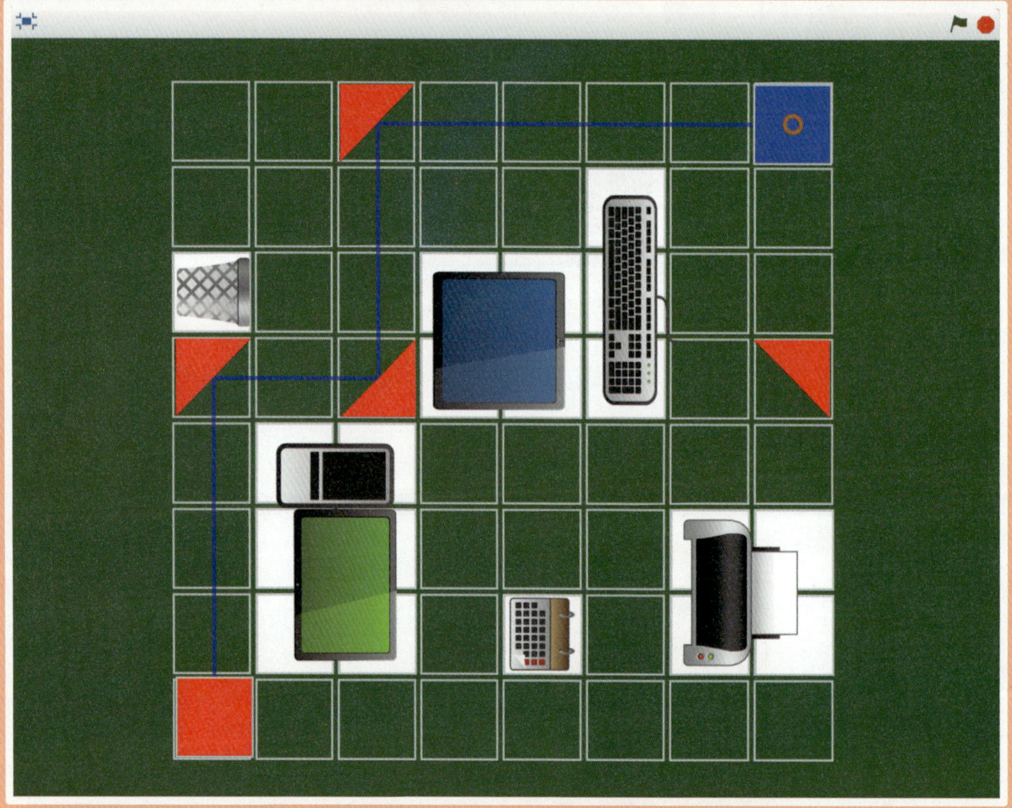

## Q 어떤 것을 할 수 있나요?

- 스프라이트의 모양을 임의의 모양으로 바꿀 수 있습니다.
- 펜을 이용해 선을 그릴 수 있습니다.
- 반복해서 사용하는 명령 블록들을 함수로 만들 수 있습니다.

# Section 01 출발지점과 도착지점 코딩하기

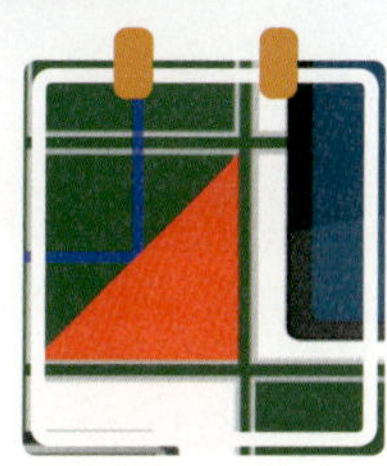

[출발지점] 스프라이트와 [도착지점] 스프라이트는 별다른 기능 없이 위치를 지정할 때만 사용합니다. 그리고 [출발지점] 스프라이트를 클릭하면 [레이저] 스프라이트가 이동을 시작하는 스크립트를 방송합니다.

**01** 예제 파일(레이저 반사.sb2)을 연 다음 [출발] 스프라이트를 선택합니다. [이벤트] 팔레트의 클릭했을 때 명령 블록을 연결합니다.
[동작] 팔레트의 x: -140 y: -140 로 이동하기 명령 블록을 연결한 다음 값에 '-140'과 '-140'을 입력합니다.

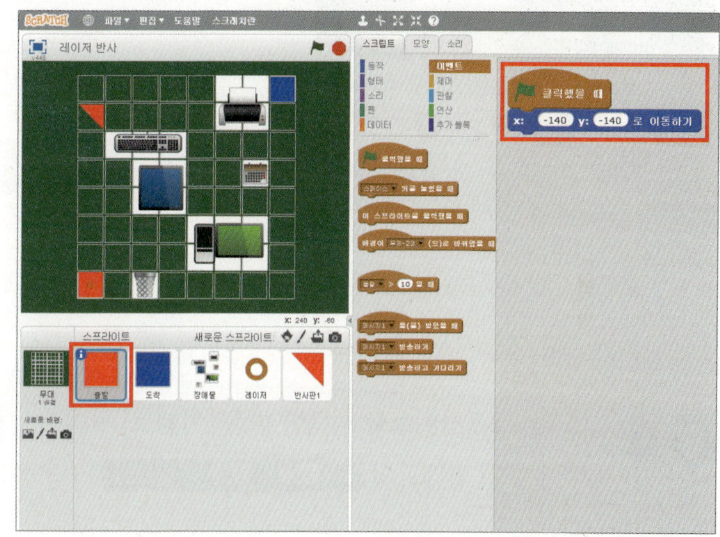

**02** [이벤트] 팔레트의 메시지1 ▼ 방송하기 명령 블록을 연결한 다음 ▼를 클릭해 '새 메시지...'를 선택합니다. [새 메시지] 대화상자가 나타나면 '게임시작'을 입력하고 [확인]을 클릭합니다.

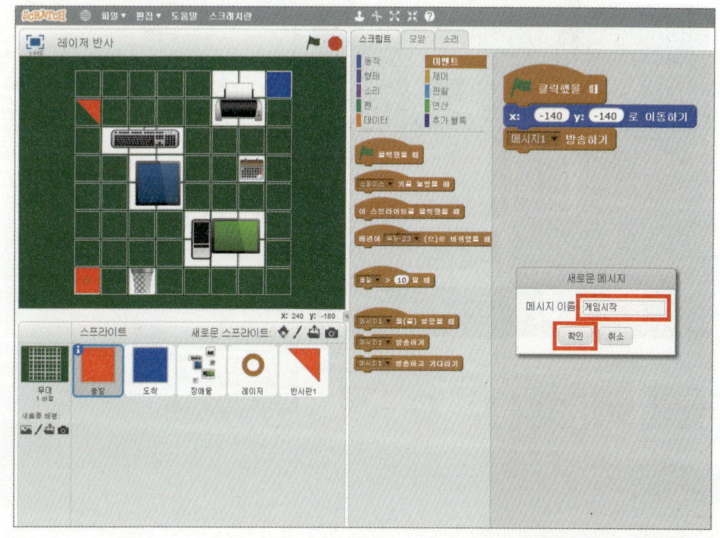

**03** [이벤트] 팔레트의 `이 스프라이트를 클릭했을 때` 명령 블록을 드래그합니다. `메시지1 ▼ 방송하기` 명령 블록을 연결한 다음 ▼를 클릭해 '새 메시지…'를 선택합니다. [새 메시지] 대화상자가 나타나면 '레이저이동'을 입력하고 [확인]을 클릭합니다.

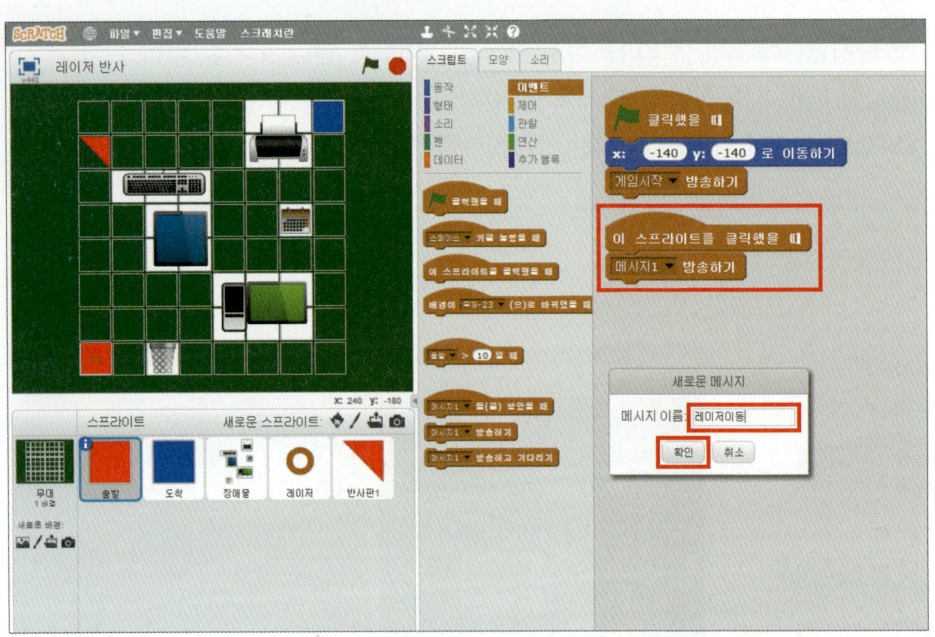

**04** [도착] 스프라이트를 선택한 다음 [이벤트] 팔레트의 `클릭했을 때` 명령 블록을 연결합니다. [동작] 팔레트의 `x: 140 y: 140 로 이동하기` 명령 블록을 연결한 다음 값에 '140'과 '140'을 입력합니다.

# 장애물 스프라이트 코딩하기

[장애물] 스프라이트는 [바닥]에 나타나서 레이저가 지나가는 길을 방해하는 스프라이트입니다. 여러 가지의 장애물이 이곳저곳에 나타나고 프로그램을 실행할 때마다 다양한 위치에 나타납니다. 다양한 장애물을 각각의 스프라이트로 만드는 것도 좋지만, 하나의 스프라이트에 다양한 모양을 만들고 프로그램을 실행할 때마다 모양을 바꾸도록 코딩하겠습니다.

**01** [장애물] 스프라이트를 선택한 다음 [이벤트] 팔레트의 [클릭했을 때] 명령 블록을 연결합니다. [동작] 팔레트의 [x: 0 y: 0 로 이동하기] 명령 블록을 연결한 다음 값에 '0'과 '0'을 입력합니다.

**02** [형태] 팔레트의 [모양을 모양4 ▼ (으)로 바꾸기] 명령 블록을 연결한 다음 [연산] 팔레트의
[1 부터 10 사이의 난수] 명령 블록을 연결한 다음 값에 '1'과 '4'를 입력합니다. 이렇게 하면
프로그램이 실행될 때마다 값이 바뀝니다.

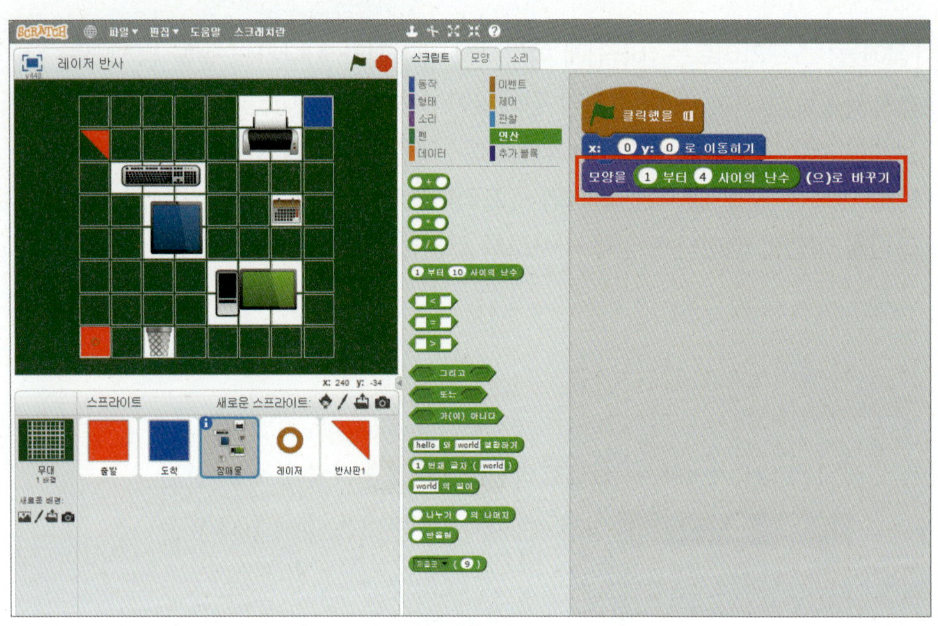

**03** [동작] 팔레트의 [90 ▼ 도 방향 보기] 명령 블록을 연결한 다음 [연산] 팔레트의 [○ * ○] 명
령 블록을 연결합니다. 값에 '90'을 입력한 다음 [연산] 팔레트의 [1 부터 10 사이의 난수]
명령 블록을 연결한 다음 값에 '0'과 '3'을 입력합니다. 이렇게 코딩하면 '90'에 '0', '1', '2', '3'을 곱한
방향(0도, 90도, 180도, 270도)을 바라봅니다.

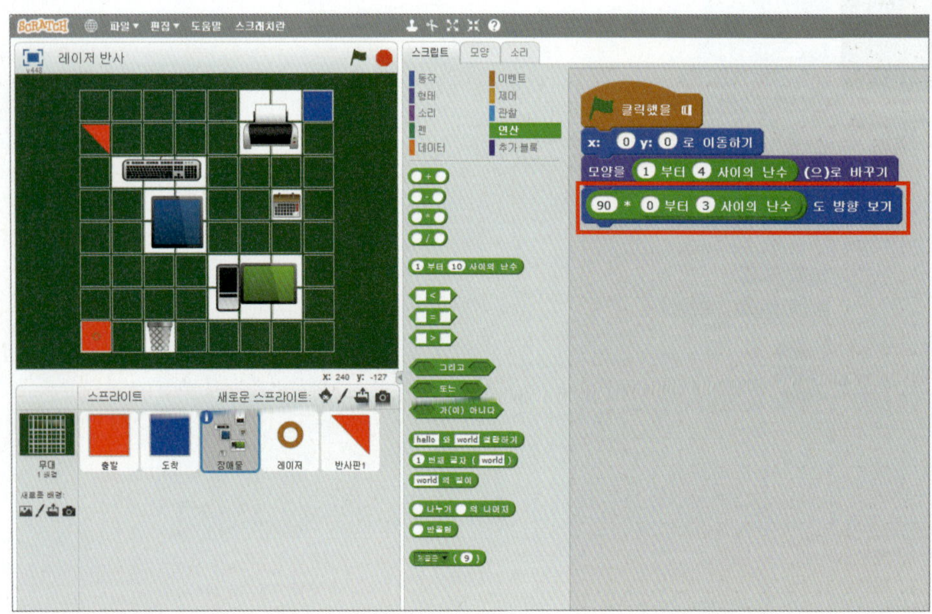

# Section 03 반사판 코딩하기

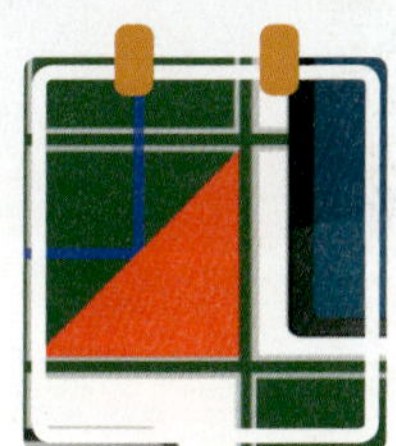

[반사판] 스프라이트는 레이저를 반사할 수 있는 스프라이트입니다. 마우스를 클릭할 때마다 회전하고 마우스로 드래그하면 이동하도록 코딩하겠습니다.

**01** [반사판] 스프라이트를 선택한 다음 프로그램을 실행하면 나타날 위치를 지정하기 위해 [이벤트] 팔레트의 ▶ 클릭했을 때 명령 블록을 드래그해 연결합니다. [동작] 팔레트의 90▼ 도 방향 보기 명령 블록을 연결한 다음 x: -140 y: 100 로 이동하기 명령 블록을 연결한 다음 값에 '-140', '100'을 입력합니다.

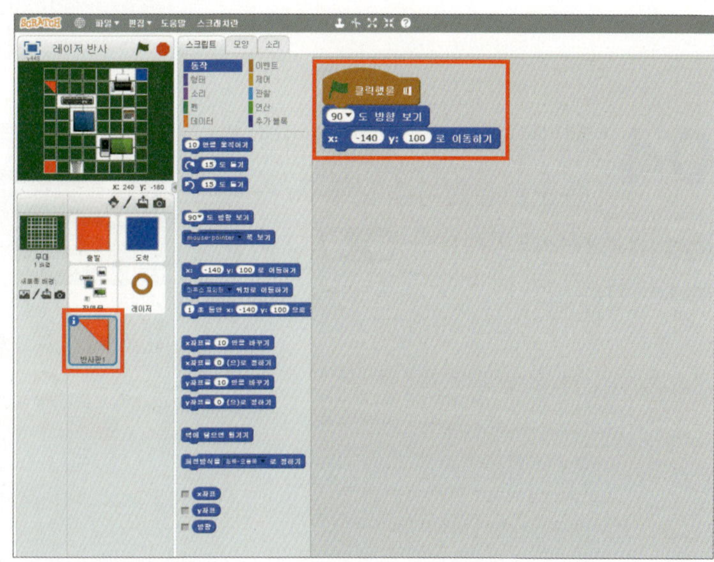

**02** 스프라이트를 클릭할 때마다 회전할 수 있도록 [이벤트] 팔레트의 이 스프라이트를 클릭했을 때 명령 블록을 연결합니다. [형태] 팔레트의 다음 모양으로 바꾸기 명령 블록을 연결합니다.

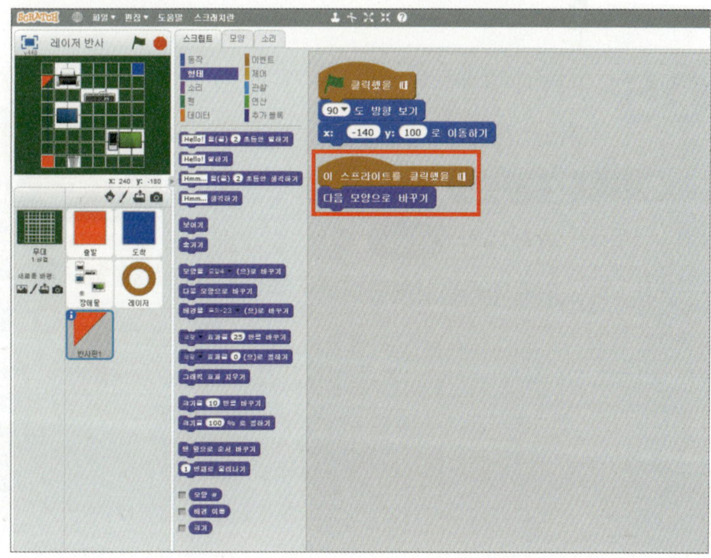

**03** 이번에는 드래그했을 때 일정한 비율에 해당하는 값으로 이동하기 위해 [제어] 팔레트의 무한 반복하기 명령 블록을 연결한 다음 [동작] 팔레트의 x좌표를 0 (으)로 정하기 명령 블록을 연결합니다.

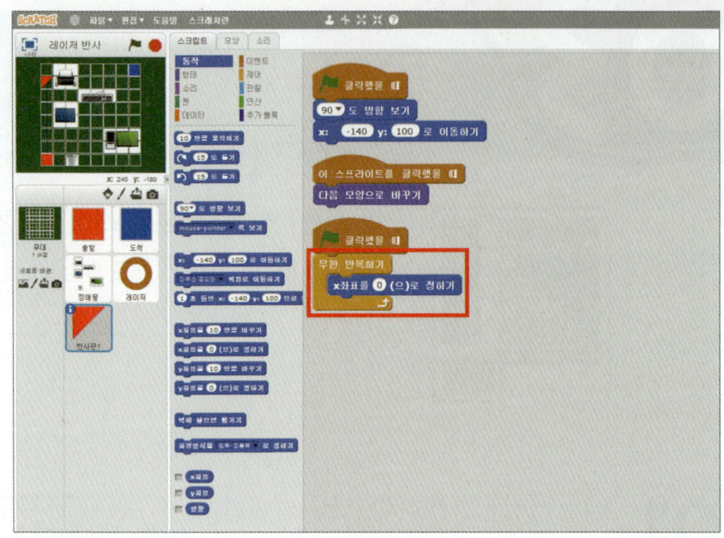

**04** [연산] 팔레트의 ◯ + ◯ 명령 블록을 연결한 다음 값에 '20'을 입력합니다. [연산] 팔레트의 ◯ - ◯ 명령 블록을 연결합니다.

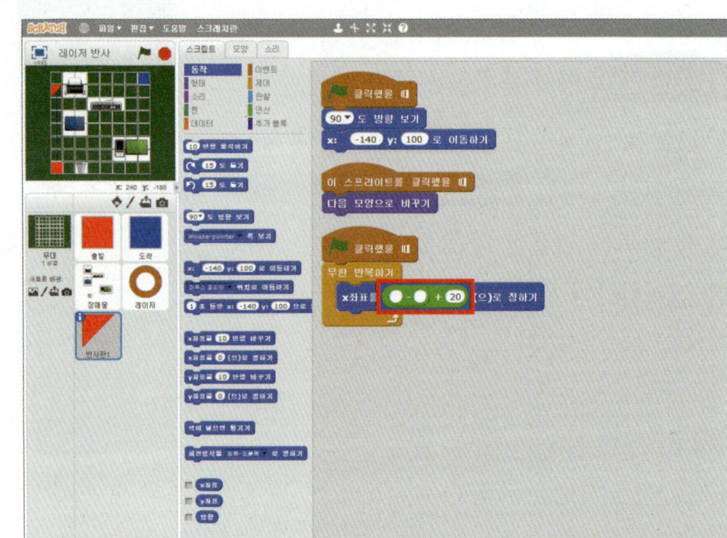

**05** [동작] 팔레트의 x좌표 명령 블록을 연결한 다음 [연산] 팔레트의 ◯ 나누기 ◯ 의 나머지 명령 블록을 연결합니다. [동작] 팔레트의 x좌표 명령 블록을 연결한 다음 값에 '40'을 입력합니다.

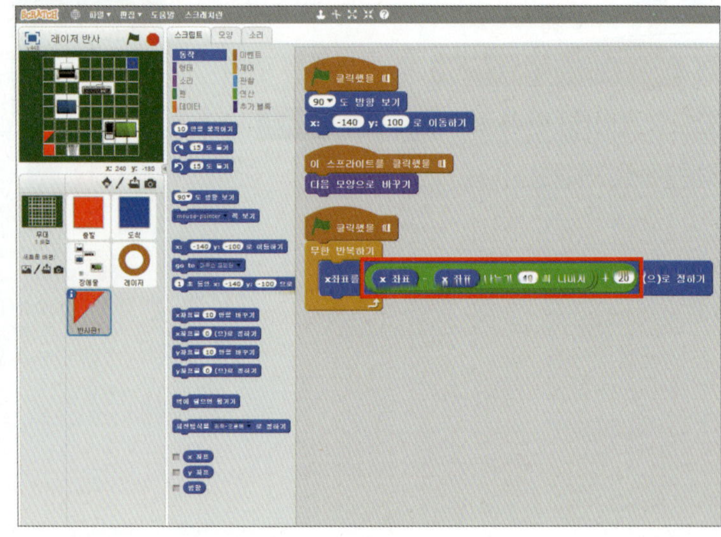

**06** 같은 방법으로 [동작] 팔레트의
y좌표를 0 (으)로 정하기 명령 블록을
연결한 다음 같은 방법으로 [연산] 팔레트의
명령 블록을 이용하여 위치를 지정합니다.

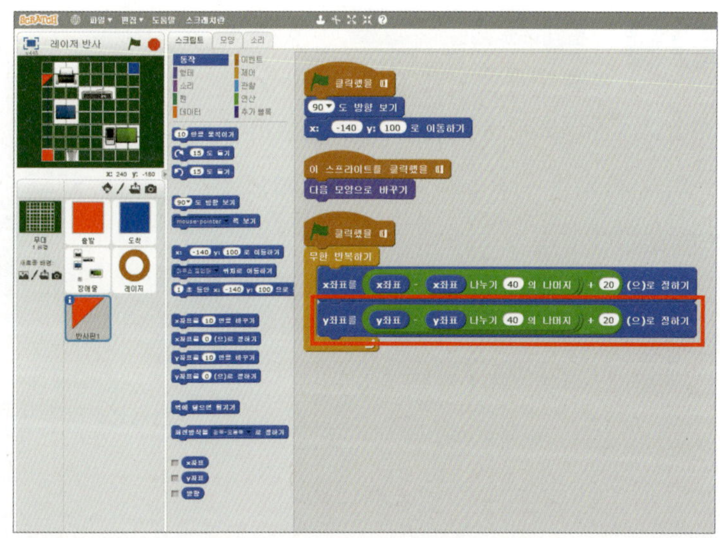

**07** [반사판1] 스프라이트가 [바닥]
스프라이트를 벗어났을 경우 다
시 [바닥] 스프라이트의 위로 이동할 수 있도
록 코딩하겠습니다. [이벤트] 팔레트의
클릭했을 때 명령 블록을 연결한 다음
무한 반복하기 명령 블록을 연결합니다.

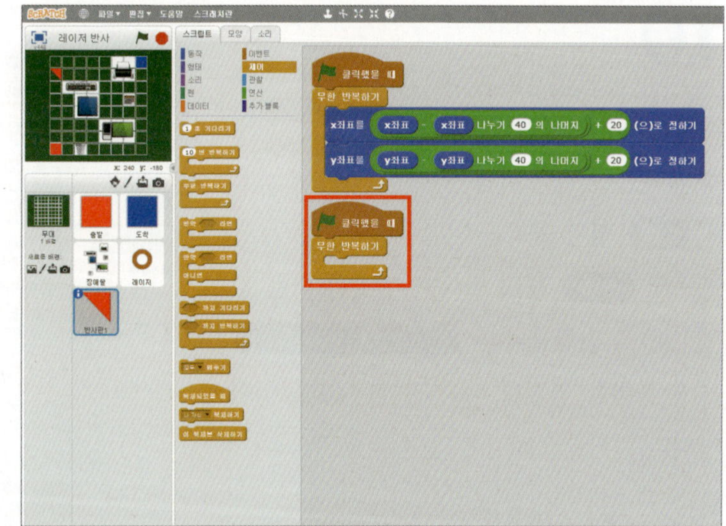

**08** 만약 라면 명령 블록을 연결한
다음 [연산] 팔레트의 < 
명령 블록을 연결합니다. [동작] 팔레트의
x좌표 명령 블록을 연결한 다음 값에 '-140'
을 입력합니다.

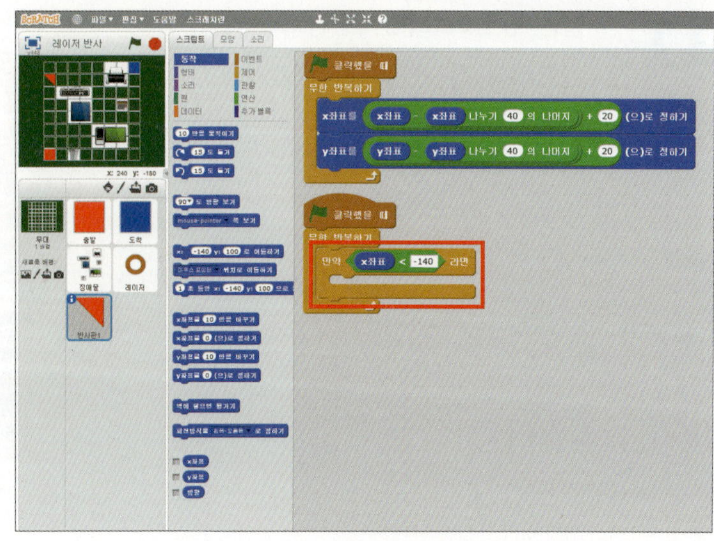

**09** `x좌표를 0 (으)로 정하기` 명령 블록을 연결한 다음 값에 '−140'을 입력합니다. 이렇게 하면 [반사판1] 스프라이트의 x 좌표가 −140보다 작으면 −140으로 이동합니다.

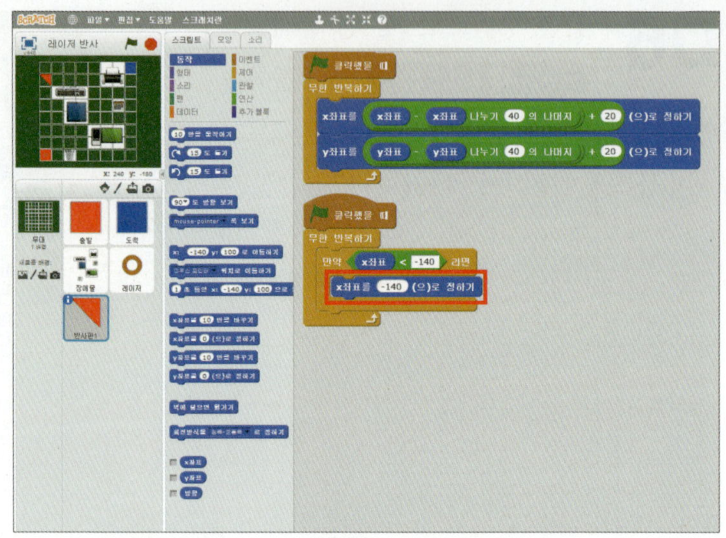

**10** 같은 방법으로 x 좌표가 140보다 크면 [반사 장치] 스프라이트의 x 좌표를 '140'으로 바꾸기 위해 `만약 라면` 명령 블록을 연결한 다음 [연산] 팔레트의 `□ < □` 명령 블록을 연결합니다. [동작] 팔레트의 `x좌표` 명령 블록을 연결한 다음 값에 '140'을 입력합니다. `x좌표를 0 (으)로 정하기` 명령 블록을 연결한 다음 값에 '140'을 입력합니다.

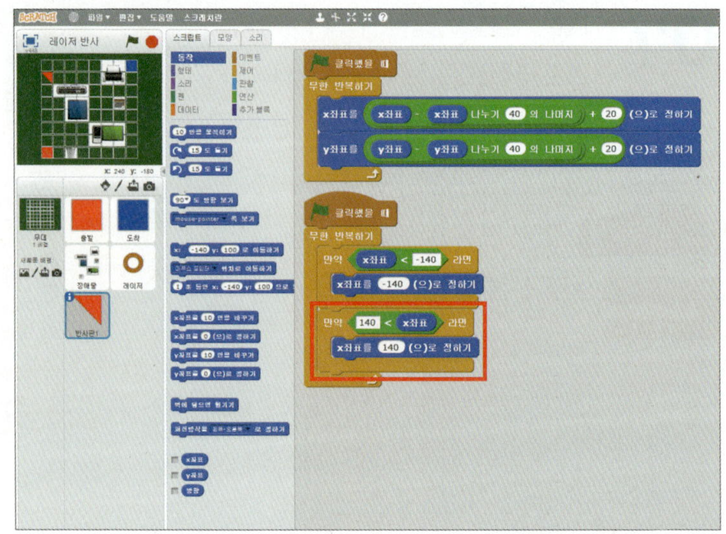

**11** 같은 방법으로 [반사판1] 스프라이트의 y 좌표가 지정된 범위를 벗어나지 않도록 코딩합니다.

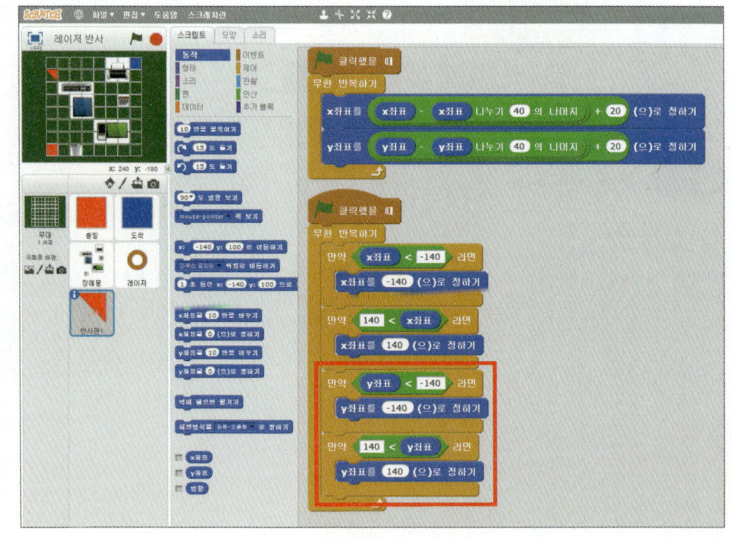

**12** 를 클릭해 프로그램을 실행한 후 [반사판1] 스프라이트를 이리 저리 드래그해 위치를 이동합니다. [반사 장치] 스프라이트가 지정된 범위 내에서만 이동합니다. 를 클릭해 프로젝트 화면으로 바꾼 다음 프로그램을 실행합니다. [반사판1] 스프라이트를 드래그해도 이동하지 않습니다.

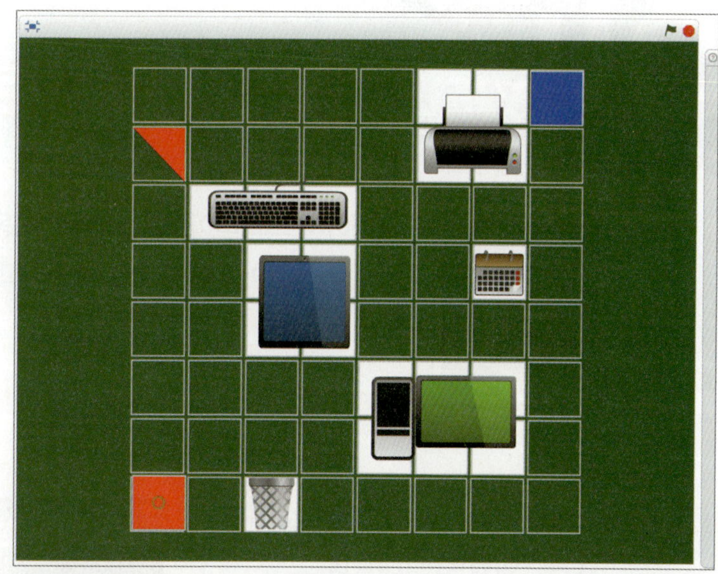

**13** 를 클릭해 편집 화면으로 되돌아온 다음 스프라이트 영역에서 [반사판1] 스프라이트의 정보(ℹ)를 클릭합니다.

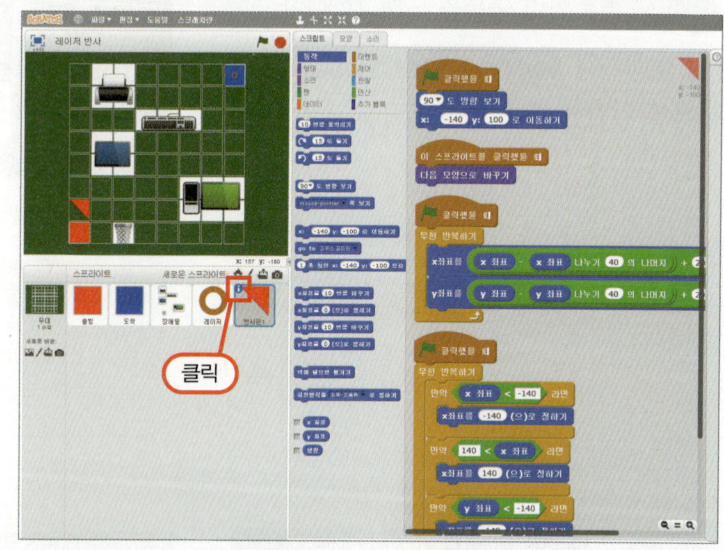


**14** [반사판1] 스프라이트의 정보가 나타나면 [프로젝트 페이지에서 드래그 가능]을 선택합니다. 이렇게 하면 프로젝트 페이지에서 [반사판1] 스프라이트를 드래그해 이동할 수 있습니다.

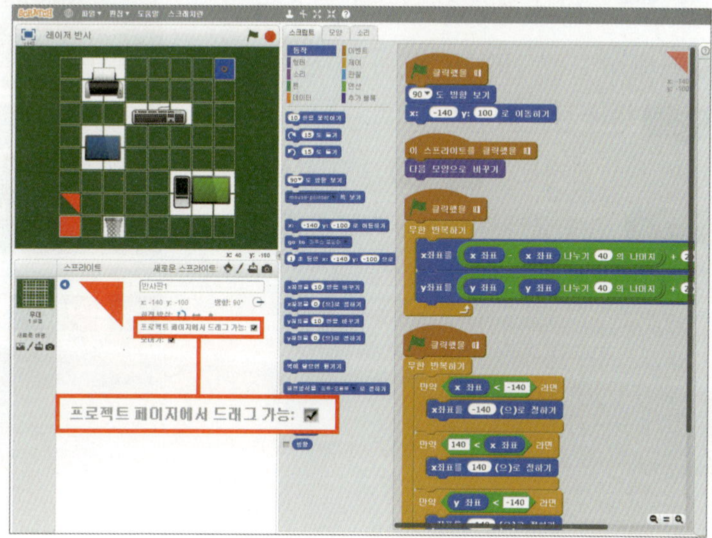

# 레이저 스프라이트 코딩하기

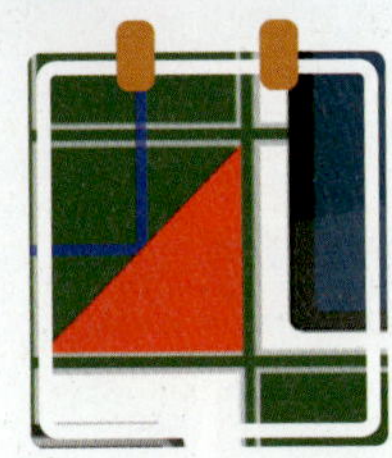

레이저 스프라이트는 앞으로 이동하다가 반사판 스프라이트에 닿으면 반사판 스프라이트의 방향을 확인하고 반사되거나 멈추게 됩니다.

**01** [레이저] 스프라이트를 선택한 다음 [이벤트] 팔레트의 클릭했을 때 명령 블록을 드래그합니다. [동작] 팔레트의 마우스 포인터 위치로 이동하기 명령 블록을 연결한 다음 ▼를 클릭해 '출발'을 선택합니다.

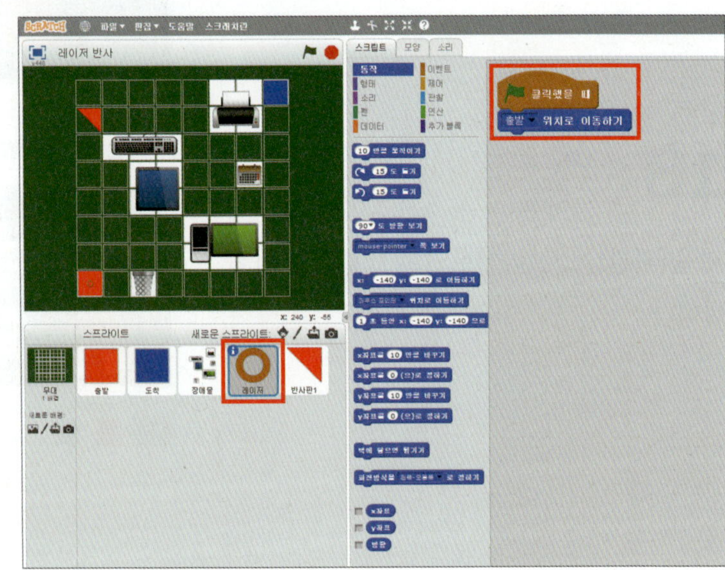

**02** [동작] 팔레트의 90 도 방향 보기 명령 블록을 연결한 다음 ▼를 클릭해 '0'도를 선택합니다. [펜] 팔레트의 지우기 명령 블록을 연결합니다. 이렇게 코딩하면 [펜] 팔레트의 펜 내리기 명령 블록이나 도장찍기 명령 블록을 이용해 그린 것들이 모두 지워집니다.

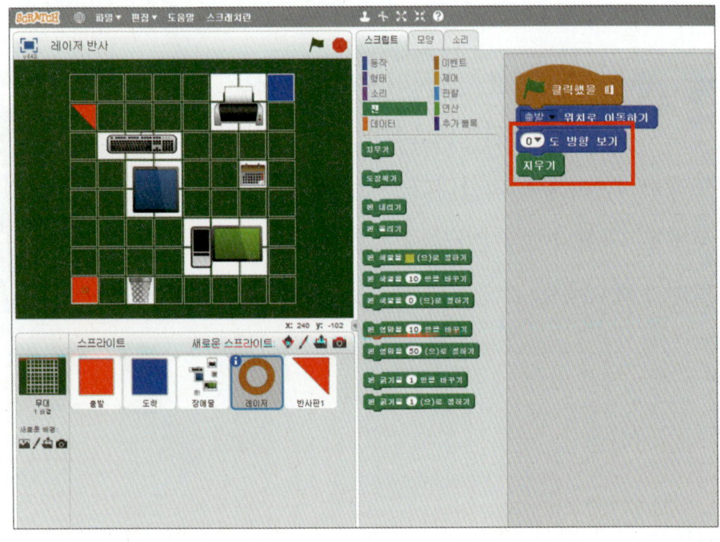

**03** [이벤트] 팔레트의 게임시작 ▼ 을(를) 받았을 때 명령 블록을 연결한 다음 ▼를 클릭해 '레이저이동'을 선택합니다. [동작] 팔레트의 마우스 포인터 ▼ 위치로 이동하기 명령 블록을 연결한 다음 ▼를 클릭해 '출발'을 선택합니다. [동작] 팔레트의 90 ▼ 도 방향 보기 명령 블록을 연결한 다음 ▼를 클릭해 '0'도를 선택합니다. 이렇게 코딩하면 [출발] 스프라이트를 클릭해 '레이저이동'이 방송될 때마다 [출발] 스프라이트의 위치에서 다시 시작하게 됩니다.

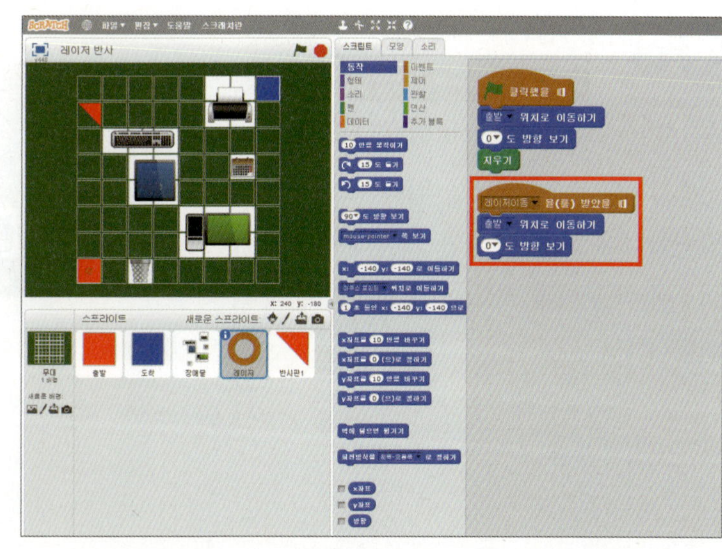

**04** [펜] 팔레트의 펜 내리기 명령 블록을 연결한 다음 지우기 명령 블록을 연결해 이전에 그렸던 것들을 모두 지웁니다.

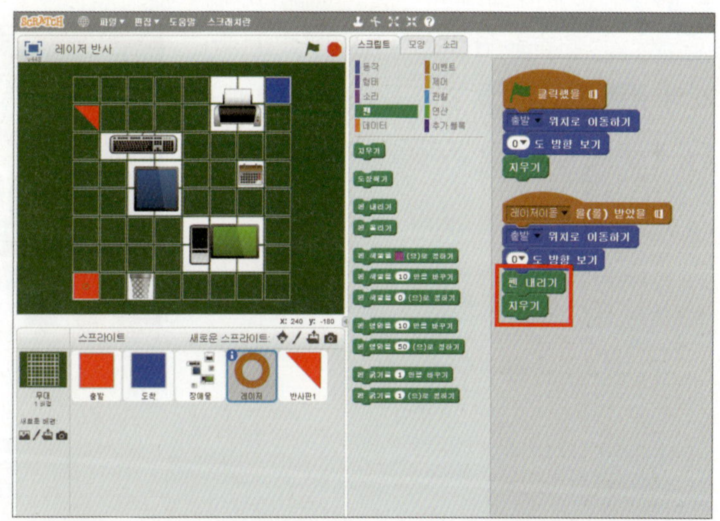

**05** [제어] 팔레트의 무한 반복하기 명령 블록을 연결합니다. 10 번 반복하기 명령 블록을 연결한 다음 값에 '20'을 입력합니다. [동작] 팔레트의 10 만큼 움직이기 명령 블록을 연결한 다음 값에 '2'를 입력합니다.

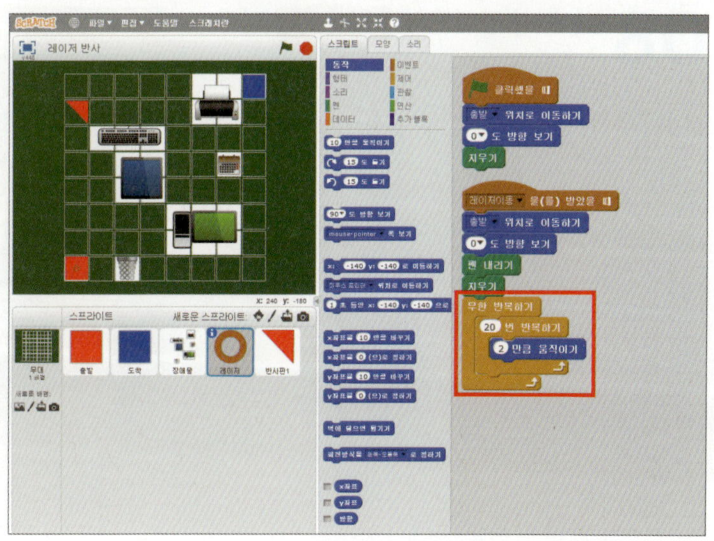

**06** [이벤트] 팔레트의 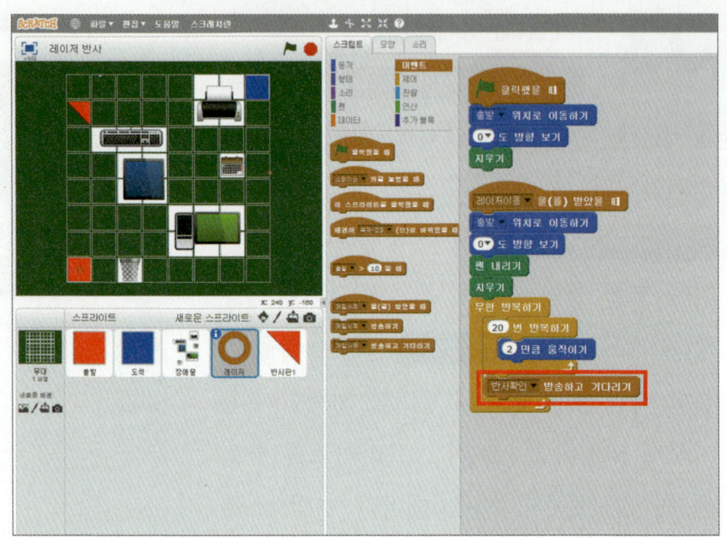 명령 블록을 연결한 다음 ▼를 클릭해 '새 메시지…'를 선택합니다. '반사확인'을 입력하고 [확인]을 클릭합니다. 이렇게 하면 '2'만큼씩 20번을 이동한 다음 다른 스프라이트에 닿았는지 확인합니다.

**07** [제어] 팔레트의 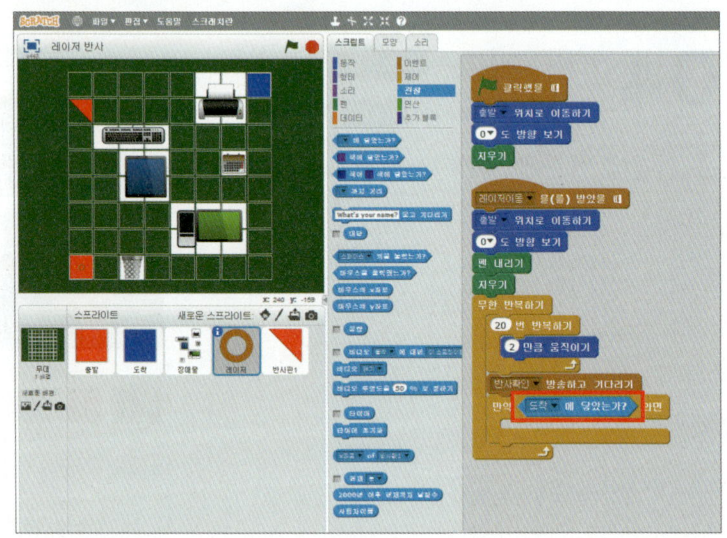 명령 블록을 연결한 다음 [관찰] 팔레트의 명령 블록을 연결합니다. ▼를 클릭한 다음 '도착'을 선택합니다.

**08** [제어] 팔레트의 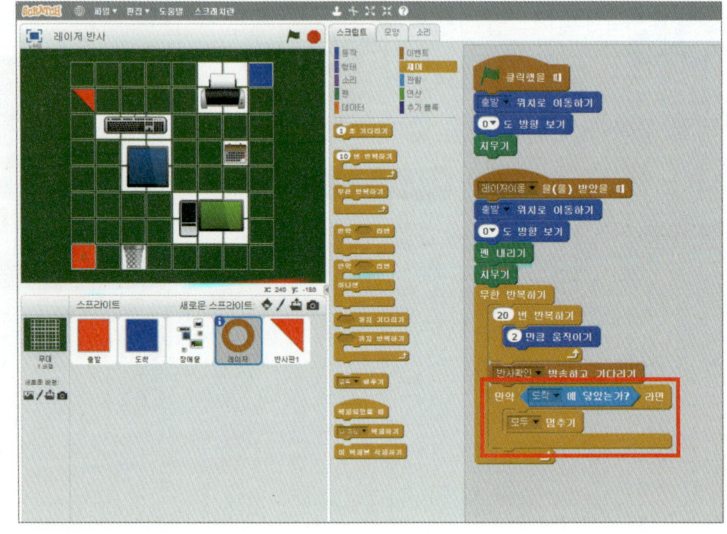 명령 블록을 연결합니다. 이렇게 코딩하면 [도착] 스프라이트에 닿으면 멈추게 됩니다.

**09** [레이저] 스프라이트가 이동하는 도중 [장애물] 스프라이트에 닿았다면 이동을 멈추도록 코딩하겠습니다. [제어] 팔레트의 명령 블록을 연결합니다. [관찰] 팔레트의 명령 블록을 연결하고 ▼를 클릭해 '장애물'을 선택합니다. [제어] 팔레트의 명령 블록을 연결합니다.

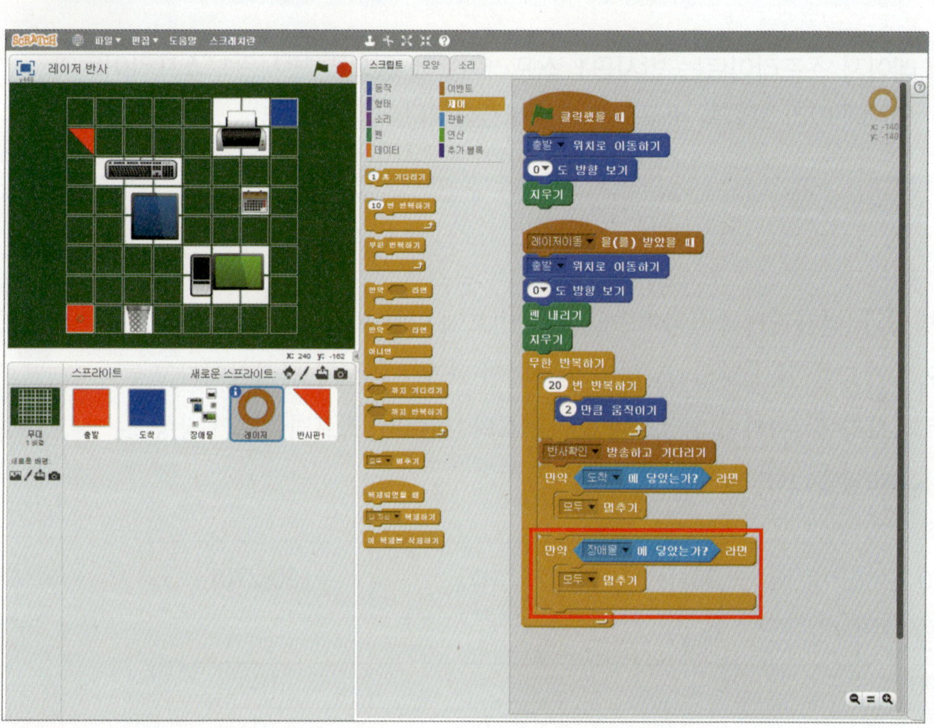

---

**tip**

**조건이 만족할 때까지 반복하기**

완성된 스크립트를 살펴보면 [도착] 스프라이트에 닿을 때까지 `2 만큼 움직이기` 명령 블록을 20번 실행하고, `반사확인 ▼ 방송하고 기다리기` 명령 블록을 실행합니다. [도착] 스프라이트나 [장애물] 스프라이트에 닿을 때까지 반복하는 것과 같으므로 `까지 반복하기` 명령 블록과 `또는` 명령 블록을 이용하는 것과 같습니다.

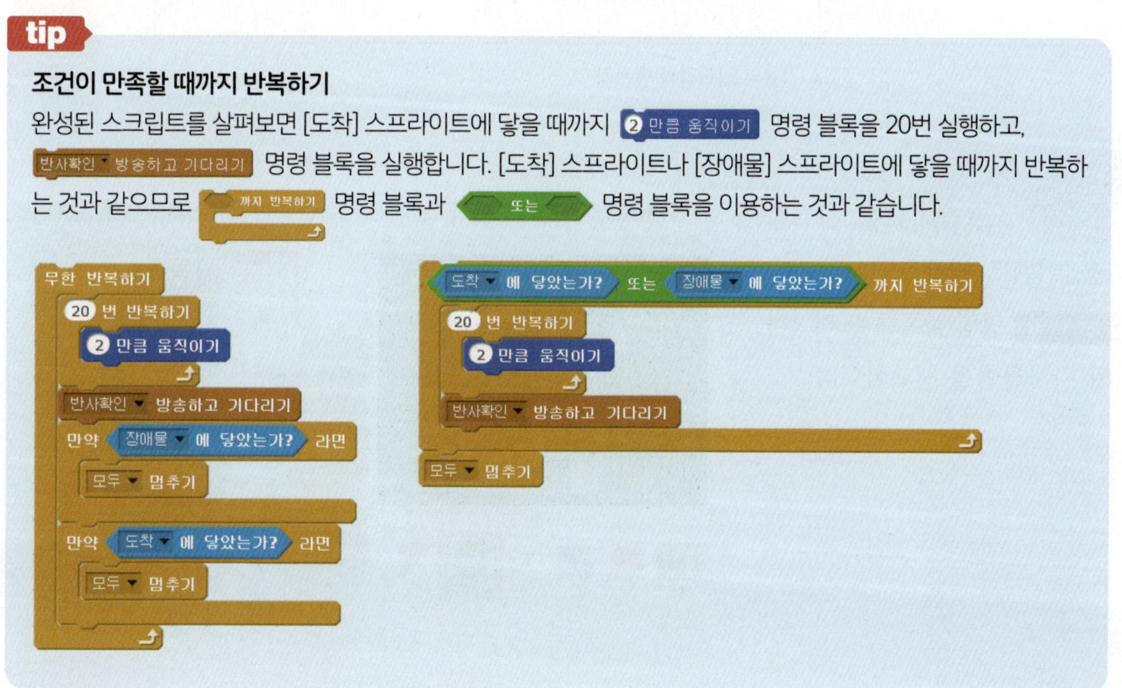

# 레이저 스프라이트가 반사판1 스프라이트에 닿으면 방향 바꾸기

레이저 스프라이트는 반사판1 스프라이트에 닿으면 반사판1 스프라이트의 모양에 따라 방향을 바꾸도록 코딩하겠습니다.

[레이저] 스프라이트의 이동 방향과 [반사판1] 스프라이트의 모양 번호에 따른 반사 각도를 확인하겠습니다. 빛이 거울로 들어오는 각도를 입사각이라고 하고 반사되어 나가는 각도를 반사각이라고 합니다. [반사판1] 스프라이트의 모양에는 4가지가 있으며 모양번호와 [레이저] 스프라이트의 방향에 따른 입사각과 반사각은 다음과 같습니다.

| 모양＼입사각 | 0 | 90 | 180 | -90(270) |
|---|---|---|---|---|
| 모양1 | -90 | 180 | - | - |
| 모양2 | 90 | - | - | 180 |
| 모양3 | - | - | -90 | 0 |
| 모양4 | - | 0 | 90 | - |

▲ 거울의 입사각과 반사각

**01** [레이저] 스프라이트를 선택한 다음 [이벤트] 팔레트의 [게임시작 ▼ 을(를) 받았을 때] 명령 블록을 드래그하고 ▼를 클릭해 '반사확인'을 선택합니다.

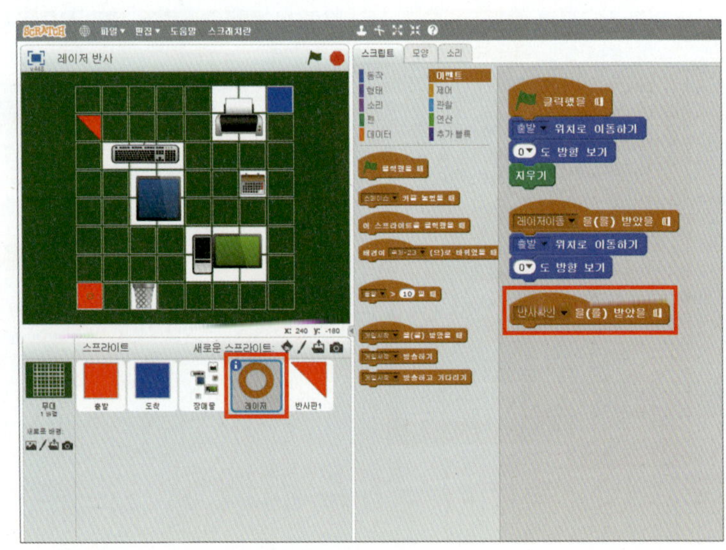

**02** [반사판1] 스프라이트에 닿았는지 확인하기 위해 [제어] 팔레트의 만약 ~ 라면 명령 블록을 연결한 다음 [관찰] 팔레트의 ▼에 닿았는가? 명령 블록을 연결합니다. ▼를 클릭해 '반사판1'을 선택합니다.

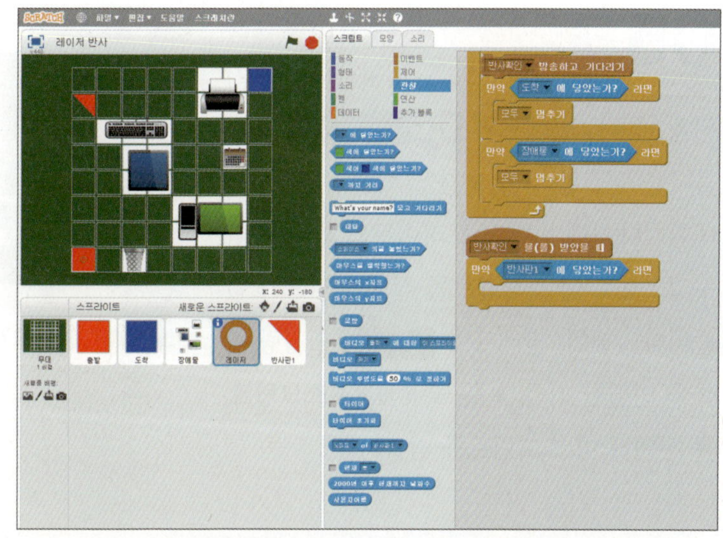

**03** [반사판1] 스프라이트에 닿았으면 [반사판1] 스프라이트의 모양을 확인하기 위해 [제어] 팔레트의 만약 ~ 라면 명령 블록을 연결합니다. [연산] 팔레트의 ◯ = ◯ 명령 블록을 연결한 다음 값에 '1'을 입력합니다. [관찰] 팔레트의 x좌표 ▼ of 반사판1 ▼ 명령 블록을 연결하고 ▼를 클릭해 '모양 번호(혹은 모양 #)'와 '반사판1'을 선택합니다.

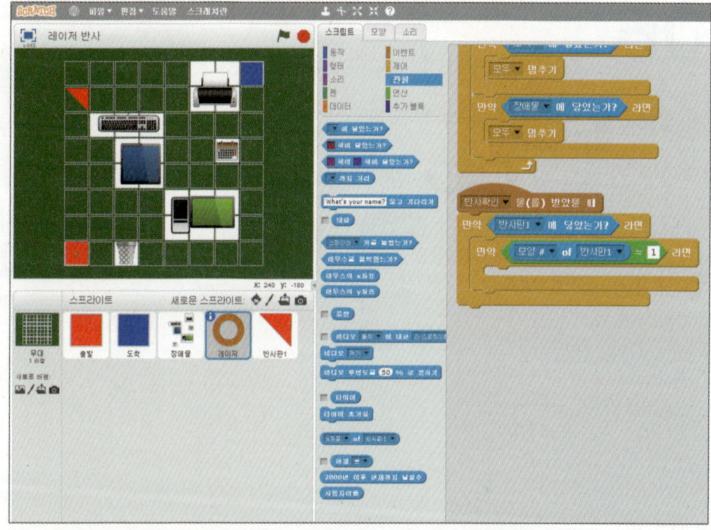

**04** [레이저] 스프라이트의 방향이 '0'도 인지 확인하기 위해 [제어] 팔레트의 만약 ~ 라면 명령 블록을 연결한 다음 [연산] 팔레트의 ◯ = ◯ 명령 블록을 연결하고 값에 '0'을 입력합니다. [동작] 팔레트의 방향 명령 블록을 연결합니다.

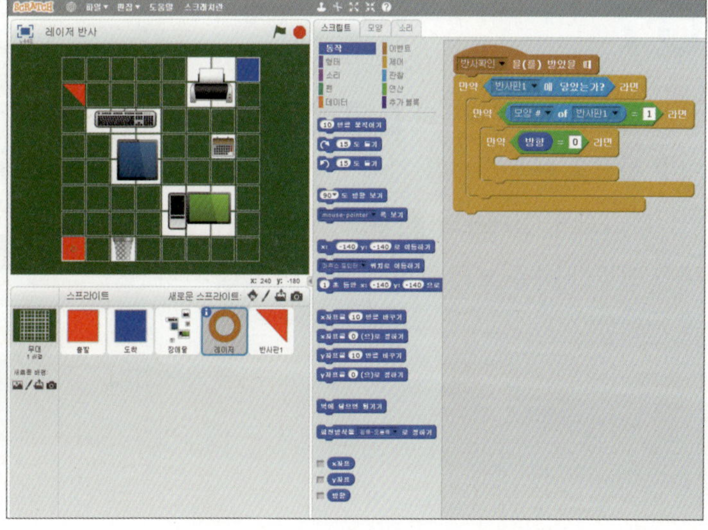

**05** [레이저] 스프라이트의 방향이 '0'
도 이면 '−90'도 방향을 바라보기
위해 [동작] 팔레트의 ⟨90▼ 도 방향 보기⟩ 명령
블록을 연결한 다음 ▼를 클릭해 '−90'을 선
택합니다. [레이저] 스프라이트의 방향을 바
꾸었으므로 이 스크립트를 실행할 필요가 없
습니다. [제어] 팔레트의 ⟨모두▼ 멈추기⟩ 명령 블
록을 연결한 다음 ▼를 클릭해 '이 스크립트'
를 선택해 이 스크립트를 멈춥니다.

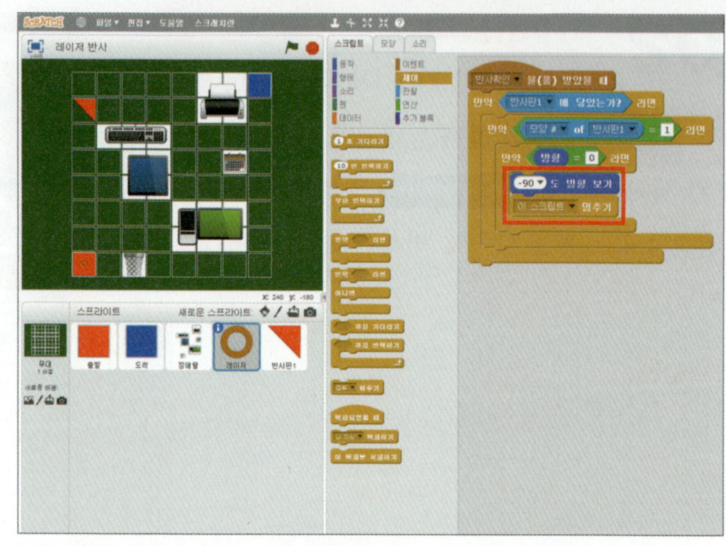

**06** [레이저] 스프라이트의 방향이
'0'도가 아니면 '180'인지 확인하
기 위해 ⟨만약 라면⟩ 명령 블록을 연결합니다.
[연산] 팔레트의 ⟨ = ⟩ 명령 블록을 연결
합니다. [동작] 팔레트의 ⟨방향⟩ 명령 블록을
연결하고 값에 '90'을 입력합니다.

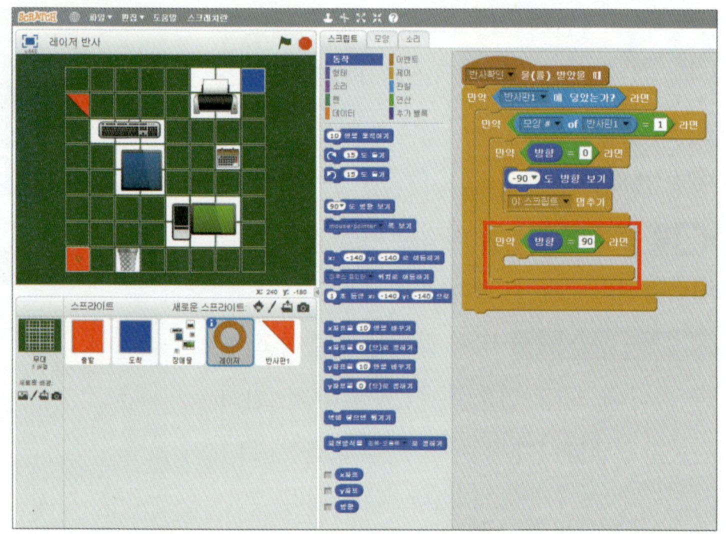

**07** [레이저] 스프라이트의 방향이
'90'도 이면 '180'도 방향을 바라
보기 위해 [동작] 팔레트의 ⟨90▼ 도 방향 보기⟩
명령 블록을 연결한 다음 값에 '180'을 입력
합니다. [제어] 팔레트의 ⟨모두▼ 멈추기⟩ 명령 블
록을 연결한 다음 ▼를 클릭해 '이 스크립트'
를 선택합니다.

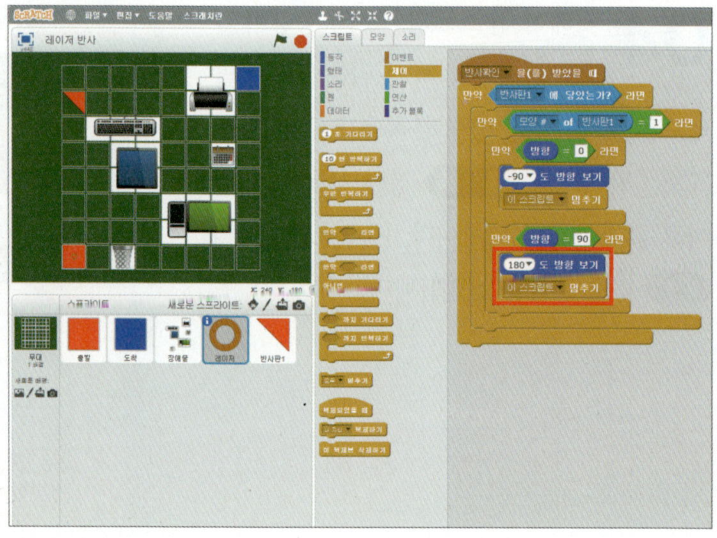

**08** [반사판1] 스프라이트의 모양 번호가 '1'이고, [레이저] 스프라이트의 방향이 0 또는 90도가 아니면 [레이저] 스프라이트의 이동을 멈추기 위해 [제어] 팔레트의 모두▼ 멈추기 명령 블록을 연결한 다음 ▼를 클릭해 '스프라이트에 있는 다른 스크립트'를 선택합니다.

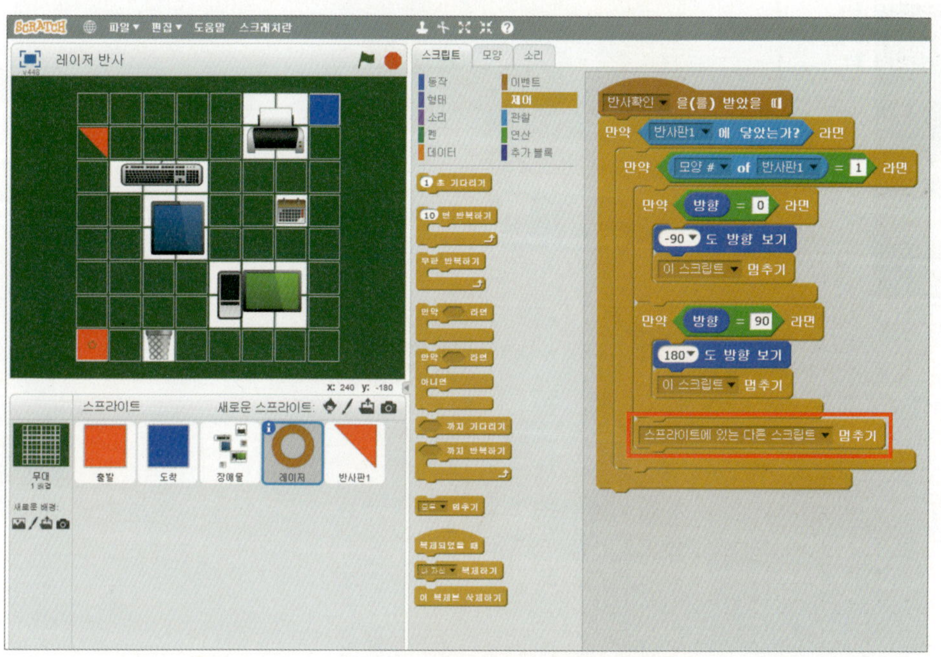

**09** [반사판1] 스프라이트의 모양 번호가 '2'이고, [레이저] 스프라이트의 방향이 '0' 또는 '−90'인지 확인하여 방향을 변경합니다.

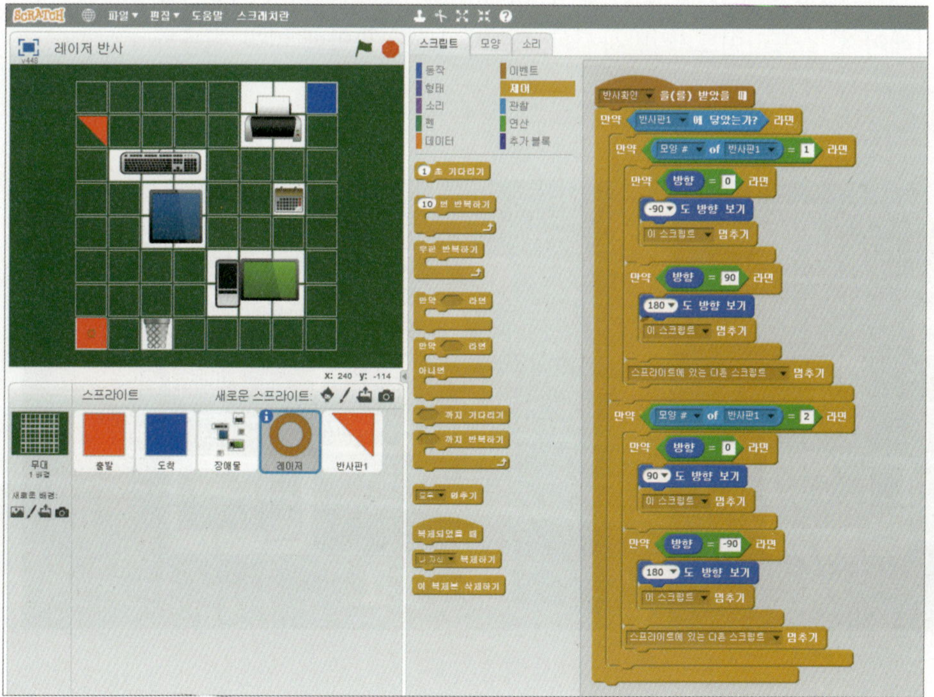

**10**    같은 방법으로 [반사판1] 스프라이트의 모양 번호에 따라 방향을 변경하도록 코딩합니다.

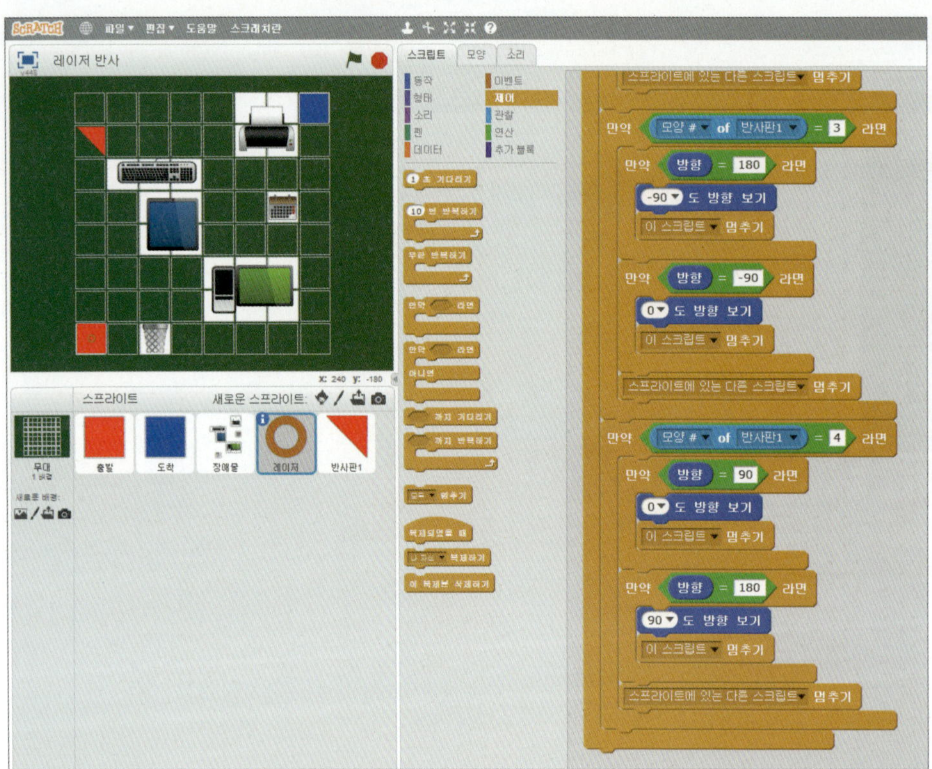

**11**    🚩를 클릭해 프로그램을 실행한 후 [출발점]을 클릭해 [레이저] 스프라이트가 이동하는 것을 확인합니다. [레이저] 스프라이트가 [반사점1] 스프라이트에 모양에 따라 이동하는 방향이 바뀝니다.

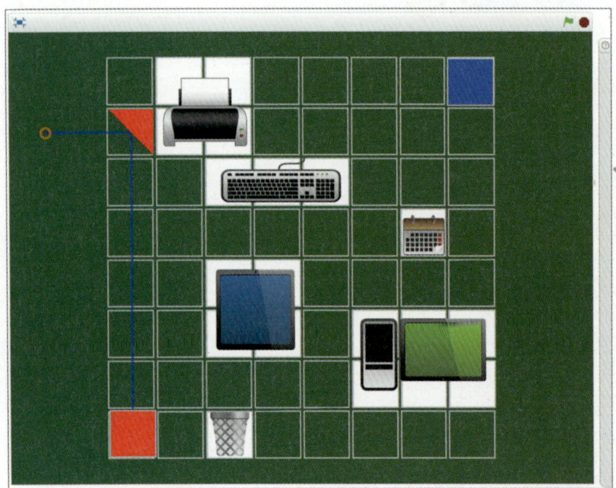

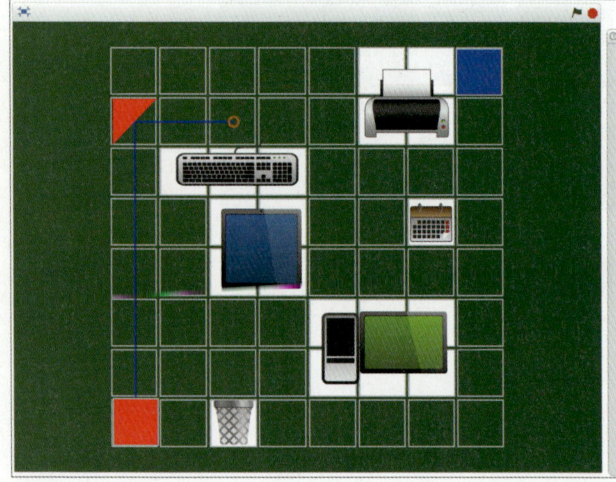

# 함수를 이용하여 코딩을 줄이기

같은 명령 블록이 사용되었고 값도 같다면 이벤트를 만들어 사용할 수 있습니다. 하지만 [레이저] 스프라이트의 '반사확인' 스크립트를 살펴보면 같은 내용이 명령 블록이 사용되었지만 값만 다른 것을 알 수 있습니다. 이와 같이 사용한 명령 블록은 같지만 값이 다른 경우에는 '함수'를 만들어 사용할 수 있습니다. 함수는 이벤트와 비슷하지만, 값을 전달하여 사용할 수 있습니다. 함수는 [추가 블록] 팔레트의 블록 만들기 를 이용하여 만들 수 있습니다.

**01** [레이저] 스프라이트를 선택한 다음 [추가 블록] 팔레트의 블록 만들기 를 클릭합니다. [새로운 블록] 대화상자가 나타나면 블록의 이름에 '방향회전'이라고 입력합니다.

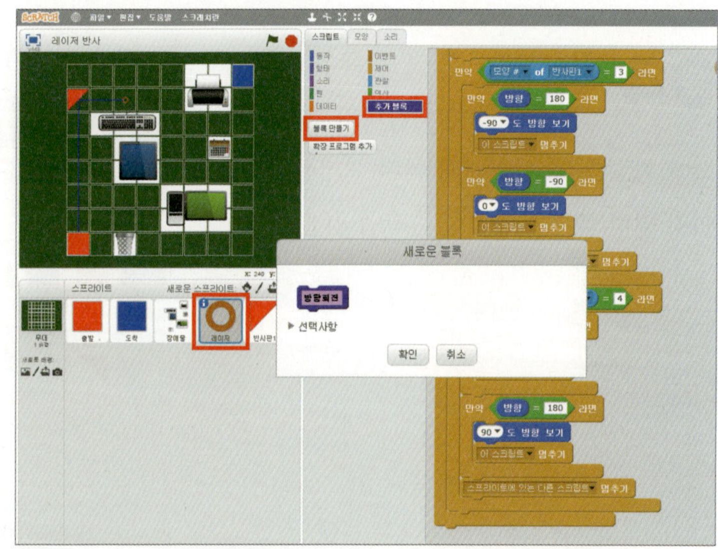

**02** [선택사항]을 클릭한 다음 '숫자 매개변수 추가하기'를 클릭합니다. 숫자 매개변수가 추가되면 '입사각1'을 입력합니다.

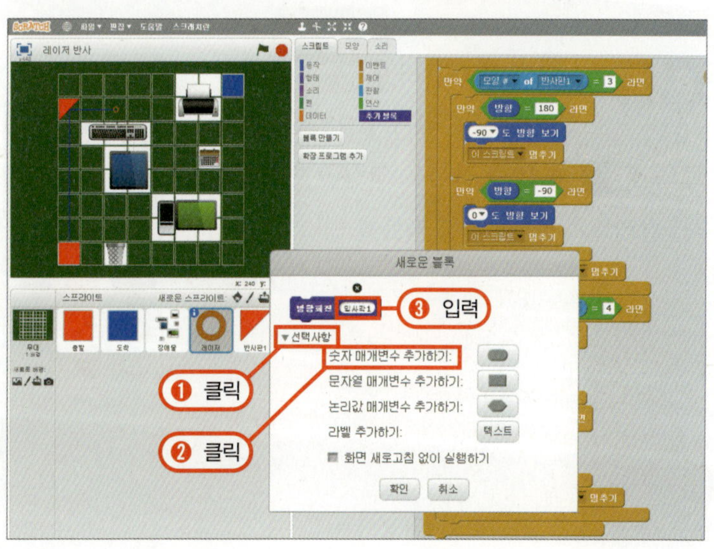


### tip

**매개변수란**

매개변수란 함수를 호출했을 때 값을 전달하기 위해 사용하는 변수입니다. 함수 호출이란, 이벤트를 처리하기 위해 이벤트를 방송하는 것처럼 함수를 사용하기 위해 함수를 부르는 작업입니다. 이벤트는 방송만 할 수 있지만, 함수는 방송을 하면서 값도 함께 전달할 수 있습니다.

**03** 같은 방법으로 3개의 숫자 매개 변수를 추가한 다음 '반사각1', '입사각2', '반사각2'와 같이 이름을 정의합니다. 모두 정의했으면 [확인]을 클릭합니다.

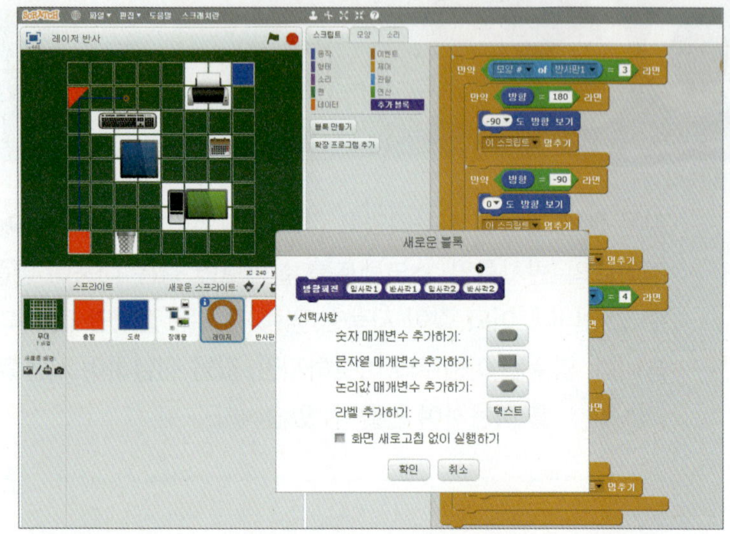

**04** [정의하기] 명령 블록이 나타나 면 함수를 정의합니다. 함수 정 의란 함수를 호출했을 때 어떤 처리를 할 것 인지 명령 블록을 연결하는 작업니다.

**05** [제어] 팔레트의 명령 블록을 연결합니다. [연산] 팔레 트의 명령 블록을 연결한 다음 [동 작] 팔레트의 방향 명령 블록을 연결합니다.

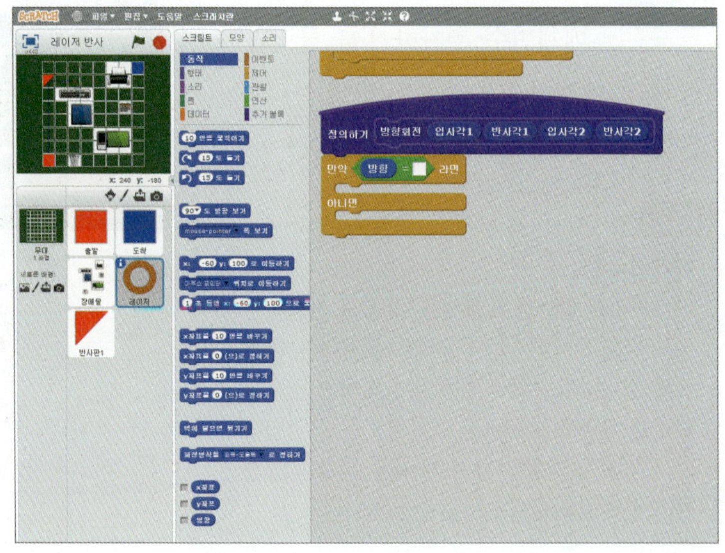

**06** [정의하기] 명령 블록에서 입사각1 명령 블록을 드래그해 연결합니다. 이렇게 코딩하면 [레이저] 스프라이트의 방향과 [방향회전] 함수를 호출했을 때 전달되는 입사각1 을 비교합니다.

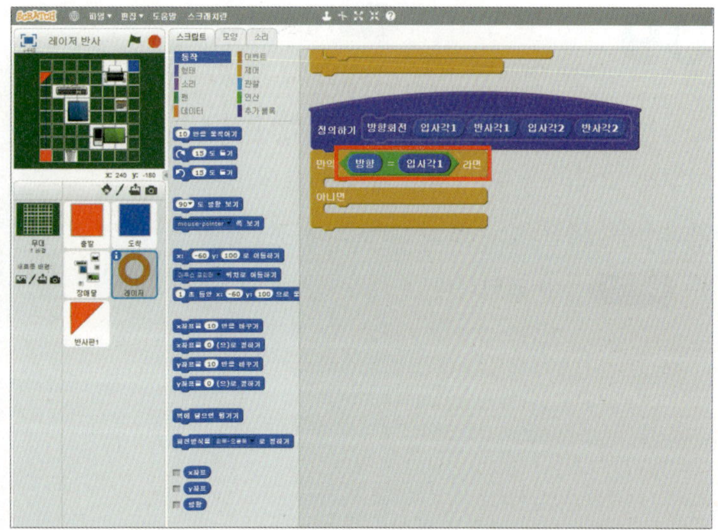

**07** 만약 같으면 방향을 회전하기 위해 [동작] 팔레트의 90 도 방향 보기 명령 블록을 연결한 다음 [정의하기] 명령 블록에서 반사각1 을 드래그해 연결합니다.

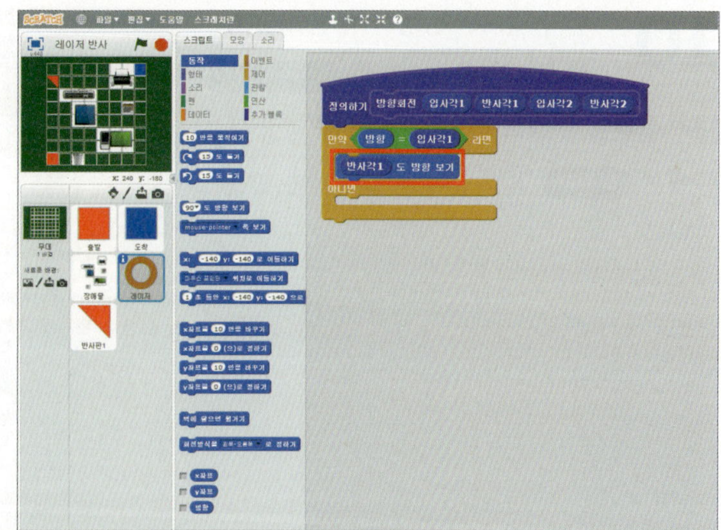

**08** [제어] 팔레트의 만약 ~ 라면 / 아니면 명령 블록을 연결한 다음 [연산] 팔레트의 ◁ = ▷ 명령 블록을 연결합니다.

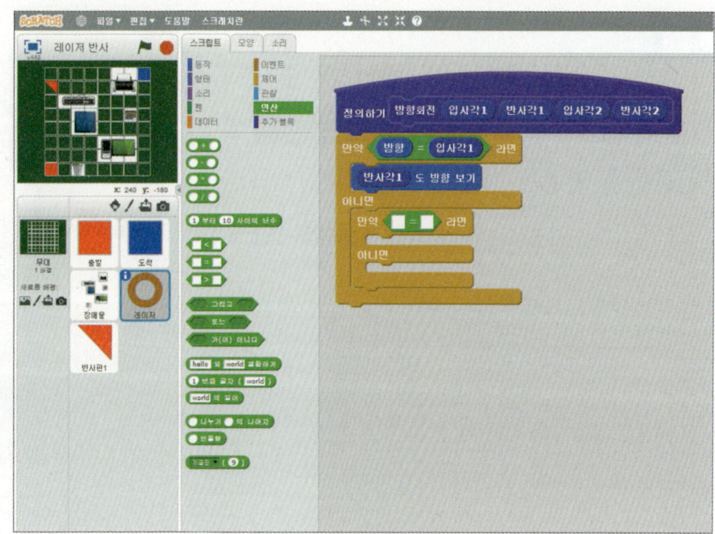

**09** [동작] 팔레트의 [방향] 명령 블록을 연결합니다. [정의하기] 명령 블록에서 [입사각2]을 드래그해 연결합니다. 이렇게 코딩하면 [레이저] 스프라이트의 방향과 [방향회전] 함수를 호출했을 때 전달되는 [입사각2]을 비교합니다.

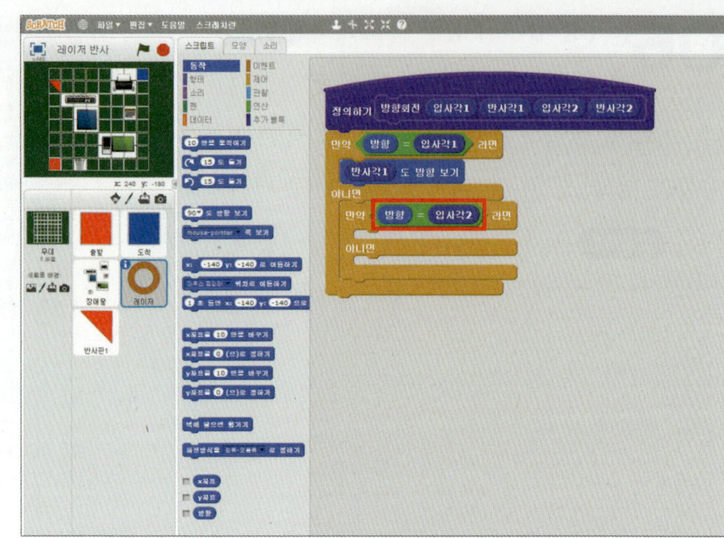

**10** 만약 같으면 방향을 회전하기 위해 [동작] 팔레트의 [90 도 방향 보기] 명령 블록을 연결한 다음 [정의하기] 명령 블록에서 [반사각2] 명령 블록을 드래그해 연결합니다.

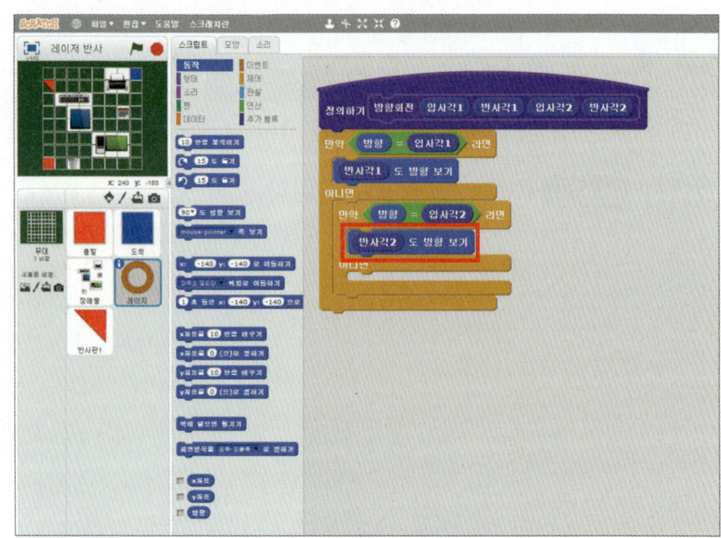

**11** [레이저] 스프라이트의 방향이 '입사각1' 또는 '입사각2'와 같지 않으면 움직임을 멈추기 위해 [모두▼ 멈추기] 명령 블록을 연결한 다음 ▼를 클릭해 '스프라이트에 있는 다른 스크립트'를 선택합니다.

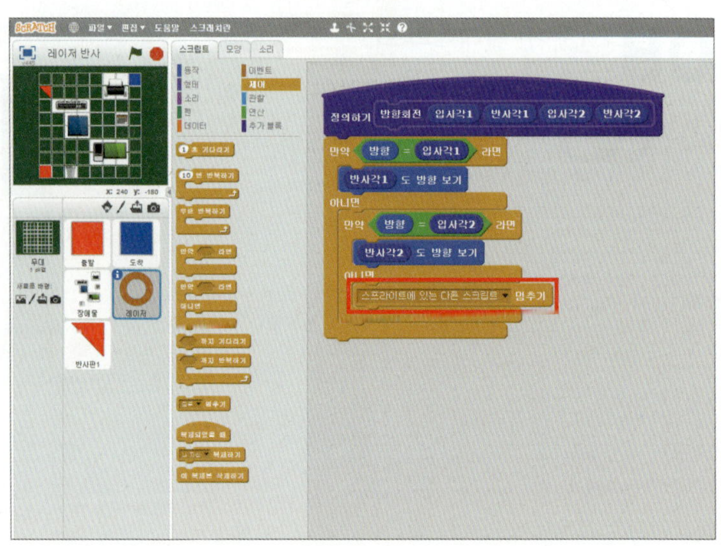

**12** [레이저] 스프라이트를 선택한 다음 [이벤트] 팔레트의 게임시작 ▼ 을(를) 받았을 때 명령 블록을 드래그하고 ▼를 클릭해 '반사확인'을 선택합니다.

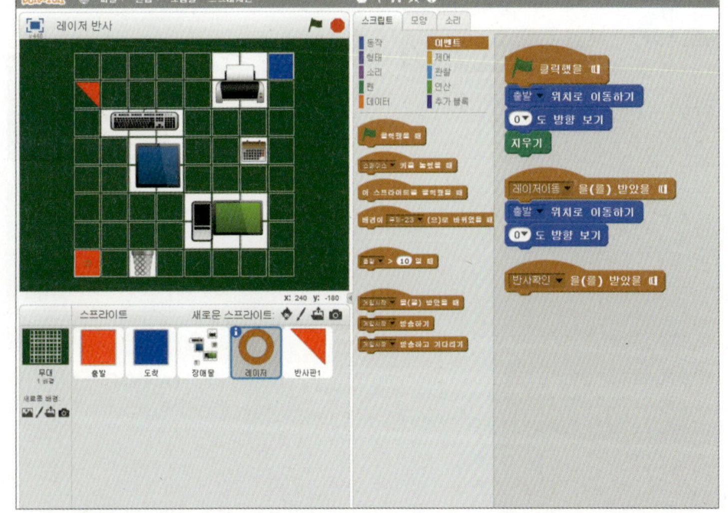

**13** [반사판1] 스프라이트에 닿았는지 확인하기 위해 [제어] 팔레트의 만약 ～라면 명령 블록을 연결한 다음 [관찰] 팔레트의 ▼ 에 닿았는가? 명령 블록을 연결합니다. ▼를 클릭해 '반사판1'을 선택합니다.

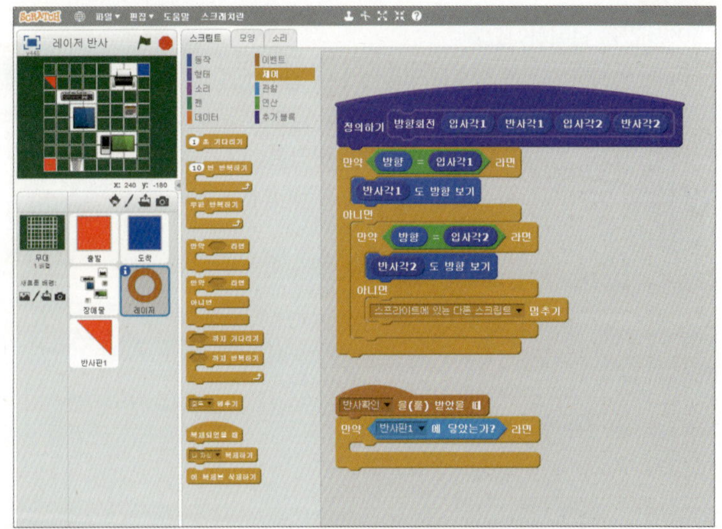

**14** [반사판1] 스프라이트에 닿았으면 [반사판1] 스프라이트의 모양을 확인하기 위해 [제어] 팔레트의 만약 ～라면 명령 블록을 연결합니다. [연산] 팔레트의 ▢=▢ 명령 블록을 연결한 다음 값에 '1'을 입력합니다. [관찰] 팔레트의 x좌표 ▼ of 반사판1 ▼ 명령 블록을 연결하고 ▼를 클릭해 '모양 번호(혹은 모양 #)'와 '반사판1'을 선택합니다.

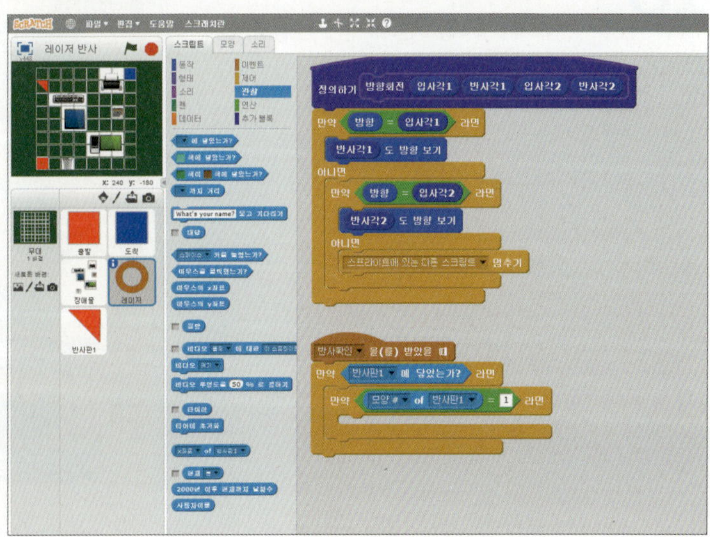

**15** [추가 블록] 팔레트의 방향회전 ① ① ① ① 명령 블록을 연결한 다음 값을 입력합니다.

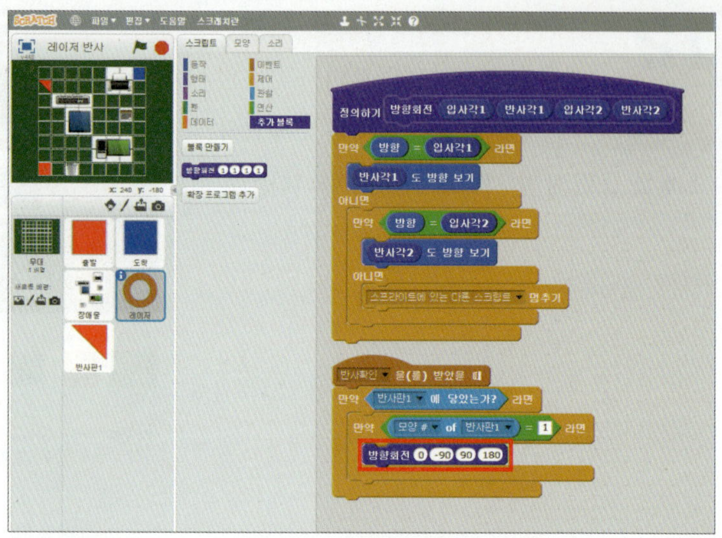



**tip**

**어떤 값을 입력하나요?**

이 때 입력하는 값은 함수로 만들기 전에 입력했던 값을 사용합니다. 모양 번호가 '1'인 경우 방향이 '0' 이면 -90도, 방향이 90이면 180도를 바라봅니다. 이 값이 '방향회전' 함수의 매개변수 값이 됩니다.

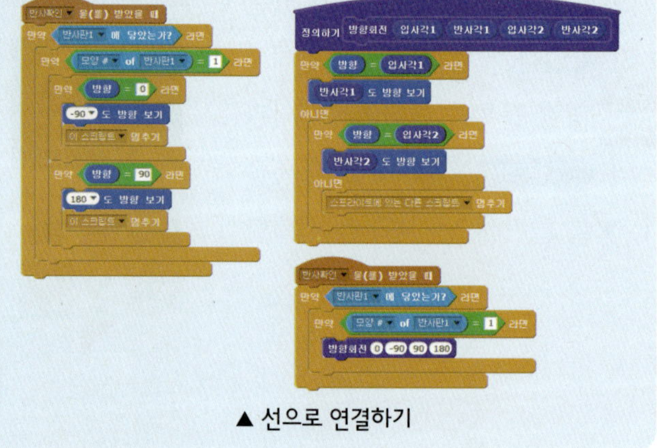

▲ 선으로 연결하기

**16** 같은 방법으로 [반사판1] 스프라이트의 모양 번호에 따라 값을 입력합니다.

**17** 이전에 만들었던 명령 블록을 드래그해 삭제한 다음 프로그램을 실행합니다. 프로그램을 실행하면 함수로 만들기 이전과 똑같이 실행되는 것을 알 수 있습니다.

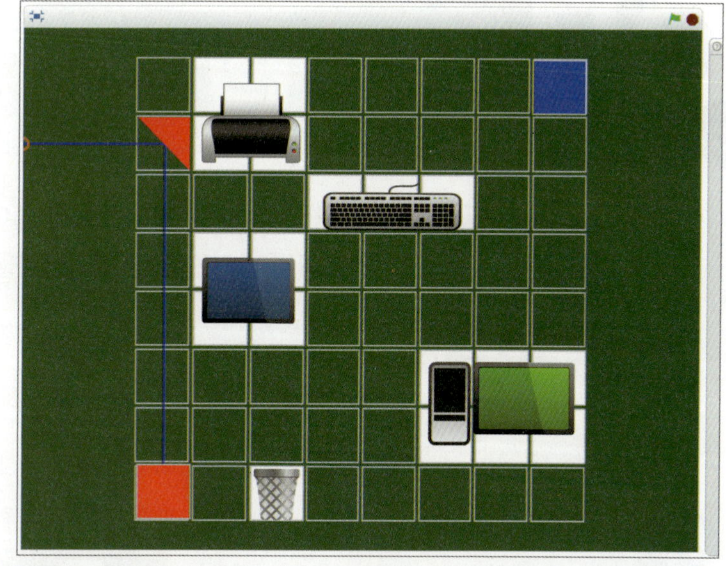



**함수를 이용한 코딩**
함수를 이용한 코딩은 그렇지 않은 것보다 적은 명령 블록을 사용할 수 있습니다.

▲함수를 이용한 코딩

▲ 함수를 이용하지 않은 코딩

# 여러 개의 반사판 만들기

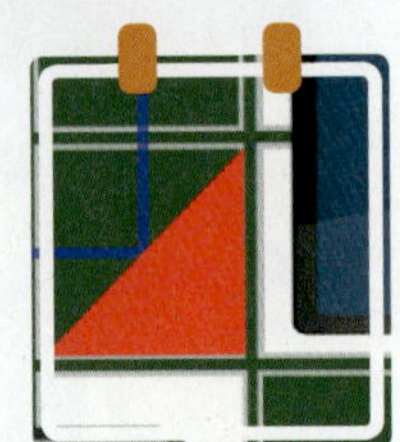

반사판을 복사해 여러 개를 만들어 보겠습니다. 그리고 [레이저] 스프라이트
가 복사된 반사판에 닿아도 방향을 바꿀 수 있도록 코딩하겠습니다.

**01** 스프라이트 영역에서 [반사판1]
스프라이트를 선택한 다음 마우
스 오른쪽 단추를 눌러 [복사]를 선택합니다.

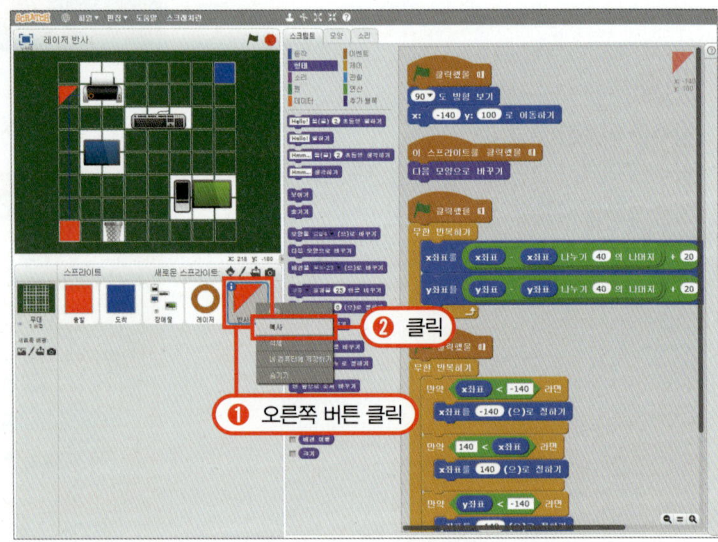


**02** 스프라이트가 복제되면 두 개를
더 복사합니다.

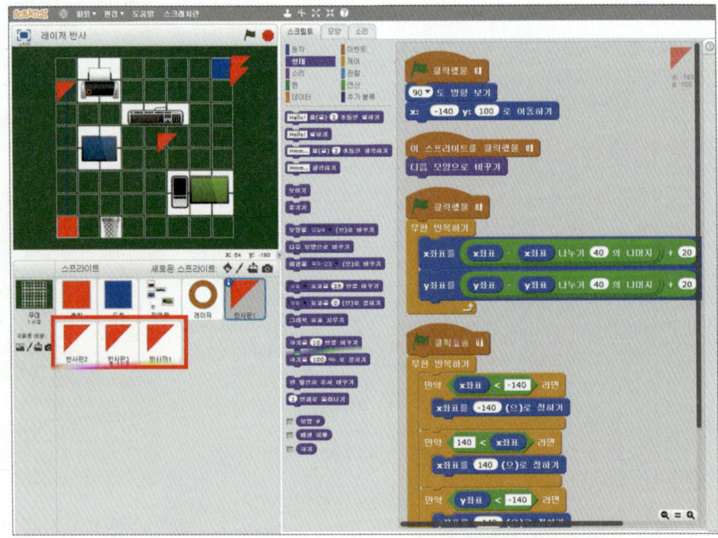

**03** 복제된 [반사판2] 스프라이트를 선택한 다음 프로그램을 실행하면 나타날 위치를 지정합니다.

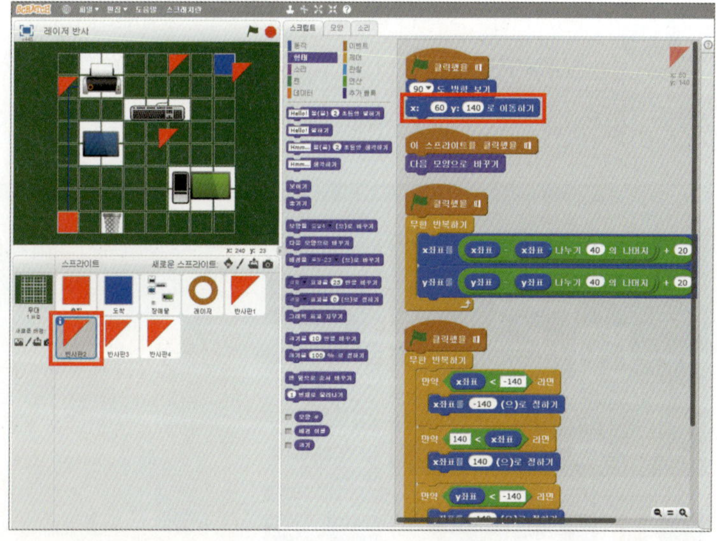

**04** 같은 방법으로 [반사판3] 스프라이트와 [반사판4] 스프라이트의 위치를 임의의 위치로 지정합니다.

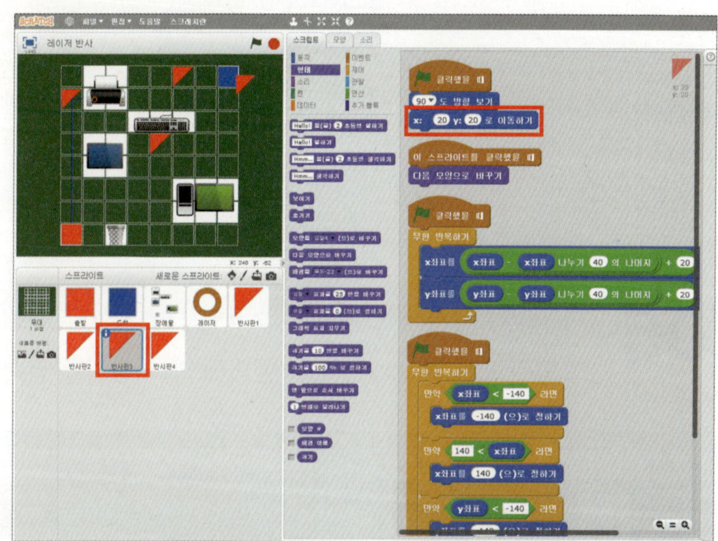

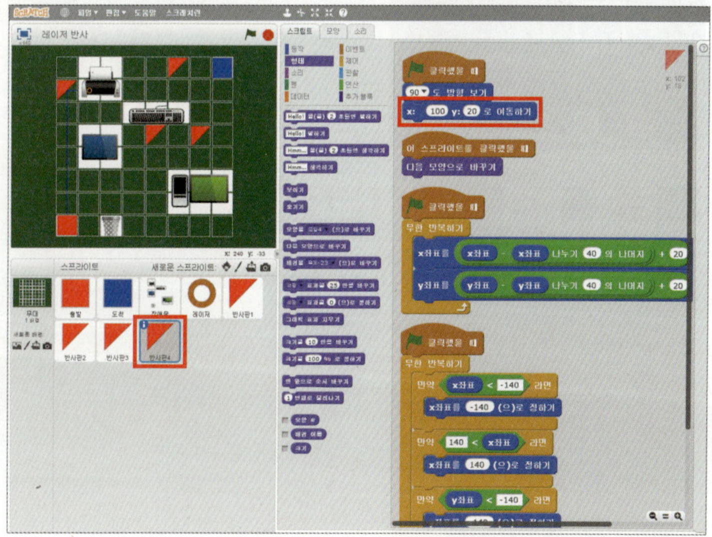

**05** [레이저] 스프라이트가 [반사판2], [반사판3], [반사판4]에 닿았을 때 방향을 바꿀 수 있
도록 코딩하겠습니다. [레이저] 스프라이트를 선택한 다음 '반사확인' 스크립트에서 마
우스 오른쪽 단추를 클릭해 '복사'를 선택합니다.

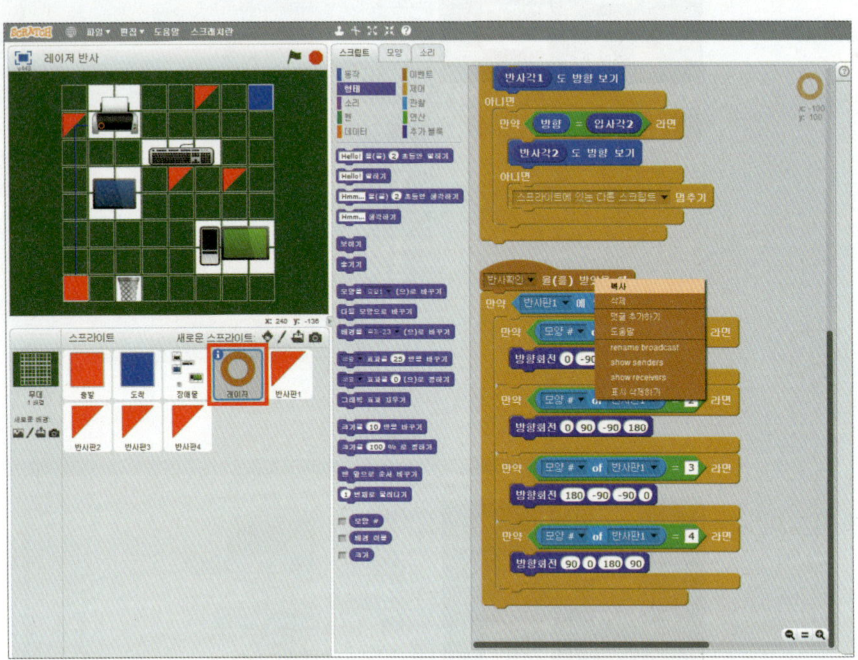

**06** 마우스를 클릭해 '반사확인' 스크립트를 복사합니다. '반사확인' 스크립트의 [반사판1]로
코딩된 모든 부분에서 ▼를 클릭해 [반사판2]를 선택합니다.

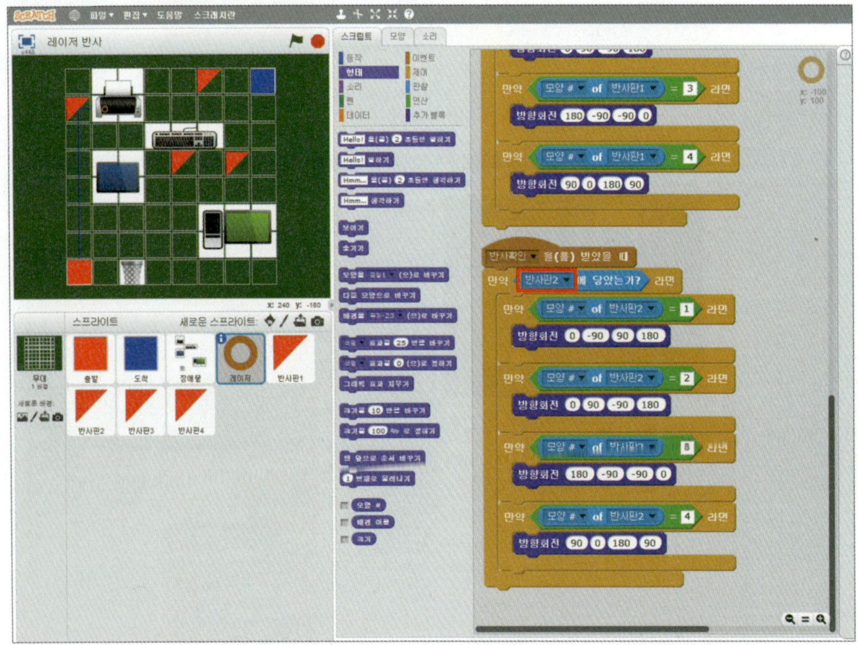

# 07

'반사확인' 스크립트를 두 개 복사한 다음 '반사확인' 스크립트의 [반사판1]로 코딩된 모든 부분에서 ▼를 클릭해 [반사판3]과 [반사판4]를 선택해 [반사판1] 스프라이트에 닿으면 방향을 바꾸도록 코딩합니다.

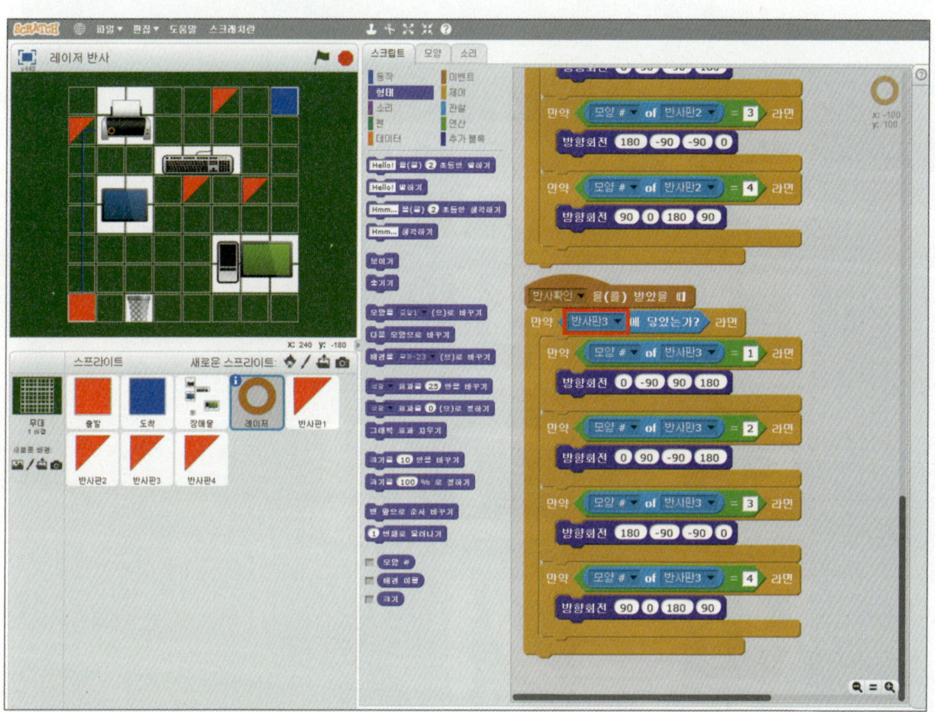

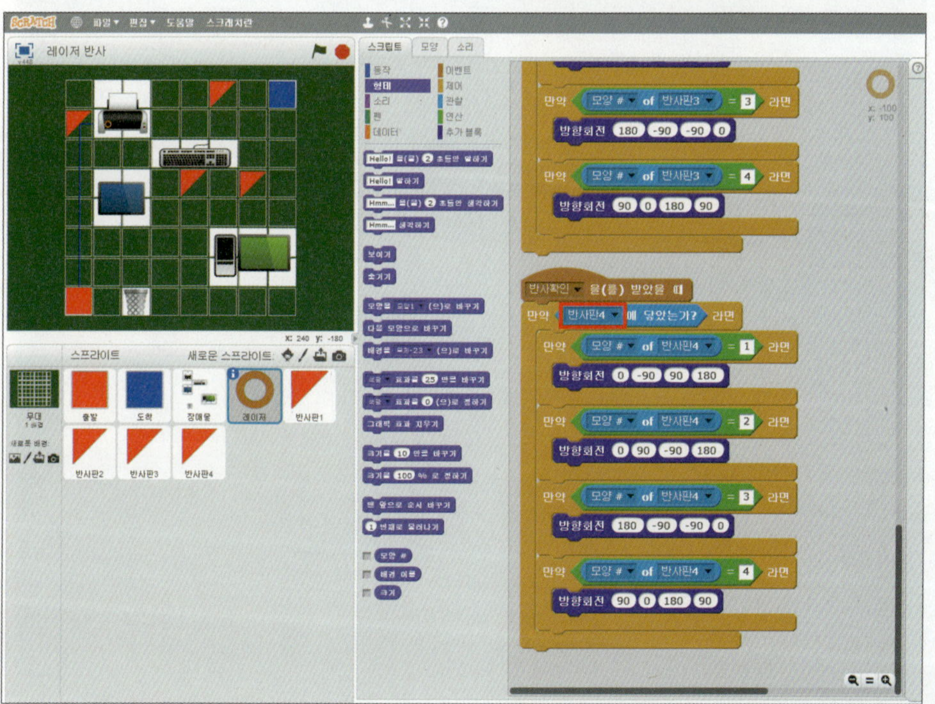

Part **3**

# START! 다양한 프로그램 만들기

이번에는 다양한 프로그램을 만들어 보겠습니다. 지금 만들어볼 프로그램은 단순하지만, 따라하면서 완성된 프로그램에 여러 가지 기능을 추가하면 더욱 재미있는 프로그램을 완성할 수 있습니다. 여러분의 아이디어에 앞에서 배운 변수와 이벤트 그리고 다양한 프로그래밍 기법을 더하면 더욱 멋진 프로그램이 완성될 것입니다.

# Chapter 1

# 지구를 지키는 변신로봇

이 프로그램은 변신로봇이 우주로봇과 지상로봇을 피해 날아가는 프로그램입니다. Space bar 키를 누르면 변신로봇이 여러 단계를 거쳐 변신하게 됩니다. 스프라이트의 모양을 여러 개 만들고 Space bar 키를 누를 때마다 모양을 바꾸면 변신하는 것처럼 보이게 됩니다. 모양을 여러 개 만들고 빠르게 바꾸면 애니메이션과 같은 것도 만들 수 있습니다.

**예제 파일** **변신로봇.sb2**

**완성 파일** **변신로봇(완성).sb2**

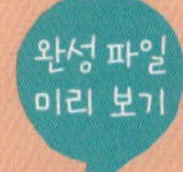

## Q 어떤 것을 할 수 있나요?

- 스프라이트의 모양을 순서대로 바꿀 수 있습니다.
- 스프라이트의 모양을 역순으로 바꿀 수 있습니다.
- 모양에 따라 스프라이트의 이동 범위를 조절할 수 있습니다.

# 로봇 변신시키기

[변신로봇] 스프라이트에는 7개의 모양이 있으며 '모양1'에서 '모양7'로 바꾸면 변신하는 것처럼 보입니다. 이번에는 자동차로 변신하는 과정과 로봇으로 변신하는 과정을 이벤트로 만들겠습니다.

**01** 예제 파일(변신로봇.sb2)을 열고 [변신로봇] 스프라이트를 선택한 다음 [이벤트] 팔레트의 `클릭했을 때` 명령 블록을 연결합니다. 크기를 지정하기 위해 [형태] 팔레트의 `크기를 100 % 로 정하기` 명령 블록을 연결한 다음 값에 '80'을 입력합니다.

**02** 모양과 위치를 지정하기 위해 [형태] 팔레트의 `모양을 모양7 (으)로 바꾸기` 명령 블록을 연결한 다음 ▼를 클릭해 '모양1'을 선택합니다. [동작] 팔레트의 `x: -100 y: -50 로 이동하기` 명령 블록을 연결한 다음 값에 '-160'과 '-90'을 입력합니다.

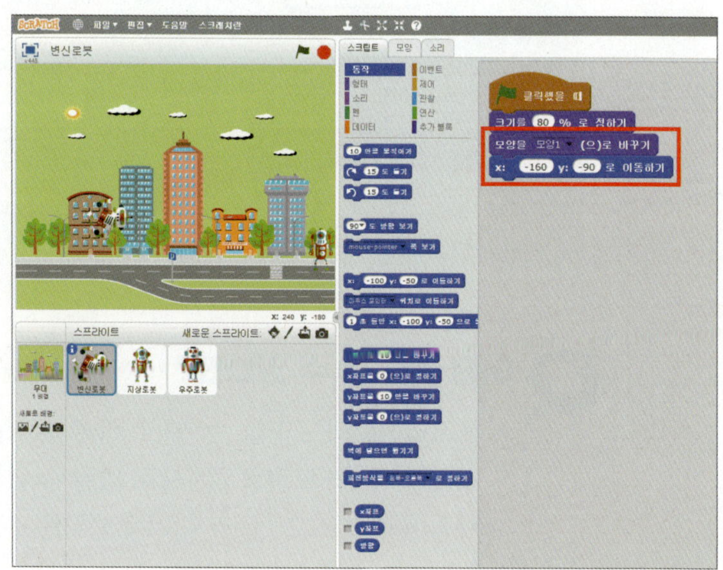

**03** 로봇을 변신시키기 위해 [이벤트] 팔레트의 `메시지1 ▼ 을(를) 받았을 때` 명령 블록을 연결합니다. ▼를 클릭해 '새 메시지...'를 선택한 다음 [새 메시지] 대화상자가 나타나면 '로봇변신'이라고 입력합니다.

**04** '모양1'에서 '모양7'까지 바꾸기 위해 [제어] 팔레트의 `10 번 반복하기` 명령 블록을 연결한 다음 값에 '6'을 입력합니다. 변신하면서 위로 이동하기 위해 [동작] 팔레트의 `y좌표를 10 만큼 바꾸기` 명령 블록을 연결합니다.

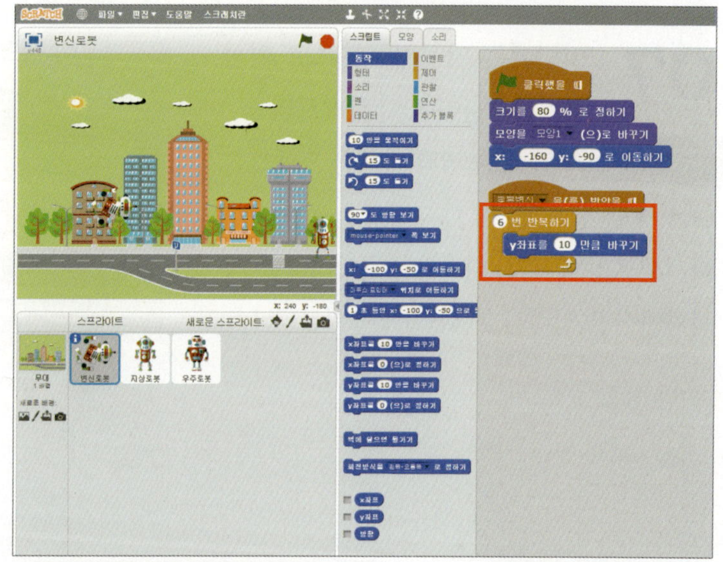

**05** 모양을 바꾼 다음 0.1초를 기다리기 위해 [형태] 팔레트의 `다음 모양으로 바꾸기` 명령 블록을 연결합니다. [제어] 명령 블록의 `1 초 기다리기` 명령 블록을 연결한 다음 값에 '0.1'을 입력합니다.

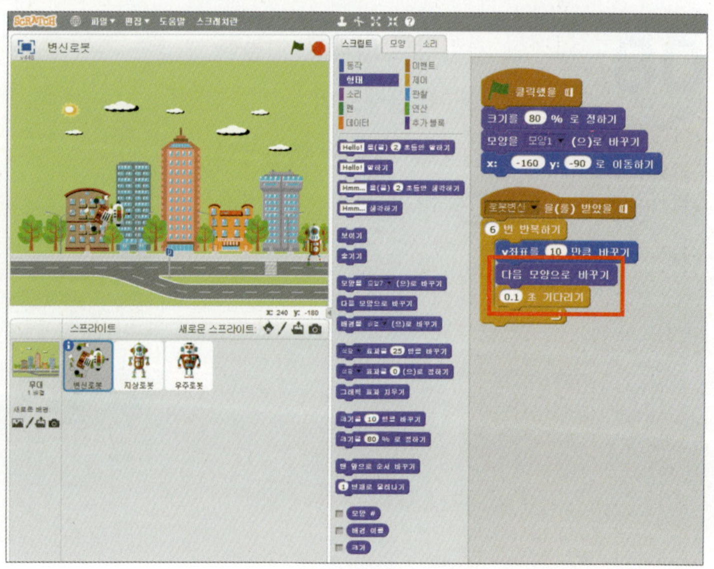

**06** 변신이 완료되면 모양을 '모양1'로 바꾸기 위해

모양을 모양7 ▼ (으)로 바꾸기 명령 블록을 연결한 다음 ▼를 클릭해 '모양7'을 선택합니다.

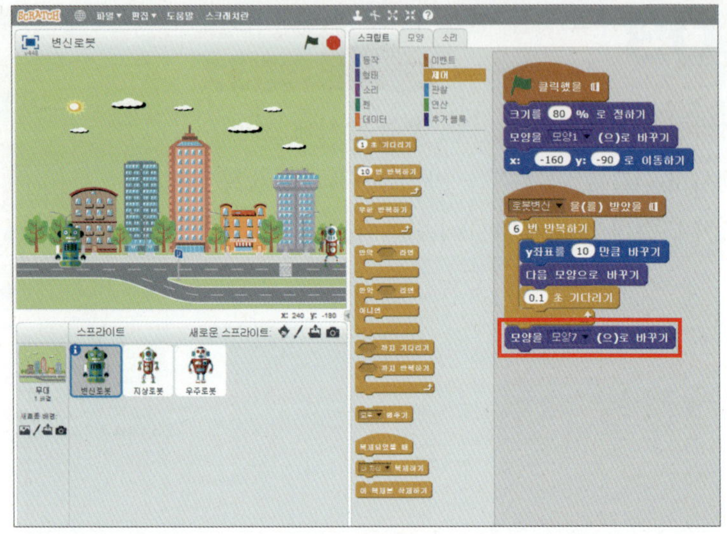

**07** 이번에는 자동차로봇으로 변신하기 위해 [이벤트] 팔레트의

로봇변신 ▼ 을(를) 받았을 때 명령 블록을 드래그한 다음 ▼를 클릭해 '새 메시지…'를 선택합니다. [새로운 메시지] 대화상자가 나타나면 '자동차변신'을 입력하고 [확인]을 클릭합니다.

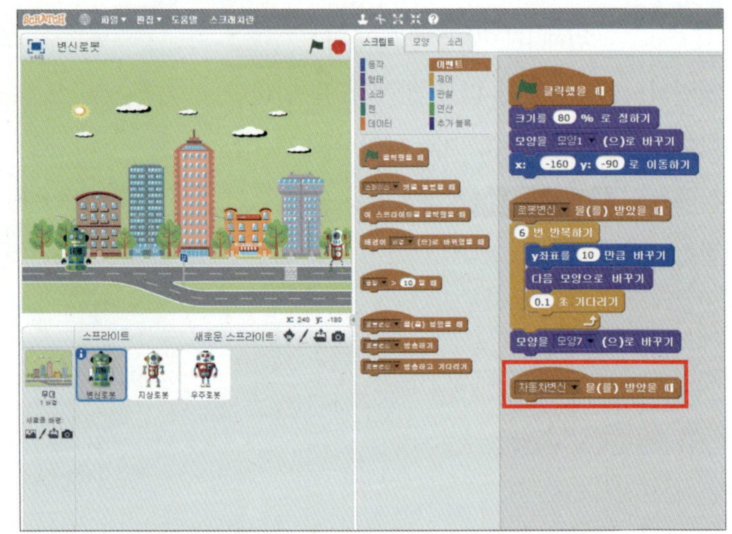

**08** 일정한 거리만큼 아래로 이동하기 위해 [제어] 팔레트의

까지 반복하기 명령 블록을 연결한 다음 [연산] 팔레트의 ◆ ■ < ■ ◆ 명령 블록을 연결합니다.

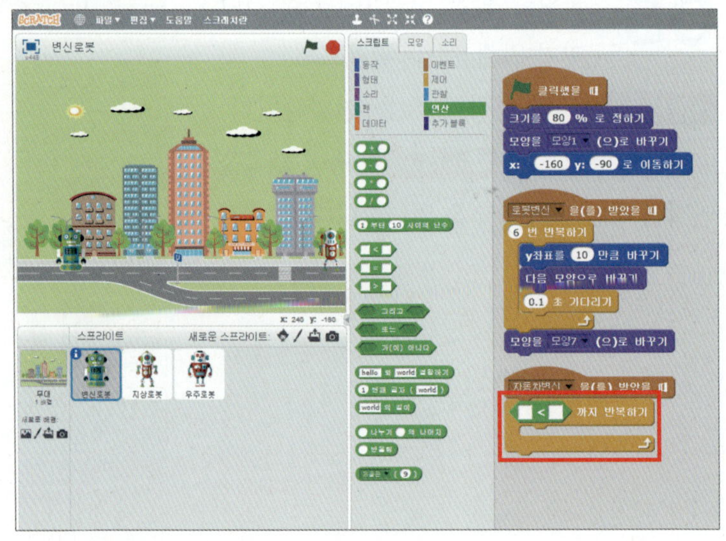

**09** [동작] 팔레트의 `y좌표` 명령 블록을 연결한 다음 값에 '−29'를 입력합니다. `y좌표를 10 만큼 바꾸기` 명령 블록을 연결한 다음 값에 '−2'를 입력합니다. 이렇게 하면 [변신로봇] 스프라이트의 y 좌표가 −29보다 작을 때까지 y 좌표를 −2만큼씩 바꿔 아래로 이동합니다.

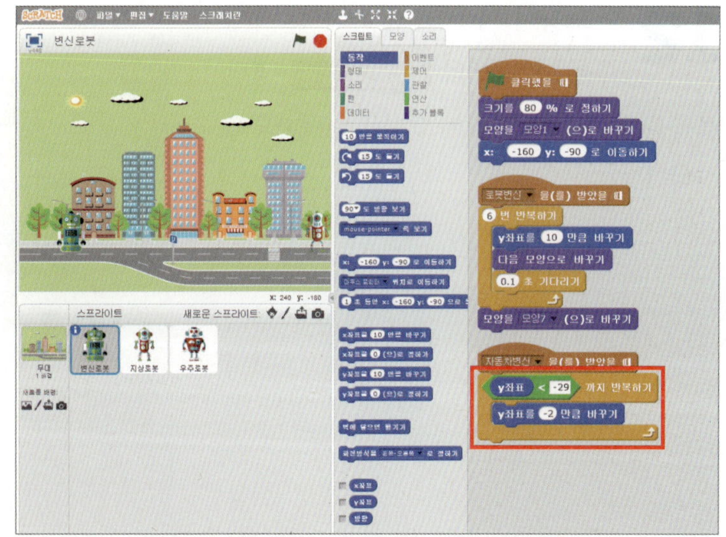

**10** 모양을 이전 모양으로 바꾸면서 아래로 이동하기 위해 [제어] 팔레트의 `10 번 반복하기` 명령 블록을 연결한 다음 값에 '6'을 입력합니다. [동작] 팔레트의 `y좌표를 10 만큼 바꾸기` 명령 블록을 연결하고 값에 '−10'을 입력합니다.

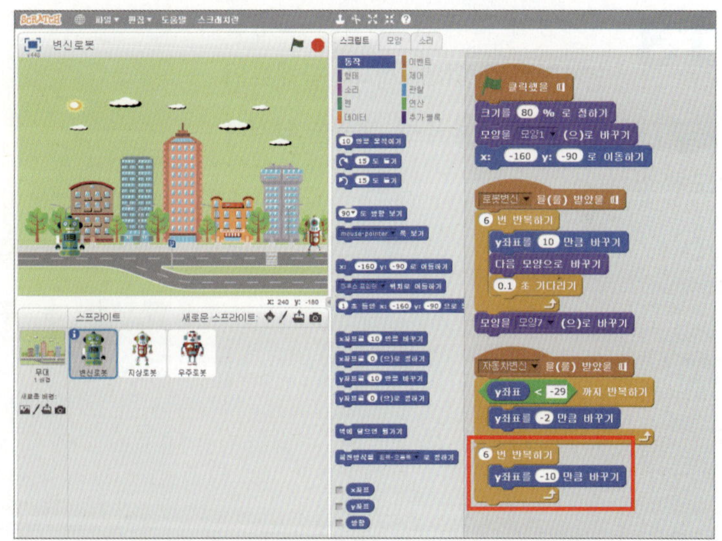

**11** 모양을 이전 모양으로 바꾸기 위해 [형태] 팔레트의 `모양을 모양7 (으)로 바꾸기` 명령 블록을 연결합니다. [연산] 팔레트의 `( )−( )` 명령 블록을 연결한 다음 [형태] 팔레트의 `모양 #` 명령 블록을 연결하고 값에 '1'을 입력합니다.

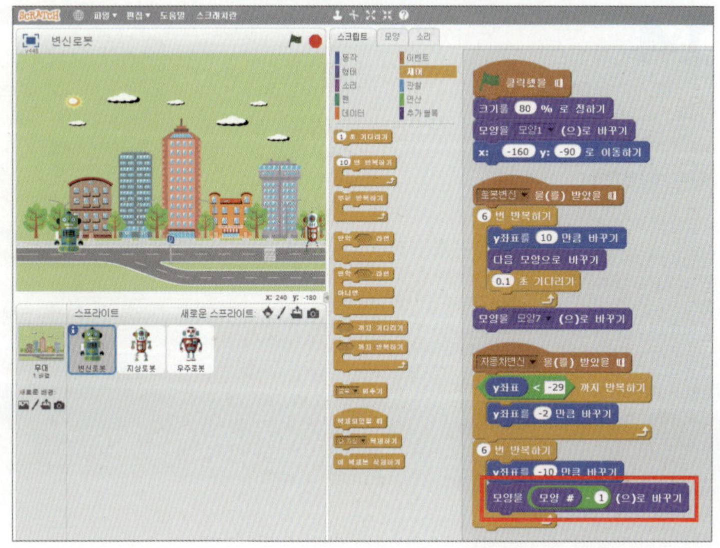

**12** 모양이 너무 빨리 바뀌므로 [제어] 팔레트의 1 초 기다리기 명령 블록을 연결한 다음 값에 '0.1'을 입력하도록 합니다.

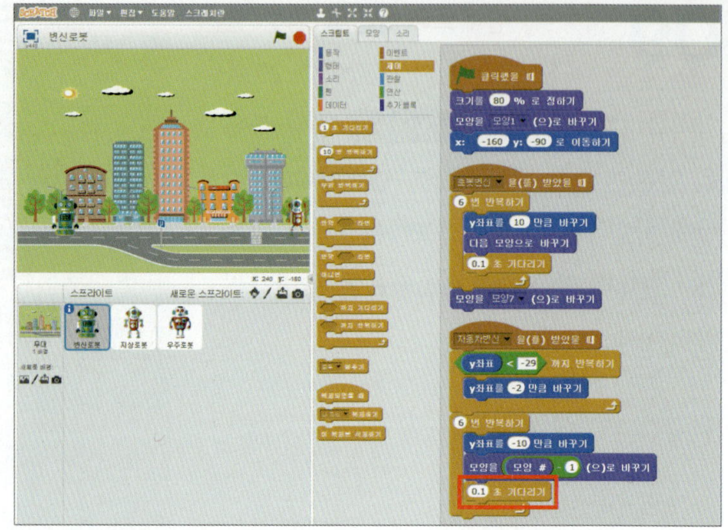

**13** 모양이 바뀐 후 정확한 모양을 지정하기 위해 [형태] 팔레트의 모양을 모양7 (으)로 바꾸기 명령 블록을 연결하도록 합니다.

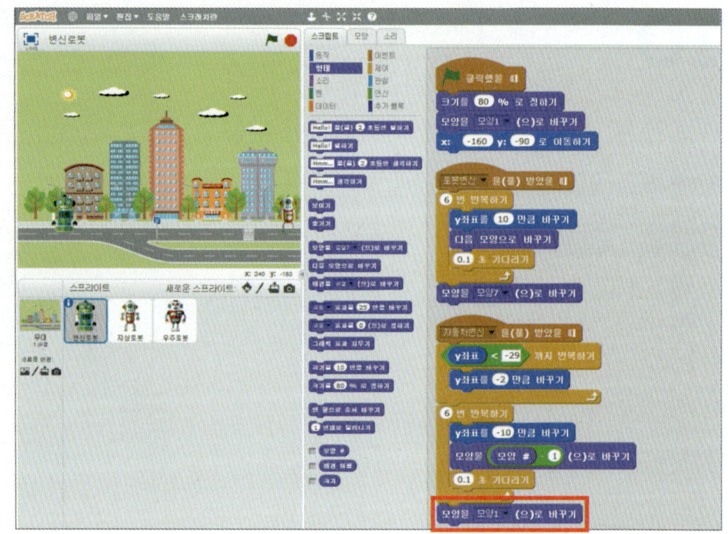

**14** '로봇변신' 스크립트와 '자동차변신' 스크립트를 더블 클릭해 [변신로봇] 스프라이트의 모양이 바뀌는 것을 확인합니다.

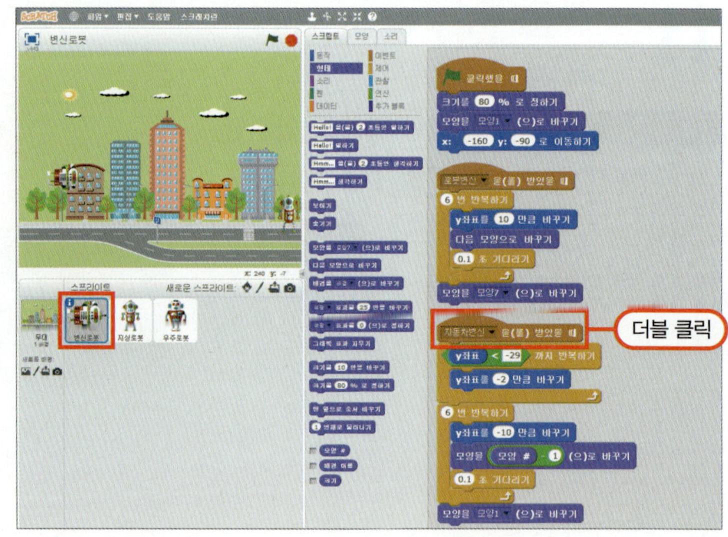

# Space bar 키를 누르면
# 자동차와 로봇으로 변신시키기

변신하는 과정은 이벤트를 이용해 만들었습니다. 이번에는 변신을 위해 Space bar 키를 누를 때마다 이벤트를 방송하겠습니다. 변신과 관련된 이벤트는 두 가지가 있으므로 [변신로봇] 스프라이트의 모양 번호를 이용하여 적절한 이벤트를 방송하겠습니다.

**01** [무대]를 선택한 다음 [이벤트] 팔레트의 `클릭했을 때` 명령 블록을 연결한 다음 [제어] 팔레트의 `무한 반복하기` 명령 블록을 연결합니다.

**02** Space bar 키가 눌렸는지 확인하기 위해 [제어] 팔레트의 `만약 라면` 명령 블록을 연결한 다음 [관찰] 팔레트의 `스페이스 키를 눌렀는가?` 명령 블록을 연결합니다.

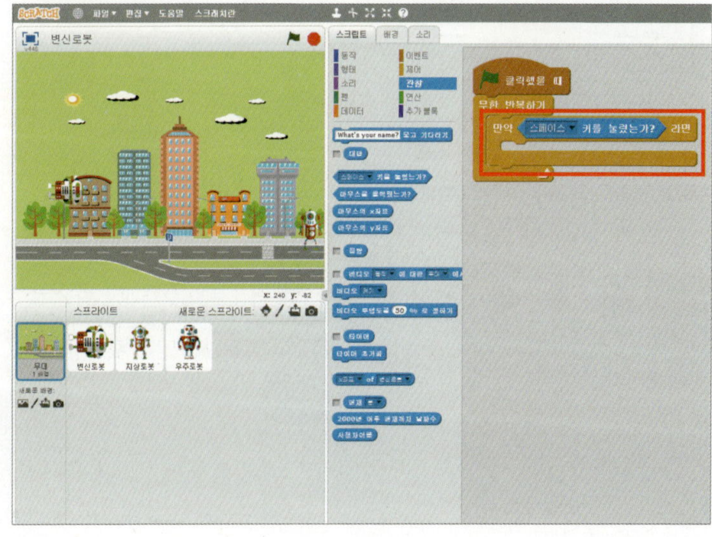

**03** [모양로봇] 스프라이트의 모양 번호가 '7'인지 확인하기 위해 [제어] 팔레트의 명령 블록을 연결한 다음 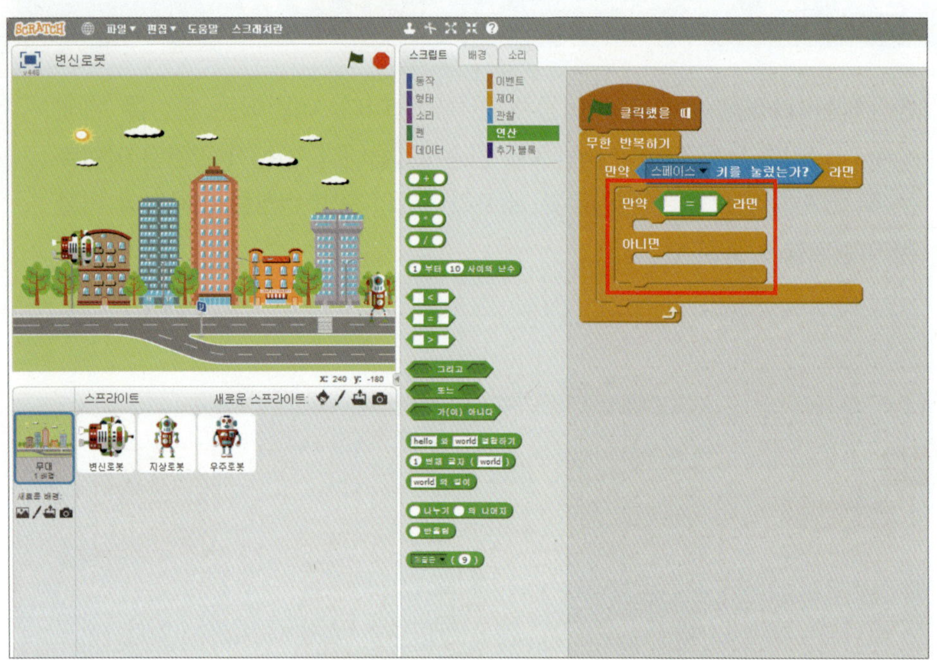 명령 블록을 연결한 다음 [연산] 팔레트의 명령 블록을 연결합니다.

**04** [관찰] 팔레트의 명령 블록을 연결한 다음 ▼를 클릭해 '모양#'을 선택하고 값에 '7'을 입력합니다.

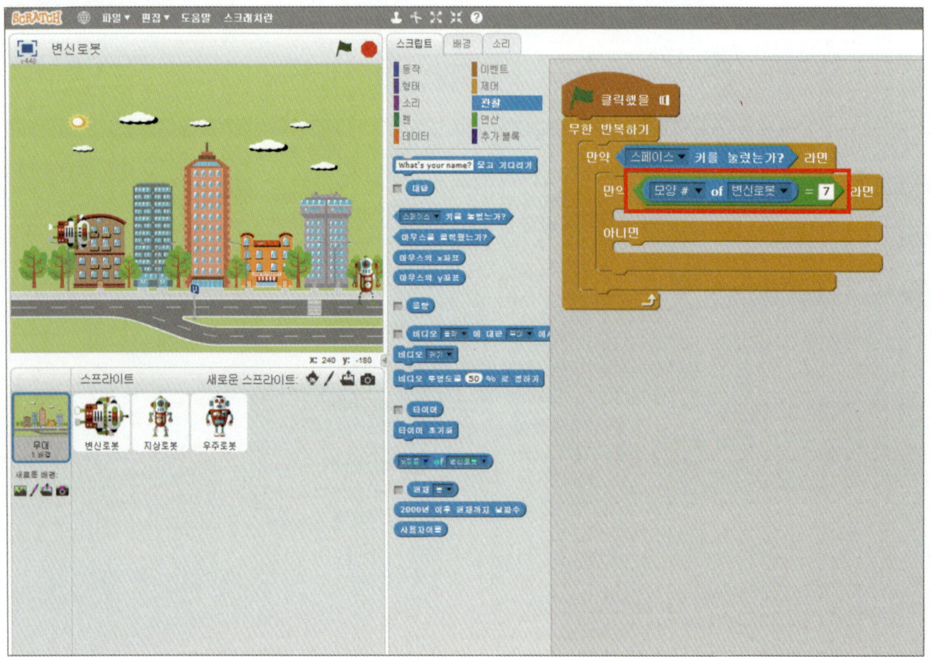

**05** [이벤트] 팔레트의 로봇변신 ▼ 방송하고 기다리기 명령 블록을 연결한 다음 ▼를 클릭해 '자동차 변신'을 선택합니다. 이렇게 하면 Space bar 키를 눌렀을 때 모양 번호가 '7'이면 자동차 변신을 방송하고 기다리게 되어 [변신로봇] 스프라이트의 모양이 바뀝니다.

**06** [제어] 팔레트의 만약 라면 명령 블록을 연결한 다음 [연산] 팔레트의 ◀ = ▶ 명령 블록을 연결합니다.

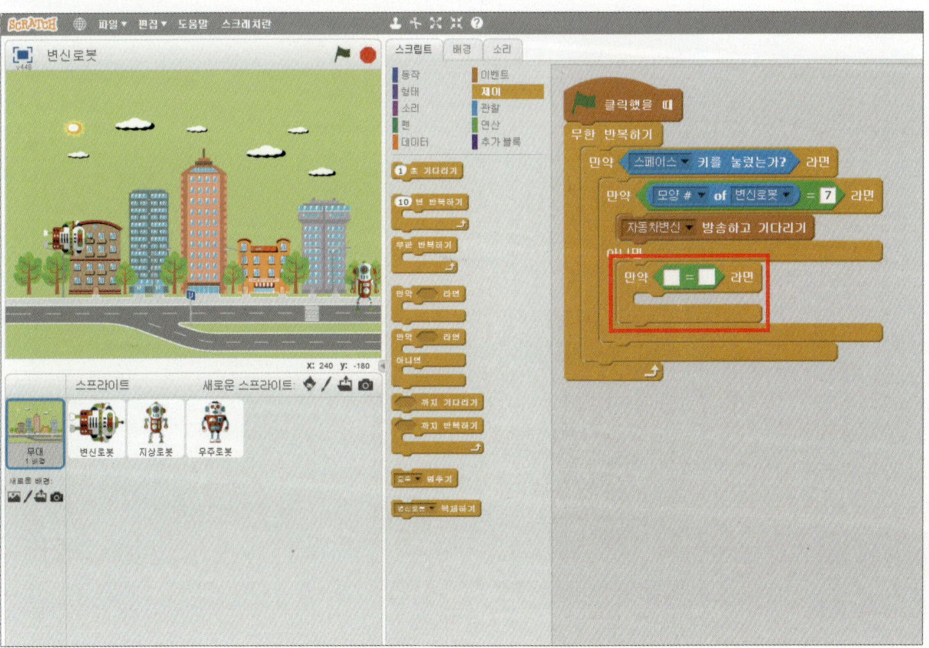

**07** [관찰] 팔레트의 명령 블록을 연결한 다음 ▼를 클릭해 '모양#'을 선택하고 값에 '1'을 입력합니다. 이렇게 하면 [변신로봇] 스프라이트의 모양 번호가 '7'이 아니면 '1'인지 비교합니다.

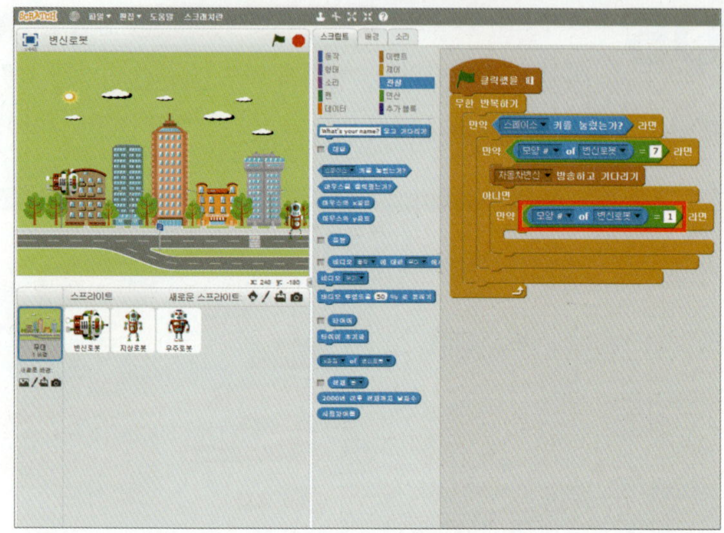

**08** [이벤트] 팔레트의 명령 블록을 연결한 다음 ▼를 클릭해 '로봇변신'을 선택합니다.

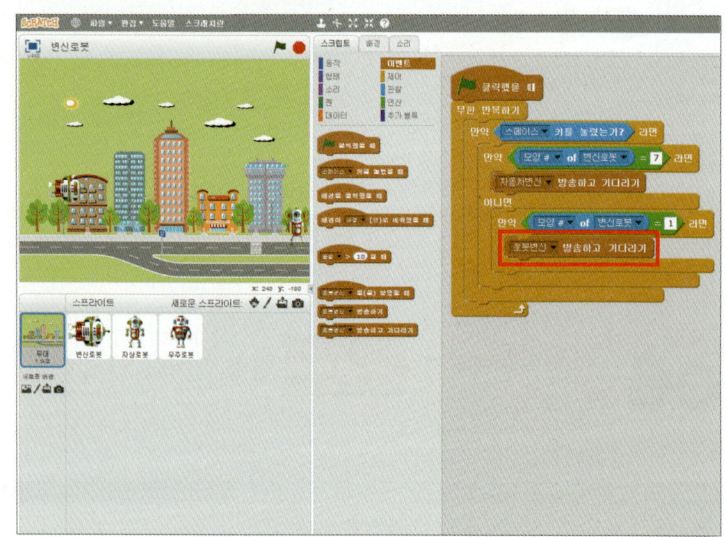

**09** 프로그램을 실행한 다음 Space bar 키를 눌러 변신하는 모양을 확인합니다.

# 키보드로 [변신로봇] 스프라이트 조정하기

[변신로봇] 스프라이트는 키보드를 이용하여 조정합니다. [로봇변신] 이벤트를 방송 받았을 때는 위쪽, 아래쪽, 왼쪽, 오른쪽 방향키를 모두 이용하여 [변신로봇] 스프라이트를 조정하지만, [자동차변신] 이벤트를 방송 받았을 때는 왼쪽과 오른쪽 방향키만을 이용하여 조정하겠습니다.

**01** [이벤트] 팔레트의 `로봇변신 ▼ 을(를) 받았을 때` 명령 블록을 드래그한 다음 ▼를 클릭해 '새 메시지...'를 선택합니다. [새로운 메시지] 대화상자가 나타나면 '이동'을 입력하고 [확인]을 클릭합니다.

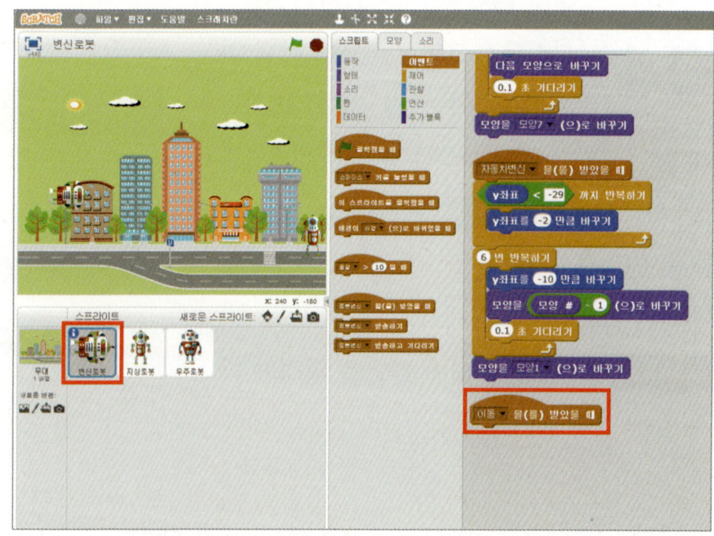

**02** 모양 번호가 '7'일 때만 위, 아래로 이동할 수 있게 [제어] 팔레트의 `무한 반복하기` 명령 블록을 연결한 다음 `만약 ⬡ 라면` 명령 블록을 연결합니다.

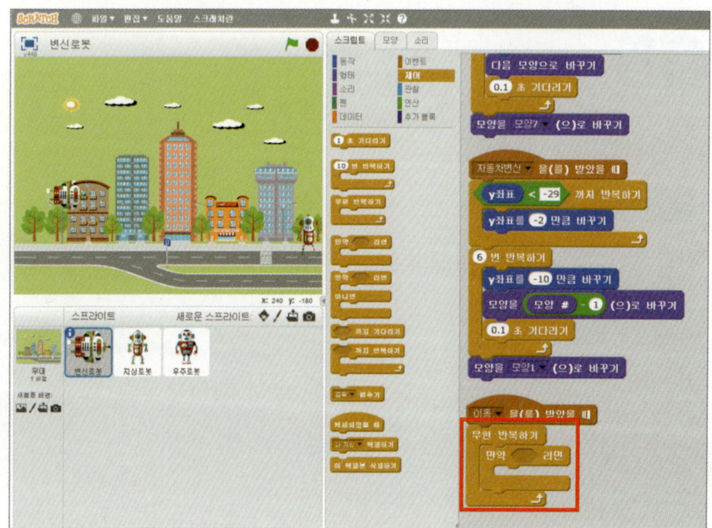

**03** 모양 번호를 확인하기 위해 [연산] 팔레트의 ◯ = ◯ 명령 블록을 연결합니다. [형태] 팔레트의 모양 # 명령 블록을 연결한 다음 값에 '7'을 입력합니다.

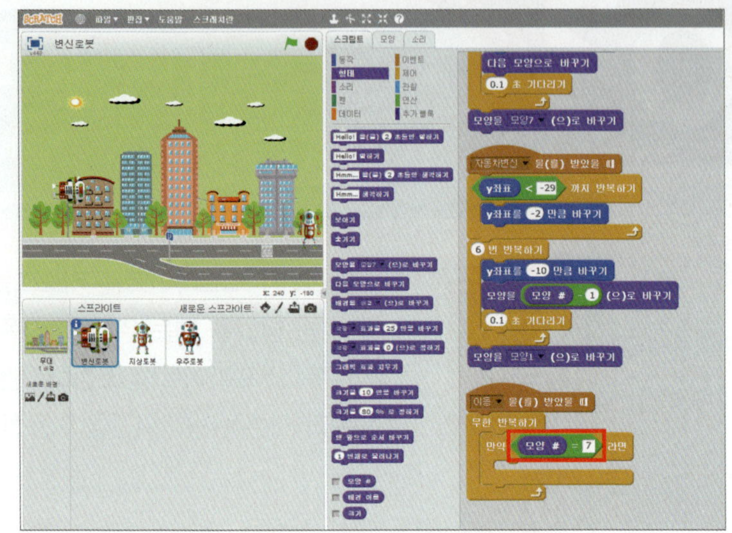

**04** ↑키를 누르면 y 좌표를 바꿔 위로 이동하기 위해 [제어] 팔레트의 만약 ◯ 라면 명령 블록을 연결한 다음 [관찰] 팔레트의 스페이스▼ 키를 눌렀는가? 명령 블록을 연결하고 ▼를 클릭해 '위쪽 화살표'를 선택합니다. [동작] 팔레트의 y좌표를 10 만큼 바꾸기 명령 블록을 연결한 다음 값에 '5'를 입력합니다.

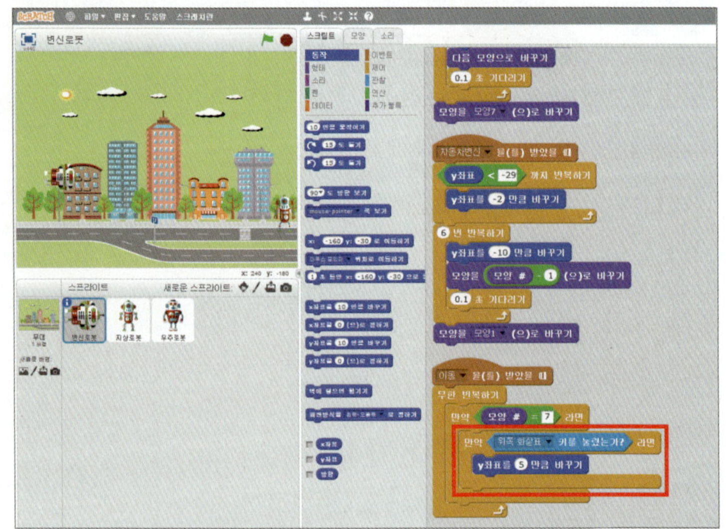

**05** ↓키를 누르면 아래쪽으로 이동하기 위해 만약 ◯ 라면 명령 블록을 연결합니다. [관찰] 팔레트의 스페이스▼ 키를 눌렀는가? 명령 블록을 연결하고 ▼를 클릭해 '아래쪽 화살표'를 선택합니다.

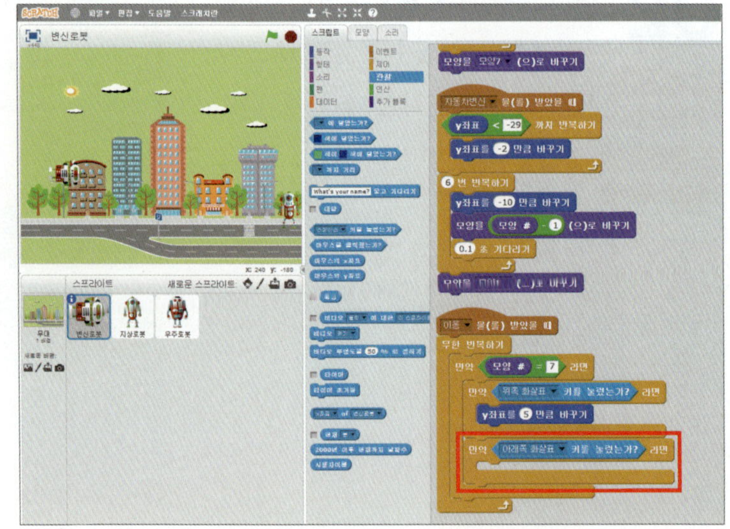

**06** y 좌표를 눌렀을 때 일정한 범위 아래로는 이동할 수 없도록 하기 위해 [제어] 팔레트의 ⬡ 라면 명령 블록을 연결합니다. [연산] 팔레트의 ◀ > ▶ 명령 블록을 연결한 다음 [동작] 팔레트의 **y좌표** 명령 블록을 연결합니다. 값에 '−24'를 입력합니다.

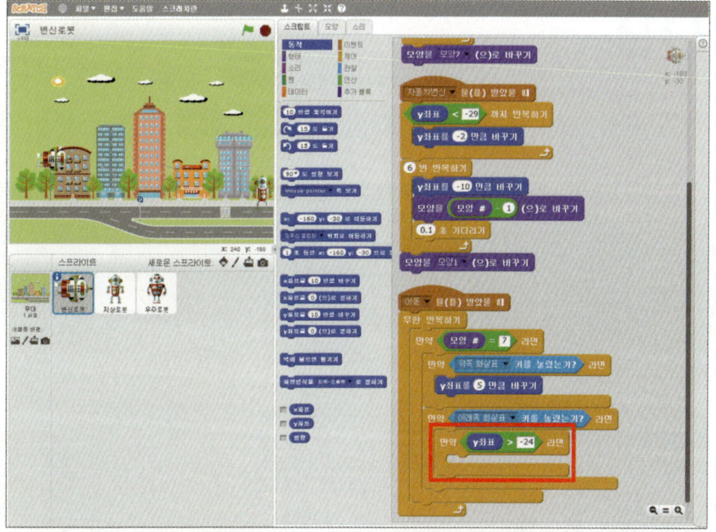

**07** [동작] 팔레트의 **y좌표를 10 만큼 바꾸기** 명령 블록을 연결한 다음 값에 '−5'를 입력합니다. ↓ 키를 눌렀을 때 [변신로봇] 스프라이트의 y 좌표가 −24보다 크면 아래로 이동하고 그렇지 않으면 아래로 이동하지 않게 됩니다.

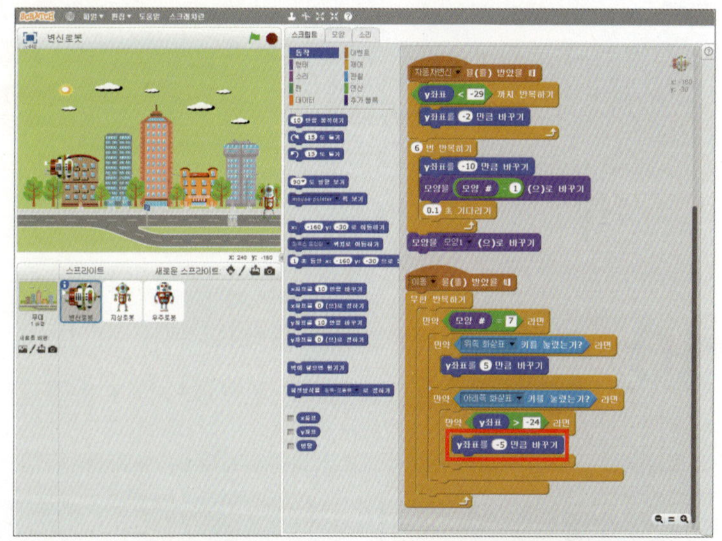

**08** → 키를 누르면 오른쪽으로 이동하기 위해 ⬡ 라면 명령 블록을 연결합니다. [관찰] 팔레트의 **스페이스 ▼ 키를 눌렀는가?** 명령 블록을 연결하고 ▼를 클릭해 '오른쪽 화살표'를 선택합니다. [동작] 팔레트의 **x좌표를 10 만큼 바꾸기** 명령 블록을 연결한 다음 값에 '5'를 입력합니다.

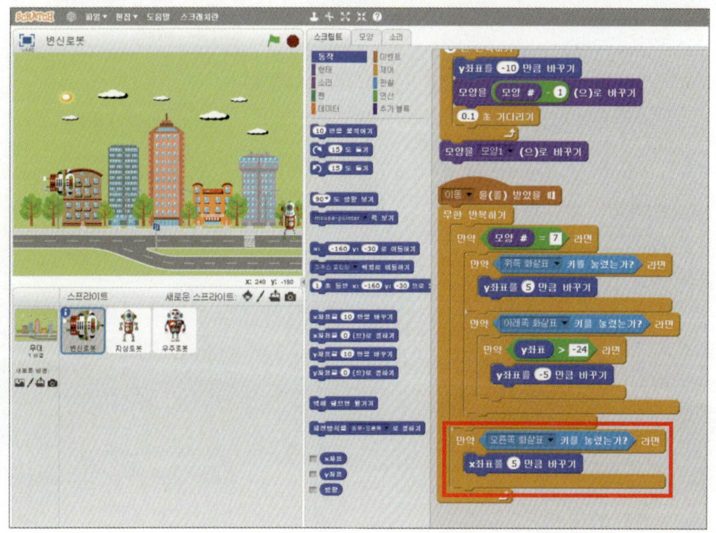

**09** ⊟키를 누르면 오른쪽으로 이동하기 위해 ⟨만약 라면⟩ 명령 블록을 연결합니다. [관찰] 팔레트의 『스페이스 ▼ 키를 눌렀는가?』 명령 블록을 연결하고 ▼를 클릭해 '왼쪽 화살표'를 선택합니다. [동작] 팔레트의 『x좌표를 10 만큼 바꾸기』 명령 블록을 연결한 다음 값에 '−5'를 입력합니다.

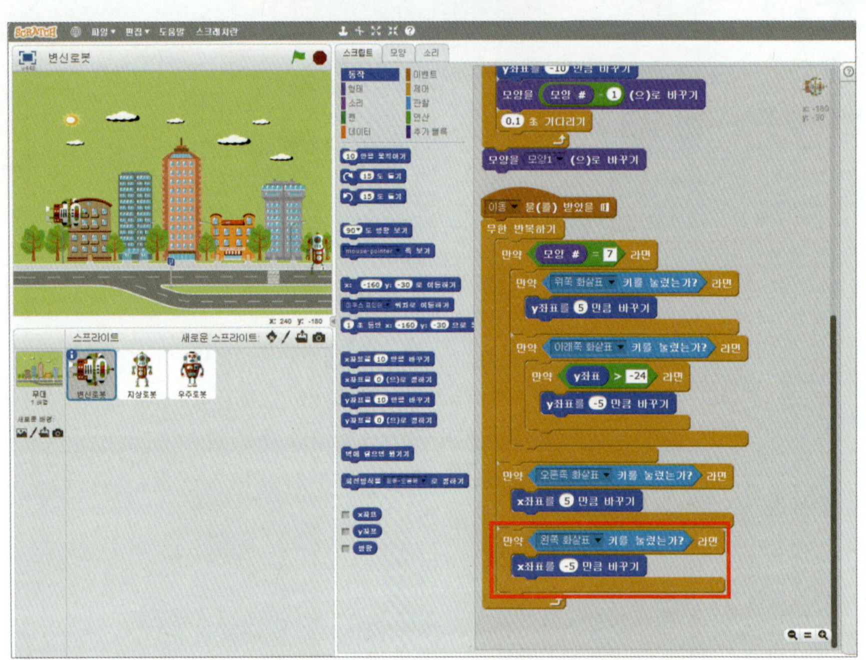

**10** 🏳를 클릭해 프로그램을 실행하면 '이동' 스크립트를 실행하기 위해 [이벤트] 팔레트의 『로봇변신 ▼ 방송하기』 명령 블록을 연결한 다음 ▼를 클릭해 '이동'을 선택합니다.

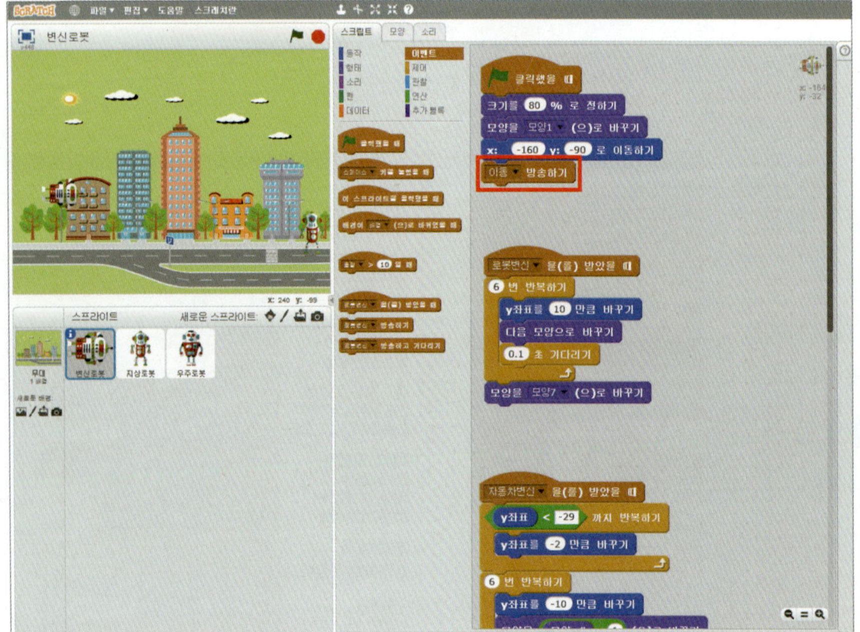

**tip**

『이동 ▼ 방송하기』 명령 블록은 프로그램이 실행된 후 한 번만 실행하면 됩니다. 따라서 무대나 다른 스프라이트에서 『이동 ▼ 방송하기』를 방송해도 됩니다.

# 땅에서 변신로봇을 막는 [지상로봇] 스프라이트 코딩하기

땅에서 [변신로봇] 스프라이트가 지나가는 것을 막는 [지상로봇] 스프라이트를 코딩하겠습니다. [지상로봇] 스프라이트는 일정한 속도로 화면의 오른쪽에서 왼쪽으로 계속해서 이동하겠습니다. 이동하는 도중 [변신로봇] 스프라이트에 닿으면 프로그램을 종료하도록 코딩하겠습니다.

**01** [지상로봇] 스프라이트를 선택한 다음 [이벤트] 팔레트의 클릭했을 때 명령 블록을 드래그합니다. [제어] 팔레트의 무한 반복하기 명령 블록을 연결합니다.

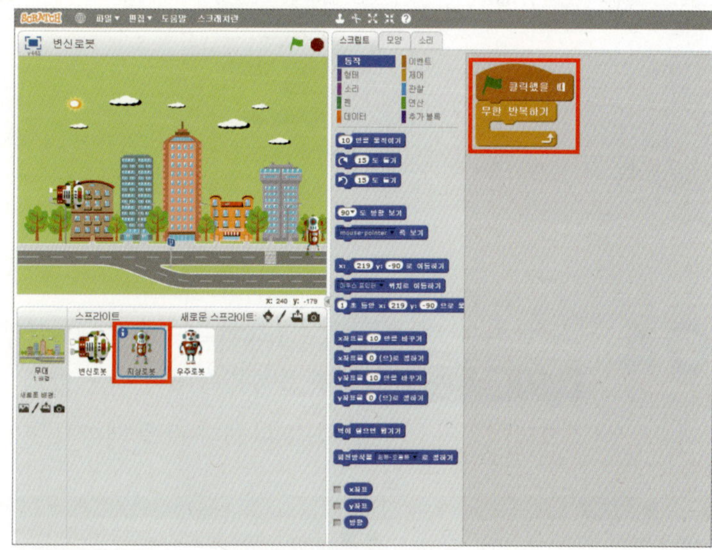

**02** [동작] 팔레트의 x: 219 y: -90 로 이동하기 명령 블록을 연결한 다음 값에 '270', '-90'을 입력합니다.

**03** 왼쪽으로 이동하기 위해 [제어] 팔레트의 ![까지 반복하기] 명령 블록을 연결한 다음 [연산] 팔레트의 ![< ] 명령 블록을 연결합니다.

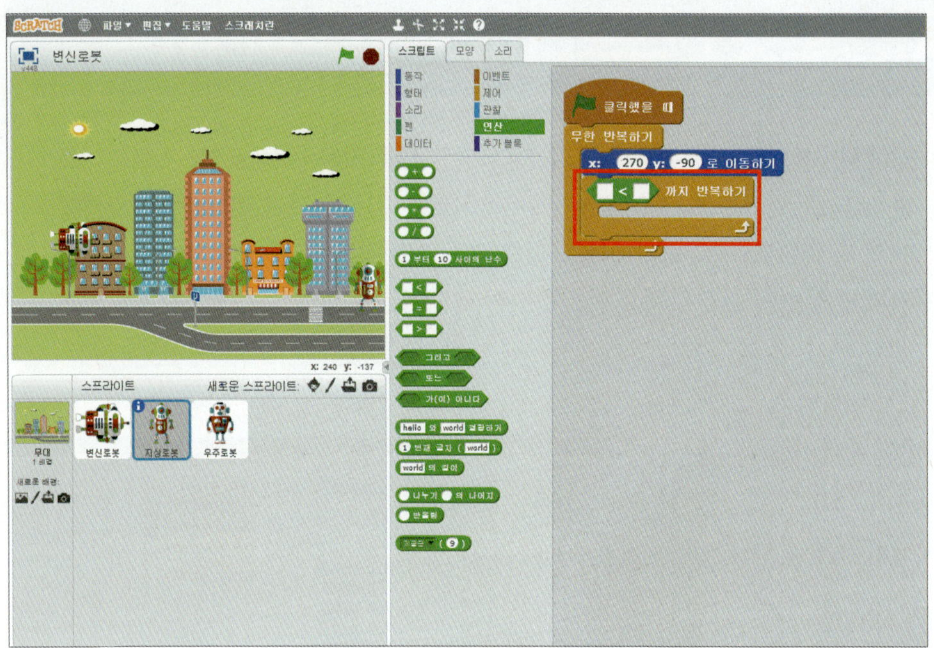

**04** [동작] 팔레트의 ![x좌표] 명령 블록을 연결한 다음 값에 '−240'을 입력합니다.
![x좌표를 10 만큼 바꾸기] 명령 블록을 연결한 다음 값에 '−2'를 입력합니다. 이렇게 코딩하면
[지상로봇] 스프라이트의 x 좌표가 '−240' 보다 작을 때까지 '−2'씩 이동합니다.

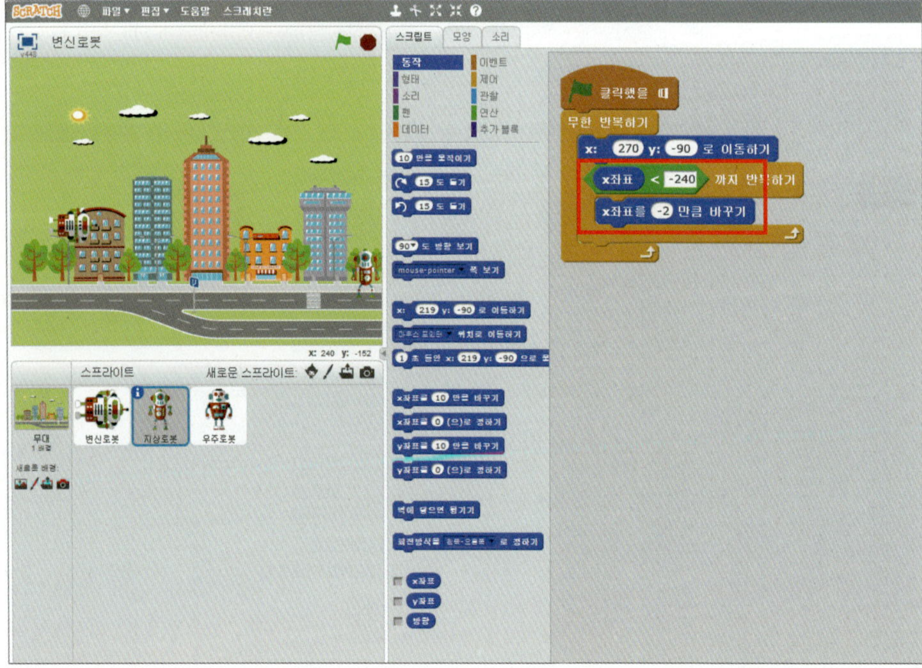

**05** [지상로봇] 스프라이트가 이동하는 도중 [변신로봇] 스프라이트에 닿으면 프로그램을 종료하도록 코딩하겠습니다. [이벤트] 팔레트의 클릭했을 때 명령 블록을 드래그합니다. [제어] 팔레트의 무한 반복하기 명령 블록을 연결합니다.

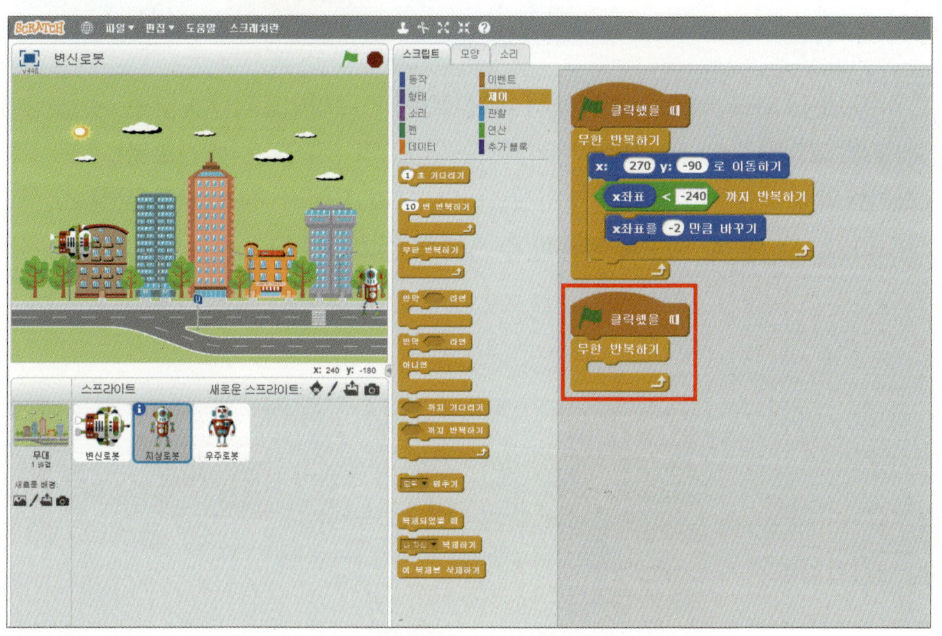

**06** [제어] 팔레트의 만약 ~라면 명령 블록을 연결한 다음 [관찰] 팔레트의 ~에 닿았는가? 명령 블록을 연결합니다. ▼를 클릭해 '변신로봇'을 선택합니다. [변신로봇] 스프라이트에 닿았다면 프로그램을 종료하기 위해 [제어] 팔레트의 모두 멈추기 명령 블록을 연결합니다.

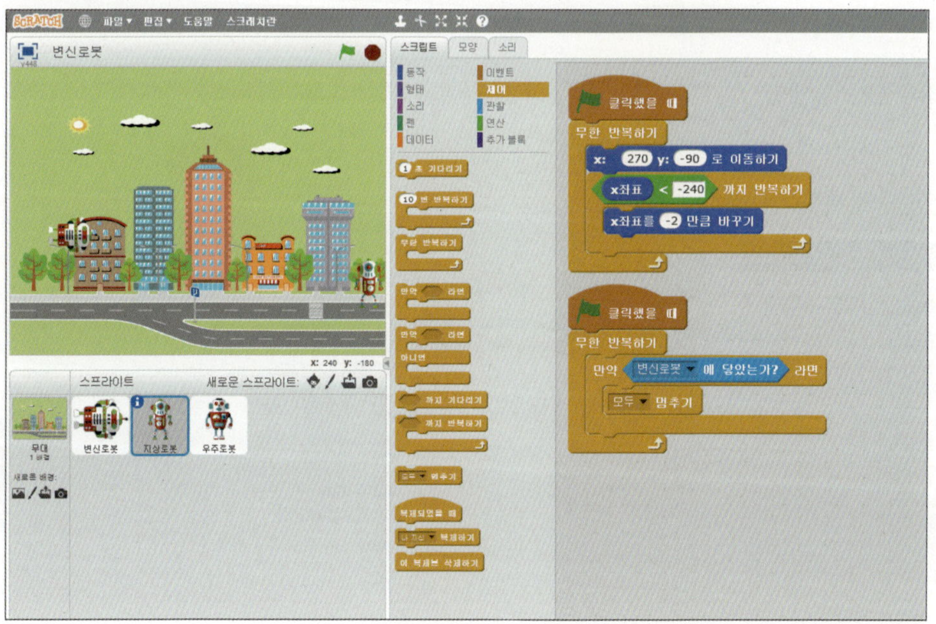

# 하늘에 날아다니는
# [우주로봇] 스프라이트 코딩하기

[우주로봇] 스프라이트는 하늘에서 [변신로봇] 스프라이트가 지나가는 것을 막도록 코딩하겠습니다. [우주로봇] 스프라이트의 y 좌표는 [변신로봇] 스프라이트의 y 좌표를 이용하여 정하겠습니다. 그리고 여러 개의 [우주로봇] 스프라이트가 나올 수 있도록 복제할 수 있도록 준비하겠습니다.

**01** [우주로봇] 스프라이트를 선택한 다음 [이벤트] 팔레트의 클릭했을 때 명령 블록을 드래그합니다. [형태] 팔레트의 숨기기 명령 블록을 연결합니다.

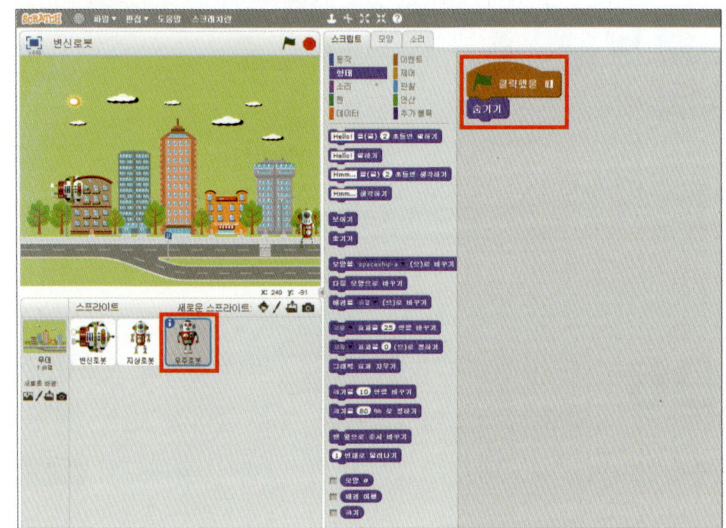

**02** [우주로봇] 스프라이트가 복제되면 나타날 위치를 지정하기 위해 [제어] 팔레트의 복제되었을 때 명령 블록을 연결합니다. [동작] 팔레트의 x좌표를 0 (으)로 정하기 명령 블록을 연결한 다음 값에 '230'을 입력합니다.

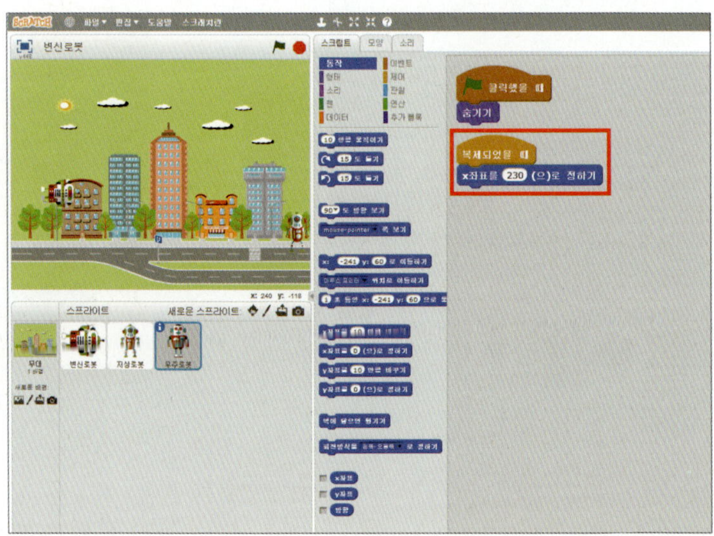

**03** [변신로봇] 스프라이트의 y 좌표가 '−30'보다 작으면 '−50~100' 사이의 임의의 위치에서 [우주로봇] 스프라이트가 나타나고 그렇지 않으면 [변신로봇] 스프라이트의 y 좌표에서 [우주로봇] 스프라이트가 나타나도록 하겠습니다. [제어] 팔레트의 ⬡ 명령 블록을 연결한 다음 [연산] 팔레트의 ⬡ 명령 블록을 연결합니다. [관찰] 팔레트의 ⬡ 명령 블록을 연결한 다음 ▼를 클릭해 'y좌표'를 선택하고 값에 '−30'을 입력합니다.

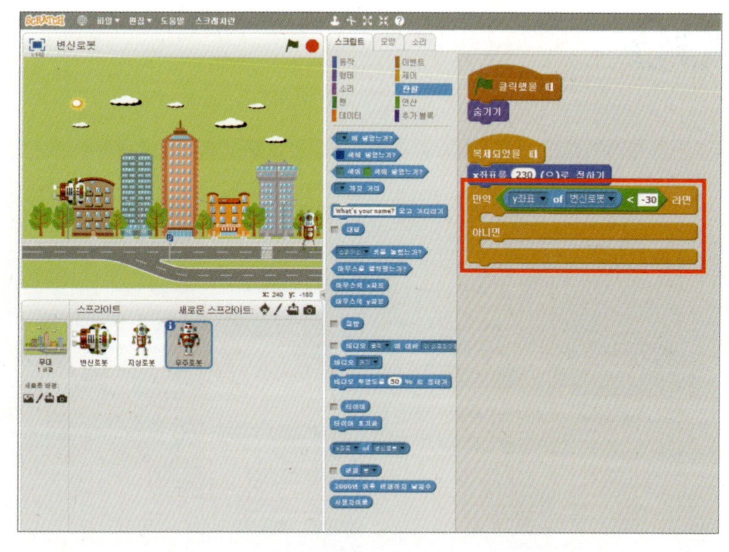

**04** [우주로봇] 스프라이트가 나타날 y 좌표를 '−50~150' 사이의 임의의 위치로 정하기 위해 ⬡ 명령 블록을 연결합니다. [연산] 팔레트의 ⬡ 명령 블록을 연결한 다음 값에 '−50'과 '150'을 입력합니다.

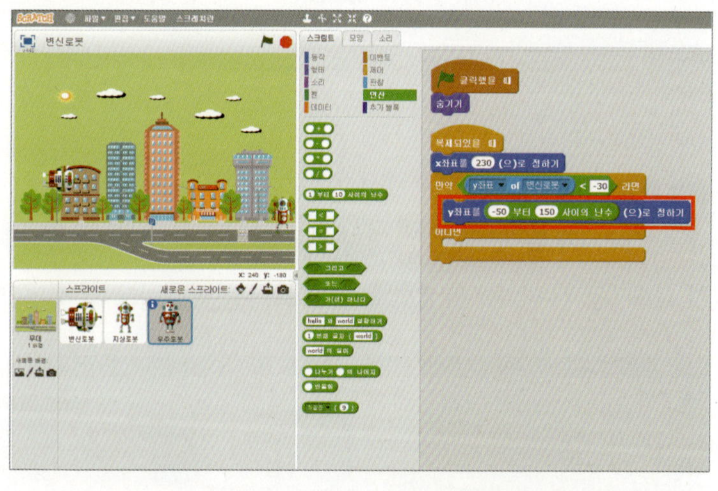

**05** [우주로봇] 스프라이트가 나타날 y 좌표를 [변신로봇] 스프라이트의 현재 y 좌표와 같은 값으로 정하기 위해 ⬡ 명령 블록을 연결합니다. [관찰] 팔레트의 ⬡ 명령 블록을 연결한 다음 ▼를 클릭해 'y좌표'를 선택합니다.

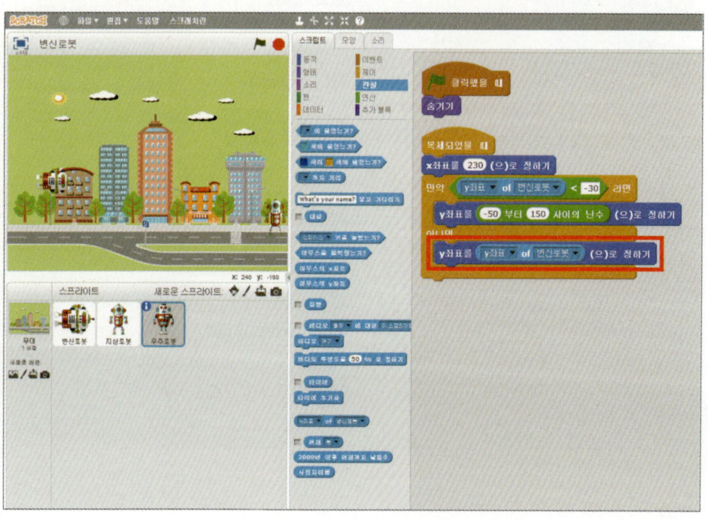

**06** 위치를 지정했으면 화면에 표시하기 위해 [형태] 팔레트의 보이기 명령 블록을 연결합니다.

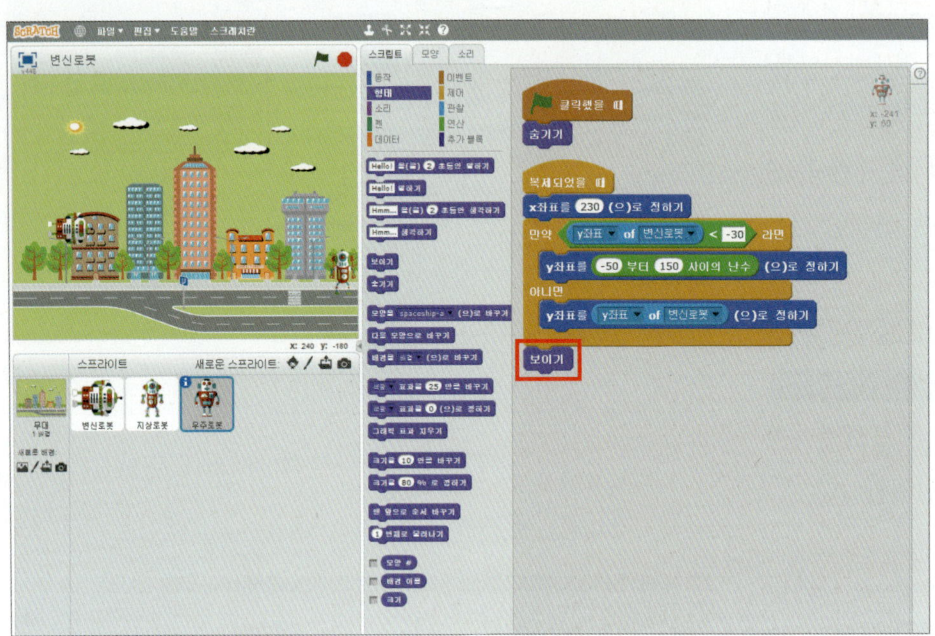

**07** [우주로봇] 스프라이트의 x 좌표가 −250보다 작을 때까지 반복하기 위해 [제어] 팔레트의 까지 반복하기 명령 블록을 연결합니다. [연산] 팔레트의 < 명령 블록을 연결한 다음 [동작] 팔레트의 x좌표 명령 블록을 연결하고 값에 '−250'을 입력합니다.

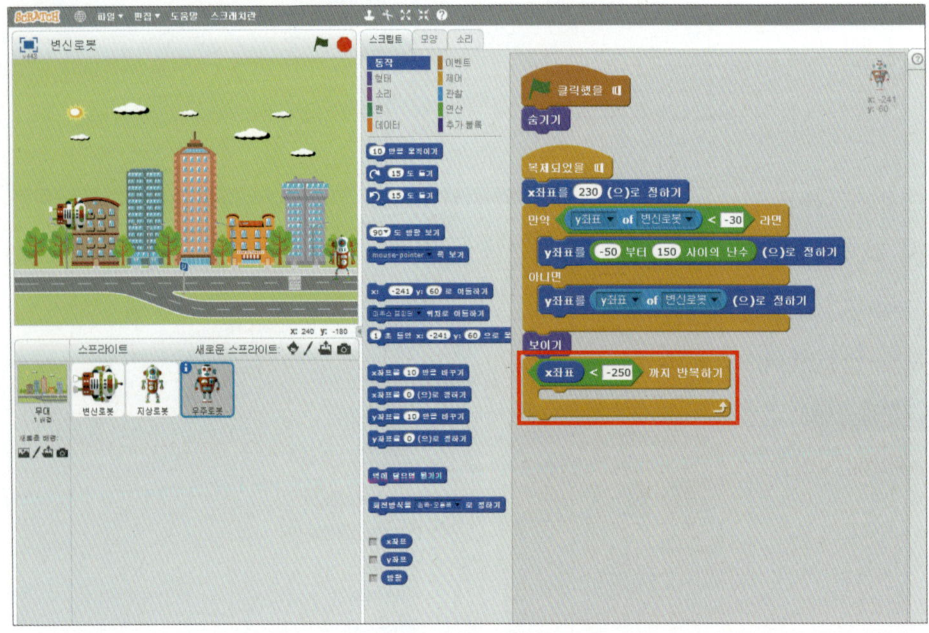

**08** x 좌표를 바꿔 오른쪽으로 이동하기 위해 [동작] 팔레트의 `x좌표를 10 만큼 바꾸기` 명령 블록을 연결한 다음 값에 '-3'을 입력합니다. 반복이 끝나면 복제된 [우주로봇] 스프라이트를 삭제하기 위해 `이 복제본 삭제하기` 명령 블록을 연결합니다.

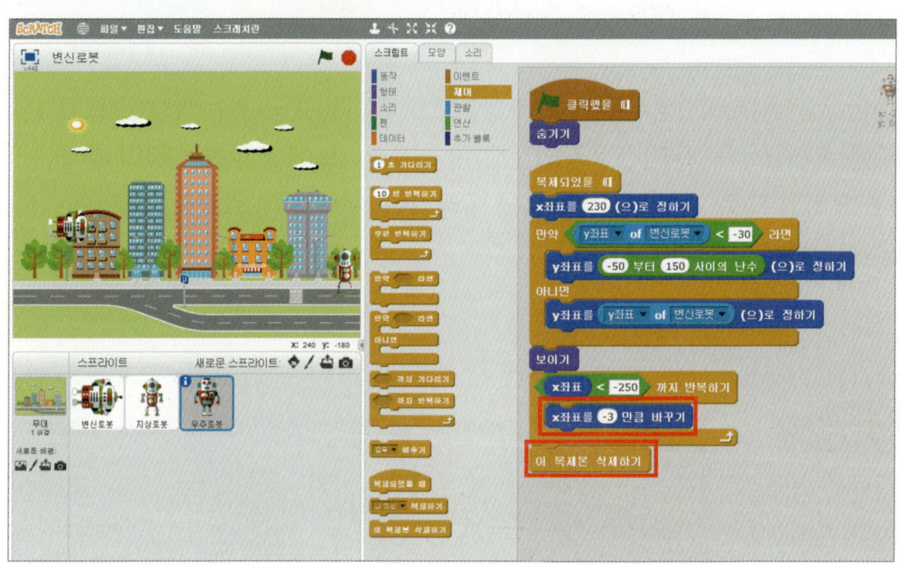

**09** [우주로봇] 스프라이트가 복제되었을 때 [변신로봇] 스프라이트에 닿으면 프로그램을 종료하기 위해 [제어] 팔레트의 `복제되었을 때` 명령 블록을 드래그한 다음 `무한 반복하기` 명령 블록을 연결합니다. `만약 라면` 명령 블록을 연결합니다. [관찰] 팔레트의 `에 닿았는가?` 명령 블록을 연결한 다음 ▼를 클릭해 '변신로봇'을 선택합니다. [제어] 팔레트의 `모두 멈추기` 명령 블록을 연결합니다.

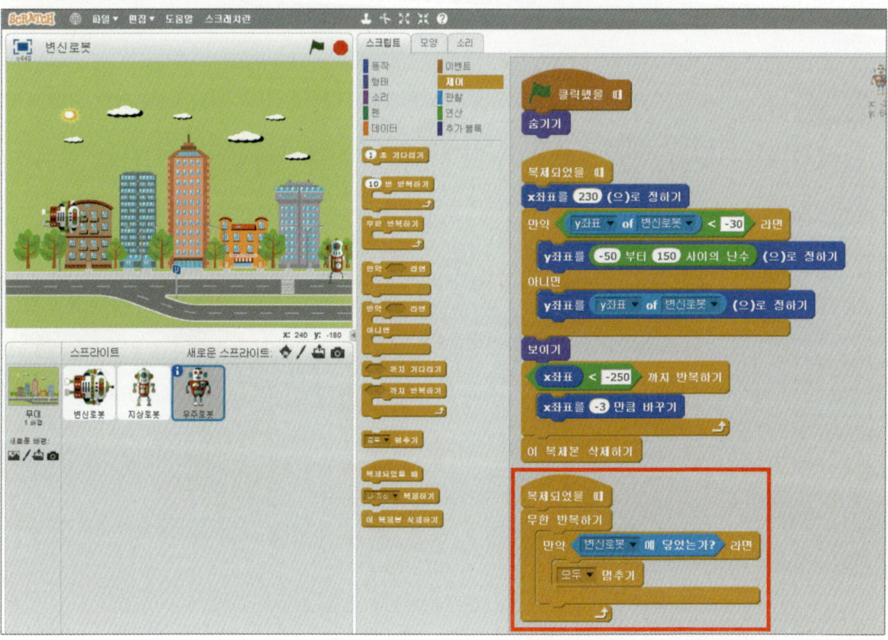

# 여러 개의 [우주로봇] 스프라이트가 나타나도록 복제하기

일정한 시간을 두고 [우주로봇] 스프라이트를 복제하겠습니다. 특정 스프라이트를 복제할 때는 무대나 복제와 관련된 스프라이트에 코딩하는 것이 좋습니다. 그리고 프로그램의 난이도 등을 고려하여 [우주로봇] 스프라이트가 복제되는 시간을 조절합니다.

**01** [이벤트] 팔레트의 `클릭했을 때` 명령 블록을 연결한 다음 [제어] 팔레트의 `무한 반복하기` 명령 블록을 연결합니다.

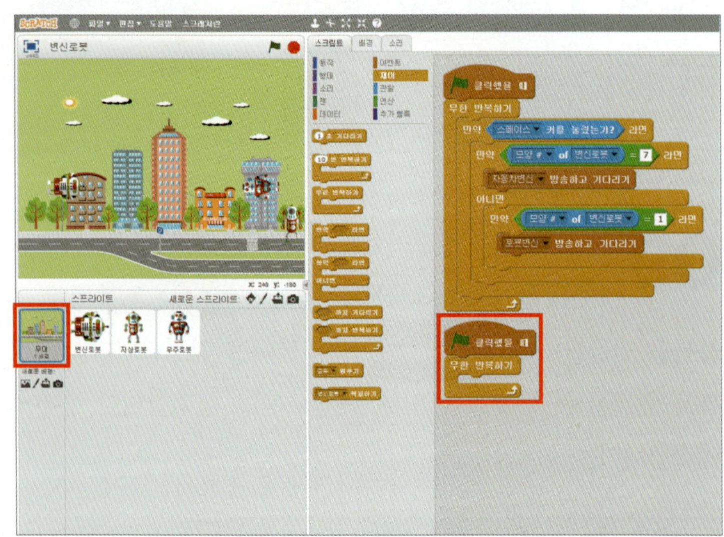

**02** [제어] 팔레트의 `1 초 기다리기` 명령 블록을 연결한 다음 값에 '2'를 입력합니다. `변신로봇 복제하기` 명령 블록을 연결한 다음 ▼를 클릭해 '우주로봇'을 선택합니다. 이렇게 하면 2초마다 [우주로봇] 스프라이트가 복제됩니다.

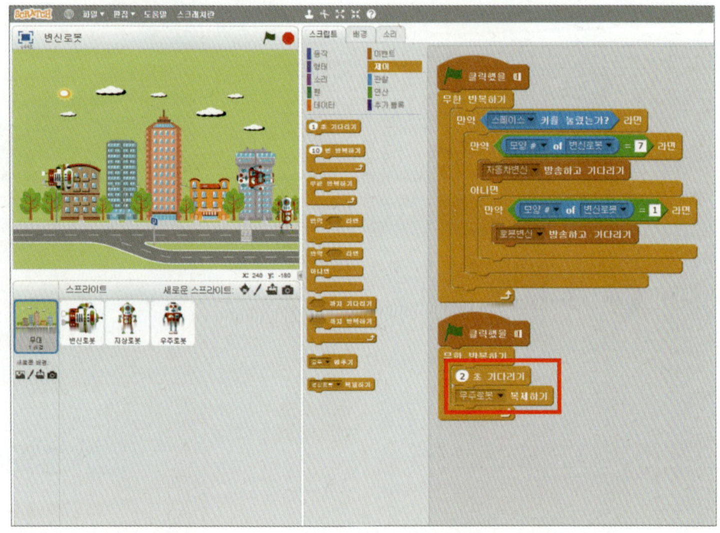

# Chapter 2

# 지렁이 게임

두 마리의 지렁이가 아이템을 찾아 서로 헤매는 프로그램입니다. 아이템을 먹을 때마다 지렁이의 꼬리가 하나씩 늘어나게 됩니다. 그리고 아이템을 많이 먹으면 움직이는 속도도 느려지게 됩니다. 움직이는 동안 다른 지렁이에 닿으면 프로그램이 종료됩니다.

**예제 파일**　　**지렁이 게임.sb2**

**완성 파일**　　**지렁이 게임(완성).sb2**

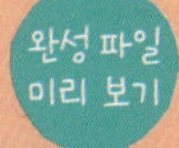


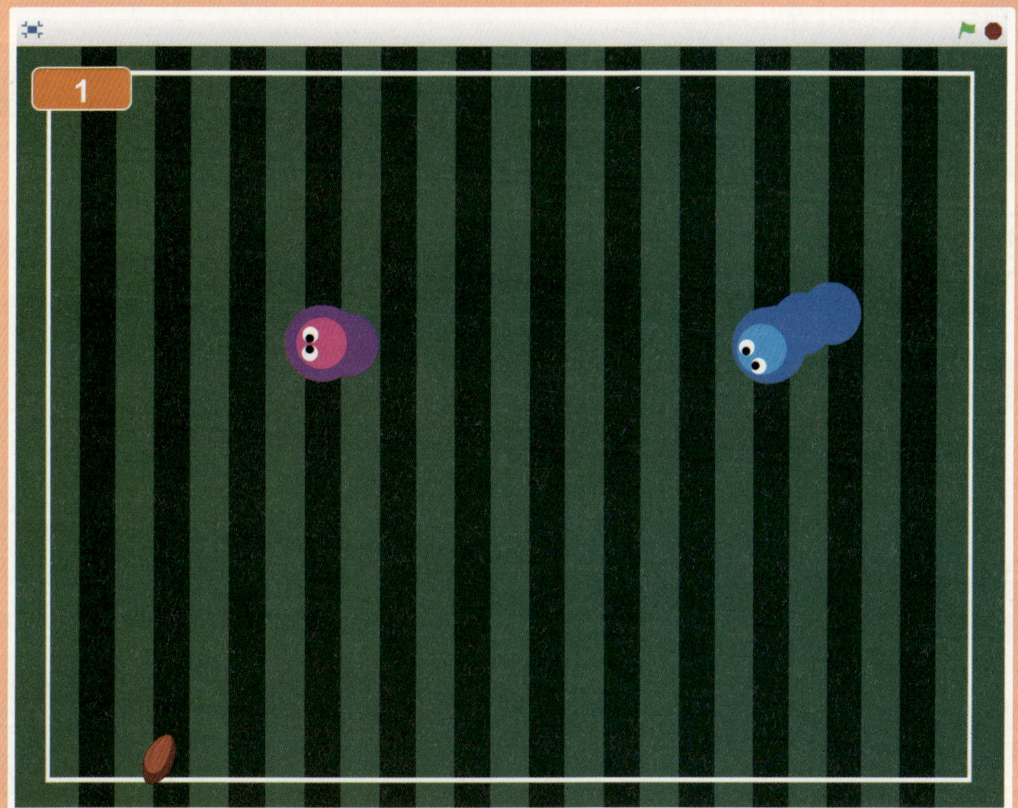

## 어떤 것을 할 수 있나요?

- 스프라이트를 복제할 수 있습니다.
- 복제된 스프라이트가 특정 스프라이트를 따라 다닙니다.
- 복제된 순서에 따라 특정 스프라이트를 따라다니는 시간이 바뀝니다.

# 마우스로 움직이는
# [빨강지렁이] 스프라이트

마우스를 이용해 [빨강지렁이] 스프라이트를 조정하겠습니다. 마우스 포인터 위치로 바로 이동하면 너무 빠르게 [빨강지렁이] 스프라이트를 이동할 수 있으므로 일정한 속도로 움직일 수 있게 코딩하겠습니다.

**01** 예제 파일(지렁이 게임.sb2)을 열고 [빨강지렁이] 스프라이트를 선택합니다. 프로그램을 실행하면 [빨강지렁이] 스프라이트가 나타날 위치를 지정하기 위해 x: 186 y: 26 로 이동하기 명령 블록을 연결합니다. 값에 '100'과 '0'을 입력합니다.

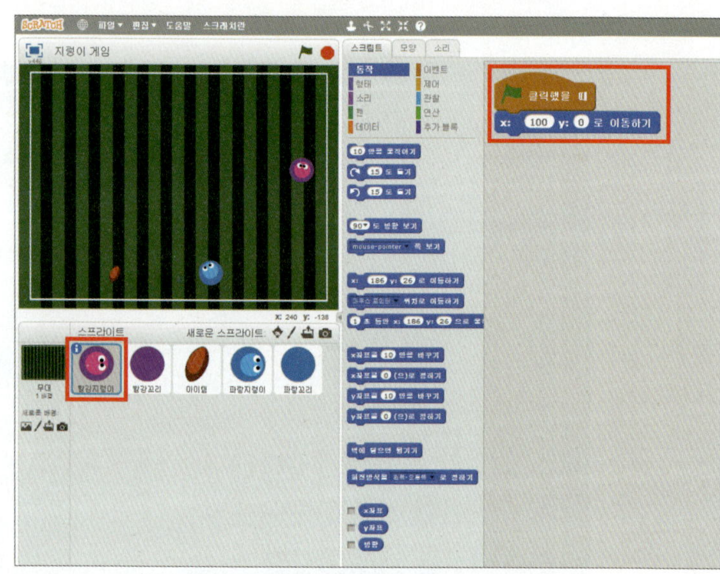

**02** 마우스 포인터를 따라 움직이도록 코딩하기 위해 [제어] 팔레트의 무한 반복하기 명령 블록을 연결합니다. [동작] 팔레트의 마우스 포인터 쪽 보기 명령 블록을 연결한 다음 10 만큼 움직이기 명령 블록을 연결하고 값에 '4'를 입력합니다.

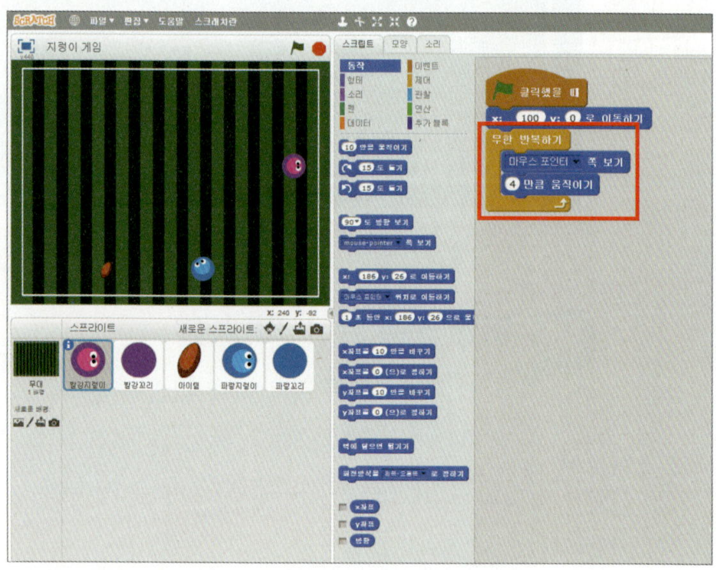

**03** [이벤트] 팔레트의 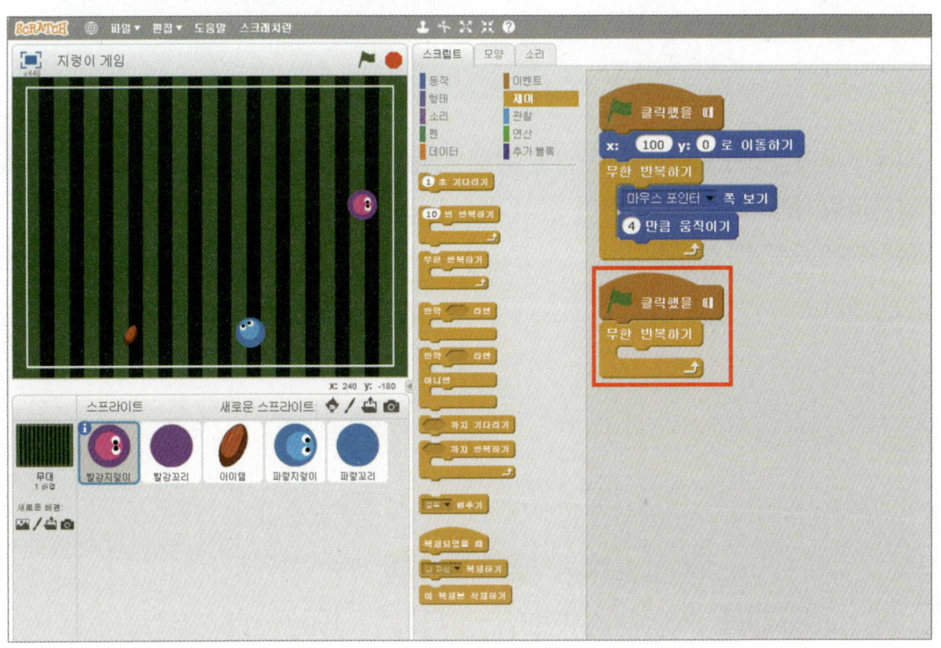 클릭했을 때 명령 블록을 연결한 다음 [제어] 팔레트의 무한 반복하기 명령 블록을 연결합니다.

**04** [빨강지렁이] 스프라이트가 [파랑지렁이] 스프라이트에 닿으면 프로그램을 종료하기 위해 [제어] 팔레트의 만약 ~라면 명령 블록을 연결합니다. [관찰] 팔레트의 ▼에 닿았는가? 명령 블록을 연결한 다음 ▼를 클릭해 '파랑지렁이'를 선택합니다. [제어] 팔레트의 모두▼ 멈추기 명령 블록을 연결합니다.

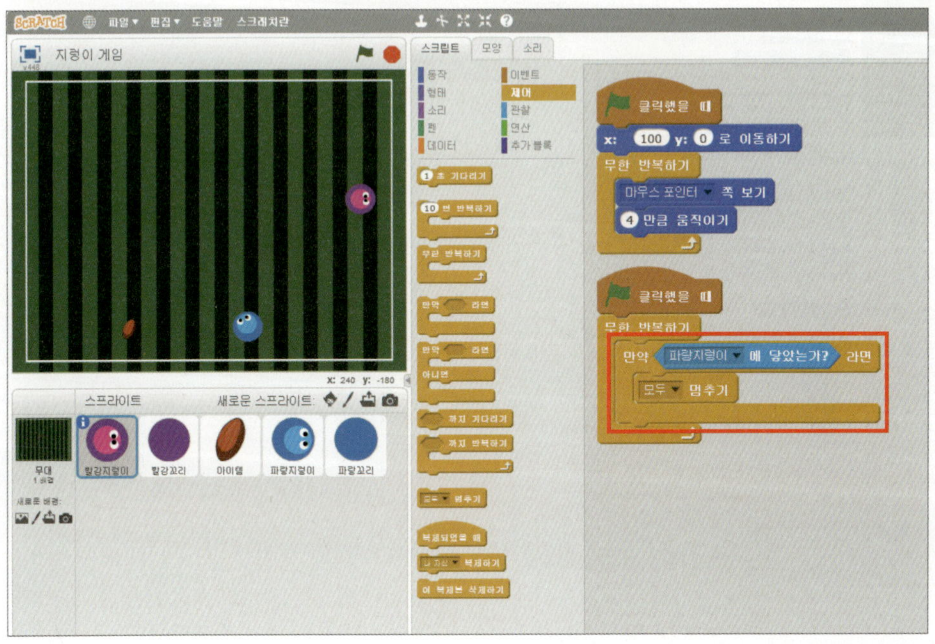

# 아이템을 찾아 자동으로 움직이는 [파랑지렁이] 스프라이트

[파랑지렁이] 스프라이트 아이템을 향해 자동으로 움직이도록 코딩하겠습니다. [파랑지렁이] 스프라이트가 움직이는 속도가 너무 빠르거나 너무 느리면 움직이는 속도를 조절합니다.

**01** 프로그램을 실행하면 [파랑지렁이] 스프라이트가 나타날 위치를 지정하겠습니다. [파랑지렁이] 스프라이트를 선택한 다음 [이벤트] 팔레트의 ⚑ 클릭했을 때 명령 블록을 드래그합니다. [동작] 팔레트의 x: 43 y: -47 로 이동하기 명령 블록을 연결한 다음 값에 '-100'과 '0'을 입력합니다.

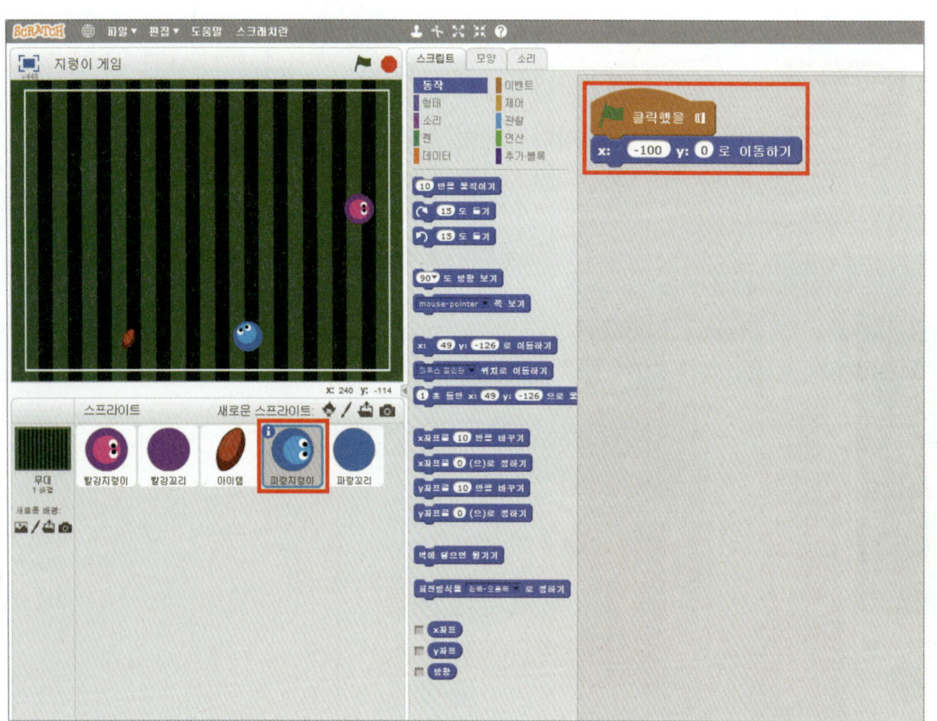

**02** [제어] 팔레트의 명령 블록을 연결합니다. 명령 블록을 연결한 다음 ▼를 클릭해 '아이템'을 선택합니다.

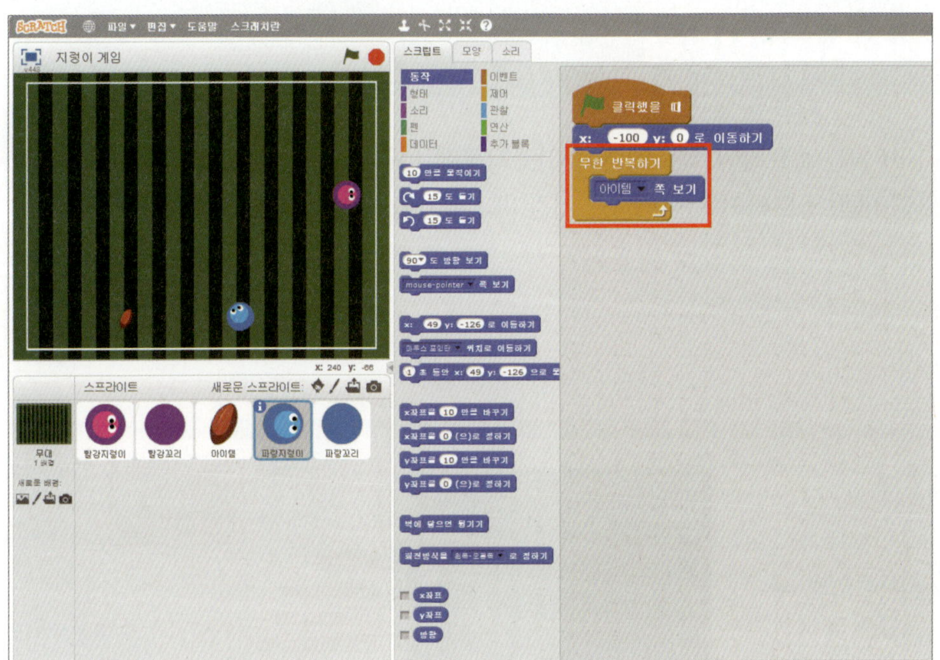

**03** [동작] 팔레트의 명령 블록을 연결한 다음 값에 '4'를 입력합니다. 이렇게 코딩하면 [파랑지렁이] 스프라이트는 [아이템] 스프라이트를 향해 4만큼씩 계속해서 움직입니다.

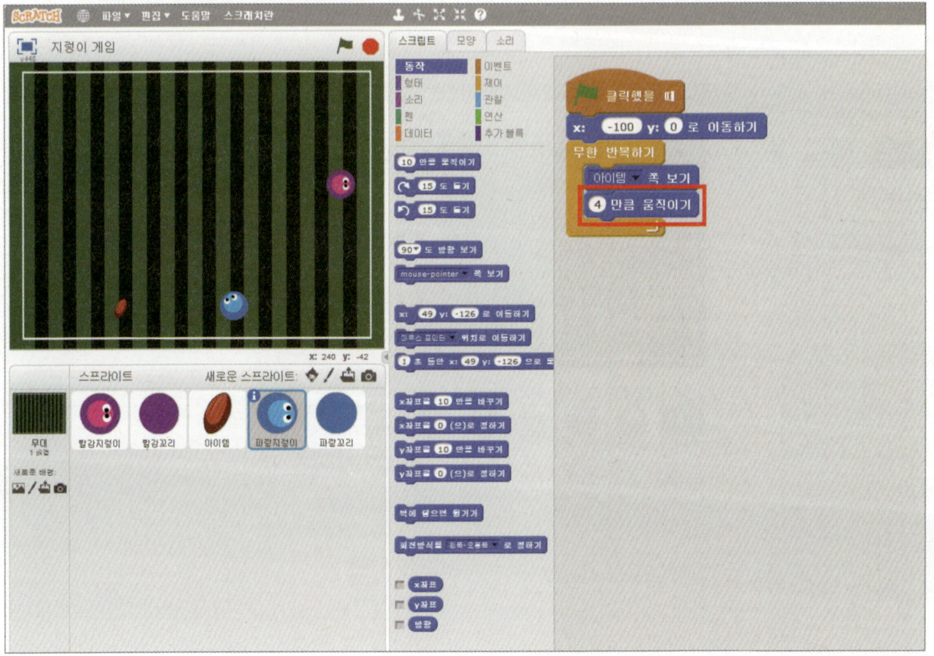

# Section 03

## [아이템] 스프라이트가 나타날 위치 지정하기

[아이템] 스프라이트는 화면이 이곳저곳에 나타나도록 하겠습니다. 그리고 [아이템] 스프라이트는 지정된 시간마다 위치를 옮겨 다니겠습니다.

**01** [아이템] 스프라이트를 선택한 다음 [이벤트] 팔레트의 클릭했을 때 명령 블록을 드래그합니다. 메시지1 방송하기 명령 블록을 연결한 다음 ▼ 를 클릭해 '새 메시지…'를 선택합니다. [새로운 메시지] 대화상자가 나타나면 '새로운 위치'를 입력하고 [확인]을 클릭합니다.

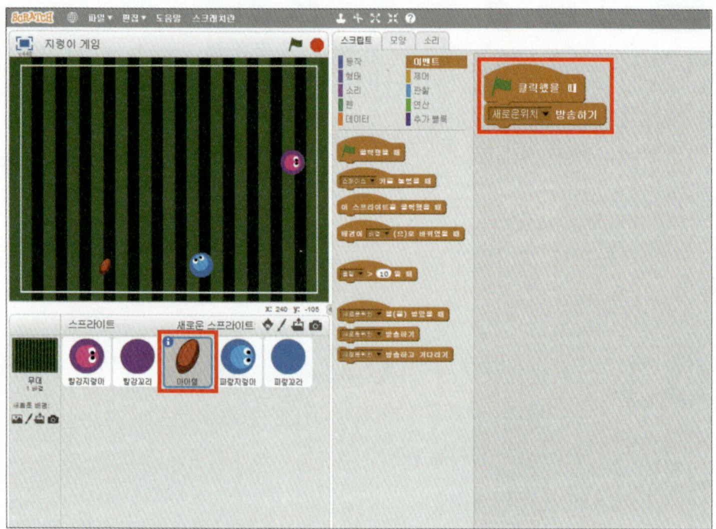

**02** [이벤트] 팔레트의 새로운위치 을(를) 받았을 때 명령 블록을 드래그한 다음 [동작] 팔레트의 x: -97 y: -129 로 이동하기 명령 블록을 연결합니다.

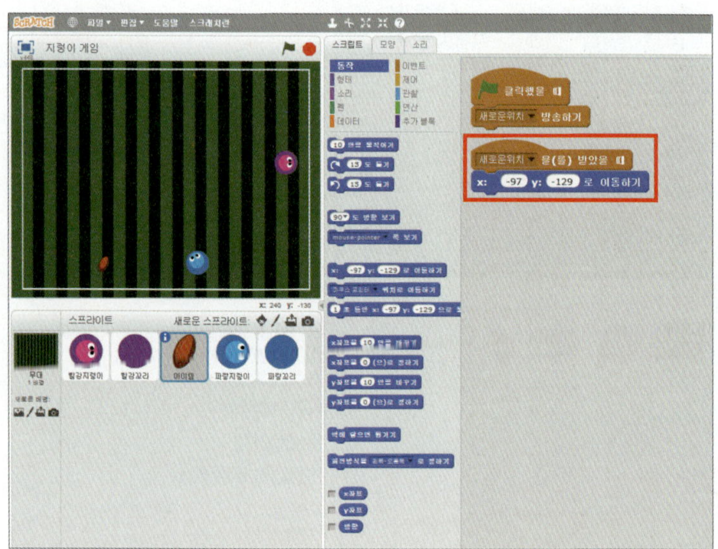

**03** [연산] 팔레트의
1 부터 10 사이의 난수 명령 블록
을 연결한 다음 값에 '-220'과 '220'을 입력
합니다. [연산] 팔레트의 1 부터 10 사이의
명령 블록을 연결한 다음 값에 '-160'과
'160'을 입력합니다.

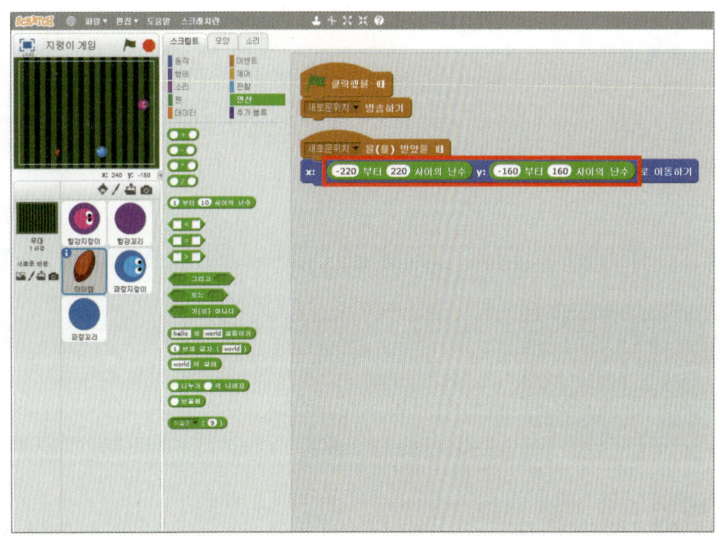

**04** 3초마다 새로운 위치로 바꾸기
위해 [제어] 팔레트의 1 초 기다리기
명령 블록을 연결한 다음 값에 '3'을 입력합
니다. [제어] 팔레트의 새로운위치 방송하기 방송
하기 명령 블록을 연결합니다.

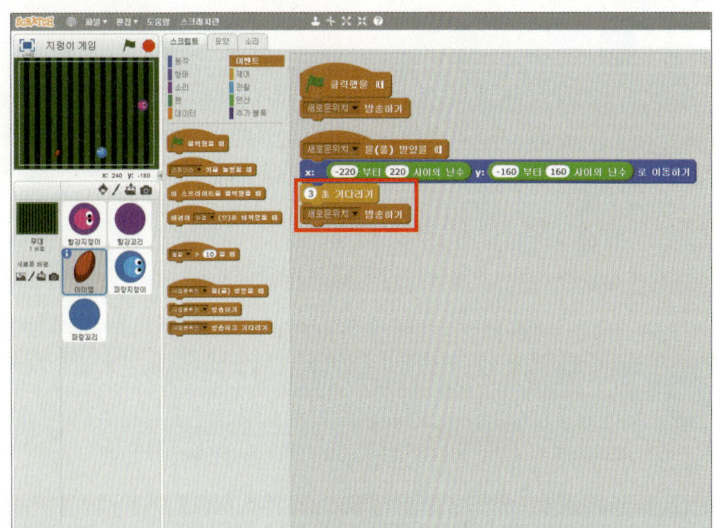

**05** [빨강지렁이] 또는 [파랑지렁이]
스프라이트에 닿으면 새로운 위
치로 바꾸겠습니다. [이벤트] 팔레트의
클릭했을 때 명령 블록을 연결한 다음 [제
어] 팔레트의 무한 반복하기 명령 블록을 연결합
니다.

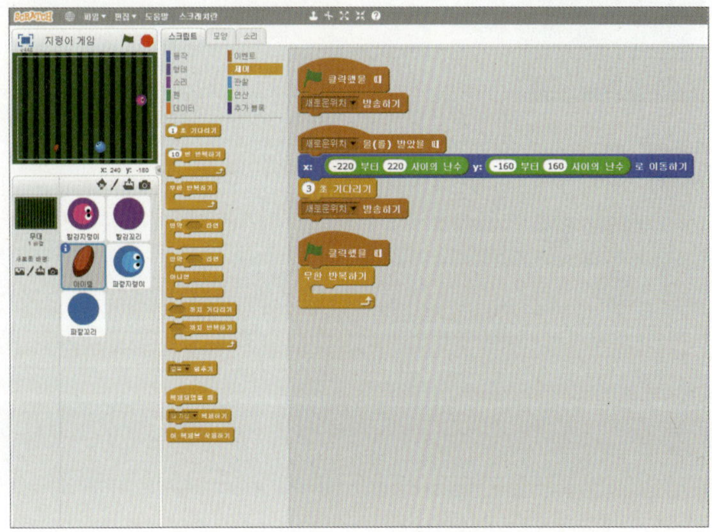

**06** [제어] 팔레트의 만약 ~라면 명령 블록을 연결합니다. [관찰] 팔레트의 ▼에 닿았는가? 명령 블록을 연결한 다음 ▼를 클릭해 '빨강지렁이'를 선택합니다. [빨강지렁이] 스프라이트에 닿으면 새로운 위치로 바꾸기 위해 [이벤트] 팔레트의 새로운위치 ▼ 방송하기 명령 블록을 연결합니다.

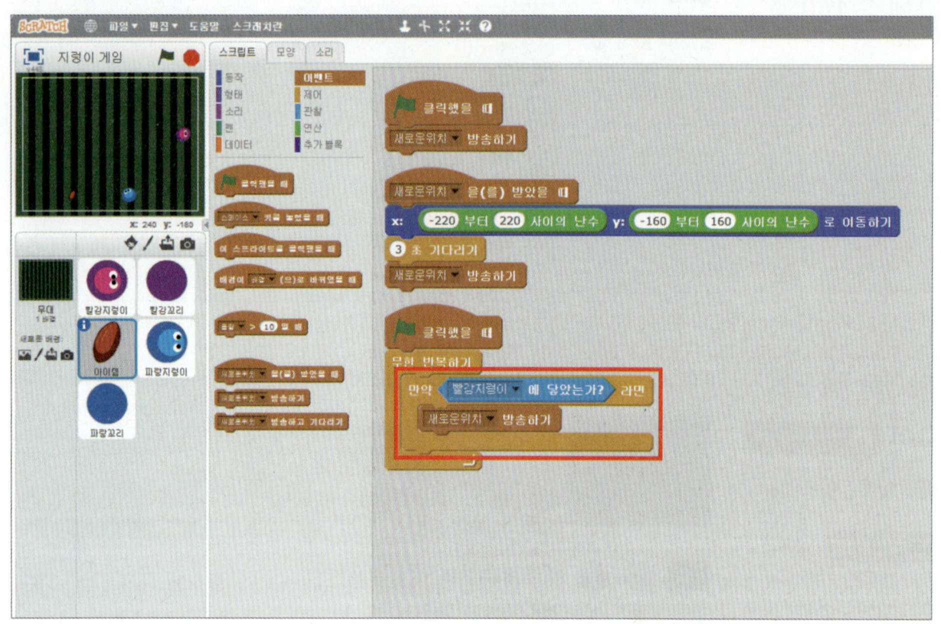

**07** [빨강지렁이] 스프라이트에 닿으면 [빨강꼬리] 스프라이트를 복제하기 위해 [제어] 팔레트의 나 자신 ▼ 복제하기 명령 블록을 연결한 다음 ▼를 클릭해 '빨강지렁이'를 선택합니다.

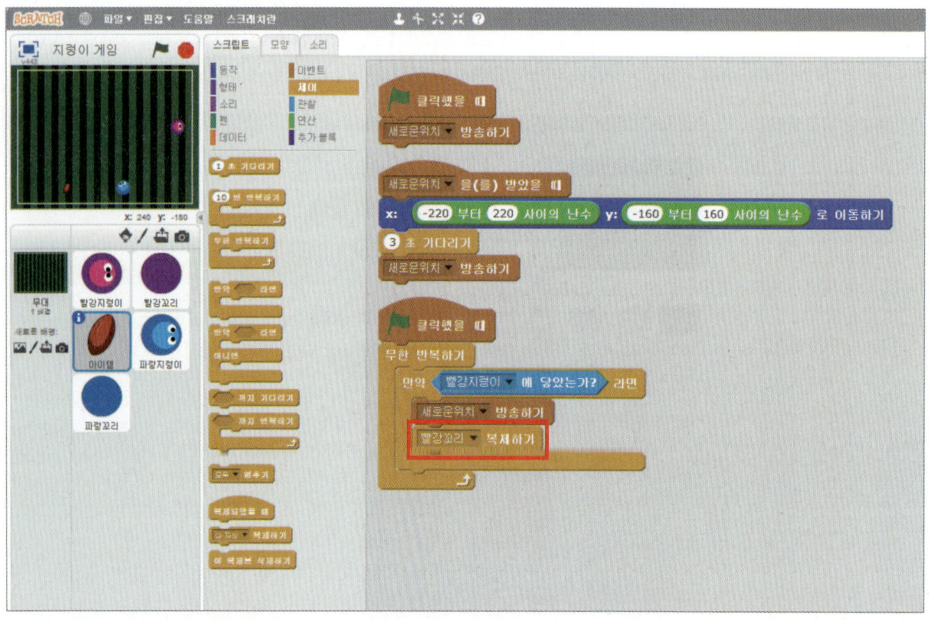

**08** [제어] 팔레트의 <sub>만약</sub> 라면 명령 블록을 연결합니다. [관찰] 팔레트의 ▼ 에 닿았는가? 명령 블록을 연결한 다음 ▼를 클릭해 '파랑지렁이'를 선택합니다. [파랑지렁이] 스프라이트에 닿으면 새로운 위치로 바꾸기 위해 [이벤트] 팔레트의 새로운위치 ▼ 방송하기 명령 블록을 연결합니다.

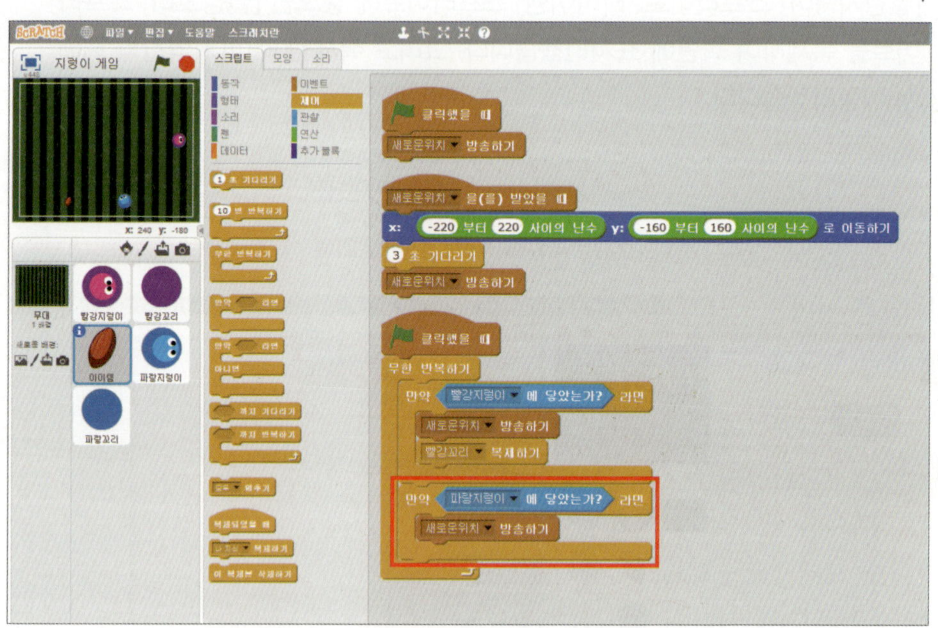

**09** [파랑지렁이] 스프라이트에 닿으면 [파랑꼬리] 스프라이트를 복제하기 위해 [제어] 팔레트의 나 자신 ▼ 복제하기 명령 블록을 연결한 다음 ▼를 클릭해 '파랑꼬리'를 선택합니다.

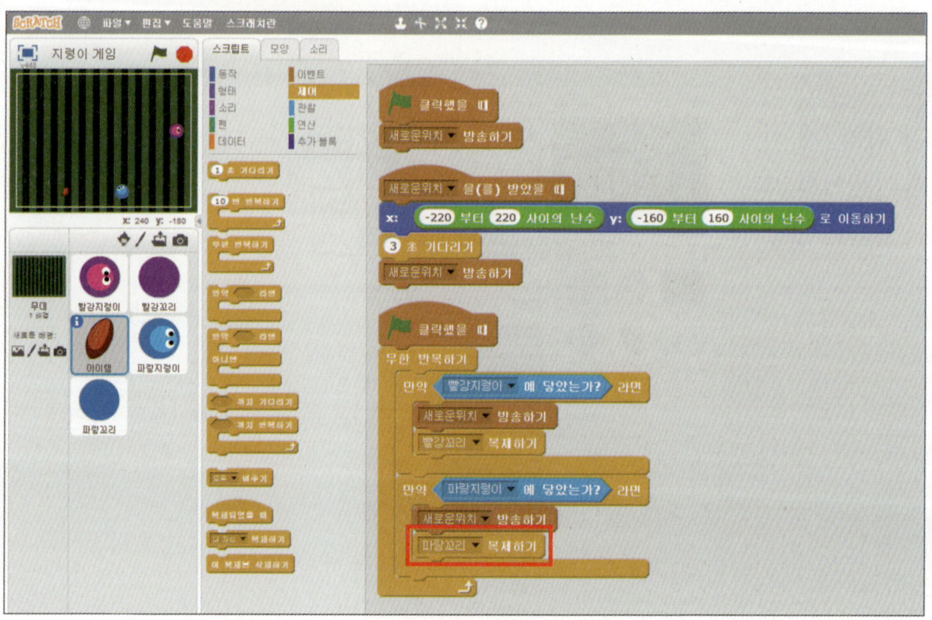

# 빨강꼬리 복제하기

[빨강지렁이] 스프라이트가 [아이템] 스프라이트에 닿으면 [빨강꼬리] 스프라이트를 복제하여 화면에 표시하겠습니다. 그리고 복제될 때마다 약간씩 뒤에서 이동하겠습니다.

**01** [빨강꼬리] 스프라이트를 선택한 다음 클릭했을 때 명령 블록을 드래그합니다. [형태] 팔레트의 숨기기 명령 블록을 연결해 화면에서 숨깁니다.

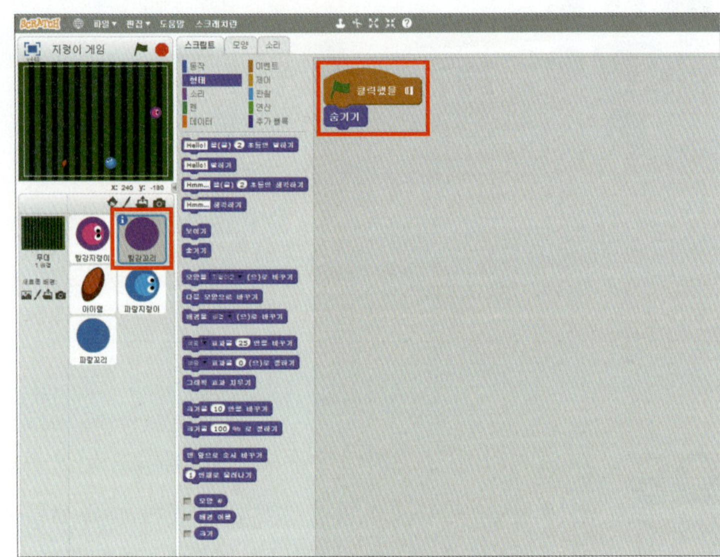

**02** [빨강꼬리] 스프라이트가 복제되면 화면에 표시하기 위해 [제어] 팔레트의 복제되었을 때 명령 블록을 연결한 다음 [형태] 팔레트의 보이기 명령 블록을 연결합니다.

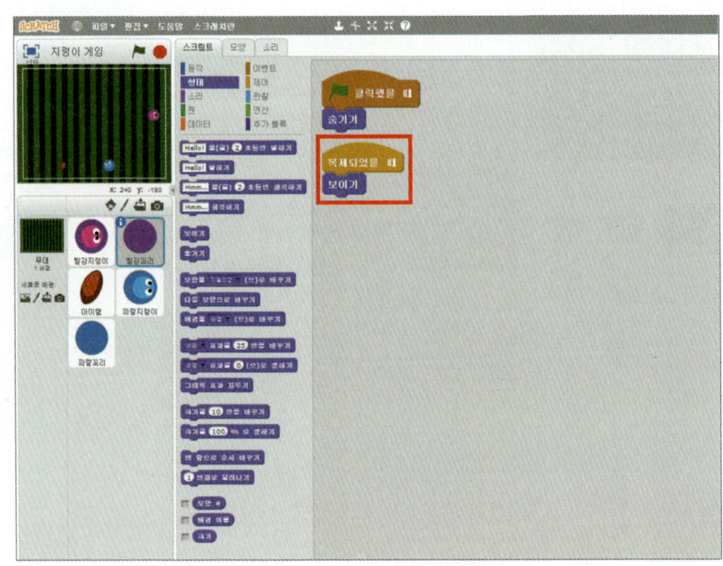

**03** [빨강꼬리] 스프라이트가 나타날 위치를 지정하기 위해 [동작] 팔레트의 `마우스 포인터▼ 위치로 이동하기` 명령 블록을 연결한 다음 ▼를 클릭해 '빨강지렁이'를 선택합니다.

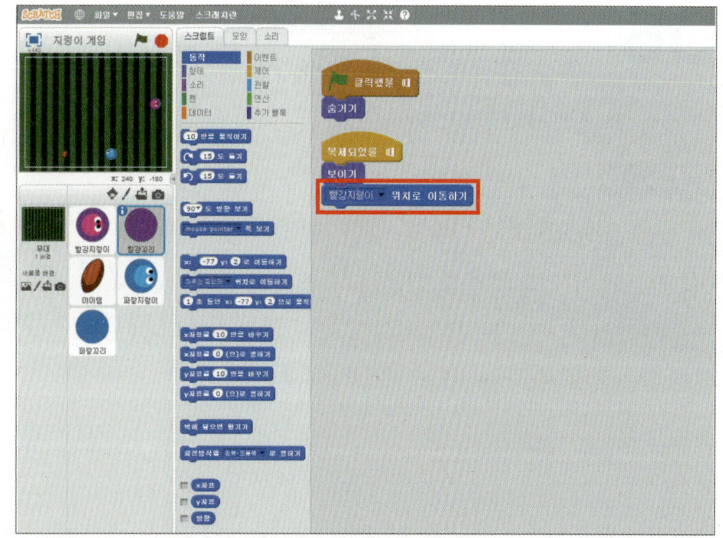

**04** [빨강꼬리] 스프라이트는 [빨강지렁이] 스프라이트를 따라 항상 이동하기 위해 [제어] 팔레트의 `무한 반복하기` 명령 블록을 연결한 다음 `만약 라면` 명령 블록을 연결합니다.

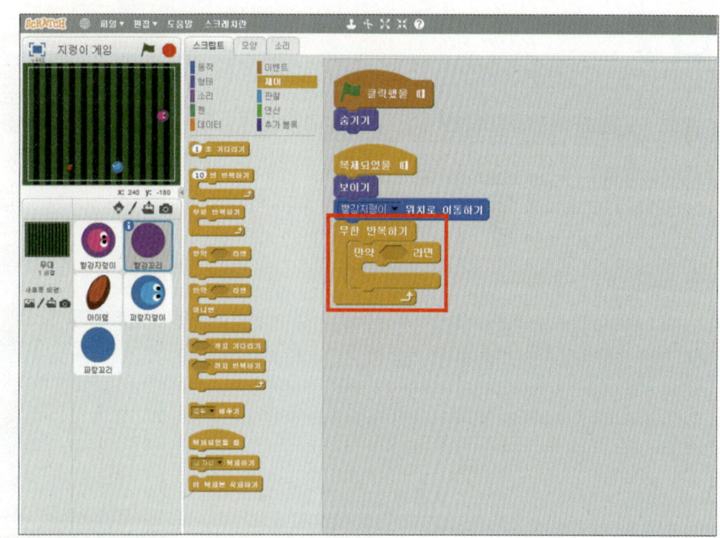

**05** [연산] 팔레트의 `◁` 명령 블록을 연결한 다음 값에 '10'을 입력합니다. `▼ 까지 거리` 명령 블록을 연결한 다음 ▼를 클릭해 '빨강지렁이'를 선택합니다. 이렇게 하면 [빨강지렁이] 스프라이트와의 거리가 10보다 크면 움직이게 됩니다.

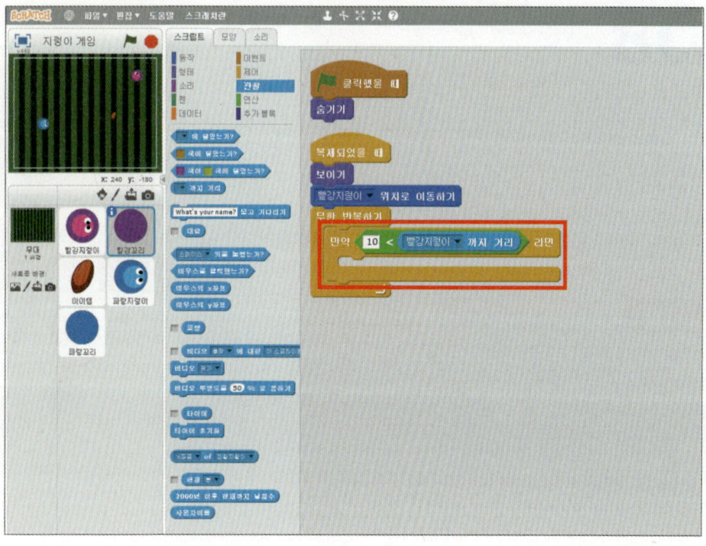

**06** [동작] 팔레트의 마우스 포인터 ▼ 쪽 보기 명령 블록을 연결한 다음 ▼를 클릭해 '빨강지렁이'를 선택합니다. 10 만큼 움직이기 명령 블록을 연결한 다음 값에 '5'를 입력합니다. 이렇게 하면 [빨강지렁이] 스프라이트와 일정한 거리를 유지하면서 이동합니다.

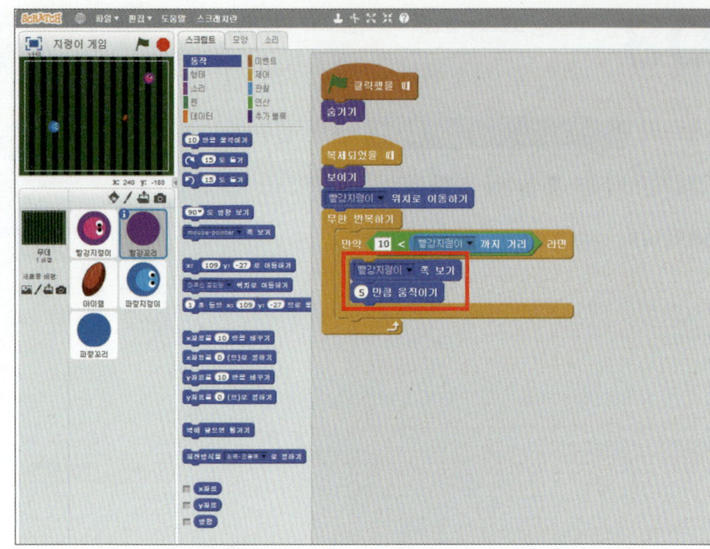

**07** ▶를 클릭해 프로그램을 실행해 [빨강지렁이] 스프라이트가 [아이템] 스프라이트에 여러 번 닿아도 [빨강꼬리] 스프라이트는 하나만 보입니다.

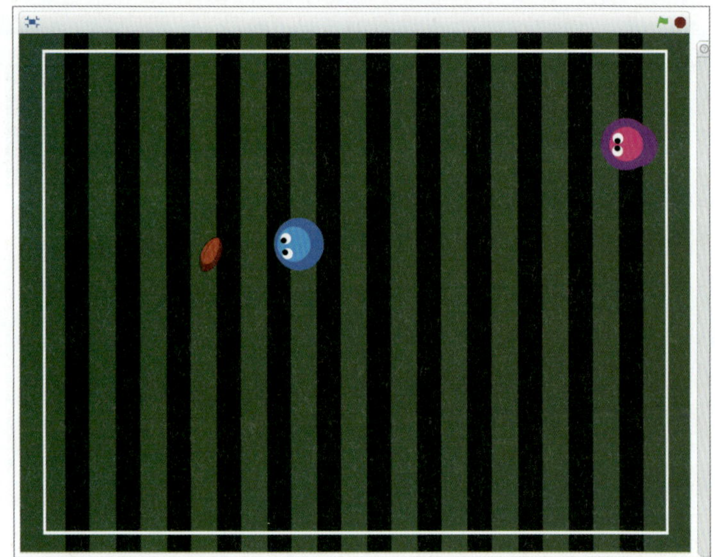

**08** [빨강꼬리] 스프라이트를 선택한 다음 [데이터] 팔레트의 변수 만들기 를 클릭합니다. [새로운 변수] 대화상자가 나타나면 '이동시간'을 입력합니다. '이 스프라이트에서만 사용'을 선택해 변수를 만듭니다.

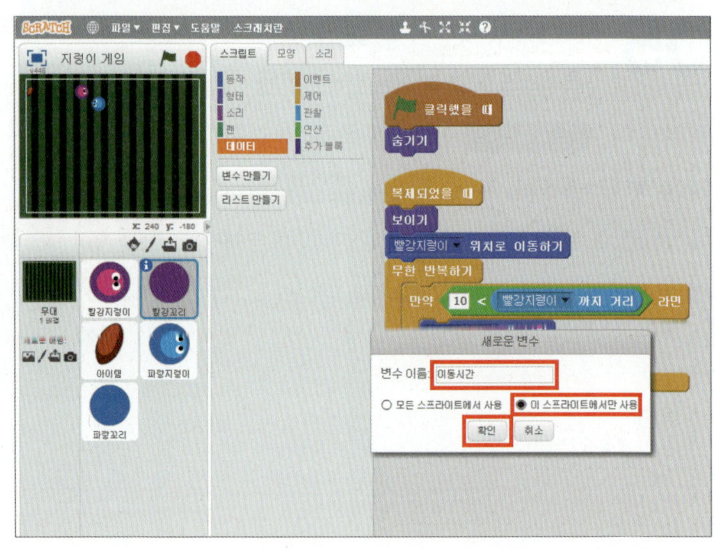

**tip**

'이 스프라이트에서만 사용'은 변수를 만든 스프라이트에서만 사용할 수 있고 다른 스프라이트에서는 사용할 수 없습니다. 그리고 스프라이트를 복제하면 새로운 변수가 만들어집니다.

**09** '이동시간' 변수가 만들어지면 [데이터] 팔레트의 `이동시간 을(를) 0 로 정하기` 명령 블록을 연결한 다음 값에 '0.2'를 입력합니다.

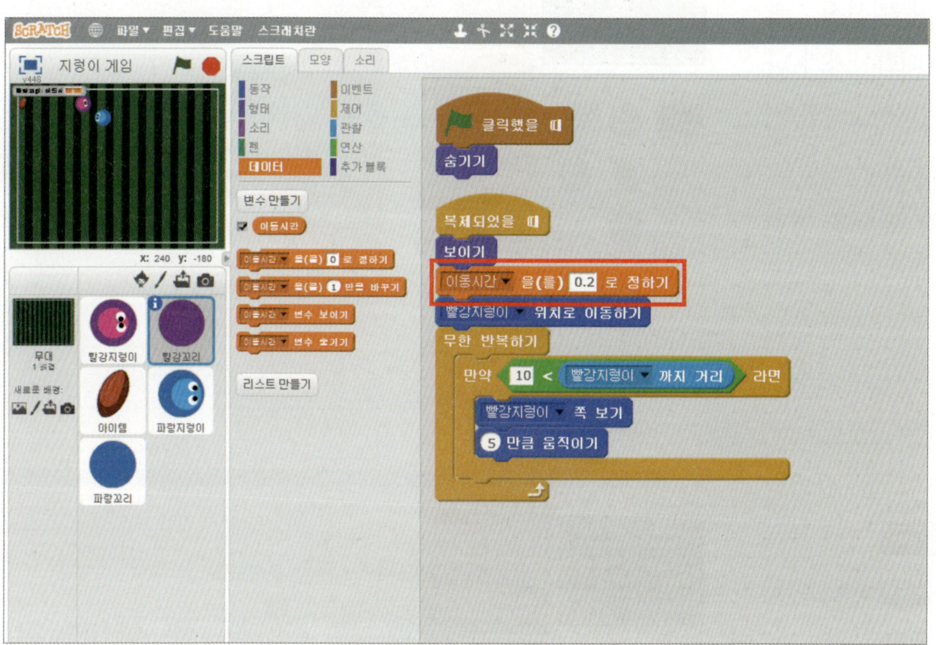

**10** [연산] 팔레트의 `◯ * ◯` 명령 블록을 연결합니다. [데이터] 팔레트에서 `이동시간` 명령 블록을 연결한 다음 `◯ * ◯` 명령 블록의 오른쪽에 '60'을 입력합니다. 이렇게 하면 '이동시간' 변수의 값에 따라 움직이는 시간이 달라집니다.

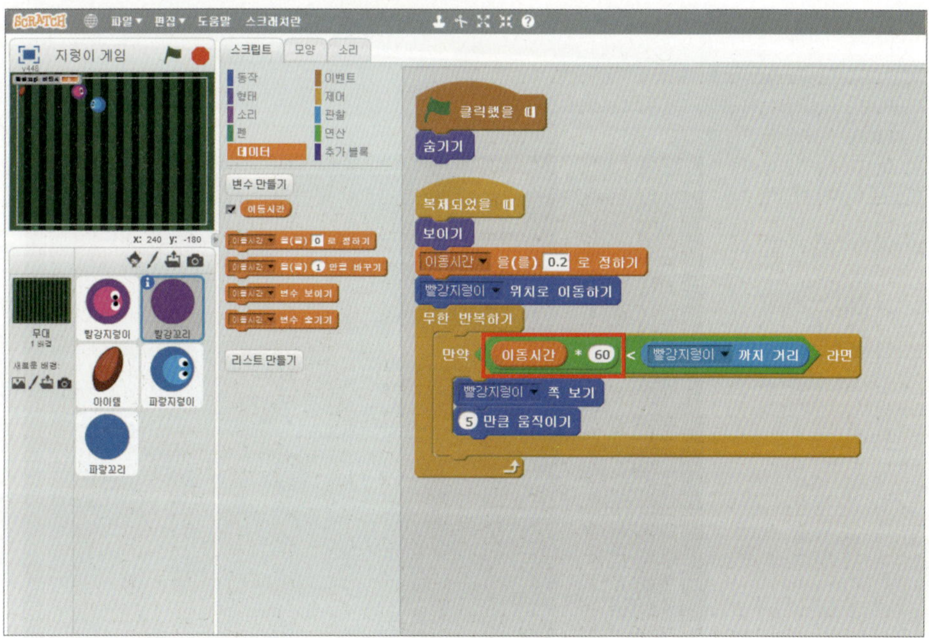

**11** [이벤트] 팔레트의 `새로운위치 ▼ 을(를) 받았을 때` 명령 블록을 연결한 다음 ▼를 클릭해 '새 메시지...'를 선택합니다. [새로운 메시지] 대화상자가 나타나면 '이동시간늘리기'를 입력하고 [확인]을 클릭합니다. [데이터] 팔레트의 `이동시간 ▼ 을(를) ① 만큼 바꾸기` 명령 블록을 연결한 다음 값에 0.2를 입력합니다.

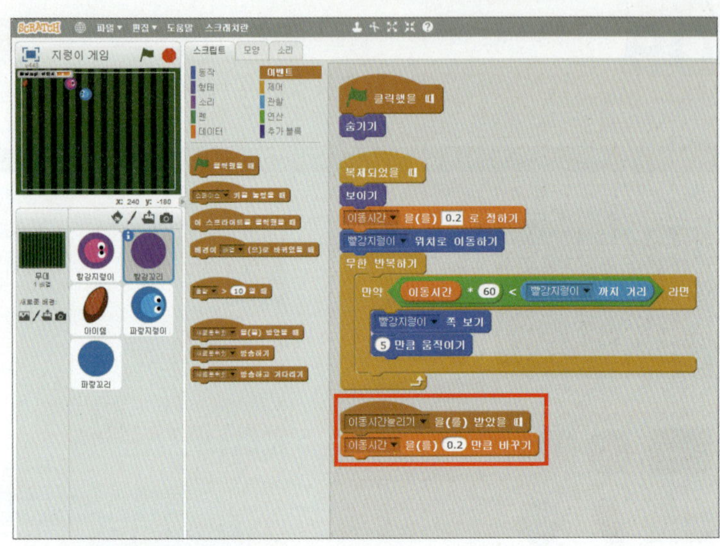

**12** [아이템] 스프라이트를 선택한 다음 `새로운위치 ▼ 방송하기` 명령 블록을 드래그해 연결합니다. ▼를 클릭해 '이동시간늘리기'를 선택합니다.

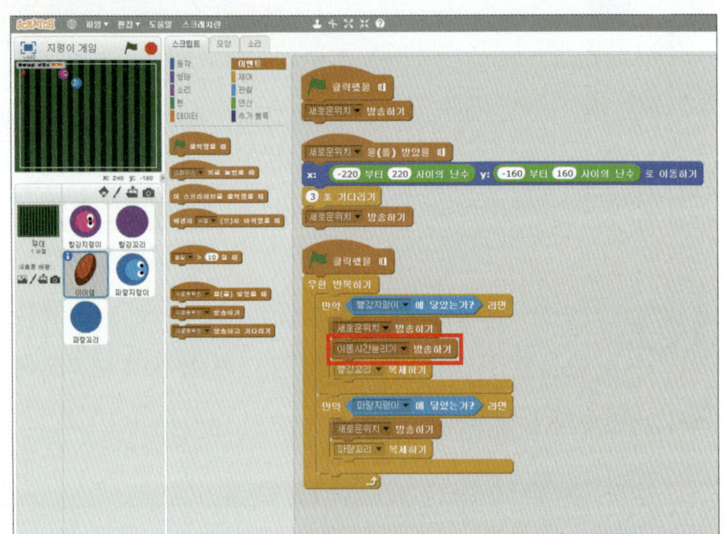

**13** ▶를 클릭해 프로그램을 실행하면 [빨강지렁이] 스프라이트가 [아이템] 스프라이트에 닿을 때마다 [빨강꼬리] 스프라이트가 복제됩니다. 그리고 복제된 [빨강꼬리] 스프라이트는 순차적으로 따라다닙니다.

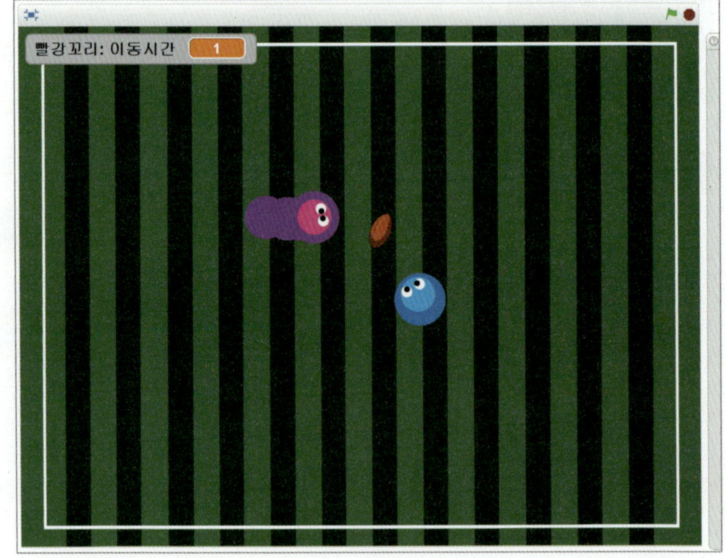

# [파랑꼬리] 스프라이트 복제하기

[파랑지렁이] 스프라이트가 [아이템] 스프라이트에 닿으면 [파랑꼬리] 스프라이트를 복제하여 화면에 표시하겠습니다. 그리고 복제될 때마다 약간씩 뒤에서 이동하겠습니다.

**01** [파랑꼬리] 스프라이트를 선택한 다음 [데이터] 팔레트의 변수 만들기 를 클릭합니다. [새로운 변수] 대화상자가 나타나면 '파랑꼬리이동'을 입력합니다. '이 스프라이트에서만 사용'을 선택해 변수를 만듭니다.

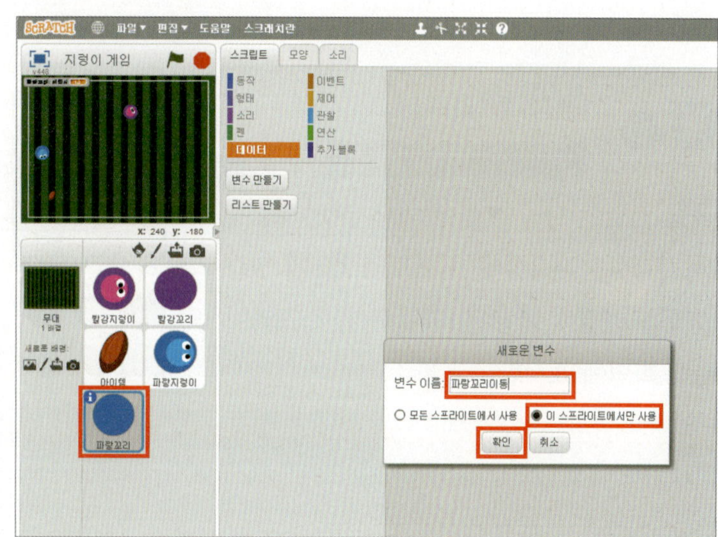

**02** [데이터] 팔레트의 파랑꼬리이동 ▼ 을(를) 0 로 정하기 명령 블록을 연결한 다음 [형태] 팔레트의 숨기기 명령 블록을 연결합니다.

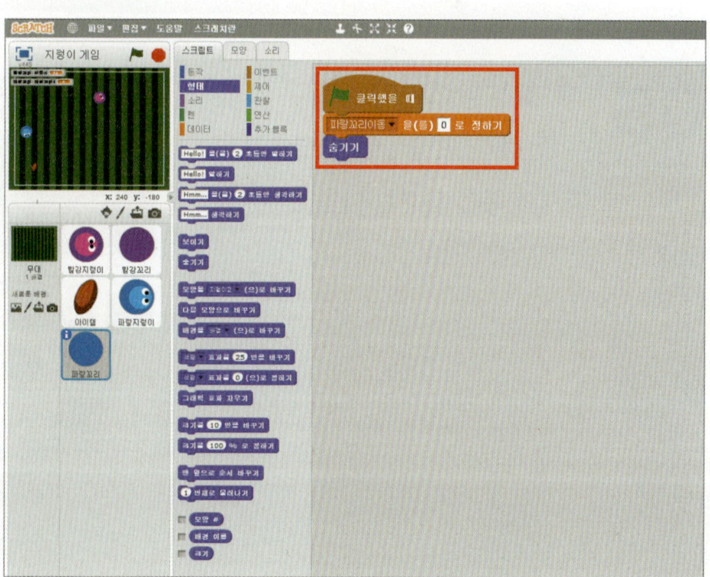

**03** [파랑꼬리] 스프라이트가 복제되면 '파랑꼬리이동' 변수의 값을 지정하기 위해 [제어] 팔레트의 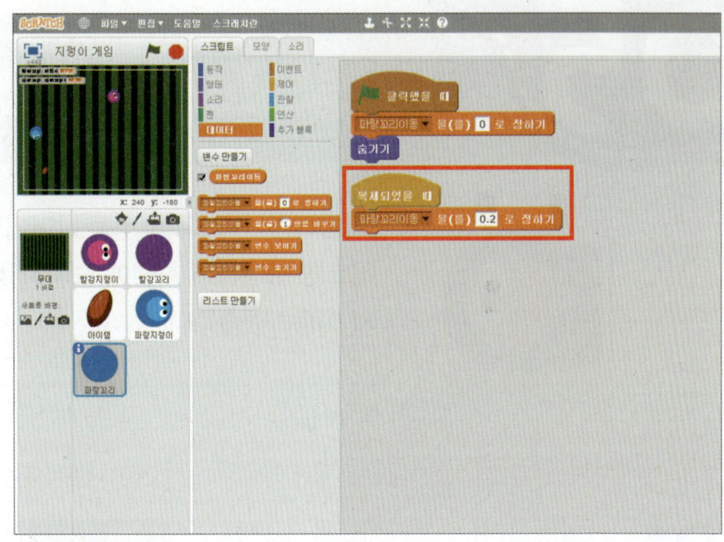 명령 블록을 연결합니다. [데이터] 팔레트의 명령 블록을 연결한 다음 값에 '0.2'를 입력합니다.

**04** [동작] 팔레트의 명령 블록을 연결한 다음 ▼를 클릭해 '파랑지렁이'를 선택합니다. [형태] 팔레트의 보이기 명령 블록을 연결해 복제된 [파랑꼬리] 스프라이트를 화면에 표시합니다.

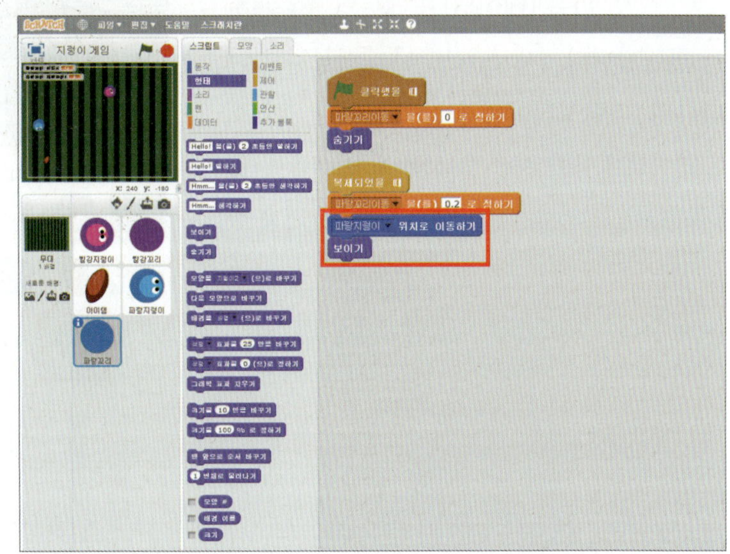

**05** 복제된 [파랑꼬리] 스프라이트를 이동하기 위해 [제어] 팔레트의 무한 반복하기 명령 블록을 연결한 다음 만약 라면 명령 블록을 연결합니다.

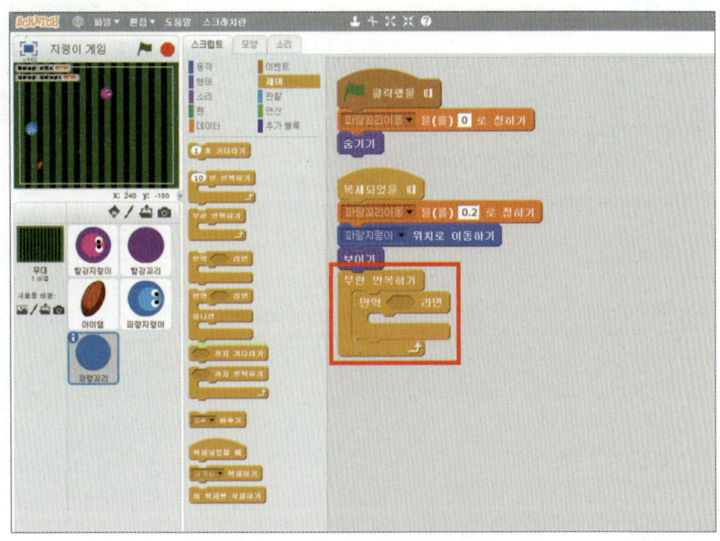

**06** [연산] 팔레트의 ◀▮<▮▶ 명령 블록을 연결합니다. [관찰] 팔레트의 ▼ 까지 거리 명령 블록을 연결한 다음 ▼를 클릭해 '파랑지렁이'를 선택합니다. ●*● 명령 블록을 연결한 다음 [데이터] 팔레트의 파랑꼬리이동 명령 블록을 연결하고 값에 '60'을 입력합니다.

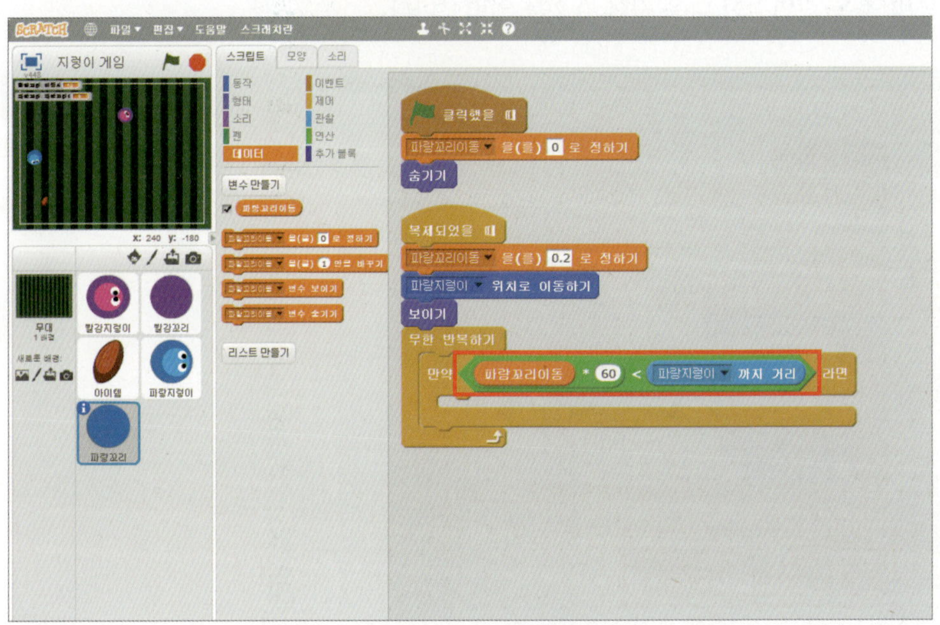

**07** 복제된 [파랑꼬리] 스프라이트를 이동하기 위해 [동작] 팔레트의 마우스 포인터 ▼ 쪽 보기 명령 블록을 연결한 다음 ▼를 클릭해 '파랑지렁이'를 선택합니다. 10 만큼 움직이기 명령 블록을 연결한 다음 값에 '5'를 입력합니다.

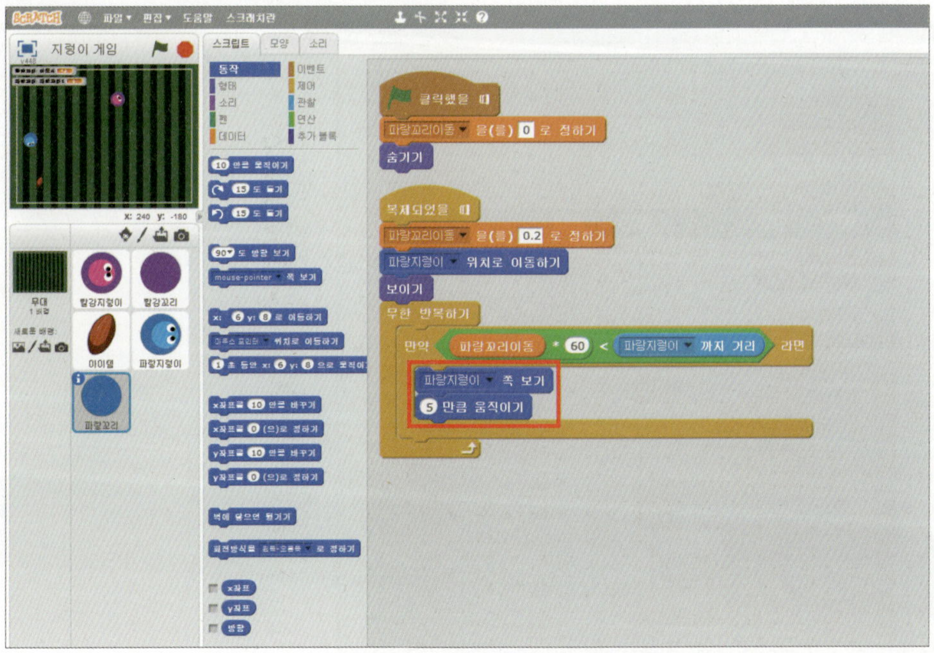

**08** 복제될 때마다 이동하는 시간을 늘리기 위해 [이벤트] 팔레트의 <새로운위치 ▼ 을(를) 받았을 때> 명령 블록을 연결한 다음 ▼를 클릭해 '새 메시지...'를 선택합니다. [새로운 메시지] 대화상자가 나타나면 '파랑꼬리이동시간늘리기'를 입력하고 [확인]을 클릭합니다. [데이터] 팔레트의 <파랑꼬리이동 ▼ 을(를) 1 만큼 바꾸기> 명령 블록을 연결한 다음 값에 '0.2'를 입력합니다.

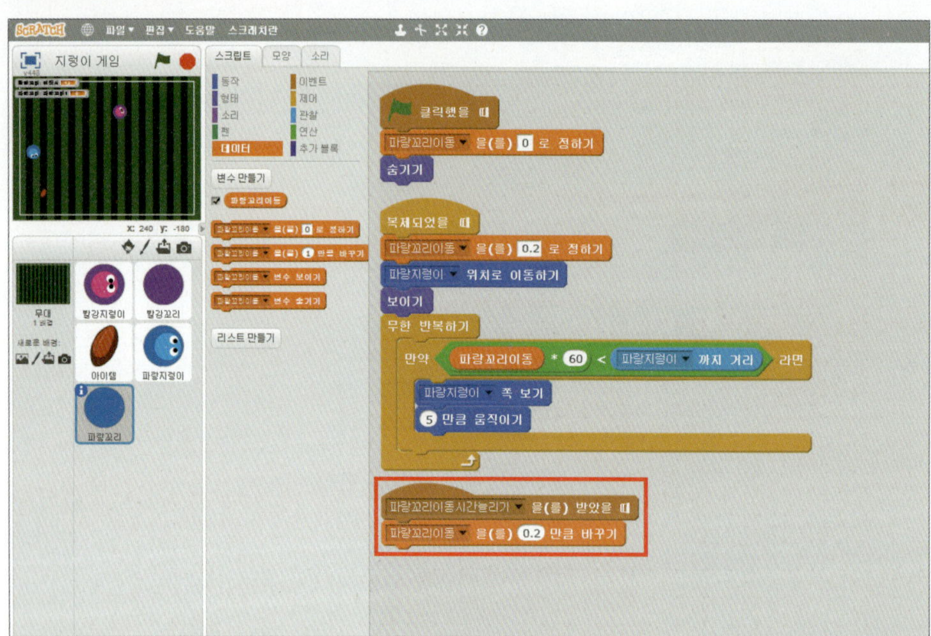

**09** [아이템] 스프라이트를 선택한 다음 <새로운위치 ▼ 방송하기> 명령 블록을 드래그해 연결합니다. ▼를 클릭해 '파랑꼬리이동시간늘리기'를 선택합니다.

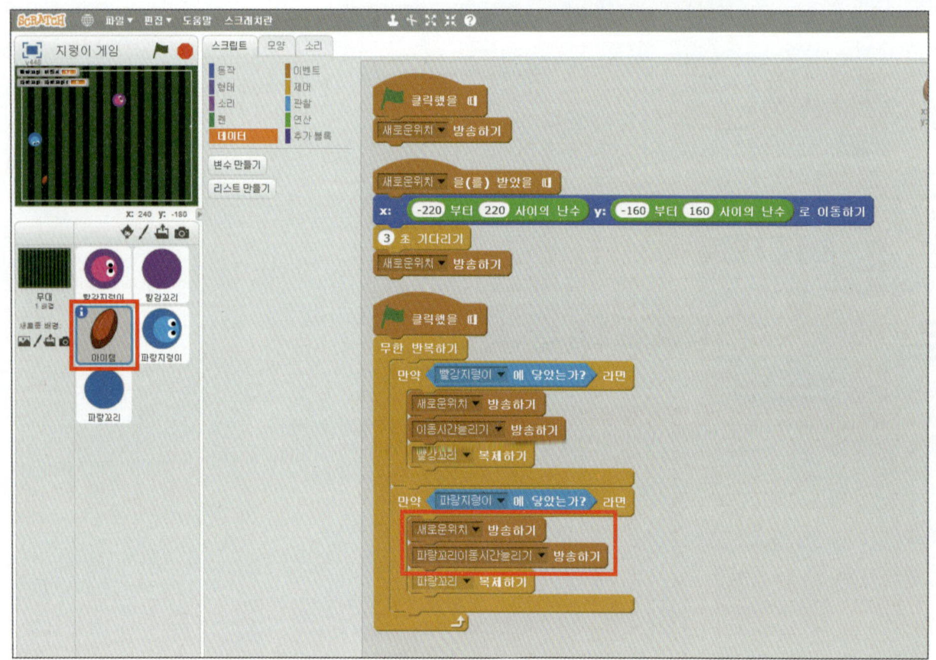

# [빨강지렁이] 스프라이트의 속도 조절하기

복제된 [빨강꼬리] 스프라이트의 개수에 따라 [빨강지렁이] 스프라이트의 이동 속도를 조절하겠습니다. 이동 속도는 변수를 이용하여 조절하므로 다양한 값으로 변경하면서 조절해 봅니다.

**01** [빨강지렁이]를 선택한 다음 [데이터] 팔레트의 변수 만들기 를 클릭합니다. [새로운 변수] 대화상자가 나타나면 '점수'를 입력하고 [확인]을 클릭합니다. 같은 방법으로 '이동속도' 변수를 만듭니다.

**tip**

'점수' 변수와 '이동속도' 변수는 다른 스프라이트에서도 사용할 것이므로 '모든 스프라이트에서 사용'을 선택해 만듭니다.

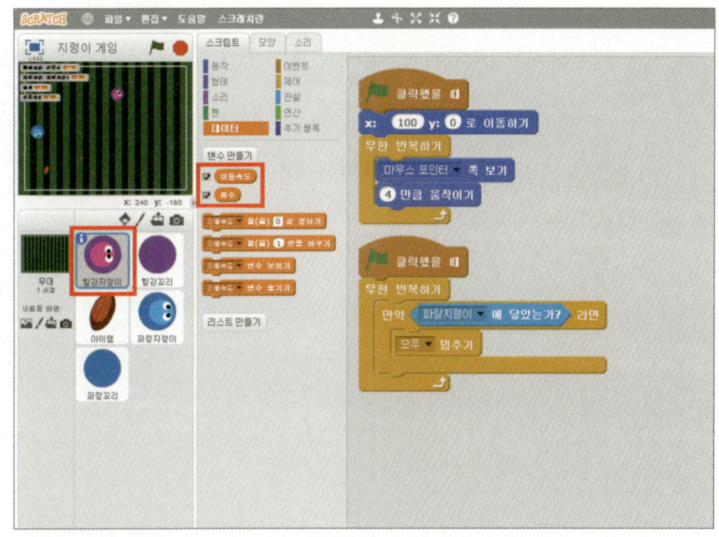

**02** [이벤트] 팔레트의 클릭했을 때 명령 블록을 드래그합니다. [데이터] 팔레트의 이동속도 을(를) 0 로 정하기 명령 블록을 연결한 다음 ▼를 클릭해 '점수'를 선택합니다. 이동속도 을(를) 0 로 정하기 명령 블록을 하나 더 연결합니다.

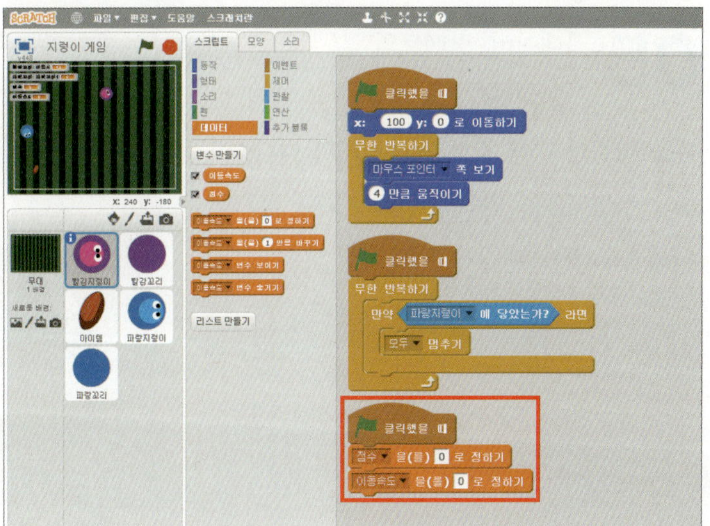

**03** '점수' 변수의 값에 따라 '이동속도' 변수의 값을 정하기 위해 [제어] 팔레트의 <무한 반복하기> 명령 블록을 연결한 다음 <만약 ~ 라면> 명령 블록을 연결합니다.

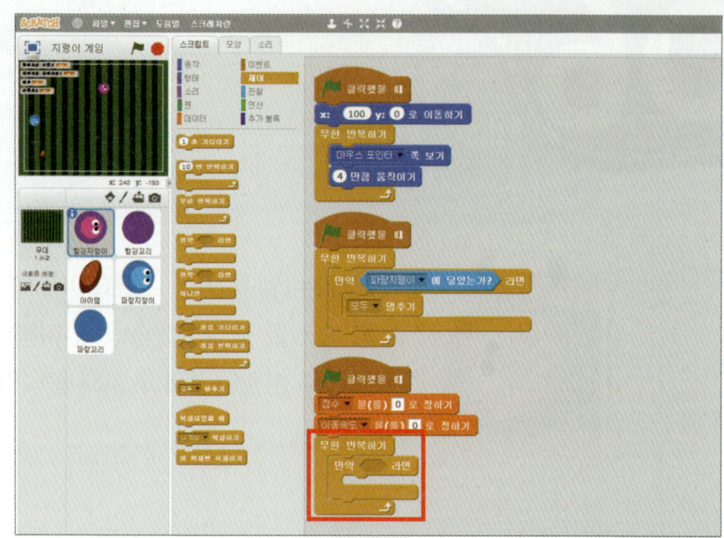

**04** [연산] 팔레트의 < > 명령 블록을 연결합니다. [데이터] 팔레트의 <점수> 명령 블록을 연결하고 값에 '5'를 입력합니다.

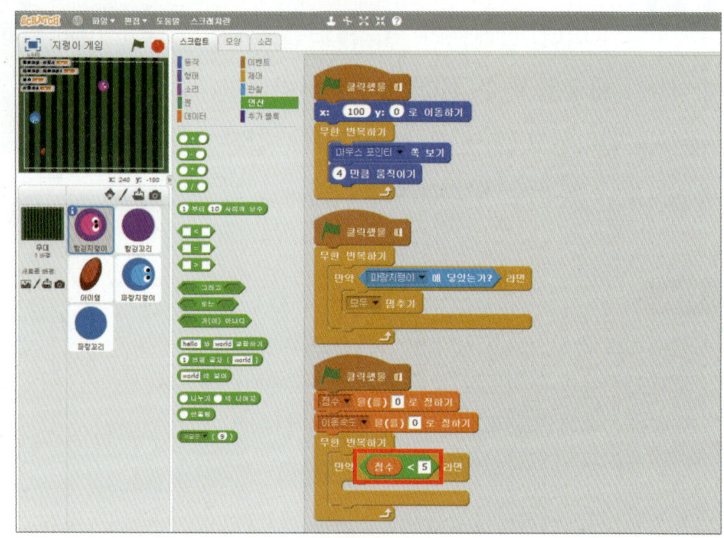

**05** [데이터] 팔레트의 <이동속도 을(를) 0 로 정하기> 명령 블록을 연결한 다음 값에 '5'를 입력합니다. 이렇게 하면 '점수' 변수의 값이 5보다 작으면 '이동속도' 변수의 값은 '5'로 정해집니다.

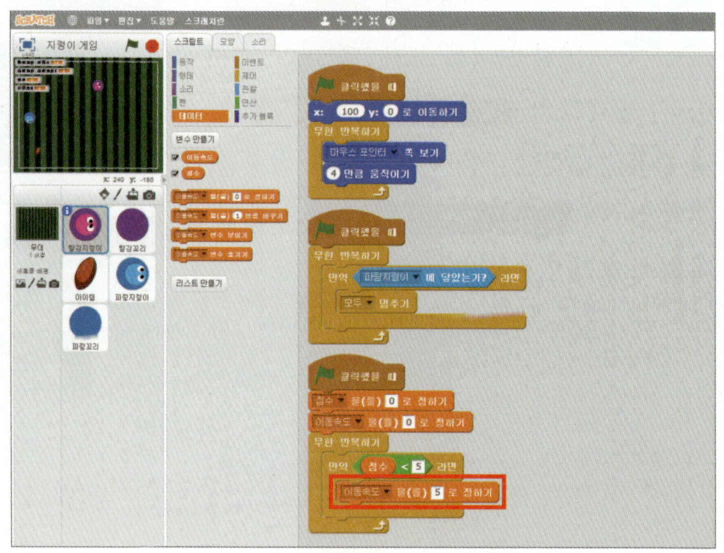

**06** [제어] 팔레트의 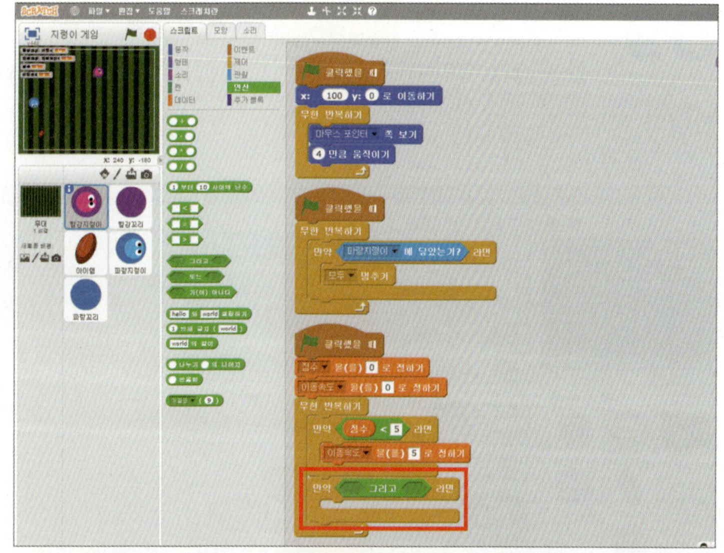 명령 블록을 연결한 다음 [연산] 팔레트의 그리고 명령 블록을 연결합니다.

**07** 그리고 명령 블록의 양쪽에 [연산] 팔레트의 명령 블록을 연결한 다음 [데이터] 팔레트의 점수 명령 블록을 연결합니다. 그리고 값에 '4'와 '10'을 입력합니다.

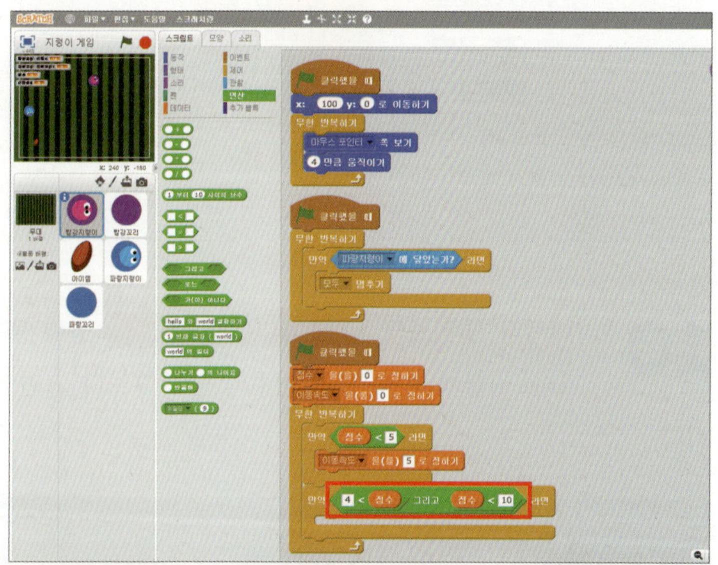

**08** [데이터] 팔레트의 이동속도▼ 을(를) 0 로 정하기 명령 블록을 연결한 다음 값에 '4'를 입력합니다. 이렇게 하면 '점수' 변수의 값이 '5~9' 사이이면 '이동속도' 변수의 값을 '4'로 정합니다.

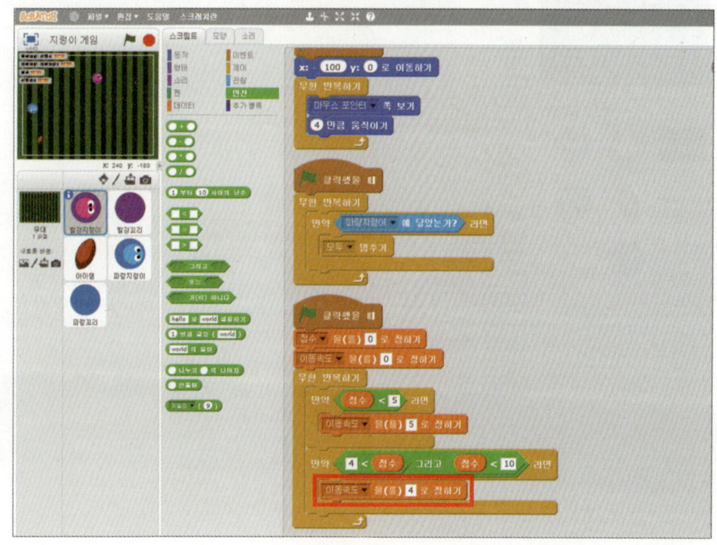

**09** [제어] 팔레트의 만약 ~라면 명령 블록을 연결한 다음 [연산] 팔레트의 ◁ < ▷ 명령 블록을 연결합니다. [데이터] 팔레트의 점수 명령 블록을 연결한 다음 값에 '9'를 입력합니다.

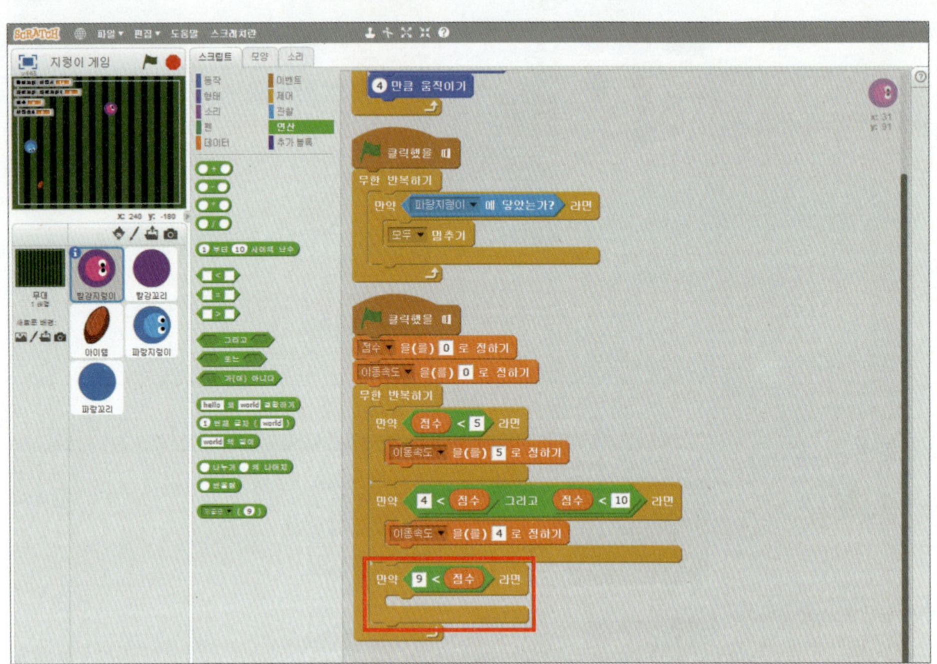

**10** [데이터] 팔레트의 이동속도 을(를) 0 로 정하기 명령 블록을 연결한 다음 값에 '3'을 입력합니다. 이렇게 하면 '점수' 변수의 값이 '9'보다 크면 '이동속도' 변수의 값을 '3'으로 정합니다.

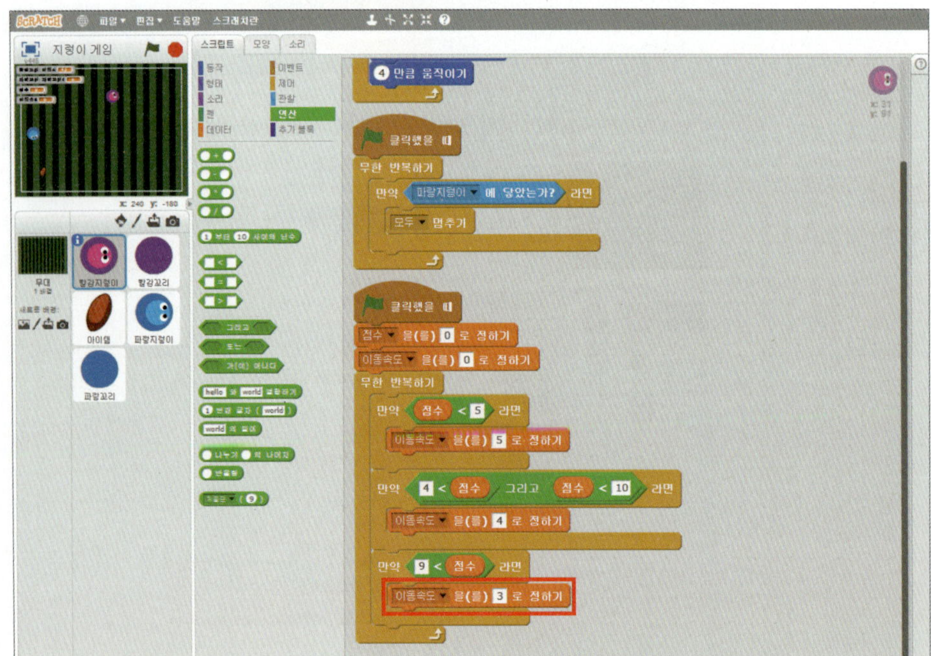

**11** '이동속도' 변수의 값에 따라 [빨강지렁이] 스프라이트의 이동 속도를 지정하기 위해 [데이터] 팔레트의 `이동속도` 명령 블록을 `4 만큼 움직이기` 명령 블록으로 드래그합니다.

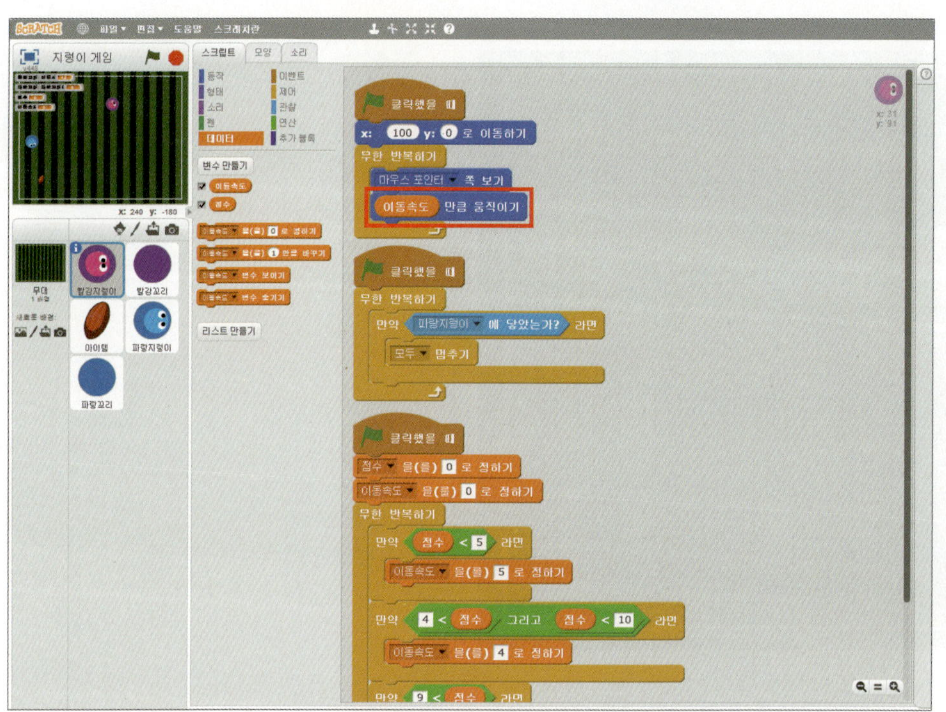

**12** [빨강지렁이] 스프라이트가 [아이템] 스프라이트에 닿을 때마다 '점수' 변수의 값을 바꾸기 위해 [아이템] 스프라이트를 선택한 다음 [데이터] 팔레트의 `이동속도 을(를) 1 만큼 바꾸기` 명령 블록을 드래그해 연결합니다. ▼를 클릭해 '점수'를 선택합니다.

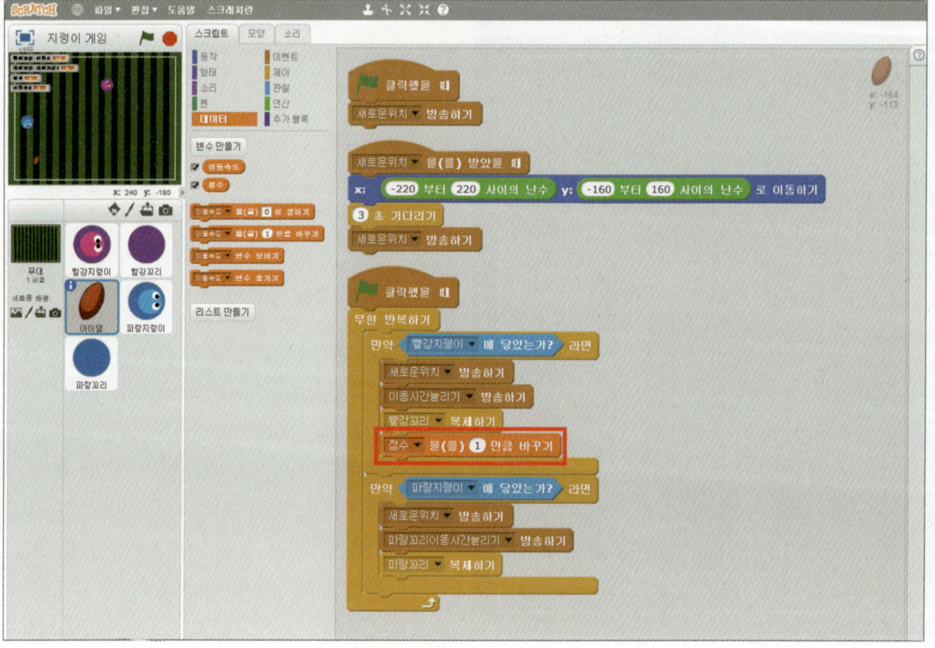

**13** ⚑를 클릭해 프로그램을 실행하고 [빨강지렁이] 스프라이트를 이리저리 움직입니다.
[빨강꼬리] 스프라이트와 [파랑꼬리] 스프라이트의 복제되는 모양 등을 확인합니다.

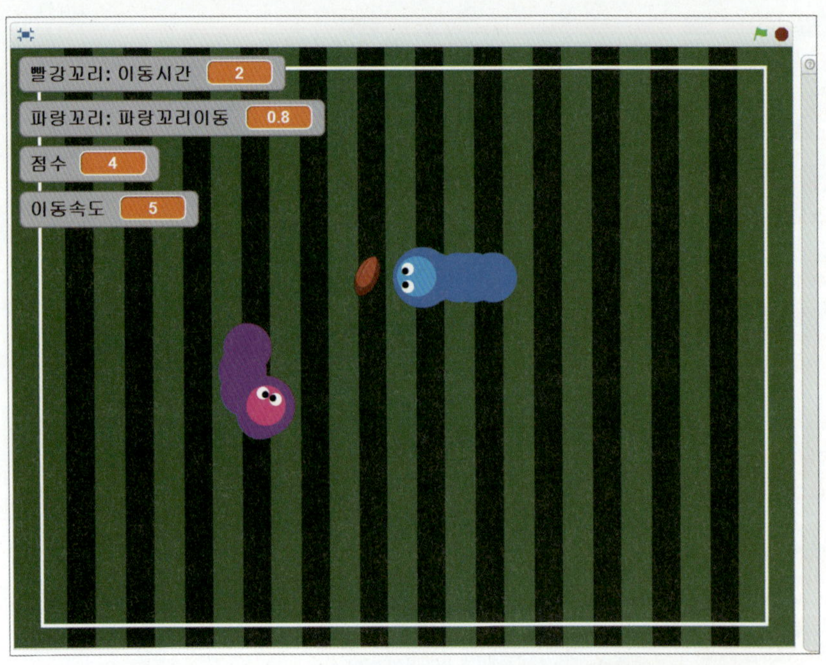

**14** [빨강지렁이] 스프라이트를 선택한 다음 [데이터] 팔레트를 선택합니다. 이동속도 명령
블록의 왼쪽에 있는 선택 버튼( ☑ )을 클릭해 선택을 해제합니다. 같은 방법으로 다른
스프라이트를 선택해 화면에 표시되고 있는 변수 값들을 화면에서 숨깁니다. 점수 변수만 더블 클
릭해 모양을 바꾼 다음 위치를 이동합니다.

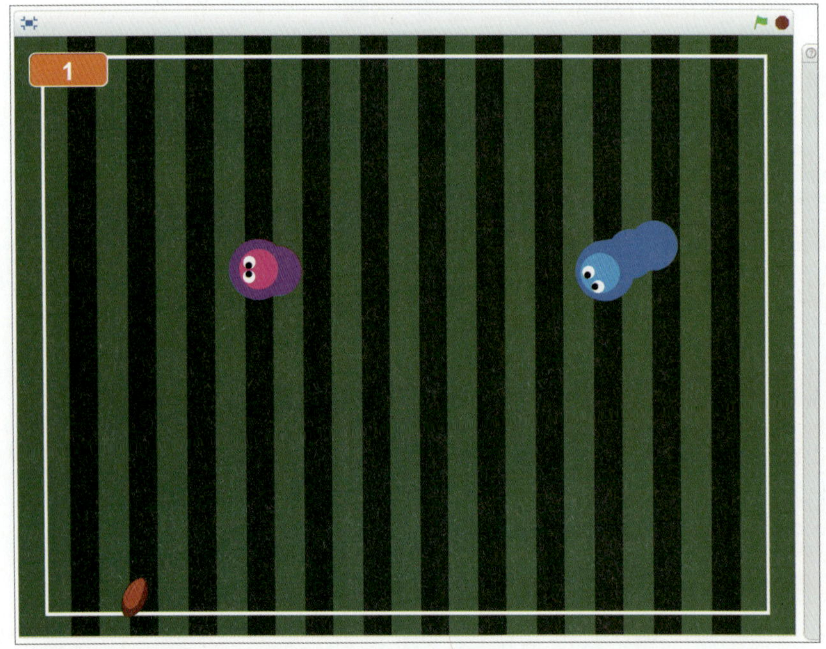

# Chapter 3

# 클래시로얄

클래시로얄과 유사한 프로그램을 만들어 보겠습니다. 아래쪽 성에서는 마법사, 기사, 병사가 나오며, 위쪽의 성에서는 드래곤이 나옵니다. 서로 부딪혀 모양을 바꾸다가 사라지도록 하겠습니다. 먼저 많이 상대편의 성에 도착하는 쪽이 이기는 프로그램입니다.

**예제 파일**　클래시로얄.sb2

**완성 파일**　클래시로얄(완성).sb2

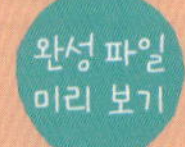


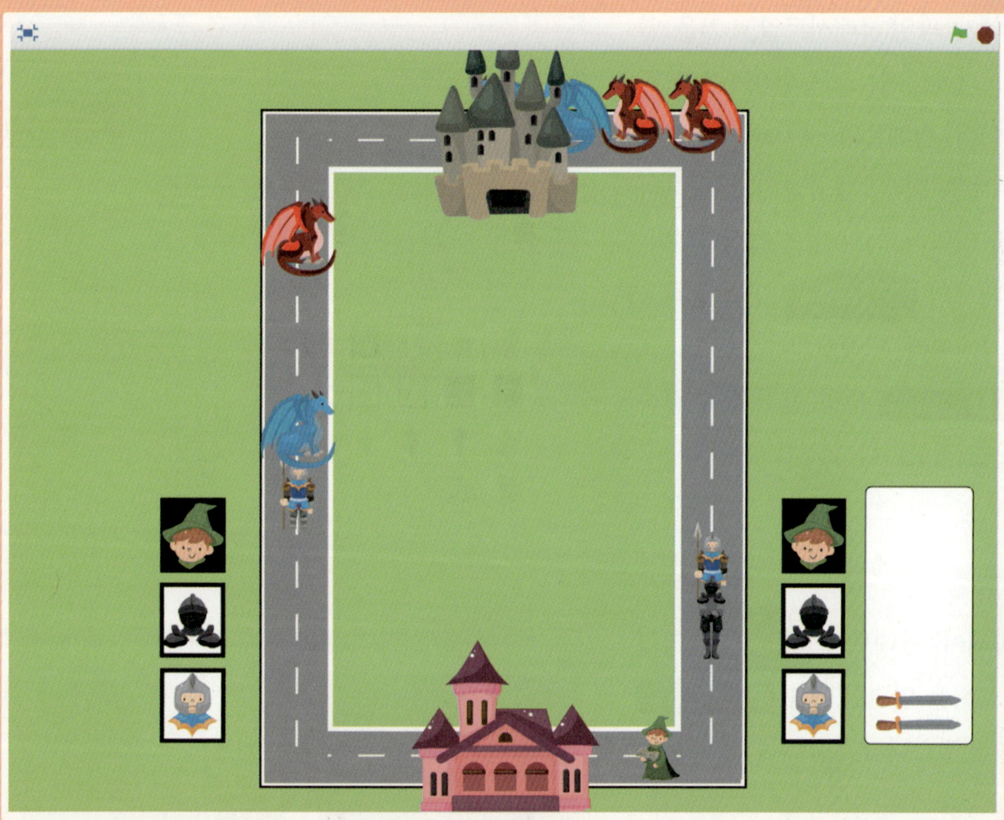

 **어떤 것을 할 수 있나요?**

- 1초마다 스프라이트의 모양을 바꿀 수 있습니다.
- 변수를 이용해 스프라이트의 모양을 임의로 바꿀 수 있습니다.
- 스프라이트와 스프라이트가 닿으면 모양을 바꿀 수 있습니다.

# 1초마다 모양을 바꾸는 [에너지] 스프라이트 코딩하기

1초마다 모양을 바꿔 에너지가 채워지도록 하겠습니다. 이때, [왼쪽버튼1] 등의 스프라이트를 클릭해 에너지가 줄어들게 되면 [에너지] 스프라이트의 모양도 함께 바뀌도록 코딩하겠습니다.

**01** 예제 파일(클래시로얄.sb2)을 열고 [에너지] 스프라이트를 선택한 다음 [데이터] 팔레트의 변수 만들기 를 클릭합니다. [새로운 변수] 대화상자가 나타나면 '에너지'를 입력하고 [확인]을 클릭합니다. [이벤트] 팔레트의 클릭했을 때 명령 블록을 연결한 다음 [데이터] 팔레트의 에너지 을(를) 0 로 정하기 명령 블록을 연결하고 값에 '1'을 입력합니다.

**02** [제어] 팔레트의 무한 반복하기 명령 블록을 연결한 다음 1 초 기다리기 명령 블록을 연결합니다.

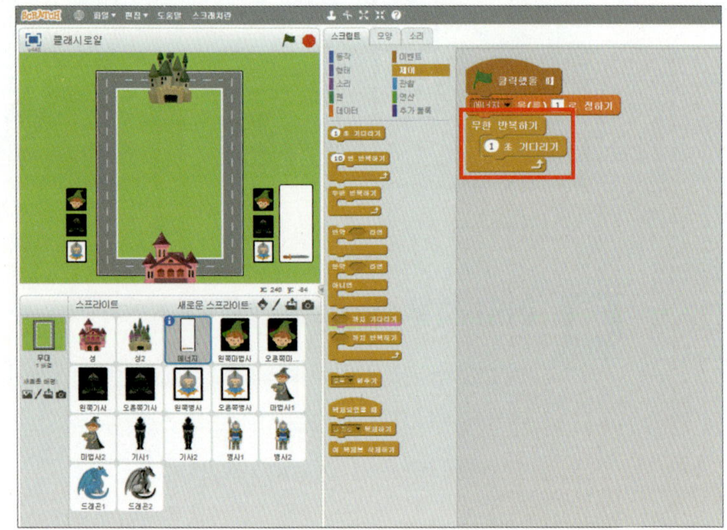

**03** [제어] 팔레트의 ⬡만약 라면⬡ 명령 블록을 연결한 다음 [연산] 팔레트의 ◀▮<▮▶ 명령 블록을 연결합니다. [데이터] 팔레트의 ⬭에너지⬭ 명령 블록을 연결하고 값에 '11'을 입력합니다.

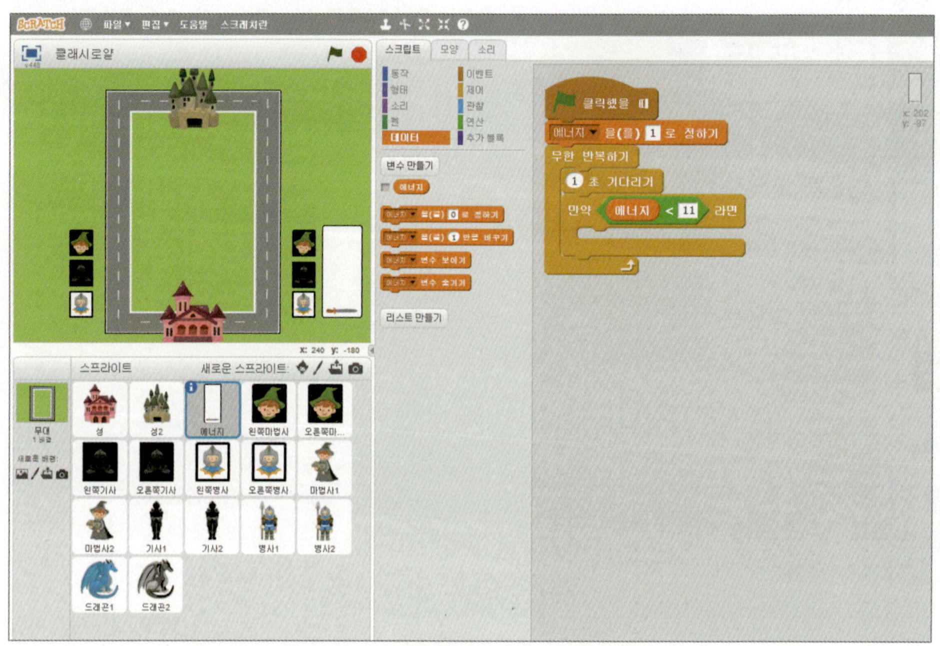

**04** [데이터] 팔레트의 ⬭에너지 을(를) 1 만큼 바꾸기⬭ 명령 블록을 연결합니다. 이렇게 하면 1초마다 '에너지' 변수의 값이 11보다 작은지 확인하여 '11'보다 작으면 '에너지' 변수의 값을 '1'만큼 바꿉니다.

**05** [이벤트] 팔레트의 클릭했을 때 명령 블록을 연결한 다음 [제어] 팔레트의 무한 반복하기 명령 블록을 연결해줍니다.

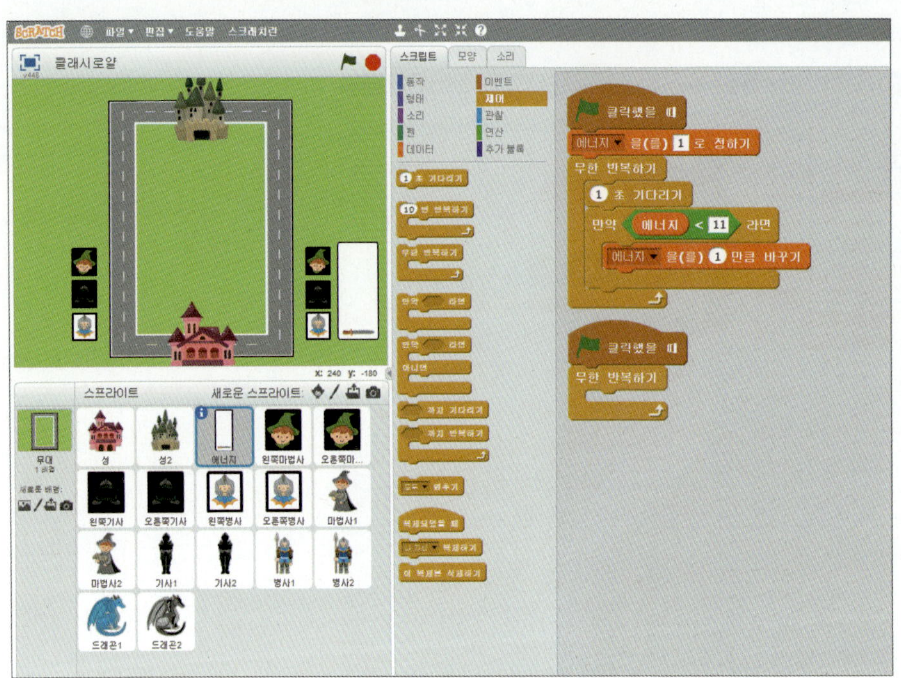

**06** [형태] 팔레트의 모양을 에너지11 (으)로 바꾸기 명령 블록을 연결한 다음 [데이터] 팔레트의 에너지 명령 블록을 연결합니다. 이렇게 하면 '에너지' 변수의 값에 따라 [에너지] 스프라이트의 모양이 바뀝니다.

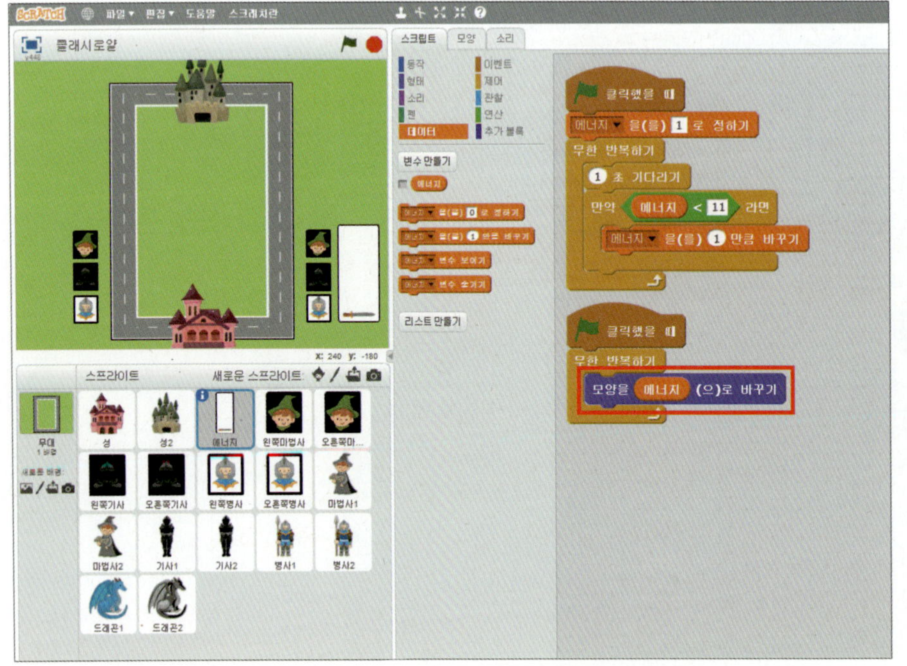



**tip**

**[에너지] 스프라이트의 모양**

[에너지] 스프라이트의 모양은 '에너지1~에너지11'까지 11개의 모양이 있으며, '에너지' 변수의 값은 프로그램을 실행하면 '1'로 시작하여 '11'보다 작으면 1초마다 1씩 바꾸므로 '에너지' 변수의 값은 '1~11'까지 바뀝니다. 따라서 [에너지] 스프라이트의 모양도 '에너지1~에너지11'까지 바뀝니다.

# [왼쪽버튼1] 스프라이트 코딩하기

[왼쪽버튼1] 스프라이트는 '에너지' 변수의 값에 따라 사용할 수 있습니다. 사용할 수 있을 때는 모양을 바꿔 사용할 수 있도록 표시하겠습니다.

**01** 프로그램이 실행되면 [왼쪽버튼1] 스프라이트가 나타날 위치를 지정하기 위해 [왼쪽버튼1] 스프라이트를 선택합니다. [이벤트] 팔레트의 ⚑ 클릭했을 때 명령 블록을 드래그합니다. [동작] 팔레트의 x: -150 y: -50 로 이동하기 명령 블록을 연결한 다음 값에 '−150'과 '−50'을 입력합니다.

**02** '에너지' 변수의 값에 따라 모양을 바꾸기 위해 [제어] 팔레트의 무한 반복하기 명령 블록을 연결한 다음 만약 라면 아니면 명령 블록을 연결합니다.

**03** '에너지' 변수의 값이 '3'보다 크면 모양을 바꾸기 위해 [연산] 팔레트의 명령 블록을 연결한 다음 값에 '3'을 입력합니다. [데이터] 팔레트에서 에너지 명령 블록을 연결합니다.

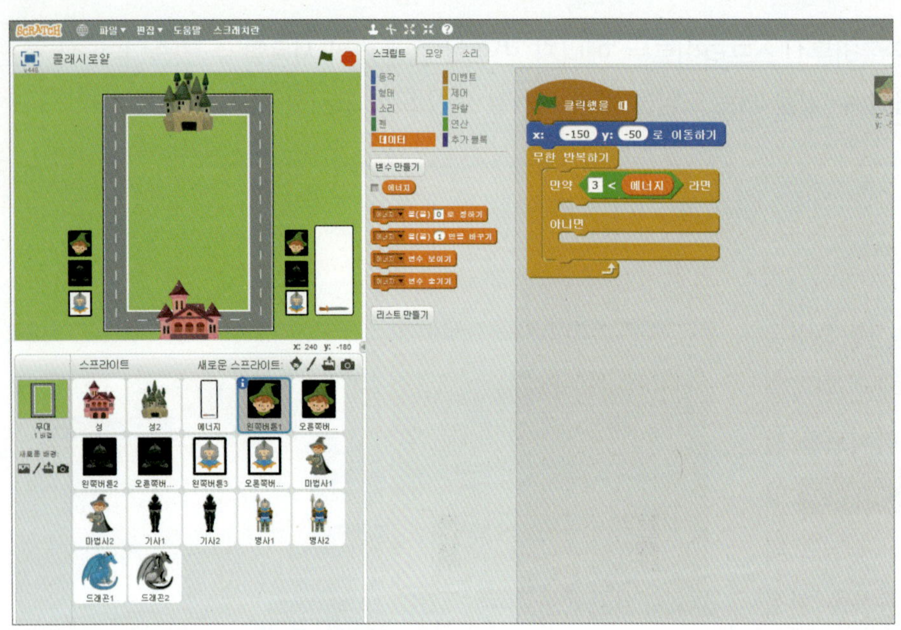

**04** '에너지' 변수의 값이 '3'보다 크면 모양을 '모양2'로 바꾸기 위해 [형태] 팔레트의 모양을 모양2 ▼ (으)로 바꾸기 명령 블록을 연결합니다. 그리고 '에너지' 변수의 값이 '3'보다 크지 않으면 모양을 '모양1'로 바꾸기 위해 모양을 모양2 ▼ (으)로 바꾸기 명령 블록을 연결한 다음 ▼를 클릭해 '모양1'을 선택합니다.

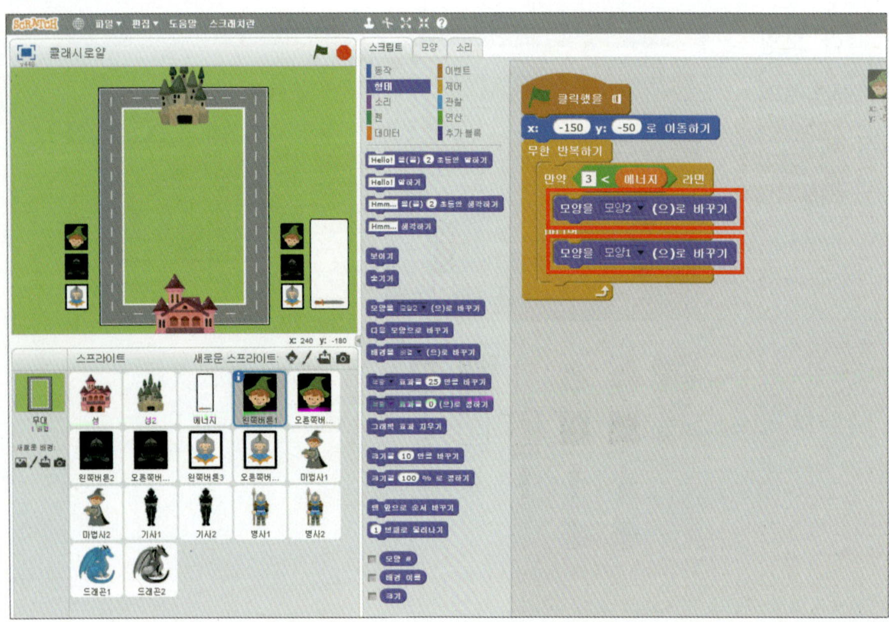

**05** [왼쪽버튼1] 스프라이트를 클릭했을 때 '에너지' 변수의 값이 '3'보다 크면 [마법사1] 스프라이트를 복제하겠습니다. [이벤트] 팔레트의 `이 스프라이트를 클릭했을 때` 명령 블록을 드래그한 다음 [제어] 팔레트의 `만약 라면` 명령 블록을 연결합니다. [연산] 팔레트의 `< ` 명령 블록을 연결한 다음 값에 '3'을 입력합니다. [데이터] 팔레트에서 `에너지` 명령 블록을 연결합니다.

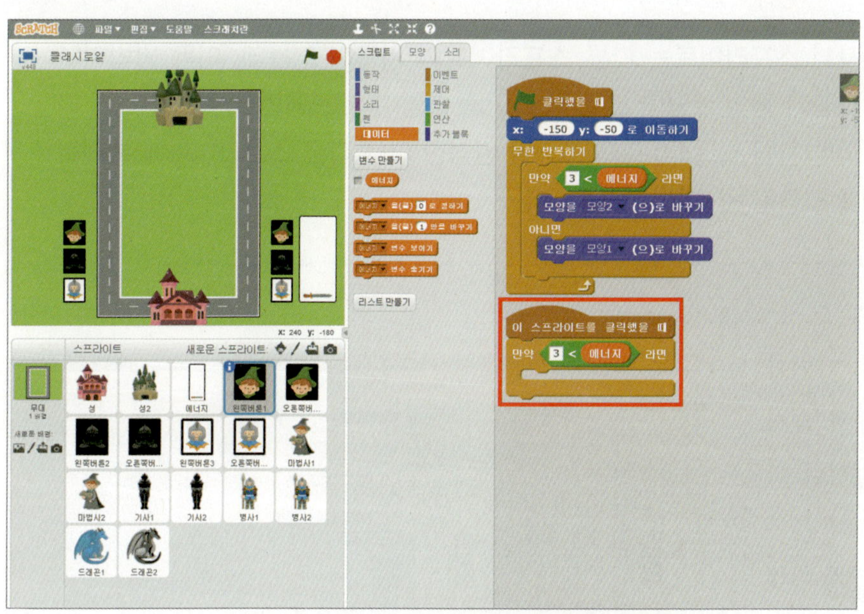

**06** [데이터] 팔레트의 `에너지 을(를) 1 만큼 바꾸기` 명령 블록을 연결한 다음 값에 '-3'을 입력합니다. [제어] 팔레트의 `나 자신 복제하기` 명령 블록을 연결한 다음 ▼를 클릭해 '마법사1'을 선택합니다. 이렇게 하면 [왼쪽버튼1] 스프라이트를 클릭했을 때 '에너지' 변수의 값이 3보다 크면 [마법사1] 스프라이트를 복제합니다.

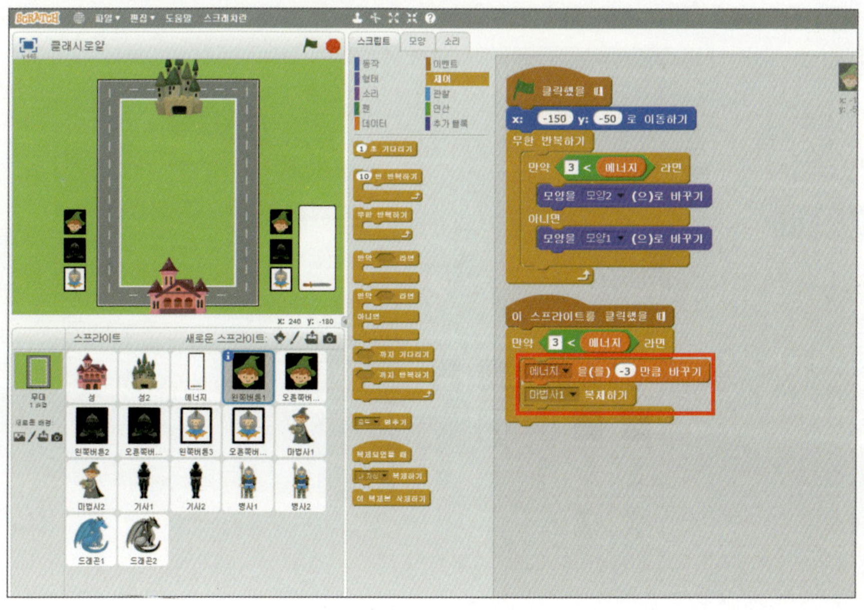

# 다른 스프라이트의 기준이 되는
# [마법사1] 스프라이트 코딩하기

[마법사1] 스프라이트는 다른 스프라이트의 기준이 되는데, 이동 방법이나 모양 바꾸기 등의 코딩이 모두 같고 이동 방향이나, 모양번호만 다릅니다. 따라서 [마법사1] 스프라이트의 코딩을 완성한 다음 다른 스프라이트에 복제하면 쉽게 코딩을 완성할 수 있습니다.

**01** 프로그램을 실행했을 때 [마법사1] 스프라이트를 화면에서 숨기기 위해 [마법사1] 스프라이트를 선택한 다음 [제어] 팔레트의 클릭했을 때 명령 블록을 연결합니다. [형태] 팔레트의 숨기기 명령 블록을 연결합니다.

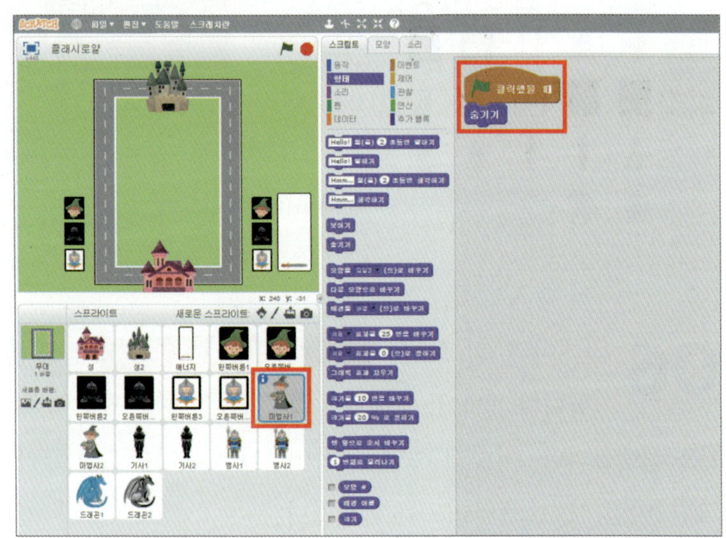

**02** 스프라이트가 복제되면 모양을 '모양1'로 지정하기 위해 [제어] 팔레트의 복제되었을 때 명령 블록을 연결합니다. [형태] 팔레트의 모양을 모양3 ▼ (으)로 바꾸기 명령 블록을 연결한 다음 ▼를 클릭해 '모양 1'을 선택합니다.

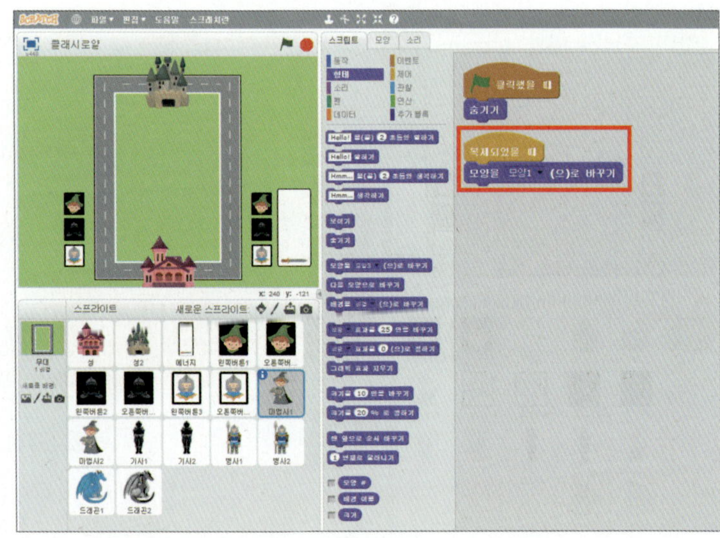

**03** [마법사1] 스프라이트가 복제되면 나타날 위치를 지정하기 위해 [동작] 팔레트의 마우스 포인터 ▼ 위치로 이동하기 명령 블록을 연결한 다음 ▼를 클릭해 '성'을 선택합니다. 화면에 표시하기 위해 [형태] 팔레트의 보이기 명령 블록을 연결합니다.

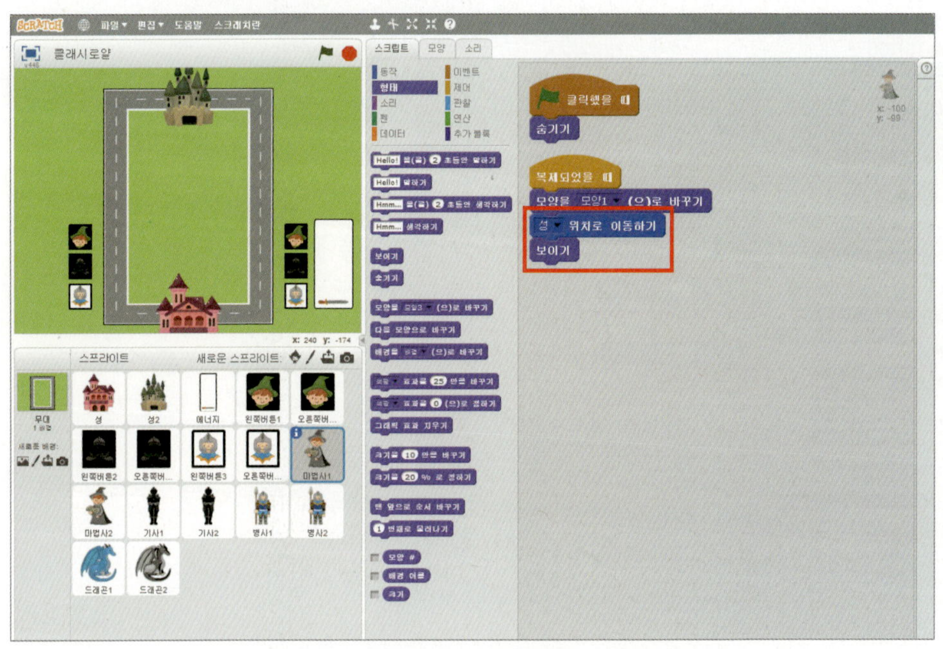

**04** [성] 스프라이트의 위치에 나타난 다음 왼쪽으로 이동하기 위해 [제어] 팔레트의 10 번 반복하기 명령 블록을 연결한 다음 값에 '100'을 입력합니다. [동작] 팔레트의 x좌표를 10 만큼 바꾸기 명령 블록을 연결한 다음 값에 '−1'을 입력합니다.

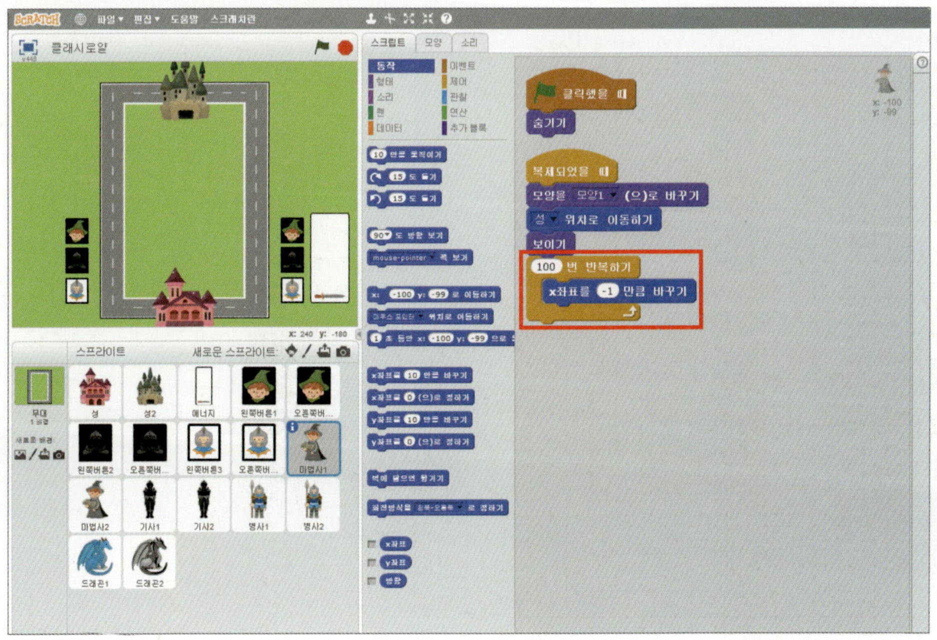

**05** 왼쪽으로 이동이 끝나면 위쪽으로 이동하기 위해 [제어] 팔레트의 [10 번 반복하기] 명령 블록을 연결한 다음 값에 '300'을 입력합니다. [동작] 팔레트의 [y좌표를 10 만큼 바꾸기] 명령 블록을 연결한 다음 값에 '1'을 입력합니다.

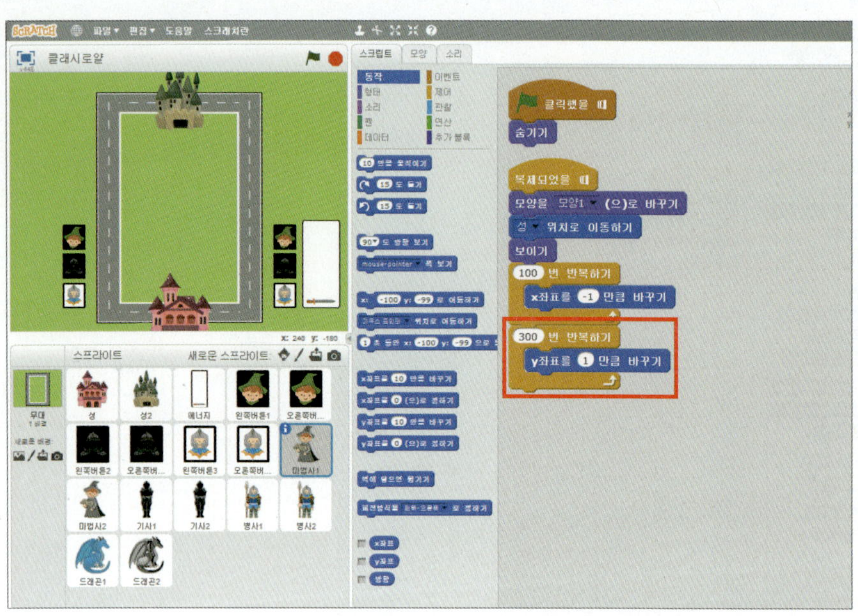

**06** 위쪽으로 이동이 끝나면 오른쪽으로 이동하기 위해 [제어] 팔레트의 [10 번 반복하기] 명령 블록을 연결한 다음 값에 '100'을 입력합니다. [동작] 팔레트의 [x좌표를 10 만큼 바꾸기] 명령 블록을 연결한 다음 값에 '1'을 입력합니다. 이동이 끝나면 복제된 [마법사1] 스프라이트를 삭제하기 위해 [제어] 팔레트의 [이 복제본 삭제하기] 명령 블록을 연결합니다.

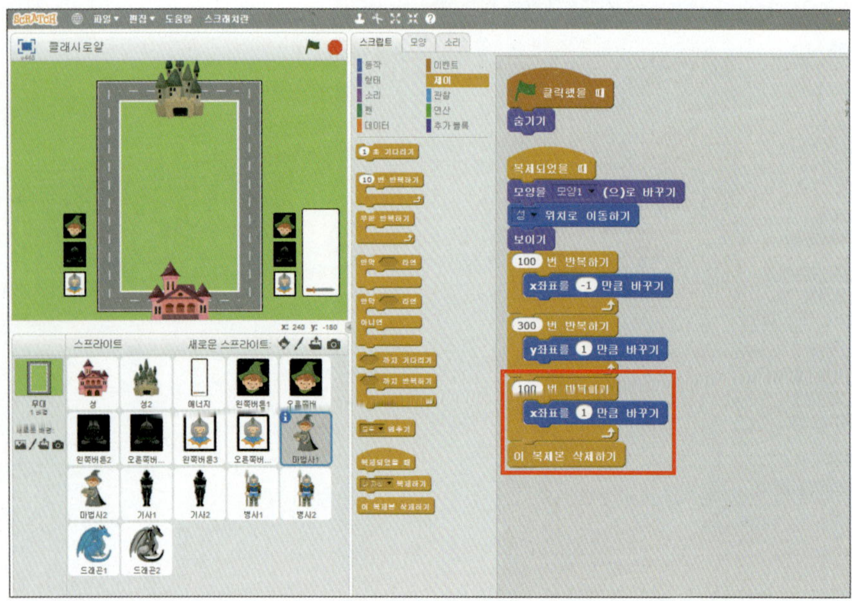

# 공격을 막는
# [드래곤1] 스프라이트 코딩하기

[드래곤1] 스프라이트는 스프라이트가 복제될 때마다 3개의 모양 중 임의의
모양을 선택해 아래쪽 성을 향해 이동합니다.

---

**01** 프로그램을 실행했을 때 [드래곤
1] 스프라이트를 화면에서 숨기
기 위해 [드래곤1] 스프라이트를 선택한 다
음 [제어] 팔레트의 클릭했을 때 명령 블록
을 연결합니다. [형태] 팔레트의 숨기기 명령
블록을 연결합니다.

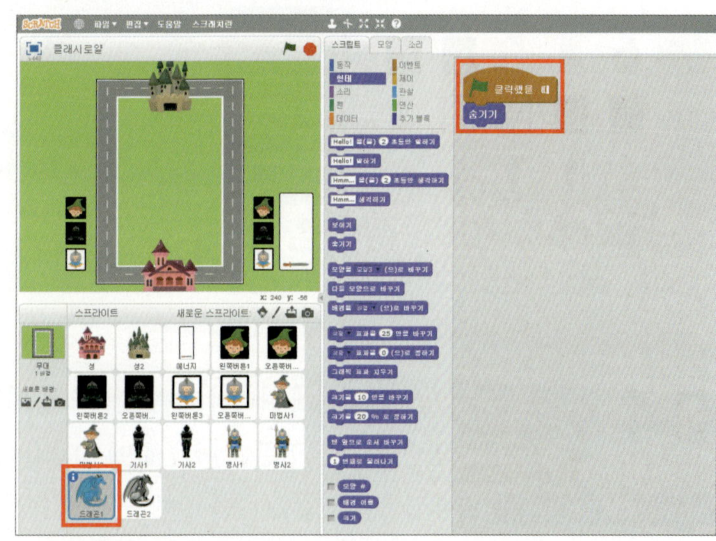

**02** 스프라이트가 복제되면 모양을
지정하기 위해 [제어] 팔레트의
복제되었을 때 명령 블록을 연결합니다.
모양을 모양3 (으)로 바꾸기 명령 블록을 연결합
니다. [연산] 팔레트의 1 부터 10 사이의 난수
명령 블록을 연결한 다음 값에 '1'과 '3'을 입
력합니다.

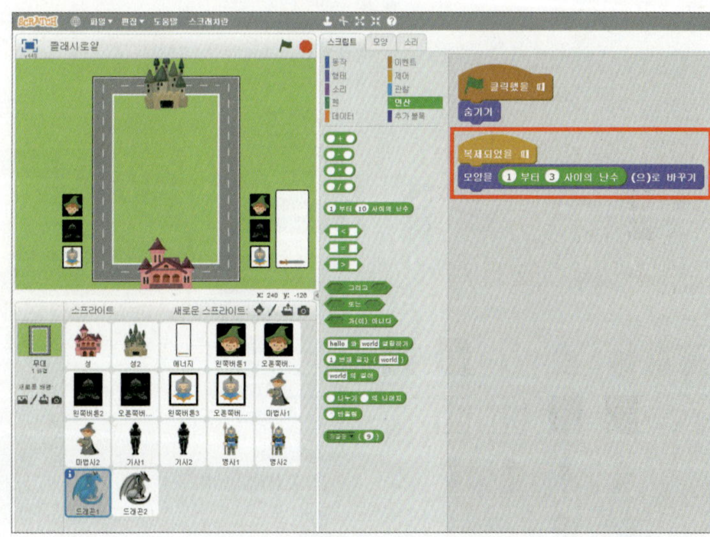

**03** [드래곤1] 스프라이트가 복제되면 나타날 위치를 지정하기 위해 [동작] 팔레트의
마우스 포인터▼ 위치로 이동하기 명령 블록을 연결한 다음 ▼를 클릭해 '성2'를 선택합니다. 화면에 표시하기 위해 [형태] 팔레트의 보이기 명령 블록을 연결합니다.

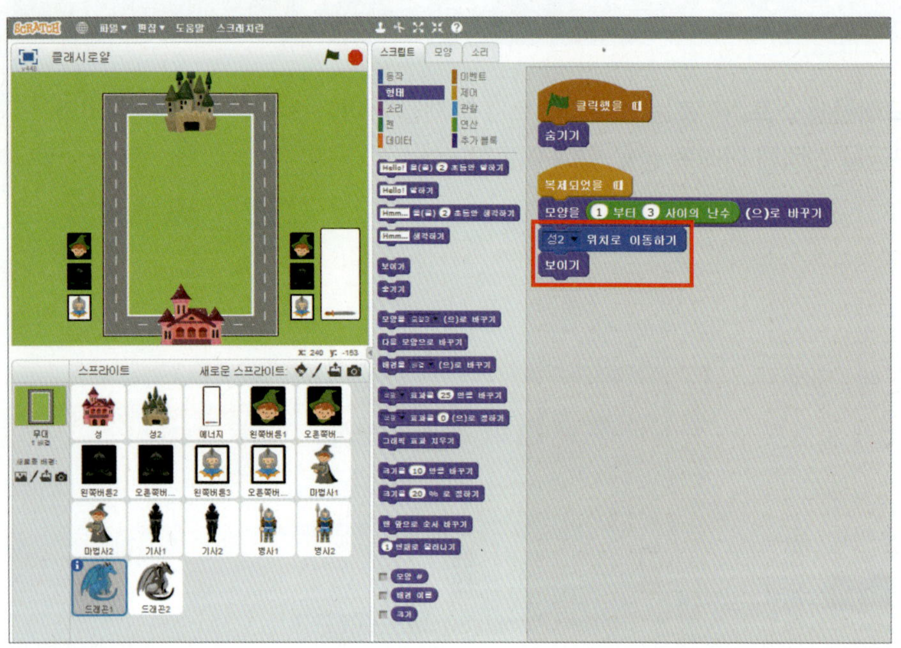

**04** [성2] 스프라이트의 위치에 나타난 다음 왼쪽으로 이동하기 위해 [제어] 팔레트의
10 번 반복하기 명령 블록을 연결한 다음 값에 '100'을 입력합니다. [동작] 팔레트의
x좌표를 10 만큼 바꾸기 명령 블록을 연결한 다음 값에 '−1'을 입력합니다.

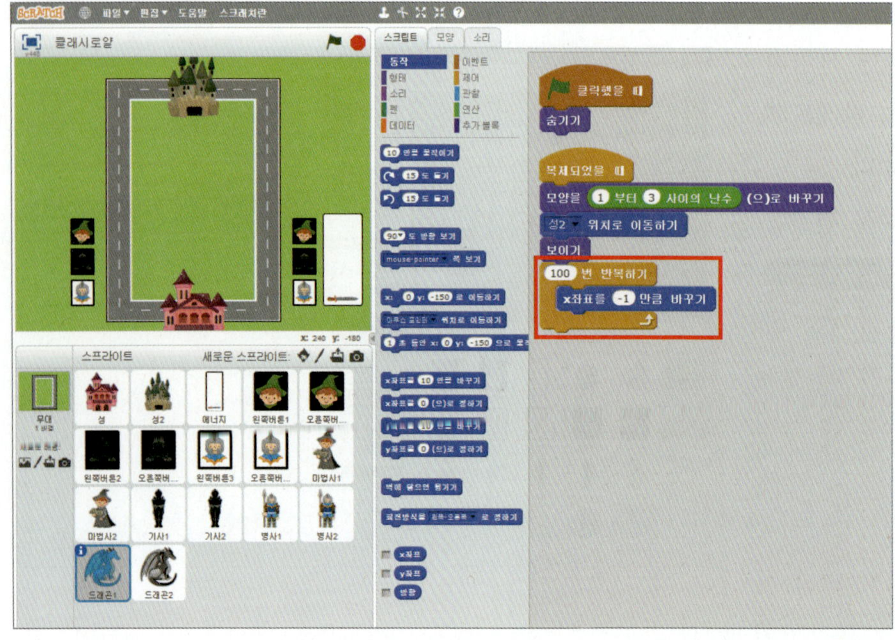

**05** 왼쪽으로 이동이 끝나면 위쪽으로 이동하기 위해 [제어] 팔레트의 ⟨10 번 반복하기⟩ 명령 블록을 연결한 다음 값에 '300'을 입력합니다. [동작] 팔레트의 ⟨y좌표를 10 만큼 바꾸기⟩ 명령 블록을 연결한 다음 값에 '−1'을 입력합니다.

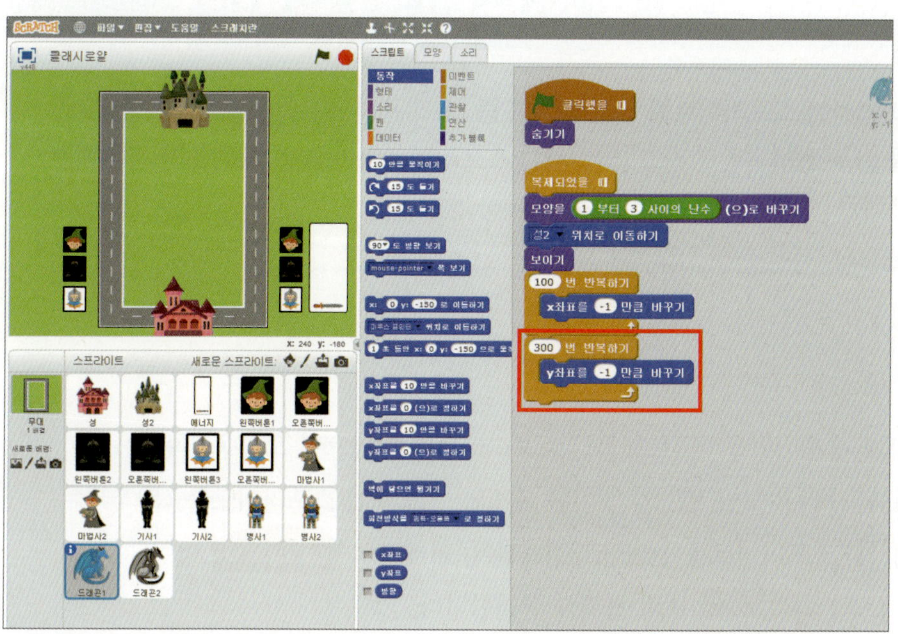

**06** 위쪽으로 이동이 끝나면 오른쪽으로 이동하기 위해 [제어] 팔레트의 ⟨10 번 반복하기⟩ 명령 블록을 연결한 다음 값에 '100'을 입력합니다. [동작] 팔레트의 ⟨x좌표를 10 만큼 바꾸기⟩ 명령 블록을 연결한 다음 값에 '1'을 입력합니다. 이동이 끝나면 복제된 [드래곤1] 스프라이트를 삭제하기 위해 [제어] 팔레트의 ⟨이 복제본 삭제하기⟩ 명령 블록을 연결합니다.

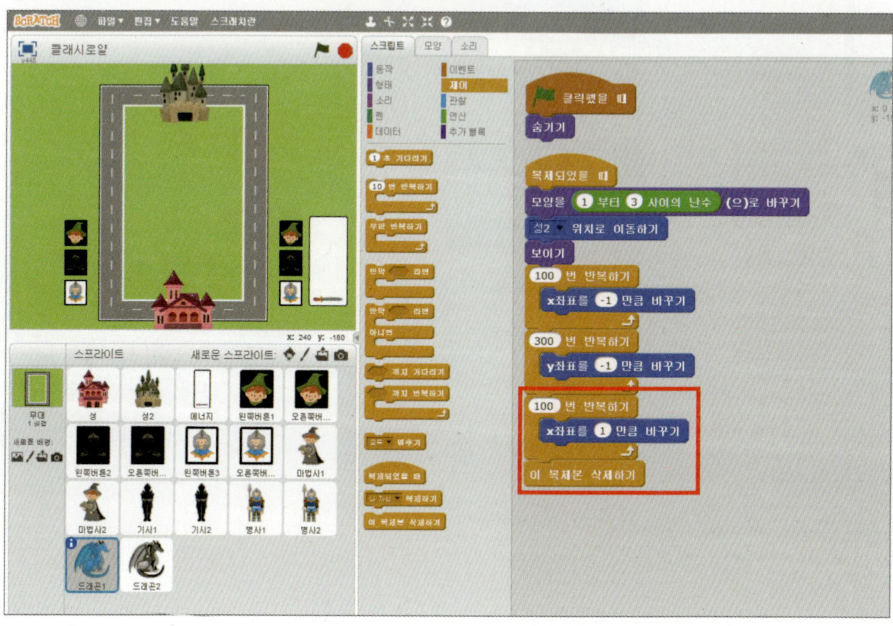

# [마법사1] 스프라이트와 [드래곤1] 스프라이트가 닿았는지 확인하기

[마법사1] 스프라이트가 이동하는 도중 [드래곤1] 스프라이트에 닿으면 모양을 바꾸겠습니다. 그리고 [마법사1] 스프라이트의 모양이 '모양3'인 경우에는 복제된 [드래곤1] 스프라이트를 삭제하겠습니다.

**01** [마법사1] 스프라이트가 복제되었을 때 [드래곤1] 스프라이트와 닿았으면 모양을 다음 모양으로 바꾸겠습니다. 그리고 모양 번호가 '3'이면 복제된 [마법사1] 스프라이트를 삭제하도록 코딩하겠습니다. [마법사1] 스프라이트를 선택한 다음 [제어] 팔레트의 `복제되었을 때` 명령 블록을 드래그한 다음 [제어] 팔레트의 `무한 반복하기` 명령 블록을 연결합니다.

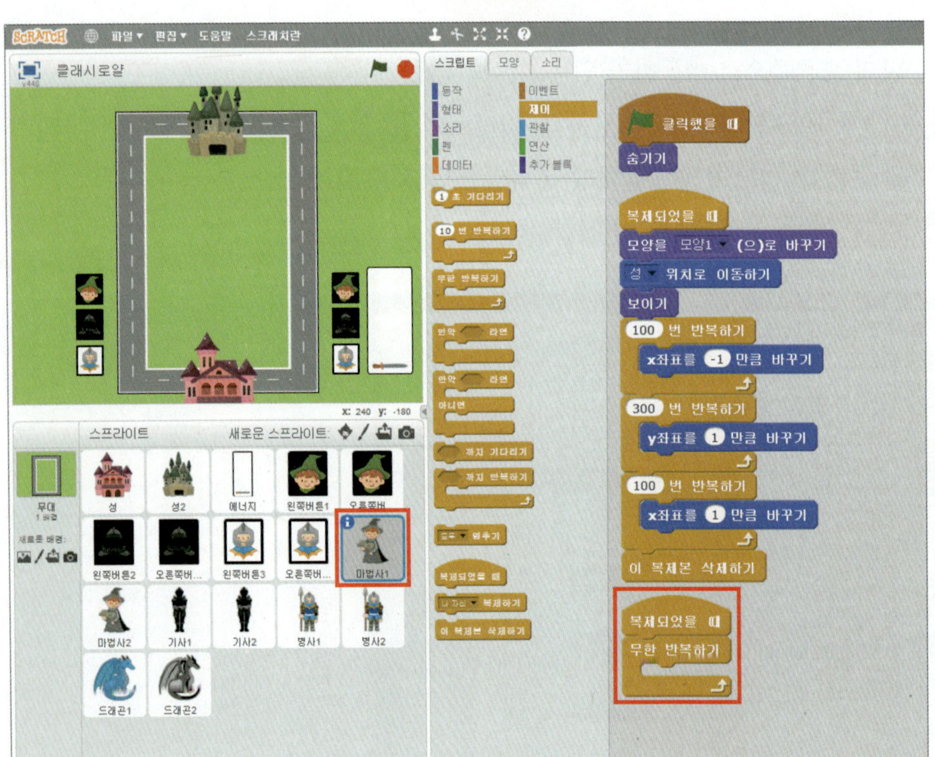



> **tip**
>
> **[드래곤1] 스프라이트**
> [드래곤1] 스프라이트는 [선2] 스프라이드에서 나타나 화면의 왼쪽으로 이동하는 스프라이트입니다.

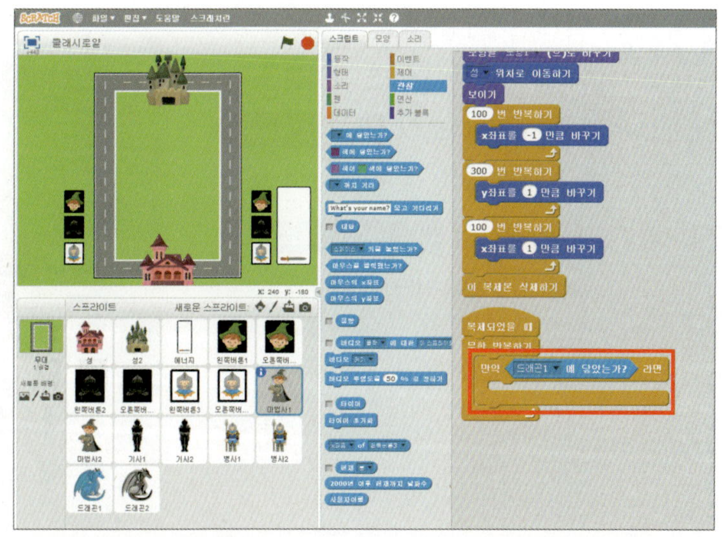

**02** [드래곤1] 스프라이트에 닿았는지 확인하기 위해 [만약 ~ 라면] 명령 블록을 연결합니다. [관찰] 팔레트의 [▼ 에 닿았는가?] 명령 블록을 연결한 다음 ▼를 클릭해 '드래곤1'을 선택합니다.

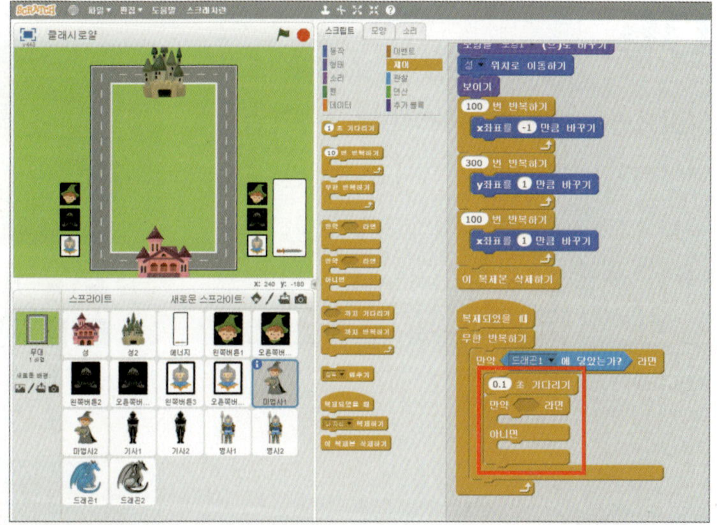

**03** [드래곤1] 스프라이트에서도 [마법사1] 스프라이트와 닿았는지 확인하기 위해 [제어] 팔레트의 [1 초 기다리기] 명령 블록을 연결한 다음 값에 '0.1'을 입력합니다. 현재 [마법사1] 스프라이트의 모양 번호에 따라 모양을 바꾸거나 복제된 [마법사1] 스프라이트를 삭제하기 위해 [제어] 팔레트의 [만약 ~ 라면 아니면] 명령 블록을 연결합니다.

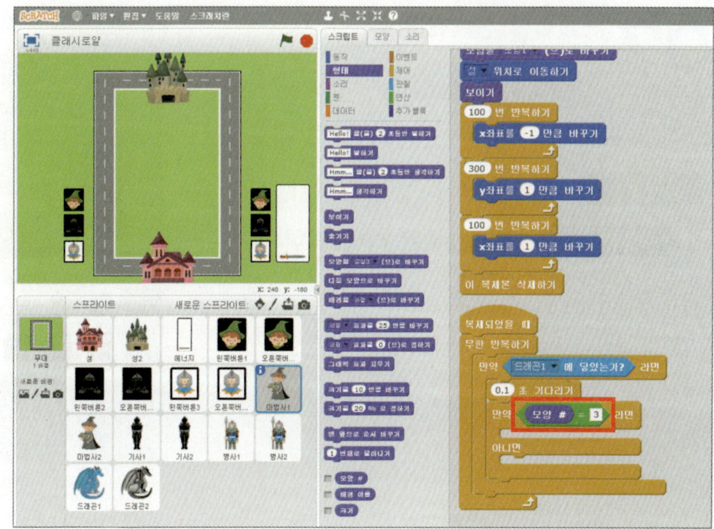

**04** [마법사1] 스프라이트의 모양 번호가 '3'인지 확인하기 위해 [연산] 팔레트의 [ ◯ = ◯ ] 명령 블록을 연결한 다음 [형태] 팔레트의 [모양 #] 명령 블록을 연결하고 값에 '3'을 입력합니다.

**05** 복제된 [마법사1] 스프라이트의 모양 번호가 '3'이면 복제본을 삭제하기 위해 [제어] 팔레트의 `이 복제본 삭제하기` 명령 블록을 연결합니다. 모양 번호가 '3'이 아니면 [형태] 팔레트의 `다음 모양으로 바꾸기` 명령 블록을 연결해 모양을 바꿉니다.

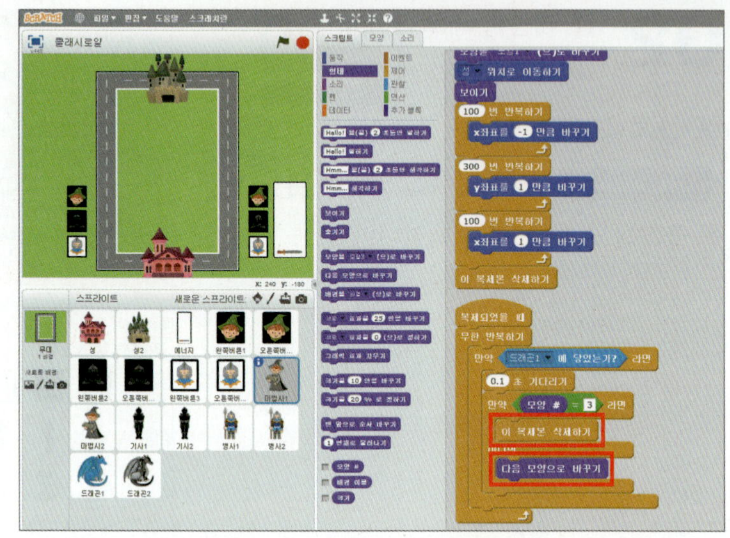

**06** [드래곤1] 스프라이트가 복제되었을 때 [마법사1] 스프라이트와 닿았으면 모양을 다음 모양으로 바꾸겠습니다. 그리고 모양 번호가 '3'이면 복제된 [드래곤1] 스프라이트를 삭제하도록 코딩하겠습니다. [마법사1] 스프라이트에서 완성된 스크립트를 [드래곤1] 스프라이트로 드래그해 복사합니다.

**07** 복제된 스크립트에서 `드래곤1 ▼ 에 닿았는가?` 명령 블록을 드래그해 떼어 놓은 다음 [연산] 팔레트의 `또는` 명령 블록을 연결합니다. 하나의 `또는` 명령 블록을 더 연결합니다.

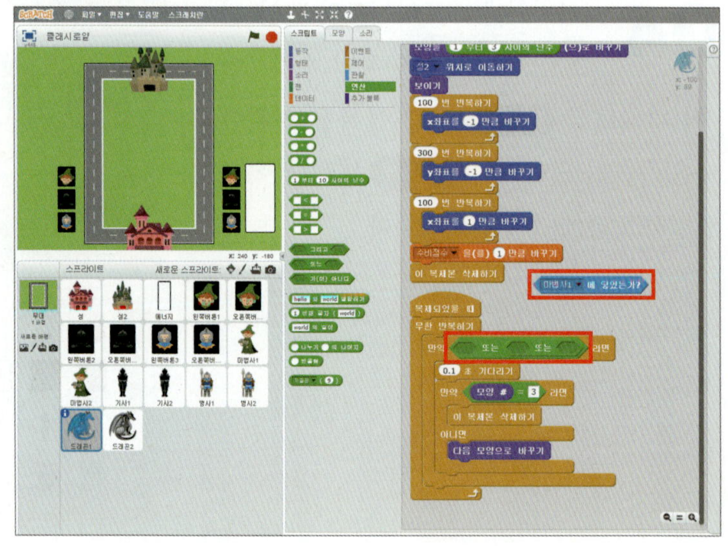

**08** 떼어 놓았던 <드래곤1 ▼ 에 닿았는가?> 명령 블록을 연결한 다음 ▼를 클릭해 [마법사1]을 선택합니다. 이렇게 하면 [드래곤1] 스프라이트가 [마법사1] 스프라이트에 닿으면 모양 번호에 따라 모양을 바꾸거나 복제된 [드래곤1] 스프라이트를 삭제합니다.

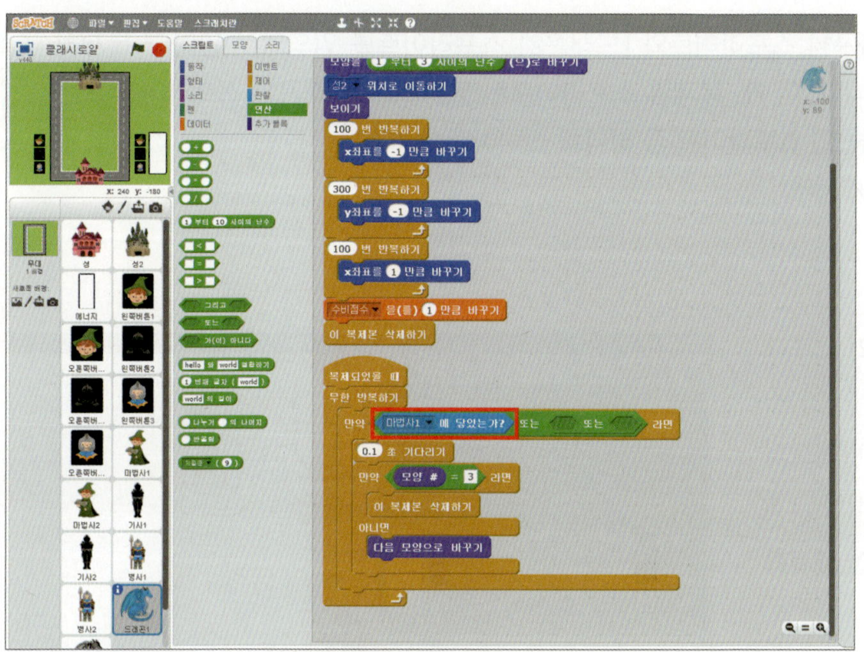

**09** [드래곤1] 스프라이트는 [마법사1] 스프라이트 외에 [기사1] 스프라이트와 [병사1] 스프라이트에 닿을 수 있으므로 [관찰] 팔레트의 <▼ 에 닿았는가?> 명령 블록을 연결한 다음 ▼를 클릭해 '기사1'을 선택합니다. <▼ 에 닿았는가?> 명령 블록을 연결한 다음 '병사1'을 선택해 [마법사1], [기사1], [병사1] 스프라이트 중 하나의 스프라이트에 닿았는지 확인합니다.

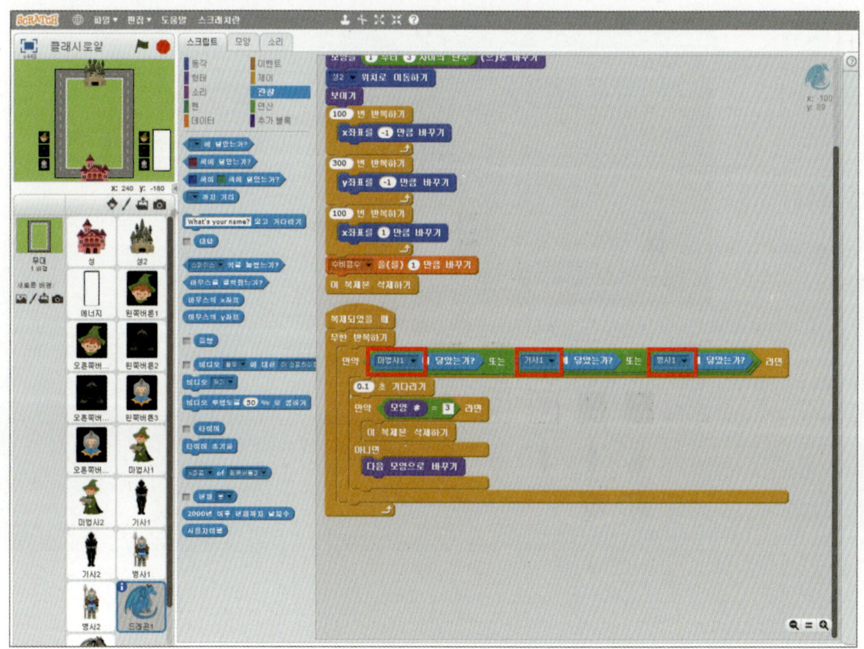

# 드래곤 복제하기

[드래곤1] 스프라이트와 [드래곤2] 스프라이트를 임의의 시간마다 복제하겠습니다. 이 때, 복제할 스프라이트는 코딩으로 [드래곤1] 스프라이트 또는 [드래곤2] 스프라이트 중 하나를 선택하겠습니다.

**01** [드래곤1] 또는 [드래곤2] 스프라이트를 복제하기 위해 [성2] 스프라이트를 선택한 다음 [이벤트] 팔레트의 클릭했을 때 명령 블록을 연결합니다. [제어] 팔레트의 무한 반복하기 명령 블록을 연결합니다.

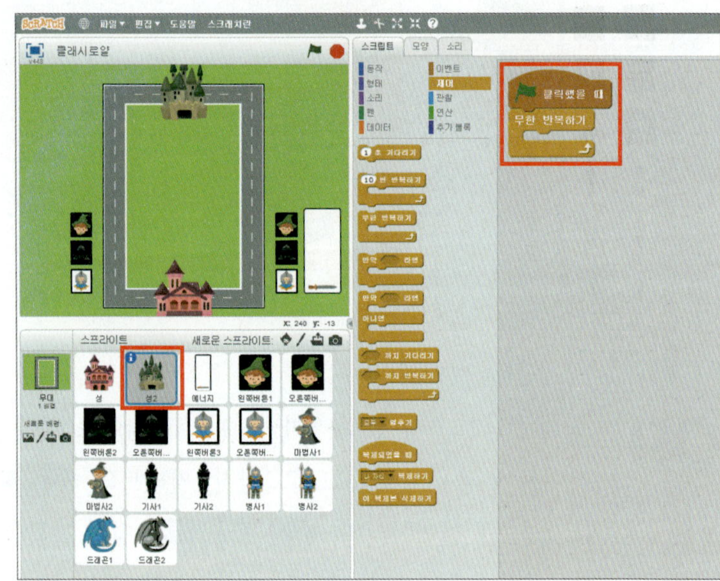

**02** 임의의 시간마다 [드래곤1] 스프라이트 또는 [드래곤2] 스프라이트를 복제하기 위해 [제어] 팔레트의 1 초 기다리기 명령 블록을 연결합니다. [연산] 팔레트의 1 부터 10 사이의 난수 명령 블록을 연결해 '1'과 '3'을 입력합니다.

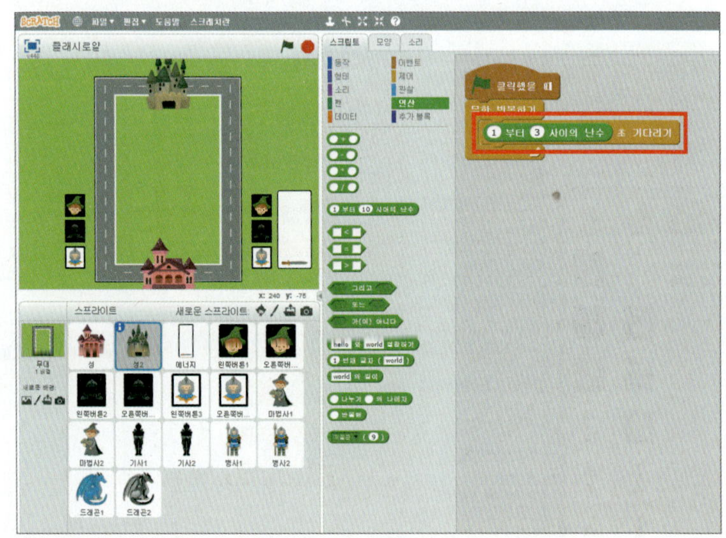

**03** 복제할 스프라이트를 선택하기 위해 [제어] 팔레트의 `만약 ~라면 아니면` 명령 블록을 연결합니다. [연산] 팔레트의 `◯ = ◯` 명령 블록을 연결한 다음 `1 부터 10 사이의 난수` 명령 블록을 연결하고 값에 '1'과 '2'를 입력합니다. 그리고 오른쪽에 '1'을 입력합니다. 이렇게 하면 `1 부터 2 사이의 난수` 명령 블록에서 정해진 값이 '1'이면 참이 되고 '2'이면 거짓이 됩니다.

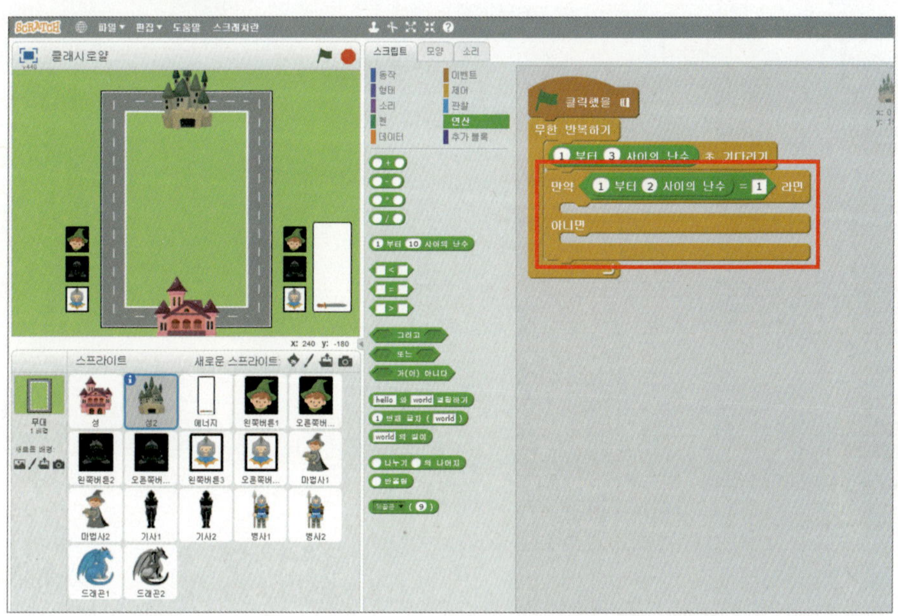

**04** `1 부터 2 사이의 난수` 명령 블록에서 정해진 값이 '1'이면 [드래곤1] 스프라이트를 복제하기 위해 [제어] 팔레트의 `나 자신▼ 복제하기` 명령 블록을 연결한 다음 ▼를 클릭해 '드래곤1'을 선택합니다.

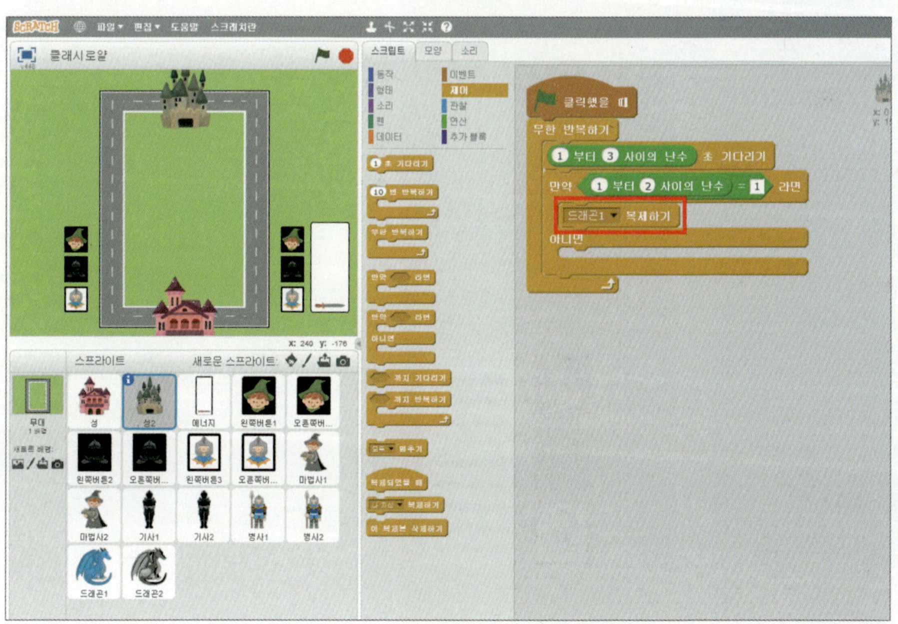

**05** `1 부터 2 사이의 난수` 명령 블록에서 정해진 값이 '1'이 아니면 [드래곤2] 스프라이트를 복제하기 위해 [제어] 팔레트의 `나 자신 ▼ 복제하기` 명령 블록을 연결한 다음 ▼를 클릭해 '드래곤2'을 선택합니다.

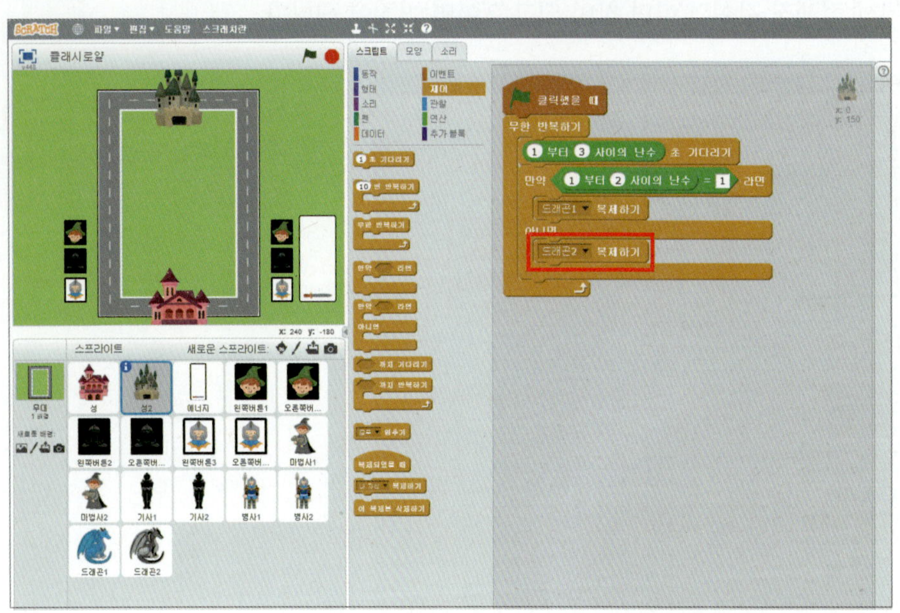

**06** ▶를 클릭해 프로그램을 실행하면 [드래곤1] 스프라이트가 복제되어 나타납니다. 그리고 [왼쪽버튼1]을 클릭할 때마다 [마법사1] 스프라이트가 복제됩니다. [드래곤1] 스프라이트와 [마법사1] 스프라이트가 닿으면 모양을 바꾸거나 복제된 스프라이트를 삭제됩니다.

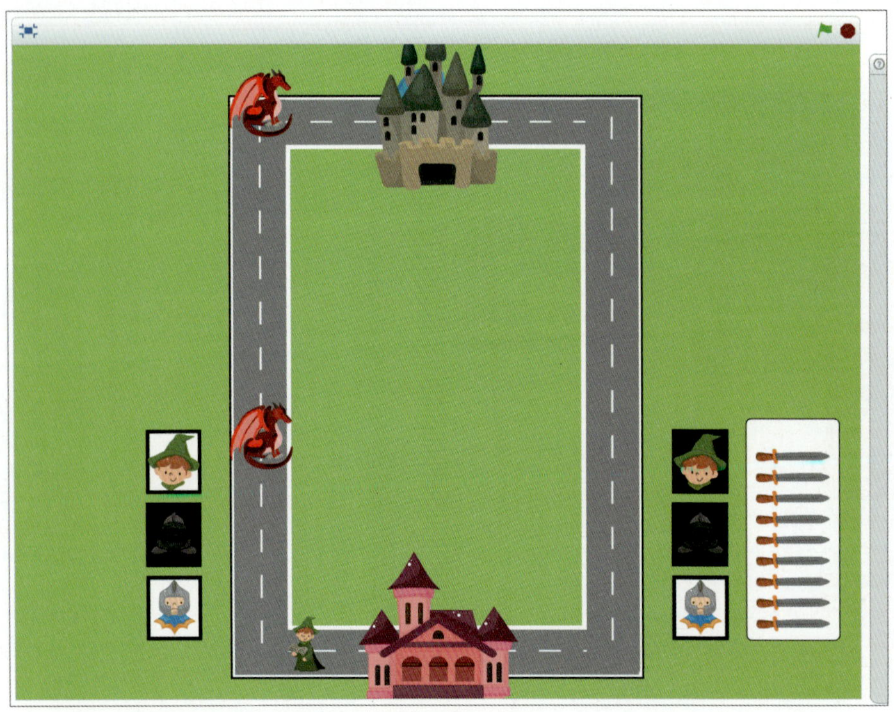

# 공격점수와 수비점수로 끝나는 조건 만들기

'공격점수' 변수와 '수비점수' 변수를 만들어 점수에 따라 프로그램이 종료되도록 만들겠습니다. '공격점수' 변수와 '수비점수' 변수는 프로그램이 실행되면 값을 '0'으로 지정하여 초기화하겠습니다.

**01** [무대]를 선택한 다음 [데이터] 팔레트의 변수 만들기 를 클릭해 '공격점수' 변수와 '수비점수' 변수를 만듭니다.

**02** 프로그램을 실행하면 변수의 값을 '0'으로 지정하기 위해 [이벤트] 팔레트의 클릭했을 때 명령 블록을 연결합니다. [데이터] 팔레트의 수비점수 ▼ 을(를) 0 로 정하기 명령 블록을 연결한 다음 ▼를 클릭해 '공격점수'를 선택합니다. 수비점수 ▼ 을(를) 0 로 정하기 명령 블록을 연결합니다.

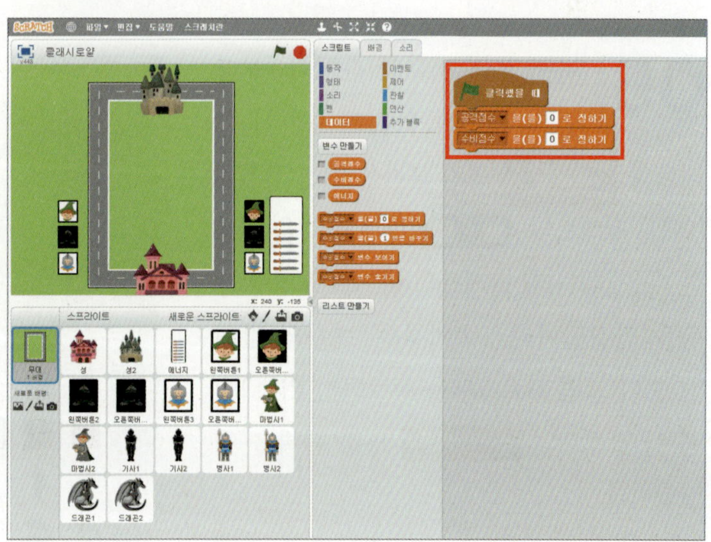

**03** '공격점수' 변수의 값이 '10'보다 크면 프로그램을 종료하기 위해 [제어] 팔레트의 <무한 반복하기> 명령 블록을 연결한 다음 <만약 ～라면> 명령 블록을 연결합니다.

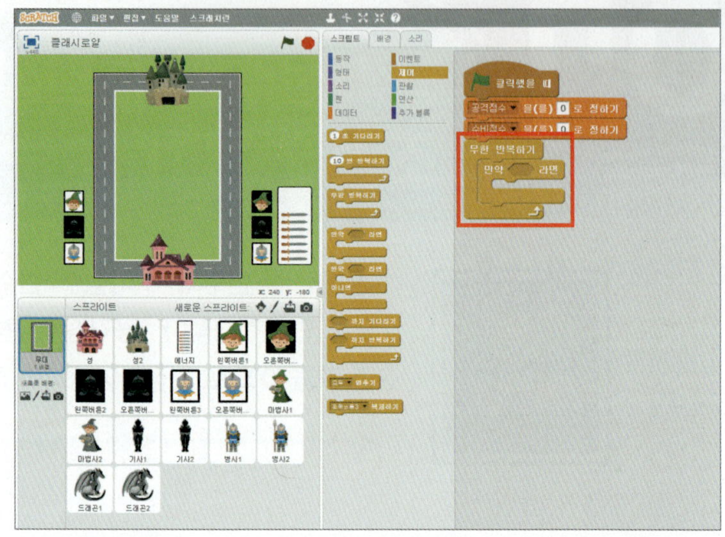

**04** [연산] 팔레트의 <□ > □> 명령 블록을 연결한 다음 [데이터] 팔레트의 <공격점수> 명령 블록을 연결하고 값에 '10'을 입력합니다. '공격점수' 변수의 값이 '10'보다 크면 프로그램을 종료하기 위해 [이벤트] 팔레트의 <모두▼ 멈추기> 명령 블록을 연결합니다.

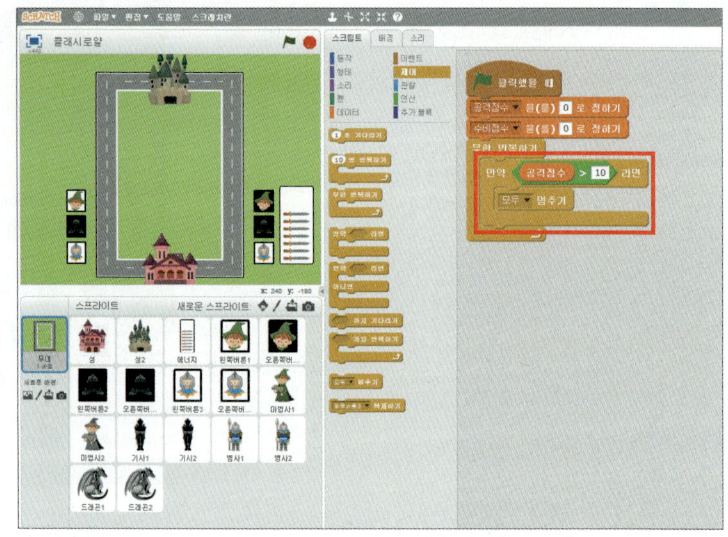

**05** '수비점수' 변수의 값이 '10'보다 큰지 확인하기 위해 [제어] 팔레트의 <만약 ～라면> 명령 블록을 연결합니다. [연산] 팔레트의 <□ > □> 명령 블록을 연결한 다음 [데이터] 팔레트의 <수비점수> 명령 블록을 연결합니다. '수비점수' 변수의 값이 '10'보다 크면 프로그램을 종료하기 위해 [이벤트] 팔레트의 <모두▼ 멈추기> 명령 블록을 연결합니다.

**06** [마법사1] 스프라이트가 [성2] 스프라이트에 도착하면 '공격점수' 변수의 값을 바꾸기 위해 [마법사1] 스프라이트를 선택합니다. [데이터] 팔레트의 수비점수 을(를) 1 만큼 바꾸기 명령 블록을 연결한 다음 ▼를 클릭해 '공격점수'를 선택합니다. [마법사1] 스프라이트가 복제되어 이동이 끝나면 '공격점수' 변수의 값을 바꾸게 됩니다.

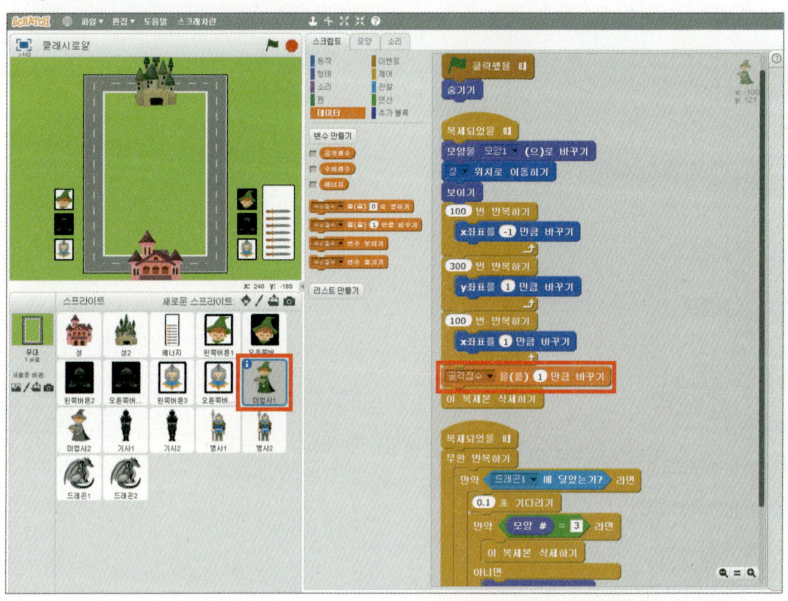

**07** 복제된 [마법사1] 스프라이트의 이동이 끝났을 때 모양이 '모양1'이면 공격점수'를 '3'만 큼, '모양2'이면 공격점수'를 '2'만큼, '모양3'이면 공격점수'를 '1'만큼 바꾸기 위해 [연산] 팔레트의 ◯-◯ 명령 블록을 연결합니다. 값에 '4'를 입력한 다음 [형태] 팔레트의 모양 # 명령 블록을 연결합니다.

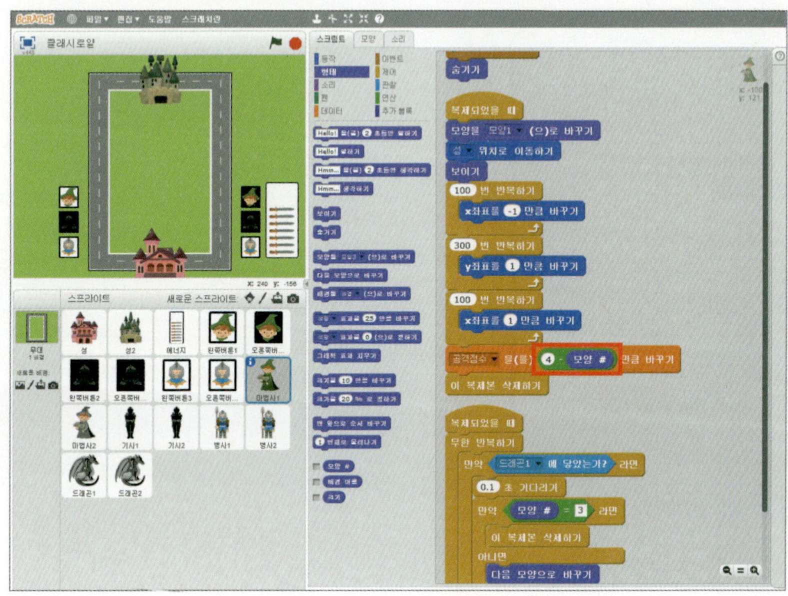

**08** [드래곤1] 스프라이트가 [성] 스프라이트에 도착하면 '수비점수' 변수의 값을 바꾸기 위해 [드래곤1] 스프라이트를 선택합니다. [데이터] 팔레트의 `수비점수 을(를) 1 만큼 바꾸기` 명령 블록을 연결합니다. [드래곤1] 스프라이트가 복제되어 이동이 끝나면 '수비점수' 변수의 값을 바꾸게 됩니다.

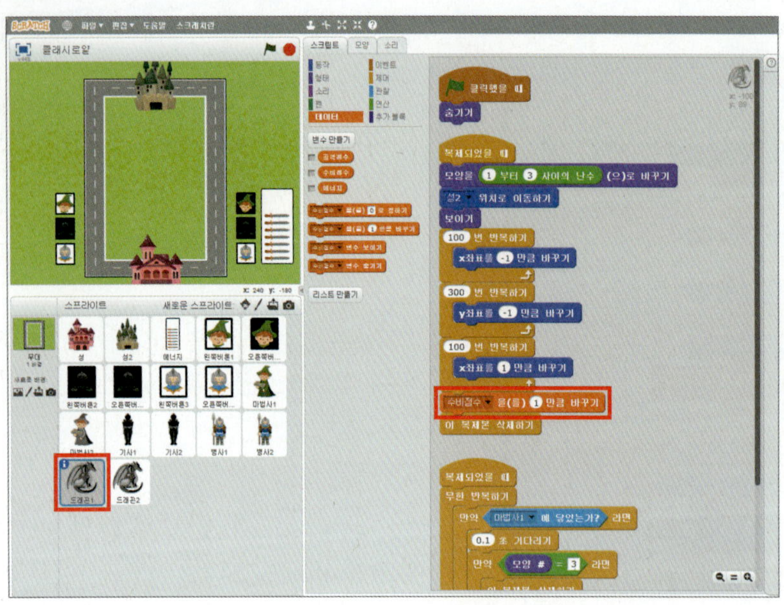

**09** 복제된 [드래곤1] 스프라이트의 이동이 끝났을 때 모양이 '모양1'이면 '수비점수'를 '3'만큼, '모양2'이면 '수비점수'를 '2'만큼, '모양3'이면 '수비점수'를 '1'만큼 바꾸기 위해 [연산] 팔레트의 ◯-◯ 명령 블록을 연결합니다. 값에 '4'를 입력한 다음 [형태] 팔레트의 `모양 #` 명령 블록을 연결합니다.

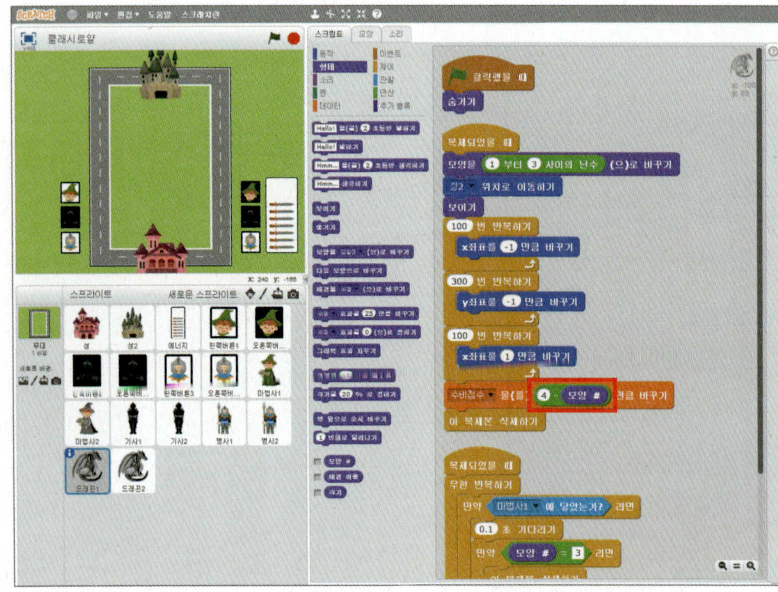

# 08

# 복사하기를 이용하여
# 나머지 스프라이트 완성하기

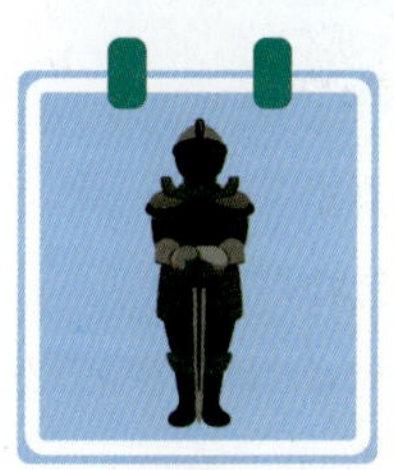

기준이 되는 [왼쪽버튼1] 스프라이트와 [마법사1] 스프라이트, [드래곤1] 스프라이트의 스크립트를 이용하여 다른 스프라이트의 코딩을 완성하겠습니다. 기준이 되는 스프라이트에서 위치, 값 등만 변경하면 쉽게 코딩을 완성할 수 있습니다.

**01** [왼쪽버튼1] 스프라이트를 선택한 다음 모든 스크립트를 [오른쪽버튼1] 스프라이트로 드래그해 복사합니다. 같은 방법으로 [왼쪽버튼2], [오른쪽버튼2], [왼쪽버튼3], [오른쪽버튼3]에 드래그해 복사합니다.

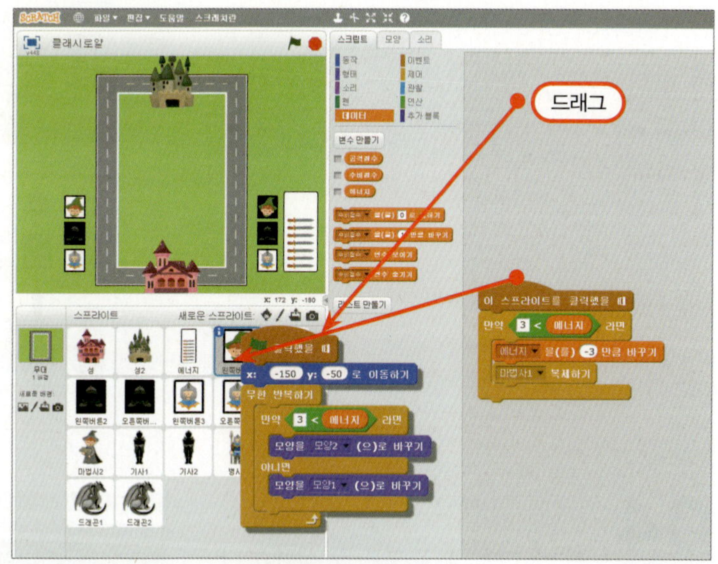

**02** [오른쪽버튼1] 스프라이트를 선택한 다음 프로그램을 실행하면 나타날 위치에서 x 좌표 값만 '150'으로 바꿉니다. 그리고 복제할 스프라이트에서 ▼를 클릭해 '마법사2'를 선택합니다.

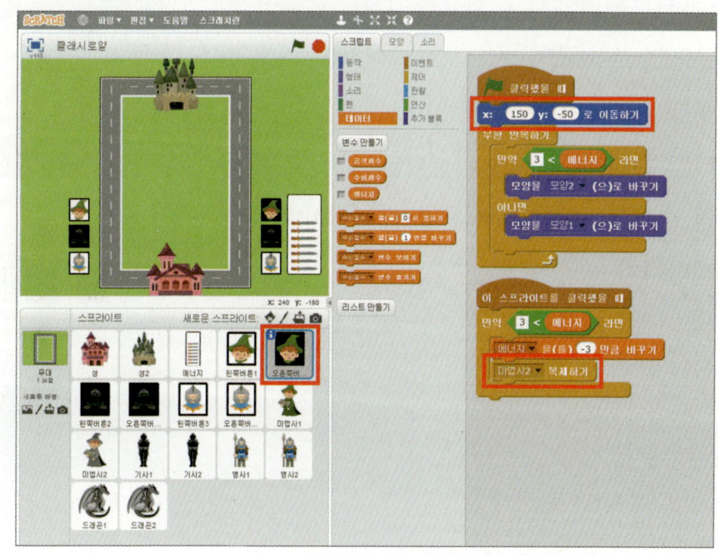

**03**    [왼쪽버튼2] 스프라이트를 선택한 다음 프로그램을 실행하면 나타날 위치에서 y 좌표 값만 '-90'으로 바꿉니다. [왼쪽버튼2] 스프라이트는 '에너지' 변수의 값이 2보다 크면 나타날 수 있도록 값을 바꿉니다. 그리고 복제할 스프라이트에서 ▼를 클릭해 '기사1'을 선택합니다.

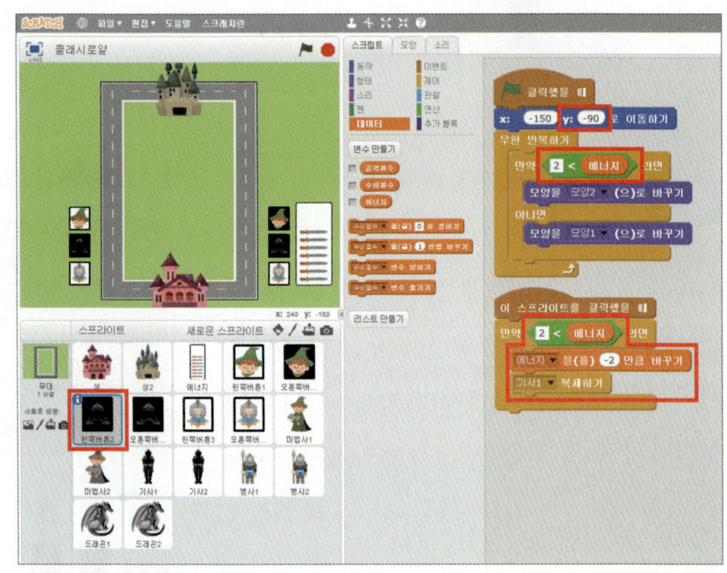

**04**    [오른쪽버튼2] 스프라이트를 선택한 다음 프로그램을 실행하면 나타날 위치에서 x 좌표를 '150', y 좌표를 '-90'으로 바꿉니다. [오른쪽버튼2] 스프라이트는 '에너지' 변수의 값이 2보다 크면 나타날 수 있도록 값을 바꿉니다. 그리고 복제할 스프라이트에서 ▼를 클릭해 '기사2'를 선택합니다.

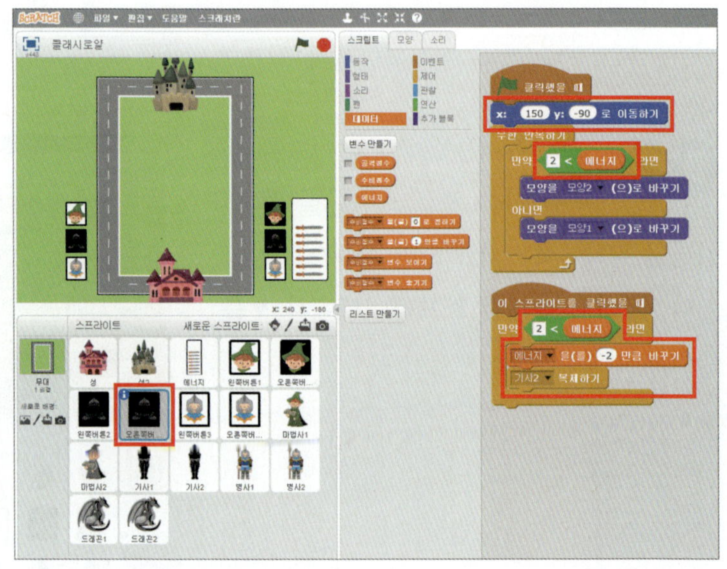

**05** [왼쪽버튼3] 스프라이트를 선택한 다음 프로그램을 실행하면 나타날 위치에서 y 좌표를 '−130'으로 바꿉니다. [왼쪽버튼3] 스프라이트는 '에너지' 변수의 값이 1보다 크면 나타날 수 있도록 값을 바꿉니다. 그리고 복제할 스프라이트에서 ▼를 클릭해 '병사1'을 선택합니다.

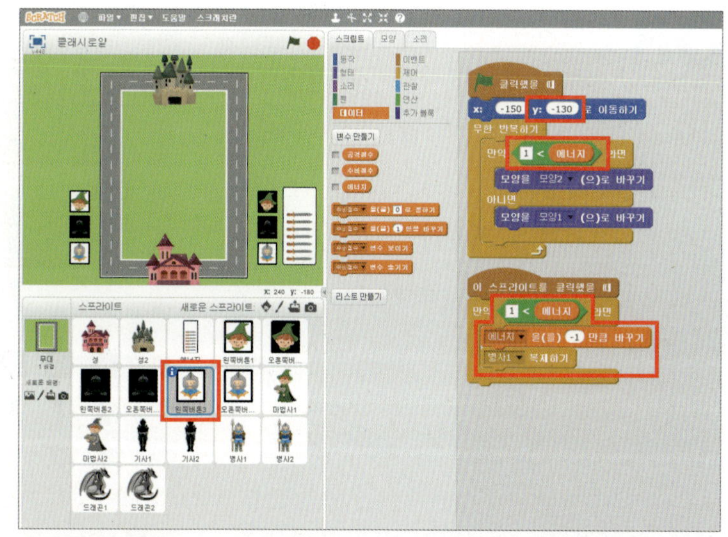

**06** [오른쪽버튼4] 스프라이트를 선택한 다음 프로그램을 실행하면 나타날 위치에서 x 좌표를 '150', y 좌표를 '−130'으로 바꿉니다. [오른쪽버튼2] 스프라이트는 '에너지' 변수의 값이 1보다 크면 나타날 수 있도록 값을 바꿉니다. 그리고 복제할 스프라이트에서 ▼를 클릭해 '병사2'를 선택합니다.

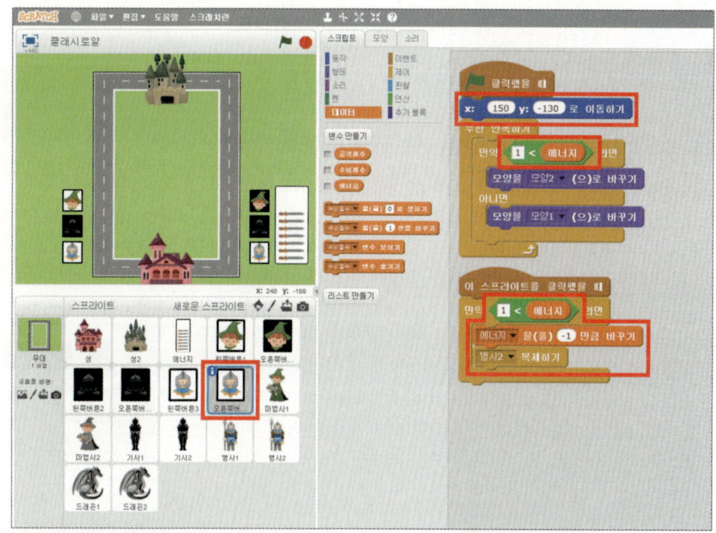

**07** [마법사1] 스프라이트의 모든 스크립트를 [기사1] 스프라이트에 드래그해 복사합니다. [기사1] 스프라이트를 선택합니다. [기사1] 스프라이트는 두 개의 모양만 있으므로 [드래곤1] 스프라이트에 닿으면 모양 번호가 '2'인지 확인하도록 수정합니다.

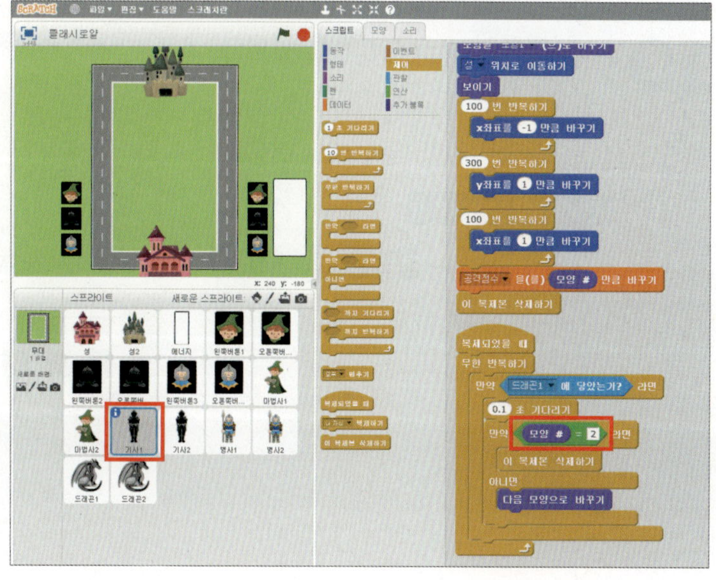

**08** [마법사1] 스프라이트의 모든 스크립트를 [병사1] 스프라이트에 드래그해 복사합니다. [병사1] 스프라이트를 선택합니다. [병사1] 스프라이트는 한 개의 모양만 있으므로 [드래곤1] 스프라이트에 닿으면 0.1초를 기다리고 삭제하도록 코딩을 수정합니다.

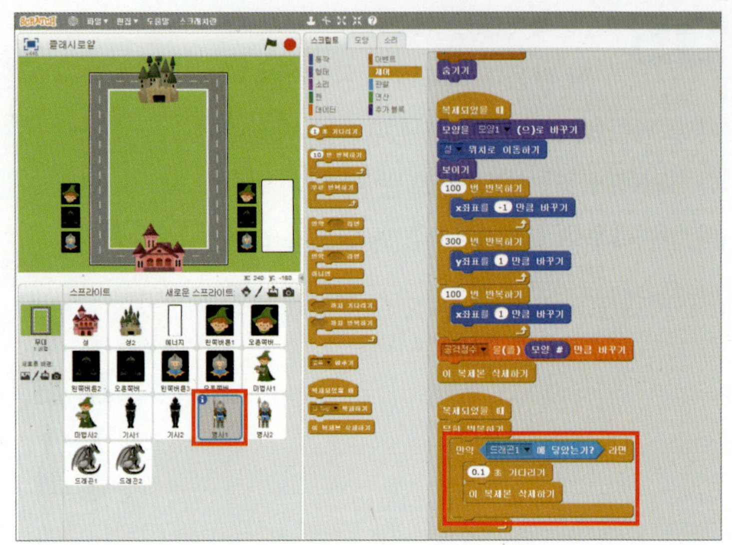

**09** [마법사1] 스프라이트를 선택합니다. [마법사1] 스프라이트의 모든 스크립트를 [마법사2] 스프라이트로 드래그해 복사합니다.

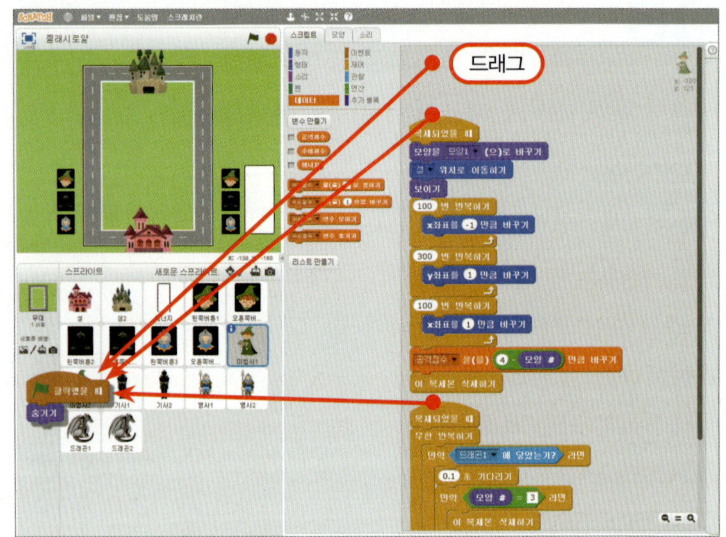


**10** [마법사2] 스프라이트를 선택합니다. [마법사2] 스프라이트가 복제되면 오른쪽으로 이동한 다음 위로 이동하기 위해 x좌표를 -1 만큼 바꾸기 명령 블록의 값을 '1'로 바꿉니다. 그리고 x좌표를 1 만큼 바꾸기 명령 블록의 값을 '-1'로 바꿉니다.

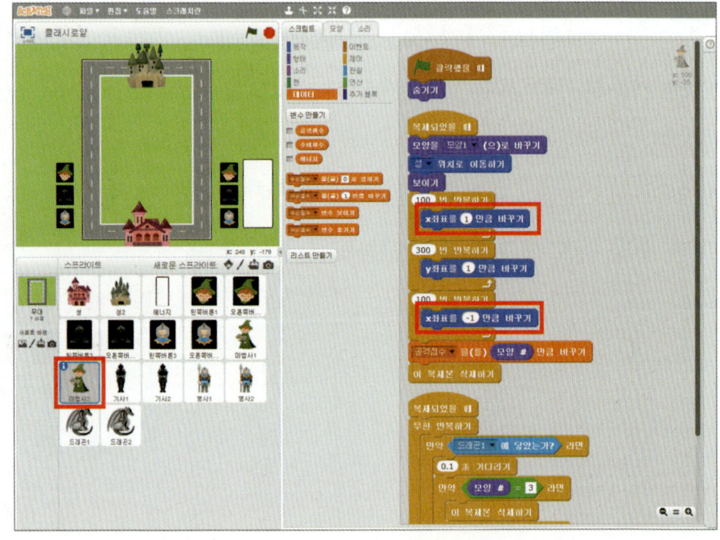

**11** [드래곤2] 스프라이트에 닿으면 모양을 바꾸거나 복제된 [마법사2] 스프라이트를 삭제하기 위해 [드래곤1] 스프라이트에 닿았는지 확인하는 드래곤1 ▼ 에 닿았는가? 명령 블록의 ▼를 클릭해 '드래곤2'를 선택합니다.

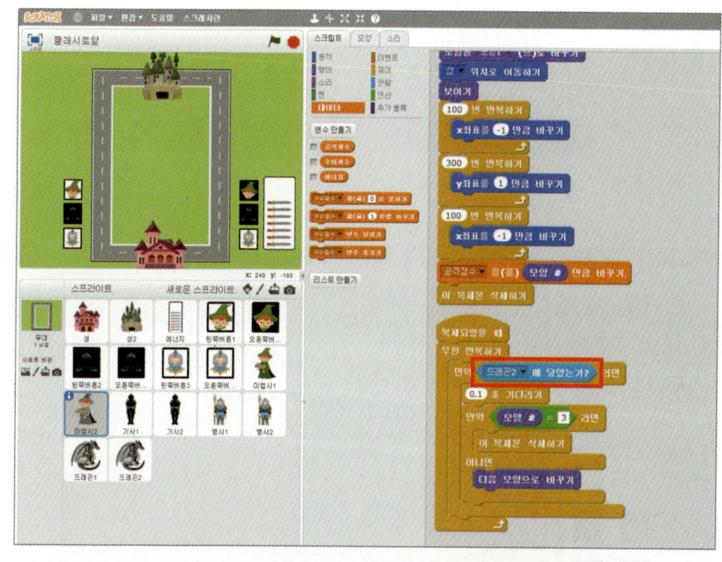

**12** [마법사2] 스프라이트의 모든 스크립트를 [기사2] 스프라이트에 복사한 다음 [드래곤2] 스프라이트에 닿으면 모양 번호가 '2'인지 확인하도록 수정합니다.

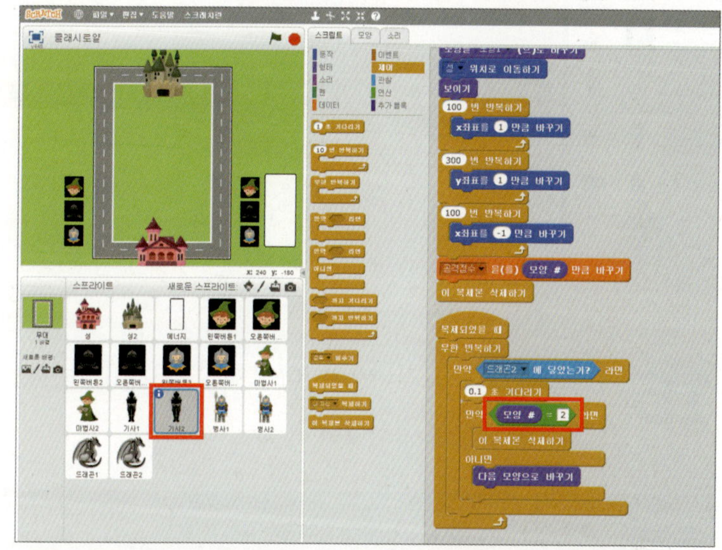

**13** [마법사2] 스프라이트의 모든 스크립트를 [병사2] 스프라이트에 복사한 다음 [드래곤2] 스프라이트에 닿으면 0.1초를 기다리고 삭제하도록 코딩을 수정합니다.

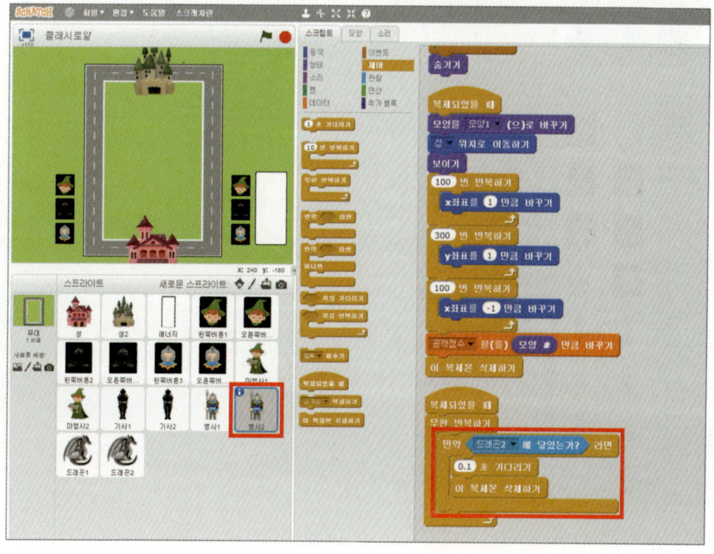

**14** [드래곤1] 스프라이트의 모든 스크립트를 [드래곤2] 스프라이트에 복사합니다. [드래곤2] 스프라이트를 선택한 다음 [드래곤2] 스프라이트가 복제되면 이동하는 방향을 지정하기 위해 **x좌표를 -1 만큼 바꾸기** 명령 블록의 값을 '1'로 바꿉니다. 그리고 **x좌표를 1 만큼 바꾸기** 명령 블록의 값을 '−1'로 바꿉니다.

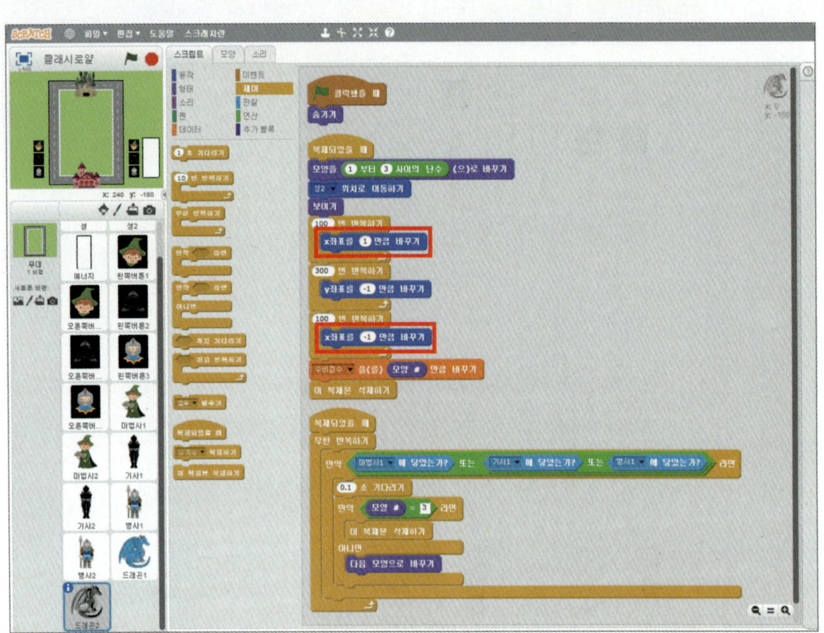

**15** [드래곤2] 스프라이트가 [마법사2], [기사2], [병사2] 스프라이트에 닿았는지 확인할 수 있도록 코딩을 수정합니다.

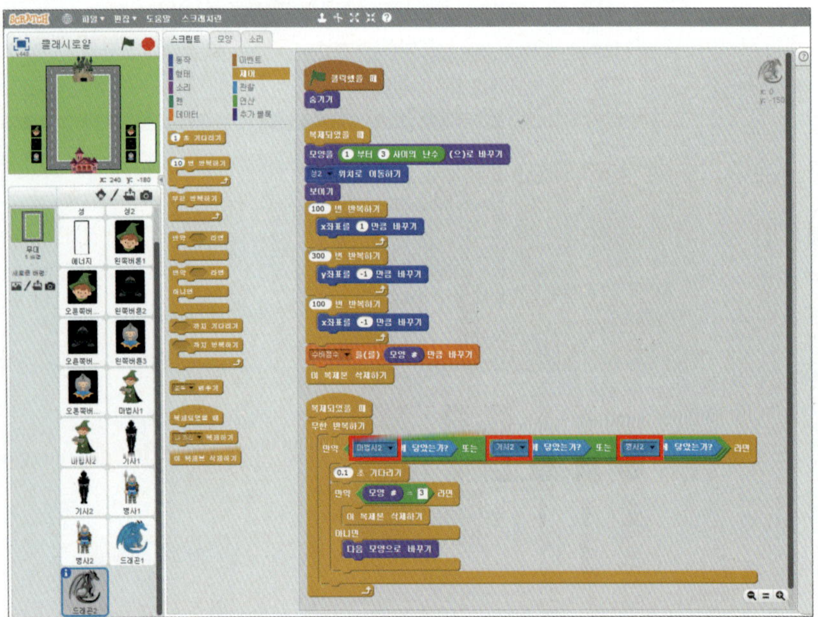

# Chapter 4

# 개구리의 길 건너기

개구리의 길 건너기는 오염된 물을 지나 안전한 숲으로 개구리가 건너가는 프로그램입니다. 개구리는 Space bar 키를 누르면 뛰어올라 통나무, 연꽃 등의 장애물을 타고 강물을 건널 수 있습니다.

**예제 파일**  **개구리의 길건너기.sb2**

**완성 파일**  **개구리의 길건너기(완성).sb2**

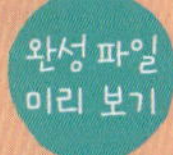

## Q 어떤 것을 할 수 있나요? ·····························································

- 스프라이트가 서로 닿으면 함께 움직일 수 있습니다.
- 스프라이트의 크기와 위치를 바꿀 수 있습니다.
- 스프라이트의 모양을 다양하게 바꿀 수 있습니다.

# Space bar 키를 누르면 뛰어오르는 [개구리] 스프라이트 코딩하기

개구리가 뛰어오르는 모양은 크기와 위치를 바꾸어 만들 수 있습니다. 일정한 횟수만큼 크기를 키웠다가 줄이면 뛰었다가 내려가는 모양처럼 보입니다. 이번에는 Space bar 키를 누르면 [개구리] 스프라이트의 크기와 y 좌표를 바꿔 위로 뛰어올라가는 모양을 만들겠습니다.

**01** 예제 파일(개구리의 길건너기. sb2)을 열고 프로그램을 실행하면 나타날 [개구리] 스프라이트의 위치를 지정하겠습니다. [개구리] 스프라이트를 선택한 다음 [이벤트] 팔레트의 클릭했을 때 명령 블록을 연결합니다. [동작] 팔레트의 x: -68 y: 0 로 이동하기 명령 블록을 연결한 다음 값에 '0'과 '-160'을 입력합니다.

**02** 방향키로 [개구리] 스프라이트를 움직이기 위해 [이벤트] 팔레트의 메시지1 방송하기 명령 블록을 연결한 다음 [새 메시지...]를 선택합니다. [새로운 메시지] 대화상자가 나타나면 '게임시작'을 입력하고 [확인]을 클릭합니다.

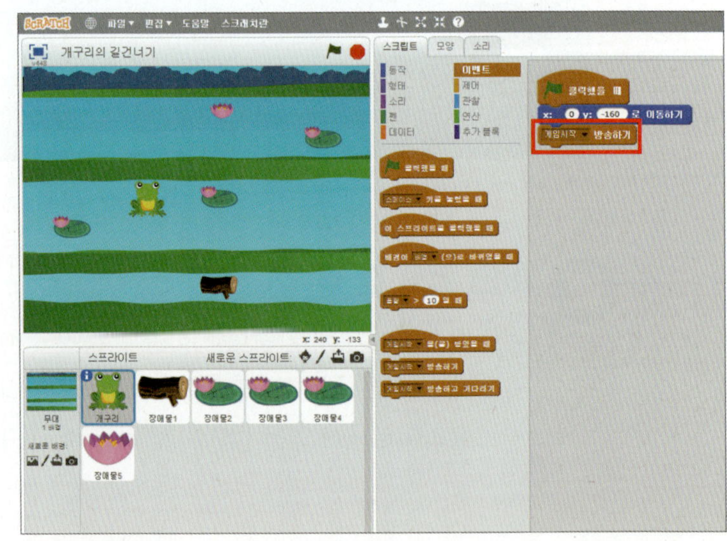

**03** ⊟키나 ⊟키가 눌렸는지 확인하기 위해 [이벤트] 팔레트의 `게임시작 ▼ 을(를) 받았을 때` 명령 블록을 연결한 다음 [제어] 팔레트의 `무한 반복하기` 명령 블록을 연결합니다.

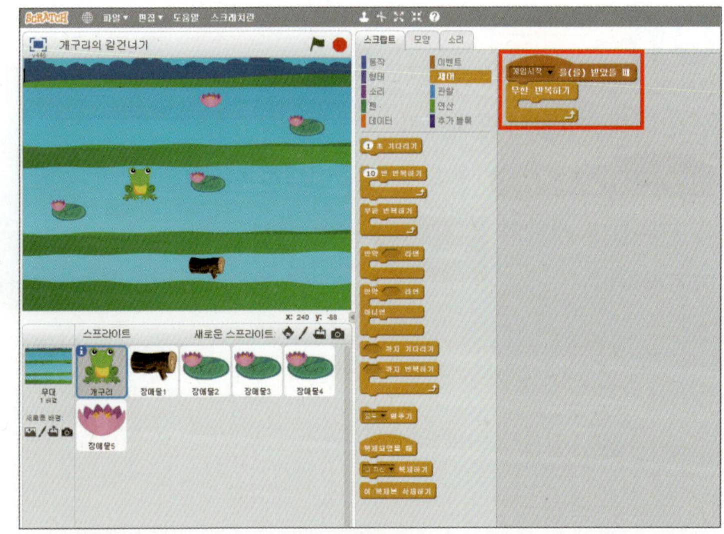

**04** ⊟키를 누르면 오른쪽으로 이동하기 위해 [제어] 팔레트의 `만약 라면` 명령 블록을 연결합니다. [관찰] 팔레트의 `스페이스 ▼ 키를 눌렀는가?` 명령 블록을 연결한 다음 ▼를 클릭해 '오른쪽 화살표'를 선택합니다. [동작] 팔레트의 `x좌표를 10 만큼 바꾸기` 명령 블록을 연결한 다음 값에 '5'를 입력합니다.

**05** ⊟키를 누르면 왼쪽으로 이동하기 위해 [제어] 팔레트의 `만약 라면` 명령 블록을 연결합니다. [관찰] 팔레트의 `스페이스 ▼ 키를 눌렀는가?` 명령 블록을 연결한 다음 ▼를 클릭해 '왼쪽 화살표'를 선택합니다. [동작] 팔레트의 `x좌표를 10 만큼 바꾸기` 명령 블록을 연결한 다음 값에 '-5'를 입력합니다.

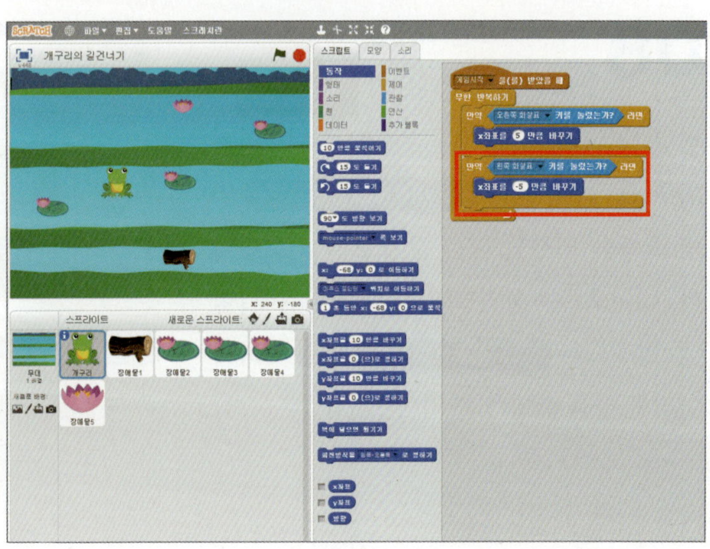

**06** Space bar 키를 누르면 뛰어오르는 모양을 표현하고 y 좌표를 바꾸기 위해 [이벤트] 팔레트의 게임시작 을(를) 받았을 때 명령 블록을 연결한 다음 [제어] 팔레트의 무한 반복하기 명령 블록을 연결합니다.

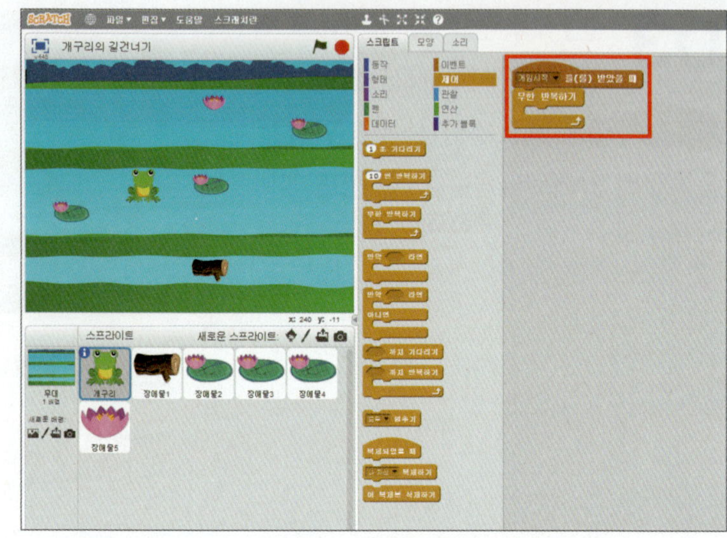

**07** Space bar 키가 눌렸는지 확인하기 위해 [제어] 팔레트의 만약 ~ 라면 명령 블록을 연결한 다음 [관찰] 팔레트의 스페이스 키를 눌렀는가? 명령 블록을 연결합니다. Space bar 키를 누르면 뛰어오르는 동안 왼쪽과 오른쪽으로 이동하는 것을 멈추기 위해 [제어] 팔레트의 모두 멈추기 명령 블록을 연결한 다음 ▼를 클릭해 '스프라이트의 다른 스크립트'를 선택합니다.

**08** 뛰어오르는 모양을 표현하기 위해 [제어] 팔레트의 10 번 반복하기 명령 블록을 연결합니다. 위쪽으로 이동하기 위해 [동작] 팔레트의 y좌표를 10 만큼 바꾸기 명령 블록을 연결한 다음 값에 '2'를 입력합니다. 뛰어오르는 동안 크기를 바꾸기 위해 [형태] 팔레트의 크기를 10 만큼 바꾸기 명령 블록을 연결한 다음 값에 '3'을 입력합니다.

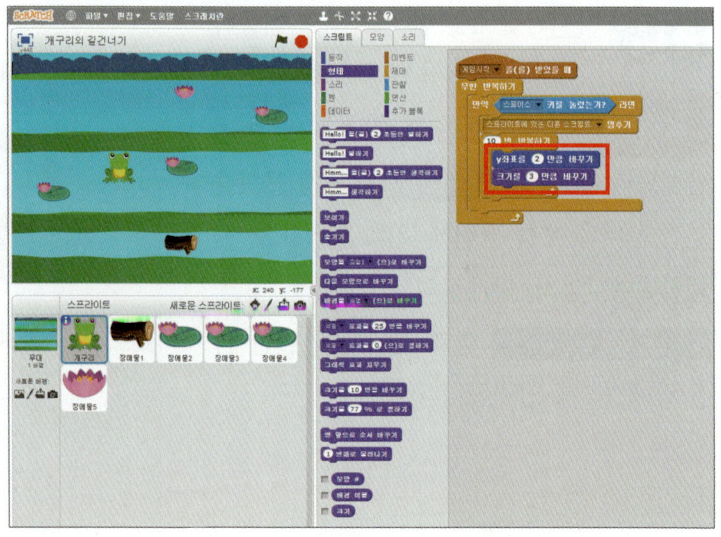

**09** 다시 내려가는 모양을 표현하기 위해 [제어] 팔레트의 [10 번 반복하기] 명령 블록을 연결합니다. [동작] 팔레트의 [y좌표를 10 만큼 바꾸기] 명령 블록을 연결하고 값에 '2'를 입력하여 위쪽으로 이동합니다. [형태] 팔레트의 [크기를 10 만큼 바꾸기] 명령 블록을 연결하고 값에 '−3'을 입력하여 원래 크기로 돌아옵니다.

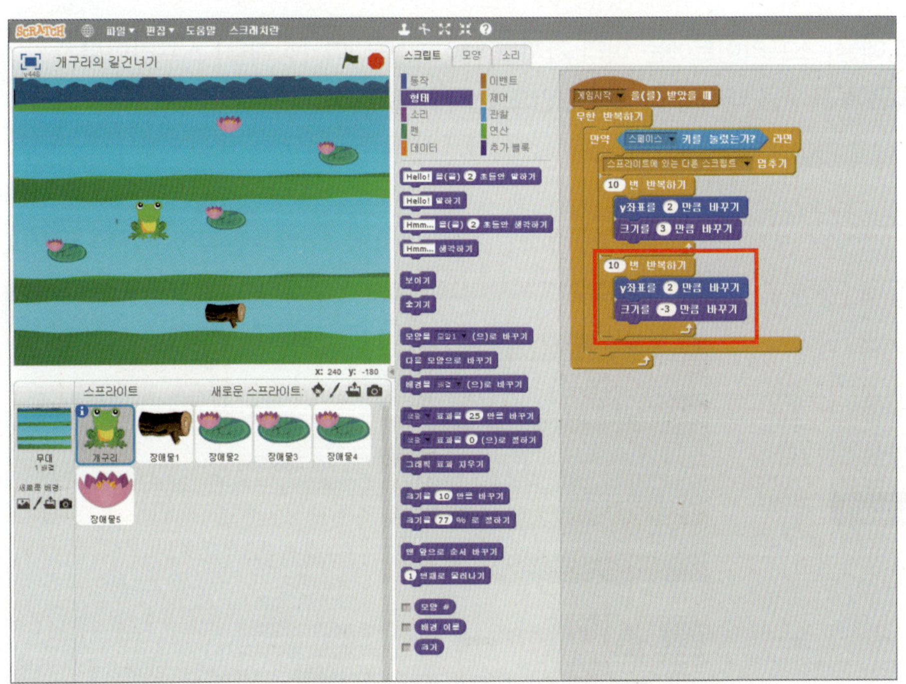



**10** ↑키 또는 ↓키를 눌러 [개구리] 스프라이트를 다시 움직일 수 있도록 [이벤트] 팔레트의 [게임시작 ▼ 방송하기] 명령 블록을 연결합니다.

# 다양한 모양으로 바뀌는
# [장애물] 스프라이트 코딩하기

[장애물] 스프라이트에는 여러 가지 모양이 있습니다. [장애물] 스프라이트가 화면에 표시될 때마다 다양한 모양으로 바뀌도록 만들겠습니다.

**01** 프로그램을 실행했을 때 [장애물 1] 스프라이트의 크기를 지정하 겠습니다. [장애물1] 스프라이트를 선택한 다음 클릭했을 때 명령 블록을 연결합니다. [형태] 팔레트의 크기를 100 % 로 정하기 명령 블록을 연결하고 값에 '50'을 입력합니다.

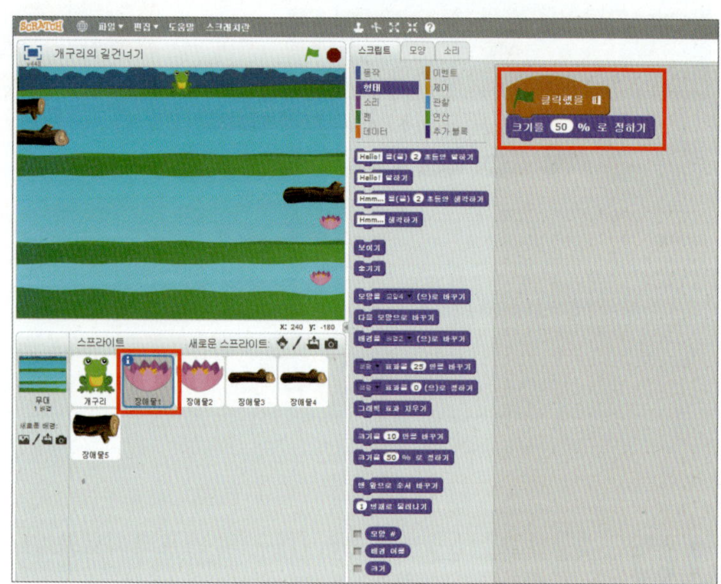

**02** [제어] 팔레트의 무한 반복하기 명령 블록을 연결합니다. [장애물1] 스 프라이트가 나타날 위치를 지정하기 위해 [동작] 팔레트의 x: 205 y: -120 로 이동하기 명 령 블록을 연결하고 값에 '240'과 '-120'을 입력합니다.

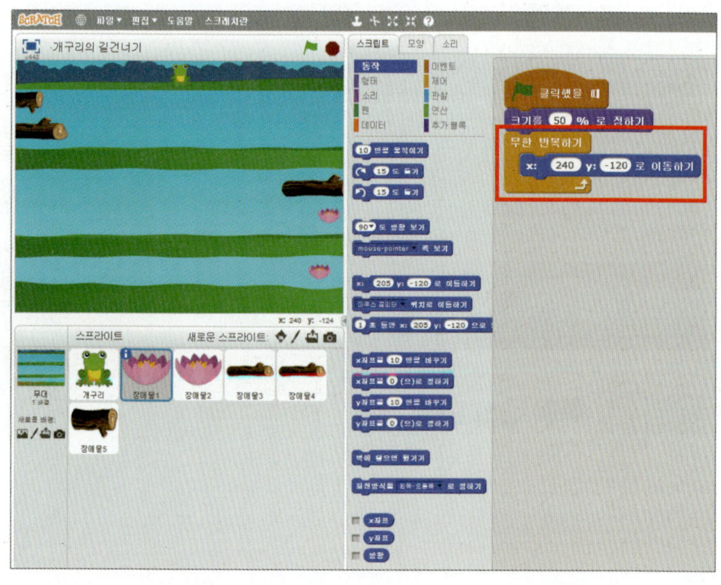

**03** [장애물1] 스프라이트의 모양을 지정하기 위해 [형태] 팔레트의 `모양을 모양4 ▼ (으)로 바꾸기` 명령 블록을 연결합니다. 모양1~모양4 중 임의의 모양으로 지정하기 위해 [연산] 팔레트의 `1 부터 10 사이의 난수` 명령 블록을 연결합니다. 그리고 '1'과 '4'를 입력합니다.

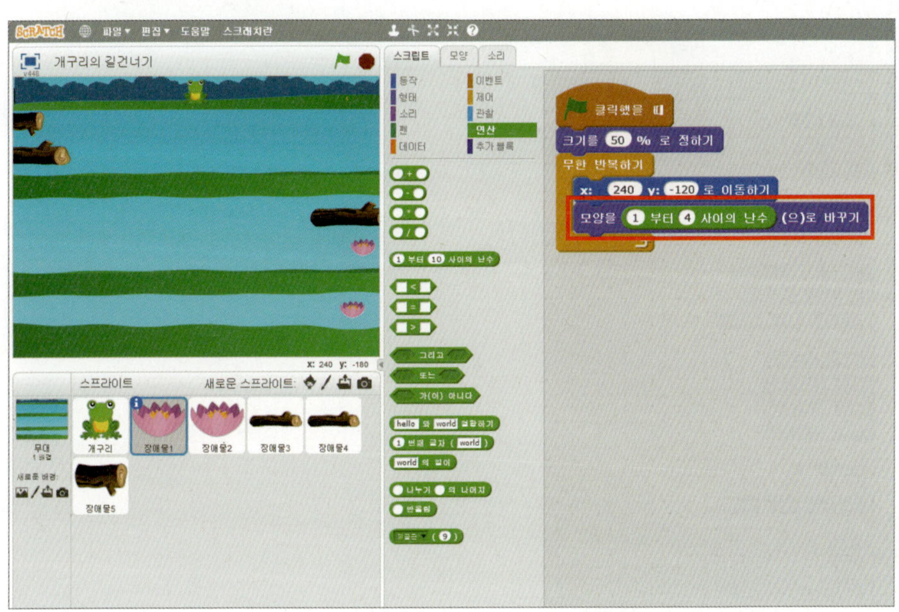

**04** [장애물1] 스프라이트의 x 좌표가 −230보다 작을 때까지 이동하기 위해 [제어] 팔레트의 `까지 반복하기` 명령 블록을 연결한 다음 [연산] 팔레트의 `◁ < ▷` 명령 블록을 연결합니다. [동작] 팔레트의 `x좌표` 명령 블록을 연결한 다음 값에 '−230'을 입력합니다.

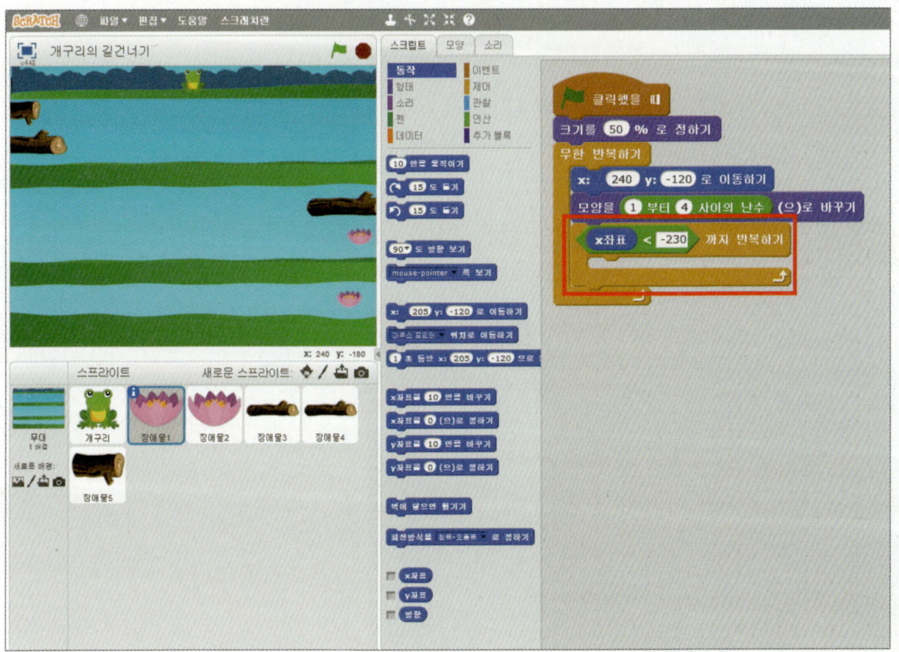

**05** [장애물1] 스프라이트가 왼쪽으로 이동할 수 있도록 [동작] 팔레트의 `x좌표를 10 만큼 바꾸기` 명령 블록을 연결한 다음 값에 '−5'를 입력합니다.

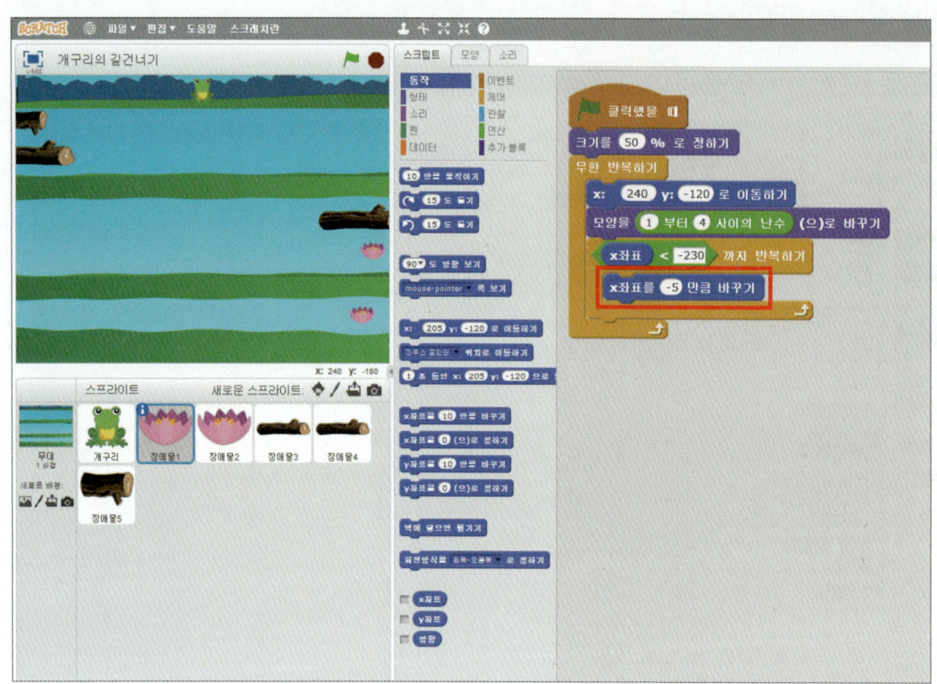

**06** ▶를 클릭해 프로그램을 실행하면 [장애물1] 스프라이트가 화면의 오른쪽에 나타나 왼쪽으로 이동하기를 계속해서 반복합니다.

# 복사를 이용하여 다양한 속도로
# 움직이는 장애물 만들기

[장애물1] 스프라이트에 코딩된 명령 블록을 다른 스프라이트에 복사한 후 값을 바꿔 코딩을 완성하겠습니다. 이 때, 움직이는 속도나 방향 등을 바꿔 다양한 장애물 스프라이트를 만들겠습니다.

**01** [장애물1] 스프라이트를 선택한 다음 완성된 스크립트를 [장애물2] 스프라이트로 드래그해 복사합니다.

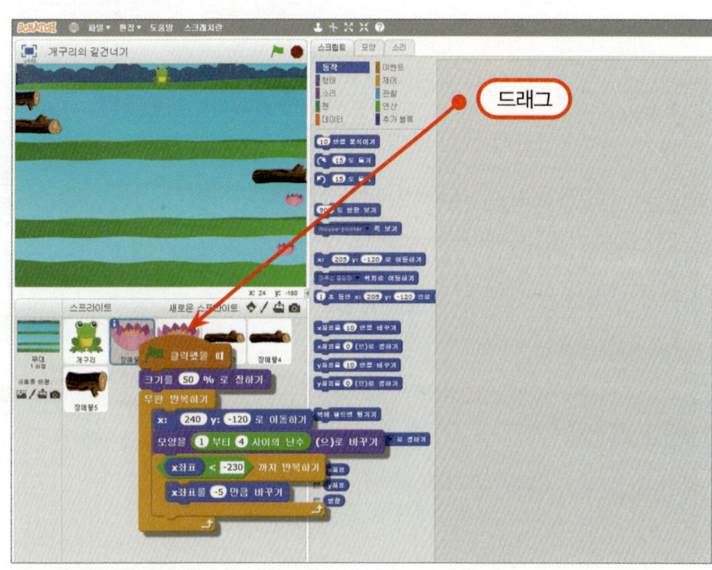

**02** [장애물2] 스프라이트를 선택한 다음 [장애물2] 스프라이트가 나타날 위치에서 y 좌표를 '-40'으로 바꿉니다. 그리고 왼쪽으로 이동하는 속도를 '-3'으로 바꿉니다.

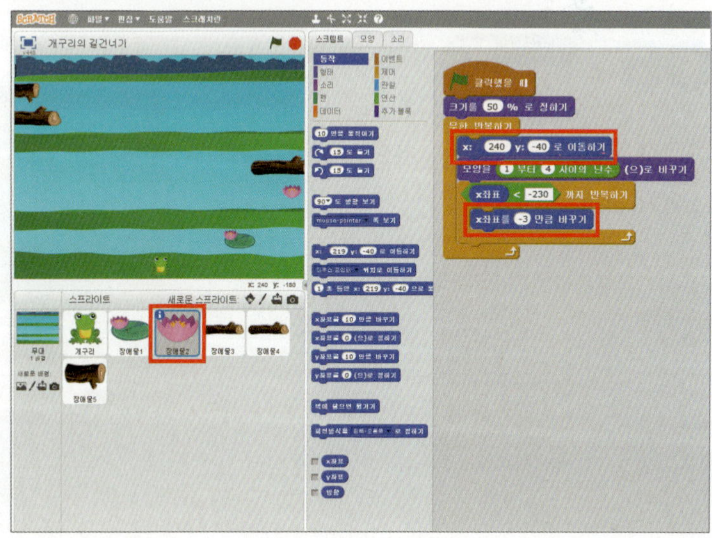

**03** [장애물2] 스프라이트의 완성된 스크립트를 [장애물3]~[장애물5] 스프라이트에 드래그해 복사합니다.

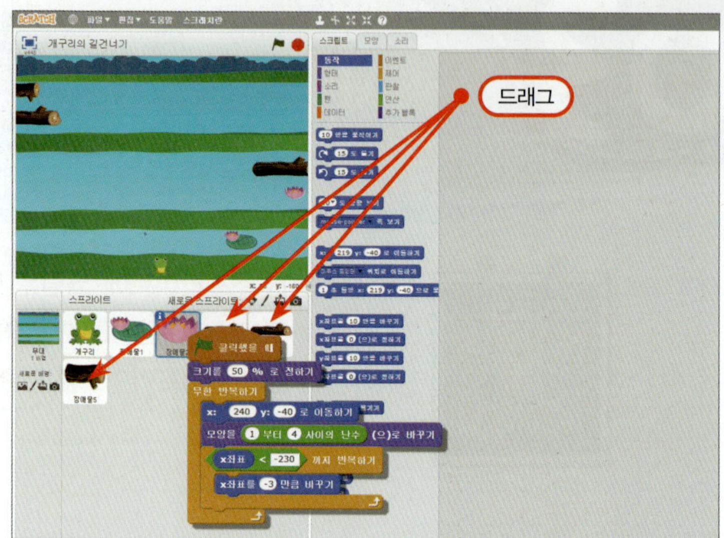


**04** [장애물3] 스프라이트는 오른쪽에서 나타나 왼쪽으로 이동하겠습니다. [장애물3] 스프라이트를 선택한 다음 나타날 위치 값에서 x 좌표를 '−240'으로 바꾸고 y 좌표를 '0'으로 바꿉니다.

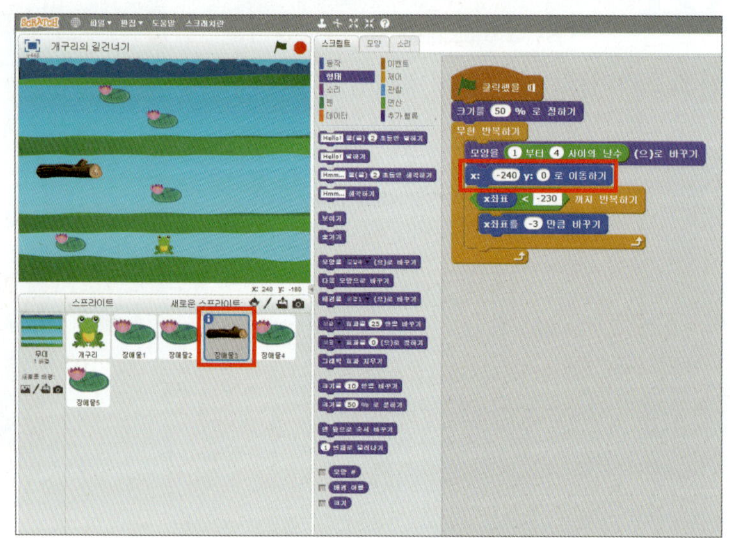

**05** x좌표 < -230 명령 블록에서 마우스 오른쪽 단추를 눌러 '>'를 선택합니다. 이렇게 하면 연산자의 모양을 바꿀 수 있습니다.

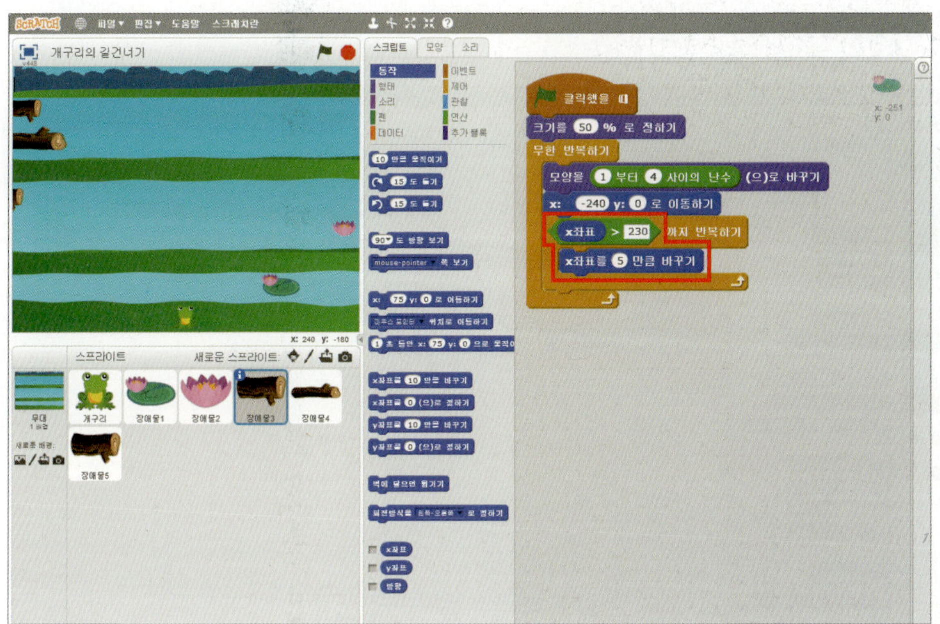

**07** [장애물4] 스프라이트는 오른쪽에서 나타나 왼쪽으로 이동하겠습니다. [장애물4] 스프라이트를 선택한 다음 나타날 위치 값에서 x 좌표를 '-240'으로 바꾸고 y 좌표를 '80'으로 바꿉니다. x좌표 < -230 명령 블록에서 마우스 오른쪽 단추를 눌러 [)]를 선택합니다. x 좌표와 비교할 값을 '230'으로 바꾼 다음 이동할 값에 '3'을 입력합니다.

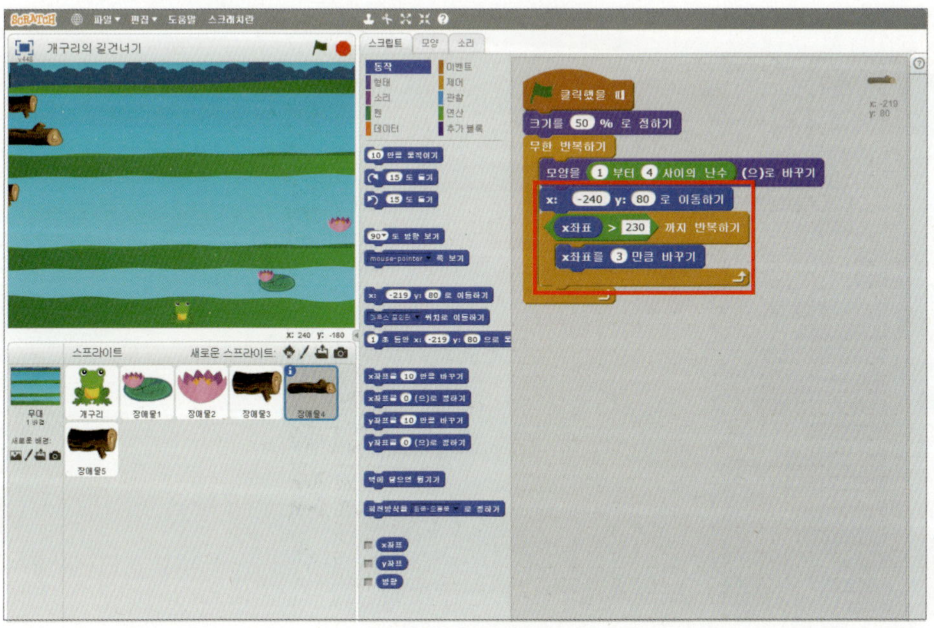

**08** [장애물5] 스프라이트는 왼쪽에서 나타나 오른쪽으로 이동하겠습니다. [장애물5] 스프라이트를 선택한 다음 나타날 위치 값에서 x 좌표를 '240'으로 바꾸고 y 좌표를 '120'으로 바꿉니다. 이동할 값에 '-2'를 입력합니다.

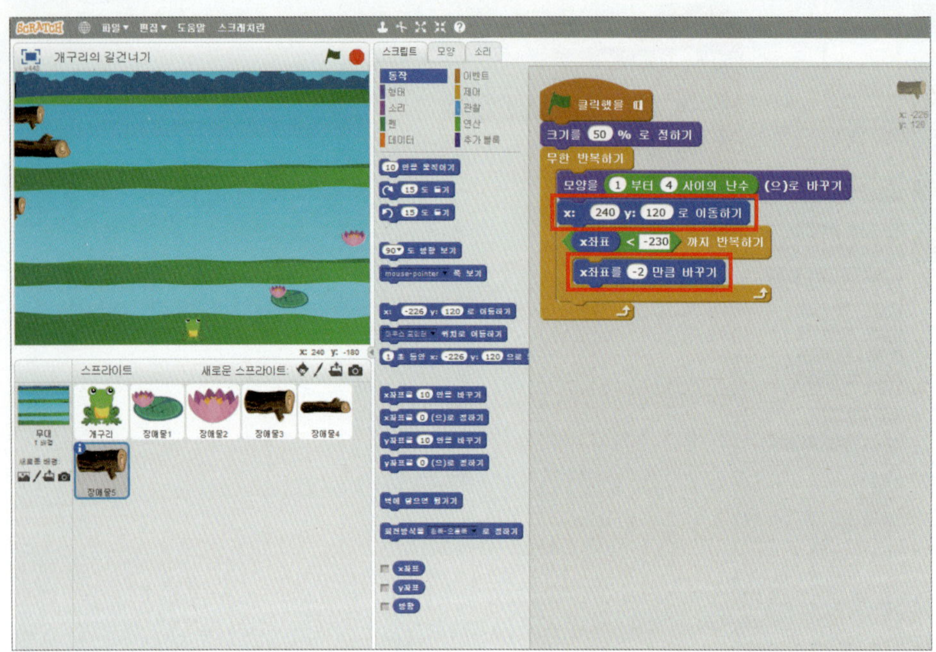

**09** 를 클릭해 프로그램을 실행하면 [장애물1]~[장애물4] 스프라이트가 다양한 속도로 움직이는 것을 알 수 있습니다.

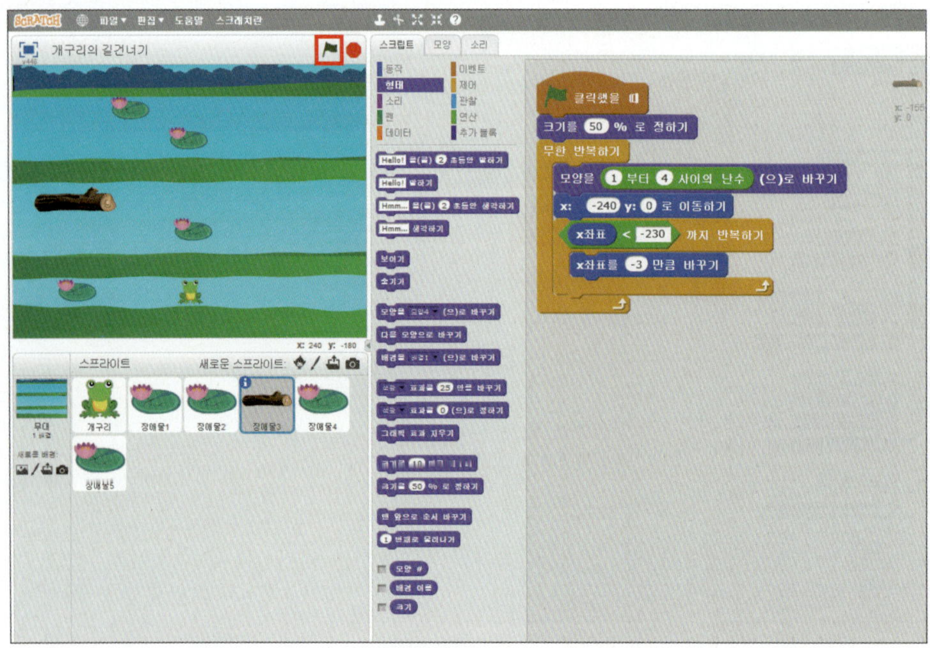

# 04

# [개구리] 스프라이트의 위치에 따라 이동하거나 종료하기

[개구리] 스프라이트가 이동했을 때 [장애물]이 아닌 다른 곳에 닿으면 프로그램을 종료하도록 하겠습니다. 그리고 [장애물] 스프라이트에 닿았다면 [장애물] 스프라이트가 이동하는 방향과 속도에 맞춰 함께 이동하도록 만들겠습니다.

**01** [개구리] 스프라이트를 선택합니다. [개구리] 스프라이트의 위치에 따라 [장애물1]~[장애물4] 스프라이트에 닿았는지 확인하기 위해 [이벤트] 팔레트의 `게임시작 ▼ 을(를) 받았을 때` 명령 블록을 연결한 다음 [제어] 팔레트의 `무한 반복하기` 명령 블록을 연결합니다.

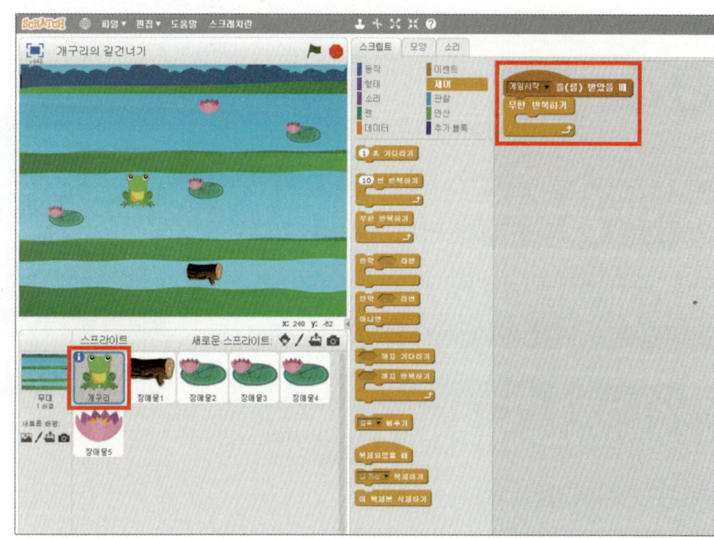

**02** [개구리] 스프라이트의 y 좌표가 '-120'인지 확인하기 위해 [제어] 팔레트의 `만약 ~라면` 명령 블록을 연결합니다. [연산] 팔레트의 `◯ = ◯` 명령 블록을 연결한 다음 [동작] 팔레트의 `y좌표` 명령 블록을 연결하고 값에 '-120'을 입력합니다.

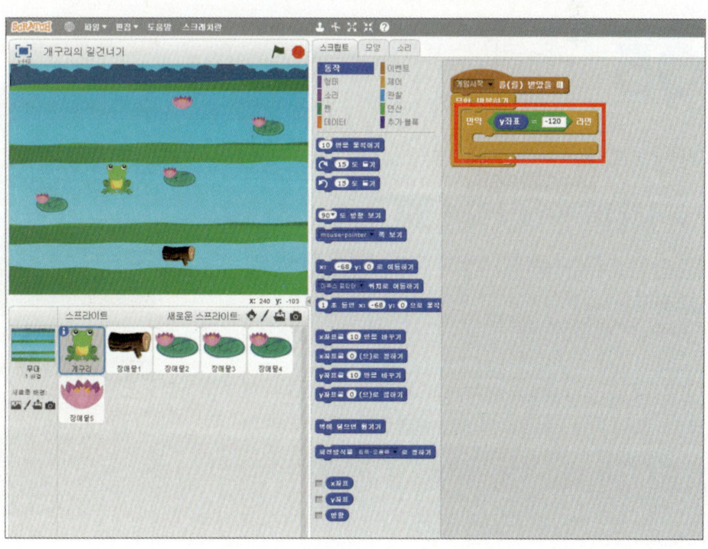

**03** [개구리] 스프라이트의 y 좌표가 '−120'일 때, [장애물1] 스프라이트에 닿았는지 확인하기 위해 [제어] 팔레트의 만약 라면 아니면 명령 블록을 연결합니다.

[관찰] 팔레트의 ▼에 닿았는가? 명령 블록을 연결한 다음 ▼를 클릭해 '장애물1'을 선택합니다.

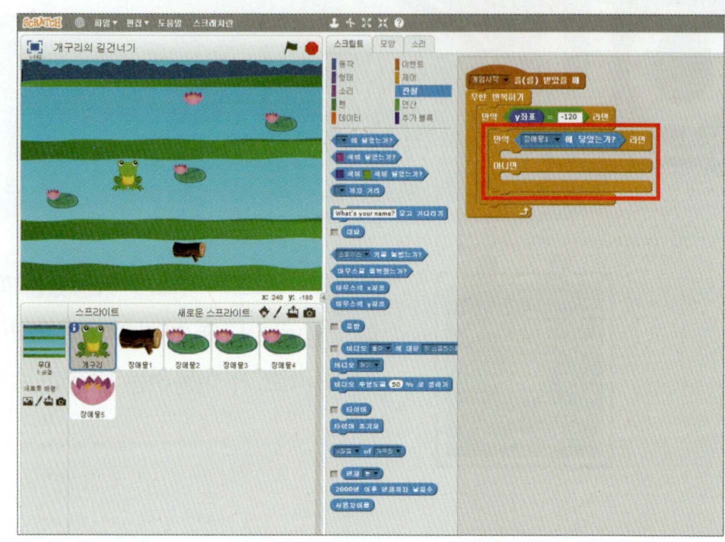

**04** [장애물1] 스프라이트에 닿았다면 [장애물1] 스프라이트의 이동속도에 맞춰 움직이기 위해 [동작] 팔레트의 x좌표를 10 만큼 바꾸기 명령 블록을 연결한 다음 값에 '−5'를 입력합니다. [개구리] 스프라이트의 y 좌표가 '−120'이지만, [장애물1] 스프라이트에 닿지 않았다면 프로그램을 종료하기 위해 [제어] 팔레트의 모두 ▼ 멈추기 명령 블록을 연결합니다.

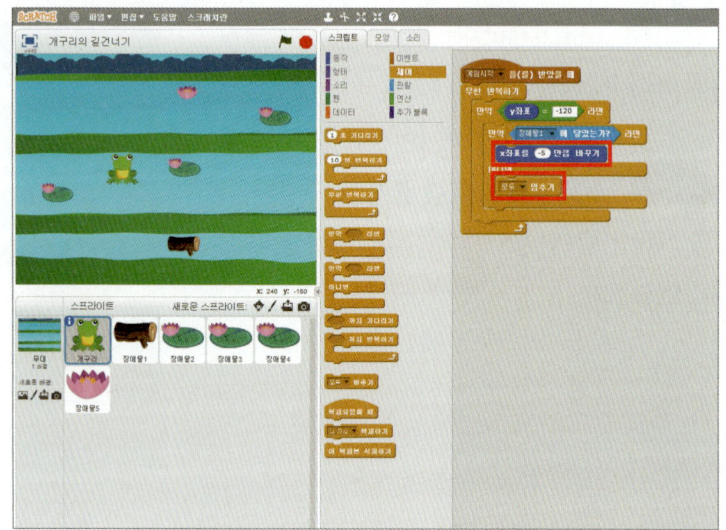

**05** [개구리] 스프라이트의 y 좌표가 '−40'인지 확인하기 위해 [제어] 팔레트의 만약 라면 명령 블록을 연결합니다. [연산] 팔레트의 =  명령 블록을 연결한 다음 [동작] 팔레트의 y좌표 명령 블록을 연결하고 값에 '−40'을 입력합니다.

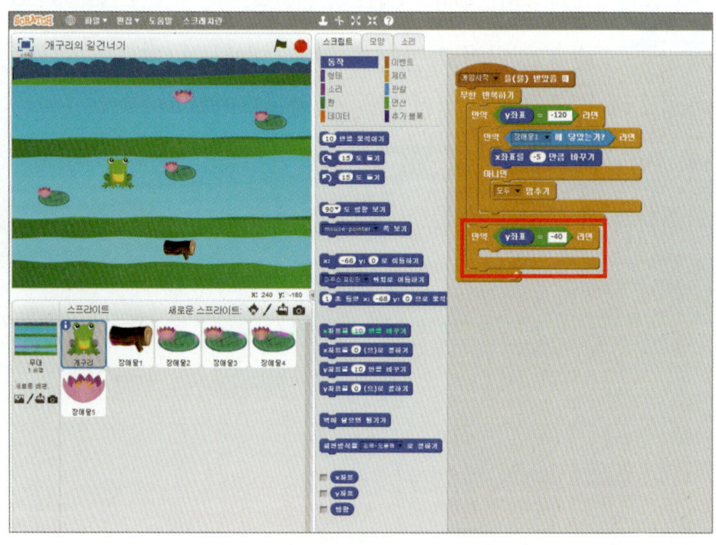

**06** [개구리] 스프라이트의 y 좌표가 '-40'일 때, [장애물2] 스프라이트에 닿았는지 확인하기 위해 [제어] 팔레트의 ⟨만약 ~라면 / 아니면⟩ 명령 블록을 연결합니다.

[관찰] 팔레트의 ⟨▼에 닿았는가?⟩ 명령 블록을 연결한 다음 ▼를 클릭해 '장애물2'를 선택합니다.

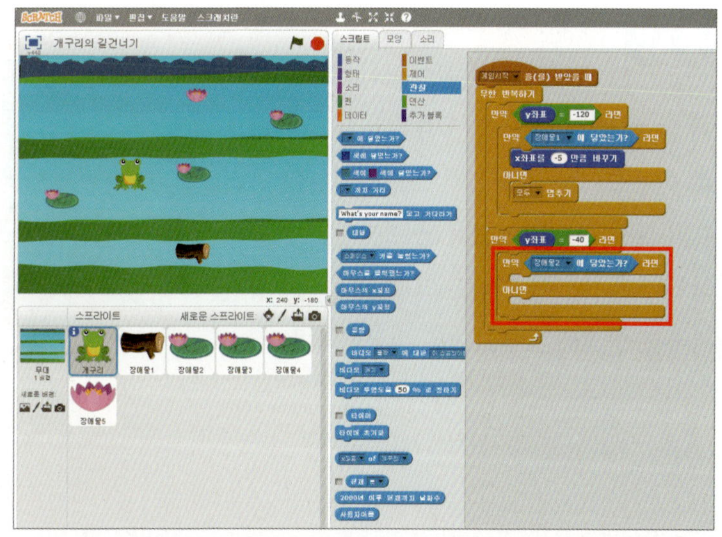

**07** [장애물2] 스프라이트에 닿았다면 [장애물2] 스프라이트와 함께 움직이도록 [동작] 팔레트의 ⟨x좌표를 10 만큼 바꾸기⟩ 명령 블록을 연결하고 값에 '-3'을 입력해 왼쪽으로 이동합니다. [장애물2] 스프라이트에 닿지 않았다면 프로그램을 종료하기 위해 [제어] 팔레트의 ⟨모두▼ 멈추기⟩ 명령 블록을 연결합니다.

**08** [개구리] 스프라이트의 y 좌표가 0일 때, [장애물3] 스프라이트에 닿았다면 x 좌표를 5만큼 바꿔 이동하도록 코딩합니다. y 좌표가 0일 때, [장애물3] 스프라이트에 닿지 않았다면 [제어] 팔레트의 ⟨모두▼ 멈추기⟩ 명령 블록을 연결해 프로그램을 종료합니다.

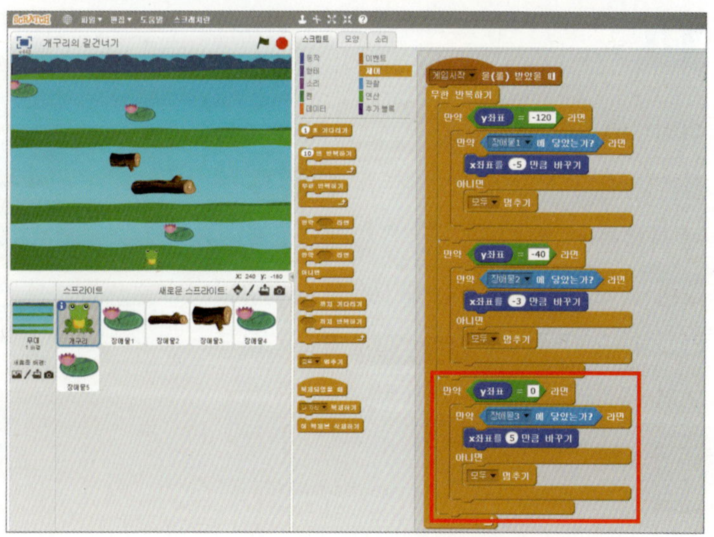

**09** [개구리] 스프라이트의 y 좌표가 '80'일 때, [장애물4] 스프라이트에 닿았다면 x 좌표를 '3'만큼 바꿔 오른쪽으로 이동합니다. [개구리] 스프라이트의 y 좌표가 '80'이고 [장애물4] 스프라이트에 닿지 않았다면 [제어] 팔레트의 모두 멈추기 명령 블록을 연결해 프로그램을 종료합니다.

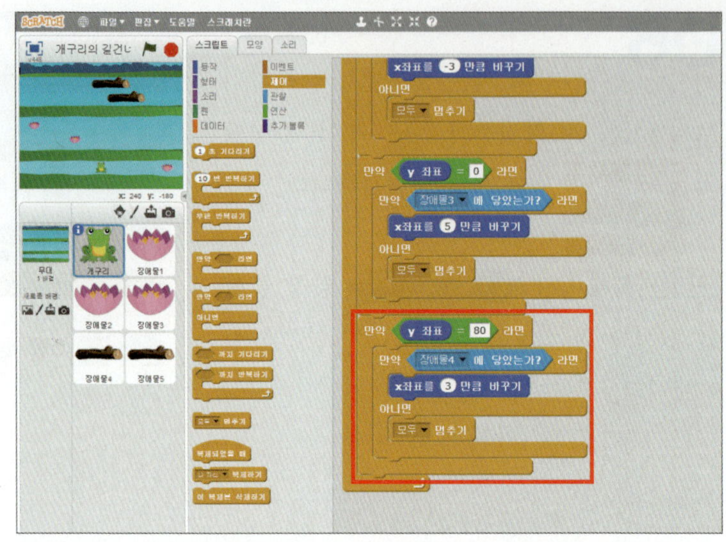

**10** [개구리] 스프라이트의 y 좌표가 '120'일 때, [장애물5] 스프라이트에 닿았다면 x 좌표를 '−2'만큼 바꿔 왼쪽으로 이동합니다. [개구리] 스프라이트의 y 좌표가 '120'이고 [장애물5] 스프라이트에 닿지 않았다면 [제어] 팔레트의 모두 멈추기 명령 블록을 연결해 프로그램을 종료합니다.

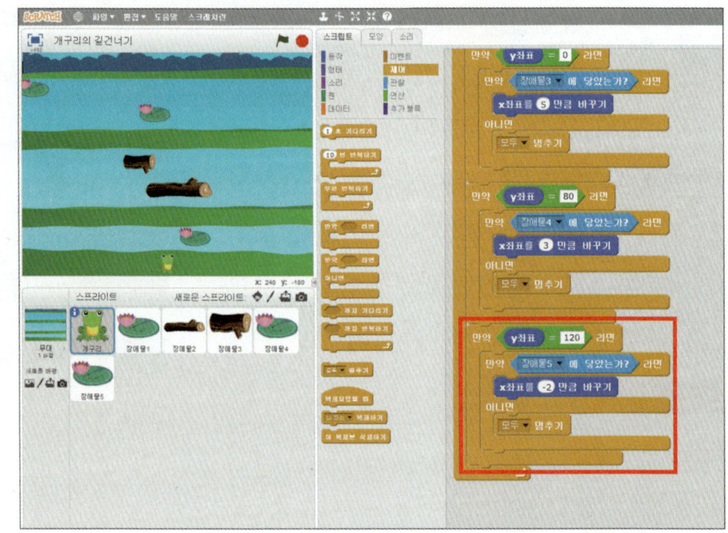

**11** [개구리] 스프라이트의 y 좌표가 '160'이면 프로그램을 종료하기 위해 [제어] 팔레트의 만약 라면 명령 블록을 연결합니다. [연산] 팔레트의 =  명령 블록을 연결한 다음 [동작] 팔레트의 y좌표 명령 블록을 연결하고 값에 '160'을 입력합니다. [제어] 팔레트의 모두 멈추기 명령 블록을 연결해 프로그램을 종료합니다.

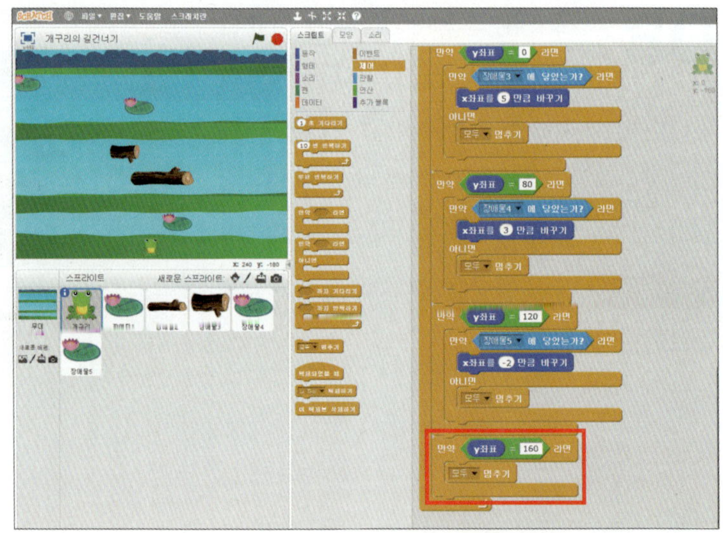

# 05 효과음 삽입과 편집하기

효과음은 스크래치에 미리 준비되어 있는 다양한 소리를 이용하여 소리를 편집하겠습니다. 그리고 다양한 소리를 한 번에 재생하여 재미있는 소리를 만들어 보겠습니다.

**01** [개구리] 스프라이트를 선택한 다음 [소리] 탭의 [저장소에서 소리 선택( )]을 클릭합니다.

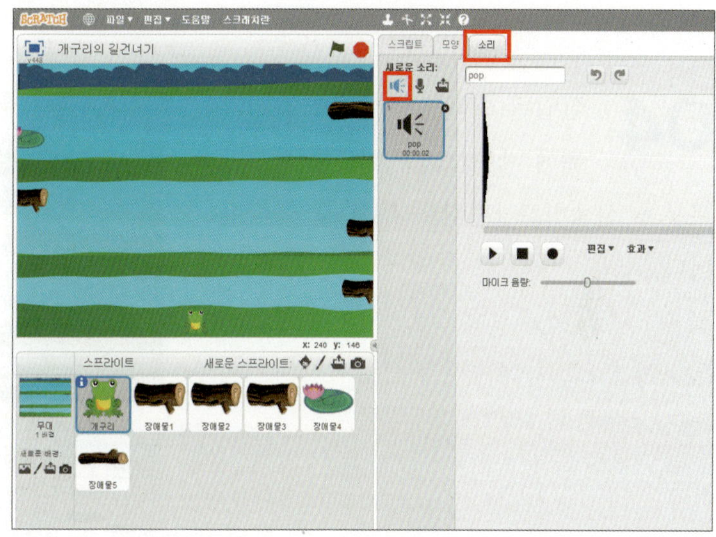

**02** [소리 저장소] 창이 나타나면 삽입할 소리를 선택하고 [확인]을 클릭합니다.

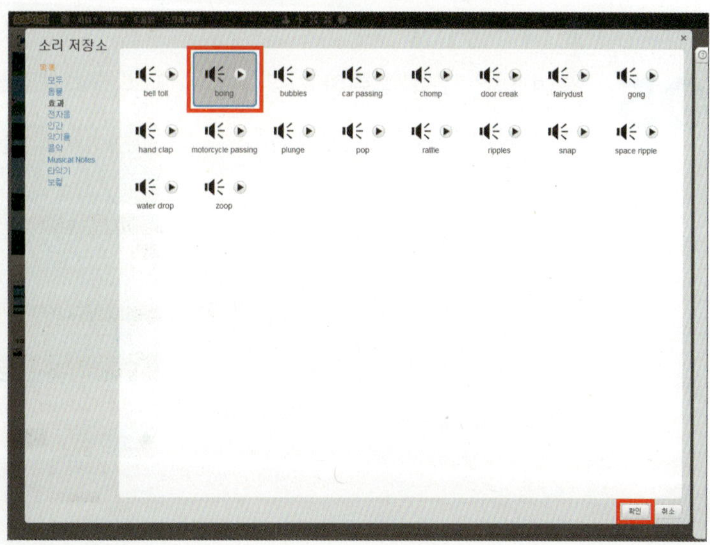

**03** 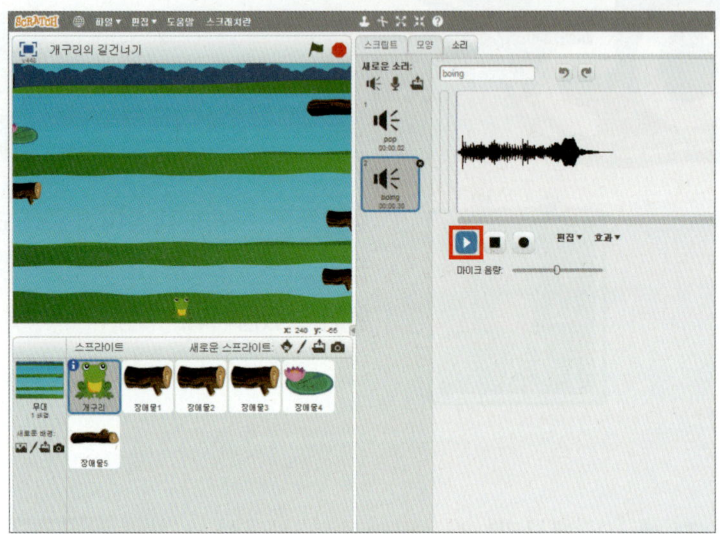를 클릭해 삽입된 소리를 들어봅니다.

**04** 삽입된 소리를 복사해서 늘리기 위해 마우스로 드래그해 복사할 부분을 선택하고 [편집]-[복사]를 클릭합니다.

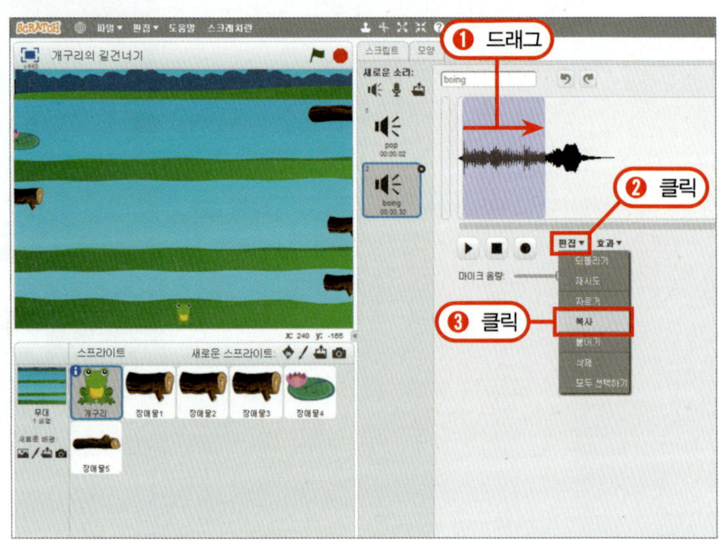


**05** 붙여 넣을 곳을 클릭한 다음 [편집]-[붙이기]를 클릭합니다.

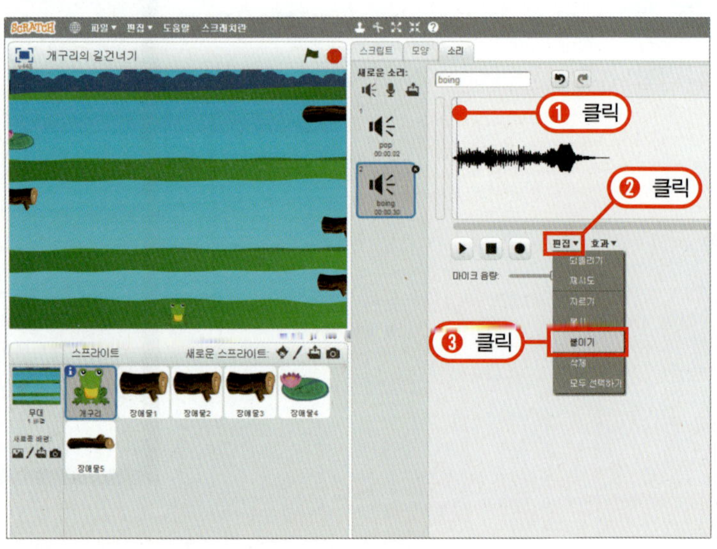

**06** 복사한 부분이 삽입됩니다. ▶ 를 클릭해 어떤 소리가 나는 지 들어봅니다. 소리가 짧으면 [붙이기]를 선 택해 복사해 놓았던 부분을 붙여 넣습니다.

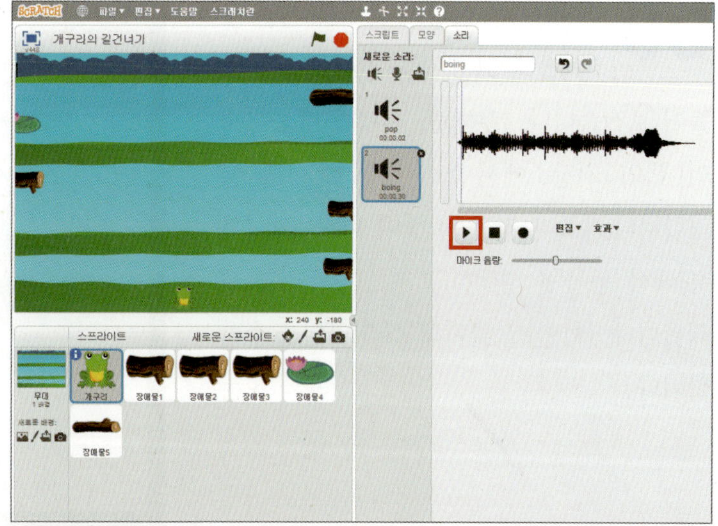

**07** 편집된 소리를 삽입하기 위해 [소리] 팔레트의 boing 재생하기 명령 블록을 연결합니다.

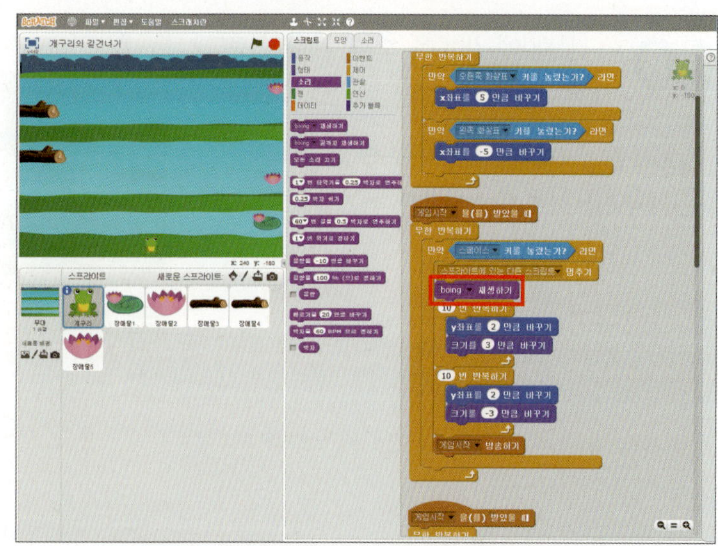

**08** 프로그램을 실행해 Space bar 키 를 누르면 편집했던 소리가 재생 됩니다.

**09** 이번에는 다양한 소리를 시간 간격을 두고 재생하여 배경음을 만들어 보겠습니다. [무대]를 선택한 다음 [소리] 탭의 [저장소에서 소리 선택( )]을 클릭합니다. [소리 저장소] 창이 나타나면 [목록]에서 '동물'을 선택하고 재생할 소리를 선택합니다. [확인]을 클릭해 소리 파일을 추가합니다.

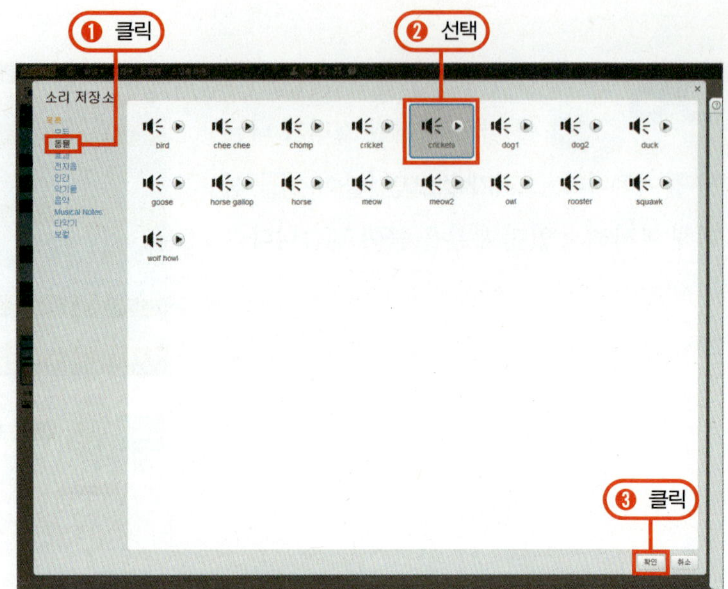

**10** [무대]에 새로운 소리 파일이 추가되었습니다. [소리] 파일은 무대 또는 스프라이트마다 각각 추가되기 때문에 [개구리] 스프라이트에서 추가했던 소리 파일은 나타나지 않습니다.

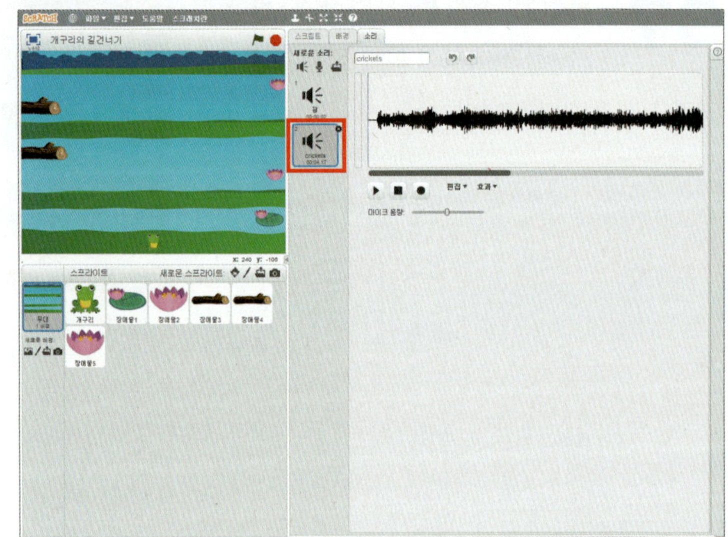

**11** 같은 방법으로 여러 개의 소리 파일을 추가합니다. 여기에서는 'crickets', 'cricket', 'rooster' 소리 파일을 추가했습니다.

**tip**

'crickets'은 여러 마리의 귀뚜라미 소리이며, 'cricket'은 한 마리의 귀뚜라미 소리, 'rooster'는 닭울음 소리입니다.

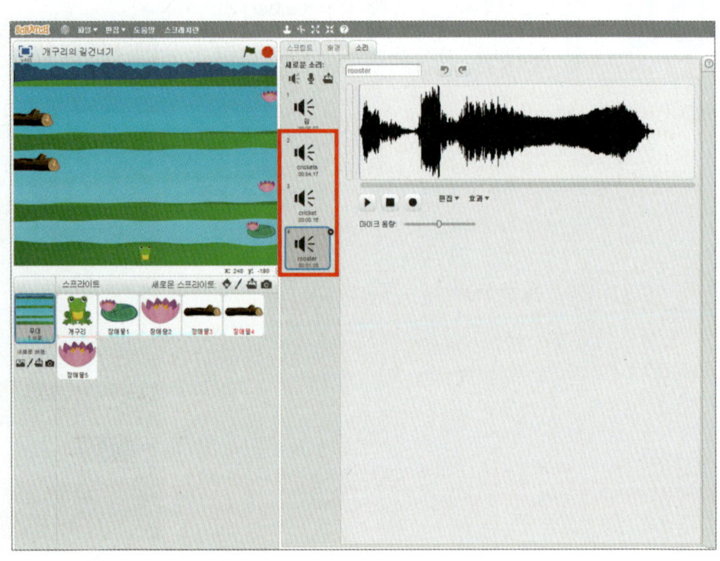

**12** 소리 파일을 재생하기 위해 [이벤트] 팔레트의 클릭했을 때 명령 블록을 연결한 다음 [제어] 팔레트의 무한 반복하기 명령 블록을 연결합니다. [소리] 팔레트의 rooster 끝까지 재생하기 명령 블록을 연결한 다음 ▼를 클릭해 'crickets'를 선택합니다.

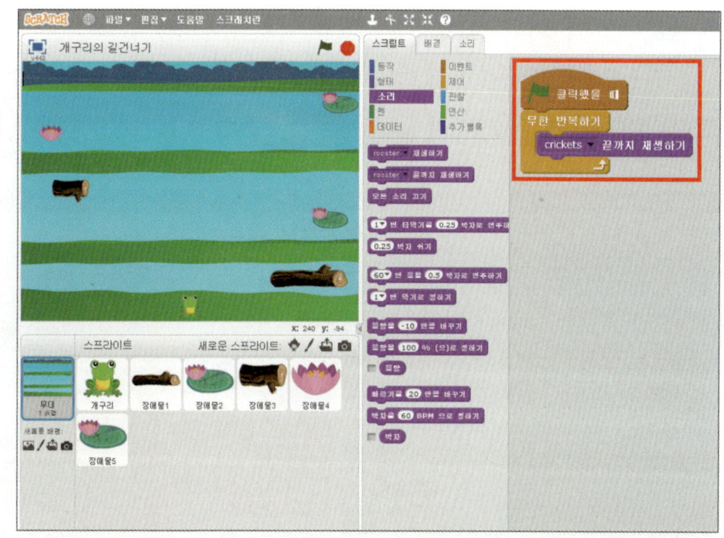

**13** 소리 파일을 재생하기 위해 [이벤트] 팔레트의 클릭했을 때 명령 블록을 연결한 다음 [제어] 팔레트의 무한 반복하기 명령 블록을 연결합니다.

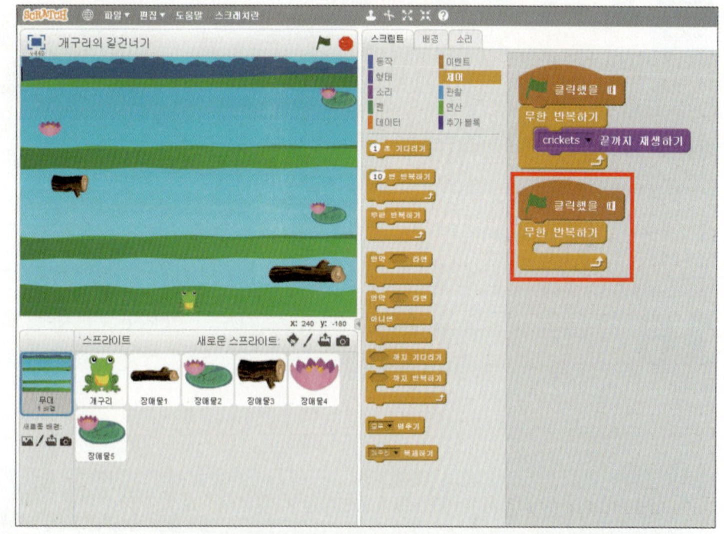

**14** 일정한 시간을 두고 재생하기 위해 [제어] 팔레트의 1 초 기다리기 명령 블록을 연결합니다. [연산] 팔레트의 1 부터 10 사이의 난수 명령 블록을 연결한 다음 값에 '2'와 '4'를 입력합니다. [소리] 팔레트의 rooster 재생하기 명령 블록을 연결한 다음 ▼를 클릭해 'cricket'를 선택합니다.

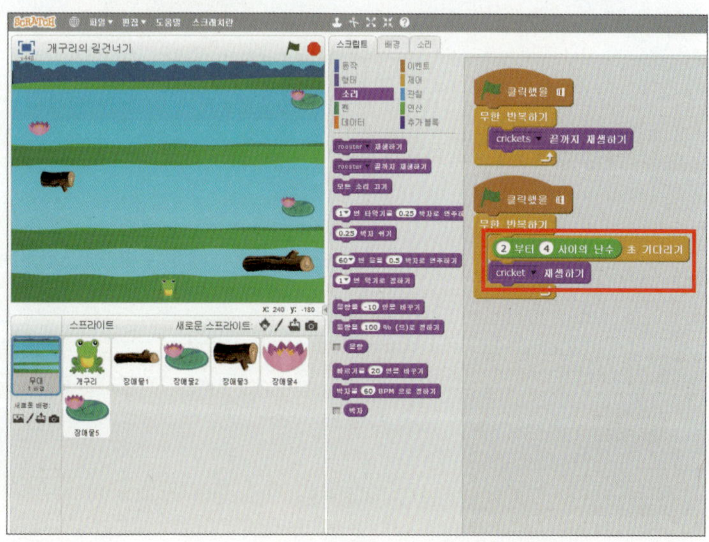

**15** 일정한 시간을 두고 재생하기 위해 [제어] 팔레트의 `1 초 기다리기` 명령 블록을 연결합니다. [연산] 팔레트의 `1 부터 10 사이의 난수` 명령 블록을 연결한 다음 값에 '5'와 '8'을 입력합니다. [소리] 팔레트의 `rooster 재생하기` 명령 블록을 연결합니다.

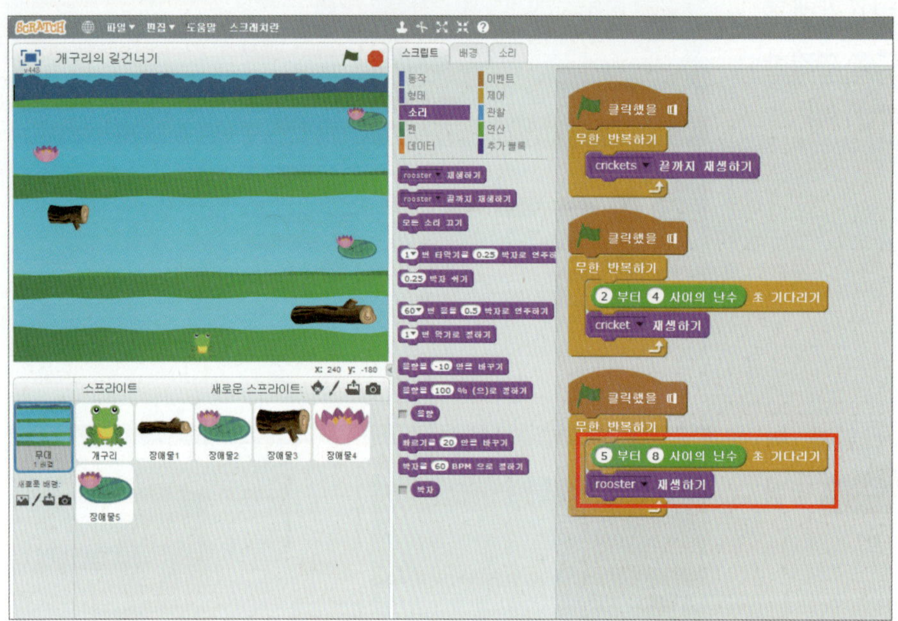

**16** 프로그램을 실행하면 배경 소리로 'crickets'가 재생되고 가끔씩 'cricket' 소리와 'rooster' 소리가 재생됩니다.

# Chapter 5

# 풍선 터트리기

풍선 터트리기는 하나의 풍선을 화살로 맞히면 풍선이 터지면서 두 개의 풍선이 나오는 프로그램입니다. 계속해서 풍선을 터트릴 때마다 두 개의 풍선이 나타나며 가장 작은 풍선까지 모두 터트리면 프로그램이 종료됩니다. 풍선이 터지고 새로운 풍선이 나타나는 위치는 풍선이 터질 때의 위치와 같게 지정하겠습니다. 그리고 풍선이 바닥에 튕겨져 올라가는 것은 포물선 운동을 이용하여 코딩하겠습니다.

**예제 파일**  **풍선 터트리기.sb2**

**완성 파일**  **풍선 터트리기(완성).sb2**

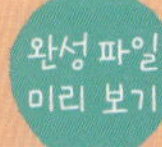

## Q 어떤 것을 할 수 있나요?

- 스프라이트의 움직임을 포물선 모양으로 만들 수 있습니다.
- 스프라이트를 복제할 수 있습니다.
- 특정 스프라이트가 모두 없어졌는지 확인할 수 있습니다.

# 키보드로 움직이는
# [사람] 스프라이트 코딩하기

[사람] 스프라이트는 사용자가 키보드를 이용해 움직이도록 코딩하겠습니다.
왼쪽과 오른쪽으로만 움직일 것이므로 x 좌표를 이용하여 코딩하겠습니다.

**01** ←키와 →키를 누르면 왼쪽과 오른쪽으로 이동하겠습니다. [이벤트] 팔레트의 클릭했을 때
명령 블록을 연결한 다음 [제어] 팔레트의 무한 반복하기 명령 블록을 연결합니다.

**02** ┤키가 눌렸는지 확인하기 위해 [제어] 팔레트의 (만약 ～라면) 명령 블록을 연결합니다. [관찰] 팔레트의 (스페이스▼ 키를 눌렀는가?) 명령 블록을 연결한 다음 ▼를 클릭해 '오른쪽 화살표'를 선택합니다. ┤키를 누르면 오른쪽으로 이동하기 위해 [동작] 팔레트의 (x좌표를 10 만큼 바꾸기) 명령 블록을 연결한 다음 값에 '5'를 입력합니다.

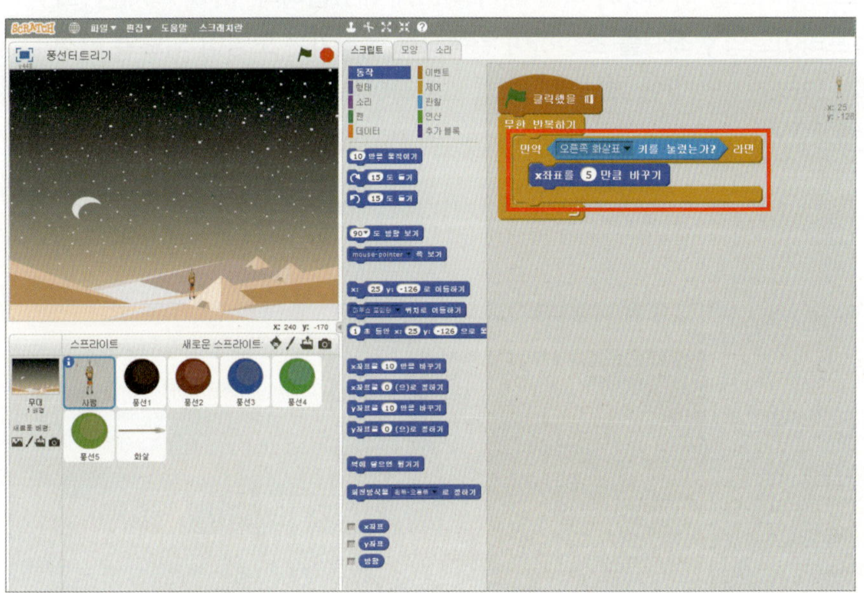

**03** ┤키가 눌렸는지 확인하기 위해 [제어] 팔레트의 (만약 ～라면) 명령 블록을 연결합니다. [관찰] 팔레트의 (스페이스▼ 키를 눌렀는가?) 명령 블록을 연결한 다음 ▼를 클릭해 '왼쪽 화살표'를 선택합니다. ┤키를 누르면 왼쪽으로 이동하기 위해 [동작] 팔레트의 (x좌표를 10 만큼 바꾸기) 명령 블록을 연결한 다음 값에 '−5'를 입력합니다.

# 02 화살 스프라이트 복제하기

화살 스프라이트를 복제하여 여러 개가 나오게 하겠습니다. 이때, 복제된 [화살] 스프라이트의 y 좌표를 조절하여 위쪽으로 올라가는 모양이 되도록 하겠습니다. 그리고 마지막에 복제된 [화살] 스프라이트의 모양만 '모양2'로 지정하겠습니다.

**01** Space bar 키를 누르면 [화살] 스프라이트를 10번 복제하겠습니다. [사람] 스프라이트를 선택한 다음 [이벤트] 팔레트의 클릭했을 때 명령 블록을 드래그합니다. [제어] 팔레트의 무한 반복하기 명령 블록을 연결합니다.

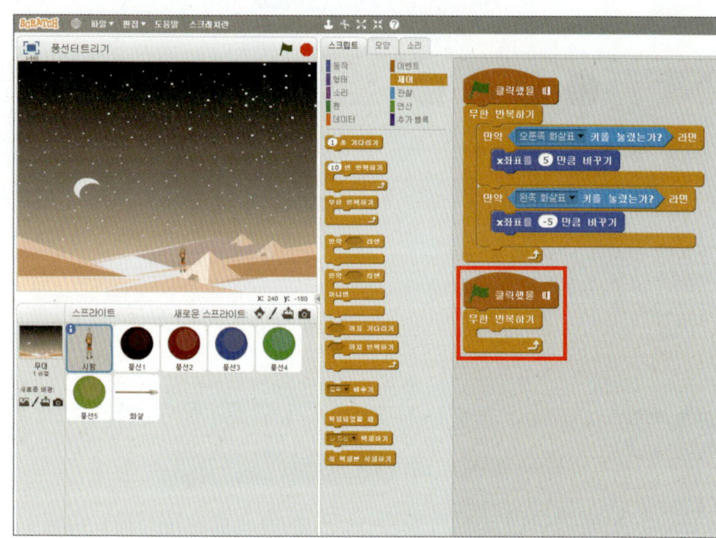

**02** [제어] 팔레트의 만약 라면 명령 블록을 연결한 다음 [관찰] 팔레트의 스페이스 키를 눌렀는가? 명령 블록을 연결합니다.

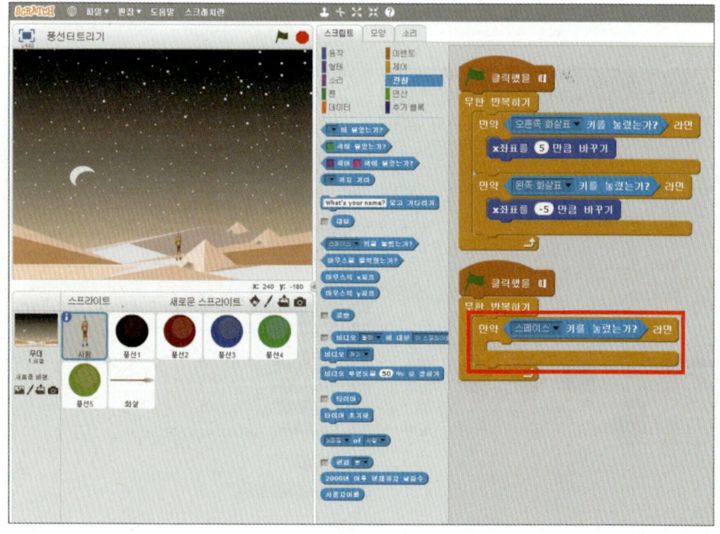

# 03

[화살] 스프라이트를 10번 복제
하기 위해 [제어] 팔레트의
`10 번 반복하기` 명령 블록을 연결합니다.
`나 자신 ▼ 복제하기` 명령 블록을 연결한 다음 ▼를
클릭해 '화살'을 선택합니다.

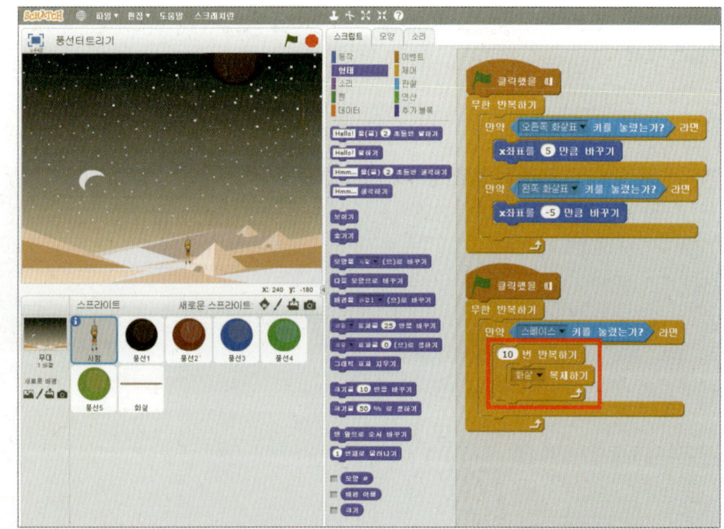

# 04

[화살] 스프라이트가 복제되면
화면에 표시하겠습니다. [화살]
스프라이트를 선택한 다음 [이벤트] 팔레트
의 `클릭했을 때` 명령 블록을 연결한 다음 [형
태] 팔레트의 `숨기기` 명령 블록을 연결합니다.

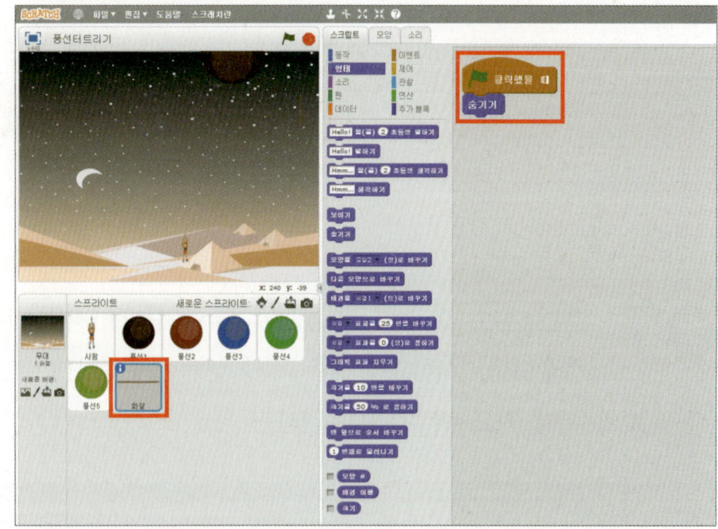

# 05

[화살] 스프라이트가 복제되면
화면에 표시하기 위해 [제어] 팔
레트의 `복제되었을 때` 명령 블록을 연결합니다.
나타날 위치를 지정하기 위해 [동작] 팔레트
의 `x: 210 y: 94 로 이동하기` 명령 블록을 연결
합니다. 숨겨진 [화살] 스프라이트를 화면에
표시하기 위해 [형태] 팔레트의 `보이기` 명령
블록을 연결합니다.

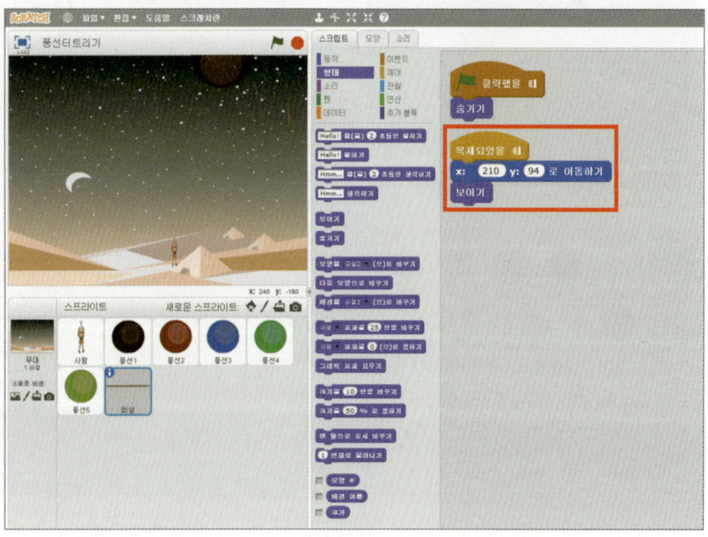

**06** 프로그램을 실행한 후 Space bar 키를 누르면 고정된 위치에 [화살] 스프라이트가 복제
되어 나타납니다.

**07** Space bar 키를 누르면 [화살] 스프라이트가 [사람] 스프라이트의 위치에 복제되도록 하
겠습니다. [사람] 스프라이트를 선택한 다음 [데이터] 팔레트의 변수 만들기 를 클릭해 '복
제x좌표'와 '복제y좌표' 변수를 만듭니다.

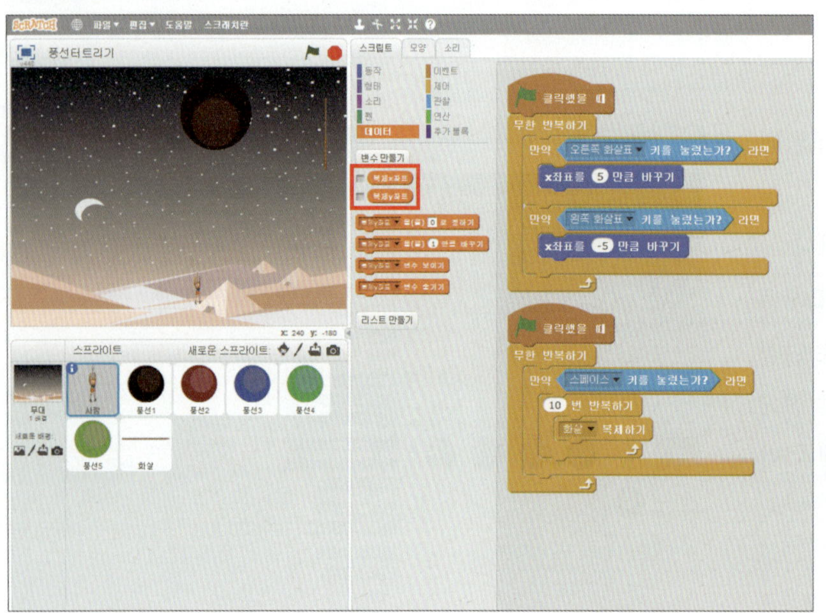



> **tip**
>
> **'복제x좌표'와 '복제y좌표' 변수**
> '복제x좌표' 변수는 [화살] 스프라이트
> 가 복제될 x 좌표로 Space bar 키를 눌
> 렀을 때 [사람] 스프라이트의 x 좌표입
> 니다. <방향키>를 누르면 [화살] 스프
> 라이트가 복제되는 동안에도 [사람] 스
> 프라이트의 x 좌표가 바뀌므로
> Space bar 키를 눌렀을 때 [사람] 스프
> 라이트의 x 좌표를 변수에 저장합니다.
> '복제y좌표' 변수는 [화살] 스프라이트
> 가 복제될 때마다 y 좌표 값을 바꾸기
> 위해 사용하는 변수입니다.

**08** [데이터] 팔레트의 복제y좌표 ▼ 을(를) 0 로 정하기 명령 블록을 드래그해 연결한 다음 ▼를 클릭해 '복제x좌표'를 선택하고 [동작] 팔레트의 x좌표 명령 블록을 연결합니다.

복제y좌표 ▼ 을(를) 0 로 정하기 명령 블록을 연결한 다음 값에 '−125'를 입력합니다.

**09** [화살] 스프라이트가 복제될 때마다 '복제y좌표' 변수의 값을 바꾸기 위해 복제y좌표 ▼ 을(를) 1 만큼 바꾸기 명령 블록을 연결한 다음 값에 '20'을 입력합니다.

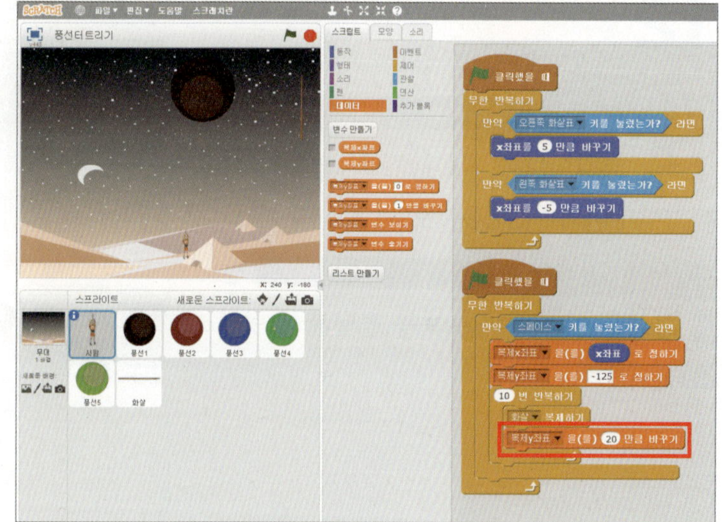

**10** [화살] 스프라이트를 선택한 다음 [데이터] 팔레트의 복제x좌표 명령 블록과 복제y좌표 명령 블록을 연결합니다. 이렇게 하면 더 이상 고정된 위치가 아닌 Space bar 키를 눌렀을 때 [사람] 스프라이트의 위치에 복제됩니다.

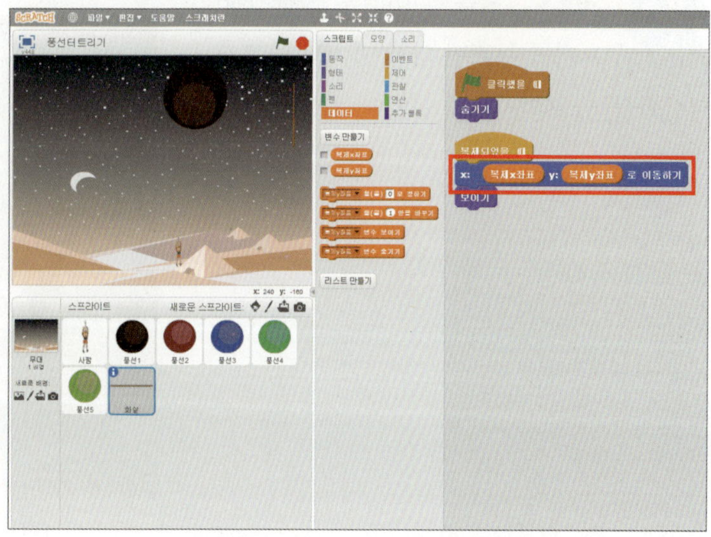

**11** 가장 마지막에 복제된 스프라이트의 모양만 '모양2'로 바꾸겠습니다. [제어] 팔레트의 만약 ~ 라면 아니면 명령 블록을 연결한 다음 [연산] 팔레트의 ◯ = ◯ 명령 블록을 연결합니다. [데이터] 팔레트의 복제y좌표 명령 블록을 연결한 다음 값에 '75'를 입력합니다.

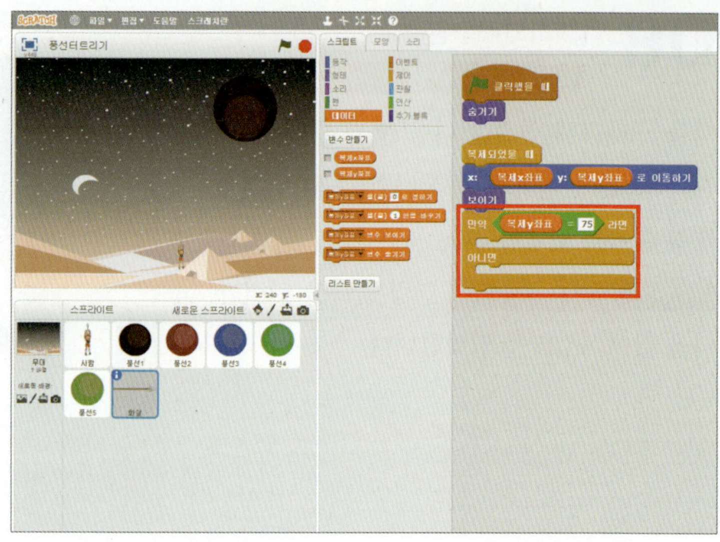

**12** '복제y좌표' 변수의 값이 '75'이면 모양을 '모양2'로 바꾸기 위해 [형태] 팔레트의 모양을 모양2 (으)로 바꾸기 명령 블록을 연결합니다. '복제y좌표' 변수의 값이 '75'가 아니면 모양을 '모양1'로 바꾸기 위해 [형태] 팔레트의 모양을 모양2 ▼ (으)로 바꾸기 명령 블록을 연결한 다음 ▼를 클릭해 '모양1'을 선택합니다.

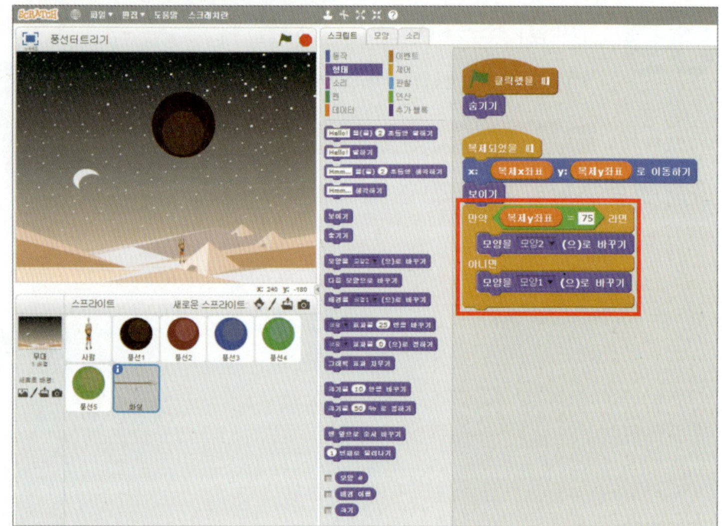

**13** 프로그램을 실행한 후 Space bar 키를 누르면 가장 마지막에 복제된 [화살] 스프라이트의 모양만 '모양2'로 바뀝니다.

**14** Space bar 키를 누르면 이전에 복제되었던 [화살] 스프라이트를 모두 지우도록 하겠습니다. [화살] 스프라이트를 선택한 다음 [이벤트] 팔레트의 `메시지1 ▼ 을(를) 받았을 때` 명령 블록을 연결합니다. ▼를 클릭한 다음 '새 메시지…'를 선택합니다. [새로운 메시지] 대화상자가 나타나면 '화살지우기'를 입력합니다. [제어] 팔레트에서 `이 복제본 삭제하기` 명령 블록을 연결해 '화살지우기'를 방송 받으면 복제된 [화살] 스프라이트를 지웁니다.

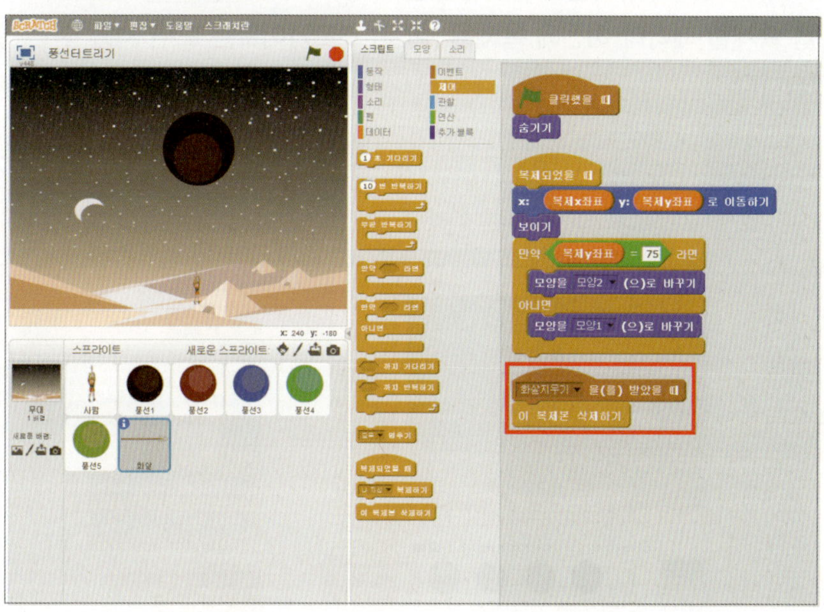

**15** Space bar 키를 누르면 복제된 [화살] 스프라이트를 지우기 위해 [사람] 스프라이트를 선택한 다음 [이벤트] 팔레트의 `화살지우기 ▼ 방송하고 기다리기` 명령 블록을 연결합니다.

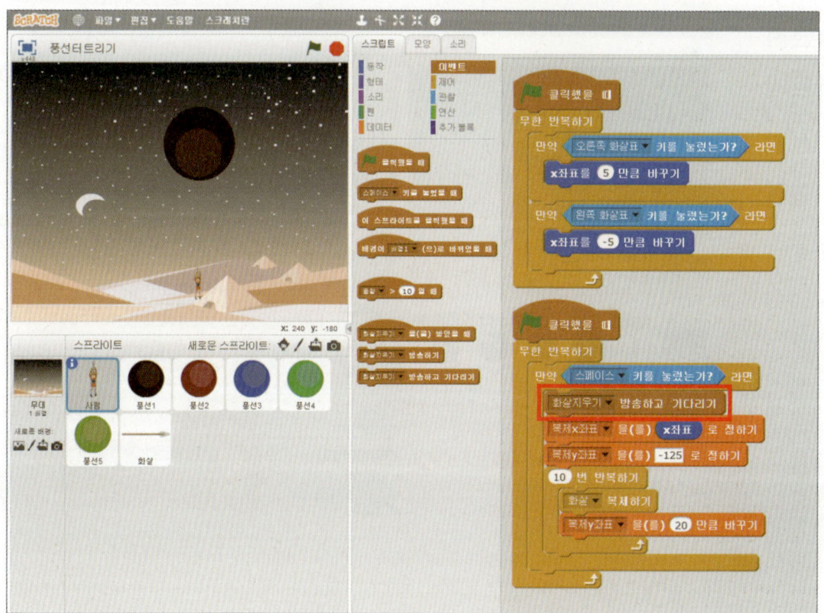

# 풍선에 닿으면 복제된 화살 지우기

하나 이상의 복제된 [화살] 스프라이트가 [풍선] 스프라이트에 닿으면 복제된 [화살] 스프라이트를 모두 화면에서 지우겠습니다. 그리고 Space bar 키를 눌러 [화살]을 복제할 때마다 이전에 복제된 [화살] 스프라이트는 모두 지울 수 있게 하겠습니다.

**01** 풍선에 닿으면 복제된 [화살] 스프라이트를 삭제하겠습니다. [화살] 스프라이트를 선택한 다음 [제어] 팔레트의 복제되었을 때 명령 블록을 연결합니다. 무한 반복하기 명령 블록을 연결합니다.

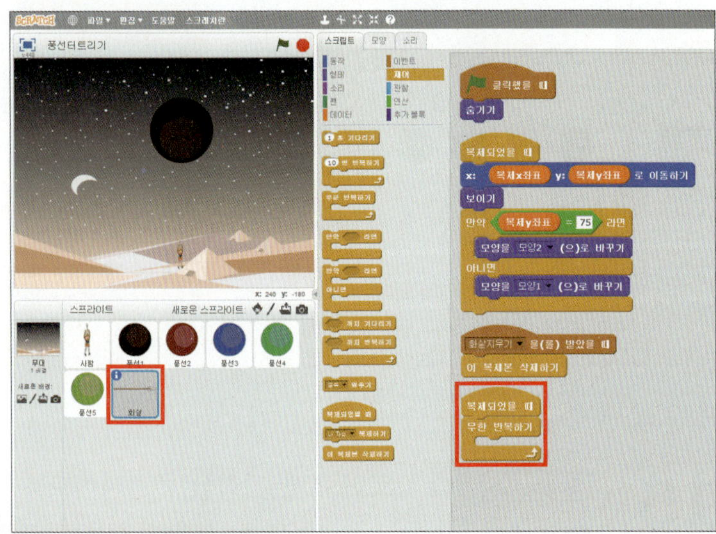

**02** [풍선1] 스프라이트에 닿았는지 확인하기 위해 [제어] 팔레트의 만약 라면 명령 블록을 연결합니다. [관찰] 팔레트의 ▼ 에 닿았는가? 명령 블록을 연결한 다음 ▼를 클릭해 '풍선1'을 선택합니다.

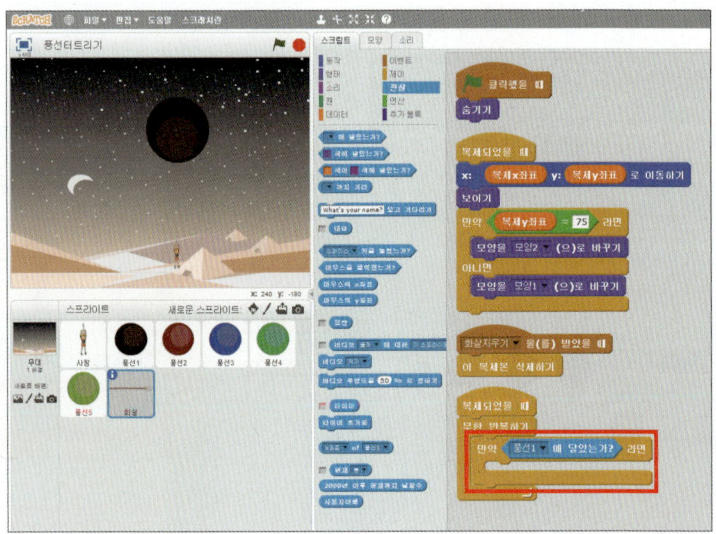

**03** [풍선1] 스프라이트에서도 [화살] 스프라이트에 닿았는지 확인하는 시간을 주기 위해 `1 초 기다리기` 명령 블록을 연결한 다음 값에 '0.1'을 입력합니다. 복제된 [화살] 스프라이트를 모두 지우기 위해 [이벤트] 팔레트의 `화살지우기 ▼ 방송하기` 명령 블록을 연결합니다.

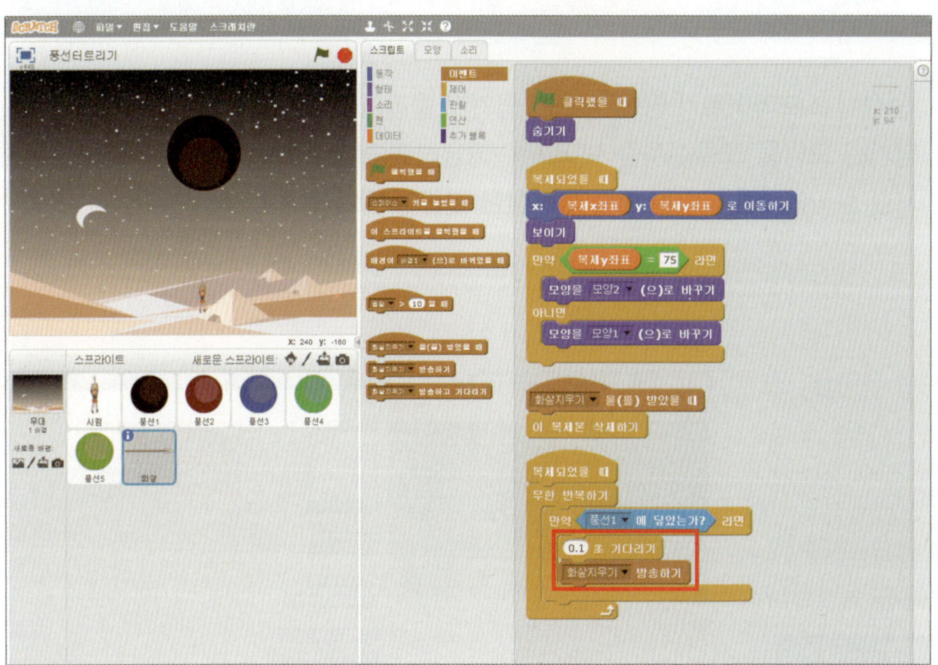

**04** 같은 방법으로 [풍선2]~[풍선5] 스프라이트에 닿으면 복제된 [화살] 스프라이트를 삭제하도록 코딩합니다.

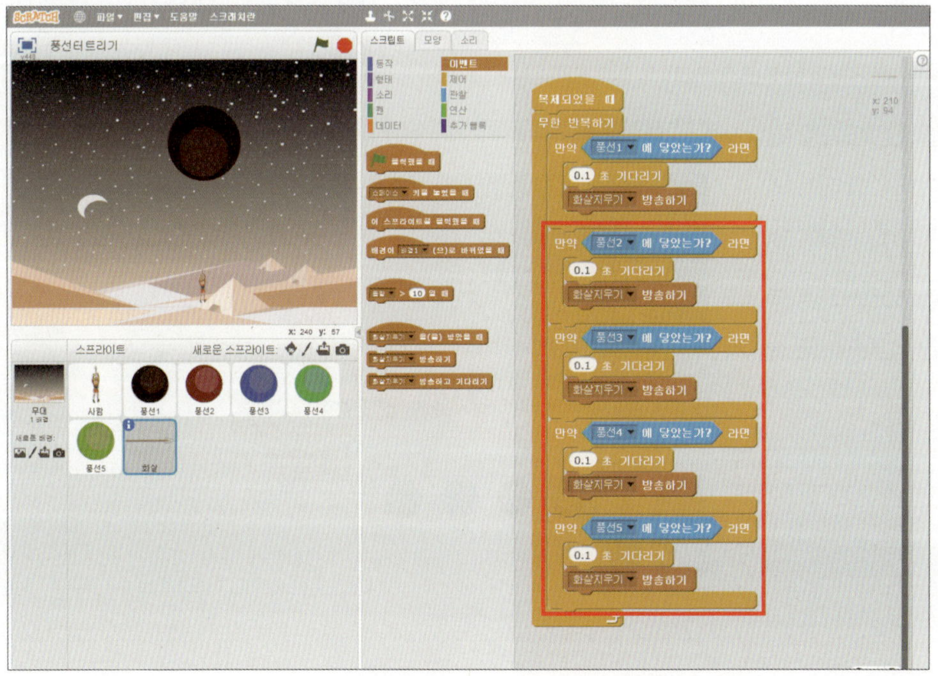

# 포물선을 그리며 움직이는
# [풍선1] 스프라이트 코딩하기

[풍선1] 스프라이트가 땅에 닿으면 튕겨져 올라가도록 만들겠습니다. 그리고 튕기는 모양을 포물선처럼 보이도록 코딩하겠습니다. 스프라이트가 포물선처럼 움직이려면 다양한 변수와 복잡한 연산이 필요합니다.

**01** 프로그램을 실행하면 [풍선1] 스프라이트가 나타날 방향을 지정하겠습니다.
[풍선1] 스프라이트를 선택한 다음 [이벤트] 팔레트의 클릭했을 때 명령 블록을 연결합니다. [동작] 팔레트의 x: 28 y: 66 로 이동하기 명령 블록을 연결하고 값에 '0'과 '0'을 입력합니다.

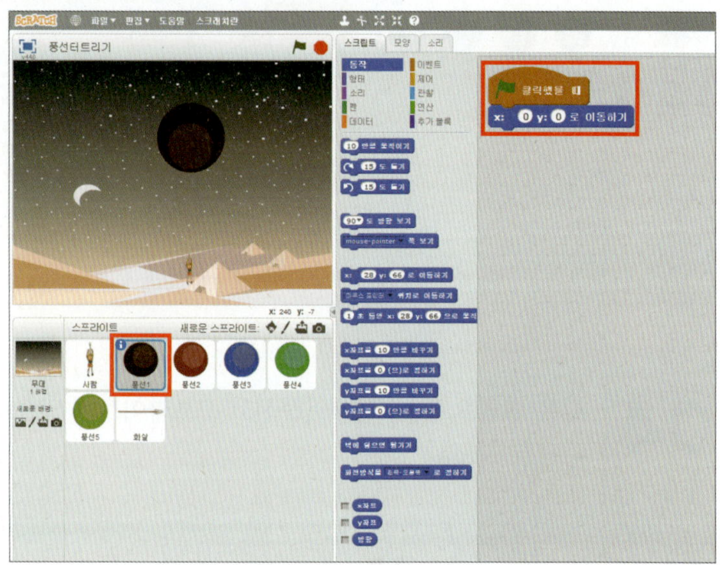

**02** 포물선 운동에 필요한 변수를 만들겠습니다. [데이터] 팔레트의 변수 만들기 를 클릭해 '시간', '힘', 'y0', '방향' 변수를 만듭니다. 이 때 만드는 변수는 모두 '이 스프라이트에서만 사용'을 선택해 만듭니다.

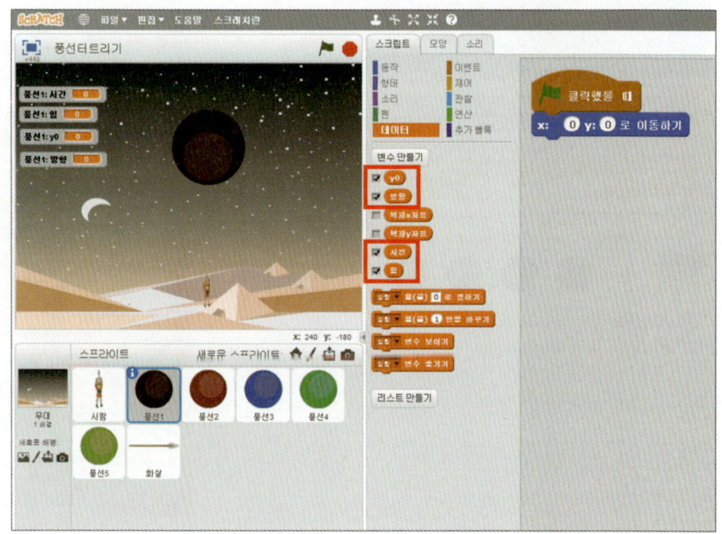

**03** [데이터] 팔레트의 `방향▼ 을(를) 0 로 정하기` 명령 블록을 연결한 다음 ▼를 클릭해 '방향'을 선택하고 값에 '1'을 입력합니다. [형태] 팔레트의 `보이기` 명령 블록을 연결합니다.

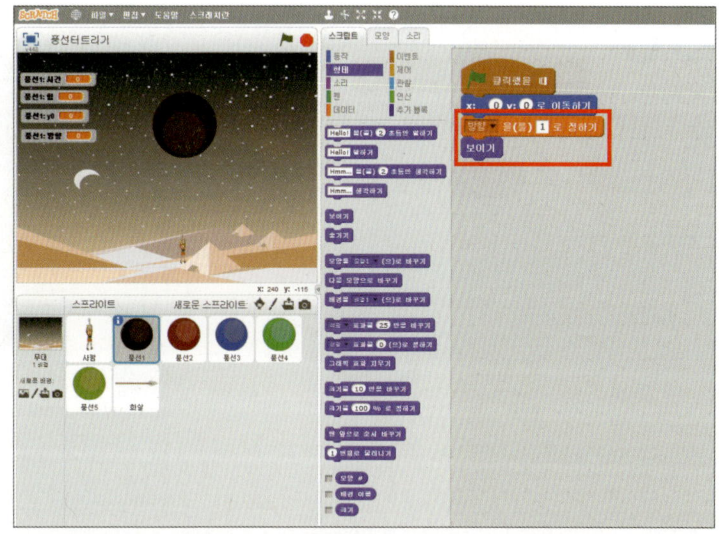

**04** 포물선 운동을 시작하기 위해 [제어] 팔레트의 `무한 반복하기` 명령 블록을 연결합니다.

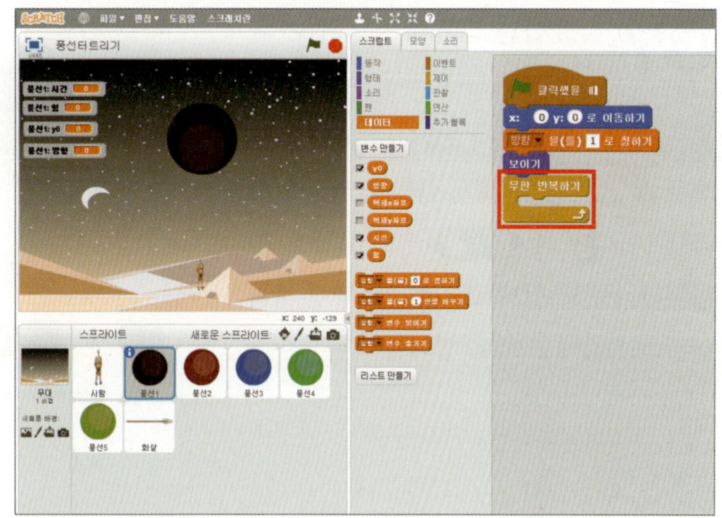

**05** [데이터] 팔레트의 `방향▼ 을(를) 0 로 정하기` 명령 블록을 연결한 다음 ▼를 클릭해 '시간'을 선택합니다. `방향▼ 을(를) 0 로 정하기` 명령 블록을 연결한 다음 ▼를 클릭해 '힘'을 선택하고 값에 '28'을 입력합니다.

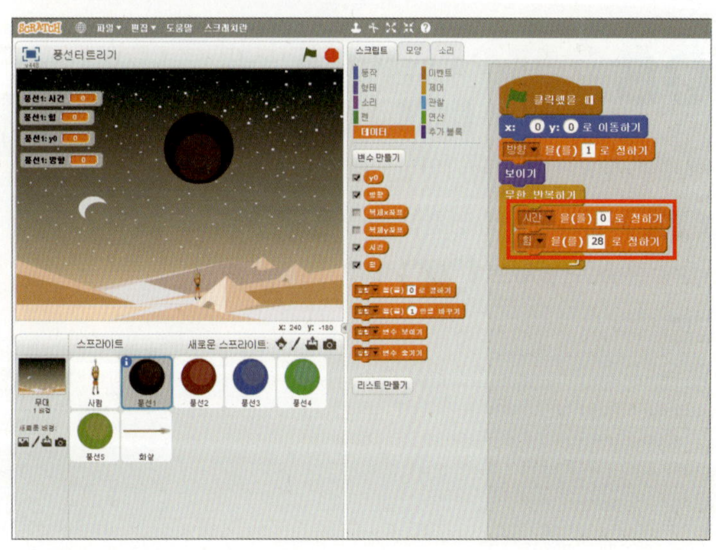

> **tip**
>
> '시간' 변수의 값은 움직이는 속도를 말하며 값이 클수록 빠르게 움직입니다. '힘' 변수의 값은 튕겨 오르는 힘을 말하며, 값이 클수록 높이 튀어오릅니다.

**06** [데이터] 팔레트의 방향 을(를) 0 로 정하기 명령 블록을 연결한 다음 ▼를 클릭해 'y0'을 선택하고 [동작] 팔레트의 y좌표 명령 블록을 연결합니다.

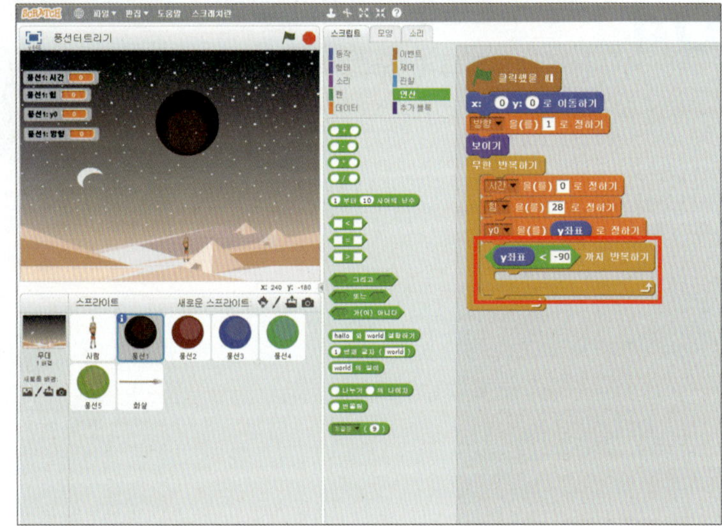

**07** [풍선1] 스프라이트의 y 좌표가 '-90'보다 작을 때까지 아래로 이동하도록 코딩하겠습니다. [제어] 팔레트의 까지 반복하기 명령 블록을 연결한 다음 [연산] 팔레트의 ◁ 명령 블록을 연결합니다. [동작] 팔레트의 y좌표 명령 블록을 연결하고 값에 '-90'을 입력합니다.

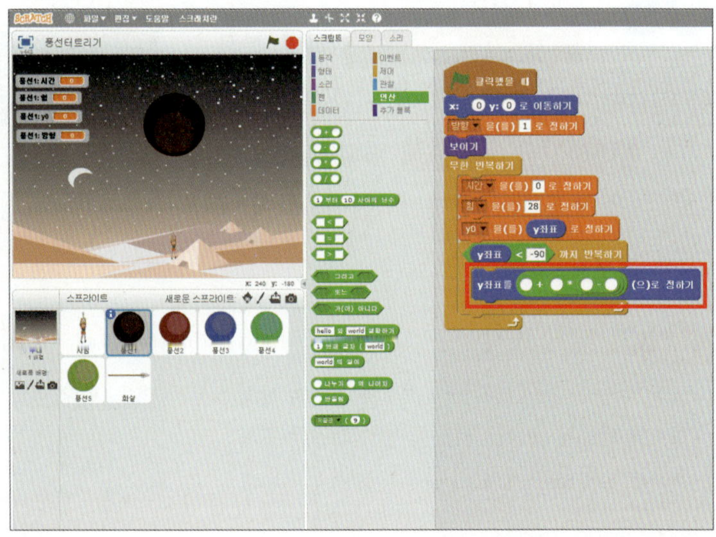

**08** y 좌표 값을 바꾸기 위해 [동작] 팔레트의 y좌표를 0 (으)로 정하기 명령 블록을 연결합니다. [연산] 팔레트의 + 명령 블록을 연결한 다음 * 명령 블록을 연결하고 - 명령 블록을 연결합니다.

**09** [데이터] 팔레트의 y0 명령 블록과 시간 명령 블록, 힘 명령 블록, 시간 명령 블록을 차례대로 연결합니다.

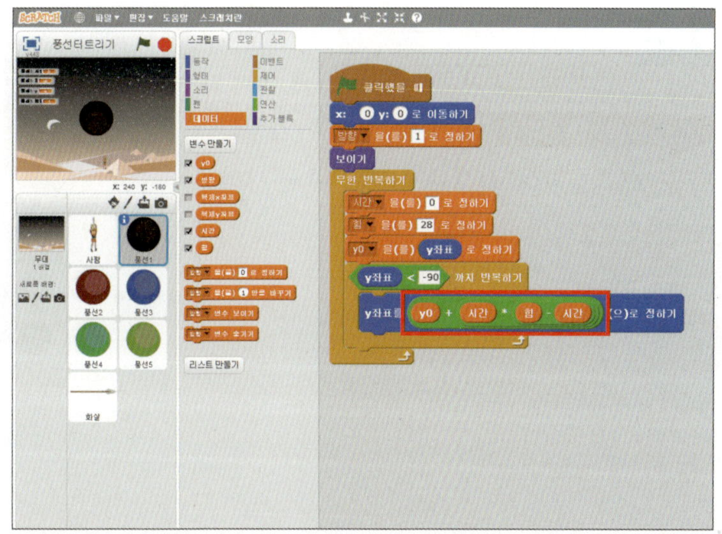

**10** '방향' 변수의 값에 따라 x 좌표를 이동하겠습니다. [제어] 팔레트의 만약 라면 아니면 명령 블록을 연결한 다음 [연산] 팔레트의 명령 블록을 연결합니다. [데이터] 팔레트의 방향 명령 블록을 연결한 다음 값에 '1'을 입력합니다.

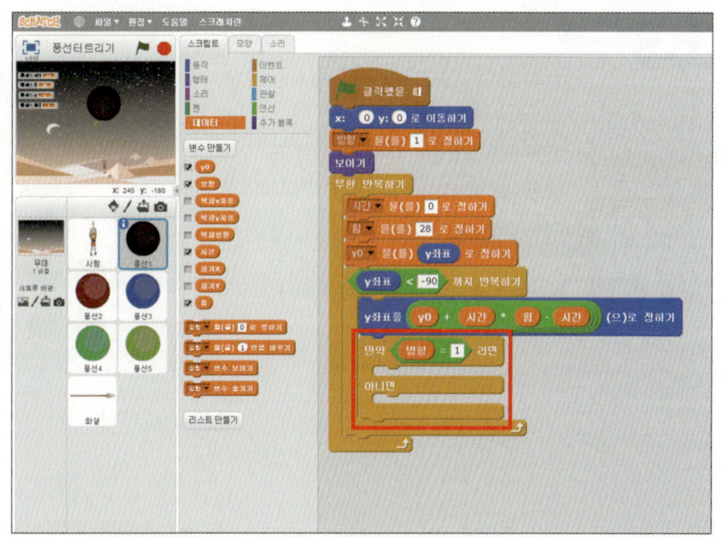

**11** '방향' 변수의 값이 '1'이면 오른쪽으로 이동하기 위해 x좌표를 10 만큼 바꾸기 명령 블록을 연결한 다음 값에 '2'를 입력합니다. '방향' 변수의 값이 '1'이 아니면 왼쪽으로 이동하기 위해 x좌표를 10 만큼 바꾸기 명령 블록을 연결한 다음 값에 '−2'를 입력합니다.

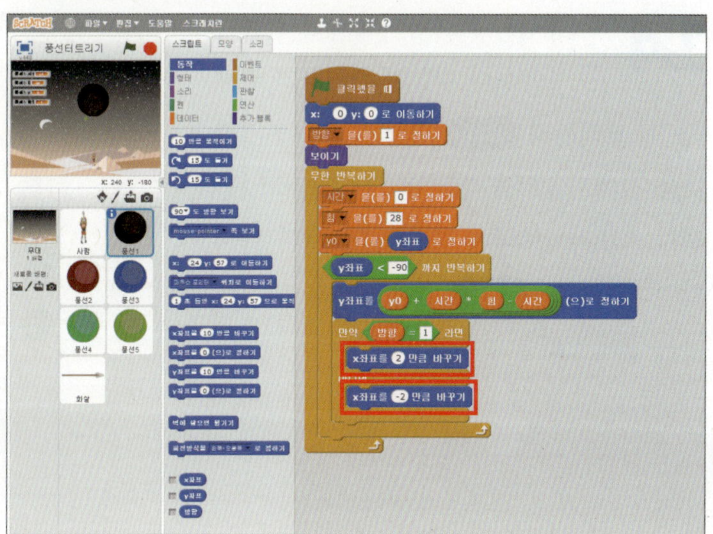

**12** '시간' 변수의 값을 바꾸기 위해 [데이터] 팔레트의

방향 ▼ 을(를) **1** 만큼 바꾸기 명령 블록을 연결한 다음 ▼를 클릭해 '시간'을 선택합니다. 그리고 값에 '0.2'를 입력합니다.

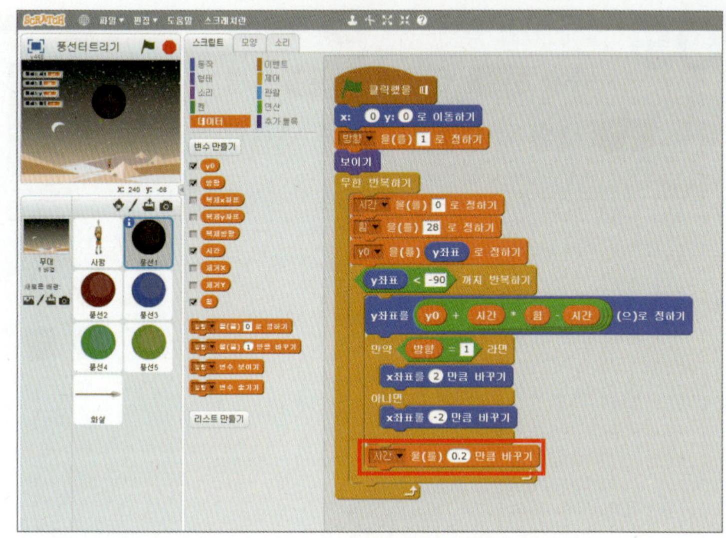

**13** [풍선1] 스프라이트의 x 좌표가 −190보다 작거나 190보다 크면 방향을 바꾸기 위해 [제어] 팔레트의

만약 라면 명령 블록을 연결합니다. [연산] 팔레트의 또는 명령 블록을 연결한 다음 ▢ < ▢ 명령 블록을 연결합니다.

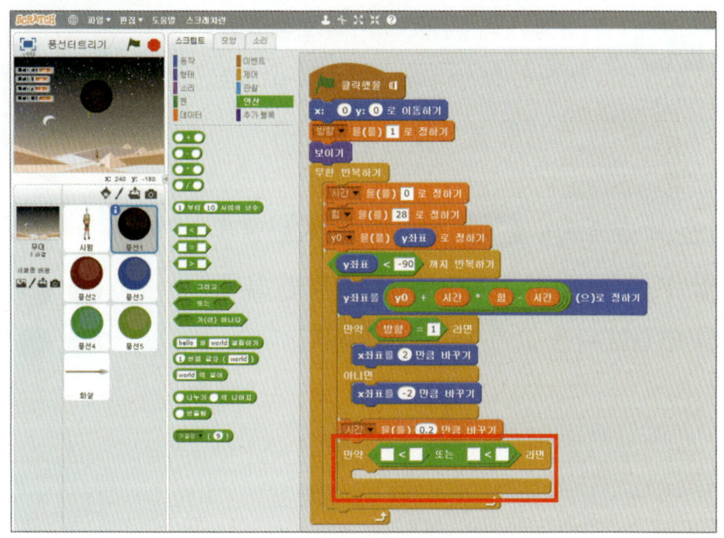

**14** [풍선1] 스프라이트의 x 좌표가 −190보다 작은지 확인하기 위해 [동작] 팔레트의 x좌표 명령 블록을 연결한 다음 값에 '−190'을 입력합니다. 그리고 [풍선1] 스프라이트의 x 좌표가 190보다 큰지 확인하기 위해 x좌표 명령 블록을 연결한 다음 값에 '190'을 입력합니다.

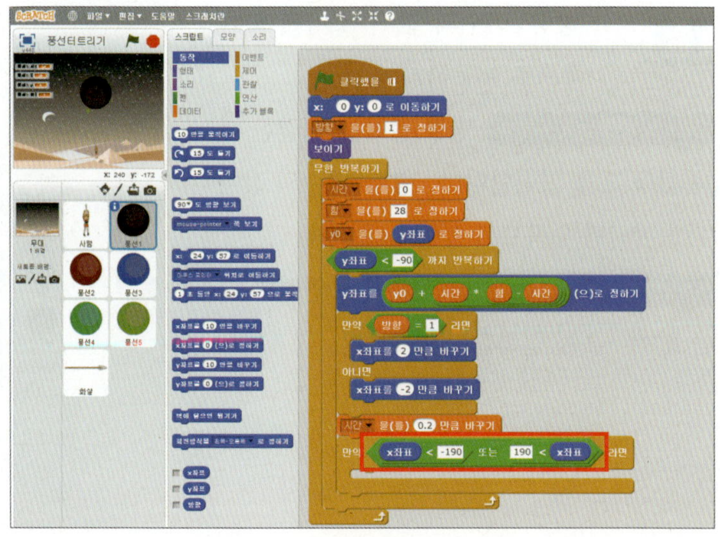

**15** '방향' 변수의 값을 바꾸기 위해 [데이터] 팔레트의 [방향▼ 을(를) 0 로 정하기] 명령 블록을 연결합니다. [연산] 팔레트의 [○ * ○] 명령 블록을 연결한 다음 [데이터] 팔레트의 [방향] 명령 블록을 연결한 다음 값에 '−1'을 입력합니다. 이렇게 하면 '방향' 변수의 값에 '−1'을 곱해 '방향' 변수의 값은 '1' 또는 '−1'이 됩니다.

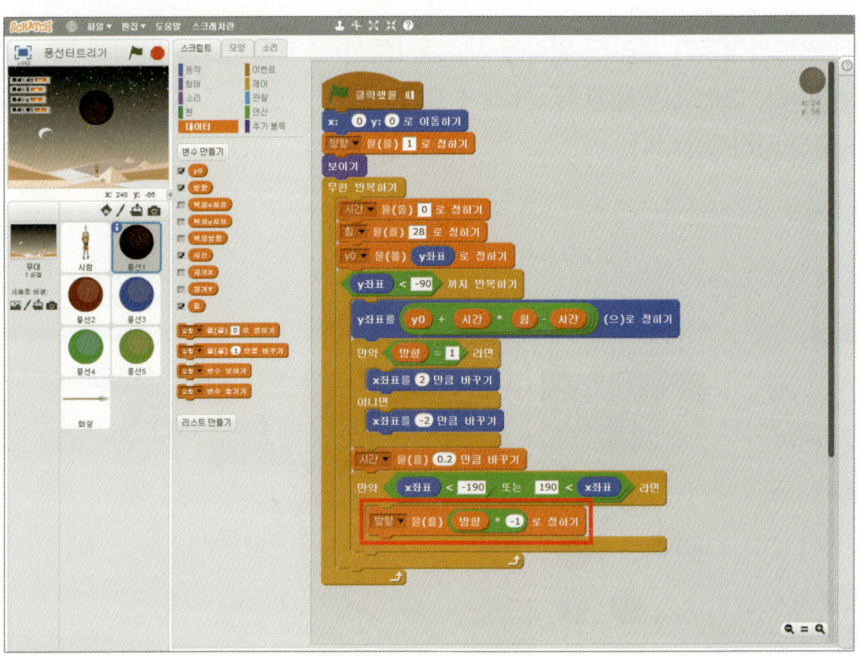

**16** [풍선1] 스프라이트의 y 좌표를 다시 정하기 위해 [y좌표를 0 (으)로 정하기] 명령 블록을 연결한 다음 값에 '−90'을 입력합니다.

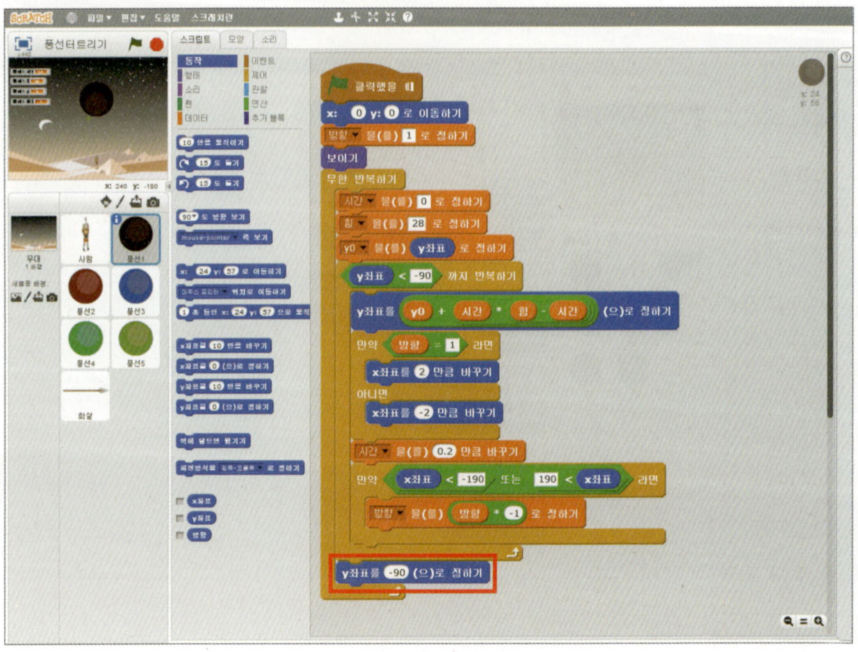

# 05

# 풍선이 터진 자리에
# 새로운 풍선 나타내기

[풍선1] 스프라이트가 사라진 위치에 새로운 [풍선] 스프라이트를 복제해 표
시하겠습니다. 그리고 복제된 두 개의 스프라이트가 서로 다른 방향으로 움
직이도록 코딩하겠습니다.

**01** [풍선1] 스프라이트가 [화살] 스
프라이트에 닿으면 사라지고 [풍
선2] 스프라이트를 복제하도록 코딩하겠습
니다. [풍선1] 스프라이트를 선택한 다음 [이
벤트] 팔레트의 클릭했을 때 명령 블록을 연
결한 다음 [제어] 팔레트의 무한 반복하기 명령
블록을 연결합니다.

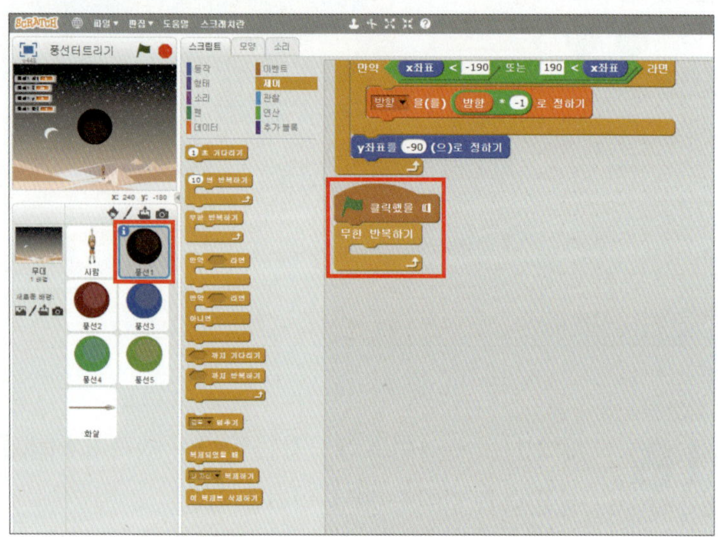

**02** [화살] 스프라이트에 닿았는지
확인하기 위해 [제어] 팔레트의
만약 라면 명령 블록을 연결합니다. [관찰]
팔레트의 ▼에 닿았는가? 명령 블록을 연결
한 다음 ▼를 클릭해 '화살'을 선택합니다.

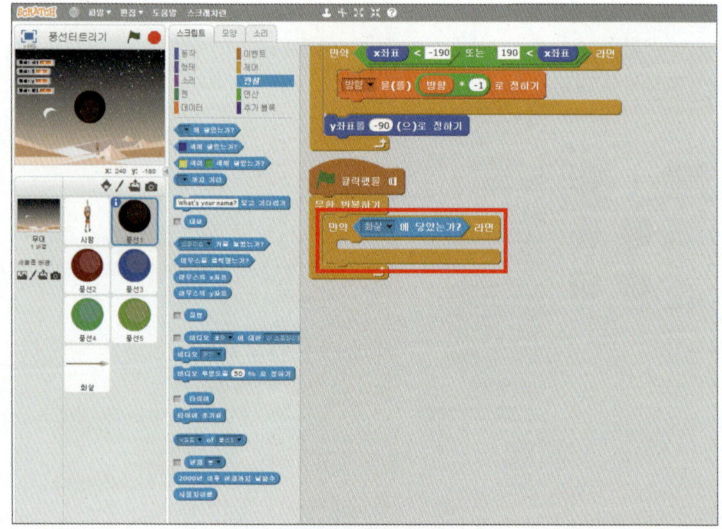

**03** [화살] 스프라이트에 닿았다면 포물선 운동을 멈추기 위해 [제어] 팔레트의 ▤ 명령 블록을 연결한 다음 ▼를 클릭해 '스프라이트에 있는 다른 스크립트'를 선택합니다.

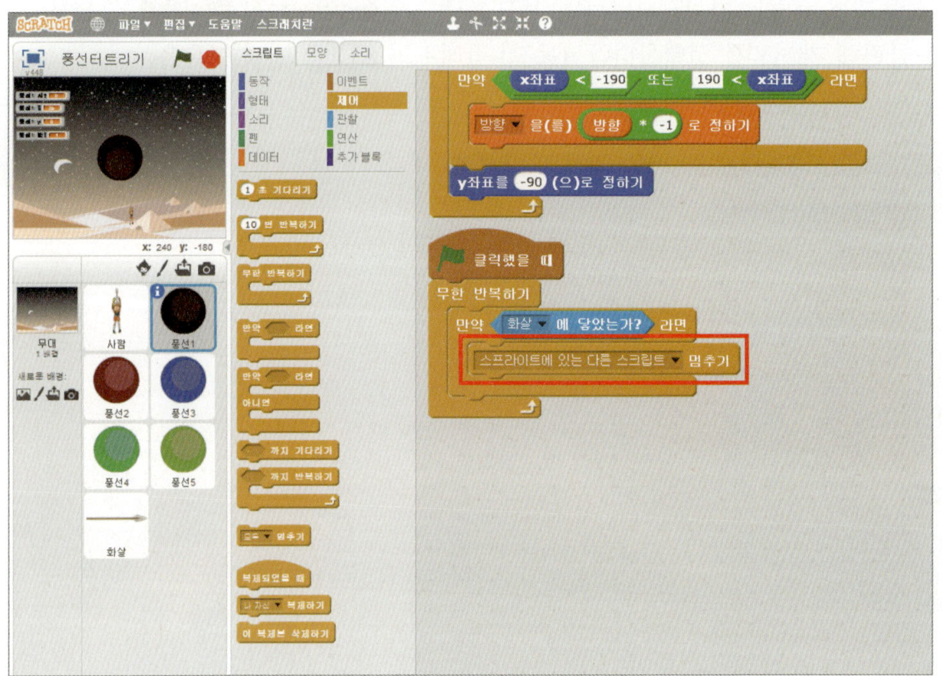

**04** [풍선1] 스프라이트를 숨긴 위치를 저장하기 위한 변수를 만들기 위해 [데이터] 팔레트의 변수만들기 를 클릭해 '제거X', '제거Y', '복제방향' 변수를 만듭니다.

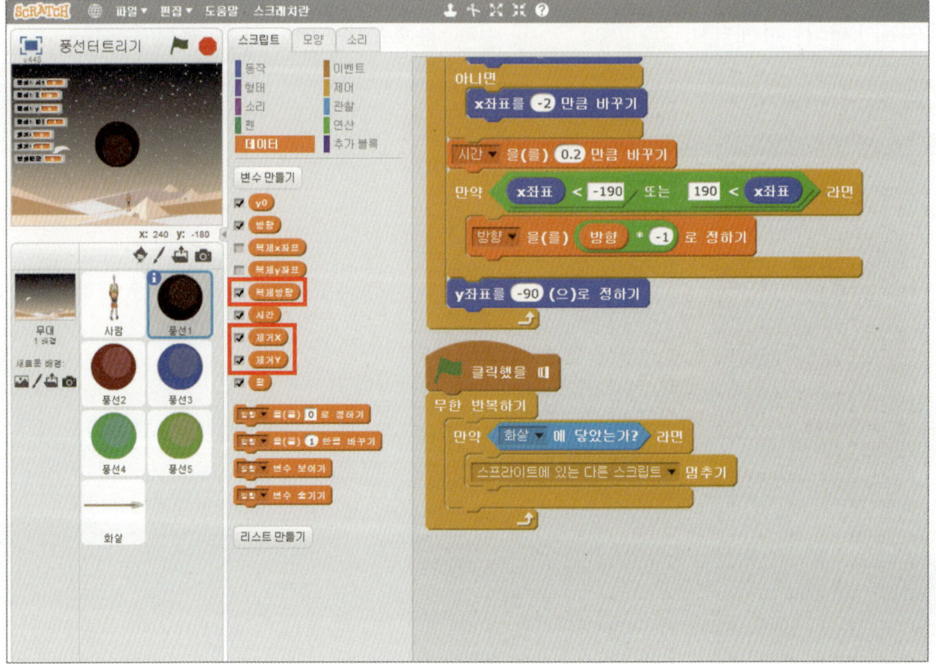

**05** [풍선1] 스프라이트의 현재 위치를 '제거X' 변수와 '제거Y' 변수에 저장하기 위해 데이
터] 팔레트의 `방향▼ 을(를) 0 로 정하기` 명령 블록을 연결한 다음 ▼를 클릭해 '제거X'를 선
택합니다. [동작] 팔레트의 `x좌표` 명령 블록을 연결합니다. [데이터] 팔레트의 `방향▼ 을(를) 0 로 정하기`
명령 블록을 연결한 다음 ▼를 클릭해 '제거Y'를 선택합니다. [동작] 팔레트의 `y좌표` 명령 블록을
연결합니다.

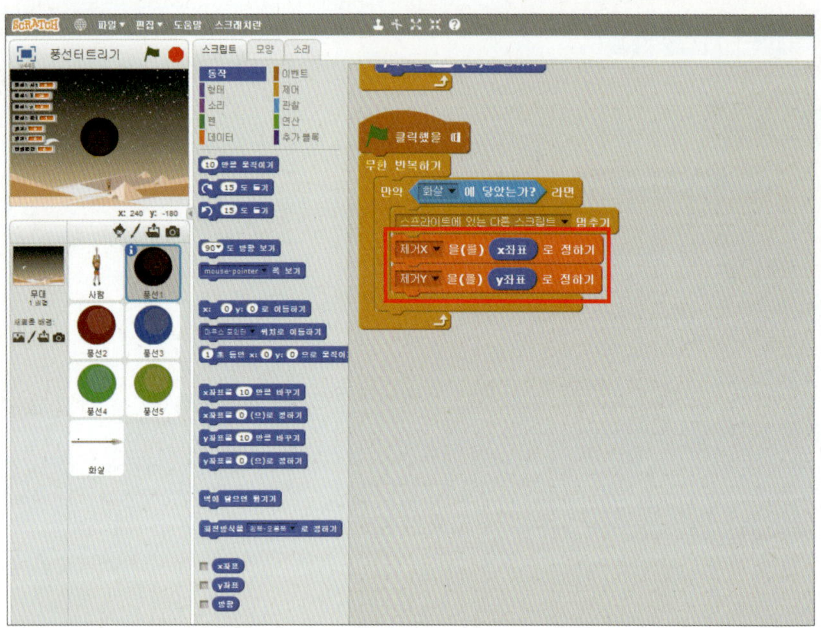

**06** 복제되었을 때 이동할 방향을 지정하기 위해 [데이터] 팔레트의 `방향▼ 을(를) 0 로 정하기`
명령 블록을 연결한 다음 ▼를 클릭해 '복제방향'을 선택하고 값에 '1'을 입력합니다. [풍
선2] 스프라이트를 복제하기 위해 [제어] 팔레트의 `나 자신▼ 복제하기` 명령 블록을 연결한 다음 ▼를
클릭해 '풍선2'를 선택합니다.

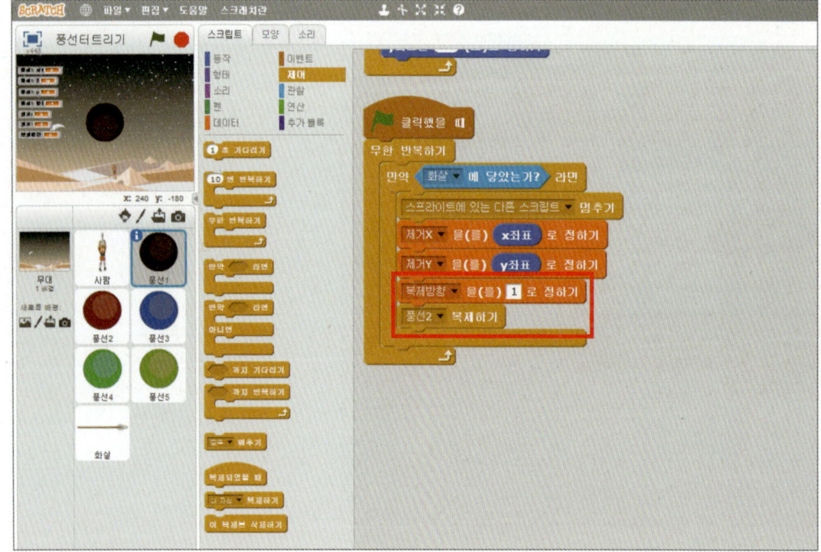

**07** 반대 방향으로 이동하는 [풍선2] 스프라이트를 복제하기 위해 [제어] 팔레트의 **1 초 기다리기** 명령 블록을 연결한 다음 값에 '0.1'을 입력합니다. [데이터] 팔레트의 **방향▼ 을(를) 0 로 정하기** 명령 블록을 연결한 다음 ▼를 클릭해 '복제방향'을 선택하고 값에 '−1'을 입력합니다.

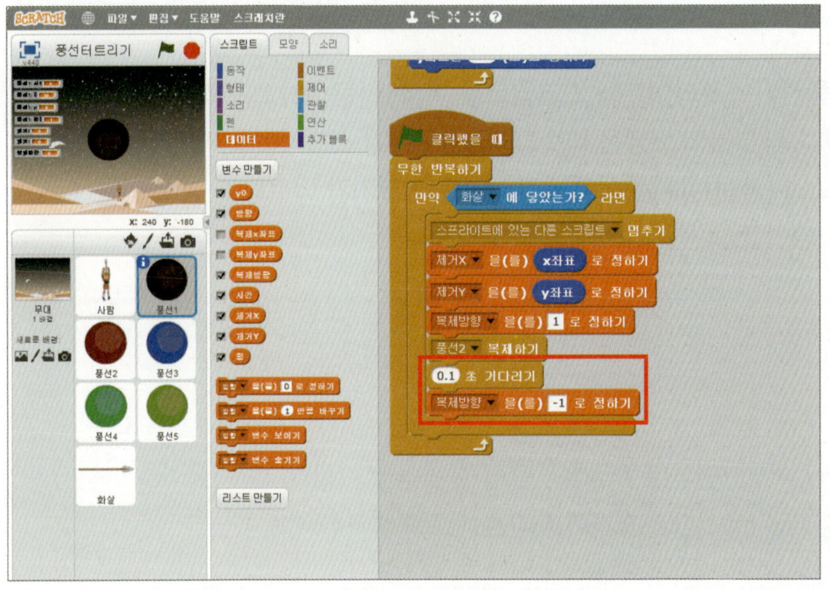



**08** [제어] 팔레트의 **나 자신▼ 복제하기** 명령 블록을 연결한 다음 ▼를 클릭해 '풍선2'를 선택합니다. 복제가 끝났으므로 [풍선1] 스프라이트를 화면에서 숨기기 위해 [형태] 팔레트의 **숨기기** 명령 블록을 연결합니다.

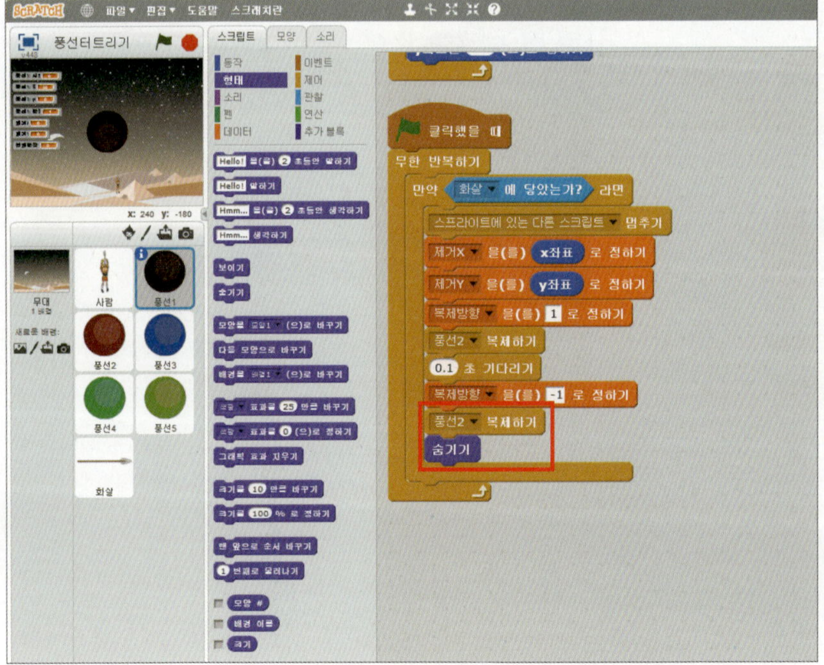

# [풍선1] 스프라이트를 이용해 [풍선2] 스프라이트 코딩하기

완성된 [풍선1] 스프라이트의 스크립트를 복사해 [풍선2] 스프라이트를 코딩하겠습니다. 대부분의 코딩은 비슷하지만, [풍선2] 스프라이트가 나타나는 위치가 다르고, [풍선1]과 [풍선2] 스프라이트의 크기가 다르므로 이 부분을 수정하여 코딩하겠습니다.

**01** [풍선2] 스프라이트는 [풍선1] 스프라이트의 스크립트를 수정해 코딩하겠습니다. [풍선1] 스프라이트의 모든 스크립트를 [풍선2] 스프라이트로 드래그해 복사합니다.

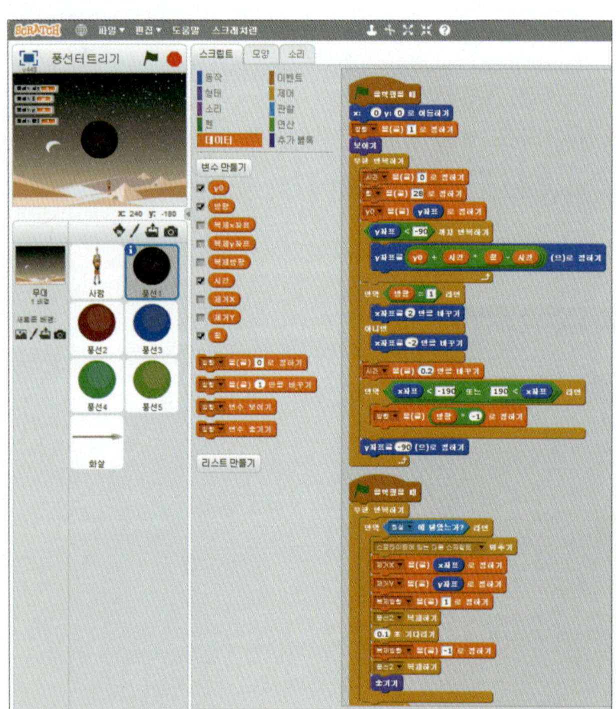

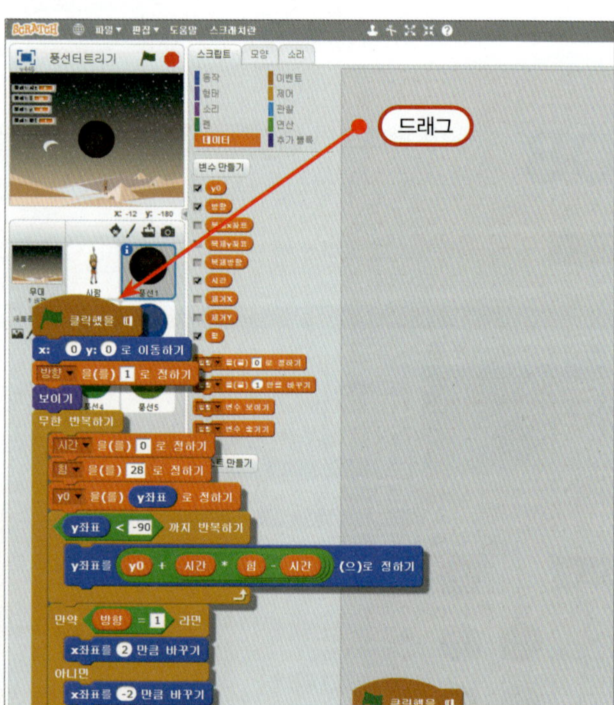

**변수의 복사**

[풍선1] 스프라이트에서 스크립트를 복사하면 스크립트에 사용된 변수도 함께 복사됩니다. 이 때, '이 스프라이트에서만 사용'을 선택해 만든 변수도 함께 복사되는데, [풍선2] 스프라이트에 복사된 '힘', '방향', '시간' 변수와 [풍선1] 스프라이트의 '힘', '방향', '시간' 변수는 이름은 같지만 서로 다른 변수입니다.

**02** 프로그램이 실행되면 [풍선2] 스프라이트를 화면에서 숨기기 위해 [풍선2] 스프라이트를 선택한 다음 [이벤트] 팔레트의 클릭했을 때 명령 블록을 연결하고 [형태] 팔레트의 숨기기 명령 블록을 연결합니다.

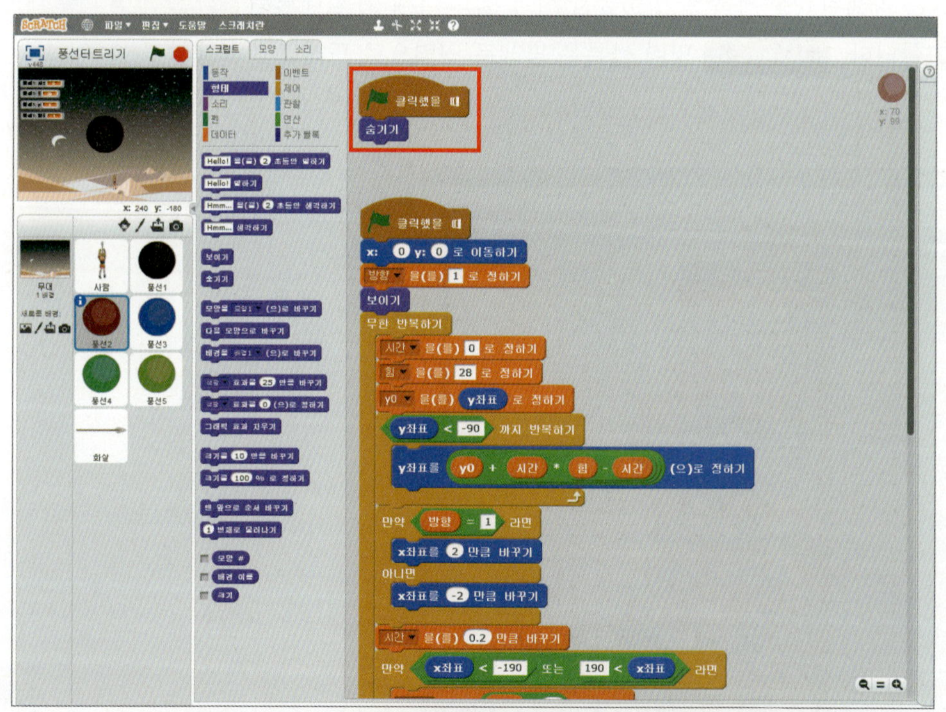

**03** 포물선운동을 하는 스크립트를 선택한 다음 x: 0 y: 0 로 이동하기 명령 블록을 드래그
해 클릭했을 때 명령 블록과 떼어 놓습니다.

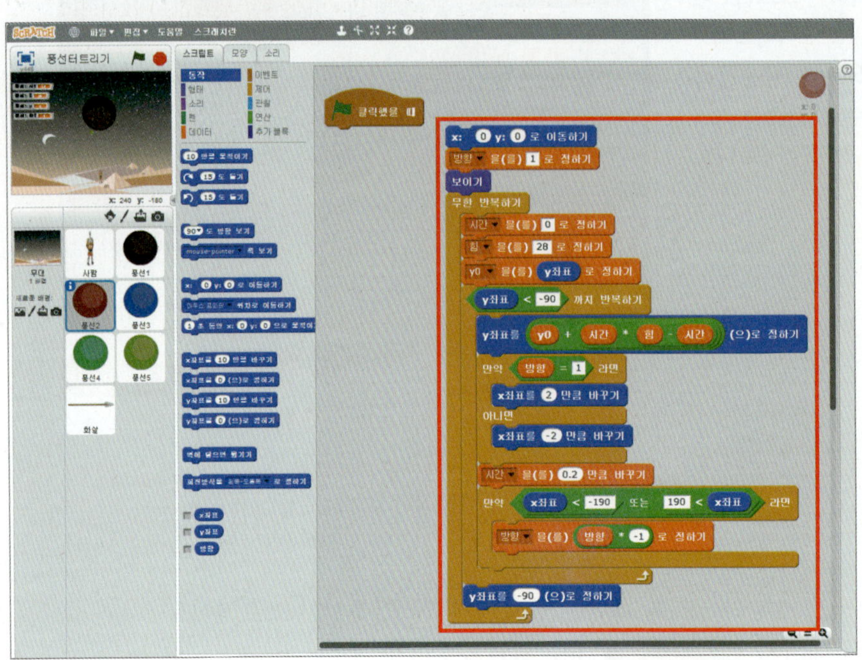

**04** [풍선2] 스프라이트는 복제되었을 때 포물선 운동을 시작하므로 [제어] 팔레트의 복제되었을 때
명령 블록을 드래그합니다. 클릭했을 때 명령 블록은 팔레트 영역으로 드래그해 삭제합
니다.

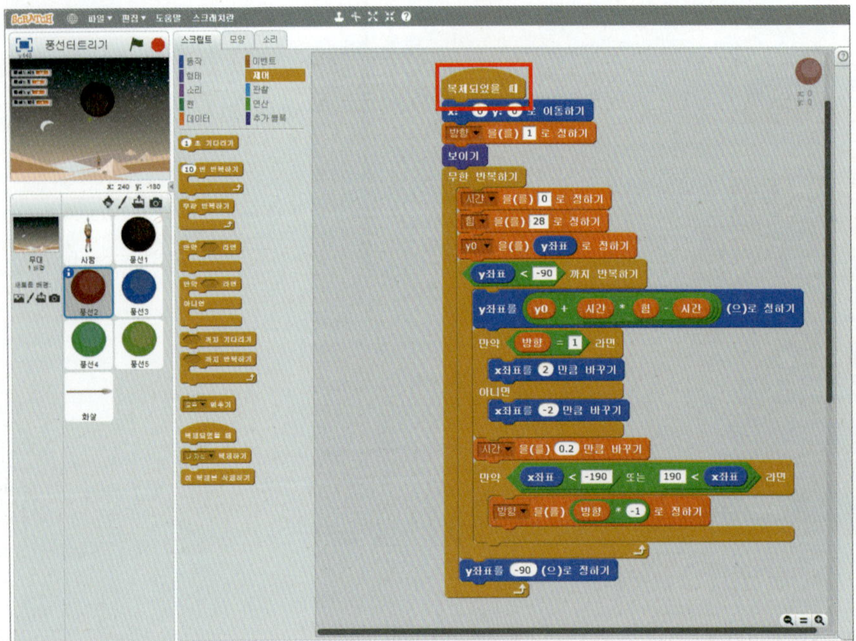

**05** [풍선2] 스프라이트가 복제되었을 때 나타날 위치는 '제거X'와 '제거Y' 변수에 저장되어 있으므로 [데이터] 팔레트의 제거X 명령 블록과 제거Y 명령 블록을 x: 0 y: 0 로 이동하기 명령 블록으로 드래그합니다.

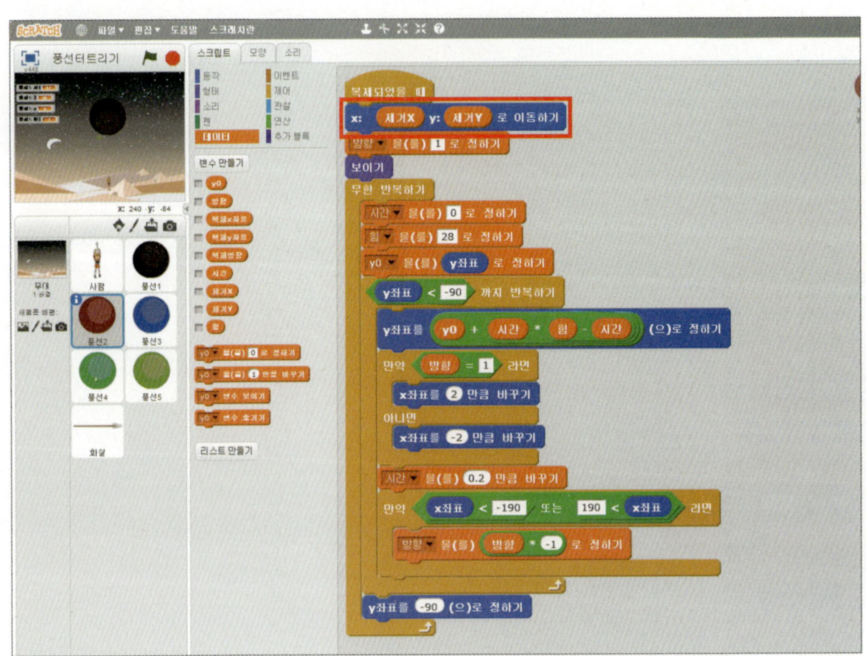

**06** [풍선2] 스프라이트가 복제되었을 때 움직이는 방향은 '복제방향' 변수에 저장했으므로 [데이터] 팔레트의 복제방향 명령 블록을 방향 을(를) 0 로 정하기 명령 블록으로 드래그합니다.

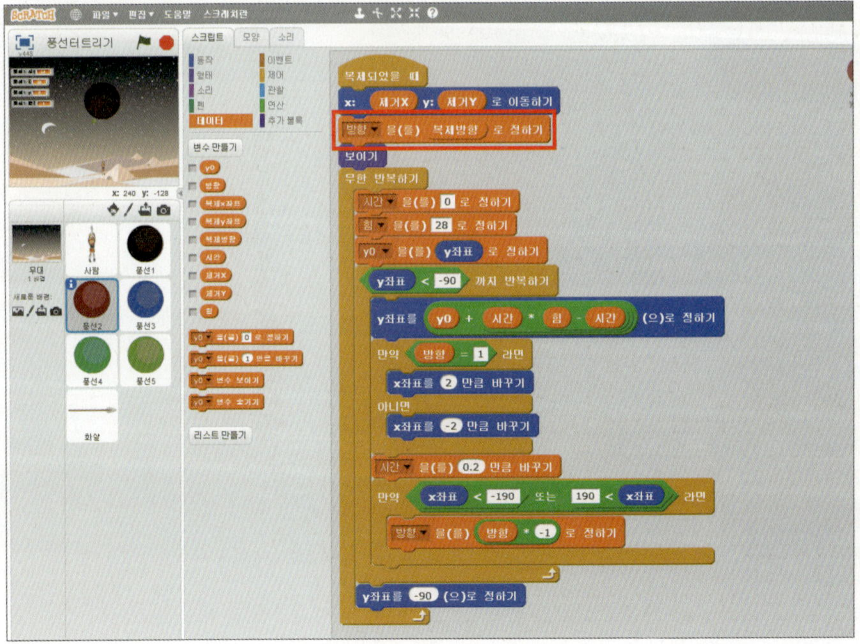

**07** [풍선2] 스프라이트는 [풍선1] 스프라이트에 비해 크기가 작으므로 값을 변경합니다. '힘' 변수의 값을 '26'으로 정합니다. 그리고 y 좌표 값이 '−110'보다 작을 때까지 반복합니다.

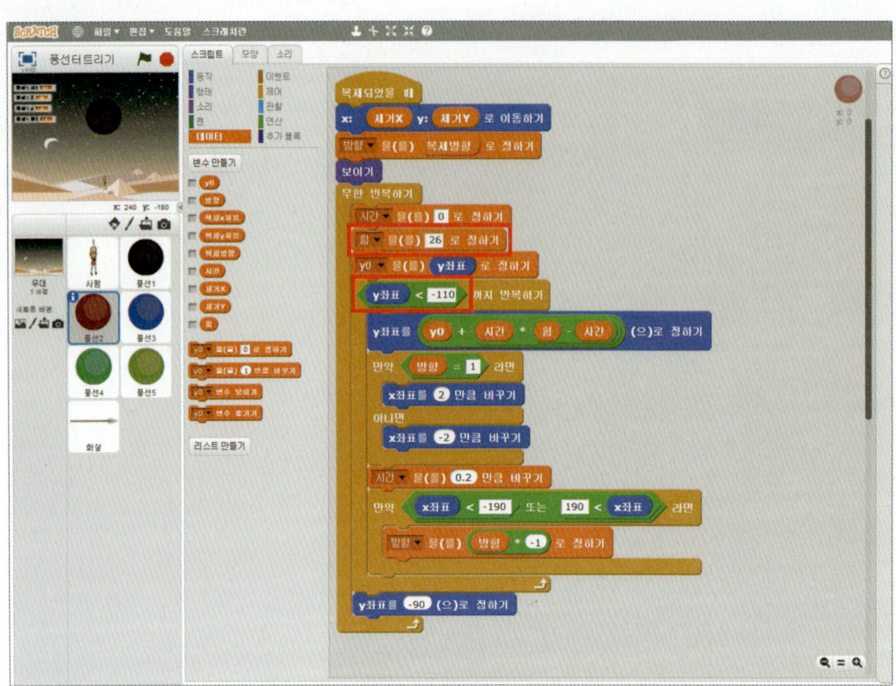

**08** [풍선2] 스프라이트의 x 좌표가 '−210'보다 작거나 '210'보다 크면 방향 변수의 값을 바꿉니다. 그리고 y 좌표를 '−110'으로 바꿉니다.

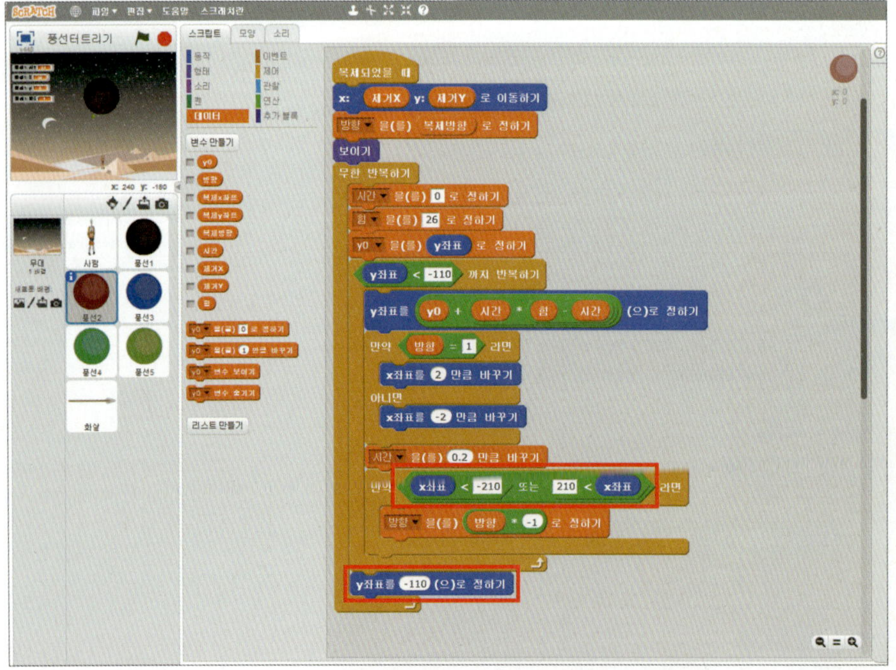

**09** 　클릭했을 때 명령 블록과 떼어 놓고 [제어] 팔레트의 복제되었을 때 명령 블록을 연결합니다. [풍선2] 스프라이트가 [화살] 스프라이트에 닿으면 [풍선3] 스프라이트를 복제하기 위해 풍선2▼ 복제하기 명령 블록의 ▼를 클릭해 '풍선3'을 선택합니다.

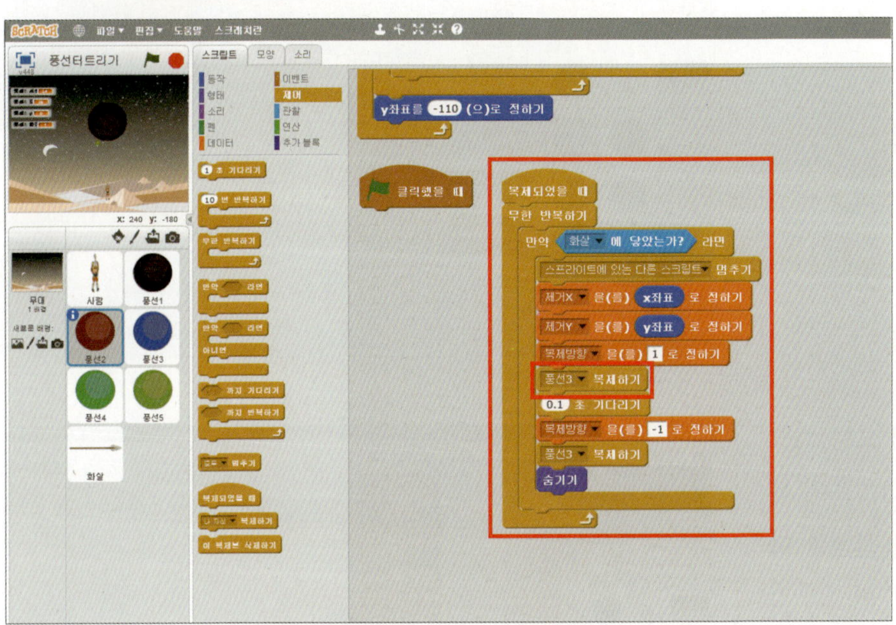

**10** 　[풍선2] 스프라이트의 모든 스크립트를 [풍선3] 스프라이트에 드래그해 복제합니다. [풍선3] 스프라이트를 선택한 다음 [풍선3]의 크기에 맞춰 '힘' 변수의 값과 좌표 값을 비교하는 부분만 수정합니다.

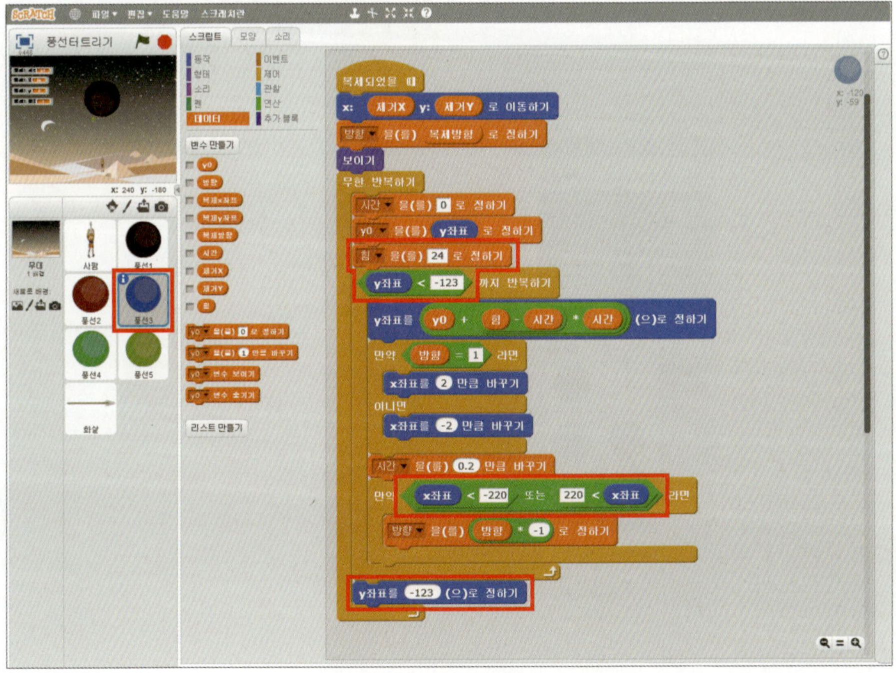

**11** [화살] 스프라이트에 닿으면 복제할 스프라이트를 '풍선4'로 선택합니다.

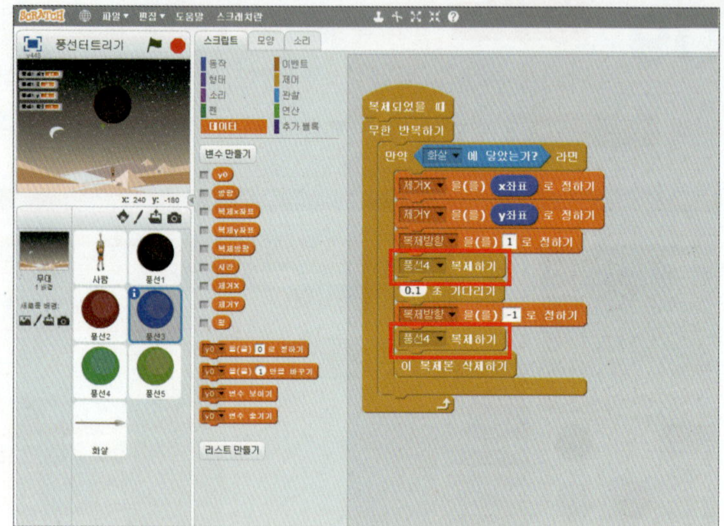

**12** [풍선4] 스프라이트의 모든 스크립트를 [풍선5] 스프라이트에 복사합니다. [풍선5] 스프라이트를 선택한 다음 스프라이트의 크기에 맞춰 '힘' 변수의 값과 좌표 값을 비교하는 부분을 수정합니다.

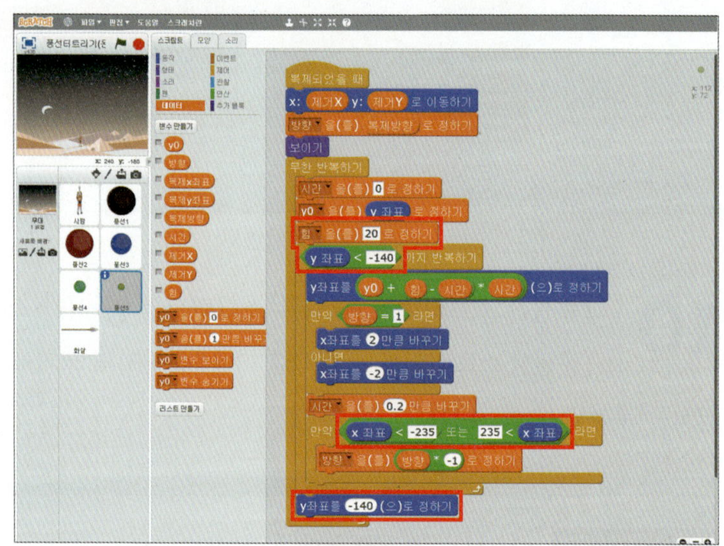

**13** [풍선4] 스프라이트가 [화살] 스프라이트에 닿으면 복제할 스프라이트를 '풍선5'로 선택합니다.

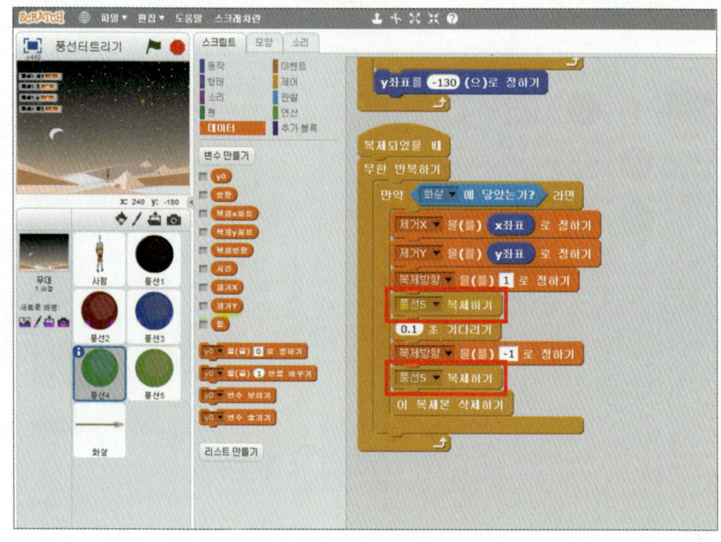

**14** [풍선4] 스프라이트의 모든 스크
립트를 [풍선5] 스프라이트에 복
사합니다. [풍선5] 스프라이트를 선택한 다
음 스프라이트의 크기에 맞춰 '힘' 변수의 값
과 좌표 값을 비교하는 부분을 수정합니다.

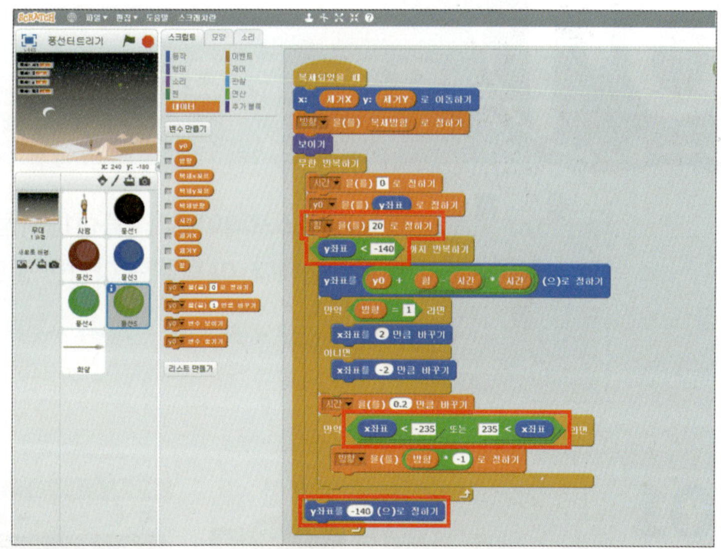

**15** [화살] 스프라이트에 닿으면 더
이상 복제할 스프라이트가 없으
므로 0.1초를 기다린 후 복제된 [풍선5] 스프
라이트를 삭제하도록 코딩합니다.

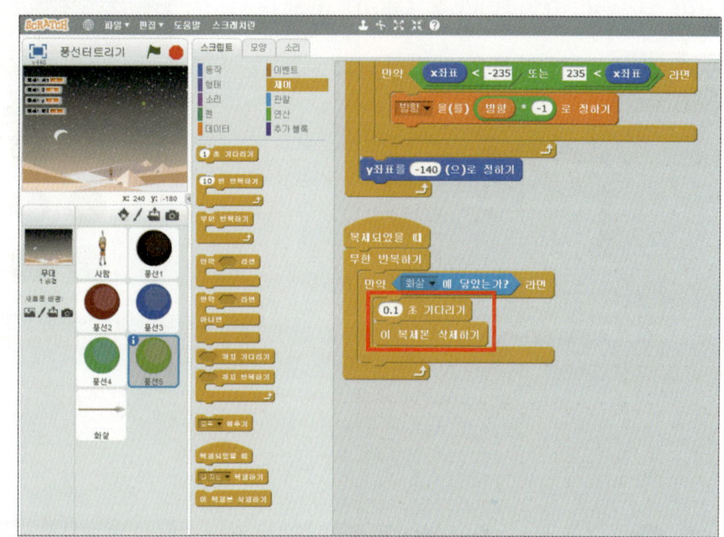

**16** 를 클릭해 프로그램을 실행
하면 Space bar 키를 누를 때마다
[화살] 스프라이트가 복제됩니다. 그리고 [화
살] 스프라이트가 [풍선1] 스프라이트에 닿
으면 두 개의 [풍선2] 스프라이트가 복제됩
니다.

# 프로그램의 종료 조건 만들기

[사람] 스프라이트가 [풍선1]~[풍선5] 스프라이트에 닿으면 종료되도록 만들겠습니다. 이 밖에도 다양한 종료 조건을 만들어 코딩합니다.

**01** [사람] 스프라이트를 선택한 다음 [이벤트] 팔레트의 클릭했을 때 명령 블록을 연결한 다음 [제어] 팔레트의 무한 반복하기 명령 블록을 연결합니다.

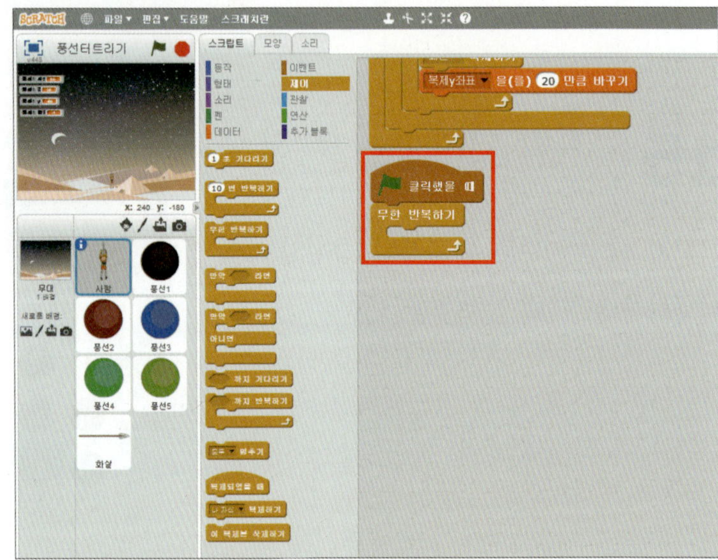

**02** [풍선1] 스프라이트에 닿았는지 확인하기 위해 [제어] 팔레트의 만약 라면 명령 블록을 연결합니다. [관찰] 팔레트의 ▼에 닿았는가? 명령 블록을 연결한 다음 ▼를 클릭해 '풍선1'을 선택합니다. [풍선1] 스프라이트에 닿으면 프로그램을 종료하기 위해 [제어] 팔레트의 모두 ▼ 멈추기 명령 블록을 연결합니다.

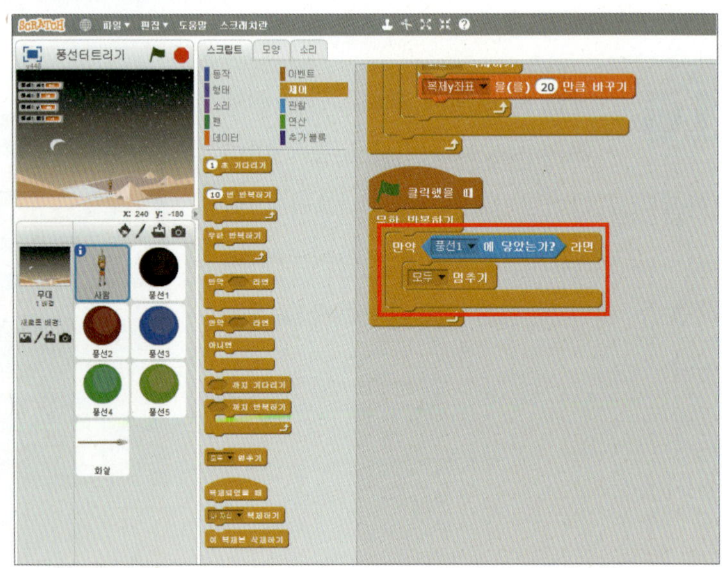

**03** 같은 방법으로 [풍선2]~[풍선5] 스프라이트에 닿으면 프로그램을 멈추도록 코딩합니다.

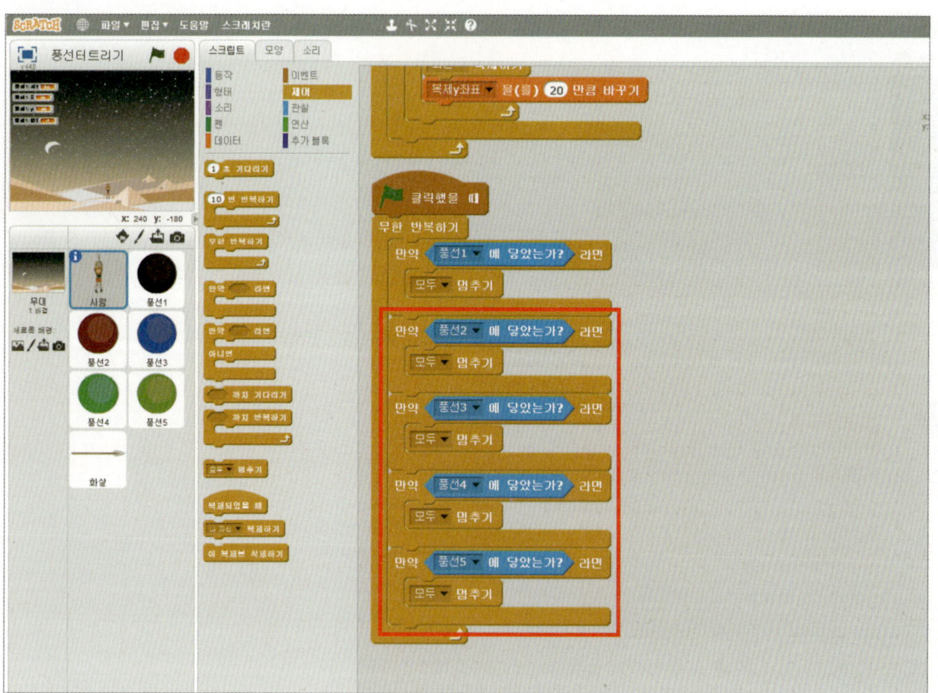

**04** 화면에 표시되어 있는 변수를 감추기 위해 무대 영역의 변수에서 마우스 오른쪽 단추를 눌러 [숨기기]를 선택합니다.

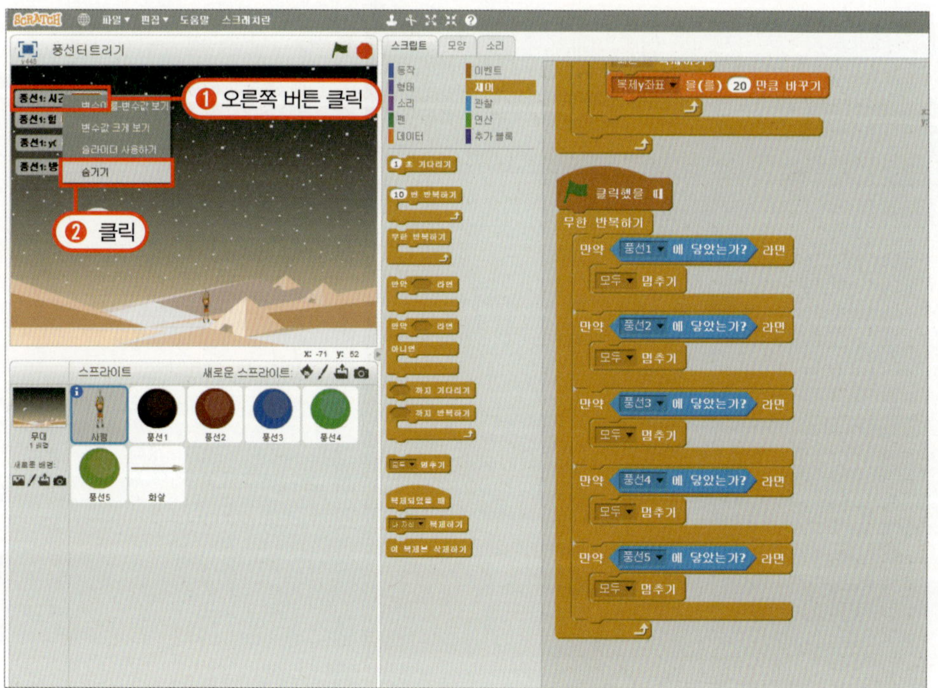

**05** 선택한 변수가 숨겨집니다. 같은 방법으로 다른 변수들도 화면에서 숨깁니다.

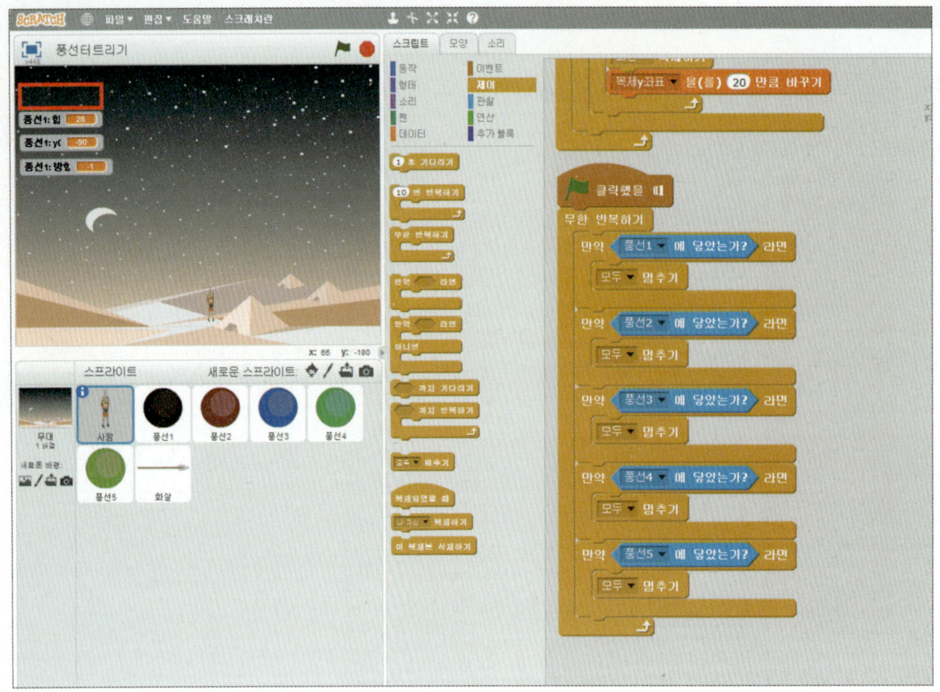

**06** 프로그램을 실행하여 잘못 코딩된 부분이 있는지 확인합니다.

Computers
@
www
share
info
+1

online
Scratch
compu
www
share
info
+1